A Library of Academics by PHD Supervisors

博士生导师学术文库

人才开发新论

薛永武　著

中国书籍出版社
China Book Press

图书在版编目（CIP）数据

人才开发新论/薛永武著．—北京：中国书籍出版社，2019.1

ISBN 978-7-5068-7065-8

Ⅰ.①人… Ⅱ.①薛… Ⅲ.①人才资源开发—研究 Ⅳ.①C961

中国版本图书馆 CIP 数据核字（2018）第 249229 号

人才开发新论

薛永武 著

责任编辑	毕 磊
责任印制	孙马飞　马 芝
封面设计	中联华文
出版发行	中国书籍出版社
地　　址	北京市丰台区三路居路 97 号（邮编：100073）
电　　话	（010）52257143（总编室）　（010）52257140（发行部）
电子邮箱	eo@chinabp.com.cn
经　　销	全国新华书店
印　　刷	三河市华东印刷有限公司
开　　本	710 毫米×1000 毫米　1/16
字　　数	292 千字
印　　张	16.5
版　　次	2019 年 1 月第 1 版　2019 年 1 月第 1 次印刷
书　　号	ISBN 978-7-5068-7065-8
定　　价	78.00 元

版权所有　翻印必究

目 录
CONTENTS

绪 论 ………………………………………………………………… 1
  一、人才开发的整体性特点 …………………………………… 1
  二、人才开发具有全息性弥散的特点 ………………………… 3
  三、人才开发是最重要和最复杂的开发 ……………………… 4
  四、人才开发与社会双向互动的共生效应 …………………… 5

第一章　人才开发的主要类型 …………………………………… 7
  一、公务员人才的开发 ………………………………………… 7
  二、智库型人才的开发 ………………………………………… 13
  三、教育型人才的开发 ………………………………………… 19
  四、经济型人才的开发 ………………………………………… 22
  五、创新型人才的开发 ………………………………………… 26
  六、创业型人才的开发 ………………………………………… 28

第二章　家庭、学校与人才开发 ………………………………… 32
  一、家庭人才开发的基本规律 ………………………………… 32
  二、学校人才开发的基本规律 ………………………………… 36

第三章　大人才观视域中的人才开发 …………………………… 45
  一、人才开发的新界定 ………………………………………… 45
  二、人才开发的无限性 ………………………………………… 46
  三、人才开发的多元性 ………………………………………… 47

第四章　大学习观视域中的人才开发 ······ 54
　　一、大学习观对于人才开发的重要性 ······ 54
　　二、从学习化的实践看人才开发的共时性 ······ 58
　　三、从学习化的人生看人才开发的历时性 ······ 61

第五章　生涯设计与人才开发 ······ 64
　　一、生涯设计的含义与类型 ······ 64
　　二、生涯设计的原则与意义 ······ 65
　　三、生涯设计的程序 ······ 67
　　四、生涯设计应该考虑的因素 ······ 70

第六章　思维方式与人才开发 ······ 74
　　一、思维系统性与人才开发 ······ 74
　　二、思维开放性与人才开发 ······ 76
　　三、思维纵深性与人才开发 ······ 77
　　四、思维超越性与人才开发 ······ 78
　　五、思维归因性与人才开发 ······ 79
　　六、思域融通性与人才开发 ······ 81

第七章　能力结构与人才开发 ······ 83
　　一、整体效应与优化智慧结构 ······ 83
　　二、知识转化为能力的三个关键点 ······ 85
　　三、知识结构与能力结构优化组合 ······ 88
　　四、突破成才盲区与非超导现象的启迪 ······ 92

第八章　诱发潜能与人才开发 ······ 94
　　一、人类潜能的无限性 ······ 94
　　二、兴趣转化为能力的秘密 ······ 101
　　三、需要与能力的相互生成 ······ 104
　　四、崇高理想与人才开发 ······ 106
　　五、自由游戏与潜能开发 ······ 111

第九章 精神健康与人才开发 ... 115
一、我国精神健康的现状 ... 115
二、影响精神健康的客观原因及其对策 ... 116
三、产生心理障碍的主观原因及其对策 ... 120

第十章 人际沟通与人才开发 ... 126
一、影响人际沟通的原因 ... 126
二、人际沟通促进人才开发 ... 130
三、驾驭矛盾促进人才开发 ... 132

第十一章 情感智商与人才开发 ... 135
一、情商对人才开发的重要性 ... 135
二、情商的五个要素 ... 137
三、对情商的多维考察 ... 141
四、优化情商与潜能开发的相互融合 ... 143

第十二章 管理艺术与人才开发 ... 144
一、管理理念与人才开发 ... 144
二、管理方式与人才开发 ... 148
三、管理是凝聚人心和激励精神的艺术 ... 155

第十三章 环境和谐与人才开发 ... 162
一、创造顺境与人才开发 ... 162
二、战胜逆境与人才开发 ... 164
三、准逆境与人才开发 ... 170

第十四章 制度创新与人才开发 ... 176
一、创新人才培养制度与人才开发 ... 176
二、创新人才任用制度与人才开发 ... 181

第十五章 绩效评估与人才开发 ... 193
一、绩效评估在人才开发中的作用 ... 193
二、绩效评估的恒定性与模糊性 ... 195

三、绩效评估促进人才开发的原则和方法 ·················· 197

第十六章　社会评价与人才开发 ·················· 201
　　一、社会评价对人才开发的影响 ·················· 201
　　二、社会评价与人才开发的互动 ·················· 208

第十七章　人才流动与人才开发 ·················· 213
　　一、马太效应与推拉定律对人才流动的影响 ·················· 213
　　二、人才流动的原因、动机和现状 ·················· 215
　　三、人才流动与人才开发的相互促进 ·················· 220

第十八章　人才战略与人才开发 ·················· 223
　　一、确立人才战略是第一战略的价值取向 ·················· 223
　　二、人才战略的核心是人才开发 ·················· 226
　　三、人才战略呼唤人才开发大师 ·················· 233
　　四、聚天下英才而用之的海纳百川精神 ·················· 240

参考文献 ·················· 247

后　记 ·················· 252

绪　论

我们已经进入以人才开发为时代动力和聚天下英才而用之的伟大时代,这是一个人才辈出和创造奇迹的时代。人才开发不仅是时代的呼求,更是全球化语境下人才战略的彰显;而人才开发的国际性和超空间性,业已超越了国界和区域的局限和遮蔽,呈现出人才竞争白热化的态势。我国是人力资源大国,如何实现向人才资源大国和人才强国的转变,这是一个重大的人才战略问题,也是一项最迫切、最长久和最关键的战略。

一、人才开发的整体性特点

研究人才问题,从现实层面上来看,涉及家庭、学校、政府和社会诸多实践环节;从理论上来看,涉及哲学、管理学、社会学、教育学、美学、脑科学、心理学、人才学等。因此,著名人才学家王通讯先生倡导整体性人才资源开发,重视人才开发的整体性特点。

(一)国家政策对人才的开发

国家政策对人才开发具有直接的重要影响。这是因为国家的人事人才政策对于每个社会成员都具有直接的引领和规范作用,科学的人才政策能够促进人才开发;反之,则会阻碍人才开发。

所谓国家政策对人才的开发,是指国家通过制定科学的人事人才政策,能够发挥促进全社会成员人才开发的激励和保障作用。从历史发展规律来看,国家人事人才政策越科学,越能够促进该社会的人才开发;反之,就会成为人才开发的阻力。因此,从国家政策对人才的开发来看,我们应该在充分调研的基础上,营造尊重知识、尊重人才和唯才是举的价值取向,制定能够激发全社会成员发展活力的人才政策。

(二)工作岗位对人才的实践性开发

人才的成长不仅需要在学校完成系统的专业学习,而且需要在工作岗位上不间断地在实践中学习。

所谓工作岗位对人才的实践性开发,是指个体在具体的工作岗位上,通过系统的岗位工作实践,在掌握本职工作职责或技能的前提下,全面提升个体的素质和能力。工作岗位对人才的实践性开发启发我们,每个人不但要重视学校的脱产学习,更需要重视工作岗位的实践性学习,因为只有在实践中才能够更多地发现自己知识和能力的不足,进一步激发学习的动力,更好地促进理论与实践的结合。

(三)家庭和学校对人才的开发

家庭是社会的细胞,是培养孩子、养育生命的摇篮,也是人才开发的第一个重要环节。在人才开发的过程中,家庭既要考虑优生问题,也要考虑优育问题;家庭为孩子提供第一个生活和学习的场所,也是孩子乃至家庭所有成员的避风港;父母是孩子学习和成长的第一任老师,家庭是人才开发的坚实后盾。

学校应该全面推进素质教育和创新教育,在培养学生全面发展的过程中,逐步培养学生的人文素养、科学精神、健康的体魄、审美的素质和创新的能力等。应试教育不是以学生为本,而只是偏重于学习和考量学科的具体知识,束缚学生的个性,阻碍学生的全面发展,从根本上说,这与人才开发的战略存在较大的矛盾,有时甚至是对立的。

(四)生命内在需要是促进人才开发的重要内因

从宏观上来看,人才开发是国家为了实现发展目标而培养人才、发现人才和任用人才的过程;从中观上来看,人才开发是家庭、学校为实现人才培养目标而实施的育人过程;从微观上来看,人才开发则是创造个体精神生命、完善精神生命,以实现生命价值的终生开发过程。

我们确定人才开发的这一本质规定性,不是撇开社会的需要抽象谈人才开发,而是恰恰为人才开发增强每个人应有的社会责任感和使命感,每个人都要为自己的行为负责,为自己的生命质量把关。海德认为,行为的原因或者在于环境,或者在于个人。如果在于环境,行为者可以不为自己的行为负责;如果在于个人,行为者就要对个人的行为负责。① 海德的归因理论启示我们,每个人对自己的生命要有负责意识,要敢于担当人生的责任,不能怨天尤人。

从人才开发的原动力来看,我们强调人才开发导源于个体生命拓展的内在需要,这是基于对人类生命进展所进行的生物学和社会学思考所得出的结论。从生物学的进化来看,物种的进化动力主要是来自物种自身内部的生命拓变,而外界因素只是起到催化和促进作用。由此可见,人才开发的原动力只有从人才开发的

---

① 薛永武:《海德和维纳的归因理论与人才开发的归因》,《中国人才》,1999 年第 1 期。

主体自身去加以挖掘,才能真正提高每个人的生命意识,激活每个人的成才智慧,开发每个人的各种潜能。

二、人才开发具有全息性弥散的特点

人才开发是一项具有重要社会意义的实践活动,也是一项复杂的系统工程。它涉及国家的政策开发、工作岗位的实践开发、家庭和学校的培养开发,也包括个人的自我开发。前三者可以归结为人才他律性开发,自我开发可以理解为自律性开发或主体性开发。但无论哪一种开发,都蕴含着一种立体复合式的网状结构,体现人才开发所特有的全息性弥散的特点。

从全息性的角度来看,生物体每一个相对独立的部分都包含整个生物体的遗传、病理、生理、生化、形态等全面的生物学信息,颇像一幅全息照片。科学家把这一规律称为"生物全息律"。所谓人才开发所特有的全息性弥散的特点,就是指特定个体的具体表现总是体现出该个体总体的人格修养、思维方式、处事能力、知识构成和创新能力等特点,因而个体的具体表现既是个人总体本质特征的显现,又要在很大程度上影响社会和他人对自己的总体印象和评价。

全息性也体现了事物的普遍性和同一性规律。全息性是宇宙中的普遍现象,因为宇宙中普遍存在着信息内容相似的现象,即事物的部分所蕴含的信息包含事物整体的信息。由于全息律的存在,我们可以根据已经了解的事物的某些现象,推论出事物的整体特征及其本质。如果把全息性原理用于对人的鉴别,每一个人的语言和行为都具有全息性的特点,所以从局部的"相",就可以看出一个人的全身构造以及心理、精神层面,甚至能反映出运势。通过对特定个体察其言而观其行,举一反三,推及观察对象的全部信息。

全息性在人才开发过程中发挥特殊的作用。从人才自律性开发来看,每个人在自我开发的过程中,应该认真审视自己一言一行所透露出的全息性,对个人言行进行有效的自我调控,自觉克服"小节无害论"的负面影响,做事从大处着眼,从小处入手,既要大胆开拓创新,又要谨慎稳妥,戒骄戒躁,塑造完美和谐的精神个性,达到形式和内容的统一。人才发展史表明,在一些特殊的情境或时空条件下,一个人的某些具体言行看起来似乎并无大碍,但通常会产生某些连锁反应,有时甚至影响事业的成败得失;从历史哲学的角度来看,许多偶然因素可能会引发一些重大的历史事件,甚至会影响社会的变迁。

从阐释学循环理论来看,我们不仅应该从个体出发去理解整体,而且也应该从整体的角度反过来去理解个体,也就是说,"我们必须从个体出发去理解整体,并且从整体出发去理解个体……在这两种情形中都存在一种循环关系。正是由于为整体所支配的部分同时又支配着整体,意指整体的意义期望,才得以成为明白的理解"。① 可见,我们在人才开发的过程中,在认识、理解和评价特定个体言行所具有全息性弥散特点时,既要看到具体言行所显现的全息性,又要从整体的视域出发,反过来把具体言行纳入整体中加以考察,在具体和整体、现象和本质的互动循环中追求认识的和谐。

三、人才开发是最重要和最复杂的开发

我国20世纪80年代以来,各种开发热纷纷扰扰,但唯有人才开发从根本上是利国利民的神圣举措,也是一项最重要、最复杂和最具有可持续性的开发。

开发,主要有两层含义:其一,是指以开垦荒地、矿山、森林和水利等自然资源为特征的劳动过程;其二,是指发现、发掘人才或创新技术的过程。前者是物质性开发,也是一种硬开发,是一种能够直接产生经济效益的劳动过程;人才开发则主要是精神性开发,也是一种软开发,是提升智力、激发活力的创造性活动。

从开发的时效性来看,一部分自然资源的开发需要掌握时效性,如农业的春播秋收,季节性很强,农民必须遵循农时,但也有很多自然资源具有较大程度的稳定性和恒常性,不太受时间的限制,如煤炭、金属矿藏和森林资源等。人才开发遵循最佳的时效性原则和用进废退的规律,在一定的时间和空间,对特定开发对象开发什么,怎样开发,这都涉及主客观诸多复杂的要素,需要家庭、学校和全社会的整体合力,需要在全社会营造人崇其才、人成其才、人尽其才的优良环境和氛围,也更需要个人的自律性开发和社会的他律性开发二者的互渗整合与有机统一。

此外,人才开发与自然资源的物质性开发另一个根本的区别在于,物质性开发的对象是客观自然物,因而是没有思想感情的客观对象;而人才开发对象是活生生的人,是有血有肉、有思想感情和主体意识的生命个体,比物质性开发更加复杂,更加高级,更加艰难,也更具时间性和智慧性。

正确认识和理解人才开发是最重要和最复杂的开发,这有利于在制定人才战略中进一步强化和突出人才开发的重要性。从整个社会来讲,全社会应该清醒地认识到人才开发的重要性和复杂性,在思想上力争形成尊重人才和唯才是举的共识;从人才自我开发来看,个人只有认识到人才开发的重要性和复杂性,才能有利于激发个人奋发成才的能动性和自觉性,才能有利于激活全身心的各种潜能。

---

① 林贤治主编:《伽达默尔集》,上海远东出版社,1997年版,第40页。

四、人才开发与社会双向互动的共生效应

纵观社会发展进步史,社会的发展进步往往是以人才开发为标志的,体现了社会发展进步的重要规律。从根本上说,人才开发是一项整体性的社会开发,也是社会发展进步的需要,我们应该把人才开发纳入与社会发展进步的互动中加以考察,以寻找促进二者积极互动的共生效应。

在古希腊,人才荟萃、群星闪烁,可谓日月同辉,星光灿烂。古希腊奴隶主的民主政治达到西方古代历史的极致,极大地弘扬了尊重知识和尊重人才的价值取向,在这座文化高峰上,赫然屹立着泰利斯、赫拉克利特、伯里克利、苏格拉底、德谟克利特、柏拉图和亚里士多德等一批文化巨匠,还有戏剧家埃斯库罗斯、索福克勒斯、欧里庇得斯和阿里斯多芬。这些杰出的人才为古希腊的发展引路导航,加速了古希腊的文化发展和社会的全面进步。

西方中世纪,在宗教的愚昧统治下,神学凌驾于一切学术和文艺之上,极大地压抑了人才的开发,导致人才的万马齐喑。因此,一方面,社会愈加黑暗腐朽,就愈加束缚人才开发;一方面,人才开发愈是万马齐喑,就愈加阻碍社会发展进步。

德国古典哲学革命促进了德国的思想解放,从康德开创德国古典哲学革命开始,到黑格尔古典哲学的终结,在很大程度上凸显了德国近代思想革命和文化革命的历史进程。至于美国在第二次世界大战后的迅速崛起,原因固然是多方面的,但其中与美国采取多种强有力的措施,大力实施人才战略是分不开的。

在中国战国时期,百家争鸣,群英荟萃,加速了社会的变革。战国时期,秦国的崛起和强大,客观上书写了唯才是用和不拘一格用人才的历史。楚汉之争,刘邦重用萧何、张良和韩信等人,建立新的帝业。在《三国演义》中,表面上是曹操得天时,孙权得地利,刘备得人和,但从根本上来说,他们三个人都做到了用人不拘一格和唯才是举,这才是他们事业成功的关键。

回眸历史,通常会出现如下两种情况:第一,社会处于衰落甚至黑暗腐朽的阶段,人才通常也是万马齐喑。历史证明:社会愈衰落、黑暗和腐朽,人才也就愈加凋零;而人才的凋零则进一步加速该社会形态的更加衰落和腐朽,二者呈现出恶性互动,即互相制约、互相影响,最后导致社会走向低谷,加速社会灭亡。第二,社会处于发展进步的上升期,社会充满活力,社会发展进步需要大批优秀人才。在这种良好的社会氛围下,人才得到尊重,人成其才成为全社会最重要的价值取向,客观上促进全社会人才辈出。人才辈出进一步促进社会的发展进步,实现二者积极互动的共生效应。

但是,问题在于,即使人才开发与社会发展存在互动与共生效应,我们也应该看到,一方面,在人类和社会的关系上,无论是社会的发展进步,还是社会衰落腐朽,这都是人类实践活动的结果。因此,社会兴旺发达,我们感到自豪和骄傲;社会衰落腐朽,我们也应该责无旁贷,自觉承担"位卑未敢忘忧国"的责任,以特定的主体意识和创造能力,去改造社会,积极促进社会的发展和变革。在人类和社会的关系上,必须确定人类自身的主体地位,无论是以人为本,还是人才开发,都应该是对人类自身价值的开发和确证。

第一章

人才开发的主要类型

人才开发是全方位的,涉及诸多领域。根据全面实施人才开发战略的需要,这里主要研究如下几种类型的人才开发:公务员人才、智库型人才、教育型人才、经济型人才、创新型人才、技能型人才和创业型人才的开发。

一、公务员人才的开发

本书所说的公务员人才,是指在党政机关工作岗位上从事公共服务的各类公务人员。

唐太宗在《贞观政要》中说:"为政之要,惟在得人。用非其才,必难致治。"各级领导干部只有不断提高综合素质和领导能力,德足以服众,才足以率众,才能不辜负历史重托和人民群众的信任,才能真正成为人民群众的领路人。

(一)公务员的思想道德素质

人才战略是第一战略,人才资源是第一资源。高素质的公务员是第一战略中最重要的战略,是人才资源中最重要的资源。我国各级公务员是干事创业的决策者和领路人,其素质能力高低,将会直接决定事业成败。因此,公务员必须具有很高的思想道德素质。

1. 坚定的政治态度和人生信仰

在领导科学与艺术中,思想道德是一种特殊的重要力量,也是一种思想力和道德力,即思想的力量和道德的力量。公务员应该具有坚定的政治态度和正确的人生信仰。

(1)视祖国和人民的利益高于一切

我们的党是代表祖国和人民利益的党,我们的政府是人民的政府,必须执政为民,服务于民,才能确保民主政治和谐发展。我们各级干部应该成为忠实祖国和人民利益的公务员。领导干部只有执政为民,为祖国繁荣昌盛而率先垂范,才能带领广大人民群众建设美好的家园,才能够真正推进决策的科学化、民主化。

(2) 把追求真善美当作永恒的主题

真善美是非常美好的字眼,是多少人梦寐以求的理想愿景!古往今来,人类只有认识世界——求真,才能向善,即更好地改造世界;在改造世界的过程中,我们通过人化的自然,不断地完善和美化了自然,塑造了人类自身,同时也把世界美化了。纵观人类社会发展史,求真、向善、审美(爱美)几乎贯穿于人类社会的全部历史,过去如此,现在如此,将来也会如此。

对真的追求,就是要求公务员任何时候都应该自觉追求真理,遵循社会发展规律和经济发展规律,敢讲真话,坚持真理,修正错误,尊敬上级但不阿谀逢迎,提高工作效率,争取事半功倍。

对善的追求,各级公务员应该带领本单位员工不懈地奋斗,不但考虑本单位的效益,还要追求社会更大的善,创造更多的物质财富或精神财富。管理者德才兼备,德为先,德包含了善的内容。

对美的追求,这是时代发展进步的必然结果。我们已经进入一个爱美与审美的伟大时代,随着美学向部门美学的渗透,人类的全部社会实践正在逐步走向审美化。公务员首先应该培养个人的内在美,注重修身养性,文质彬彬,为社会树立美的想象;其次要具有较高的美学素养,能够运用美学原理,引导广大人民群众去欣赏美,创造美。

追求真善美,这是人生最高的境界。柏拉图曾经要求诗人要把真善美的东西写到读者心灵里去,而狄德罗则认为一个人唯一最应该知晓的事情即真善美。历史发展到今天,我们的公务员理应站在时代的高度,自觉把真善美和谐统一起来,带领广大人民群众更好地认识世界、改造世界,创造美好的世界,去追求真善美的理想王国。

(3) 以科学信仰为人生内在的动力

根据笔者的研究,无论什么信仰,都具有强大的精神能量。科学的信仰具有强大积极的精神能量;非科学的信仰具有强大负面的精神能量。科学的信仰是生命的航标,具有生命导航器的巨大功能,不畏浮云遮望眼,唯有信仰拨遮蔽。

我们要求公务员树立正确的信仰,克服各种欲望对人性的诱惑,就是要求公务员通过树立科学的信仰,彰显人类应有的主体精神,以便于引领人们走向光明之途。具体应该包括三个内涵:第一,从认识论的角度来看,公务员以科学的求真精神为己任,根据工作岗位需要,不断探索和发现工作规律,在较大程度上更好地认识世界,认识人类自身,通过透视复杂纷纭的现象,发现和掌握社会发展和人生拓展的基本规律。第二,从价值论的角度来看,公务员以改造世界为己任,通过不断地改造主观世界和改造客观世界,在为社会做出较大贡献的基础上,实现人生的更高价值。第三，从审美论的角度来看，我们应该以"爱美之心人皆有之"自励，通过塑造自己的语言美、心灵美和行为美，做一个审美之人，做一个为社会创造更多美好事物的引领者和促进者。

2. 优良的人文素养和职业道德

公务员工作岗位的特殊性，决定其必须具有优良的人文素养和职业道德。公务工作主要就是与人打交道，只有具备优良的人文素养和职业道德，才能够更好地协调人际关系，形成组织的凝聚力和发展力。

(1) 优良的人文素养是公务员必备的素质

《周易》"观乎天文，以察时变，关乎人文，以化成天下。"其"人文"一词虽然不同于现代的"人文"含义，但已经在很大程度上揭示了"人文"对于社会管理的重要性。人文素养的灵魂核心内容是对人类生存意义和价值的关怀，也就是以人为对象、以人为中心的精神。它以人的价值、人的感受、人的尊严为万物的尺度，追求社会和人生的美好境界，追求人生的和谐发展。在人文素养中，最核心的是应该从理性和情感两个方面具有以人为本的情怀和行为准则。以人为本的内涵是把人当人看，包含理解人、尊重人、关心人和发展人五个向度。从公务管理的角度来看，公务员要时刻谨记自己是人民的公务员，是以人民服务为最高宗旨，而不是做官当老爷。

(2) 公务员应该具有在其位谋其政的责任意识

每个管理岗位都有相应的岗位职责，公务员决不能懒政，要充分认识在其位不谋其政的严重危害性。公务员如果在其位不谋其政，轻则影响日常工作，重则祸国殃民，给国家和人民利益造成重大损失。

孔子说"不在其位，不谋其政"，讲的是每个社会成员都应该各司其职，不应该彼此错位，"君君臣臣，父父子子"，意思是君要像个君，臣应该像个臣，父亲应该像个父亲，儿子应该像个儿子。孔子的话看起来好像是在维护等级秩序，其实是注重对社会成员进行岗位管理，即什么岗位就应该承担什么职责，要各司其职，既然"不在其位，不谋其政"，很显然，在其位就应该谋其政。

(二) 公务员的岗位素质能力

公务员岗位素质能力主要包括人格魅力、知识结构的高度优化、能力结构的高度优化三个方面。

1. 公务员的人格魅力

公务员的人格魅力是无形的管理，也是提高领导力的重要内涵，这是用金钱和权力都无法交换的精神财富。公务员只有提升良好的人格魅力，才能够更好地产生磁铁效应，吸引广大群众，凝聚人心，提高组织的凝聚力和发展力。具体来说，领导的人格魅力主要包括平等尊人、以诚待人、以情感人、以理服人、以身作则、无私无畏、谨言慎行和豁达大度几个方面。

平等尊人，要求公务员对同事、员工一视同仁，不分亲疏，不分贵贱，不分职位高低，尊重他人的言论、个性和人格尊严。

以诚待人，要求公务员待人处事真诚、老实，以诚待人，讲信誉，一言九鼎，一诺千金，言必行，行必果。公务员不能欺上瞒下，更不能与同事、员工玩权术，玩阴谋。

以情感人，要求公务员对待群众情真意切，以干事创业的真诚情感激励员工，以纯洁友谊的真诚情感激励员工，以五湖四海皆兄弟的"亲情"关怀激励员工。

以理服人，要求公务员注重以理服人。公务员要告诉员工做什么和做的理由。对员工向组织反映的合理意见和建议，应该及时给予采纳；对员工不合理的要求，要说清道理，讲清政策，化解矛盾；对于员工不切实际的建议，应该在肯定其积极性的同时，讲清不能采纳建议的原因。

以身作则，要求公务员率先垂范，严于律己。"政者，正也。子帅以正，孰敢不正？"①"其身正，不令而行；其身不正，虽令不从。"②

无私无畏，要求公务员心底无私天地宽，无私才能无畏。无私是前提，无畏是结果。领导干部只有无私，才能够无畏，才能展现出特有的人格魅力。

谨言慎行，要求公务员"金口玉牙"，在嘴上挂把"锁"，需要讲话时打开"锁"；工作完毕，要及时"锁"上。公务员的嘴必须接受工作职责的监督和制约。

豁达大度，要求公务员具有海纳百川、有容乃大的情怀，能够容难容之人和难容之事，方为大丈夫。公务员只有豁达大度，才能够凝聚人心，同舟共济。

2. 知识结构的高度优化

公务员在日常工作中，需要正确地认识问题、分析问题和解决问题，如果没有高度优化的知识结构，就会影响对问题的认识、分析和判断，直接影响工作决策。

（1）公务员应有通识的知识结构

公务员应该具有通识的知识结构。公务员要自觉融通不同工作岗位之间直接或间接联系，发现不同岗位之间的异同点和独特点，形成思维的系统性、丰富性和深刻性。

公务员通识的知识结构主要体现为综合性与通才性。公务员应该具备宽广的学术视野，了解历史学、哲学、社会学、文化学、创造学、人才开发学、管理学、公

---

① 《论语·颜渊》。
② 《论语·子路篇》。

共关系学、美学、科学史、现代科学、信息学、文明史、心理学等,通过融会贯通,形成优化的知识结构。

(2)公务员工作岗位需要的知识结构

在知识结构的优化方面,公务员不仅应该具有"万金油"的特点,还应该根据自己岗位的需要,具备岗位需要的专业知识结构。

在专业知识方面,公务员应该熟悉该工作岗位上的业务,熟悉该工作岗位的基本程序和原理,理解该工作岗位员工的特点。管理经济工作,要熟悉经济学、国际贸易、了解市场经济的特点和运作规律等;分管教育要熟悉教育规律与人才开发规律等。随着信息社会的到来,公务员还必须学会使用电子计算机,具有获取信息、筛选信息和处理信息的能力。

3. 能力结构的高度优化

公务员应该具有优化的能力结构。具体来说,公务员应有通识的能力结构和精深的专业能力。

(1)公务员应有通识的能力结构

公务员通识的能力结构主要体现为适应性与变通性,具体表现为交往能力、远瞻能力、决策能力、激励能力和创新能力五个方面。

公务员与人打交道,必须具有良好的人际交往能力,要具有理想人格的感染力和吸引力、情理并茂与美善相融的语言力、换位思考与善解人意的亲和力。第一,公务员要具有共创事业与合作发展的凝聚力;第二,公务员要具有内强筋骨与外塑形象的发展力。公务员只有与群众精诚合作,共创事业,才能增强组织的凝聚力;只有通过有效的管理工作,使组织能够内强筋骨与外塑形象,才能够真正提高组织的发展力。

公务员的远瞻能力要求具有长远的眼光,能够立足现实,展望未来,能够做出科学的决策,引领群众干事创业。远瞻即对未来的科学预测,包括如下几点:第一,对社会发展进步的远瞻,坚信社会的发展进步,善于用未来的理想愿景激励群众。第二,对人生兴衰际遇的远瞻,对自己未来的生涯设计以及可能发生的兴衰际遇,能做出比较符合实际的预测。第三,对事业可持续发展的远瞻,包括职业风险以及能否可持续发展等,都要具有对未来的远瞻性。

公务员的决策能力要求具有战略决策和微观决策的复合能力。一些基层的公务员需要具体决策,而一些高级公务员则需要对重大问题进行决策。老百姓有句古训叫作"吃不穷,喝不穷,打算不到就受穷",说的就是谋划或者决策的重要性。反思历史,我们许多重大错误,几乎都与决策失误有关。因此,判断一个公务员是否具有领导素质,一个非常重要的标准,就是要看其是否具有决策能力。

公务员的激励能力要求管理者掌握物质激励和精神激励的艺术。一个组织的发展动力在很大程度上取决于管理者是否具有对团队的激励能力。一个团队在事业取得成就的时候,管理者要激发团队成员戒骄戒躁、再接再厉的奋斗精神;当事业遇到挫折的时候,更需要管理者的激励。

公务员的创新能力要求管理者具备创新意识和创新思维,充分认识创新的重要性。创新包括很多方面:观念创新、管理创新、制度创新、产品创新、关系创新和生命创新。公务员具有创新意识和创新思维,才能够领导团队成员进行集体的创新。

(2)公务员应有精深的专业能力

公务员既要具有通识的能力结构,又要具有精深的专业能力。在这方面,黑格尔关于学者素养的论述,同样适应领导干部的素养要求。

黑格尔指出,艺术学者除了对广博的古今艺术作品要有足够的认识以外,不仅需要有"渊博的历史知识,而且是很专门的知识"。[1] 黑格尔这里所说的"历史知识",是指有关社会发展规律的最一般知识;"专门知识"是指与作品内容有关的具体知识。黑格尔从知识修养的角度出发,既看到知识修养的深度和广度,又注意了宏观与微观两个方面,实质上或客观上已经看到优化知识结构的必要性和重要性。公务员与各种人打交道,要与各种不同的工作相联系,就必须具有通识的能力结构;公务员还属于特定的工作岗位,因而就必须熟悉特定的具体工作岗位的专业特点。

(3)克服"升而知之"的浮躁心态

所谓"升而知之",是指一部分公务员在职务晋升以后,认为自己的领导水平也马上水涨船高了,而不需要再学而知之,产生了独特的"升职效应"。

"升职效应"是指公务员升职后产生的各种效应。[2] 有的公务员晋升后,积极进取,锦上添花;有的则被动应付,难有进展;有的故步自封,夜郎自大;有的目光短浅,浅尝辄止;有的以权谋私,走向腐败。从人才开发的角度来看,认真分析和预测各种"升职效应",防患未然,促进人才升职后的良性循环和增值效应,对于促进公务员人才队伍开发,具有极其重要的意义。

第一,百尺竿头锦上添花。优秀公务员把晋升视为进一步展示自己才华的舞台,也是提升人生价值的好机会,升职后能够自觉迎接新职位的挑战,谦虚谨慎,

---

[1] [德]黑格尔:《美学》第一卷,朱光潜译,商务印书馆,1979年版,第19页。
[2] 对于人才的"升职效应",人才学家王通讯在2006年5月23日全国"自主创新与人才开发"论坛上的讲话中,批评了一些自认为"升而知之"的领导干部。

以努力学习为荣,以积极进取为荣,以锦上添花为荣,在新的职位上不断地为社会做出新的贡献。

第二,疲于奔命捉襟见肘。一些比较优秀但又不是非常优秀的公务员升职以后,往往找不着新职位的感觉,面临新职位、新环境、新压力,原有的知识结构和能力结构已经无济于事,工作非常被动,虽殚精竭虑,却常常事与愿违。

第三,故步自封夜郎自大。还有些公务员自视甚高,认为自己早已具备新职位所需要的知识和能力,升职以后失去往日谦虚谨慎的作风,以"舍我其谁"自居,不虚心纳谏,而是故步自封,好高骛远,旁若无人,居高临下。

第四,目光短浅浅尝辄止。一些胸无大志者靠关系或资历晋升后,滋长了"船到码头车到站"的思想,得过且过,平平庸庸,再无大的进展。

第五,营私舞弊利欲熏心。更有甚者,有些人把升职视为自己权力的增大,把职位看作个人谋取私利的工具,很快权欲熏心,走向腐败。2018年3月20日,十三届全国人大一次会议通过了《中华人民共和国监察法》。这是反腐败工作法治化的重要里程碑,希望能够成为预防和遏制公务员腐败的重要屏障和反腐利器。

通过上述分析可见,公务员素质能力的高低将会直接决定和影响事业的成败得失。公务员只有具备优秀的素质和能力,才能引领事业发展的方向,凝聚人心,增强组织的凝聚力和发展力。

二、智库型人才的开发

近些年来,智库热的产生客观上与社会对智库人才的急需是分不开的,摆在我们面前的任务是如何建设一支高素质的具有远见卓识和参政议政能力的智库队伍。

(一)我国智库的主要类型

我国智库的结构形式具有多样性,主要有如下几类。

1. 党政部门的政策研究室

国务院具有政府层面的政策研究室,中央委员会也有政策研究室。这两类政策研究室的功能主要是根据国家现实需要和长远需要,进行政策性研究,并提出具有建设性的研究报告。除了中央政府以外,各省、直辖市、自治区以下到各县委、县政府,分别都具有自己的政策研究室,其职能也是根据党政的需要,主要研究具体的建议对策,向组织提交建设性的研究报告。从总体上来看,党政部门政策研究室的职能主要是结合现实以及长远需要,开展对策性研究,一般不研究纯理论问题。

2. 政府层面研究机构中的智库

政府层面的研究机构主要有各级政府设置的科研机构。国家层面的主要有中国科学院和中国社会科学院两大院,这是我国高级人才荟萃的智库机构。这两大院的专家一方面研究基础理论和一般学术问题,一方面根据国家需要研究现实问题,并提出建设性的研究报告,供国家各个部委局决策参考。各省地级市中也设有社会科学院和相应的科学研究机构。这些机构既研究基础理论和一般学术问题,也围绕本省、本市的发展需要,研究实际问题,向政府提交建设性的研究报告。

3. 高校科研机构中的智库

全国高校都设有不同数量的研究机构。全国重点大学则设置很多的研究机构,其中有些是国家相关部委局在这些大学设置的研究机构,比如教育部在很多大学设有研究机构,文化部在多个高校设置国家文化产业研究中心和国家文化创新研究中心。另外,各个大学还有大量的校设研究机构。总体而言,大学的研究机构比较侧重于学术理论研究,有时也会提交具有建设性的研究报告,但这方面还重视不够。

4. 社会民间智库

我国已经具有多家社会智库,其中,中国与全球化智库是社会智库的典型代表。中国与全球化智库(Center for China and Globalization,CCG),成立于2008年,著名人才学家王辉耀担任智库主任,王辉耀2015年被国务院总理李克强聘为国务院参事。该智库秉承"国际化、影响力、建设性"的专业定位,坚持"用全球视野,为中国建言;以世界眼光,为中国献策",致力于中国的全球化战略、人才国际化和企业国际化等领域的研究。根据美国宾夕法尼亚大学智库研究项目发布的国际上最权威的《全球智库报告2015》,中国与全球化智库(CCG)位列全球顶级智库排行榜第110位;中国顶级智库排行榜第7位,居中国顶级智库中社会智库首位;入选全球最佳独立智库榜单,也是全球最值得关注的前50家智库之一。该智库是中国领先的国际化智库,是国内最大的社会智库之一。

(二)智库专家需要具备的素质和能力

智库是人才强国战略中一种非常重要的战略性人才资源,是为国家和民族繁荣昌盛能够献计献策的高参智囊,也是引领社会发展进步的重要助推器。因此,探索智库人才队伍建设,对于我国战略性人才资源开发具有非常重要的意义。

1. 智库人才应该具备全球视野

智库人才应该站在全球化的历史进程,以全球视野的宏观整体性,为社会发展进步和国家治理带来前瞻性的真知灼见。智库专家要具有全球视野和全球化思维,正确理解民族性与世界性的辩证关系,具备思域融通的能力,具有光明思维和解决问题的能力,具备复合型的知识结构与能力结构。

在实施人才强国战略的过程中,我国智库建设虽然已经纳入议事日程,并且已经取得显著成就,但从全球化视域的观点来看,我国的智库建设在很大程度上还远不能满足社会发展的需要。智库专家应该站在全球化的历史进程,以全球视野的宏观整体性,为社会发展进步和国家治理带来前瞻性的真知灼见。

所谓全球视野,是指智库人才应该具有世界眼光,对世界各国尤其是一些主要国家的政治、经济、文化、外交、社会等重要问题,做到心中有数,知己知彼,避免夜郎自大和妄自菲薄,在胸怀全球中对我国乃至世界发展过程中存在的老问题、出现的新问题等,沿波讨源,寻根问底,在理清各种复杂原因的基础上,提出解决问题的新思路和新方法。全球视野的重要性在于:智库人才在尊重仁者见仁、智者见智合理性的基础上,体现出既见仁又见智的客观性、全面性与系统性。智库人才只有具备全球视野,才能避免管窥之见、坐井观天或只见树木不见森林的遮蔽性,才有可能提出科学的能够可持续发展的理想方案和科学的未来观。

智库人才要具有全球的视野,一是要博览群书,通过查阅历史资料,运用各种网络资源,广采博取地了解世界各国的历史和现状;二是要通过出国考察交流,亲自观察、体验和了解他国的实际现状;三是要了解我国国情,了解中国特色,特别是要深入了解我国目前社会转型期的社会矛盾,其中尤其要把握改革进入深水区各种攻坚克难的实际问题,不但需要决心、信心和勇气,更需要科学思维,要有条不紊、扎扎实实,注重改革的系统性、全面性和持久性,避免头痛医头脚痛医脚的片面思维,也不能做摁下葫芦起来瓢的无用功。攻坚克难重在釜底抽薪,从根本上突破旧思维和旧体制对改革的阻碍和制约,运用新思维,探索新体制新机制。

智库人才在运用全球化视野时,要进一步认清我国与世界各国之间、世界各国之间直接和间接的关系,把拟解决的问题纳入全球视野中进行审视,纳入纵横交错的立体时空中进行定位,凭借睿智理性去思考科学精神与人文精神的融合,在世界视域下,在广泛汲取民族智慧与世界智慧中寻找解决问题的思路和方法。

2. 智库人才应该具备全球化思维

智库人才应该具有全球的视野,拓展全球化思维,更好地在全球化的历史进程中发挥智库的作用。

"全球化"是近二十年来非常时尚的一个词语,但很多学者并不完全理解全球化的内涵。从语言逻辑的角度来看,"全球"是指世界;"化",是变化和改造的意思。"全球化",顾名思义即按照世界各国人民的利益愿望要求改造世界的历史过程。全球化不是西化,更不是美国化,我们没有必要畏惧和回避全球化。

全球化总体上是一个不可逆的历史过程,是人类社会发展的必然趋势。在全球化过程当中,世界各国人民通过主动的、自觉的交流,信息共享,资源共享,人才共享,促进世界各国共同发展①。智库人才应该从人类命运共同体的角度出发,充分了解全球化的内涵和外延,把握全球化过程中的民主化、科学化、共生化和共享化。中国在全球化的历史进程中,智库人才的建议对策既要体现中国特色,又要自觉地通过中国特色蕴含出世界性,因为全球化不仅仅是单向度的经济全球化,而是在更广阔范围上逐步实现文化全球化,即通过文化的传播交流,各国各民族之间在文化的融合中互相促进,多元共生,多元发展,多元共享。

在把握全球化思维时,我们还需要正确理解和把握民族性与世界性的辩证关系。学术界有一种非常民族情绪化的说法,叫作"只有民族的才是世界的,越是民族的就越是世界的"。如何正确理解只有民族的才是世界的?广义的民族性,是指特定民族所具有的民族属性,包括该民族的思维方式、生活方式、风情习俗、价值观与外在形式的统一;狭义的民族性,是指有利于该民族生存与发展的民族属性,即科学的思维方式、文明的生活方式和风情习俗及其正确的价值观与外在形式的统一。

世界性是指世界各国各民族在思维方式、生活方式、风情习俗和价值观等方面所表现出来的人类共同性。民族性与世界性不是对立统一,而是具体与抽象、个别与一般、个性与共性、局部与整体的统一。只有那些有利于民族生存与发展的先进的、文明的与科学的民族文化才能走向世界。我们倡导民族化,需要挖掘传统文化的世界价值,比如春节不仅是我国最重要的传统节日,是最能凝聚中华民族心理的重要文化载体,业已走向世界,加拿大国会宣布将农历新年从初一到十五命名为"春节",2017 年是加拿大官方认可之后的首个中国新年。令人遗憾的是,我国春节却只放七天假,因此,为了凝聚民心,承载传统文化,我国有必要延长春节假期。

不仅如此,我们在把握全球化思维时,还应该在民族化与现代化合规律性与合目的性的统一中寻求解决问题的答案。一方面,民族化是一个蕴含历时性与共时性融合统一的立体结构,既有传统性,又有现代性;另一方面,现代化蕴含于世界各民族不断发展变化的历时性与共时性的融合统一中,现代化与民族化共同构筑了复杂的纵横交错的、横坐标与纵坐标相统一的整体系统。在这一点上,智库人才应该把握中国特色、本土化与世界性的关系,既不能因噎废食,又不能数典忘

---

① 薛永武:《全球化是人类社会发展的必然趋势》,2017 年 04 月 09 日人民网 – 国际频道 http://world.people.com.cn/n1/2017/0409/c1002 – 29197739.html。

祖,应该避免非此即彼的二元思维,克服见仁见智的局限性,具有既见仁、又见智的全面性与系统性。

3. 智库人才应该具备思域融通的能力

近些年一些知名的专家教授由于治学不严谨和知识能力结构的局限性,说话非常雷人,被人们讥讽为"砖家""叫兽"。这类专家或者满足于思维的片面深刻性,或者满足于浮光掠影,浅尝辄止,没有对问题进行深入系统思考和科学研究,因为缺乏思域融通的能力,经常发出一些雷人之语,有时"语不惊人死不休",甚至可能误导舆论和误导决策,产生一些意想不到的严重后果,客观上难以胜任社会对智库人才的需求。

"思域"是指思维和思想两个含义,即思维和思想的领域。"思域融通"是指在思维和思想的领域达到融会贯通的境界,也是融会贯通在思维和思想领域的具体体现。智库人才为了提出卓有成效的创新性建议,只有具备思域融通的能力,才能避免思维的遮蔽性和片面性。中国古代的开放性思维具有相当的广度和深度,体现了思维的历时性与共时性的统一,具有思域融通的极大包容性。中国文化思域融通,既有"天人合一"的哲学智慧,也有"天下为公"与"天下兴亡,匹夫有责"的担当意识;既有"以人为本"与"民惟邦本"的治国理念,也有"载舟覆舟"与"居安思危"的忧患意识;既有"止戈为武""协和万邦"的和平思想,也有"海纳百川、有容乃大"的博大胸怀;既有"与人为善""己所不欲,勿施于人"的人生哲学,也有"修身齐家治国平天下"的进取精神与整体思维。上述思想的深刻性与丰富性,充分蕴含了思域融通的思维内涵及其开放性,为文化自信和在文化发展创新中寻找新的生长点提供了思维动力。因此,智库人才应该从中国古代思域融通的智慧中获得启迪,为激发创新智慧获得理论动力。

但是,令人遗憾的是,我们一些专家由于缺乏哲学素养,缺乏逻辑学的训练和思维科学的知识,因而没有形成思域融通的能力,缺乏应有的自知之明,认识问题难免思维的局限性,但竟然自以为是。从智库人才的标准来看,缺乏思域融通的能力,客观上很难提出科学有效的建设性对策。

4. 智库人才应该具备光明思维和解决问题的能力

高校智库人才面对各种复杂纷纭的社会矛盾,为了能够为政府和社会提出科学的建议与对策,还应该具有光明思维。

光明思维作为一种独特的思维方式,既是辩证思维的具体表现,又体现了人生哲学和历史哲学的重要内涵。光明思维具有三个向度:

一级光明思维:看到世界既有黑暗,也有光明;既有真善美,也有假恶丑。一级光明思维要求我们能够正确认识特定现实中的黑暗与光明,既不盲目乐观,也不怨天尤人,悲观失望,而是能够比较客观地认识和分析现实。

二级光明思维:在黑暗之中,要以坚定的信念看到光明的到来,树立光明必将到来的坚定信念;能够以辩证的观点看待社会的发展变化,看到光明一定能够战胜黑暗的发展趋势。

三级光明思维:在一级光明思维和二级光明思维的基础上,不但要认识到社会中存在光明与黑暗,而且还要看到黑暗向光明的转化,激励自我和他人为光明战胜黑暗做出力所能及的贡献,做社会发展进步的促进者和建设者,不做怨天尤人的埋怨者和与己无关的旁观者。

智库人才掌握光明思维非常重要。智库人才应该以乐观积极的人生态度,敢于和善于为国家治理提出行之有效的建议与对策,以聪明和睿智形成新的思想,为社会发展进步引路导航。智库人才具有光明思维的意义在于,只有树立光明思维,才能站在社会发展进步的历史制高点上,超越个人的小我,从时代的高度出发,达到入乎其内与出乎其外和谐统一的境界,通过高瞻远瞩,既要敢于针砭时弊,又要避免愤世嫉俗,要看到取得的显著成就,瞩目未来的光明与希望,逐渐形成远见卓识,提出卓有成效的建设性意见。

智库人才在具有光明思维的基础上,还需要具有解决问题的能力,即根据现实的需要,提出具有前瞻性的解决问题的思路和方法,为各级政府的科学管理和各类企业的经济发展提出创造性的建议,引领经济社会的科学发展。

在社会转型期,针对道德滑坡和干部腐败所引起的社会忧虑、心理疾病和信仰危机,智库人才尤其需要提出解决诸多社会问题的有效措施,重建文化自信、民族自信与人生自信,为走向澄明之境和光明之途提供智力支持。

5. 智库人才应该具备复合型的知识结构与能力结构

智库人才应该具有复合型的知识结构与能力结构,才能在融会贯通中形成思想的穿透力,提出富有建设性的新见解。

从智库人才的角度来看,研究领域如果太窄,就很难形成广阔的探索思路。从学科范围来看,高校专家教授大多局限于一个二级学科内进行教学科研,有的甚至拘泥于三级学科的范围。可以设想,按照这种局限于二级学科甚至三级学科的学术视野,不但不能文理交叉,甚至也不能文文交叉,没有宏观的视野,怎么可能对所研究的问题融会贯通呢?实际上,正是由于专家学者知识结构与能力结构的局限性,在解决问题时才容易头痛医头脚痛医脚,自说自话,顾此失彼。新中国成立后我国许多重大决策失误,其中既与领导干部缺乏复合型的知识结构与能力结构有关,也与许多专家知识结构与能力结构缺乏优化组合不无关系。因此,高校智库人才当务之急就是要拓宽学术视野,通过对已有的研究领域进行越界与扩容,努力打通各种相关学科的直接和间接的联系,对各种需要掌握的知识和原理融会贯通。

智库建设一个非常重要的问题,就是要求智库人才必须具有高度的社会责任感和具有优化的知识结构和能力结构,要做真教授、真专家,不做"叫兽"和"砖家"。这类"叫兽"和"砖家"虽然人数不多,但其影响较大,危害也大,客观上确实损害了教授和专家的形象。

智库人才是一种特殊而又非常重要的高级专家,只有具有高度的社会责任感,才能站在历史的高度,超越狭隘的阶层、行业、区域乃至个人利害的局限性,既要胸怀全球,又要维护人民群众的普遍利益,为人民谋福祉,为国家谋富强,平时要善于观察和思考群众普遍比较关心的各种社会问题,通过调研,力求掌握第一手资料,对于国家迫切需要解决的各种问题,能够提出富有创建和富有成效的真知灼见,真正为社会的发展进步提供智力支持。

三、教育型人才的开发

在人才开发的主旋律中,我们对教育的重要性认识远远没有到位,"邦国如果忽视教育,其政制必将毁损"。[①] 古希腊把教育上升到社会兴亡的高度,体现了对教育认识的战略眼光,具有认识上极大的超前性,应该引起我们深思。本书这里指的教育型人才,是指从事各类人才教育的管理者和教师队伍。

(一)管理人才的开发

我国要提高教育水平,提高人才培养质量,前提是必须有一支高素质懂得教育规律的管理人才队伍。但是,现实中我国许多从事教育工作的管理干部并不真正懂得如何培养人才,仍然存在外行领导内行的现象,严重影响了人才的培养。

1. 管理人才应该具备的知识结构

从知识结构的角度来看,从事教育管理的领导干部需要学习和掌握如下相关的知识:哲学、社会学、人才学、美学、文化学、管理学、教育学、心理学、领导科学与艺术、逻辑学、教学法等。为了学习和借鉴古今中外的人才培养理念和经验,管理者还需了解中国古代教育史、外国教育史;了解目前世界先进国家的教育理念和教育方法,掌握素质教育的原则,鼓励和支持教师实施素质教育。此外,领导干部特别需要学习党和国家的教育方针和政策,真正理解以人为本在人才培养中的内涵与本质,学好人才学,了解人才培养的一般规律和特殊规律,掌握人才开发的最新理念和方法。

---

① [古希腊]亚里士多德:《政治学》,吴寿彭译,商务印书馆,1965年版,第406页。

2. 管理人才应该具有人才开发的新理念

学校人才开发以人才开发的理论为支撑和动力源泉。管理者应该自觉学会用全新的人才理念指导人才开发。具体应该做到如下几点。

第一,对学生的培养要具有整体性人才资源开发的系统观念,注重人才培养的整体性与全面性。要在充分了解国家人才政策的基础上,把家庭、学校和社会实践有机联系起来,把人才市场对人才的需求和人才开发的实践联系起来,追求人才开发的整体合力。

第二,要充分发挥教师的主体意识和人才开发的能动性,激励和信任教师。

第三,培养教师具有伯乐意识。教师不但要因材施教,还要引导学生善于自我发现,相互发现,人人都是伯乐,人人都是千里马。

第四,中学教育要与大学教育实现无缝对接。长期以来的应试教育严重影响中学阶段学生的广泛阅读和丰富的社会实践,造成中学与大学之间的裂痕。

第五,用"原野模式"和"鸽子模式"的视野,鼓励教师对学生进行开放式开发。所谓"原野模式"是和"大棚模式"相对而言的。"大棚模式"是把学生放在"大棚"中培养,像温室中的花草,不可能有永久的活力和生命力。"原野模式"则不然,它让你在田野里自由生长,或者被狂风暴雨所摧垮,或者长成参天大树。"鸽子模式"是指对学生要做到放与收的和谐统一。学校既要依规管理学生,又不能管得太死,应该像养鸽子,放得开,收得拢。

第六,要培养学生的千里马和老黄牛意识。千里马的最大优点是具有开拓性,但缺乏耐性和坚韧的意志;老黄牛的优点则是任劳任怨,吃苦耐劳,具有意志的坚韧性,但缺乏速度和开拓精神。因此,我们从知识结构和能力结构优化组合的角度来看,应该努力把千里马和老黄牛的优点完美融合起来。

总的来看,我们要全面提高教育水平,只有建设一支高素质的具有较高水平的教育管理干部队伍,尊师重教,才能对各类学校进行科学管理,提高人才培养的质量。

(二)教师人才的开发

尊师重教是促进和保障教师人才开发最重要的因素。《荀子·大略》提出"国将兴,必贵师而重傅",把是否尊重教师视为国家盛衰的晴雨表。不仅如此,荀子还通过反面的说明,以突出正面的意义:"国将衰,必贱师而轻傅。"荀子这一观点可以说一语中的,非常深刻。

1. 尊重教师的主体性

学校教育具有双主体,即教师主体与学生主体。学校领导绝不能仅仅把教师视为自己的员工和被管理者、被考核者。学生是学习的主体,教师则是教育的主体,但同时还是学生的认识对象、模仿对象和审美对象。

多少年来,教师长期肩负繁重的教学任务,承担"蜡烛"的神圣使命,敬业精神足以令人肃然起敬。但是,我们也应该看到,教师们主观上希望能够用"蜡烛"照亮学生前进的航程,客观上却因为"蜡烛"的光亮有限,难以照亮学生成长的复杂纷纭之路。特别是要全面推进素质教育,要想培养学生在综合中求创新的能力,就必须全面提高教师的综合素质。

教师无疑是学生在校学习期间最重要的榜样,是最直接的模仿对象,因此,教师的一言一行都会直接或间接地影响学生的心灵,而事实上,"任何一个人,如果他不喜欢他的教师的话,就不可能从他受到真正的教育"。① 教师的素质高,就会在潜移默化中陶冶学生的灵魂和情操。

2. 教师应该具备的知识和能力结构

第一,熟悉人才开发的基本规律,学会人才开发的原则和常用技法,掌握人才开发的特殊规律。

第二,教师既具有通才的知识能力结构,也具有比较精深的专业知识能力结构;既要知其然,又要知其所以然。"知其所以然者能教授他人,不知其所以然者不能执教。"②

第三,教师应该具备非常突出的人际交往能力,善于与学生进行课堂内外的积极互动,促进教学相长,能够与学生及时有效地进行知识、思想和情感的沟通。

第四,教师应该具备指导学生进行生涯设计的能力,有因材施教的本领。在这方面,教师应该为学生的职业规划和专业发展等进行具体和科学的策划和引导。

第六,教师应该具有宽广的胸怀和较高的情商,鼓励学生发表不同意见,要悦纳所有的学生,以高度的理性和责任感,善于控制自己的不良情绪。

第七,教师应该使用普通话,具有比较好的语言表达能力。目前,我国在海内外已经建设了近五百所孔子学院,外国人的汉语热如火如荼。随着全球化和"一带一路"的文化传播,我们的普通话教学越发显得重要。

第八,教师应该具备奉献精神和为国育才的使命感。教师职业是一项非常特殊而又重要的职业,担负人才开发的伟大重任,应该具有奉献精神和为国育才的使命感。

第九,教师应该拥有良好的美学素养,学习和掌握人才美学的原理和方法,在

---

① [古希腊]色诺芬:《回忆苏格拉底》,吴永泉译,商务印书馆,1984年版,第15页。
② [古希腊]亚里士多德:《形而上学》,吴寿彭译,商务印书馆,1959年版,第3页。

引导学生学会审美的同时,还应该引导学生学会欣赏各类优秀人才的美。

学校教育本质上是一个人去"动物化"而逐步"成人"的漫长过程。"人欲没有止境,除了教育,别无节制的方法。"①教师应该体现出自身的崇高性和神圣性,引导学生自觉预防和克服金钱和权力对人性的异化。

四、经济型人才的开发

人类社会生产分为物质生产和精神生产两大领域,二者需要协调发展、相辅相成、相互促进,但我国目前面临经济转型升级,经济发展客观上还不能满足人们对美好生活向往的现实需要,迫切需要建设一支高素质的经济型人才队伍。这里所指的经济型人才,主要指在经济领域从事物质生产、营销、经营和经济管理的具有较高科技含量和技术含量的各类人才。在经济新常态下,随着供给侧结构性改革,需要加强新旧动能转化,为此,我国急需培养能够带动产业结构转型升级的经济人才、文化创意产业人才、人工智能人才、互联网软件人才和高水平的技能型人才。

(一)带动产业结构转型升级的经济人才

从我国宏观的角度来看,我们迫切需要一批能够带动产业结构转型升级的经济人才。这类人才应该具有国际视野,具备在国际社会进行文化交流和经济合作的人际沟通能力,了解和熟悉国际领域经济发展的最新业态,具有对经济发展进行战略决策的能力。同时,能够根据我国产业结构转型升级的需要,促进人才战略与企业创新的有效对接,逐步走出依靠人口红利和粗犷式经营的生产模式,引领我国企业及时进行产业结构升级转型。

培养带动产业结构转型升级的经济人才,是一个长期复杂的任务,这类人才一方面需要具有企业生产经营的实际经验,在商海中经过大风大浪;另一方面,这类人才还需要具有战略思维的良好素养和国际的宏观视野。因此,要加大这类人才的队伍建设,既需要企业自身注重产学研的结合,从企业实际出发,立足本省、本地区,放眼全国乃至全世界,拓展国际视野,又要政府组织专家名师,对一批优秀的企业家免费提供素质与能力的全方位培训,特别是支持和鼓励企业家走出国门,对外国的优秀企业进行实际考察。

(二)文化创意产业人才

文化产业作为21世纪的朝阳产业和绿色产业,是我国发展文化事业和新型经济业态的历史选择,但我们尤其缺乏文化创意人才。所谓文化创意人才,是指

---

① [古希腊]亚里士多德:《政治学》,吴寿彭译,商务印书馆,1965年版,第70页。

在文化创意产业领域从事文化产品的理念创新、设计创新、功能创新、研发创新和经营创新的各类人才。①

创意人才既要具有良好的人格素质、丰富的文化素质、优化的思维素质、开放的国际素质、优良的审美素质、渊博的文艺素质,又要具备复现的想象能力、自由联想的能力、创新的想象能力、鉴赏艺术的能力、创造艺术的能力、文艺编导的能力和策划设计的能力。

开发文化创意人才,从政府层面上来看,应该制定和完善文化创意人才的开发政策,从政策层面上保障各类文化创意人才的培养,创造有利于激活文化创意的人文环境,鼓励社会力量形成文化创意的燎原之势,积极鼓励文化创意人才大胆奇思遐想,注重"产学研"中培养文化创意人才,完善各类学校文化创意人才培养体系。

(三)人工智能人才

人工智能是研究、开发用于模拟、延伸和扩展人的智能的理论、方法、技术及应用系统的一门新的技术科学。人工智能人才就是在人工智能领域进行研发设计以及经营生产的经济人才。习近平在"十九大"报告中指出:"加快建设制造强国,加快发展先进制造业,推动互联网、大数据、人工智能和实体经济深度融合"。习近平这里就提到了人工智能与实体经济深度融合的问题。

人工智能的定义可以分为两部分,即"人工"和"智能"。人工智能可以对人的意识、思维的信息过程进行模拟,包括机器人、语言识别、图像识别、自然语言处理和专家系统等。人工智能注重研究人类智能活动的规律,构造具有一定智能的人工系统,研究如何让计算机完成以往需要人的智力才能胜任的工作,也就是研究如何应用计算机软硬件来模拟人类某些智能行为的基本理论、方法和技术。据美国《财富》杂志网站报道,近期在沙特首都利雅得举办的"未来投资倡议"(Future Investment Initiative)大会上,"女性"机器人索菲娅(Sophia)被授予沙特公民身份,成为史上第一个获得公民身份的机器人。索菲亚在会上发表了一番感谢演说,她表示:"我对这一独特待遇感到非常荣幸和自豪。"②

人工智能是包括十分广泛的科学,也是一门前沿学科,属于自然科学、社会科学、技术科学的交叉学科。从人工智能人才培养的角度来看,一个人要成为人工

---

① 薛永武:《文化产业人才资源开发》,北京大学出版社,2016年版,第29—30页。
② 《机器人首获国籍 竟然落户在这里》,http://www.chineseindc.com/article-94427-1.html,2017-10-29。

智能人才,就必须熟悉计算机、心理学、认知科学、数学、神经生理学、工程心理学、[1]信息论、控制论、不定性论、仿生学、社会结构学与科学发展观。此外,随着美学对社会实践的广泛渗透融合,人工智能人才还必须学好美学与艺术设计,具有丰富的文化知识和审美素养,因为人工智能不能局限于计算机科学本身,而是必须具有文化内蕴,让文化充溢于人工智能的灵魂。

(四)网络软件人才

网络软件一般是指电脑系统的网络操作系统、网络通信协议和应用级的提供网络服务功能的专用软件。网络软件人才主要指能够开发设计网络操作系统、网络通信协议和应用服务各类专用软件的技术人才。

网络软件包括通信支撑平台软件、网络服务支撑平台软件、网络应用支撑平台软件、网络应用系统、网络管理系统以及用于特殊网络站点的软件等。在计算机网络环境中,软件能够支持数据通信和各种网络活动。人们可以根据网络系统本身的特点、能力和服务对象,配置不同的网络应用系统。

开发网络软件人才首先要培养大批合格的网络工程师。网络工程师是通过学习和训练,掌握网络技术的理论知识和操作技能的网络技术人员。网络工程师需要熟悉:计算机系统的基础知识,网络操作系统,计算机应用系统的设计和开发方法,数据通信,系统安全和数据安全,网络安全的基本技术和主要的安全协议,计算机网络体系结构和网络协议,计算机网络有关的标准化知识,局域网组网技术、城域网和广域网基本技术,掌握TCP/IP协议网络的联网方法和网络应用技术,接入网与接入技术,网络管理的基本原理和操作方法,网络系统的性能测试和优化技术、设计技术,网络应用的基本原理和技术,网络新技术及其发展趋势,有关知识产权和互联网的法律法规。此外,由于计算机的国际化,网络工程师还必须能够阅读和理解计算机领域的英文资料。

开发网络软件人才其次要培养一批创新能力强的软件开发人才。一般而言,网络工程师分硬件网络工程师和软件网络工程师两大类,硬件网络工程师负责网络硬件等物理设备的维护和通信;软件网络工程师负责系统软件,应用软件等的维护和应用。提升软件网络工程师素质和能力的方法主要有:一是拓展想象力;二是掌握高等数学;三是考虑用户软件需求;四是运用运筹学原理优化软件设计。

软件开发能够对计算机系统及其使用产生重要影响,在培养软件开发人才时,需要特别注重对责任感和道德品质的考察和培养。

---

[1] 朱祖祥、葛列众、张智君:《工程心理学》,人民教育出版社,2000年版,第3页。

(五)技能型人才

技能型人才和产业工人是创造社会财富的中坚力量,是创新驱动发展的主体力量,是制造强国的有生力量。伴随产业结构的调整和升级,高新技术开始广泛运用于人工智能、文化创意产业、网络经济、船舶制造、纺织染整、机械制造、模具设计、电子信息等现代企业的生产服务过程,这些企业客观上需要大批高素质技能人才。因此,努力造就一支规模宏大、结构合理、素质优良、富有创新精神的实用型技能型人才队伍,这是促进我国企业转型升级可持续发展的关键所在。

技能型人才是指在生产和服务等领域岗位一线,掌握专门知识和技术,具备一定的操作技能,并在工作实践中能够运用自己的技术和能力进行实际操作的人员,对于企业的发展具有重要的意义。中新网2013年6月9日汤荔报道,河南平顶山供电公司带电作业班班长朱玉伟32年来醉心于带电作业工具的"发明",先后研制出26项新型作业工具获国家专利,并因此成为享受国务院政府特殊津贴的一线电力工人。技能型工作这么重要,我国1999年以来高校本应加大高职院校的扩招,却在普通高校进行大规模扩招,最终结果是学非所用,一方面造成大学生就业难,一方面造成企业难以招到优秀的技能型人才。

国家近些年来高度重视技能人才培养,相继出台高技能人才队伍建设中长期规划、高技能人才振兴计划、加强企业技能人才队伍建设的意见、世界技能大赛参赛管理办法等政策措施。中国人才研究会还专门成立了经济人才专业委员会,围绕我国经济人才的培养做了很多富于实效的研究和培训工作。根据我国对技能型人才的急需,我们应该加大对技能型人才培养的力度。

第一,优化舆论环境,提升全社会对技能型人才的荣誉感。针对高技能人才社会地位和职业声望低、职业认同感缺乏的现状,政府积极引导社会的价值导向,努力营造尊重劳动、崇尚技能的舆论氛围,大力宣传鼓励高技能人才成长的方针政策,宣传高技能人才在经济社会发展中的重要作用和突出贡献,引导人们改变重学历文凭、轻职业技能的传统观念,树立"技不压身"的理念,努力营造"崇尚技能、不唯学历"的社会氛围。

第二,切实提高技能型人才的待遇,从政策保障上肯定技能型人才对企业发展所做出的重要贡献。可以借鉴日本的做法,每年评选各种类型的"技圣",给予高尚荣誉和重奖,在全社会营造尊重技能型人才的价值取向。进一步完善以政府奖励为导向,企业奖励为主体,辅以社会激励的高技能人才奖励体系。

第三,政府和企业密切合作,联合设置不同层次的高技能人才培养示范基地、技能大师工作室、建立首席技师制度,从制度建设和基地建设上切实保障技能型人才的可持续发展。

第四,为了进一步加强实用型技能型人才队伍建设,要进一步加大对技能型人才终生培训的力度。根据《国务院关于加强职业培训促进就业的意见》要求,坚持不懈地开展就业技能培训、岗位技能提升培训和创业培训。培训对象既可以包括大学生就业前的岗位培训,在岗的技能型人才提升性培训,也可以包括对普通产业工人(包括进城打工的农民)的技能培训,逐步构建面向全体劳动者的职业培训体系,提升技能人才职业素质和就业创业的能力。

第五,全面提升高职院校人才的培养质量。高等职业教育的培养目标是技术应用型人才,在培养技能型人才方面,采取校企结合模式,要进一步培养学生具有解决实际问题的综合技术能力,加强职业精神、创新精神和开拓能力的培养。

综上可见,根据我国供给侧结构性改革,伴随产业结构的转型升级和新旧动能转换的发展需要,我们只有告别过去的人口红利发展模式,建设现代高素质的经济人才队伍,才能为我国的经济发展提供卓有成效的人才资源保障。

五、创新型人才的开发

创新是一个国家和民族永不衰竭的发展动力,唯有创新才能不断为社会发展进步注入前进的动力。因此,根据我国经济社会发展的需要,我们应该加强对创新型人才的开发。

创新型人才是人才队伍中比较具有创新能力的优秀人才,"是指具备较高的专业素质和创新能力,并能为社会和人类创造出较为丰硕和重大影响成果的人"。[①] 为促进创新型人才的开发,需要不断培养人才的创新意识、创新思维和创新能力。创新能力是人们创造新事物的能力,它包括创造能力,蕴含着个人的知识和经验、观察与思索、智慧和才能、感性与理性、情感与理智,也是在创新动机的催发下,从事创新实践,并且通过创新实践的检验发展起来的,它体现了对事物本质求真的认识论,又蕴含了符合主体需要的价值论。

(一)树立有利于促进创新的多种意识。

一个人的创新意识要受到自身多种意识的制约和影响,为了激发创新意识,创新者要具有人才意识、合作意识、竞争意识、开放意识、信息意识、超越意识、未来意识等。

在科技创新性人才的意识中,尤其需要具有优良的人文精神。哥白尼、达尔文、爱因斯坦、钱学森……他们无一不是伟大的人文主义者,他们拥有深厚的科学素养和人文素养,关注人的精神自由和道德的自我完善,同时又十分关注人类的

---

① 罗洪铁:《人才学基础理论与实践专题研究》,党建读物出版社,2014年版,第104页。

前途和命运。但根据记者的采访调查,目前部分科技工作者身上或多或少存在着人文精神缺失的问题。①

(二)通过提高情商促进创新能力

从智商与情商的关系来看,一般来说,智商愈高,愈有利于提高创新能力;智商愈低,愈不利于提高创新能力。智商虽然能为创新能力提供智力保障或智力支撑,但并不是所有智力高的人都富有创新能力,一个人在具有良好的智商的前提下,还特别需要提高情商,才能确保提高创新能力。

(三)理解创新过程及其原理

创新过程即创造事物的过程,它一般包括动因、准备、孕育、顿悟和验证五个阶段。创新者由于存在个体差异,因而在创新过程中也会有不同的表现。

(四)人才开发需要创新思维的多极开发

在创新意识的激励下,敢于"见异思迁",善于大胆设疑,创新者可以从各种角度出发,对创新思维进行多极开发。要学会运用辐射思维、辐集思维、直觉思维、灵感思维、梦境思维②和仿生思维等多种思维方式。

(五)掌握常用的创新技法

创新技法是实现创新的技巧和手段,可以促进和实现创新思维,优化创新结果。比如,纵串横连、异同比较、反向思考、相关组合、功能扩大、一物多用、重新组合、扩优缩缺、化繁为简、统摄整合等创新技法,都是创新者需要掌握的。

(六)通过丰富多彩的审美活动激发想象力

通过审美激发无限的联想和想象力,精骛八极,心游万仞,观古今于须臾,抚四海于一瞬。打破时空限制,放飞想象力和精神的自由空间。创新离不开大胆的想象,想象能力则是创新能力的核心和关键。

习近平总书记强调,发展是第一要务,人才是第一资源,创新是第一动力。中国强起来靠创新,创新靠人才。③ 习近平在十九大报告中还指出:"加快建设创新型国家。创新是引领发展的第一动力,是建设现代化经济体系的战略支撑。要瞄准世界科技前沿,强化基础研究,实现前瞻性基础研究、引领性原创成果重大突破。……加强国家创新体系建设,强化战略科技力量。深化科技体制改革,建立以企业为主体、市场为导向、产学研深度融合的技术创新体系,加强对中小企业创

---

① 毛莉:《科技的本性在于造福人类 没有良心科技将失去灵魂》,《中国社会科学报》,2014年2月24日。
② S. 阿瑞提:《创造的秘密》,辽宁人民出版社,1987年版,第10页。
③ 郁芬:《激活"第一资源",增强"第一动力"》,《新华日报》,2018年3月18日。

新的支持,促进科技成果转化。倡导创新文化,强化知识产权创造、保护、运用。培养造就一大批具有国际水平的战略科技人才、科技领军人才、青年科技人才和高水平创新团队。"我们把习主席关于人才与创新这两点融合起来理解,可以理解为人才的创新是做好我们各项工作的关键。

六、创业型人才的开发

"大众创业,万众创新"写进我国2015年政府工作报告,成为鼓励大学生创业的重要价值导向。创业要有持久的生命力,就必须具有创新的内涵,必须与国家的经济社会发展和民生紧密联系起来,它是经济增长的内生引擎。① "创业"具有两个含义:一是从零做起;二是在已有产业的基础上进行新的创业。笔者所谈的创业型人才中的创业包括这两种类型。创业型人才是指具有创新精神和创新能力,在创业中通过创造性劳动为社会发展和人类进步做出贡献的人。创业型人才应该具有优良的素质和创业能力。

(一)持久的创业激情

创业激情是一种干事创业的高尚情感,正如法国启蒙运动领袖狄德罗所言:"只有大的情感,才能使灵魂达到伟大的成就",② 创业型人才具有创业激情,才能够冲破阻力、百折不挠地进行创业的探索。

创业激情是一种情感,也是一种态度和精神。创业激情是一种在困难面前百折不挠、泰山压顶不弯腰的坚韧,也是一种锐意进取、永不言败的精神气概。创业激情蕴含坚韧的意志、科学的智慧与理性的闪光。许多成功的创业型人才最初几乎都缺资金,缺人才,缺技术,缺经验,经历过磨难和考验,甚至遭遇挫折和失败,但最终获得创业的成功。

(二)自由和独立精神

创业型人才的自由精神,要求创业型人才在思维领域里能够达到自由的境界,突破常规常理对创业的影响,获得思维的自由和解放;创业型人才的独立精神,要求创业型人才具有创业的自主性、独立性和创造性。

创业的自由精神克服了创业的盲目性、随机性,体现创业的自由性、科学性和自主性,是在见微知著的基础上对创业准备、创业投入、创业风险与创业前景的远见卓识。心理学家吉尔福特把创造性人才人格的第一特点看作是"高度自觉性和独立性",确实看到了独立性对于创造性的积极影响,而"当你有充足的理由去做

---

① 吴江:《创新是创业的本质特征》,《光明日报》,2016年12月13日。
② 狄德罗:《狄德罗文集》,王雨等编译,中国社会出版社,1997年版,第1页。

一件事情的时候,你必须要有足够的勇气抛开传统和自我的限制"①。创业型人才应该具有反思精神、怀疑精神和独创精神,具有对市场经济的探索精神,才能驾驭市场经济的大潮。

(三)独特的创新人格

创业型人才还应该具有独特的创新人格。创新人格大多具有自信性、批判性、独特性、认知性、好奇性、专注性、想象性、坚韧性等特征。具体表现为:富有主见,较少从众行为;有强烈的好奇心,富有幻想,喜欢冒险;有很强的自信心,不安于现状,甚至在常人看来会"离经叛道";喜欢雷厉风行,具有较高的工作效率;有决心、恒心,具有百折不挠的坚韧性。

创新人格不仅具有聚焦创新思维的能力,通过思维方式的优化互补与整合,形成思维的合力与创新的穿透力,而且还具有超前思维的能力,通过思维的聚焦,运用未来学的原理,以"未来时"的视野,把握创业的未来发展趋势。亚里士多德曾经高度评价理智和远见的重要性:"凡是赋有理智而遇事能操持远见的,往往成为统治的主人;凡是具有体力而能担任由他人凭远见所安排的劳务的,也就自然地成为被统治者,而处于奴隶从属的地位。"②

(四)敏锐的市场眼光

市场经济既有一定的客观规定性,又有一定的可变性和偶然性。创业型人才要具备敏锐的市场眼光,多一只敏锐的"市场眼"。

首先,创业型人才要充分利用市场经济确定性的原理。市场经济无论千变万化,其适应和满足市场需要的基本规律和特点是不变的。其次,创业型人才既要认识消费需要的可变性,又要预防"跟风""一窝蜂"造成的"扎堆现象"。创业型人才敏锐的市场眼光要求为"试错"留出调整空间,从创业的选择到具体创业过程,都要留有充分的余地,必须具有内在的弹性,使创业具有可持续发展的空间。

(五)警觉的风险意识

市场多变化,创业需谨慎。创业本身具有投资的风险性,创业者必须随时保持警觉的风险意识。

一般而言,创业追求的利润越大,风险也越大,谨记"风险与机会并存"的道理。为了把创业风险降到最低点,以较少的投入获得较多的效益。创业型人才要敢闯,敢试,敢冒险,又要善闯、善试、善冒险,防患未然。

创业型人才应该了解市场经济的一般规律和特殊规律,掌握创业的基本思

---

① [美]费洛迪著:《才经》,谢逸群译,东方出版社,2008年版,第182—183页。
② [古希腊]亚里士多德:《政治学》,吴寿彭译,商务印书馆,1965年版,第5页。

路、途径和方法,把创业的风险降到最低点。大学的创业教育要鼓励大学生经过理性思考、分析和判断之后再进行科学创业。①

(六)深厚的文化底蕴

文化底蕴是指个人、群体、民族和国家所拥有的精神财富的广度和厚度。创业型人才具有深厚的文化底蕴,这是成功创业的重要前提。

第一,创业型人才可以通过参观、考察、学习和调研等多种方式,了解世界经济现状和未来走向,汲取各种文化科学的营养,主要了解经济学、市场营销、人力资源管理、现代企业管理、经济法、组织行为学、管理信息系统。此外,还要懂企业文化、审美经济、社会学、企业哲学等若干相关的文化知识。

第二,了解中国传统文化与外国传统文化。中国传统文化中的和谐文化底蕴深厚悠长,对于创业型人才认识和处理创业可能遇到的各种矛盾,颇具启发意义。市场经济有竞争,但不需要尔虞我诈、你死我活,竞争的双方乃至多方可以互惠互利、共同发展。

(七)开放的国际视野

我们已经进入一个"地球村"的信息时代,"从经济领域的角度看,国界正在失去其原有的意义"。② 因此,创业型人才必须拥有开放的国际视野,关注世界经济一体化、区域经济一体化等诸多"一体化"问题。

创业者一方面要以世界的视野进行创业从宏观上把握创业所需要的国际环境、国际规则、国际市场等,从中辨析国际合作伙伴与竞争对手,谋划产品的国际化;另一方面,创业者要了解市场经济的国际规则以及国际合作伙伴所在国家的具体规则等。

(八)跨文化沟通能力

跨文化沟通是指不同文化背景的人或群体之间表达思想、传递信息、交流感情、形成互动的行为过程。在市场国际化的背景下,为使创业融入国际市场,创业型人才要具有跨文化的沟通能力。

创业型人才既要正确认识不同民族、不同区域以及不同国家的人们在文化传统、价值观念、宗教信仰、思维方式、伦理道德、风俗习惯等各自不同的特点,又要正确认识不同民族、不同区域以及不同国家人们的共同性与价值的普适性。创业

---

① 笔者2017年8月访问欧洲一些大学,欧洲很多大学也在鼓励大学生创业,但实际上,大学生毕业后马上创业,结果很多是失败的。因此,大学生创业尤其需要审慎。
② [英]帕特·乔恩特等编:《跨文化管理》,卢长怀等译,东北财经大学出版社,2003年版,第8页。

者如果能够创造出具有普适性价值的产品,则有利于促进该产品走向国际市场。

创业型人才还要学会驾驭跨文化冲突。以世界整体论为出发点,了解和遵循世界普适性的经济运行规则,关注国际市场的需求,体现创业的国际性。

(九)优良的团队精神。

团队精神是企业员工之间互相沟通、交流、合作,为实现企业的整体目标而奋斗的精神。团队精神包含两层含义:一是员工之间能够互相理解、尊重,彼此之间能够进行有效的沟通和交流,形成企业发展的凝聚力;二是员工之间通过互相合作、互补、共生,实现企业精神财富的增值,能够激活和促进企业的发展力。

优良的团队精神是创业型人才增强企业凝聚力的需要,也是创业型人才增强企业发展力的重要支柱。团队精神能够凝聚创业发展的向心力,从而对员工产生特殊的激励作用。创业者应该具有与员工共创事业、合作发展的凝聚力,具有内强筋骨与外塑形象的发展力,善于激励员工着眼于开辟创业的未来之途。

(十)优化的素质能力结构

创业型人才应该具有锐意进取、自强不息的敬业精神,脚踏实地的工作作风,坚韧的意志品质,良好的心理素质,高瞻远瞩的战略意识,较强的社会责任感等许多基本素质,还要具有优良的创业能力。

创业型人才需要具有如下能力:科学设置创业目标的能力,使目标具有一定的挑战性,以及实现目标的可能性与现实性;具有把握商机的能力,善于发现和把握创业的机遇;具有创业需要的专业能力;具有市场开拓与营销能力;具有了解信息和利用信息的能力;具有把创业理念、创业技术和创业人才及时转化为经济效益与社会效益的能力;具有良好的人际沟通能力;具有任人唯贤、唯才是举的能力;具有驾驭矛盾、保持企业发展的动态平衡的能力,促进企业与员工的协调发展与共生共荣;学会运用5W2H分析法,做理性的创业型人才。

2004年,家境贫困的郭可江中央财经大学毕业三年后,放弃北京的优越工作,回乡种菜,一年成千万富翁,①其成功经验值得学习。从创业成功的经验来看,每一个创业者都需要优良的综合素质和把握市场的能力,需要开拓精神和多方面的能力,也更需要耐力和坚韧的意志。

---

① 朱建豪:《文科状元辞职回老家种菜 一年成千万富翁》,《大河报》,2012年12月14日。

第二章

家庭、学校与人才开发

人才开发是一项综合性的系统工程,涉及个人、家庭、学校和社会的每一个方面,既需要个人能动的自律性开发,又需要家庭、学校和社会的他律性开发。从人才开发的诸多要素来看,家庭无疑是人才他律性开发的重要因素,也是人才培养性开发的第一个重要环节。

一、家庭人才开发的基本规律

(一)家庭在人才开发中的重要性

在人才开发过程中,家庭要考虑孩子的优生和优育问题。父母是孩子学习和成长的第一任老师,也是孩子生涯设计的顾问。

古希腊人已经认识到家庭教育对于人才开发的重要性。柏拉图和亚里士多德都曾经论及优生优育问题。柏拉图在《理想国》中曾经深刻指出,"凡事开头最重要。特别是生物。在幼小柔嫩的阶段,最容易接受陶冶,你要把它塑成什么型式,就能塑成什么型式",①因而他非常重视儿童教育。实际上,家庭对人才开发的重要性正如第一个"牧羊人"对羊的影响,"我们都像被人饲养的'羊',你我对于这个世界的认识、看法和体验已经被'牧羊人'限定的环境具体化、程式化了。在我们很小的时候,我们所置身的文化、家庭、社区就开始教导我们怎样认识这个世界。在这种条件下,我们自然而然地认为这个世界就是如此,我们就是如此——这就是我们认识的全部。"②亚里士多德甚至还从家庭遗传角度阐释了优生优育的问题,他指出:"优种递传优种;世泽之家的后裔常常见到有良好的品德。"③由此可见,家庭是社会的细胞,是养育生命的摇篮,也是人才开发的第一个

---

① [古希腊]柏拉图:《理想国》,郭斌和、张竹明译,商务印书馆,1986年版,第71页。
② [美]安东·卡马罗塔:《发现你的领导力》,扈喜林译,北京科学技术出版社,2006年版,第5页。
③ [古希腊]亚里士多德:《政治学》,吴寿彭译,商务印书馆,1965年版,第151页。

重要环节。

家庭在开发孩子的潜能方面具有非常重要的作用。根据2013年6月13日凤凰网亲子频道报道:美国科学家在对近千人进行了跟踪观察后,发现5岁前是儿童智力发展的最佳时期。科学家假设如果把17岁时所达到的普通智力水平看作100%,那么从出生到4岁,就获得50%的智力;从4岁到8岁又能获得30%的智力;而余下的20%的智力则是在8岁~17岁这个时期获得的。美国科学家这一报道客观上反映了家庭教育对于开发孩子潜能的不可替代性及其重要性,值得我们许多家长深思。

(二)父母的言传身教与人才开发

在家庭的人才开发中,父母承担着教育子女的艰巨重任。这种教育不是一般的知识教育,而主要是对孩子进行做人教育和生活教育。父母是孩子的第一任老师,是孩子人生的引路者,是孩子生涯的最初设计者,是掌控家庭教育的方向盘,是孩子人生道路上最重要的榜样。

美国心理学家史坦堡提出了家庭教育的四个原则:一是父母的言传身教;二是父母要制订规则,按照规则来约束孩子;三是帮助孩子培养独立性;四是确立并实施教养子女的目标。在上述四个原则中,史坦堡特别重视父母的言传身教,他认为,父母会对子女产生重大影响。实际上,父母的一言一行构成孩子成长的重要环境,父母说什么,怎样说,做什么,怎样做,孩子都看在眼里,潜移默化地积淀在心中,慢慢地转化为自己的言行榜样或标准。

言传身教中的求真。求真,向善,爱美,这是人类社会发展进步的永恒主题。言传身教中的求真,就是要求父母无论在工作岗位还是在家里,都要为孩子树立一个热爱学习的榜样,这种学习可以结合工作实践进行,也可以按照自己的兴趣进行。父母通过学习,在增长知识的基础上,更多地认识了世界,探究了真理,为孩子树立了爱学习榜样的同时,也能够在思想和理论上指导孩子发现和认识真理的方法,平时也能够满足孩子的求知欲,即使暂时不能回答孩子的提问,也可以与孩子一起交流和探讨,或者自己再通过学习以后,再去回答,决不能堵塞孩子的求知欲,更不能因为孩子的提问而搪塞甚至训斥孩子。

言传身教中的向善。父母在言传身教中重在引导孩子学会做人,因此也是对孩子进行素质教育最重要的前提。比如说,父母怎样对待老人,怎样对待左邻右舍,怎样对待陌生人等,其中就有善恶问题,也体现做人的教养,这些都将直接影响孩子的世界观、人生观和价值观,也直接影响孩子的做人处事。首先,父母在家庭内部,有责任在家庭中创造一种最有利于教育子女的优化氛围,父母应相互尊重,相亲相爱,对老人体贴关怀;对孩子的教育动之以情,晓之以理,既要严格要求,又要尊重孩子的人格和自尊心,不能摆家长架子。其次,在家庭以外,父母要率先做好人,勤奋工作,乐于助人,有正义感和责任感,带头遵纪守法,与同事、朋友友好相处。可以设想,孩子成长在这样的家庭环境中,就比较容易形成优良的品质与和谐的个性。

言传身教中的爱美。托马斯·阿奎那在《神学大全》中有段名言:"爱美之心,人皆有之。"爱美是人类的天性,父母既要爱美,注重外在美和内在美的统一,也要引导孩子学会爱美。父母应该适当学点美学,引导孩子追求简朴的美、青春活泼的美、朝气蓬勃的美、积极向上的美,做孔子所说的君子,"文质彬彬,然后君子"。

言传身教中的爱美,至关重要的一点是要引导孩子欣赏人才的美,进而追求人才的美。人才的本质特征在于创造性和进步性的和谐统一,更多地体现社会价值,所以人们更多地表现为对人才的尊敬、钦佩和赞扬,而体现出对人才审美的超功利性。人才以创造性和进步性为本质特征的实践活动,既体现了认识世界的真,又体现了改造世界的善,既以一般的社会美为基础,又是对一般社会美的超越,既是合规律性与合目的性的互相渗透,又是社会功利性和审美性的辩证统一。

历史业已证明,那些德才兼备而又为社会发展进步作出较大贡献的杰出人才,将会流芳千古,永远得到人们的尊敬、爱戴和赞美!倘若父母引导孩子以追求人才的美为最高的价值取向,孩子的前进就会有方向,有榜样,绝不可能去追求极端的外在美,更不会走向犯罪的道路。[①]

(三)合力效应与培养孩子的技巧

1. 家庭要形成人才开发的合力

父母是家庭中的核心人物,应该达成培养孩子的共识,形成家庭育才的合力效应。父母为了孩子成才,要学点人才开发理论,熟悉生涯设计的原则和方法,在生涯设计和教育原则上尽可能形成共识,在孩子升学、就业、婚姻恋爱等重要问题上给予正确的指导。

父母对孩子提出的要求要一致,不能互相矛盾。父母在教育孩子的问题上如果有重要分歧,一般不要在孩子面前争执,而是要在私下协商,以免引发孩子的心理矛盾。我们过去通常说"严父慈母",这是符合中国传统家庭的价值观的。但在现代家庭里,如果父母当中一方对孩子严格要求,而另一方溺爱孩子,那么即使严格的一方是正确的,由于其正面作用被溺爱的副作用抵消了,因此严格本身也就无法发挥其应有的教育作用,结果是由于溺爱而影响培养孩子的总体效果。我们如果把对孩子严格要求的一方所产生的教育效果视为正数,那么,对孩子溺爱的

[①] 薛永武:《从审美文化看人才美学》,《光明日报》,2005年6月7日。

一方所产生的教育效果则为负数。如果父母双方的威信和权力一样,则教育总效果等于零;如果父母中一方的威信和权力高于另一方,教育效果则倾向于威信和权力较高的一方。所有的父母应该学会这样简单的运算,以追求培养孩子的总效果。

2. 父母与孩子沟通的技巧

父母与孩子一般都会出现不同程度的所谓代沟。既然有代沟,就有可能沟通。天堑尚且可以变为通途,大海可以架桥,更何况父母与子女之间呢?这里关键是应该学会与孩子沟通,而不是要不要沟通的问题。

为了与孩子沟通,父母应该善于反思自己的成长经历,从个人的生涯变迁中发现人才开发的规律,感悟"士别三日,当刮目相看",以自己的发展历程为孩子现身说法。父母不妨回忆一下自己的发展历程,自己上学时都是名列前茅吗?自己一直是三好学生吗?自己从来没有做错过事情吗?自己没有调皮捣蛋过吗?其实,不要说普通的家长,即使那些伟人小时候,也未必什么都优秀,也未必没有调皮捣蛋;一些大作家高考时数学不及格甚至可能是零分。

父母要学会换位思考,多站在孩子的视角分析问题,理解孩子的成长过程和思想感情,知道孩子希望父母怎样做,这样也可以完善父母的形象。一般来说,孩子总是喜欢循循善诱的父母,喜欢能与自己推心置腹的父母,喜欢学问渊博而又平易近人的父母,喜欢个性和谐富有幽默感的父母,喜欢能够激励自己而又与自己一起玩耍的父母。我们家长扪心自问,孩子希望我们做的,我们做到了吗?我们希望孩子做的,孩子有时做不到,不是很正常吗?我们既然不能苛求自己,又有什么理由去苛求还不太懂事的孩子呢?

父母应该学会与孩子交朋友。父母以心平气和的态度,以自由民主的方式,与孩子共同探讨和交流关于孩子的学习问题、生活问题、分析某些社会现象等。要允许孩子发表不同的意见,甚至争辩等。父母与子女关系的两个极端:在孩子比较小的时候,父母在家庭中处于绝对的领导核心地位,具有绝对的权威,往往居高临下地教训孩子,孩子则以服从为代价;等孩子渐渐长大以后,父母仍然要继续行使权威,而孩子则已经具有了相对的独立性,客观上由于父母的专断,孩子就会向父母封闭自己的心灵,有时甚至可能产生抵触心理。

多与孩子共同参加一些旅游、游戏和其他实践活动。通过和孩子一起活动,充分发展孩子的个性。家长可以从这些活动中观察到孩子的优点、缺点以及综合素质。在这个基础上,父母可以更好地对孩子因势利导,更自然地与孩子打成一片,增进亲情和友情,这在客观上非常有利于对孩子因材施教,更加有效地开发孩子的潜能。

3. 对孩子的期望要张弛有度

望子成龙,望女成凤,这是中国父母对孩子普遍的希冀,真是可怜天下父母心。根据2013年7月15日《南方都市报》报道,女子花近12万为5岁儿子报17个培优班。类似拔苗助长式的急功近利,客观上严重影响了孩子的健康成长。家长对孩子的期望应该张弛有度,切忌拔苗助长。

无论是家长还是孩子,都应该认识到,人才是分层次的,不论你多么优秀,多么出类拔萃,总是山外有山,人外有人。特别是高校扩招以后,上大学和读研究生的机会多了,但竞争也更加激烈了。20年前,大学生还是"天之骄子";而如今就连硕士、博士,也没有多少人高看你。从成才比例来看,中国所有的家长如果都希望孩子成龙成凤,那么谁的孩子不成龙成凤?其自相矛盾不言而喻。大自然也好像和人们开了一个玩笑,天上的飞禽在数量上总要比地面上的生物少一些。所以,做人还是要脚踏实地,在平凡中实现自己的伟大人生。

对孩子的期望要重在奋斗过程。从哲学的观点来看,主观动机与客观效果之间可以统一,但更多地表现为一定的差异。古人讲"取法乎上,可得其中;取法乎中,仅得其下",说的也是这个道理。孩子努力拼搏了,即使没有成龙成凤,也会得到很大的发展,而决不会平庸一生。在这一点上,父母更应该相信,在通常情况下,一分耕耘一分收获;但在特殊情况下,有时你耕耘了,但未必有收获。对此,应该有豁达的人生态度,也应该有"谋事在人,成事在天"的大智慧和大境界,而不能一叶障目,不见泰山。

由此可见,对孩子的期望值应该有一定的弹性,要张弛有度,不能按照一个模式和标准,因为孩子是一个活生生的人,是一个富有变量的函数,而不是机器。

二、学校人才开发的基本规律

在整体性人才资源开发中,家庭教育是培养性开发的第一个环节,而学校教育则是培养性开发的第二个环节。学校教育在人的一生中有着特殊的重要性,自有学校以来,社会就把学校视为培养人才的专门机构,是一个适龄学子追求知识、增长学问的神圣场所。

(一)确立人才开发的资源共享理念

我国自从1999年高校扩招以来,许多大学开始大量合并,扩大了办学规模,但由于缺乏共享理念,客观上出现了资源浪费的现象,在一定程度上影响了人才培养。

共享理念的概念是以意大利经济学家维弗雷多·帕累托的名字命名的,他在关于经济效率和收入分配的研究中最早使用了这个概念。帕累托最优(Pareto

Optimality），也称为帕累托效率（Pareto efficiency），是指资源分配的一种理想状态，假定固有的一群人和可分配的资源，从一种分配状态到另一种状态的变化中，在没有使任何人境况变坏的前提下，使得至少一个人变得更好。所谓帕累托最优状态，实际上就受充分发挥资源的可共享性，实现其最大经济效益和社会效益。

从人才开发的角度来看，共享理念（concept of sharing）是指大学城将众多高校的资源进行重组与整合，按照共享资源的服务范围以及空间联系，形成一种脉络清楚、层次分明的有机整体，促使大学资源的配置达到或接近帕累托最优状态，达到资源分级共享的目标，实现资源的更大效益。

人才开发的资源共享主要体现在两个方面：在同一个地理空间区域或者相近的地理空间区域，一是实现师资共享，尤其是高水平学校的师资应该支持其他学校的人才培养；二是学习和学术资源共享，比如学校图书馆与城市图书馆，可以互相开放，免费供市民和学生阅读使用。尤其是在大学城的特定区域，大学城公共资源一方面可以在内部层面上进行开放与共享，将资源和功能相近的高校集聚到一起，通过重新配置形成一个新的有机整体，可以促进资源的集约化利用；另一方面，大学城公共资源与城市公共文化资源的开放与共享，即大学城公共资源对周边地区及整个城市的开放与共享。

通过以上共享理念的落实，客观上非常有利于从文化资源的丰富性上促进全面的人才开发，发挥公共文化资源的最大社会效益。

（二）以人为本与"成人"教育

学校教育本质上应该以人为本，是把每个人从孩提时代逐步培养为"成人"的过程。但是，就以人为本而言，我们很多父母、老师乃至干部并不真正理解以人为本的科学内涵，也不理解"成人"的标准。

在学校教育中，从学校领导的角度来看，以人为本就是以教师和学生为本。以人为本在内涵上应该具有理解人、尊重人、关心人和发展人四个向度。对于教师队伍建设而言，学校领导要理解教师职业的辛苦和重要性，理解教师的酸甜苦辣；尊重教师的主体人格；关心教师的衣食住行和生涯设计、职业培训和职业晋升；帮助和指导每个教师开创美好的未来。从教师的角度来看，每个教师都要理解和尊重学生的身心发展规律，了解学生的学习压力和学习困惑以及成长过程中的心理冲突等；要尊重每个学生的主体人格，特别是中小学教师尤其需要注意这一点，坚决杜绝动辄体罚和侮辱学生；关心每个学生的身心发展和学业学习状况，情感世界的困惑和矛盾；指导学生进行科学的生涯设计，通过因材施教，帮助和提高学生的综合素质、学习能力和创新能力。

所谓"成人"，并非单纯指年满18岁，而是指通过自我塑造，修身养性，使自己成为一个有理想、有担当,能够为自己人生、家庭和社会做出应有贡献的人。关于"成人"教育,小学是基础,中学是关键,大学阶段需要进一步完善和提升。每个人都是从幼小时代的懵懂无知开始,通过小学阶段的基础学习,逐渐获得了知识,增加了智慧,为"成人"逐步打下比较坚实的基础。从初中到高中这六年是学生逐渐"成人"非常重要的发展阶段,中学要特别注意培养学生正确的世界观、人生观、价值观、爱情观、金钱观和权力观。大学阶段,高校要继续在这些方面对大学生进行全面历练和提升,促使大学生进一步"成人",由"成人"进一步培养成为国家需要的栋梁之才。

在学校培养学生的"成人"方面,学校特别需要正确引导学生的个性健康发展。教师要引导学生认识到每个人都有个性,但不能以个性为荣,更不能为个性而个性,因为个性有不同的类型,有和谐完美的个性,有特立独行的个性;有人自卑,有人自负;有人谦虚,有人骄傲;有人真诚,有人虚伪;有人鲁莽,有人怯懦。学校素质教育应该特别注重培养学生和谐完美的精神个性,而不是特立独行的反社会的愤青人格。

为了更好地培养学生"成人",政府可以考虑设置"成人节",由学校组织本校年满18周岁的学生,通过举办特定的"成人"仪式,进行"成人"宣誓,以此激励青年真正成人。

(三)我们如何回应"钱学森之问"

"钱学森之问"是关于中国教育事业发展的一道艰深命题,需要整个教育界乃至社会各界共同破解。2005年,时任总理温家宝在看望钱学森的时候,钱老感慨说:"这么多年培养的学生,还没有哪一个的学术成就,能够跟民国时期培养的大师相比。"钱老又发问:"为什么我们的学校总是培养不出杰出的人才?"这就是著名的"钱学森之问"。目前我国的基础教育和高校教育,客观上还没有真正能够回答著名的"钱学森之问"的问题。

1. 确定学生的学习主体性

要确立人才开发的全新理念,就必须重新对学生这个特殊群体进行重新定位。如果说教师是教学的主体或者人才培养的主体,学生则是学校的学习主体。

"钱学森之问"需要我们深入思考。在各类学校教育中,回答"钱学森之问"的关键就是应该确立人才开发的全新理念。具体说来,人才培养目标的确定、学生生涯的设计、人才培养模式变革等,都亟待作出积极稳妥的选择。"基础教育阶段对科技创新人才的成长成才有着重要的奠基作用,因此将提升中小学生多元创新能力纳入建设创新型国家整体战略势在必行。"①长期以来,我们很多教师把学生仅仅视为接受教育的对象,美育学则把教师视为施教者,而把学生视为受教者。这样做的结果就是从根本上严重压抑和扭曲了学生的主体性。

我们认为,在对学生定位时,首先,应该把学生看作活生生的人,是有血有肉的富有活力的青少年或儿童,是我们的兄弟姐妹和孩子。学生和成人一样,也有自己年龄段所特有的喜怒哀乐、酸甜苦辣,有自己的个性和兴趣爱好,有自己的追求和理想,有非常大的可塑性。其次,学生是学校的学习主体。当我们把学生定位在"学校的学习主体"时,并没有否定学生的"学生身份",也没有否定教师的教学主体地位。学生作为学习主体,只是学习知识的主体,旨在突出学生在校学习的本质特征,这样定位不仅肯定和明确了学生作为特殊群体的生命活动主要是在学校的学习和实践,而且也在性质上确定了学生的双重身份,即学习身份和主体身份。学生作为学习身份,就应该进入学校的学习角色,自己不是来学校玩的,更不是来学校享受的,内心深处要有自己的责任感和使命感;作为主体身份,就要把自己看作是有生活独立能力、自立自强、富有能动性和创造性的社会成员,理应与教工一样也是学校的主人,而绝不仅仅是被教育的对象。

从人才开发的角度来看,学生作为主体身份,更应该学会自主学习,自我约束,自我规范,在自我开发上做出成绩。对此,可能会有很多老师会担心,这样岂不是把学生宠坏了吗?其实,这种担心是可以理解的,但完全是一种杞人忧天的焦虑。可以设想,我们搞素质教育的目的之一,不就是要倡导学生自主学习、拥有独立生活的能力吗?素质教育不是让学生来到学校仅仅产生被管束的感觉,而是应该让学生来到学校如同来到一个大家庭一样,自己是这个大家庭的一员。学生如果认识到自己是这个大家庭中的一员,就会承担起"家庭"成员应有的责任和义务。

实际上,我们之所以要如此为学生定位,这恰恰是因为我们充分认识到了学生是最具发展潜力的群体。只要广大教育工作者、家庭和社会形成合力,对学生因势利导,把他们的潜能都开发和转移到学习中来,就有利于推进素质教育,促进学生的全面发展;广大教师也可以摆脱应试教育的困境,真正做学生学习和人生的领路人,而不是一台灌水机。但很遗憾的是,有不少老师没有看到学生的发展潜力,特别是进入毕业班阶段,老师往往根据本校往年的考学经验和升学比例,对自己认为可能考不上重点中学或大学的学生,自觉不自觉地降低了对这部分学生

---

① 吴旻瑜、郭海骏、金凯:《青少年科技创新人才的群体特征》,《光明日报》,2015年11月17日。

的期望值,甚至表现出某种程度上的冷漠、讽刺和歧视,这在很大程度上潜移默化地导致了学生产生自卑心理,有不少学生安于现状,混到毕业,甚至干脆破罐子破摔。老师仅仅以能否升学作为评价学生的标准,这不仅是应试教育结下的恶果,也是老师不懂人才开发理论的表现。

2. 把教育转变为人才开发

为了实施人才战略,我们只有树立新的教育理念和新的大人才观,才能冲破应试教育的樊篱,在全面推进素质教育中,把传统教育从根本上转化为新的人才开发。

(1) 要尊重学生的主体人格

要把教育转变为人才开发,就必须尊重学生的主体人格,对过去的教育进行反思。多少年来,我们的教育主要或基本上是按照既定的模式或框架运转的,像一台旧机器,修修补补,继续运转,许多人竟然见怪不怪,似乎已经习惯了已有的教育模式。从人才开发的视角来看,我们也许就不难发现,我们的教育理念、教育模式等都亟待改革和完善。从一些素质不高的教师口中,我们不难听到此类言辞:"你笨死了!""憨死了!""真愚蠢!""朽木不可雕也!""你们真是一潭死水!""你是怎么学的?""你爹妈怎么教的?""叫你家长来!""罚你再抄20遍!""你考不上学这辈子就完了!"可谓不一而足。老师如果长此以往,就会严重挫伤学生的自尊心,甚至会造成学生的性格扭曲,这都与老师没有认识到学生都有发展潜力有关。

老师为了更好地开发学生的潜能,应该多尊重、理解和鼓励学生,对学生经常说:"你真行,这个问题回答的不错。""大家可以大胆讲,说错了没有关系。""这个问题是我没有讲清楚,我再讲一遍。""我小时候比你们笨多了,经过后来的努力,才有了明显的进步。""这次没有考好,没关系,但要找出不明白的问题。"在这方面,老师要向农民学习锄地意识。农民锄地主要有三种作用:第一,铲除杂草;第二,为庄稼松土保墒;第三,松土以后能够更好地发挥太阳的光合作用。

老师从农民锄地中应该感悟到,为了更好地让学生成长,老师应该做到如下三点:第一,及时为学生"铲除杂草",防止一些不良因素影响学生的发展;第二,农民为庄稼"松土",老师则要为学生"松绑",要解放那些束缚学生潜能开发的不良因素,包括旧的教育理念、评价标准、育人模式和课堂话语等;第三,老师也要给学生以特定的"光合作用",农民通过锄地释放了庄稼的生命潜能,而老师不仅要为学生传播知识,更重要的是要引导学生学会到浩渺的宇宙和广阔的社会中去"饮慧餐露",在广采博取中汲取丰富的营养。这样,在老师的鼓励下,学生可以放松紧绷的神经,自由轻松地学习,潜能也就能得到逐渐开发了。

因此，教师要进一步树立人才开发的新理念，即每个学生都是可以开发的，人们说没有教不好的学生，只有教不好学生的老师，这虽然有些言过其实，但也足可以看出教师在人才开发中所特有的因势利导作用。

(2) 打破应试教育瓶颈

应试教育把应试作为主要的教育目标，是一种比较狭隘的教育模式。所谓应试教育，一般被理解为和素质教育相对的概念，指的是为了考试而开展的教育。"在现代社会，好的教育就是最大可能性地促进人的自由发展、培养人的自由思考和批判功能的教育，是一种因材施教、内容丰富、最大限度地满足个人需要且注重差异化的教育，而不是统一的、模式化的、无选择的教育。"①

考试是检验学生学习状况的主要形式，但把考试推到极端，当作学校教育的指挥棒，这显然有悖考试的初衷。由于应试教育不是以学生为本，也不是为了测试学生的综合知识和能力，而只是偏重于衡量某些学科的知识，其结果是束缚学生的个性，忽略对思想素质和道德素质的培养，也抑制了全面发展。据报道，毕业于北京大学的男子邢某，因报考清华大学研究生未果而意志消沉，竟在京城多所高校、超市内疯狂盗窃，被海淀检察院批准逮捕。② 北大学子如此作为，虽然是个例，但发人深省。

2006年10月2日徐迅雷在光明网上发表文章，介绍了一位"中国差生"成为"美国天才"的案例。王楠子曾是上海某中学一个"标准的差生"，经常被老师"重点关照"，无奈之下赴美求学，却成了全美动画比赛个人组冠军，并被老师表扬"是个天才"，成为费城艺术学院动画专业最出色的学生。王楠子是被中国教育制度所"淘汰"的"中国差生"，却成为被美国教育制度发现、改善、培养起来的"美国天才"。在美国，王楠子从未受到老师的批评，一次他"插嘴"，当堂纠正了美国中学老师的一个错误，没想到老师当场就说：你真是个天才。与王楠子相媲美的是16岁的高二学生牛培行。根据2007年1月26日中央电视台10套节目"家庭"栏目报道，牛培行小时考试就不及格，老师曾经对他失去了信心，牛培行没法正常上学，最后只好参加了兴趣班，到了高二时，竟然获得20多项发明和专利。他的父亲牛青认为孩子玩商高，而玩商高的孩子创造力和想象力高。这对于我们正确认识贪玩的孩子，是非常具有启发意义的。

从人才开发的角度来看，首先，应试教育鼓励学生学好考试科目，客观上导致

---

① 郭法奇：《什么是好的教育》，《中国社会科学报》，2014年5月7日。
② 刘涛、李敏敏：《北大毕业生未考上清华研究生 意志消沉改行窃》，《北京晚报》，2011年10月10日。

智育目标狭隘化,严重制约学生参与社会实践的时间,因此影响学生知识结构和能力结构的和谐发展,也从根本上束缚了学生的全面发展。其次,应试教育把学生置于樊篱之中,阻碍学生的个性发展,扼杀学生的创新精神。再次,应试教育阻碍教学改革,制约学校人才开发理念的创新。教师为了提高考试成绩,一方面按照惯例进行教学,不敢对教育进行根本的改革,一方面安排学生做大量的试题。据了解,某省级重点中学老师们在国庆节放假时,竟然给高三的学生布置了24套标准试卷,让学生在3天假期内做完。如果按每套试卷需要2个小时计算,24套试卷则需要48个小时。竟然有这么荒诞的假期!

徐迅雷在光明网那篇文章中很尖锐地指出:中国教育为什么泯灭学生个性?因为它是格式化的教育。格式化的中国教育,是"万山不许一溪奔"的,大家都要成为被大坝牢牢挡住的水库里的静水、死水。格式化的中国式教育,抛弃了"百花齐放",折腾的是"百鸟朝凤",全都朝拜高考这一只"凤凰"。而真正的优质教育,一定是百花齐放的,更准确地说,还不是"百花齐放"而是"万花怒放"。我们天天在喊素质教育,天天在喊因材施教,而实际上却正如徐迅雷所说的是"万材一教""万材一师""万材一室""万材一书""万材一考"。最后"万材"变成了"一材",大家都是一个标准化模子里出来的,都成了擅长考试的"会考分子"。这种"教育格子"里培育出来的"标准化豆芽",没有成为"水泥脑袋"者算是很幸运了。

应试教育似乎成了过街老鼠,但是大家又必须承认,无论你愿意不愿意,考试是人生不可避免的。这里的关键是考什么,如何考,考多少次的问题。因为考试本身不是目的,而只是人才测评和选拔的一种方式。诚然,通过应试教育培养出来的学生也许会有这样或那样的不足,但是,一个人如果能够通过数不胜数的考试,过关斩将,最终取得好的考试成绩,这起码说明这个人有比较好的体力、记忆力,也有较强的理解问题和分析问题的能力,甚至包括较好的文字表达能力等。但是,从人才开发的角度来看,一个人仅有这些能力是远远不够的,还需要有更多的知识、更强的综合能力和创新能力,尤其是对于分析实际问题、解决实际问题和创新的能力,而这些显然是通过一般的考试难以检验的,也是应试教育无法实现的。

当然,很多人把应试教育和素质教育绝然对立起来的观点是片面的,在思维方式上是一种非此即彼的二元对立。实际上,应试教育与素质教育之间并非绝然对立,而是存在着逻辑上的交叉关系,即应试教育本身也培养或训练学生的某种素质,比如记忆力、心理素质,还有对书面文化的学习能力等,绝大多数学生都能在这些方面得到不同程度的锻炼和提高;而素质教育本身既然是要促进学生的全面发展,当然也要培养学生的记忆力、良好的心理素质,对书面文化的学习能力等。一个高素质的学生不应该怕考试,而是比应试教育培养出来的学生能够取得更好的考试成绩。人们之所以对应试教育有很大的意见,一方面是因为没有看到应试教育和素质教育的内在关联,一方面也与对素质教育本身理解的偏差有关系。在许多人看来,好像一搞素质教育,学生就不用考试了,即使成绩考不好,仍然是高素质。这种观点从一个极端走向了另一个极端,显然非常偏颇,也是非常有害的。

研究生教育虽然没有达到中学那样应试教育的程度,但也存在片面追求发表论文的倾向。特别是不少大学要求博士生在核心期刊上发表两篇以上论文,才能参加论文答辩,这显然也是一种更具有极端性的应试教育。我们可以设想,博士三年,第一学年要学习外语等公共课和专业课,第二学年开始撰写博士论文,在最后一个学期的5月份就要完成论文。博士论文一般需要10多万字,也就是说,在不到两年的时间里,每年至少要写5万多字。可见,实事求是地讲,即使拿出全部精力在这段时间里只写博士论文,能够顺利完成就已经很不错了。如此看来,许多大学的规定显然是违背学术创新规律的,甚至多少有些"逼良为娼"的嫌疑。2006年以来,一些高校不再实行研究生必须发表论文的制度,而是加强对毕业论文的审查和答辩,这意味着对研究生的培养更加注重创新能力的考察。

对于高校的素质教育,中共中央《关于构建社会主义和谐社会若干重大问题的决定》指出:"保持高等院校招生合理增长,注重增强学生的实践能力、创造能力和就业能力、创业能力。"其实,就这四种能力来讲,实践能力和创造能力是最基本的;对于高校来讲,学生毕业后马上面临的一个问题就是需要就业能力,就业能力归根结底也就是适应社会的能力,而一旦适应了社会以后,即就业以后,还应该进而展现出创业能力。高校素质教育如果能够真正落实对这四种能力的培养,就会走出应试教育的瓶颈,极大地促进人才开发。

(四)创新人才开发模式

改革人才开发模式,取决于如下几个要素:第一,社会发展变化引发人才培养目标的变化,要求学校应该及时创新人才培养模式。第二,针对经济转型升级以及"一带一路"对人才的需求,我们应该建构适应时代需要的人才开发新模式。第三,经济全球化格局下人才竞争的国际化和白热化。第四,人才战略的实施和人才理念的变革。

从社会变迁对于人才的需求来看,进入21世纪以来,我国更加需要创造型、复合型、外向型、管理型和高技能(技术能手)这四种人才。在这方面,我国高校普遍缺乏长远的规划,仍然是按照专业来招生和培养,在较大程度上制约了这四种人才的培养。

针对高校扩招带来的新困难与冲击，基于高校自身硬件设施方面、教师数量、教育教学管理、经费四个方面的严重不足，我们应该及时调整人才培养模式，争取在加大投入的基础上，确保人才培养的质量。其中，比较可行的方法是，一方面与社会力量联合办学，如学校和企业联合，一方面要把学生从计划经济下统得过死、严进宽出的现状下解放出来，走学分化和宽进严出的人才开发之路。这也是培养学生自学能力和实践能力的重要举措，是从根本上克服应试教育的必由之路。

在经济全球化格局下，人才竞争已呈出现国际化和白热化的态势。我们应该接受全球化的挑战，力争培养出更多适应新形势下的复合型人才。在这方面，政府和企业可以选拔一批具有优良的综合素质、良好的外语水平、较高的人际交往能力和国际文化素养的山型复合人才，对其进一步开展全方位的培训，使其能够适应现实和未来的国际竞争的需要。

从人才战略的实施和人才理念的变革来看，我们已经进入实施人才战略的重要的历史时期，人才理念的变革已经成为大势所趋，人心所向。我们应该紧紧抓住人才开发的大好形势，积极实施高校的人才战略，既要克服唯学历论，又要避免新的"读书无用论"。我们应该把人才战略当作重中之重，紧紧抓住人才开发的时代脉搏，大力创新人才培养模式。

要创新人才培养模式，必须打破思维定式。在尽量加大硬件建设力度的同时，高校充分利用自身的师资优势，在人才软开发上多做文章。硬件建设需要经费投入；而软件建设则需要智力投资。我们提出人才软开发，是基于国家对高校经费投入不足所采取的一项新的人才开发理念。人们常说："听君一席话，胜读十年书"。从人才开发的角度来看，君子这"一席话"就是非常有效的人才开发，而且就是我们所说的软开发，因为君子的"一席话"本身并没有投入硬件建设，却收到一般硬件建设难以取得的社会效益。

我们在实施人才战略的过程中，可以充分利用高校所特有的人才高地优势，利用人才开发的特点和规律，对广大学生进行新的软开发。即使在经济效益暂时不佳的企业，企业管理者仍然可以走人才软开发的道路，对企业员工实施行之有效的人才开发战略。

第三章

大人才观视域中的人才开发

人才开发是一项伟大的事业,它蕴含于社会的实践活动之中,是每个人完成自我塑造、造福家庭和社会的一项伟大善举。因此,从大人才观的视域探讨人才开发,对于全社会整体性的人才资源开发,具有特别重要的意义。

一、人才开发的新界定

从人才学的角度来看,著名人才学家王通讯和叶忠海先生对人才的概念内涵进行了很多有益的探索。目前人才学界最基本的看法是在强调人才的创造性和进步性的前提下,大多认为"人才就是为社会做出较大贡献的人"。[①] 钟祖荣先生则认为,"我们正处在一个人才竞争的时代,社会需要大批的人才,而不是少数的人才"。[②] 笔者认为,"做出较大贡献",这只是对高级人才的规定性,而没有对中级和初级人才的确认,客观上不自觉地把中级人才和初级人才排除在人才的范围之外。

笔者探讨大人才观,相对于过去的人才界定,在内涵和外延上都有新的拓展。从大人才观的视域来看,我认为,所谓人才,应该是指为社会做出积极贡献的人。这种界定既包括了人才的创造性和较大贡献,但又不拘泥于此。在外延上,大人才观对人才的界定可以把一切为社会做出积极贡献的人都纳入人才的视野,旨在弘扬人人都可以成才的主体性和普遍性;在内涵上,大人才观强调人才的积极贡献,这恰恰是每个人都可以做到的。我们不能要求每个人才都为社会做出较大贡献,只要尽力为社会做出积极贡献,就可以称得上是人才。

对人才开发的新界定还表现在对人才开发的理论阐释和实践环节两个方面。在人才开发的理论阐释方面,人才开发研究应该借鉴若干相关学科的知识和原理,对人才开发进行多侧面、多角度和全方位的审视。可以借鉴哲学、教育学、管

[①] 叶忠海主编:《新编人才学通论》,党建读物出版社,2013年版,第112页。
[②] 钟祖荣:《走向人才社会》,党建读物出版社,2014年版,第62页。

理学、美学、社会学、文化学、心理学、历史学、创造学和脑科学等大量相关的学科原理,对人才开发进行辐射和辐集的双向研究,以360°的视角把握人才开发的整体性和系统性。在人才开发的实践方面,很多人把人才开发仅仅视为家庭、学校和单位领导的责任,而实际上人才开发也是每一个社会成员必须关心的大问题。从国家的政策性开发,用人单位的使用性开发,家庭、学校的培养性开发,再到个人的自我开发,突出彰显了人才开发的整体性、社会性和复杂性。

二、人才开发的无限性

大人才观对人才的新界定,为人才开发的可能性提供了理论支撑。人才开发是一项系统工程,每个人都可以进行自我开发,也可以对他人进行人才开发。

笔者把人才界定为对社会做出积极贡献者,审视了人才开发的可能性,能够弘扬广大青年成才的积极性和主体性,有利于增强每个人的自信心。每个人都可以成才,有的人为社会做出重大贡献或较大贡献,成为高级人才;有的人为社会做出一般的贡献,成为中级人才;有的人虽然没有为社会做出重大贡献或较大贡献,但也为社会做出了积极贡献,这些人可以叫作初级人才。事实上,在任何社会、任何国家,不是所有的社会成员都能为社会做出较大贡献,即使像美国这样高度发达的国家,也只不过是由于文化和科技比较发达,高级人才要相对多一些罢了。因此,我们提倡新的大人才观,旨在倡导人人都可以成才,人人都是人才的价值观念,把人才开发的理论建立在坚实的基础上,真正实现以人为本,从人才战略的高度出发,彻底解决把人力资源转化为人才资源的难题。

从大人才观看人才开发的可能性,具体来说,在实践层面上,要从人才战略的高度出发,以长远的战略眼光,注重整体性人才资源开发,用10到20年的时间,对我国普通的人力资源进行全方位或者针对性的培训,倡导和鼓励自我开发,进行质的转化和提升,最终成为知识和能力密集型的社会群体,即具有良好综合素质和一技之长的专业人才,能够胜任现代科技和现代农业等各项事业所需要的人才。上述所说的普通人力资源,主要指中学学历以下的各类普通劳动力,主要是农民以及进城临时务工人员。

从大人才观看人才开发的可能性,首先表现在人才自律性开发的可能性。人才开发最重要的是主体性开发,也就是自我开发,自己开发自己。对于每个立志成才者来说,我之所以要努力成才,主要不是因为家庭、学校和领导对我的要求,而是一种高度的自律和自觉,是一种生命的责任感。主体性开发主要表现为两种形式:其一是个人努力学习,通过激烈的竞争,考入各种学校,接受系统教育和训练,在培养综合素质的同时,具有一定的专业技能;其二是在实践中自学成才,比如,郭荣庆初中毕业后十多年里,边打工边自学,自修了高中和大学的全部课程,最终考上了中国社会科学院法律专业研究生;还有不少企业家和作家的学历也并不高,主要是实践中自学,也取得显著成就,这主要靠的是个人主体性开发。

从大人才观看人才开发的可能性,其次还表现在人才他律性开发的可能性。人才的他律性开发可以有两个理解:其一是他人对自己的开发。他人对自己的开发主要表现为家庭、学校的培养性开发,用人单位的实践性开发和国家的政策性开发。一个人从出生那天起,就要接受家庭的关怀和教育;进入学龄阶段,儿童需要进入学校学习;中学或大学毕业后就业,在工作单位也有一个如何发展的问题;在人才开发的整体氛围中,还有一个国家的人事和人才政策的问题,这些都直接或间接地影响对自己的开发。其实,在他人对自己的开发这一层面上,还有一个容易被人们所普遍忽视的问题,这就是在各种社会环境中他人对自己的关怀和帮助,甚至还会有陌生的好心人对自己的关爱。其二是我对他人的开发。当一个人获得相对独立以后,自己的言行就会以这样或那样的方式影响他人和社会。比如孔子所说的"己所不欲,勿施于人",[1]"己欲立而立人,己欲达而达人"。[2] 孔子的格言可谓把握了人才开发的真谛,我们应该从中获得有益的启迪。

我们要确立新的大人才观,就必须确立人人都可以成才的战略意识,既要倡导人才的自律性开发,从个体的生命内部挖掘生命拓变和人才开发的动力,又要积极促进他律性开发,学会对生活的感恩,做他人成才的开发者,以实现人才开发积极互动的共生效应。

三、人才开发的多元性

人类自身体现了生物本能性和社会文化性的统一,是最复杂和最高级的生命系统。从人才开发的意义上来看,人力资源在向人才资源转化和提升的过程中,具有无限的潜力和开发的可能性,也具有人才开发的多元性。人才开发的这种多元性为个人自我开发提供了多种可能性,也为社会宏观的人才开发展现了无限开放的宽广视野。

(一)从山型人才看人才开发的复合性

要实施人才开发战略,必须高度重视开发"山型人才"。因为在市场经济条件下,产业结构调整的速度不但大大加快了,而且产业结构的内涵也在不断地

---

[1] 《论语·颜渊》。
[2] 《论语·雍也》。

提升和拓展,只有加强对复合型人才的开发,才能够满足新产业结构的需要。"山型人才"是一种全新的复合型人才,体现了对以往人才模式的借鉴与超越。以往的人才模式主要有如下几种:"螺丝钉型与万金油型人才""T型人才"和"π型人才"。

1. 螺丝钉型

在计划经济时期,尤其是20世纪60-70年代,知识分子搞专业被视为"白专"道路。组织人事部门通常把人才视为一个万能的"螺丝钉",哪台机器需要,就往哪里拧。"螺丝钉"普遍成了"万金油",其知识结构和能力结构如同一道横杠,缺乏纵深的专业知识和专业能力。"螺丝钉型",实质上是片面强调了人才的思想素质,即奉献精神和服从精神,但相对来说,忽视了人才知识与能力的纵深发展,因而这种人才的知识结构和能力结构有较大的宽度,但是缺乏必要的深度。

2. 能力单一型

"能力单一型"主要是指一些从事专业研究的科研人员或者具有一技之长的技术人员。前者具有纵向精深的专业知识和专业能力,但缺乏复合型的知识结构和能力结构,除了自己的研究领域以外,其他几乎一窍不通;后者则是只掌握一技之长,具有某种技术能力,也许是技术能手,但除了自己的一技之长以外,其他也基本上一窍不通。对于"能力单一型"的人才,如果能够适才适所,则具有用武之地,但往往因为能力比较单一而难以职业迁移。

3. T型人才

改革开放以后,人才学家发现知识分子的知识结构有的有宽度、无深度,有的有深度、无宽度。前者形似一条横杠"一",主要表现为"博";后者形似一条竖杠"丨",主要表现为"专"。这两类人才各有优点,又各有不足,主要体现为博与专的矛盾。因此,为了适应产业结构的调整和现代化大生产的需要,这两类人才应该很好地互补起来,做到博与专的统一。"T型人才"实际上就是在融合"螺丝钉型"和"能力单一型"两种人才特点的基础上提出来的,意思是把"T"倒过来,构成"⊥"的形状,意味着人才具有宽基础,有专长,就是要培养博与专相统一的高级专业人才。王通讯先生非常重视培养"T型人才",他把培养"T型人才""看作是迎接世界新技术革命挑战的一个重要对策。"[①]"T型人才"的优点是具有宽基础和一技之长,但不足在于仅有一技之长,有时难以适应日益多变的复杂社会。

---

① 王通讯:《多培养些"T型人才"》,《光明日报》,1984年3月21日。

4. π型人才

"π型人才"是在"T型人才"基础上提出来的一种新的人才培养模式,也是一种新的复合型人才。其基本含义是把"π"倒过来,人才具有宽基础,专长呈双峰结构,即有两门专长并驾齐驱,形成"双峰"。这种人才模式与"T型人才"相比,具有较强的适应性和创造性,容易打通相关学科之间的内在联系,在融会贯通中有利于激发创造性灵感。

"T型人才"和"π型人才"虽然各有合理之处,但都有两点不足:第一是表述不够准确,需要把这两个字母分别倒过来加以说明,否则让人难以理解;第二,这两种人才模式在结构上都不够完善,"T型人才"只有一技之长,显然不符合复合型人才的特征;而"π型人才"虽然符合复合型人才的特征,但又没有凸显人才主要的知识和能力结构。因此,人才开发需要和呼唤一种新的"山型人才"模式。

5. 山型人才

"山型人才"这个概念,最早由笔者在《大学生潜能开发和情商育成》一文中提出。① 所谓"山型"人才,顾名思义,即人才的知识与能力结构像一个"山"字型。在"山"字中,中间的"│"代表人才知识结构与能力结构的主要专长;"L"中的"I"和"山"字最后一笔"I"代表主要专长的双翼;"L"中的"_"即"山"字的底部,代表人才知识结构与能力结构的宽基础或基本能力。整个"山"字型意味着人才具有通才的知识结构和能力结构,又有一门主要专长,同时还围绕着主要专长,具有两门次级的专长。这种"山"型结构颇类似古代作战的队形,有中军的主力部队,有双翼的左右护卫,还有后边的援兵。这种结构稳固有力,进可以攻,退可以守,左右可以转换,能形成整体的合力。因此,在开发"π型人才"的基础上,高校还应开发"山型人才"。与"π型人才"相比,"山型人才"是一种超"π型人才",也是一种全新的复合型人才。

"山型人才"是高素质人才的形象显现。"山"本身是一个象形字,用于人才模式上,也是高素质人才的形象显现,是一种新型优化的复合型人才。它不同于"螺丝钉与万金油型",也不同于"T型人才"和"π型人才",而是一种全新的复合型人才。素质教育强调一专多能,其实质上也是"山型人才"。"山型人才"作为全新的人才培养模式,集中、准确地概括和反映了复合型人才的根本特征,也是素质教育的理想指向和形象显现。"山型人才"中的"山",并非静止的,也不是固定

---

① 薛永武:《大学生潜能开发与情商育成》,刘学文主编《素质教育—中国教育的希望》,长城出版社,2000年10月版,第744页。

的和僵化的，而是动态的，发展变化的。"山"可以有泰山之雄伟和壮美，也可以有黄山之秀丽和优美；自然界有大山，也可以有小山；自然之山可以增高，也可以降低。我们运用以类相动和心物同构的原理，就不难发现，我们用"山型人才"来说明全新的人才模式，可以在一定程度上揭示出人和山的同构性。

"山型人才"需要知识结构与能力结构的高度优化组合。"山型人才"的特点是宽基础，像大山一样厚实，同时又具有多种能力，即"双峰"围绕着"主峰"，形成一种立体的山峰结构。从人才开发角度来看，要培养"山型人才"，就必须优化知识结构与能力结构。比如在数理化中，如果大学生以数学专业为主，就可以以物理、化学为辅；如果以物理为主，则可以以数学和化学为辅；如果以化学为主，则可以以数学与物理为辅。以文史哲来说，如果以文学为主，则可以以历史与哲学为辅；如果以历史为主，则可以以文学与哲学为辅；如果以哲学为主，则可以以文学和历史为辅。数理化三者的相辅相成与文史哲三者的相辅相成，各自构筑了一个相对完整独立的复合型知识与能力结构，使人们可以左右逢源，融会贯通，打通数理化之间的联系，把文史哲结合起来。这就是说，大学生在所学本专业为主攻方向的同时，还要找出与本专业相关、联系非常密切的另外两门学科，使其形成主攻专业的双翼即"双峰"，以与主专业（主峰）形成互补之势。

"山型人才"应该具备宽厚的根基。我们要成为"山型人才"，在根基方面，首先必须先学会做人，要具有高尚的理想、优良的道德、和谐完美的精神个性，求真的科学精神和文明的人文素养；其次，要培养各种生存与发展的各种基本能力，有独立适应社会生活的生存能力、人际沟通与合作能力、语言表达与基本写作能力、审美能力、职业迁移与可持续发展的能力、解决冲突的能力。

（二）从塔型结构看人才开发的层次性

人类从总体上来看，人作为类的存在物，既具有类的生物共同性，又具有社会存在的社会属性。从人才开发来看，先天和后天开发的差异，必然导致人才开发结果的不同，出现人才知识和能力的层次性结构。

就人才的总量来说，初级人才最多，中级人才次之，高级人才最少。界定这三种人才结构，要注重人才的综合素质和专业技能的和谐统一。但在实际的人才结构中也会出现下列情况：有的人才综合素质较好，但缺乏专业技能，在知识结构和能力结构上属于"万金油型"；有的人才虽然具有某一方面高深的知识和能力，但综合素质较差，结果最终影响了人才的发展。在人才的层次结构中，人才的层次划分具有相对的意义，因为在层次和层次之间没有绝对的鸿沟或界限，其中有些人才可能通过转化和提升，升华为更高一级的人才，而有的人才可能通过退化，转化或降低为低一级的人才。柏拉图的"阶级流动说"在人才开发和人才流动中仍然具有重要的参酌价值。作为组织部门来说,应该充分考虑到人才结构的层次性,在人才培养、人才任用和人才流动中既要为人才提供发展的空间,又要建立能上能下的灵活机制,真正有利于各类人才脱颖而出,人尽其才;作为个人来说,应该设计自己的发展目标,向着更高一级的人才结构努力,来不断地发展自己和完善自己。

在对人才层次的划分中,还需要端正一个思想认识,这就是如何看待一般的人力资源和初级人才的关系问题。其实,人力资源和初级人才的划分也只能是相对的,二者也没有绝对的界限,所有的人力资源都有转化、提升为人才的可能性。从逻辑的角度来看,人才资源与人力资源本来就是属种关系,即人力资源包括人才资源,但随着人力资源向人才资源的转化和提升,随着人才开发战略的实施,将会有更多的人力资源转化提升为新的人才,这在逻辑上将会出现二者的属种关系向全同关系的递进或趋向。当然,由于复杂的原因,二者永远会趋向于全同,但永远不可能达到全同,因为永远会有少量的人不一定能成为人才。而我国人才开发战略一方面为人力资源向人才资源趋向提供契机;另一方面,人才开发的速度和质量也必然通过人力资源向人才资源的趋向过程充分体现出来,即人力资源愈加趋向人才资源,也就意味着人才开发的速度和质量正在得到不断提高。

(三) 从社会分工看人才开发的专业性

在社会发展史上,社会分工是促进社会发展进步的重要动力,也是人尽其才,适才适所,促进人才开发的重要标志。在社会实践上,社会分工在社会发展史上曾经极大地促进了生产力的飞速发展,回顾社会发展史,一般说来,生产力发展愈快,就愈加促进新产业的诞生和发展,而社会分工的速度也往往随之加快,客观上使人才开发的速度相应地不能满足新兴产业的需要,客观上会出现人才开发相对滞后的局面。

古希腊时期,柏拉图就发现社会分工对于社会发展进步的重要性。他在《理想国》中,不但把社会成员分为哲学家、武士和手工业劳动者,而且还以发展变化的观点,揭示了社会分工的可迁移性,即根据这三个阶层的子女的能力大小,可以提高等级或者降低等级。但是,就社会分工而言,传统的分工比较简单,通常是要求社会成员掌握一门技能,而现代社会则对每个人提出了比较高的要求,这是因为在现代社会的大生产中,一方面社会分工越来越细,一方面社会分工中的合作与整合也愈加日益突出,即分中有合,合中有分。

因此,高校在设置专业过程中,应该注意三个问题:

其一,专业分工不能过细。在理论上,专业设置过细意味着把世界上本来完整的知识理论体系人为地搞得支离破碎,然后还要把这些支离破碎的专业彼此之间建上隔离墙,彼此封闭,这在理论上是非常有害的。在实践上,专业的封闭性必然导致思维的封闭性和视界的遮蔽性,在实践上容易使人一叶障目,只见树木,不见森林。

其二,以战略眼光理性审视专业的冷与热。专业设置与调整不单纯是专业问题,本质上是人才开发的大问题,直接涉及培养什么人才以及怎样培养人才的问题。专业设置不能跟着感觉走,更不能被潮流裹着跑。高校是人才培养的最高学府,应该有科学的审慎和理性的自觉,而不能螃蟹过河随大流。专业大跃进或者说一哄而上,在实践上会产生非常有害的后果:一方面是由于人才培养过程中的急功近利,师资的匮乏和教学设备建设的滞后,短期内难以培养合格的人才;另一方面,即使高校在新上专业中培养出了合格人才,但由于新上专业数量多,毕业生人数也相对较多,客观上也会造成人才市场供大于求,导致大学生就业难的尴尬。

其三,应该尝试大文科和大理科的整合。为了适应现代社会的需要,高校专业的设置应该有一种广阔的视野和高远的境界,必须打破传统的思维定势,在大文科或大理科中沟通学科之间的内在联系,文文交叉,理理交叉,文理交叉,在学科融合中通过知识和理论的整合,使学生能够在思维上融会贯通,在知识结构和能力结构上形成整体合力,然后再具体掌握一门或多门专业技能。

(四)从现代科技看人才开发的技能性

我们已经进入以新技术为技能特征的新纪元。我们过去称不识字为"文盲",而联合国教科文组织对"新文盲"也曾经作出界定,在现代社会里,如果不会使用计算机,就算是文盲。仅凭这一点,我们就可以看到现代科技在人才开发中的重要性。

从现代科技看人才开发的技能性,要求每一个立志成才者都应该努力学习现代的科学技术,力求掌握多种现代专业技能。从社会分工来看,无论是做管理者,还是从事现代企业,抑或从事教育事业,都离不开对专业技术的学习和掌握。管理者要利用网络进行电子办公,教师要运用多媒体进行授课,学者要充分利用网络查阅资料,企业员工要直接操作机器设备……现代技术和现代技能已经成为每个工作人员必须学会和掌握的本领,甚至就连接发手机微信和视频聊天,也成为人际交往和联系工作的重要手段。过去讲君子动口不动手,而现在的君子不仅要动口,更要动手,要真正能够掌握工作所必需的现代技术。在众所周知的2003年"非典时期",为了预防"非典",一般不能出门,这对于企业来说无疑是失去了拓展的机会,但烟台的一家企业充分利用网络,与商界进行了合作,结果取得了很好的效益,这是网络办公超越了现实时空的局限性。

　　现代化的大生产许多岗位具备现代技术的内涵,必然要求员工应该尽量具备多种现代相关的专业技能,可以一人多能,一人多用,在提高工作效率的同时,也有利于全面开发员工的潜能。

第四章

大学习观视域中的人才开发

学习的本来含义是指从阅读、听讲、研究和实践中获得知识和技能的过程,但近二十年来,社会空前重视高学历,而非重视高"学力",在社会的普遍心理和价值取向中,大多比较重视学校的系统学习,即所谓正规教育,而相对来讲,对在社会实践中自学成才者往往重视不够,或者在人才的任用包括职称的评聘和干部的提拔上,都会出现重学历而轻学力的不良倾向,尤其是过于重视重点大学的学历。

一、大学习观对于人才开发的重要性

(一)大学习观的内涵

传统的学习观特别重视学校系统的知识教育。现代的大学习观则更加强调真才实学,更加强调学力,而不单纯是学历。大学习观要求把人生社会实践中的一切都纳入学习的视野和维度加以审视,即人生就是学习,学习就是人生。

1. 博览群书与书面文化的学习

我们之所以要树立新的大学习观,在很大程度上取决于我们对文化的界定或分类。文化是一个非常难以界定的概念,从不同的角度出发,往往会有不同的界定。从文化形态上来看,可以把文化分为物质文化和精神文化;从文化的层次上来看,可以把文化分为大众文化和精英文化;从文化的可视性来看,又可以把文化分为可视性文化和非可视性文化。从人才开发的角度来看,我们不妨把文化界定为书面文化和非书面文化两种形式,由此就可以理解传统的学习观过于重视的是书面文化,而我们的大学习观虽然重视书面文化学习,但更加重视非书面文化学习,因为广义的人生实践是一本真正的无字之书,复杂纷纭的大千世界更是一本永远难以完全读懂的浩瀚之书。

但书面文化学习毕竟是非常重要的,因为人类社会知识大多是通过书面文化的形式积淀下来的,其中有不少是先贤时哲研究自然科学或社会科学的成果,体现了他们的智慧和创造性劳动。古人讲"秀才不出门,便知天下事",其实就是强调学习书面文化的重要性。而从人才开发的角度来看,必要的专业知识和文化素养是我们一生中不可或缺的重要因素,因为"专业知识和文化素养让你凡事领先一步",①但是,"有些人认为读书学习是学生的分内事,工作是不同于知识学习的实践活动,因而在强调实践的重要性时走向鄙视知识学习的极端"。② 因此,小埃德加·普里尔认为,繁忙是充电的理由而不是放弃学习的借口,"一个人要取得成功,就要不断提高自己的思维能力,保持终生性的阅读习惯"。③ 我们为了学习书面文化,应该尽量博览群书,通过系统的阅读和系统的专业学习,全面优化知识结构,培养良好的文化素养。

在学习书面文化时,还应该注意如下几点。

第一,要了解所学知识的来源及其发展变化,掌握一些概念、公式或原理的基本含义及其推导论证过程,正确认识这些概念、公式和原理在该学科中的地位和作用。

第二,还应该努力发现和掌握书本之间、学科之间、书面文化和非书面文化之间的内在联系,把所学到的书面文化融会贯通起来,而不再是支离破碎的知识碎片和一些死的教条。

第三,学习书面文化时,还要注意书面文化的时效性问题。所谓的"知识爆炸",实质上就是突出了知识的时效性问题,因为许多知识虽然没有方生即死,但随着科学技术的进步和社会的发展进步,很快就被新知识、新理论所淘汰。因此,学习知识应该特别注重知识的内在发展逻辑,追求知识发展的与时俱进,既要掌握必要的传统知识,又要及时学习和掌握新的知识,寻找新的知识增长点,从而把新旧知识融会贯通起来,把握其内在的发展走向。

第四,要特别注重跨学科的交叉渗透融合。科学本身是一个完整的系统的体系,各学科之间普遍存在直接或间接的各种关系。在科学史上,从最初的朴素的知识系统的完整性,逐步分化为若干个一级学科、二级学科甚至三级学科,人为地割裂了本身属于完整体系的知识系统。因此,应该加强自然科学与社会科学、人文科学之间的交叉、渗透与融合,走向新的学科整合。

第五,要联系书面文化和社会实践的内在联系,一方面用书面文化指导社会实践,一方面用社会实践反过来检验书面文化,把书面文化和社会实践紧密联系和沟通起来,使二者相互促进。这样,书面文化在实践中得到进一步的论证和深化;实践在书面文化的指导下更进一步明确方向和目的,就能够达到事半功倍的目的。

第六,特别需要指出的是,一定要读好书。王充《论衡·轶文》有言:"文人之笔,劝善惩恶也。"王充这里指的是人格高尚的文人所著之书具有"劝善惩恶"的作

---

① 小埃德加·普里尔:《为将之道》,军事谊文出版社,2005年版,第167页。
② 小埃德加·普里尔:《为将之道》,军事谊文出版社,2005年版,第176页。
③ 小埃德加·普里尔:《为将之道》,军事谊文出版社,2005年版,第183页。

用。读伟人之书,如同拜伟人为师,与伟人交友,久而久之,读者就会潜移默化地得到熏陶和升华。荀子《劝学》篇说:"不登高山,不知天之高也;不临深溪,不知地之厚也;不闻先王之遗言,不知学问之大也。"荀子所说的"先王之遗言",也就是我们现在所说的传统经典,仍然拥有强大的生命力,值得我们今天学习和借鉴。

2. 社会实践与非书面文化的学习

学习文化固然要努力掌握书面文化,但就人才开发的实践表明,仅靠学校学的知识,对于一个人长期的社会实践来说,简直是杯水车薪,关键还要在长期社会实践中不断学习。

一个人一生中所需要的知识是无穷无尽的,只有在丰富的社会实践中才能掌握更多的知识。在这方面,我们有必要重新认识自学成才的问题。自学成才包括两个含义:其一是通过参加自学考试,获得文凭和真才实学;其二,个人在社会实践过程中增长了才干,拥有了真才实学,这是在更广泛意义上的自学成才。这种自学成才虽然没有获得文凭,没有学历,但却获得了学力,即学习的能力。老一代著名经济学家薛暮桥,曾经在国民党的监狱里自学经济学,后来成为著名的经济学家。笔者在20世纪90年代偶然听到一个农村党支部书记在广播电台节目里宣讲邓小平理论,他竟然不识字。

对于在社会实践中学习非书面文化,各类学校尤其是要引导学生高度重视读懂社会实践这本无字之书,引导学生在掌握书面文化的基础上,从根本上克服重书本、轻实践的错误认识。许多掌握一技之长的专业能手或者乡土人才,他们大多没有学习很多的书面文化,但他们是社会非常需要的人才。近几年来,人才市场上许多招聘单位开始重视和强调求职者的实践经验,对于大学生来说,虽然有些过于苛责,但总的来说,凸显了社会用人机制对人才实践能力的张扬,这对于人才开发具有借鉴意义和导向价值。社会需要有知识的劳动者,但并不喜欢"书呆子"式的书虫。

学校的读说听写是学习,劳动实践也是学习;参观博物馆、纪念馆、工厂,进行社会调查、旅游等是学习,在火车旅行时听长辈或高人谈话,这也是学习;甚至就连无意识的梦境、精神的自由联想、想象和思考,也是个人进行思维训练的好方式。这种大学习观从根本上彻底打破了传统学习观的局限性,可以冲破本本主义和教条主义的樊篱,可以极大地拓展思维空间,全面增长知识,优化能力结构,这对于全面推进素质教育,改革育人模式,具有特殊的重要意义。

但是,我们应该看到,目前在我国的人才开发实践中,仍然存在着比较普遍的轻视非书面文化学习的倾向,这与长期以来存在着重视高学历和官本位的价值导向有关。因为重视高学历,就会相对轻视对非书面文化的学习,轻视那些虽有真才实学的高学力、但无高学历的人才;因为官本位的思想在作怪,所以长期以来中国的技术能手得不到社会足够的重视。由于过于重视书面文化的学习,我们已经在价值观念上严重束缚乃至阻碍了人才全方位的开发。

简言之,从人才开发的层面上来说,无论你是有书面文化抑或非书面文化,只要你具有了真才实学,具有了真学力,积极地为社会作贡献,你就是人才。如此一来,那些在学校混文凭的各类学生,就不敢再安于现状,不敢再混天了日;那些专门制造假文凭的犯罪分子,就不会再有市场。

(二)大学习观是人才开发的重要自律

大学习观在理论上是可以理解的,但如何实践自己的大学习观,这是摆在每一个人面前的需要解决的现实难题。

首先,个体为了加速人才自我开发,需要认识大学习观的重要性和迫切性。大学习观的本质内涵是"一切皆学问"。世界是一个整体,知识体系也是一个整体,只有运用大学习观的视野,才能把整个世界纳入思维视域,我们向生活学习,向人生学习,向一切社会实践学习,这无疑等于全方位地打开了知识的大门,敞开了思维的广阔视野,这对我们的知识结构和能力结构具有极大的拓展性和开放性。一个人如果拥有了大学习观,就会自觉不自觉地以海纳百川的胸怀去拥抱世界,囊括宇宙。倘若有此境界,是何其远大,何其开阔壮观!你何愁学业不成!你何惧雄关漫道!

其次,大学习观要求我们应该善于学习。在新的大学习观视域中,我们要向广阔的社会人生学习各种需要的知识,应该在各种社会实践中培养我们的能力,应该在分析问题和解决问题时开发和训练我们的思维能力,应该学习他人成功的经验,也应该从他人的失败和挫折中汲取教训,以免自己再走类似的弯路。从历时性来看,我们既要从历史中汲取前人的经验,又要避免重蹈历史的覆辙;既要做历史的儿子,又要青出于蓝而青于蓝,敢于超越古人;既要在思维视野上回眸历史,"沿波讨源",发现和掌握历史发展的辩证法,又要立足现实,一切从实际出发,在历史与现实的融合与聚焦中把握人生的真谛,创造性地实现人生的价值。从共时性来看,面对复杂纷纭的大千世界,我们要在复杂纷纭的社会现实中为人生恰当地定位,既要注重自己独特的生命体验,又要超越感性经验,对人生进行理性的反思,进而发现和掌握人才开发的一般规律和特殊规律,并且从中找到适合自己发展的独特途径和方法。为此,我们应该训练一双善于发现的慧眼,应该有勤于思考的大脑和勤劳的双手。实践是检验真理的唯一标准,只有社会实践,才能够最终具有证伪的权威性。

再次,大学习观还要求我们具有高度的调控能力。在实践层面上,还应该自觉地在社会实践中培养自己的调控能力。这种调控一方面要把大学习观视为个人自由自觉的行为,激发我们学习知识和积极进取的强大内在动力,自觉克服学习中的各种困难,能够忍耐常人所不能忍受的孤独和寂寞,在众人皆浮躁中的情形下,我们可以学会在孤独中沉潜,因为"思居不幽则思不至,思不至则笔不利。"①另一方面,这种调控还要求我们应该及时调控自己的心智和注意力。中国古代哲人发现人心是感物而动,心由境生,所以《乐记》提出了"慎所以感"和"以道制欲"的主张。因此,我们必须拥有高度的自我调控能力,自觉以大学习观的视野,来观察一切,审视一切,思考一切,善于发现平时未能发现的意蕴。当你坐在飞机上俯视大地、高山、河流等天空下的一切时,展开联想和想象的翅膀,你就可以发现和感悟宇宙造化的奥妙,感受到人类改造世界的丰硕成果是多么的惊人;当你和朋友一起愉快的游戏时,就会发现和思考游戏所蕴含的深刻哲理:游戏不仅是娱乐,而且还能够促进生命力的畅通,还蕴藏着公正、民主和法则,也意味着精神的自由和解放;当某种社会潮流向我们袭来的时候,我们则要学会审时度势,冷静处之,力戒浮躁等等。

因此,面对丰富的社会人生,我们应该不断地提高自己的情商,只要我们善于调控自己的心智和注意力,自觉用大学习观去分析事物,发现事物的奥妙,就一定能够从中获得意想不到的效果。

二、从学习化的实践看人才开发的共时性

从学习化的实践看人才开发的共时性,就是指人才开发在一定的时空范围内,个人在自我开发的同时,还要受到社会和他人对自己开发的影响,与他人共处于一个相互促进又相互制约的共时性的空间之中。

(一)学习化的实践

从学习化的实践看人才开发的共时性,要求把学习贯穿于一切实践之中。我们的一切实践在本质上都是学习,实践就是学习,我们在实践,就等于在学习。实践的目的不仅是改造世界,也是实践主体认识世界;而作为改造世界的实践,本身就是改造世界的学习,就是认识世界的实践,也是改造主体和完善主体自身的特殊实践。

我们确立学习化的实践,这对于实践大学习观具有非常积极的意义。我们为学习化的实践定位以后,首先有利于人们从书本的窠臼中解放出来,突破书面文化对人才开发的遮蔽性,有利于正确把握书面文化和非书面文化的辩证关系。大文学家欧阳修著名的"三上",即马上、枕上和厕上都是他学习和思考的特殊场所,

---

① 王充:《论衡·书解》。

这可以看作学习化实践的特殊案例。其次,为学习化的实践定位,还可以激发人们自觉地从事各种各样的社会实践,自觉地以自然为师,以社会为师,以人生为师,以他人为师,可以让自己在天地宇宙和社会人生这个最大的社会舞台上塑造自我,展现自我。

实践证明,在人才发展史上,凡是那些真正读懂了社会这本无字之书的人,都能够及时适应社会,融合于社会,在潜移默化中增长改造社会的能力,有效地促进人才开发。美国第16任总统林肯受教育的时间全部加起来还不到一年,但他的一生是追求学习化实践的一生。他勤于读写,努力吸取知识养分,"他种过地、劈过栅栏木条、驾驶过平底船、做过小店雇工,如此等等,这些却都只是丰富了他的阅历"。① 如果按照我们今天重视学历的程度,林肯就不会成为总统。据《长沙晚报》报道:仅有小学文化的长沙农民贺亮才研制成功了多款多功能旅行箱,成功申请国家专利——多功能行李箱。这个多功能旅行箱能载两人时速20公里,其设计中包含了轮毂电动机、导航仪、GPS卫星定位等多项高科技。② 据2013年5月3日中国新闻网报道,河北省鹿泉市57岁农民张景元只有高中文化,30多年来却倾尽家财醉心科研,取得多项科研成果和国家专利。其中,氕氕核聚变在1996年经河北省科学技术委员会鉴定,实验结果对核聚变实验的深入研究意义重大,经国内文献查新,该项实验成果属中国国内首创。这些在实践中自学成才的典型案例,非常值得我们思考。

(二)实践化的学习

从学习化的实践看人才开发的共时性,也表现在实践化的学习上。与学习化的实践相对应,我们也应该确立实践化的学习,即学习的目的不但是实践,而且学习本身就是广义的实践,我们的一切学习在本质上都应该是实践的,都应该具有实践的品格,我们学习,就等于我们在实践,学习就是实践。

读书,就必然要进行思考,这就是思维的实践训练;交友,就要和他人打交道,这就是在进行沟通人际关系的训练;写作,就要进行大量的构思,这是思维创新的训练……一个人学习的目的不仅是认识世界,也是认识自己;不仅是改造世界,而且也是改造主体自身,使人的主体性更加完善和美好。

通过实践化的学习,既可以明确学习的目的最终是特定的实践,又可以转变人才开发的理念,把人才开发及时转移到实践的轨道上来,高度注重在实践中学习的必要性、合理性和科学性,坚决走出死读书和读死书的循环怪圈。从哲学的

---

① 王心裁编著:《林肯传》,湖北辞书出版社,1996年版,第1页。
② 《农民发明多功能旅行箱 能载两人时速20公里》,《羊城晚报》,2014年5月29日。

角度来看,学习不仅仅是形而上的东西,而且也是形而下的东西,是建立在特定实践基础上的道与器的和谐统一。比如,一个优秀的航海家决不能仅仅满足于书本上的航海理论,而是应该在航海实践中学会航海,因为"真正的航海家必须注意年、季节、天空、星辰、风云,以及一起与航海有关的事情",①而事实上,航海家唯有在航海的实践过程中,才能够更好地掌握航海技术。

我们确立实践化的学习,同样也是基于对传统学习观的反思。传统学习观往往把学习拘泥于学习书面文化,而且即使在学习书面文化时,也通常会出现严重脱离实践的倾向。近几年来,社会上不少知识分子群体出现较多的心理问题,就足以说明人们所学的知识和理论虽然不少,但不能解决现实社会人生的苦恼和困惑。实际上,大学习观注重学习化的实践和实践化的学习,体现了学习和实践既互相促进又相互制约的互动关系,也是人才开发过程中的两个不同的侧面,目的是促进学习和实践的互渗融合,加强学习和实践的相互促进和有机统一,以实现二者的共生效应,最终还是为了更好地促进人才开发。

(三)从"三人行必有我师"到"一人行必有我师"

大学习观注重学习的实践化和实践化的学习,要以社会和他人为师,具有从"三人行必有我师"到"一人行必有我师"的学习精神。

首先,要学会以他人为师,虚心向他人学习。孔子说,"三人行,必有吾师焉",非常深刻地阐明学习他人的重要性,我们由此可以进一步树立"一人行,必有吾师"的新理念。"山外有山,人外有人",三百六十行,行行出状元,每个状元都可以当我们的老师,即使那些没有当上状元的出类拔萃者,也在很多方面超过我们,甚至就连那些普通的工人和农民,他们的许多实践经验也是我们通常不具备的,我们也应该拜他们为师。退一步讲,即使那些少年儿童提出的问题有时也非常有启发意义;即使对于那些犯错误的人甚至是罪犯身上,我们可以"见不贤而内自省",通过自我反思汲取其教训。以他人为师的秘诀有两个:第一是学会主动向他人请教;第二是学会倾听别人谈话。一个人如果能够坚持长期运用这两个方法,就一定能够取得惊人的效果。

其次,我们还应该善于听取他人的意见。从人才开发的角度来看,面对社会和他人对于自己的肯定和赞扬,自己要以此为动力,争取获得更大的成就;面对社会和他人对于自己的误解、批评或者负面评价,也要以此为突破口,找出自己的不足,有则改之,无则加勉,在警钟长鸣中时刻保持清醒头脑,不断地完善自我,创新自我。特别重要的是,个人应该尽可能主动向他人征求意见和建议,善于从那些

---

① 柏拉图:《理想国》,郭斌和、张竹明译,商务印书馆,1986年版,第235页。

不同甚至相反意见中反省自己,以便更好地取长补短,达到自我完善。

再次,要学会以社会为师。从宏观上讲,我们可以通过回眸社会发展史,从一个国家和民族的历史兴亡中汲取经验和教训;从微观上讲,我们可以通过许多特殊典型的成功和失败案例,进而窥见人才开发成功的奥秘或者失败的教训。以社会为师,就必须学会鸟瞰的视野,站在历史哲学的高度,居高临下地审视社会人生,既要如王国维所说的"入乎其内",又要"出乎其外",才能在较大程度上克服自己的局限,从中感悟到社会和人生的真谛。

三、从学习化的人生看人才开发的历时性

从学习化的人生看人才开发的历时性,是指人才开发的长期性和终生性。人才开发实践表明,十年树木,百年树人,人才开发是肇始于生命孕育直到生命终结的一个漫长过程。

(一)人生学习化的艺术

从人才开发的宏大视野来看,人的一生也是学习化的一生,每个人都应该掌握人生学习化的艺术。

人生需要不断地学习。从纵向的角度来看,人的一生在学习上具有明显的阶段性特征,不同年龄阶段有不同的学习内容。在婴幼儿阶段,人生主要表现为不自觉地学习或者说是被动学习;在少年儿童阶段,主要是在自由学习的基础上,打好学习基础;在青年或大学阶段,则主要是学习相关的专业知识和专业技能。但随着年龄增长和岗位变化,人的一生所需要的知识和能力也随之发生变化,因为客观上工作的需要会对人们不断提出新的更高的要求。比如,进入成年以后,除了继续学习专业知识和专业技能以外,还要学习男大当婚、女大当嫁的知识,继之马上又要掌握为人父母的本领。进入中年,事业上是骨干,家庭内上有老,下有小,你要具备扛大梁的本领。进入老年,应该富有经验和智慧,为中青年引路导航,为子孙后代传播智慧的种子。可见,人的一生需要不断地学习,再学习;要积极学习,要善于学习,把自己的一生演进为学习的一生,不断增长智慧的一生,不断开发潜能的一生。即使失去学校系统读书的机会,也可以通过自学,不断培养自己的才能。根据媒体报道,进城务工的农民张新文,一边打工,一边自学和写作,十年来在国内多家报刊发表散文、诗歌、小说等作品300多篇,成为自学成才的典型。① 由此可见,人生的学习无处不在,人的一生是学习化的一生,也是文化

---

① 蒋文龙、计海新:《打工男子痴心文学梦10年发表300多篇作品》,《现代快报》,2015年1月4日。

化的一生,也可以是成功社会化的一生。

人生学习化的艺术是对传统"成人"观念的矫正和提升。传统的成人观念一般是指一个人在年龄上达到18岁,就算是成人了,还具有公民的选举权和被选举权。其实,18岁的成人概念只是法律意义上的,因为就人生的社会化和文化化而言,18岁的青年远远没有完成社会化和文化化。只有把人生纳入学习轨道,不断完善自我,一个人才能够更好地完成社会化和文化化,正如汤之《盘铭》所言:"苟日新,日日新,又日新。"①

(二)人才开发的终生性

社会发展史表明,人才开发是一项长期的战略任务,而决不是一种短期行为;对于人才的具体开发而言,人才开发是一项可持续发展的持久战,是一场与生命历程相统一的马拉松,即人才开发具有持久性和终生性的特点。

早在古希腊,柏拉图就倡导胎教和优生优育。他主张"用体操来训练身体,用音乐来陶冶心灵",②认为"在幼小柔嫩的阶段,最容易接受陶冶,你要把它塑成什么型式,就能塑成什么型式"。③柏拉图的老师苏格拉底不仅看到了人和人之间的先天差异,而且更加重视后天的勤奋努力,他指出:"在所有其他方面,人和人之间也同样天生就有所不同,而且也都可以通过勤奋努力而得到很多改进。因此,很显然,无论是天资比较聪明的人或是天资比较鲁钝的人,如果他们决心要得到值得称道的成就,都必须勤学苦练才行。"④因此,从人才开发的终生性来看,一个人只有持之以恒的不断勤学苦练,才能够不断地发展进步。

过去人们常说,人活到老,学到老;现在应该说,人活到老,人才开发到老。人到中老年,体力和脑力虽有所下降,但阅历、经验和智慧却比以前丰富了,自己对知识融会贯通的能力也比以前更强了,因而看问题也更加全面了,对社会人生的洞察力也更加敏锐了。这些都是人到中老年所具备的优势,也是青少年无法比拟的。新浪网2006年12月2日载《现代快报》介绍了"尼日利亚古稀总统上大学要当听话学生"的文章。尼日利亚时任总统奥巴桑乔已经69岁,接近古稀之年,但却进入该国著名的国家开放大学就读,成为世界上第一个"总统大学生"。在11月29日的入学典礼上,"奥巴桑乔同学"保证,他一定会好好学习,尊敬师长,绝不会因为自己的总统身份而搞"特殊化"。据称,奥巴桑乔在位于首都阿布贾的

---

① 《礼记·大学》。
② [古希腊]柏拉图:《理想国》,郭斌和、张竹明译,商务印书馆,1986年版,第70页。
③ [古希腊]柏拉图:《理想国》,郭斌和、张竹明译,商务印书馆,1986年版,第71页。
④ [古希腊]色诺芬:《回忆苏格拉底》,吴永泉译,商务印书馆,1984年版,第116页。

这座大学注册就读,成为艺术和社会科学分校的一年级新生。奥巴桑乔总统和其他普通学生一样,是经过该大学入学考试的严格筛选后,才被正式录用的。在国务院专门为总统举行特别的"入学典礼"上,奥巴桑乔总统强调,学校里师生们最好只是简单地将他看作"奥巴桑乔同学",而不是"奥巴桑乔总统"。奥巴桑乔在一份声明中保证,他一定会严格遵守大学制定的校规和纪律,当一名"听话的大学生"。他还承诺,将不会做出任何"扰乱大学秩序"的活动。他称:"我对这次学习抱着非常严肃的态度。我将和所有在校学生一样,给予大学官员和教授应有的尊重,我将尽最大努力勤奋学习,认真完成我的学业。我要向世人证明,不管一个人地位多高、年龄多大,学习对他而言永远都不会太晚。"奥巴桑乔总统的学习精神值得很多以"年龄大"和"工作忙"为理由的人认真学习。

事实上,一个人如果在年轻时代就脱颖而出,固然可喜可贺,但大器晚成,亦为时不晚。在这方面,美国著名的"摩西老姆效应"颇有说服力。另据2014年4月27日《羊城晚报》报道,澳大利亚93岁老人伊丽莎白凭10万字论文获得博士学位,成为澳大利亚最高龄的博士学位获得者。更有甚者,2015年6月9日,汉堡大学医学院为著名儿科专家、102岁的拉波鲍特老人举行了一场特殊的博士学位授予仪式,她成为世界上年龄最老的完成答辩并获得学位的博士生。① 伊丽莎白和拉波鲍特这种活到老、学到老的精神,非常值得我们学习。

老年人才学的研究已经证明,人生即使到了晚年,通过长期的中青年时期的积累,走晚年成才的道路,仍然有可能大器晚成。据2004年5月19日《光明日报》报道,中国老年学会老年人才开发委员会已经于18日宣告成立。成立该会的目的就是积极支持或研究老年人才资源开发与利用。老年人才开发委员会主任陶森说,中国老年人才资源数量大、水平高,且"物美价廉"。实际上,促进老年人才开发,既体现了人才开发的终生性,在很大程度上就可以体现老年人自身的价值,这从根本上符合国家的人才强国战略,也是老年人才自身生命拓展的需要。

从人才开发的实践来看,人的一生实际上就是人才开发的一生,生命不息,人才开发不止。一个人如果从懂事那天起,就在家庭的教育下,再经过学校的系统学习和教师的言传身教,再加上持之以恒的拼搏,把自己年龄增长的过程看作是自己人才开发的过程,以大学习观自我激励,不断地汲取新知识,自觉在社会实践中开发各种能力,如此假以时日,学习再学习,历经千锤百炼,在通常情况下,就一定能够锻造成社会的有用之才。

---

① 柴野:《不仅仅是为了迟来的博士学位》,《光明日报》,2015年6月15日。

第五章

生涯设计与人才开发

从人才开发的角度来看,生涯设计是个人、家庭、学校和用人单位进行人才开发的重要一环,也是人才开发一个重要的逻辑起点。

一、生涯设计的含义与类型

生涯设计即生涯规划,有广义与狭义之分。广义的生涯设计是指个人、家庭、学校和社会对个体生涯的终生设计;狭义的生涯设计则主要是指职业生涯设计,即从工作开始到退休这一阶段的生涯设计。这里所说的生涯设计是取其狭义而言。具体来说,生涯设计是要求个人对影响自我开发的主观与客观因素进行科学的分析,从而确定未来的职业及事业发展的近期目标、中期目标和最终目标,并对实现目标做出合理的预测和安排。

(一)生涯的含义

生涯有广义与狭义之分。从广义来看,生涯是个人的生命历程或生命轨迹;从狭义来看,生涯是指个人从事某种活动或职业的生活。按照美国生涯理论专家萨珀的观点,生涯是个人终其一生所扮演角色的整个过程,由三个层面组成:其一是时间,即个人的年龄或生命的时程,又可细分为成长、试探、建立、维持、衰退等时期;其二是广度或范围,即每个人一生所扮演的各种不同的角色;其三是深度,即个人为自己投入的程度。也就是说,从历时性来看,生涯也就是个人生命完整的历程,在个人生命历程中又通过不同的社会实践,表现为各种各样的社会角色,蕴含着个人生命历程的兴衰际遇。

(二)生涯的类型

大千世界,没有两片绝对相同的树叶,而每个人都是一个独特的生命存在,因此,从宏观上来说,有多少人,就有多少不同的人生经历,就有多少不同的个性,就有多少不同的生涯。由于生涯的复杂性和多样性,按照不同角度对生涯分类,就必然会得出不同的生涯类型。比如,从生涯是否顺利的角度来看,生涯可分为成功型、普通型和挫折型;从生涯对社会的贡献大小来划分,生涯又可分为天才型、常人型和负人才型;从性格与职业等角度,也可以对生涯进行划分。

人的生涯千差万别,没有绝对统一的模式,而是可以选择和设计的。一个人如果科学地设计生涯,并为未来生涯积极奋斗,坚持不懈,就有可能取得成功,实现生涯设计的愿景;反之,一个人就不可能取得人生的成功。实际上,无论怎么划分生涯类型,最关键的是对生涯进行科学的设计,最重要的就是追求人生的成功和卓越,即在最大限度上开发个人的各种潜能,在为社会做出较大贡献的前提下,努力实现个人的生命价值。

二、生涯设计的原则与意义

生涯设计是人的一生中最重要的设计,因此,每个立志成才者都应该严肃认真地对待生涯设计,应该尽可能避免随意性和盲目性,不能人云亦云,不能妄自菲薄,也不能好高骛远,而是应该遵循生涯设计的原则,充分认识生涯设计的意义。

(一)生涯设计的原则

1. 可行性原则

生涯设计必须遵循可行性原则。所谓可行性,是指生涯设计具有现实性和可能性,符合生活逻辑,而不是好高骛远。个人要根据自己的年龄、性格、兴趣、专业等特点,制定适合个人发展的可行性目标。在遵循可行性原则时,一方面应该充分了解自己的知识结构和能力结构,一方面还要分别设计近期目标、中期目标和远期目标,使生涯设计在目标的依次递进中蕴含内在的逻辑性。此外,还要认识人生发展的多种可能性,通过反复论证和科学筛选,从这多种可能性中选择一种最具可能性的设计。

2. 可调节原则

生涯设计还要遵循可调节原则。所谓可调节原则,就是根据社会需要的发展变化及个人自身的变化,随时修正和完善生涯设计。个人可根据主、客观因素的发展变化,及时把握主客观之间的互动,不断科学地修正自己的生涯设计。生涯设计不能一劳永逸,而是要不断进行调整、修正和完善。

3. 最优化原则

生涯设计中的最优化原则是指通过整合各种要素,提升实现生涯目标的合力,实现最高的生命价值。设计生涯时要考虑个人自我内部身心和谐,达到感性与理性、情感与理智的和谐,在知、情、意的统一中形成个人整体"聚焦"的合力;个人的性格、兴趣、知识、能力等与成才目标和谐统一,达到优化组合;还要充分利用已有的客观条件和外部环境,形成人才开发的整体合力,发挥各种主客观要素的最大效益,争取 1 + 1 > 2。简言之,生涯的最优化设计就是减少弯路、逆境和挫折,发挥客观环境、外部条件和身心诸要素的最大合力,追求成才的直通车,获得最大的效益,实现最高的生命价值。

4. 时效性原则

生涯设计还必须考虑最佳的时效性原则,即争取成才的周期最短,效率最高。人才开发的规律是用进废退,无论是一个人的身体素质还是心理素质、知识结构和能力结构,都在一定程度上存在时效性的特点。时效性启示我们,人生要经过很多十字路口,你选择了正确的未来之路,就可能获得最佳发展时机;相反,你就可能失去发展的机会。因此,每个人应该争取在社会最需要的时候,把自己的生命能量释放出来,以提高成才的速度和效率。

当然,注重最佳时效性原则,并不意味着急于求成,而是在科学设计的前提下,努力实现生命的最大价值。王充《论衡·状留》中说:"枫桐之树,生而速长,故其皮肌不能坚刚;树檀以五月生叶,后彼春荣之木,其材强劲,车以为轴。"王充所言,从枫桐和树檀的生长时间长短,揭示了人才开发的本质内涵:人才开发往往是欲速则不达,成长过快,"不能坚刚";假以时日,就可能"其材强劲"。

(二)生涯设计的意义

1. 促进人才开发与生命价值和谐统一

科学的生涯设计能促进人才开发与生命价值的和谐统一,避免人才自我开发的盲目性与随意性。生涯设计是对自己的人生之路各种可能性的科学预测和分析,是对个人成才之路的探索,因而能促进人才的自我开发,能真正促进生命价值的实现,实现人才开发过程中合规律性与合目的性的辩证统一。唯有科学的生涯设计,才能更好地促进人才开发,才能更好地实现个人的生命价值。

2. 促进人才开发的速度与效益和谐统一

科学的生涯设计有利于促进人才开发的速度与效益的和谐统一。生涯设计在追求成功方面,注重事半功倍,乘坐的是人才开发的"直通车",因此能够在很大程度上提高人才开发的速度,实现人才开发的最大效益。从家庭角度来看,父母最先为孩子进行生涯设计;从学校来看,教师在了解学生的基础上因材施教,帮助和指导学生做好生涯设计;从工作实践角度来看,许多发达国家的大企业已经开始对员工进行生涯设计的教育,这是企业人才开发和人尽其才的重要举措,不但能激发企业的活力,而且能促进员工的成才。

3. 促进人才开发的微观与宏观和谐统一

科学的生涯设计体现了人才开发合规律性与合目的性的辩证统一。无论是个人的自我开发,还是培养性开发和工作岗位的实践性开发,乃至国家的政策性开发,要注重每个人生涯的优化设计,使每个人的生涯多一些顺利,少一些挫折;

相反,每个人的生涯将受到盲目性和随意性的更多制约,从而影响成才。所以,无论是个人、家庭、学校,还是用人单位和国家的人才政策,都应考虑生涯设计,积极促进人才开发的微观与宏观和谐统一,以促进全社会的人才辈出。

三、生涯设计的程序

生涯设计虽然因人而异,但人才开发具有一定程度的规律性,生涯设计应该建立在人才开发基本规律的基础上,体现出生涯设计规律的基本内涵。生涯设计的程序一般主要表现在三个方面:正确的自我认知;客观分析外在环境的现状及发展走向;对个人与环境的互动进行动态的分析。

(一)正确的自我认知

古希腊菲尔德神庙中的名言"认识你自己",旨在强调自我认知对于人生的重要性;而毛泽东则说"人贵有自知之明",则主要侧重于人生的修养,即学会谦卑,避免骄傲使人落后。从心理学的角度来看,现代情商理论之一就是个人的自我认知能力。一个人在生涯设计以前,必须认真地审视自己,认识自己,了解自己,在自我评价的基础上形成比较真实的自画像。

1. 对个人现状恰当定位

在自我认知中,个人应该对自己的现状恰当定位,认真了解自己的兴趣、特长、性格、学识、技能、智商、情商、思维方式和学业素养能力等诸多内容。在对自己定位中,要考虑如下因素:

要考虑年龄因素。人的年龄决定自己相应的体力和精力,而体力和精力是否充沛,直接影响着个人对于某些知识和技能的学习,因而许多行业都对年龄具有特殊的要求和规定,如运动员这一职业对年龄有比较严格的要求,个人在设计自己的生涯时,就必须根据自己的年龄,设计自己的未来。当然,年龄也不是绝对的,具体情况还要具体分析。世界重量级拳王福尔曼年轻时曾经获得拳王头衔,后来随着年龄的增长,逐渐退出了拳坛,但到了48岁却又杀回拳坛,重新获得拳王金腰带。至于在科学研究领域,许多老年人才仍然继续闪烁着智慧的火花。

要正确认识自己的兴趣爱好。生涯设计一方面应该尽可能发现和尊重自己的兴趣爱好,但仅有兴趣是不够的,还要看兴趣爱好是否可以转化为自己未来的职业。要认识到兴趣是可以转移和发展变化的,也是可以培养的,是一个很大的变数,而不是常数。

要客观分析自己现有的知识能力结构,包括自己的实际水平和他人相比,究竟处于一个什么样的地位,在实事求是的基础上,既要克服自卑,又要避免自负,以便于对自己作出比较客观的评价。

2. 对个人发展潜能的动态分析

正确的自我认知还有一个难题,这就是对个人发展潜能的动态分析。在这方面,可以从两个角度进行尝试:其一,首先要树立"天生我材必有用"的积极进取的人生观,尽可能了解潜能开发的理论及其实践,坚信个人潜能开发的可能性。其二,对自己过去的经历进行分析,从中发现个人经历中那些连自己都未曾想到,然而又确实已经发生的事实,包括自己现在取得的成就,应该说也许是过去没有想到的,有时甚至是连想都不敢想的事,现在自己已经做到了,从中获得潜能开发的启迪。其三,在前两点的基础上,对自己的未来发展按照"取法乎上"的原则,进行乐观的设计,相信自己站起来,也能够成为"巨人"。

3. 确立未来发展走向的"方、位、方"

确立未来发展走向的"方、位、方",这无疑是人才开发的重要秘诀之一。第一个"方",是指人生的方向,追求人生的真善美,争取做一个德才兼备的人;"位",是指为未来的职业发展定位,包括确定具体的职业及职业成就的发展目标,"选定目标,做出决策,然后采取行动,坚持下去,成功不言而喻";①第二个"方",是指成才方法或成功的方法。科学的方法是促进事业发展和成功的重要秘诀,因此,王充认为"圣贤之治世也有术,得其术则功成,失其术则事废。"②就人才开发而言,总的方法是应该乘坐人才开发的"直通车",减少弯路,尽量走直道,走阳关大道。我们虽然常说"条条大路通罗马",但应该选择那条最近又最好走的大道。人才开发的"直通车",最能够体现合规律性与合目的性的有机统一。

(二)客观分析外在环境的现状及发展走向

生涯设计要考虑个人的实际状况,还要对自己所处的环境进行多方面的分析,充分考虑环境对于人才开发可能会产生的多方面影响。

1. 认识当下环境对人才开发的多方面影响

认识自己当下的环境,从大的方面来说,应该考虑自己的学习环境、工作环境,特别是要尽量了解国家的人事人才等诸多政策,对自己所处的社会大环境和小环境做到心中有数,避免生涯设计的盲目性。中学生填报高考志愿要考虑拟报考学校在师资、图书、实验室、学风、校风等方面的实际情况,尽量选择师资力量比较雄厚、图书资料相对充足、实验室比较先进、学风和校风比较优良的学校。生涯设计除了要看环境中的物质要素以外,还要重点看软环境,看事业的发展空间,客

---

① [美]阿尔伯特·哈伯德:《把信送给加西亚》,路军译,企业管理出版社,2002年版,第40页。

② 王充:《论衡·定贤》。

观地分析工作环境可能对自己产生各种复杂的影响。

2. 预测环境变化对人才开发的多方面影响

在对现实环境作出分析的基础上,我们还要对环境将来可能发生的变化作出科学的预测,以分析将来环境变化可能会对未来发展产生的影响。从人才开发的角度来看,现实环境的变化往往通过人才需求的变化彰显出来。中国加入世贸组织,"一带一路"的发展需要,意味着需要具有国际交往能力的复合型人才;中国要加强与南美的国际交往,就必然需要一批通晓西班牙语言的人才;随着我国人才战略的实施,则需要一大批人才开发师;随着新兴产业的广泛发展,则需要一大批熟悉现代技术的高科技人才。因此,从个人生涯设计来看,既要看到国家宏观环境的变化可能对自己产生的影响,也要看到具体工作环境的变化对自己可能产生的影响,或者对未来的工作环境进行必要的预测等。

(三)对个人与环境的互动进行动态的分析

人的生涯既是自在与自为发展的统一,也是主客观诸要素之间互相影响、互相制约和互相促进的结果。生涯设计必须考虑到个人与环境可能会产生的互动及其对自己的复杂影响。

1. 个人对环境的因势利导

人才开发本质上是一个生命拓展的过程,也是一个积极适应和改造环境的过程。作为人才开发的主体,应该充分发挥主体特有的创造精神,以主人公意识去创造性地进行人才开发,既要主动进行生命的拓展,又要对环境因势利导,超越环境对自己可能产生的消极影响。比如,网络已经成为影响青少年发展的重要外在环境。根据新浪网2006年11月6日转载《北京晨报》的文章,9岁男孩在网上自测寿命仅剩10年,声称要及时行乐。他说:"我的寿命只剩10年了,不想读书了,我要抓紧时间享受人生。"这个男孩测试自己的死亡日期为2016年,因此声称要及时行乐。这个报道所揭示的教训是非常深刻的。从人类的主体性来看,人类之所以伟大,正在于人类既能适应环境,又能积极改造环境。个人生涯设计要考虑如何以人类特有的本质力量,自觉克服环境对自身的异化,实现个人的生命价值。

2. 环境对个人的影响濡化

在个人和环境的互动中,个人总会自觉不自觉地受到环境这样或那样的影响或濡化。人是环境的产物;环境是人赖以存在和发展的土壤,它常常以潜移默化的方式影响人的思维方式和实践活动。换言之,环境是每一个人的外在生命,甚至是生命的一个组成部分。改革开放以来,社会环境的遽变极大影响了人才开发的大潮。我们生涯设计要充分估计环境可能对个人产生的制约作用。环境可以塑造人,也可以扼杀人,这不仅取决于环境的性质和特点,也在很大程度上取决于个人的生命张力。

四、生涯设计应该考虑的因素

在具体的生涯设计过程中,设计者还必须根据个人的特点,考虑三点:第一,希望自己将来做什么?第二,自己应该做什么?第三,自己能够做什么?为此,生涯设计还必须考虑年龄、性格、兴趣和能力等问题。

(一)年龄与生涯设计

年龄与生涯设计的关系应考虑两个方面:第一是设计者应根据自己的年龄特点,从实际出发设计未来。第二,在生涯设计中,应根据自己年龄的增长,设计在不同的年龄阶段所具有的生涯特征。

要设计不同年龄段的生涯特征,必须先明确生涯阶段的划分。在这方面,不同的学者有不同的方法,主要有"四分法""五分法""六分法"和"十年阶段法"。

四分法:休普将人生职业生涯分为四个阶段,即25岁以前的试探阶段、25~45岁的创立阶段、45~65岁的维持阶段和65岁以后的衰退阶段。

五分法:萨珀主张把职业生涯分为五阶段,即14岁以前的成长阶段、15~24岁的探索阶段、25~44岁的创业阶段、45~64岁的维持阶段和65岁以上的衰退阶段。

六分法:利文森把职业生涯分为六个阶段,即16~22岁的拔根期、22~29岁的成年期、29~32岁的过渡期、32~39岁的安全期、39~43岁潜伏的中年危机期和43~59岁的成熟期。

十年阶段法:孔子认为,三十而立,四十而无惑,五十而知天命,六十而耳顺,七十而从心所欲不逾矩。孔子最早以十年为阶段,对人生进行划分。卡耐基也将人生以十年为一个阶段进行划分,即变化的二十岁,充实的三十岁,成熟的四十岁和秋暮的五十岁。

我认为,生涯的年龄划可分为如下六个阶段:15岁以前为幻想期;16~25岁为理想探索期;26~35岁为初创期;36~45岁为飞跃期;46~60岁为稳定发展期;61~80岁为智慧升华期。这种划分既考虑了年龄的生理因素,又注意了潜能开发与健康长寿的因素,还借鉴老年人才学的研究成果,把继续教育与终生开发也纳入生涯设计之中。

生涯设计应根据上述不同的年龄阶段,找出其相应的阶段特征。一般来说,幻想期,主要是身体发育成长期,学业已达初中程度,对未来充满了幻想,这一阶段应以开发想象能力为主,因此生涯设计时应该在注重学业学习的基础上,尽量考虑文学阅读、各种游戏、欣赏自然美等,以开发想象能力。

在理想探索期,身体逐渐发育成熟,理性思维能力有很大提高,能从理论上探索自己的理想。这一阶段是由高中到大学毕业,学生在学好文化课的同时,主要培养创新意识、创新思维和创新能力。

在初创期,大学生需要完成从成家到立业的两个重要环节,一方面确定自己的职业和成才目标;一方面要处理好家庭与事业的关系。同时,在创业阶段,青年人应特别重视树立良好的形象,从自我做起,从小事做起,积极稳妥地做好每一件工作,把所学知识应用于实践,并接受实践的检验,把实践与工作中的自学结合起来。

在飞跃期,每个人对自己从事的职业已经非常熟悉,并且正在向成才目标趋近。这一阶段,个人应远望将来,脚踏现实,步步为营,全身心投入所从事的工作,争取在飞跃期取得较为显著的成就。

在稳定发展期,在巩固已有成果的基础上,扩大成果,继续发展,争取在60岁以前达到事业的巅峰。这一阶段,个人应注意身体健康,劳逸结合,避免英年早逝的悲剧。

在智慧升华期,人生逐步进入老年期。这一时期身体保健成为基本的生活内容,在保障身体康健的前提下,个人可以做两方面的事情:其一,总结自己的人生经验,探讨人生成功与失败的规律,做青年与子孙后代人生之路的监护者和指导者;其二,在学识渊博、经验丰富的基础上,继续做好老年人才的开发,在"银发工程"中再建新功,从"摩西老姆效应"中感悟晚年成才的奥妙,永葆年轻的心态,力争老有所为。

(二)性格与生涯设计

为了实现人才开发过程中的主体性,生涯设计时,还应把个人的性格特征与未来发展联系起来,扬长避短,积极发挥个人性格的闪光点,避免性格的弱点和缺陷。一般来说,个人的性格特征表现为四个方面:

1. 对现实和对自己态度的性格特征

这类特征包括个人对社会、集体、学习、工作的态度,也包括对他人和自己的态度,如正直、诚实、孤僻、外向、内向、自信、勤奋等。在生涯设计中,外向型比较适应与外界广泛接触的职业,如管理人员、文艺工作者、律师、政治家、社会活动家、外交家、推销员、记者、教师等;内向型则适合与人打交道不多的职业,如科研人员、会计师、打字员、统计员、资料管理人员、参谋、顾问人员;性格孤僻者所选择的职业受限较大。

2. 性格的意志特征

意志特征主要是对情绪和行为的控制能力,如坚韧、果断、勇敢、怯懦、犹豫等。具有坚韧、果断、勇敢性格的人比较适合军人、政治家、管理人员、法官、律师、教师等;怯懦、犹豫者可从事一些技术工作、文职工作者。

3. 性格的情绪特征

情绪特征主要是在情绪活动的强度、稳定性、持续性等方面表现出来的特征,例如欢乐、热情、多愁善感、抑郁消沉等。欢乐、热情者适合从事文艺工作、推销、公关、记者、办公室接待等;多愁善感者适合当诗人、作家、从事文艺工作等;抑郁消沉者则较难找到适合自己的职业,必须积极完善性格,才有可能找到适合自己发展的职业。

4. 性格的理智特征

理智特征主要是在感知、记忆、想象和思维等过程中表现出来的特征,如感知的主动性和被动性、思维的独立性等。感知具有主动性的人大多反映比较敏捷;感知具有被动性的人大多反映比较迟缓。前者的生涯设计可与外向型相似;后者则可与内向型相似。从思维是否具有独立性来看,具有思维独立性的人适合于创造性的工作及独当一面;思维独立性较差者则适合于一般的技术性工作及一般的行政工作,不太适合从事创造性工作及单位的主管。

从个性与适才适所的角度来看,"只要每个人在恰当的时候干适合他性格的工作,放弃其它的事情,专搞一行,这样就会每种东西都生产得又多又好",[1]因此,柏拉图认为"每个人必须在国家里执行一种最适合他天性的职务",[2]并且把这一点视为建国的原则之一。柏拉图把人的性格与社会分工和提高生产力结合起来,这是颇有见地的,对于我们根据性格进行生涯设计,也具有启发意义。

(三)兴趣与生涯设计

从人才开发的角度来看,兴趣是人才自我开发的强大动力,能给人以快乐,有利于提高工作效率,乐以忘忧,乐以忘疲,促进潜能开发,因而也是事业成功的重要主观因素。在生涯设计中,个人应该尽量尊重兴趣,按照兴趣去选择未来的职业。

对于兴趣重要性的认识,孔子曾经指出:"知之者不如好之者,好之者不如乐之者"[3],说的就是兴趣对于人生求知和人生境界的重要性;柏拉图则认为"一个人如果不是天赋具有良好的记性,敏于理解,豁达大度,温文尔雅,爱好和亲近真

---

[1] [古希腊]柏拉图:《理想国》,郭斌和、张竹明译,商务印书馆,1986年版,第60页。
[2] [古希腊]柏拉图:《理想国》,郭斌和、张竹明译,商务印书馆,1986年版,第154页。
[3] 《论语·雍也》。

理、正义、勇敢和节制,他是不能很好地从事哲学学习的";①对于发明创造而言,爱因斯坦进一步明确指出,"兴趣是最好的老师"。在未来的工作中,个人可以从对某事物的兴趣爱好,逐步发展为热爱和酷爱某事物,才可能有创造性的突破。

生涯设计在尊重兴趣的同时还应该注意两点:第一,兴趣是可以转移的,也是发展变化的,尤其青少年很容易见异思迁、喜新厌旧。生涯设计应该对兴趣进行反复的理性思考和较长时间的考察。第二,兴趣是可以培养的。生涯设计不能简单地只考虑自己眼前某种兴趣,因为眼前的兴趣也许会随时间推移而发生变化,而新兴趣也许会不断产生。

(四)能力与生涯设计

在生涯设计中,最重要的是根据自己能力的大小及其性质,选择适当的职业与成才目标。一般能力包括观察力、注意力、记忆力、思维力和想象力;特殊能力是从事某项专业活动的能力。一个人的一般能力越全面发展,其综合素质也愈高,较适合于比较高级的精神劳动及其他重要工作;如果一般能力较低,则大多只能从事简单劳动和体力劳动。关于特殊能力,它与一般能力并非简单成正比,因为有的一般能力强,但并没有什么特长,如"万金油型",有的一般能力虽低,但却具有某方面的特殊能力。个人应该认真分析自己的一般能力是高还是低,有无从事专业活动的特殊能力,争取在未来的职业中适才适所。

倘若你是一匹"千里马",不妨去驰骋疆场;倘若你是一头"老黄牛",你就凭着韧劲去耕耘,"俯首甘为孺子牛";倘若你是大海,就要去拥抱蓝天,唱出壮美的大海之歌;倘若你是小溪,就要在优美的旋律中奏出"泉水叮咚响"的抒情小调……是金子,总是要发光的。我们要优化生涯设计,找出闪光点,开拓亮丽的人生旅途。

---

① [古希腊]柏拉图:《理想国》,郭斌和、张竹明译,商务印书馆,1986年版,第233页。

第六章

思维方式与人才开发

思维方式是人们思维活动时的具体样式,也是思维活动诸要素的组合和作用的方式,通常影响甚至决定该个体的思维取向、思维内容和思维结论。从人才开发的视域来看,一个人的思维方式是优化组合,还是单一甚至是畸形,将会直接影响人才的开发。

一、思维系统性与人才开发

思维系统性,反映了人们认识世界和改造世界的深度和广度。它要求人们在社会实践中能够从整体出发,注重全面性、结构层次性、相关性、动态平衡性、分析与综合的统一性。

(一)人才自我开发注重思维系统的优化

所谓思维系统优化,是指主体知、情、意的统一、智商和情商的统一中,最大程度地实现心意诸力的优化组合。

康德认为,创造心理不是单一的心理因素构成的,而是心意诸力合目的的自由活动,也是心意诸力的和谐运动。对于创造心理的协调与平衡,法国启蒙运动领袖狄德罗曾经深刻探讨了艺术创作的心理机制,认为艺术创作需要艺术家各种心理因素的平衡。他在谈到画家的心理因素时"要求画家有丰富的想象,炽烈的激情,以及召唤幽灵,使它活跃起来,长大起来的本领;布局则无论在诗歌中或在绘画里,都有赖于判断和激情、热情和智慧、如醉如狂和沉着冷静等等恰到好处的配合,"[①]认为应该有这样一种平衡。

事实上,从创造心理学的角度来看,只有创造者达到思维优化,才能更好地拓展思维的广度和深度,才能产生极具价值的创造性成果。

(二)利用思维系统性形成思维的整体合力

思维系统性对于从事创造性的劳动,还有特殊的重要意义。它要求思维主体

---

① 王雨等编译:《狄德罗文集》,中国社会出版社,1997年版,第361页。

把握思维的网状性，又要考虑纵横交错、互相联结的立体结构；既要把握事物的本质及其特征，又要以发展变化的视角，预测事物发展变化的轨迹和趋向。

学会思维系统性，形成思维的整体合力，有利于我们正确认识事物的真谛，"因为人们可以从许多方面认知同一个事物"，[①]能够自觉克服思维的遮蔽性。荀子在《解蔽》篇中有一段非常深刻的分析："墨子蔽于用而不知文，宋子蔽于欲而不知得，慎子蔽于法而不知贤，申子蔽于势而不知知，惠子蔽于辞而不知实，庄子蔽于天而不知人。故由用谓之道，尽利矣；由俗谓之道，尽嗛矣；由法谓之道，尽数矣；由势谓之道，尽便矣；由辞谓之道，尽论矣；由天谓之道，尽因矣。此数具者，皆道之一隅也。夫道者，体常而尽变，一隅不足以举之。曲知之人，观于道之一隅，而未之能识也。故以为足而饰之，内以自乱，外以惑人，上以蔽下，下以蔽上；此蔽塞之祸也。"荀子发现墨子、宋子、慎子、申子、惠子和庄子在认识事物方面都有"蔽"，就在于他们只是从"道之一隅"来看待事物，由于"道者，体常而尽变"，所以"一隅不足以举之。"荀子在批评他们之后，还高度肯定孔子的"仁知且不蔽"，这对于我们认识思维系统性是很有意义的。实际上，一个人只有打通各种思维的内在联系，从多侧面、多角度观察和思考问题，把辐射思维和辐集思维结合起来，使各种思维融会贯通，才能克服思维遮蔽，形成思维的科学性。

就改造社会的实践力而言，一个人的思维如果缺乏系统性，在认识世界和改造世界的实践过程中，很容易导致认识的片面性和行动的片面性，就必然会头痛医头，脚痛医脚，顾此失彼，拆了东墙补西墙，陷入形而上学的泥沼。

（三）在人才全方位和立体式开发中形成家庭、学校和社会的整体合力

人才开发是一个综合性的系统工程，注重人才的全方位、立体式开发，形成家庭、学校和社会的整体合力非常必要。

人才开发的系统性要求我们，应该注重人才开发的整体性和综合性，即在人才培养、人才发现、人才任用和人才测评等许多方面，注重多角度、多侧面、多层次的观照和审视，避免思维的单一性，尽量聚焦个人、家庭、学校和全社会人才开发的整体合力。政府应该优化人才开发的大环境，进一步弘扬尊重知识尊重人才的价值取向，继续完善和优化人才政策，加大人才开发的投入等；家庭、学校和具体工作单位要优化人才开发的具体生活环境、学习环境和工作环境，把人才开发视为家庭、学校和单位的头等大事来抓；个人应该创设人才开发的微观小环境，从自我做起，自我加压，自我激励，敢于承担人才自我开发的重任。

在思维系统性方面，柏拉图把有机整一的思想纳入了对国家管理的思考，他

[①] ［古希腊］亚里士多德：《形而上学》，吴寿彭译，商务印书馆，1959年版，第40页。

认为,国家本身是一个有机体:"当一个国家最像一个人的时候,它是管理得最好的国家。"①柏拉图能够把国家和个体生命联系起来,这说明他的思维具有系统性的特点,这也是他素朴的辩证思维在管理思想方面的表现。我们在进行思维的系统性训练时,有必要借鉴柏拉图这一点。

二、思维开放性与人才开发

思维开放性体现了人才开发的开放性,它要求思维主体以思维对象为中心,向四面八方展开联想、想象和理性思考,如同辐射思维或者发散思维,打开思维的"天线",向外辐射,对事物进行动态的多向思维。

(一)思维开放性需要有思维的高平台

思维视野是开放还是封闭,直接受制于思维平台的高低。高瞻远瞩不仅是指物理层面上登高远望,而是蕴含了心灵高远对于"远瞩"的重要性。只有心灵高远,站在社会发展进步的历史制高点上,以鸟瞰的视野,居高临下和与时俱进地看待思维对象,才有可能产生顿悟和豁然开朗之感。许多人之所以目光短浅,与他们的思维缺乏应有的开放性不无关系。

(二)克服安于现状的小农思维

小农思维的视野主要拘泥于土地上的自耕自得,追求男耕女织的田园生活,听天由命,安于现状,逆来顺受,也是一种比较典型的坐井观天。思维开放性要求彻底扬弃过去那种所谓"以静制动""以不变应万变"的思维方式,而代之"以动制动""以变应变",注重思维的与时俱进,以适应新形势的发展。

(三)发现特定事物与其他事物各种直接或间接的联系

思维开放性是与思维的封闭性相对立的,它要求人们克服一叶障目的管窥之见,而代之以360°的大视野。思维的开放性要求学会辩证思维,广开信息渠道,既要充分利用互联网、大数据,也要通过调研,更多地向社会实践本身获取真实的信息,进而触类旁通、由此及彼、由表及里,窥一斑而见全豹,掌握事物之间各种直接和间接的有机联系。

(四)预测事物发展变化的无限性和人才开发的无限性

思维开放性还要求人们在思考问题时,应该对事物的发展变化或自己的人生拓展做出多种可能性的预测,根据事物的发展变化,尽量制定多种预案,尽量把问题看得复杂一些。思维的开放性则启示我们,要积极探索人生道路上的各种未知数,对未来的顺境和逆境之间、挫折和成功之间、乐极生悲和否极泰来之间的相互

---

① [古希腊]柏拉图:《理想国》,郭斌和、张竹明译,商务印书馆,1986年版,第197页。

转化等,力求做出比较准确的预测。

人才开发的未来充满了无限神奇。《论语·子罕》中有言:"后生可畏,焉知来者之不如今也",明代归有光《吏部司务朱君寿序》中有言:"后生可畏,来者未可量",二者说的都是人才开发在可持续发展中具有极大的空间。"智者之举事必因时,时不可必成,其人事则不广。成亦可,不成亦可,以其所能托其所不能,若舟之与车。"①意思是说,明智的人做事要依靠时机,但未必能够等到时机,因此,人为的努力是不可废弃的,无论是否能够得到时机,都应该用自己的努力去弥补自己的不足,就像船和车彼此可以互相弥补一样。

因此,我们用思维开放性,对自己的"来者未可量"进行动态的预测,既要看到机遇可能对个人产生的影响,更要看到个人主观努力的重要性。

三、思维纵深性与人才开发

思维开放性重在追求思维的广度,而思维纵深性则重在探究思维的深度。思维纵深性要求人们思考问题应该善于透过现象看本质,洞见前人未发现的深邃奥秘,进而窥见事物的深层本质。

中国传统思维方式一向注重体验和感悟,讲究中庸、中和之美,这虽然具有维护事物平衡与和谐的优点,但也不可避免地在一定程度上影响思维的深度。在西方古希腊,人们喜欢追根究底,肇始于古希腊的智力革命和雄辩术,逐渐形成了打破沙锅问(纹)到底的思维传统,从宇宙本源的理念论,到创世的基督上帝,无不成为他们思考的对象,以至于到了近现代,西方的思想家层出不穷。中外人才开发的实践表明,思维纵深性对于从事创造性的劳动具有特别重要的意义。在创造性的劳动中,一方面应该具备思维开放性,以拓展思维的广度;一方面又要挖掘思维的深度,向事物的真谛纵深挺进,使思维具有聚焦力和穿透力。即使在其他社会实践中,思维是否富有纵深性,仍然直接影响人们对事物的认识、理解和评价,也在一定程度上体现出一个人的认识水平和解决问题的能力,甚至影响到事业的成败。

由此可见,思维纵深性要求人们在思考问题时,以"思维链"或"思想链"的形式,沿着既定的思路向纵深探幽,逐层加深,一方面"沿波讨源,虽幽必显"②,另一方面,沿源讨波,必见端倪。思维纵深性对于避免人才开发过程中的片面性和肤浅性,对于科学的生涯设计和开发潜能都是非常必要的。

---

① 《吕氏春秋·不广》。
② 刘勰:《文心雕龙》。

四、思维超越性与人才开发

信息技术革命促进了社会的变迁,也在很大程度上为社会发展进步带来了加速度,使社会的发展超越渐进式的匀速直线运动,而驶向跨越式发展的快车道。在这种全新的时代格局下,我们在制定人才开发战略的时候,特别应该具有思维超越性。

思维超越性是思维的一种特殊的开放性和纵深性。它要求我们不仅要立足现实,自觉克服各种思维视野的遮蔽性,更要远望将来,把对未来的动态展望纳入人才开发的美好愿景中,特别是要把我们看问题的视点放在未来时的生涯进程中加以审视。亚里士多德曾经高度评价理智和远见的重要性:"凡是赋有理智而遇事能操持远见的,往往成为统治的主人;凡是具有体力而能担任由他人凭远见所安排的劳务的,也就自然地成为被统治者,而处于奴隶从属的地位。"①再比如,《吕氏春秋》非常深刻地揭示了历史、现实与未来的内在联系:"今之于古也,犹古之于后世也;今之于后世,亦犹今之于古也。故审知今则可知古,知古则可知后,古今前后一也。故圣人上知千岁,下知千岁也。"②此论把古、今和后世都以历史发展的线索贯穿起来,显示了古人思维的相当深度。

我们把思维超越性运用于对传统文化的学习上,针对那些传统虚无主义者,我们就可以站在未来时的视点上进行假设:如果我们今天采取历史虚无主义,简单否定古人,我们的子孙后代就可以彻底否定我们的今天,因此,我们必须尊重历史,从传统文化中汲取其精华。比如在对待建立国家的目标上,柏拉图就认为"建立这个国家的目标并不是为了某一个阶级的单独突出的幸福,而是为了全体公民的最大幸福……我认为我们首要的任务乃是铸造出一个幸福国家的模型来,但不是支离破碎地铸造一个为了少数人幸福的国家,而是铸造一个整体的幸福国家。"③柏拉图所言在很大程度上凸现了思维的超越性,即在国家的建立和发展方面,应该超越狭隘的少数人的局部利益,以追求国家整体的幸福。

在运用思维超越性时,我们还可以借鉴未来学的原理,对未来的人才开发进行超越性探究。中国传统文化一向注重"士别三日,当刮目相看"之说,这恰恰体现了思维超越性。从思维超越性来看,我们就应该以发展的目光去看待人才开发,这样,"即使整个世界作为人类思想的飞翔领域,还是不够宽广,人的心灵还常

---

① [古希腊]亚里士多德:《政治学》,吴寿彭译,商务印书馆,1965年版,第5页。
② 《吕氏春秋·长见》。
③ [古希腊]柏拉图:《理想国》,郭斌和、张竹明译,商务印书馆,1986年版,第133页。

常超越整个空间的边缘。当我们观察整个生命的领域,看到它处处富于精妙、堂皇、美丽的事物时,我们就立刻体会到人生真正目标究竟是什么了",①我们也因此能够相信人间有奇迹,而且也应该相信我们都有机会和能力创造出一定的奇迹。而所谓人间奇迹,实际上就是对庸常的超越,是对常规常理的超越,也是对人生匀速直线运动的超越。

为了确立思维超越性,我们还应该注意如下几点:其一,克服小富即安的思想,敢于超越自我,超越现实。其二,克服钻牛角尖的思维方式,不固执己见,而是要善于听取他人的意见和建议。其三,善于以"未来时"的眼光,回眸现在,即站在遥远的将来,冷静审视和反思当前的现实,对自己的言行进行理性判断,打破时空的遮蔽性,努力克服自己"前理解"的局限性。其四,学会光明思维,即使身处逆境,也应该以乐观主义的精神,面对现实,展望未来,以积极进取的精神争取获得理想的佳运。

事实证明,在人才开发的实践中,我们只要拥有超越性的思维和视野,面对未来的召唤,我们就会"不以物喜,不以己悲",在自我超越中获得豁然开朗的大智慧。

五、思维归因性与人才开发

思维归因性是指对事物发展变化的原因进行探究,以寻找正确原因的思维方式。对于事物进行正确归因,这对于人才开发进行科学的阐释,是非常必要的。

归因理论是西方关于知觉者推断和解释他人和自己行为原因的社会心理学理论。它不仅为人们分析一般的社会问题提供了一种方法论,而且对于正确认识人才开发的归因,也有重要的意义。从海德的归因理论来看,一个人行为的原因或者在于环境,或者在于个人。如果在于环境,则行动者对其行为不负什么责任;如果在于个人,则行动者就要对个人的行为结果负责。从人才开发的角度来看,我们可以利用海德这一归因理论,找出自己进步或落后(特别是落后)的原因。当我们进步较大时,我们要学会对生活心存感激,把社会、学校和家庭对自己的关心当作个人发展的一种动力,激励自己锦上添花,而不孤芳自赏,夜郎自大;当我们处于落后状态时,我们又要从个人的人格、动机、情绪、态度、能力、努力等角度反思自己,找出自己落后的主观内因,敢于对自己的行为负责,从中吸取教训,而不是怨天尤人,把责任一味推到他人和社会头上。

除了海德的归因理论以外,维纳的归因理论对人才开发也颇有启迪。维纳对

---

① [古罗马]朗吉弩斯:《论崇高》。

影响个人发展的原因从两个角度进行了分析,如下图。

原因源＼稳定源	暂 时	稳 定
内　因	努力　心情　疲劳	聪明　　　能力
外　因	幸运　　　机遇	任务难度　环境障碍

如图所示,维纳把努力、心情、疲劳、聪明和能力看作是影响个人发展的内因,把幸运、机遇、任务难度和环境障碍看作是影响个人发展的外因。从稳定性来讲,维纳又把努力、心情、疲劳、幸运和机遇看作是暂时性原因,把聪明、能力、任务难度和环境障碍看作是稳定性原因。用维纳这一理论分析人才开发,我们可以看到,如果把自己的进步归结为临时的努力、心情、不太疲劳,或者是由于幸运和机遇,就容易降低对未来的成功期望,减少前进的动力,因而在以后的发展中就不一定取得成功;相反,如果把成功归因于稳定性因素,个人对未来的发展就容易充满自信,产生较高的成功期望,表现出积极的行为。

我们在利用归因理论进行人才开发时,一方面应该把成功更多地归因于稳定性因素,以产生较高的稳定的成功期望,实现"皮格马利翁效应";另一方面,应该把失败尽可能归因于暂时的不稳定原因,以免个人在遇到挫折后过于自责、自卑或悲观失望,力求继续保持成功期望,以激励以后的可持续发展。我们应该学会正确运用归因理论,为自己的进步或落后进行正确的归因阐释,理性和科学地对待影响个人发展的各项主客观因素。

从犯罪心理学来看,许多犯罪动机与没有正确归因有关。犯罪者有一个共同的特点就是他们很多人认为自己之所以犯罪,主要是别人或社会逼迫的,自己是出于无奈或者被迫报复,才走向犯罪道路。很显然,这种归因没有看到个人应该承担的责任,一旦再遇到以前触动他犯罪的类似情境,他仍然可能继续犯罪。荀子说:"若夫志意修,德行厚,知虑明,生于今而志乎古,则是其在我者也。故君子敬其在己者,而不慕其在天者;小人错其在己者,而慕其在天者。君子敬其在己者,而不慕其在天者,是以日进也;小人错其在己者,而慕其在天者,是以日退也。

故君子之所以日进,与小人之所以日退,一也。君子、小人之所以相县者在此耳!"①荀子这段话非常深刻地揭示了君子"日进"和小人"日退"的原因,主要原因不在于"天",而都是在于"己"。由此可见,从归因理论的角度出发,引导人们正确认识"日进"和"日退"的主观原因,这对于正确认识人生际遇都是极其重要的。

此外,我们在运用思维的归因性时,面对复杂纷纭的社会人生,应该尽可能辩证地理解因中有果、果中有因、互为因果、由因溯果、由果溯因、一因多果、一果多因等复杂现象,厘清事理的内在联系,力戒简单、片面的线性思维。归因正确,这是人才开发必须要掌握的内在逻辑。

六、思域融通性与人才开发

(一)思维湍流与人才开发

在自然界,湍流是流体的一种流动状态。当流速很小时,流体分层流动,互不混合,称为层流,也称为稳流或片流;流速逐渐增大时,流体的流线开始出现波浪状的摆动,摆动频率和振幅随流速的增加而增加,形成了过渡流;流速增加到很大时,流线不再清楚可辨,流场中形成许多小漩涡,层流的秩序被打乱,相邻流层间既有滑动,又有混合,从而形成了湍流。湍流又称为乱流、扰流或紊流。

思维湍流是指人的思维处于高度活跃时的一种思维状态,这种思维状态虽然非常活跃,但由于受到"湍流"无序性的影响,既有利于促进灵感的火花,但也可能因为无序性,而白白浪费思维的活力。因此,研究思维湍流与人才开发的关系,难点在于如何保障思维湍流逐渐转化为有序的思维流。为此,我们可以尝试通过对思维的训练,实现视域融合和思域融通的思维境界。

(二)视域融合与人才开发

所谓"视域融合",是指解释者在进行解释时,都是带着自己的前理解从自己的当下情景出发,认识和分析特定视域中的研究对象。"视域融合"不仅是历史与现实的融合,也是解释者与被解释者之间的汇合。这种新旧视域的融合在产生新的理解的同时,这种新的理解又将随着时间的推移成为未来认识事物的前理解。

伽达默尔开创阐释学,其中很重要的概念就是视域融合。他认为,每个人作为一个历史的存在者都处于某个传统和文化之中,并因此而处于某个视域之中。视域现象是解释学循环的基础,要获得对于事物的理解,一个人必须尽力得到一个历史的视域,并且通过历史存在者本身和过去传统的视域来进行解释,而不能只通过这个人的当下尺度甚至是偏见来进行解释。伽达默尔的视域融合理论为

---

① 荀子:《天论》。

我们揭示事物意义的历时性与当下性,提供了新的契机,也为人才开发启迪了智慧。因此,视域融合理论启示我们思考问题时要注意两个角度:第一,对他人的思想观点,要从视域融合的角度出发,认识他人思想观点形成的历时性与当下性、客观性与主观性、合理性及其局限性。第二,善于用视域融合理论进行必要的自我反思反省,认识自己思想观点形成的历时性与当下性、客观性与主观性,由此可以反思个人思想观点的合理性及其局限性。以上这两个角度对于人才开发过程中的求真与证伪,都具有认识论的重要价值。

刘勰《文心雕龙》谈及"文之思也,其神远矣。故寂然凝虑,思接千载;悄焉动容,视通万里。"刘勰这里所说的"思接千载"和"视通万里"客观上预计隐含了视域融合的内蕴,"思接千载"本质上就是对思维史的纵向回眸性的描述和概括,本身就包含了思维的历时性与当下性。

(三)思域融通与人才开发

思域融通是思维领域一种最优化的思维方式,笔者在《实施海洋强国战略需要思域融通能力》①一文中提出,原意是指实施海洋强国战略,涉及海洋科学、海洋经济、海洋国防与海洋文化等诸多领域,需要我们具备思域融通能力。根据笔者对思域融通的研究,思域融通是一种非常优化的思维方式,非常有利于促进人才开发。

"思域"是指思维和思想两个含义,即思维和思想的领域。"思域融通"是指思维和思想的领域达到融会贯通的境界,也是融会贯通在思维领域的具体体现。从学术研究的角度来看,学者们一般都倡导通过学科交叉渗透融合,达到融会贯通的境界,才能更好地学习、理解和掌握知识。从人才开发的角度来看,融会贯通还仅仅是知识层面的,还未达到思维层面的融通,所以,笔者强调思域融通,目的就是倡导人们通过对学习和思维的训练,进一步拓展学习视域、实践视域和思维视域,在对若干知识融会贯通的基础上,进一步达到思域融通的最优化的思维状态。从科学创新的角度来看,思域融通对于优化思维方式,进行学科建构的跨界与融合以及产品结构功能优化等,都具有积极的意义。

从促进社会发展进步的动力性来看,思想是最重要的动力,而要产生最先进、最科学的思想,我们必须具有最优化的思域融通的能力,才能避免和克服思维的遮蔽性,超越坐井观天的管窥之见,走向思维的澄明和开放性。

---

① 薛永武:《实施海洋强国战略需要思域融通能力》,《中国海洋大学报》,2017年第2期。

第七章

能力结构与人才开发

从人才开发的角度来看,一个人具有优化的知识结构和能力结构,思维就可能达到融会贯通和思域融通,更容易产生创造性的灵感,客观上比较容易取得创造性成果。

一、整体效应与优化智慧结构

人力资源管理和经济学理论都关注木桶理论,认为一个水桶的容积不取决于木板的长度,而取决于最短的木板。经济学家厉以宁曾用"木桶理论"来阐释经济学问题,这在非均衡经济学里叫作"短边决定原则"。

(一)大脑功能与人才开发

木桶理论的原理是非常深刻的,它主要体现了两个原则:第一是整体性原则,"全体必然先于部分"[①];第二是合力原则。所谓整体性原则,就是要求人们重视事物的整体功能,而木桶的短板恰恰从根本上影响木桶的整体功能。所谓合力原则,就是要求人们应该注重事物内部诸要素是否能够形成较大的合力。"人有所优,固有所劣;人有所工,固有所拙。非劣也,志意不为也,非拙也,精诚不加也。"[②]所以,针对实际生活中客观上存在木桶机制的问题,主要的解决方法就是弥补短板,以增加其高度,力求达到与那些长板相适应的高度。我们从木桶理论的整体性来看人的大脑功能,必然要求大脑具有整体的优化功能。

首先,从大脑的结构来看,人的大脑是一个极其复杂的黑箱世界,其形状和表面好像一个核桃仁,大约拥有140—150亿个神经细胞,奥妙无穷,潜能无限。人脑包括我们通常说的大脑、间脑、小脑和脑干四个部分。其中,大脑是脑的最高级部分,约占脑的70%,分为左右两个半球。一般来说,大脑两个半球的功能各有侧重。大脑左半球主要是言语、逻辑、推理、计算、书写分析和求同思维等智力活动

---

① [古希腊]亚里士多德:《政治学》,吴寿彭译,商务印书馆,1965年版,第8~9页。
② 王充:《论衡·书解》。

的控制中枢,而大脑右半球则是视知觉、空间关系、音乐、舞蹈、直觉、综合、情感和求异思维等智力活动的控制中枢,所以有人将大脑左半球比作"数字脑"或"逻辑脑",而将大脑右半球比作"模拟脑"或"形象脑"。从人才开发的角度来看,人的大脑功能只有协调发展,才能更好地促进人才潜能的和谐开发。

其次,从人脑的全息性来看,人的大脑在认识世界和反映世界时,具有一种整体的功能特点。科学家认为,"人脑是作为一个整体在工作的——它的部分,甚至小到一个脑细胞,都可能反映整个大脑的活动。而且,这些专家们相信,人脑可能是整个地球甚至整个宇宙的全息照片"。[①] 在一些脑科学家看来,人脑认识世界和反映世界所呈现出的全息性和全息照片是同一原理,人是整个地球、甚至是整个宇宙的全息照片。这种观点虽然未必能得到大脑思维科学的完全证明,但与我国古代的直觉思维却有不谋而合之处。我国古代是非常注重直觉思维的,直觉思维在表层上似乎是主体没有经过理性的思考,而实际上主体在看对象的刹那间,就已经调动了自己大脑内部的全部信息,以全息性对对象进行高度的辐集思维,快速形成对事物的印象和判断。时至今日,如果我们从全息性的角度来看,古代的直觉思维蕴含了对全息性的素朴猜测,这可以与现代的全息性理论互相印证和互相补充。

再次,从人脑的功能表现来看,人脑功能既有广度,又有深度。人脑功能的广度可以用"百花齐放"来形容,即人脑的功能在数量和种类上林林总总,花样繁多,数不胜数。我们可以发现,有的人具有惊人的记忆力,有的人具有惊人的运算能力,有的人具有音乐才能,有的人具有惊人的创造力……大千世界,唯有人的脑力蕴藏无限丰富的潜能。"因此,许多有见地的科学家对于人类潜能远远未能开发发出无限感慨,大声疾呼开发人类的无限潜能。"[②]

从人才开发的角度来看,只有促进大脑功能的协调发展,才能使人的思维既有广度,又有深度,促进思维广度和思维深度的有机统一。

(二)整合能力与人才开发

从人的大脑功能需要协调开发来看,人类所具有的各项能力也应该进行有效的整合。就整体而言,社会的发展需要各种力量的科学整合,许多重大课题的设计和论证,城市的规划设计,国家路线、方针、政策的制定等等,都需要各种力量的整合,即使在军事史上,也已经由过去的单兵种作战演进为现代的多兵种联合作战。对于人才开发来说,一个人的能力只有通过有效的整合,才能形成更大的生

---

① 叶川编著:《潜能再现》,四川大学出版社,1998年版,第10页。
② 杨敬东:《潜人才学》,山西教育出版社,2008年,第167页。

命发展力。

人的能力单一，从根本上来说，与异化劳动的消极影响有关。在人类没有完全得到自由的情况下，人的劳动往往只是谋生的手段，只能片面发展个人某些方面的能力，而不可能全面发展自己的能力，客观上必然影响人才开发的广度和深度。人的能力单一还直接阻碍个人在事业上取得更大的成就。从社会对人才的需求来看，虽然很多岗位也需要专门人才，但实际上更需要一专多能的复合型人才，更需要具有优良的综合素质，又有扎实的专业能力和创新能力的山型人才。

从人才开发的角度来看，个人应该对自己的能力进行优化整合。整合的总体思路是全面协调与均衡发展，然后突出重点。人才开发要具有长效功能，就必须拓宽基础，进一步优化知识结构和能力结构，从而为深度开发奠定扎实的基础。优化知识结构和能力结构，促进能力的全面协调与均衡发展，这对于人才开发至关重要，特别是对于青少年时期尤为重要。

我们强调要整合能力，促进人才开发的和谐，这并不意味着追求人才开发的"高大全"，而是旨在打牢比较宽广的坚实基础，不能有明显的"短板"。当然，木桶理论不仅主张要弥补短木板，而且也不主张个别的木板高于一般的木板，因为这对于木桶盛水没有意义。对此，我们所谓的整合能力与此不同：我们强调不能有很短的木板，即使有特定的短板，也应该尽量弥补，如果不能弥补，也应该把短板所能产生的负作用控制在最低的限度；同时又鼓励和倡导个别的木板高于或者超过木桶的平均高度，尊重个性和兴趣，鼓励在某个方面冒尖，支持挖掘某种特殊的潜能。

二、知识转化为能力的三个关键点

从人才开发的角度来看，知识本身的力量是非常有限的，人们只有在掌握丰富的知识的基础上，一方面了解这些知识之间的内在联系，形成知识的系统性，另一方面通过特定的社会实践，把知识转化为认识问题、分析问题和解决问题的能力时，知识才形成力量，知识才能改变人的命运。

（一）在广采博取中对知识融会贯通

在知识转化为能力的过程中，要学会在广采博取中获得知识，开阔知识的视野，在知识的海洋中遨游。这种广采博取，可以来自书面文化，也可以来自非书面文化。每个人通过广采博取，都可以在大脑中增加更多的记忆表象。从心理学的角度来看，一个人的记忆表象愈丰富，一方面有利于促进记忆表象之间的沟通和联系，一方面有利于激发和调动个人的联想和想象。在广采博取中获得的知识愈多，愈容易激活个人的创造力；相反，一个人的知识比较贫乏，则很容易束缚自己的思维,阻碍个人的发展。有不少人经常犯一些常识性的错误,原因之一就在于知识贫乏,如法盲、文盲等,都很容易犯常识性错误。有的考生在高考作文中写道:"鲁迅在'四人帮'攻击他的时候,拿起手里的笔反抗,最后坚强地牺牲了";还有的考生写道:"宋江拜把子兄弟张飞把他从狱中救了出来,然后一起亡命天涯"。这些考生因为缺乏必要的历史知识,"关公战秦琼",结果闹出笑话。

在广采博取的过程中,还应该及时把学到的知识融会贯通起来。这里的关键是要掌握主观和客观的两个要素:一是各种知识在客观上具有直接或间接的联系,一个人只要在知识的海洋中遨游时间长了,做到广采博取,这些知识在个人的大脑中就已经不自觉地形成直接或间接的各种联系。二是个人应该自觉发现知识之间直接或间接的各种联系,要善于发现知识之间的奥妙。比如,我发现计算数学中的等差数列,可以用梯形面积的求解方式获得相同的结果;阅读《三国演义》,可以发现作品具有非常深刻丰富的人才学思想;而阅读《西游记》,则可以发现作品具有深刻的人事学和成功学思想;达·芬奇把透视理论用于绘画,我们还可以把透视理论运用于人才鉴别和人才发现,在文学、透视学和人才学之间架起一座桥梁。

实际上,我们从孩提时代开始,就通过家庭和学校等多种途径,学习了很多知识。但是,随着年龄的增长,有些知识记住了,有人就会说这些知识很有用;如果有些知识忘记了,有人又会说这些知识白学了,还不如当初不学呢。其实,这两种观点都是偏颇的:前者对知识已经转化为能力感到困惑,而仍然误认为是知识在起作用;后者则没有看到自己的知识已经转化为能力,忘记的只是知识,而当时学习知识时所受到的思维训练和方法训练,实际上已经融入个人的能力结构,只不过是个人感觉不到罢了。比如,对于从事文科研究的专家学者而言,中学时学习的数理化虽然后来没有直接用上,但通过学习数理化得到良好的逻辑思维训练,而这种思维训练已经发挥潜移默化的作用。因此,我们就不能说学数理化对于从事文科的专家学者没有用;同样,对于从事理工科研究的专家学者而言,你也不能说你以前学的语文课没有用,因为语文对于训练你的语言能力、形象思维、阅读理解能力、写作能力和审美能力,都是极其重要的,甚至你要把自己的科研成果转化成文本,你也离不开语文能力。

对于人才开发来说,最重要的就是能够在广采博取中获得更多的知识,经过阅读、理解、感悟、体验、思考等反复玩味、吟咏乃至循环往复的反思,大部分知识可以实现较大程度的融会贯通。我们忘记的主要是知识的碎片,而留下的一是融会贯通的知识结构,二是因为学习知识而拓展了的思维训练。

(二)在提炼概括中对知识理性探幽

根据通常的理解,所谓知识,主要是指人们在改造世界的实践中所获得的认识和经验的总和。其中,人们对世界的认识包括感性认识和理性认识两个方面,而经验更是素朴的,尚缺乏理性的反思和理论的提升。

对知识进行提炼概括和理性探幽,这是加深对知识理解的重要环节,也是对知识进行融会贯通必不可少的思维过程。达·芬奇认为,理论好比统帅,实践则是战士,因此他非常重视理性判断的重要性,同时又把理性判断建立在经验的基础之上。一般来说,单纯的知识和经验,往往停留在感性的层面上,只感觉到事物是什么,并不去探究为什么,只关心做什么,并不去关心为什么这样做。所以,当知识没有转化为能力以前,人们所掌握的知识大多只是一些知识的碎片,而不是系统的理论。经验对人生固然很重要,但如果不及时理性提升,就很容易陷入经验而不能自拔,以至于形成经验主义,这也就是为什么一些老年人有时会非常固执、自负、仍然可能犯错误的重要原因。

在对知识进行提炼概括和理性探幽时,应该尝试从三个环节入手。首先要从最简单的知识开始,从日常接触最多的自然现象和社会现象入手,看看这些知识和诸多现象说明了什么,它们之间有什么样的直接或间接的联系。我在培养女儿的语言与逻辑思维能力时,引导女儿观察从"一刮风树就动""一下雨地就湿了"这些自然现象中,理解和总结出"一……就……"的逻辑关系,①可以说水到渠成,很自然地就发现了知识和经验背后的联系。

其次,要善于透过知识和经验的表层,发现和挖掘知识和经验所蕴含的深层意蕴。我们通常所说的真理,并非完全是主观符合客观实际,而只是主观认识向认识对象本真状态的趋向或者说是逼近。从绝对意义上来说,人的主观认识永远难以完全穷尽真理,而更多地体现为真理的颗粒或部分真理,更何况有许多知识还只是停留在感性经验的层面上,并不是建立在科学理性基础上。我们要获得真正的知识,要发现更多的真理,就必须对已经掌握或正在学习的知识进行去蔽训练,即尽可能拨开误读的遮蔽,进而窥见事物的更多真谛。

再次,在对知识进行提炼概括和理性深化时,还可以借助于个人的联想和想象,对已有的知识和经验举一反三。这样非常有利于培养发散思维,也有利于发现言外之意、景外之景、境外之境的奥妙,在超越感性事物局限的同时,把思维引向更广阔的思维空间。比如,我们可以从高压锅开锅时限压阀的跳动领悟管理的艺术,高压锅必须有一个限压阀,这个限压阀要轻重适度。我们在电脑上用拼音

---

① 薛永武:《让孩子走向成功和卓越》,中国言实出版社,2016年版,第55页。

打字,可以根据拼音的组合方式来理解事物要素组合的重要性,还可以认识到结构决定功能的道理。

(三)在反复实践中对知识检验反思

知识来源于实践,反过来又必须接受实践的检验,只有在反复实践中对知识进行检验和考察,才能真正判断知识的准确性、有效性和客观性。

首先,在反复实践中,要注意检验知识的时效性。许多知识能够反映客观实际,但要注意知识的时效性,看看这些知识是否还具有实践价值,比如说当新的科学知识出现以后,同类的旧的科普知识就应该退出知识舞台,而不再具有科普价值,至多可以成为研究和了解历史的特定资料而已。特别是阅读人文社会科学著作时,更应该注意时效性的问题。

其次,要考察知识的针对性。在知识的来源中,什么实践产生什么知识,什么知识来源于什么实践。这就是说,知识紧密依赖于实践,实践又必然形成相关的知识。我们在考察和检验知识时,要看该知识本身是属于哪一类的知识,是来源于哪种实践的。用甲知识指导乙实践,或者说用乙知识指导甲实践,都会出现牛头不对马嘴的窘况。

再次,还要注意知识的易变性和实践的复杂性。赫拉克利特说太阳每天都是新的,这毫不夸张,我们已经进入一个日新月异的新时代,知识爆炸已经成为社会发展的强大动力,我们用实践检验和反思知识时,要自觉用新知识服务实践,也要注意实践的复杂性和易变性。实践既有必然性,又有偶然性,除了一些机械操作具有重复性以外,大量的实践本质上是不可重复的,这就体现了实践的复杂性和易变性。因此,用实践检验和反思知识时,要注意实践本身的复杂性和易变性,同时,还要注意知识和实践相互影响的互动性所产生的极其复杂的影响。

三、知识结构与能力结构优化组合

一个人的知识结构与能力结构是否优化组合,对于人才开发具有非常重要的意义,为了更好地人才开发,我们应该努力优化自己的知识结构和能力结构。

(一)全面发展优良素质

能力结构优化要求全面发展和完善每个人的优良素质,这是学校素质教育的基本内涵,是人才开发的重要前提,也是我国由人力资源大国向人才资源强国转变的关键因素。

1. 倡导高尚理想。为了促进人才开发,要具有为祖国繁荣昌盛而成才的远大志向,把高尚的理想转化为开拓人生奋发成才的强大动力。

2. 涵养优良道德。道德是一个人和社会发展进步的表征,也是一个文明人和真正的人才应该具备的修身之道。通过追求道德修炼,完善人格,倡导人生的奉献精神,这是促进人才开发的重要动力。

3. 塑造和谐的精神个性。应培养坚定、勇敢、自信、乐观、勤奋、朴实等优良性格,具有宽广的胸怀和坚韧的意志,以无所畏惧的勇气迎接未来的挑战。

4. 拥有求真的科学精神。以大无畏的探索精神,正确认识社会发展规律,以利于更好地改造世界和人生。

5. 提升现代人文精神。人文精神主要包括人类应有的尊严感,人与人之间的理解、宽容,人与社会之间的自由与责任、权利与义务,以及对人类与自然的关爱之心。

(二)知识结构的优化

在广采博取中对知识融会贯通,这也是优化知识结构的重要方法。在学习中要掌握学科之间的平衡,注重文科和理科的交叉渗透,加强文科内部诸学科之间、理科内部诸学科之间的互渗整合。正如王通讯现实所言,"我们要重视优化知识结构的问题,也是优化工作能力的问题"。① 人才开发的实践表明,只有知识融会贯通,才能优化知识结构。

在广采博取中对知识融会贯通,需要切入三个角度:首先,运用辐射思维,由点到面,即由某一方面的知识向外辐射,进而学习与此相关的其他知识;其次,运用辐集思维,从四面八方对特定的知识对象进行辐集观察和思考,以形成知识的聚焦力;再次,发现知识的立体网络结构。知识虽然浩瀚无穷,但也有内在的规律,这就是无论什么具体知识,自身都是一个相对完整的网状立体结构,而总的知识则构成了总的知识网状立体结构。

我们应该及时发现和掌握许多知识之间的各种联系及其节点,力求以最快的速度优化自己的知识结构,既要发现各门具体知识之间各种直接或间接联系,找到具体的知识网状立体结构之间的交叉渗透关系,又要把具体的知识网状立体结构纳入总体的知识网状结构大系统中加以考察,从总体上把握知识的结构形态。

(三)能力结构的优化

知识结构的优化是能力结构优化的基础;能力结构的优化则是知识结构优化的目的。因此可以说,知识结构的优化是通过促进能力结构的优化,最终服务于人才开发的。能力结构的优化,一方面要求每个人具有学会做人的能力,另一方面还要求每个人培养各种基本能力。

1. 独立适应社会生活的生存能力。人类需要生存与发展的和谐统一,只有很

---

① 王通讯:《微观人才论》,中国社会科学出版社,2001年版,第208页。

好地培养适应社会的生存能力,学会独立生存,才能开辟更广阔的天地。

2. 人际沟通与合作能力。在人才开发中,每个人都应该学会人际沟通,善解人意,在相互理解和尊重中建构新型的人际关系,人与人之间相互促进,相互补充,共同发展,以产生积极互动的共生效应。

3. 语言表达与基本写作能力。语言是思想的外壳,言为心声。既要提高语言表达能力,又要提高写作能力。特别是近年来公务员考试中,各种申论题的考试主要就是考核人们认识问题、分析问题和解决问题的能力,其中也包括语言表达能力和公文写作能力。

4. 培养良好的审美能力。审美能力是现代社会文明人应有的基本能力,也是想象能力的重要体现。通过培养审美能力,正确辨别美丑,学会欣赏社会美、自然美和艺术美,做美好生活的创造者。

5. 尽量掌握各种相关的专业技能。为适应未来社会对人才的动态需求,在人才开发过程中,我们应该培养自己的高素质和多种实践能力,进一步优化知识结构与能力结构。

6. 具有职业迁移与可持续发展的后劲。为了在将来的人才流动中适才适所,我们应具备深厚的内涵,具有能动的职业迁移能力,以掌握未来发展的主动性。

7. 具有解决冲突的能力。科学认识各种冲突产生的偶然性和必然性,找出其"一因多果"或"一果多因",学会用辩证发展的观点,及时对冲突进行调适,争取防患于未然,把问题解决于萌芽状态。

在促进这些能力协调发展的过程中,一方面要实现这些能力之间的相互促进,产生积极的互动和共生效应;另一方面,又要把这些能力纳入实践中加以锻炼和提高,在积极推动实践的过程中,同时又把这些能力进行调整和优化,包括优胜劣汰的此消彼长。

(四)知识与能力的优化融合

知识是形成能力的前提,要促进知识和能力在整合中达到优化,就必须对知识没有转化为能力的原因进行探究。具体说来,影响知识转化为能力的原因大致有如下几点:

1. 从书本到书本,缺乏实践检验和历练,容易导致眼高手低。
2. 知识与知识之间缺乏融会贯通,具体的知识成为孤立零散的知识碎片。
3. 知识结构比较单一,甚至呈现出畸形发展的态势,缺乏优化组合。
4. 应试教育导致学生对知识死记硬背。
5. 知识因缺乏实际应用而容易忘却。越是在实践中经常用到的知识,人们记忆就比较深刻;反之,人们就容易忘却。

根据笔者的思考,要促进知识和能力在整合中达到优化,就必须把知识转化为智慧,再把智慧转化为能力。一方面,通过把广采博取的知识融会贯通,形成比较渊博的知识和开阔的视野,自然就拥有了相应的智慧和觉悟;另一方面,要把智慧转化为能力,还需要有一个中介环节,这就是特定的实践过程。一个人有了智慧以后,经过反复多次的实践活动,就会慢慢转化为特定的能力。这样循环往复多次,一个人随着知识积累和智慧的觉悟,随着实践的发展变化,就会自觉不自觉地增长相应的能力。

这里的逻辑顺序是:对知识广采博取→对知识融会贯通→形成智慧,产生觉悟→经过多次实践→增长了相应的能力→进一步认识到知识和实践的重要→再扩大学习视野,丰富相应的知识→再参加相应的实践→进一步提高了相应的能力。只有多次循环往复,才能完成知识向能力转化和提升的过程,实现知识和能力在整合中的优化。知识为能力提供了可能性;能力又反过来检验了知识的有效性。二者相互促进,互为因果,相生共融,实现整合优化。

(五)在综合中求创新

创新是人类社会发展进步的内在动力,也是人类区别于其他动物的根本特性之一,它包括创新意识、创新思维和创新能力三个层面。

1. 要有创新意识。创新意识是创新思维和创新能力的前提,要勇于探索自然和社会的各种奥秘,善于发现问题和提出问题。

2. 要有创新思维。在变革旧的思维方式的基础上,要学会新的思维方式,除了掌握逻辑思维和形象思维以外,还要学会辐射思维、辐集思维、逆向思维等,通过多学科交叉、互渗与整合,发现新的意蕴。

3. 要有创新能力。创新能力是创新意识与创新思维在实践中的确证和外化。每一个立志成才者都应力求多参与创新实践,让创造的成果真正成为创新能力这一本质力量的对象化。

要提高创新能力,还必须具有观照自然万物的惊奇感和敏感意识。亚里士多德指出:"古往今来人们开始哲理探索,都应起于对自然万物的惊异;他们先是惊异于种种迷惑的现象,逐渐积累一点一滴的解释,对一些较重大的问题,例如日月与星的运行以及宇宙之创生,作成说明。"① 从科学发展史来看,人类的创新主要取决于两个方面:一是社会的需要,即人生的现实需要;二是人类在惊奇感的激励下形成的探索精神。前者较多地体现创新的实用性,后者较多地体现创新的自由性。

---

① 亚里士多德:《形而上学》,吴寿彭译,商务印书馆1959年版,第5页。

通过能力结构的优化,能力的三个层次构成了一个"塔型"结构:"学会做人"的素质是人才开发最基本的,处于塔的最底部,也是素质教育的基础;"各种基本能力"是人才开发的中间层面,处于塔的中间位置;"创新能力"是人才开发的核心和关键,处于塔的最顶端。

四、突破成才盲区与非超导现象的启迪

在人才开发的过程中,个人的知识结构和能力结构达不到优化组合,容易陷入成才盲区而难以突破,影响人才开发的进度。

(一)突破成才盲区

在人才开发的视域中,成才盲区的发现肇始于生理学的启迪。从生理学的角度来看,人的视觉中有盲点,即眼球后部视网膜上的一点和黄斑相邻,没有感光细胞,不能接受光的刺激,物体的影像落在这一点上不能引起视觉,所以叫盲点。

把生理学上的盲点用于人才开发的研究中,我们发现人才开发中经常会出现这样一种现象:人才开发在取得一定的成绩以后,会出现暂时的停顿现象,即使继续开发,也很难再取得新成就,在成就曲线上表现为近于平缓的一部分线段,这就是所谓的"高原期"或者"高原现象"。人才进入所谓的高原期,进入特定的盲点,即成才盲区。人才陷入"高原期",主观上既想超越高原,但客观上又难以超越高原,从而造成心里紧张和困惑。根据笔者的分析,陷入"高原"有这么几点原因。

1. 人才开发内在动力不足,有安于现状和小富即安的思想,认为自己已经"船到码头车到站",难免有陶醉于实现成就动机后的满足感,缺乏继续奋进的动力。

2. 攀登"高原"付出了较多的体力和精力,个人的生命张力暂时处于低谷期,需要休养生息。许多人才感到缺乏新的动力,对产生的原因并不了解,因而深感困惑。

3. 原来的人才开发方式已经达到极限,不再适应以后新的人才开发,因此需要改变和完善人才开发方式。

4. 人才缺乏优化的知识能力结构,底蕴不深厚,可持续发展的后劲不足。

知识结构和能力结构优化组合,对于人才开发非常重要。一个人如果身心健康,既有远大的理想、执著的信念、坚韧的意志,又有各种基本能力和创新能力,就一定会形成整体的发展合力。即使进入"高原",也可以预测到盲点的遮蔽性,自觉调整思维方式和开发方式等,迅速走出"高原",继续攀登新的高峰,最终登上理想之巅。

(二)非超导现象的启迪

在物理学中,许多材料在导电功能上都有一定的电阻,而只有超导材料,能让电流毫无阻挡地自由流动,这就是物理学中的超导现象。

在人才开发实践中,每个人都希望自己具有天时、地利、人和的良好环境,都希望人生一帆风顺,大展宏图。但每个人都要受到主观与客观诸多因素的影响和制约,总会有这样或那样的曲折,有时甚至会出现停滞、发展缓慢或加速发展的不规则现象,而并非匀速直线运动,这也可以称之为人才开发的"非超导现象"。

人才开发的"非超导现象"是客观存在的,蕴含了人才开发的一般规律和特殊规律的统一。人作为生命体,一生都要和疾病作斗争;人作为社会人,要顺利完成社会化,就要解决自由、自律和他律的矛盾问题;人作为人才开发的主体和对象,具有自律性开发和他律性开发的双重性。由于社会的复杂性,人的一生无论是处于顺境还是逆境,都不可能钻进超导材料中自由遨游,而是必然要受到"非超导材料"的阻碍,这是人与自我、人与人、人与社会交互作用的结果。因此,对于人才开发而言,不在于寻找没有电阻的超导材料,关键是要通过主观与客观的努力,尽力把"非超导材料"的电阻降低到最小的程度,把人生道路上的各种挫折、困难和障碍控制在最小的范围和最低的程度,创造有利于人才开发的最大顺境。

为了把"非超导材料"的电阻减少到最低的程度,从人才开发的角度来看,我们必须高度重视知识结构和能力结构的优化组合,进而形成整体的合力,在综合中求创新,这是人才开发非常重要的普遍规律。

第八章

诱发潜能与人才开发

潜能开发对于实施人才战略具有非常重要的意义。所谓诱发潜能,是指潜能开发不是以刚性的方式直接开发,而是通过特定的情境,在循序渐进、自觉不自觉和不经意间诱发潜能的滋长,体现出春风化雨润无声的濡化特点。

一、人类潜能的无限性

人类潜能是取之不尽、用之不竭的最宝贵的资源。潜能是人类的生命之泉、智慧之泉和创造之泉,它充满朝气,蕴含生机,催孕活力。大力加强潜能开发,对于完善生命,实现生命价值,促进社会的发展进步,是一项非常具有战略意义的举措。

(一)冰山理论与人才开发

从人类社会发展史来看,人类存在两大非正常损耗现象:一是各种战争、自然灾害和各种违背经济规律造成的物质方面的非正常损耗或者浪费;二是对人类潜能的忽视和压抑,造成更为严重的浪费创造力的现象。

1932年,海明威纪实性作品《午后之死》第一次把文学创作比做漂浮在海上的冰山,揭示了文学创作的"冰山原则"。所谓"冰山原则",是指作家思想感情含而不露,隐而不晦,蕴含于艺术形象之中。

根据脑科学家研究,人类表现出来的能力只占全部能力很少一部分。从现代生理学的角度来看,学者们从细胞分子生物学的角度提出了经穴能量系统的线粒体腺三磷学说,认为经络是含线粒体腺三磷较多的细胞组成的线路,腧穴是线粒体腺三磷较多的细胞组成的点,当人体经穴受到针刺等刺激后,细胞内的线粒体腺三磷被激发,产生大量的ATP能量向细胞间隙冲击,使电流量增高,从而产生电位差低电阻。这些能量激发其他细胞的能量引起连锁反应,特别是经线上含线粒体较多的细胞,能够产生经络的感传现象,释放出巨大的能量。每个人的生命体都是一个特殊的"小宇宙",由于潜能的模糊性、深邃性和无限性,个人即使偶然爆发出来的潜能,也足以令人吃惊。

美国心理学家威廉·詹姆斯认为,一个正常的人只运用了其能力的10%;奥托则认为,个人实际上只发挥了4%的能力;维纳甚至认为,即使创造了辉煌成就的人,在一生中利用自己的潜能也还不到百亿分之一。① 科学家发现,澳大利亚的土著能够在很远的距离以外,以非物质的方式传递信息。苏联的学者甚至认为,如果我们迫使大脑达到一半的工作能力,人们就可以轻而易举地学会40种语言,将一部苏联百科全书背得滚瓜烂熟,还能学完数十所大学的课程。众所周知的发明大王爱迪生竟然有1000多项发明,可谓人间奇迹。就记忆力而言,日本一位59岁的男子在2005年可以记忆圆周率π达到小数点后第83431位。据2013年11月23日人民网报道,美国科罗拉多州丹佛市一名毫无音乐感的少年康纳斯,经过意外脑部撞击造成脑震荡后,忽然变成音乐天才,即使连乐谱也看不懂,却能无师自通晓得玩吉他、钢琴等13种乐器。2014年1月19日《扬子晚报》报道,我国农村少年周玮曾被定中度脑残,但他能1分钟算出16位数开方,真是大脑奇迹。从脑科学的角度来看,大脑意外受伤客观上也许会刺激大脑某些特殊的部位,阴差阳错在偶然的不经意间开发了大脑的某类潜能。其实,人的大脑很像一个功能复杂的计算机,因为人脑和计算机一样,能吸收大量的信息,并储存下来,但在某些方面,我们还没有学会经自己编排解决问题的程序;而在某些特定的时刻,一旦受到外界某种情境的启发,人的某种潜能就可能得到意想不到的发挥,就有可能不自觉地进行科学高效的编码,从而解决平时百思不得其解的问题。

人类的潜能还表现在体能方面。第一,自从奥林匹克运动以来,各种体育比赛表现了人类巨大的身体潜能,比赛成绩屡破纪录。各种滑雪比赛、跳伞比赛、冲浪比赛、大力士比赛、武术比赛、汽车拉力赛、自行车障碍赛等,无不显示了人类蕴藏的巨大的体能。第二,人类遇到困境时表现出来的体能非常惊人。有个旅游者不慎让山上滚下来的巨石压住了自己的腿,在无法得到别人救援的情况下,他用水果刀割断一条腿,爬上汽车开到医院而获救。第三,在日常生活和工作中所表现出来的体能。湖北大冶巡警柯有才穿300斤的铁鞋自由行走;美国一位89岁的老人还能够开车;外国还有一位104岁的老人还在工作,记者问他什么时候退休,他很风趣地说自己的圣经里没有"退休"这两个字。由此可见,人类体能蕴含无限的潜能,人类可以延年益寿,长时间保持身体健康和良好的体能。

事实上,美国、欧洲和日本近20年来相当重视对人脑奥秘、攻克疾病和开发人工智能技术的脑科学研究。这些国家和区域制定了脑科学研究的长远计划,并将21世纪定为"脑科学时代"。在国际人才竞争和潜能开发的大格局下,中国是

---

① 王通讯:《人才潜能开发学》,中国社会科学出版社,2001年版,第11页。

人力资源大国,只有大力进行潜能开发,才能更好地促进全社会的人才辈出,适应国际社会的激烈竞争。

(二)摩西老姆与人才开发

摩西老姆大器晚成,晚年发现自己有惊人的艺术才能,成为美国著名的艺术家。从人才开发的角度来看,"摩西老姆效应"是指许多人到了晚年,才忽然发现自己有这样或那样的能力,以至于晚年成才的特殊现象。

"摩西老姆效应"给人才开发以很大的启迪。人在年轻时期,富有青春活力,正处于人才开发的最佳年华,应该早些开发自己的潜能;人到中年年富力强,有充沛的体力和比较丰富的社会阅历,可以抢抓机遇,大力开发自己的潜能;人到老年,应该树立"人活到老,要人才开发到老"的理念,凭借人生经验、学识和智慧,进行最后阶段的潜能开发,描绘出绚丽醉人的夕阳红。

从脑科学的角度来看,科学家发现人的创造力在老年时期也能达到高峰。根据2005年2月5日新华网朱磊报道,随着年龄增长,大脑其他部位会继续发展,尤其当我们给它们足够的锻炼时,脑细胞会长出叫作树枝状体的新突起,人在50岁到70岁那段时间,树枝状体能够在最重要的信息处理部分大量繁殖。老年人很可能没有20多岁的年轻人思维敏捷,但丰厚的经验却是他们宝贵的资源。那些学会开发资源的老年人会发现,他们不但可以做出惊人的成就,甚至有时候还开发出自己从来没有意识到的能力。据2009年9月8日《武汉晚报》报道,美国得克萨斯州威瑟福德市101岁的律师杰克·波登每天早晨6点半就会来到律师事务所上班,天天过着风雨无阻的"上班族"生活,每周至少要工作40个小时,荣获了美国年度"最老杰出上班族奖"。

我们如果把摩西老姆与老年人才学联系起来,这将是非常值得深思的事情。从大量的人才开发实践来看,摩西老姆为人们提供了一个晚年潜能开发成功的案例,这固然令人肃然起敬,但更让人钦佩的是那些终生开发的杰出人才。巴金高寿101岁,几乎笔耕了80年,从1921年公开发表第一篇文章,到1999年2月续写《怀念振铎》一文,一生中创作与翻译了1300万字的作品。民俗学家钟敬文终年100岁,去世前还一直指导博士研究生。我国老年人才学也非常重视老年人的潜能开发问题,而我国"银发工程"的实施,在发挥老年人才已有能力的基础上,也必将对老年人才的潜能开发产生积极的促进作用。

在安徽农村也有一个非常特殊的"摩西老姆"。根据新浪网2006年10月23日转载《安徽市场报》的报道,"古稀农妇世界上第一个攻克棉花嫁接技术",故事内容非常感人。盛先慧老人72岁,是肥东县杨店乡向阳村一个农村妇女,20年前,无意间听到3个年幼儿子跟她讲起在学校听人家讲,葵花可以嫁接出棉花的新鲜事,她就开始进行了嫁接试验,但直到 2004 年,已经试验了 20 多年,由于思路不对,一直没有成功。后来,女儿王邦霞提醒她用棉花芽来试试看,盛先慧听女儿这一说,立即开窍,把棉花芽嫁接到葵花的砧木上,发明了以葵花为砧木的棉花嫁接栽培方法,2005 年获得了国家发明专利。此法为世界第一人,棉花亩产增加 800 斤,改变了棉花亩产量只有 300 多斤的历史,直破 1000 斤大关。盛先慧的成功则是一面非常明亮的镜子,是努力拼搏出来的,是通过开发潜能结出的智慧之果。

中国 1999 年进入了老龄社会。目前中国是世界上老年人口最多的国家,占全球老年人口总量的 1/5。我们不要把老年人看作是社会的负担,而是要实施"银发工程",把老年人才开发当作重要的人才战略。老年人才开发有三个明显的优势:第一,丰富的经验和智慧;第二,心境高度自由,不需要岗位考核,没有工作压力;第三,已经超越功利性的制约和束缚,更容易产生创造性灵感。我国许多老专家教授,大多退而不休,还在以各种不同的方式实现人生的价值,高歌壮美的夕阳红。

摩西老姆和许多老年人都在不断地开发各种潜能,也许只有少数"摩西老姆"才能够晚年成才,而大部分人却"会平静地走完波澜不惊的生命旅途,而从来也没有意识到真实的自我,意识到自己本可以取得更为辉煌的成就。"[1]这无疑是人才资源的巨大浪费。

(三) 短路理论与人才开发

短路理论是物理学原理,本意是指电流不通过电器直接接通,形成短路。发生短路时,因电流过大往往会引起火灾或损坏机器。用短路理论阐释人的潜能开发,我们如果不及时唤醒自己的潜能,这些潜能就会转化成自我毁灭的渠道,造成人才潜能开发的短路现象。

物理学上的短路是经常出现的物理现象。从人才开发的角度来看,人的潜能如果长期受到客观环境和主观条件的压抑和束缚,就会影响到个人的身心健康,也会影响潜能的开发。个人认识不到自己的潜能,因此也无法从主观上自觉去调控或挖掘这些潜能。问题在于,这些潜能如果得不到有效的控制、疏导和外化,就会成为无缰之马,甚至形成负面的情绪和冲动,进而影响人的思维和行动,可能走向毁灭的道路。在这方面,弗洛伊德的"升华说"实际上看到潜能的巨大能量,他才倡导要把这些能量(包括性本能)转移和升华到科学、艺术等更伟大的事业

---

[1] 安东·卡马罗塔:《发现你的领导力》,扈喜林译,北京科学技术出版社,2006 年版,第 6 页。

上来。

从社会发展史的角度来看,由于社会的复杂性,人才开发的过程中不可能有超导机制,每个社会成员也不应该依赖社会和他人来开发自己的潜能,因为开发潜能更多地属于个人的自主性行为。个人只要遵循人才开发的基本规律,在优化个人生涯设计的基础上,明确个人的发展目标,对自己的兴趣爱好因势利导,尽可能地观览"世之奇伟瑰怪非常之观",努力全方位地提高人生境界,参加丰富多彩的社会实践活动,克服等、靠、熬的消极思想,以自强不息的精神积极进取,就会大大增加潜能开发的机遇和频率。

人才开发实践表明,人的一生中都有可能出现"短路"现象,为了减少"短路"的影响,就必须沿正确轨道及时开发潜能,以免这些潜能在沉睡中荒废,或者因无节制而泛滥。

(四)超常智力与人才开发

从人才开发的角度来看,人的智力高低和智力类型直接影响人才开发的目标和方式。人的智力既有先天差别,又有后天开发不同所导致的差异。承认差异,才能因材施教,确定符合实际的人才开发方式。

人的智力有高低区别。2014年8月23日《现代快报》报道,英国埃塞克斯郡的11岁男童威尔弗雷德的智商高达162,超过爱因斯坦、盖茨等人。在智力表现方面,有人有很强的记忆力,几乎过目不忘,《三国演义》中的张松就是这样的奇才;有人则表现出敏捷的思维反应能力。这两类人在智力上都是比较高的,如果有正确的目标,再加上勤奋和正确的成才方法,在事业上取得成功的可能性就会更大一些。相反,有的人记忆力一般,甚至较差;有的人反应能力一般,甚至比较迟缓。对于这两类人,在人才开发上就应该更注重方法和勤奋,以高情商弥补智商的不足,同时还要加大智力开发的力度,尽最大努力开发自己的智能。

人的智力有不同类型。有的人擅长逻辑思维,有惊人的运算和抽象思考的能力;有的人擅长形象思维,富有高度的联想和想象能力,具有卓越的艺术才能;有的人智力发展比较均衡,逻辑思维和形象思维发展比较协调,具有很好的综合智力。因此,对于不同的智力类型,每个人对自己的智力特点要有清醒的认识,发现自己的长处,采取扬长避短和扬长补短相结合的方式。根据专家研究,人的大脑到6岁时已经发育了九成,因此,应该特别注意对婴幼儿和儿童的潜能开发,尤其是右脑的开发。日本儿童教育专家就非常重视对儿童右脑的开发,他们认为人脑在3岁前发育完成了60%,在6岁前则可发育完成90%。但左右大脑的发育快慢并不一样:右脑在3岁前就已发达,故6岁前的孩子思考时以右脑为主;而左脑则要在45岁时才发达。如果在幼儿期能有意加强对负责控制感觉、想象力的右脑开发,那就会对其成年后的创新能力产生十分积极的推动作用。此外,开发右脑的同时还可进一步促进其左脑的发育和发达。据此理论,日本专家设计了各种行之有效的"开发右脑"的新方法,主要是引导儿童进行游戏:在观察云朵和仰望星空时展开丰富的联想和想象;给儿童讲述本国或异国的神话传说;以局部猜整体,将一组孩子熟悉的动植物的照片或图片用手掌遮掩大部,而仅留出该动植物的一小部分,然后要求孩子猜测这是什么动植物;多用左侧,由于身体左侧部位的活动主要是由右脑指挥的,多用左眼、左耳和左手就意味着锻炼了右脑;综合刺激视觉、听觉和语言,特别有助于开发孩子的右脑功能;经历新鲜,尽量不要让孩子老走同一条路,老看同一本书,老跟同一个伙伴玩。此外,培养孩子在棋类、乐器、绘画、插花、折纸等方面的才艺,也是一种积极地开发右脑的活动。

但是,在开发潜能时还应该遵循开发规律,不能一蹴而就,要避免拔苗助长。许多家长片面认为,开发孩子的潜能就是多学习技能。但是,从潜能开发的角度来看,挖掘孩子潜能并不是让他们学这学那,更不能让孩子"累"倒在起跑线上,而要关注儿童的心理健康和能力的协调发展。家长和学校对儿童进行早期潜能开发,并不意味着从幼儿时期就让孩子学习很多专业技能,如果逼迫孩子学习过多的技能,就有可能让孩子产生抵触和厌烦心理,甚至有可能扼杀孩子的潜能。

诚然,许多智力超常者最终成功了,但也有不少天才少年最终留下的只是"泯然众人"的仲永之鉴。为了更好地进行人才开发,聪明的孩子必须克服两种错误的认识:其一是过于依赖自己的聪明,不勤奋,不认真,忽视情商的锻炼;其二是拔苗助长,急于求成,没有专业和能力的基本功,没有建立良好的人际关系,因而难以与他人合作,缺乏团队意识,结果很可能欲速则不达。基于此,作为智力超常者来说,自己首先应该认识到,个人的高智力只是为自己将来的发展奠定了良好的智力基础,但并不意味着一定能够成才,因为影响成才的主客观因素很多。

聪明的孩子千万不能因高智商而自负,我国近十多年来已经有好几位神童的教训足以让人反省和深思。正确的做法是必须打好基础,在学会做人的基础上,遵循身心健康发展规律,把培养各种基本能力和创新能力结合起来,切忌拔苗助长。

(五)芸芸众生与人才开发

在全世界几十亿人中,智力超常者微乎其微,大部分人的智力属于正常,IQ在100左右。从人才开发的角度来看,芸芸众生不仅可以成为初级人才和中级人才,而且也可以成为高级人才,甚至是非常杰出的人才。

芸芸众生客观上往往蕴藏着巨大的潜能,而只是被人们所忽视罢了,因而显得比较平凡而已。"当一个人的潜能尚未开发,或者虽已开发,但是没有找到发挥潜能的最佳位置；或者虽然开发了潜能，但是并没有挖掘他那种最具爆发力的潜能来，在这种情况下，一个人的潜能就会是一种不可思议的平平显现状态。"①从人才发展史可以看到，智力超常者未必都能成功；而看似芸芸众生者，结果却有不少人取得了意想不到的成就，这不能不发人深省。

大致说来，智力超常者比较容易在某些专业领域取得成就，如科学或某些艺术领域；而政治家、社会活动家、企业家等在智力上往往并不超群，甚至比较普通，所以，在人才史上，有"一流的总统，二流的智商"之说。这就是说，普通智力者需要更多地付出汗水，需要更讲究方法，需要有更坚韧的意志。我们都是芸芸众生，通过勤奋和正确的方法能够在一定程度上弥补智力的不足，也将不断地开发我们的各种潜能。

人生是漫长的马拉松，不是百米赛跑。我们这些芸芸众生很难获得百米比赛的冠军，但有可能获得长跑乃至马拉松的冠军。这里的关键是我们要不断地努力，再努力，要把自己的一生变成真正人才开发的一生。中央电视台10套节目2006年9月25日播出了《无臂女孩》，故事看似平常，却给人以巨大的震撼：夏虹出生在黑龙江省绥化市一个小山村，7岁时，被一场车祸夺去了双臂。但是，她凭借顽强的毅力，不仅学会了用脚写字，而且还读完了大学，收获了爱情。令人惊讶的是，她竟然依靠单薄的身体多次在国家级残疾人运动会上取得优异成绩。据《北京科技报》报道，中国科学院心理研究所尹文刚研究员用多年来掌握的二十多个"半脑人"病例证明，人类大脑至少有一半的潜力没有开发，即使大脑损伤，只要治疗及时，损伤的大脑功能也可代偿，甚至引发天才区域启动。中国新闻网2004年7月21日转载了《北京科技报》的报道《"半个脑袋"照样上大学 大脑损伤可引发天才》。据尹研究员介绍，其中一位"半脑人"不但考入了大学，而且顺利毕业，现在同正常人一样工作生活。当年做脑切除时，此人年龄尚小，因患癫痫病，一侧脑出现萎缩，左脑的一些功能已经转移到右脑。切除左脑后，他曾出现了轻微的语言表达问题，不过很快就得以恢复。这位考上大学并顺利毕业的患者，后来除了肢体灵活性稍差，其他方面都和常人无异。

在开发潜能的过程中，还有被许多人所忽视的两个重要问题：第一，个人的潜能与潜能之间既存在合力聚焦的可能性，也存在相互补充和相互矛盾的可能性。前者如同类智能之间可能存在着较大程度合力聚焦的可能性，而后者如体能与智能之间、逻辑思维与形象思维之间，都可能存在着较大程度的互补性和矛盾性。第二，个人的潜能并非都是善的，因此，开发潜能本身并不是目的，而是旨在开发

---

① 杨敬东：《当代人才问题新视角》，湖南科学技术出版社，2004年版，第93页。

人类善的潜能,因为人类的潜能并不都是趋向于善的目的,"有的潜能趋向于善,有的趋向于恶,有的潜能既不趋向于善,也不趋向于恶"。① 伊斯雷尔·谢弗勒还进一步揭示了潜能的复杂性,认为"就潜能性而言,人们既可能是善的,也可能是恶的;进一步来说,他们既可能是热情的,也可能是冷漠的;既可能是善良的,也可能是残忍的;既可能是雅致的,也可能是粗鄙的;既可能是机敏而智慧的,也可能是迟钝而愚蠢的。简言之,我们不仅需要考虑到潜能价值的相互矛盾性,而且还应考虑到那些实际上存在的负面价值"。②

有鉴于此,我们在开发潜能的过程中,首先必须明确要开发什么类型的潜能,这些潜能开发出来以后会对个人和社会产生什么影响。其次,还要考虑如何让这些开发出来的潜能实现其应有的积极价值,而不是负面的社会价值。比如近些年来民办武术学校数不胜数,很多人并没有想到这些学生毕业后干什么,除了一些单位需要保安人员以外,很多学生无法找到适合自己的工作,客观上影响个人发展,一身"武艺"无用武之地。

为了开发潜能,我们还可以借鉴积极心理学的原理和方法,积极开发人的各种潜能。心理学家用更加开放与欣赏的眼光看待人类的能力、潜能和动机,利用心理学相对完善的实验方法和测量手段,研究人类力量和人性美德等积极层面的心理学思潮。积极心理学有助于发掘人力资源的潜能。③

二、兴趣转化为能力的秘密

在素质教育和人才开发的长期实践中,人们已经发现兴趣在学习和成才过程中的重要性,因而教师大都非常重视对学生学习兴趣的培养。

(一)兴趣向爱好的递进

兴趣转化为能力的第一个环节就是要自觉完成兴趣向爱好的递进。兴趣是指一个人对某种事物有兴致,从而形成对该事物的注意力。兴趣在本质上有好坏之分,好兴趣能够引导人们做好事,坏兴趣可能引导人们做坏事;兴趣在时间上有长短之分,有的兴趣很稳定持久,有的可能很短暂。我们应该在培养好兴趣的基础上,进一步认识和掌握兴趣转化为能力的内在机制。

---

① [美]伊斯雷尔·谢弗勒:《人类的潜能》,石中英、涂元玲译,华东师范大学出版社,2006年版,第2页,(中文版前言)。
② [美]伊斯雷尔·谢弗勒:《人类的潜能》,石中英、涂元玲译,华东师范大学出版社,2006年版,第15页。
③ 王文博、王建新:《积极心理学有助于发掘人力资源的潜能》,《中国社会科学报》,2014年5月5日。

人才开发应该尽量尊重个人的兴趣,但不能盲目服从兴趣,参考兴趣设计生涯时,必须考虑如下两个因素:

第一,个人的兴趣具有偶然性和随机性,生涯设计要分析个人现在的兴趣是否在较大程度上体现出自己的潜能。

第二,一个人认识到某类事物的重要性,又能够经常接触这类事物时,个人就会逐渐培养起对该事物的兴趣,进而由对事物的兴趣发展为对事物的爱好。

从人才开发的角度来看,必须对兴趣进行理性分析,权衡利弊,使兴趣发展为爱好,即更多地接触自己感兴趣的事物。脑科学证明,一个人的兴趣只有自觉不自觉地与个人的潜能不谋而合的时候,才能够最容易形成稳定性的兴趣。一个睿智者可以通过自己对某些事物所具有兴趣的浓厚程度,窥探自己在哪一方面具有最大的潜能。一般来讲,你也许能够在自己没有认识到自己的潜能以前,就能够体验到自己在这方面的兴趣最浓厚;相反,一个人的兴趣如果与个人的潜能不一致时,兴趣也不会持久,往往会半途而废。

(二)爱好向喜爱的递进

兴趣转化为能力的第二个环节就是要自觉完成爱好向喜爱的递进。爱好与喜爱虽然都是表示主体对某个事物的喜欢程度,但二者具有比较鲜明的差异:一般而言,爱好所表示的程度只是意味着主体对某事物比较感兴趣,但这种兴趣还不够强烈和浓郁,而喜爱则表示主体对某事物具有比较浓厚的兴趣,这种兴趣要比主体对事物的爱好相比更进一步。喜爱既是对爱好的发展和深化,又是对爱好的理性提升,也凝聚着对特定事物具有比较深厚的感情和较深刻的认知。

在兴趣爱好阶段,一个人对于自己的兴趣爱好还没有进行科学的分析,还是停留在感性的体验和兴致上。由爱好发展为喜爱的时候,个人已经对喜爱的事情不知不觉地进行理性的审视,能够在一定程度上认识自己喜爱某事物的原因。

(三)喜爱向热爱的递进

兴趣转化为能力的第三个环节就是要自觉完成喜爱向热爱的递进。从人才开发的角度来看,一个人仅仅喜爱某个事物还是不够的,还必须以实际行动进一步了解该事物,认识该事物的价值,在实践中与该事物建立更加密切的关系,进而达到对事物热爱的程度。

黑格尔在谈到艺术创作时,要求艺术家应该与现实建立亲切的关系,应该多看、多听、多记,牢牢记住所观察的事物,"必须从内心和外表两方面去认识人类生活,把广阔的世界及其纷纭万象吸收到他的自我里去,对它们起同情共鸣,深入体验,使它们深刻化和明朗化",①要求诗人对他所表现的题材也有最深刻、最丰富的内心体验。黑格尔这里固然说的是艺术创作,但实质上对于人才开发也颇有启迪。《把信送给加西亚》一书的作者阿尔伯特·哈伯德评价书中的主人公罗文,说他"渴望完成自己的工作,他对目标抱着初恋般的热情。他百折不挠去达到自己的目标,不计荣辱。他这样做,只是因为他热爱自己的国家,热爱生他养他的这片土地"②。美国著名企业家萨姆·沃尔顿是1985年美国权威媒体宣布为美国最富裕的人,关于经营企业他有10个规则,第一个规则就是"以全部的热忱投入你的工作"。陈之安在评价萨姆规则时认为,"如果你热爱你的工作,那么,你每天就会全身心地扑在工作上,千方百计地尽你所能来完成它"。③

由此可见,个人对某事物如果达到热爱的程度,就可能激发全身心的能量,聚焦个人的心意诸力,从而形成特有的合力,为所热爱的事物付出自己的一切,甚至不惜献出自己的生命。人才学已经表明,这也是人才开发的一个重要规律。

(四)热爱向酷爱的递进

兴趣转化为能力的第四个环节就是要自觉完成热爱向酷爱的递进。在人才开发的过程中,当人们沿着热爱的方向继续前行,就可能发展到酷爱的高峰体验。人们在对特定的事物进入酷爱阶段时,就能够全身心地投入到所酷爱的事物之中,进而达到痴迷的境界。所谓酷爱的高峰体验,就是指人们在酷爱某种事物时,由于自己时间和精力的大量投入,在感情上似乎已经与事物融为一体,甚至达到物我化一而忘我与无我的境界。

(五)酷爱向忘我的升华

兴趣转化为能力的第五个环节就是要自觉完成酷爱向忘我的升华。酷爱就是对事物的执著和痴迷发展到了极致,进入了忘我的境界。一个人如果长时间酷爱某个事物,那么他就会为该事物自觉不自觉地付出自己的全部精力,甚至进入忘我、无我的境界。

从人才发展史或创造发明史来看,一般说来,只有当那些非常认真执著、持之以恒的忘我者,才能真正激发自己的生命潜能,才能更加激发自己的联想和想象力,进而激发灵感的降临。阿基米德在浴池中通过感受到水的浮力,激发了他对浮力定律的灵感,竟然光着身子跑出去,一边跑一边喊:"我发现了,我发现了!"他

---

① [德]黑格尔:《美学》第三卷下册,商务印书馆,1981年版,第54页。
② [美]阿尔伯特·哈伯德:《把信送给加西亚》,路军译,企业管理出版社,2002年版,第47页。
③ 陈之安:《21世纪超级成功学》,知识出版社,2001年版,第190页。

的妻子发现丈夫如此痴迷,嘴里嘟囔着:"真疯了,真疯了!"事实上,倒不是阿基米德疯了,而是他对科学的酷爱使他暂时处于忘我的状态,这才演出了一幕不为常人所理解的喜剧。

那么,为什么有很多人没有取得伟大的成就呢?原因固然是多方面的,但其中与很多人把兴趣仅仅停留在低层次上有关,没有把兴趣逐层转化为更高的层次,大多只停留在兴趣和爱好的层面上,没有进一步向着热爱、酷爱和忘我的高层次提升,所以仅仅满足于兴趣爱好,这是很不够的。为了开发各种潜能,个人就必须进行不断地尝试和探索,以寻找各种诱发潜能的机会和情境;而唯有我们发现自己的潜能时,才能够产生雄鹰展翅、"天生我才必有用"的潇洒,才能有豁然开朗和澄明的远瞻。

此外,在由兴趣向能力的转化过程中,我们还应该从孔子的名言中获得启迪:"知之者不如好之者,好之者不如乐之者"。[①] 孔子把快乐看作是人生的最理想的境界,这对于我们理解人生哲学,促进人才开发,很有启发意义。

三、需要与能力的相互生成

研究社会发展规律,应该研究社会发展的动力;研究人才开发,也必须研究人才开发的动力。在促进历史发展进步的许多必然或偶然的因素中,唯有人类自身的需要,才是真正不断促进社会发展进步的重要动力,尽管这一动力是变量,不是常数;而历史正是在人类自身不断发展变化着的需要中,在认识世界和改造世界的社会实践中,在不断满足人类自身的需要的过程中,才加速了人类前进的步伐。

(一)人的需要是生命拓变的动力

人生的拓展需要各种动力,有物质需要和精神需要。人的需要体现了人的本质,也是个人生命拓变的强大动力。

关于人类需要在社会发展进步中的重要性,德谟克利特认为,人类的创造或发明能力一定首先见于急需的事物[②];亚里士多德进一步表述为"'需要'本身就是各种迫切的发明的教师"。[③] 因此,我们探讨社会的发展规律,不能仅仅从社会的基本矛盾运动中去寻找,社会发展不能从社会发展自身去加以说明和厘定,而只能从人类自身的动因中去寻找,否则就会犯"我证我"的循环论证,因为社会毕竟是人类自身活动的结果,体现了人类的本质力量的对象化,如果撇开了人类自

---

① 《论语·雍也》。
② 亚里士多德:《政治学》,吴寿彭译,商务印书馆,1965年版,第372页。
③ 亚里士多德:《政治学》,吴寿彭译,商务印书馆,1965年版,第372页。

身的动因,就不可能真正发现社会发展的动因。同样,人才开发的动因也不能简单归结为社会对人才开发的制约和影响,而仍然应该从人类自身中去寻找开发的动因。从人才开发的视野来看,人类需要什么及其需要的程度,一方面是人类自身能力的彰显,在一定程度上体现了人类的本质力量,一方面又能以特有的主体力量,反过来激励和促进人类能力的拓展。

人的需要从宏观上来看,一是生存需要;二是发展的需要。从微观上来看,人的需要是分层次的,有基本的需要,也有比较高级的需要。马斯洛的需要理论认为,人有生理的需要、安全的需要、社交的需要、尊重的需要和自我实现的需要。生理上的需要是人们最原始、最基本的需要,是最强烈的、不可避免的最底层需要,也是推动人们行动的强大动力;安全的需要是指劳动安全、职业安全、生活稳定、希望免于灾难、希望未来有保障等;社交的需要也叫归属与爱的需要,是指个人渴望得到家庭、团体、朋友、同事的关怀、爱护和理解,也是对友情、信任、温暖、爱情的需要;尊重的需要可分为自尊、他尊和权力欲三类,包括自我尊重、自我评价以及尊重别人,满足自我尊重的需要能够导致自信、价值与能力体验、力量及适应性增强等多方面的感觉,而阻挠这些需要将产生自卑感、虚弱感和无能感;自我实现的需要是高级的需要,每个人都希望最充分地发挥自己的潜能,成为所期望的人物。因此,自我实现意味着积极追求理想,充分地、活跃地、忘我地、集中全力地、全神贯注地体验生活,废寝忘食地工作,把工作当作一种创作活动,希望为人们解决重大课题,从而完全实现自己的抱负。

从人才开发的角度看马斯洛的需要理论,我们首先应该确定个人需要的层次,明确自己现在的需要。就总体而言,每个人都潜藏着这五种不同层次的需要,然而,每个人在不同的时期,往往表现出来不同内容和不同程度的需要。由于最迫切的需要才是激励个人行动的主要原因和动力,所以,从人才开发的角度出发,我们应该及时认识和把握自己的迫切需要。当然,马斯洛的需要理论分为五个层次,这只是大致的划分,实际上,每一个层次又会通过特定的需要凸显出来,而且也并不是说只有满足了低层次,才会产生高层次,因为这五个层次之间有时可能会出现交叉和互相渗透的现象。

(二)人的需要与能力的共生效应

一般来说,人类由于匮乏、缺乏,所以才有需要。需要是主体匮乏的主观表现;匮乏是需要的必要条件,但不是唯一的条件。需要的多少、层次的高低不仅是匮乏的表现,而且也是能力大小的表现。

从需要的层次性来看,一个愚昧无知的穷人客观上既需要提高物质生活水平,又需要提高精神生活水平,但其主观上尚未意识到精神生活的重要性,因而只以追求生存需要为满足;相反,即使一个有教养的人仍然会有多方面的需要,尤其是高级的需要。大致说来,一个人的需要与能力是成正比的,即能力愈大,需要愈高、愈丰富;反之,需要愈多、愈高,就愈能促进潜能的开发,人的需要能够成为开发潜能的重要主观动力。

人的需要作为能力的主观表现,总是指向一定的客观对象。需要的满足过程是人的潜能外化及能力发展的过程,而且需要的满足只有通过积极的社会实践才能实现。因而,在需要向满足需要的转化中,需要既是主体满足需要的逻辑起点,又是主体为满足需要所从事的实践活动的动力,还是促进人的各种潜能外化的主观力量。也就是说,没有需要,就不会有为满足需要所进行的奋斗,因而,也就无法在实践中开发自己的潜能。因此,一个失去了理想信念的人,就不可能有人才开发的需要;只有重新树立了理想信念,才会产生人才开发的需要。

主体在确定自己的需要以后,要在实践中不断开发潜能,以积极的进取精神,大力促进个人的潜能开发与满足需要之间的积极互动关系。通过二者的积极互动,既满足主体需要,又开发个人的潜能;潜能得到开发以后,又成为萌发产生新的需要的原因或动力,原有的需要也会随之提高。这样,主体从确定需要开始,然后通过积极的社会实践,在一定程度上满足了需要,也开发了潜能;潜能开发以后再产生新的需要,新的需要又成为主体从事实践和开发潜能的动力。如此一来,在螺旋式的循环往复中,主体自觉不自觉地构建了能力与需要相互促进、相互生成的互动链条。这个链条依次递进,体现出能力与需要的正比关系,即需要的层次愈高,其开发潜能的能力也愈强;能力愈强,其需要的层次也愈高。相反,需要的层次愈低,潜能的开发愈受到束缚;能力愈低,其需要的层次也愈低。

从人才开发过程来看,一般是先培养个人的生存能力,满足基本需要,然后再求发展,在创造性的社会实践中,逐步满足高级需要,挖掘个人潜能,发展多方面的能力,体现出需要与能力相互转化和相互生成的辩证关系。

四、崇高理想与人才开发

崇高作为美的一种范畴,又称壮美。它主要指对象以粗犷、博大的形态,劲健的物质力量和精神力量,雄伟的气势,给人以心灵的震撼,使人惊心动魄、心潮澎湃,进而受到强烈的鼓舞和激越,使人们产生敬仰和赞叹的情怀,从而提升和扩大人的精神境界。

在外在显现上,崇高具有粗犷博大的感性形态;在内在威力上,崇高具有强健的物质能量和精神能量,具有压倒一切的雄伟气势;在心理效应上,崇高往往给人以心灵的震撼,使人惊心动魄、心潮澎湃;在精神效应上,总是给人以强烈的鼓舞,引人赞叹,催人奋进。

(一)崇高理想指点人生迷津

崇高理想是人生前进道路的灯塔,是促进人才开发最高尚、最持久的永恒动力。因此,研究崇高理想与人才开发的关系,这对于促进人力资源向人才资源的转化,对于促进全社会的人才开发,具有重要的理论指导意义和实践意义。

崇高理想能够为人生指点迷津。自古以来,崇高理想犹如黑夜里的灯塔,为勇敢的夜行者照亮前进的道路,激励仁人志士勇敢地前行,激发文人墨客为之挥毫讴歌。崇高理想能够为人生指点迷津,这是为人类的本质和社会发展史所证明的重要规律。从人类的本质来看,就总体而言,求真、向善与创美则是人类社会发展进步所彰显的永恒主题。从社会发展进步的角度来看,人类追求崇高理想的主观需要则是人类社会发展进步的永恒动力。如果没有崇高的理想作为主观的前进动力,人类社会就还会在安于现状中徘徊不前,就不会有航天技术,就不会有信息技术和生物技术,就不会有高度发展的科学、文化和丰富多彩的社会生活。在这方面,从孔子的"大同社会"到柏拉图的"理想国",这是古人的崇高理想;而今,我们要构建和谐社会,实现中华民族的伟大复兴,则体现时代的崇高理想。

崇高理想能够照亮人生前进的道路,使人生不再为迷失前进的方向而困惑和苦恼。人生追求崇高的理想过程,客观上也正是自觉不自觉地、潜移默化地开发潜能的过程。如果整个国家和民族拥有崇高理想,就会凝聚成巨大的精神力量,就会在很大程度上促进全社会的人才开发。

崇高理想是一种特殊而又重要的生命张力,每个人都应该把崇高理想和潜能开发结合起来,崇高理想既是个人"心意诸力"和各种潜能的主观表现,也是一种强大的精神力量,能够催孕和激发个人"心意诸力"的拓展,成为潜能开发的重要内在动力。

(二)崇高理想升华主体情感

崇高理想不仅能够为人生引路导航,而且还能够升华主体的情感。一个人有了崇高理想,就能够超越狭隘和卑琐的感情,就能够自觉克服蝇头小利对自己的诱惑,进入范仲淹所说的"不以物喜,不以己悲"的境界。

一个人如果具有崇高理想,就不会过于在意一时的得失,而是立足现实,自觉克服各种卑琐的感情,超越庸常,远望将来,自我超越。启蒙运动领袖狄德罗认为,只有伟大的情感,才能使灵魂达到伟大的成就,因此,他声称"只有一件事情我问心无愧,就是在任何地方我都没有计较个人恩怨"。[①] 崇高理想能够潜移默化

---

① [法]狄德罗:《狄德罗画评选》,陈占元译,人民美术出版社,1987年版,第105页。

地升华我们的情感,自觉调控我们各种不良的情绪,能够激励我们用理想之超我战胜现实之自我。

崇高理想体现出主体对人生终极目标的追求,也体现主体对人生深刻的理性思考。从脑科学的角度来看,一个人如果有崇高理想,就会自觉不自觉地调控情绪神经枢纽,从而减少负面的情绪,有利于克服消极情感的冲动,也有利于促进积极情绪的产生。即使他遇到生活中的苦恼暂时难以排遣时,也可以自觉唤醒崇高理想,以崇高理想激励自己,弘扬人类特有的主体意识,然后可以直接升华自己的情感。

(三)崇高理想开阔人生境界

崇高理想体现人类特有的文明素养,展现人类的大智慧和大觉悟,也是人生的最高境界。有了崇高理想,你的事业就有了长远的发展目标,你的思维视野就能得到极大地扩展,你的精神世界就能得到极大的丰富,你的做人素养就能够得到进一步提升,你的潜能开发就有了永恒的动力……于是,你的人生境界也就得到了极大地开阔和提升。

从人才开发的角度来看,我们尤其应该看到崇高理想对人生境界的开阔作用。王之涣《鹳雀楼》中的名句"欲穷千里目,更上一层楼",决不意味着只是让人们通过物理上的升高,来达到视觉的远瞻,而是启发人们要用一颗伟大宽广的心灵,来观察一切,只有心灵的高远,才能真正超越庸常和现实。我们即使身在陋巷,地位卑微,也未敢忘却忧国,仍可以心怀天下,用崇高理想来引领人生。《鹳雀楼》不仅使我们想起朗吉驽斯的《论崇高》和康德的崇高思想,而且还让我们联想到雨果的名言:比陆地宽广的是海洋,比海洋宽广的是天空,比天空宽广的是人的心灵。只有人的心灵,才能容纳百川,乃至整个茫茫的宇宙。

"欲穷千里目,更上一层楼"对于人才开发具有重要启示。当你登上"高原"以后,你是否想到"欲穷千里目,更上一层楼"的召唤?你是否可以用一颗伟大宽广的心灵时刻自我激励,不断进取?你是否应该及时确立新的成就动机?你是否会用鸟瞰的视野,居高临下地审视那些影响自我开发的各种主观与客观因素?你是否及时把外在压力转化为内在的自觉要求?一般来说,一个人在具备宽广的胸怀以后,就会不以物喜,不以己悲,就会突破短暂的满足感,去追求未来更有价值的目标,就会有持之以恒的内在动力。

崇高理想能开阔人生境界的秘诀在于,一个人的崇高理想随着年龄、学识和阅历的增长,逐渐具有科学的内涵,使人生境界得到极大的拓展;而不断完善的崇高理想也能够以特有的能量,提升和丰富人的精神世界,使其面对复杂纷纭的现实以及对未来的预测上,都有一种豁然开朗的远瞻性。

(四)崇高理想优化思维方式

思维方式是人们在认识世界和改造世界过程中所显现出来的思维样式,也是人类深层心理结构的重要表征。从人才开发的角度来看,崇高理想能够促进人们站在更高的层次上看待社会和人生,以"未来时"的视野鸟瞰一切,从而在很大程度上促进人们思维方式的优化,使人们的思维方式更加合理和完善,由此进一步激励人才开发。

朗吉弩斯在《论崇高》中认为,作家创作以前要设身处地地想象柏拉图等过去的伟人在写作时如何表现崇高的,这样前人的榜样就会像灯塔一样照亮我们的心胸,把我们的心胸提高到我们所希望的高度;同时,朗吉弩斯还要求作家创作出的作品具有普遍永恒的价值,要创造出让后人满意的作品,他认为这会更加激发作家的灵感。朗吉弩斯的《论崇高》正是站在崇高理想的高度,阐释了崇高理想对于创作的重要性,意味着崇高理想对于创作潜能具有特殊的开发作用。

崇高理想之所以能够优化思维方式,就在于人们的思维方式是可以根据主客观条件的变化,通过矫正达到完善。一个人如果没有以天下为己任的胸怀,他在认识问题和处理问题时就很容易陷入偏差;相反,就会站得更高,看得更远,就能够突破个人视野和利益的遮蔽性,自觉不自觉地以辩证思维来考虑和解决问题,而认识问题也就会更深刻,更辩证,更全面。

思维科学表明,在优化思维方式的过程中,一个人的思想和行为的出发点至关重要。从影响思维方式的原因这一角度来看,崇高理想确实能够促进人们思维方式的优化,也有助于克服形而上学的思维方式。

(五)崇高理想开发主体潜能

从人才开发的角度来看,崇高理想通过为人生引路导航,升华主体情感,开阔人生境界,优化思维方式,最终在很大程度上开发了人们的潜能。

从逻辑的观点来看,人们之所以能够树立崇高理想,是来自对伟大神圣事物的热爱。在朗吉弩斯看来,崇高就是伟大心灵的回声,一个人只有具备伟大、高尚的心灵,才会有庄严伟大的思想。实际上,崇高理想之所以能开发人的潜能,就在于崇高理想产生于人们对伟大神圣事物的热爱,因为伟大神圣的事物具有强大的能量,给人们以强大的感染力。朗吉弩斯在《论崇高》中认为,崇高事物"使人惊心动魄","具有闪电般的光彩"。从价值论的角度来看,《论崇高》之所以被后世誉为"像黄金一样宝贵",就在于社会的发展需要崇高理想的支撑,人生之路需要崇高理想的照耀和导航。

康德的崇高理论进一步看到了崇高对潜能开发的重要作用,他在《判断力批判》的"崇高的分析"中,曾经用"生命力""想象力""超感性能力""超感性的使命""抵抗力""唤起我们的力量"等,表示崇高对主体的开发作用。他认为,崇高能使主体的生命力更加强烈地喷射,能扩大和提升主体的想象力,"在我们内部唤醒一个超感性能力的感觉",激起"超感性的使命的感觉",使想象力"向前发展","趋向无限","让我们在内心里发现另一种类的抵抗的能力","提高了我们的精神力量","它在我们内心里唤起我们的力量",就连主体的心情在产生崇高感的过程中也"被提高了"。

从朗吉弩斯和康德的崇高理论中,可以看到崇高事物能够对人们产生巨大影响。崇高理想是一个人对崇高事物进行审美观照以后所形成的庄严、神圣和美好的人生理想。人们对崇高事物的热爱所产生的崇高感,蕴含着特有的主体感、自由感和尊严感,能够在很大程度上激发人们的主体能量。因此,一个人平时如果没有对崇高事物的热爱,也就不可能产生崇高理想;而一旦产生了崇高理想以后,崇高理想既可以转化为人们大脑中带有意志和理想特征的意念,又可以生成蕴含美好未来追求的愿景,即审美意象或者审美观念。因此,崇高理想本身就具有了强大的能量,能够以非常积极的态势影响主体的思想和行为。

崇高理想是人生非常重要的价值观念,也是最高层次的观念,体现了世界观、人生观和价值观的统一,因而,它对于人的思想意识具有宏观的和根本的统摄作用。当然,由于受到历史条件和主客观诸多要素的影响,追求崇高理想的过程也许会非常遥远,甚至会不可避免地遇到各种挫折,但我们不能因为怕挫折就不去追求,因为我们在追求崇高理想的过程中,一方面各种潜能已经得到了潜移默化的开发,另一方面我们在人才开发过程中就会进一步巩固心灵深处的崇高理想。这样,崇高的理想与人才开发二者互相促进,积极互动,共生共荣,能够产生积极的共生效应。

从心理学的角度来看,崇高理想是一种具有强大能量的内部动机,而内部动机要比外部动机具有更高水平的创造性,因此,有的学者得出结论:"高水平的内部动机是杰出创造人才的研究工作特征。"①社会发展史和人才开发史表明,一个人如果拥有了崇高理想,发展目标将会更加明确,意志将会更加坚韧,胸怀将会更加宽广,就会唤醒自己的生命潜能,就会加快人才开发的速度;全社会和整个民族如果拥有了崇高的理想,就会极大地激活人才开发的积极性,在促进社会的和谐进步中奏出时代的最强音。

---

① [美]特丽萨·M·艾曼贝尔:《创造性社会心理学》,上海社会科学出版社,1987年版,第113页。

五、自由游戏与潜能开发

为了更好地研究游戏对人类潜能的开发,就必须对游戏种类进行分门别类的梳理,把握各种游戏的基本特征和游戏的本质,更好地利用游戏来全方位地促进人才开发。

(一)游戏的分类和本质

查阅中国知网,题目中包含"游戏"内容的文章从1946年——2018年3月17日,一共发表文章78,150篇,其中,从1946年——1981年,仅有108篇;1982年——1993年,年均不到100篇;从1994年255篇开始,每年不断增长,2003年突破2505篇,此后每年文章数量飙升,2017年文章达到9058篇。这些文章涉及游戏开发儿童智力,运用游戏进行教学,防止少年儿童沉溺于网络游戏与儿童游戏产业等。从总体上来看,这些成果对游戏与社会、游戏与人的本质、游戏与人才开发的关系研究不够。

游戏是人类社会闲暇时间所从事的一种悦身和悦神的自由活动,其内容林林总总、数不胜数,其形式异彩纷呈、千姿百态。一般来说,可以把游戏分为智力类游戏和体力类游戏。智力类游戏主要有文字游戏、图画游戏、数字游戏、电脑游戏、积木游戏、拼图游戏、音乐游戏、扑克和麻将游戏等;体力类游戏包括活动性游戏和竞赛性游戏,其中,活动性游戏如捉迷藏、搬运、接力等,竞赛性游戏如各种体育比赛,包括篮球、足球和各种棋类等。

从社会发展史来看,游戏的历史可谓源远流长,它是人类一项非常重要的生命活动,也是人类本质的重要显现。在古希腊时期,柏拉图就非常重视游戏对少年儿童的影响,主张运用游戏对青少年进行素质教育。在他看来,"因为儿童的心灵还不能接受看书的训练",因此,人们创造出一些真正引人入胜的歌调,"这些歌调就叫作游戏和歌唱,以游戏的方式来演奏",①目的就是培养儿童心灵的和谐。西方文艺复兴时期,艺术的游戏功能已经引起学者们的注意,而康德关于"艺术是自由的游戏",则对艺术的"游戏说"在理论上进行了总结,他甚至还看到了笑和诙谐都能够促进生命力的畅通。康德以后,席勒和斯宾塞进一步阐释了艺术的"游戏说",使西方的"游戏说"成为西方关于艺术起源的一种重要学说。中国古代的游戏起源很早,《诗经·邶风·泉水》中就已经有"驾言出游,以写我忧"的描述,孔子讲授六艺中的乐、射和御客观上也具有浓郁的游戏意味。春秋战国时期,民间游戏开始盛行,风筝已经问世。汉初已经开始表演驰骋百马、吞刀吐火、戏车高

---

① [古希腊]柏拉图:《文艺对话集》,人民文学出版社,1963年版,第309页。

撞等娱乐性很强的杂技节目。汉武帝时，各种游戏杂技花样繁多，号称"百戏"，诸如鱼龙变化、戏狮搏熊、弄丸、弄剑、扛鼎、走索、倒立等，可谓应有尽有。自唐以降，各种游戏消遣活动更加丰富多彩，已有消夜的风俗。宋元明清时，各种地方戏曲、鼓词、弹词、民间歌曲歌谣和传说故事成为人们消遣的重要游戏内容。从中国古代的闲暇活动来看，具有游戏要素的通常有游春、游豫、游衍、游戏、游园会、游艺会、游山玩水、娱乐、娱神、戏玩、戏娱、逍遥、消遣、消夜等说法。查阅《四库全书》的"游戏"词条，可以看到在《四库全书》的书籍中，涉及"游戏"的有2694卷，一共3227条，可见中国古代是非常重视游戏的。

游戏是人们重要的消遣方式，是一项非常重要的生命活动，体现人类生命活动的自由自觉性，是对异化劳动的矫正，也是人类本质的重要显现，有利于维护身心健康，有利于完善人性，促进人类更好地生存和全面发展。

(二)游戏开发潜能的秘诀

从人才开发的角度来看游戏，游戏不仅是孩提时代的"专利"，而且伴随人的一生；游戏不仅开发人的智力，而且也开发人的体能。就人的一生来看，孩提时代喜欢游戏，成年人也喜欢游戏。游戏既是人类生命活动的重要内容，也是人才开发的重要方式，它不仅能够开发孩提时代的智力和体能，而且还能够促进成人的智力和体能协调发展和优化。

对待游戏开发潜能的问题，一般都承认游戏对于开发儿童智力的重要性，但尚未认识到游戏对成人同样非常重要。有人错误地认为，成人不需要游戏，或者说游戏对成人来说，是可有可无的，至多把游戏看作是闲暇时间的消遣。持这种观点的错误在于：一是没有充分认识游戏的本质；二是没有认识人性或者说人类本质的丰富性；三是没有认识游戏对成人的重要性。对于成人的游戏特性，弗洛伊德早就发现这一奥秘。他在《作家与白日梦》中，认真研究了艺术与幻想的内在关系，通过创作与游戏的比较，认为艺术创作与儿童游戏非常相似：儿童非常喜欢游戏；作家则严肃地对待自己创造出来的幻想世界。他发现孩子玩耍的行为就像是作家，孩子在玩耍时创造出一个自己的世界，通过使自己快乐的新方法重新安排那个世界的事物，并且在沉浸于游戏的同时还相当清楚地把游戏的世界与现实的世界区别开来；而作家的创作活动与玩耍的孩子一样，也对自己的幻想世界怀有极大的热情，也把它与现实严格区分开来。作家知道自己创造的世界具有非真实性，但这种非真实性能够给人以乐趣和快感，所以，作家十分严肃地对待自己创造出来的幻想世界。弗洛伊德认为，成年人身上具有过分沉重的负担，由于长大以后停止了孩提时的游戏，也就失去了游戏的快乐，但是，"让一个人放弃他曾经体验过的快乐几乎比任何事情都困难……他现在用幻想来代替游戏。他在空中建筑城堡,创造出叫作白日梦的东西来。"①弗洛伊德的深刻之处在于,他发现了成人也需要游戏,并且能够从游戏中获得快乐这一非常深刻的道理。

实际上,社会发展进步为人类增加了闲暇时间,而人生的目的之一就是获得更多的闲暇。人类闲暇的消遣方式虽然有多种多样,但最基本的和最主要的就是自由的游戏。游戏本质上体现了自由自觉,是对异化劳动的矫正,它伴随人的一生,促进人们的身心解放,加速生命力的畅通,从深层次上有利于人的全面发展。

那么,游戏开发潜能的秘诀究竟是什么呢?

第一,游戏促进人际关系的和谐,促进人际交往能力的发展,培养团队精神与合作理念。游戏活动一般是以群体方式进行的,幼儿在家里玩游戏,能够学会与家人的沟通;孩子在幼儿园的很多游戏是集体进行的,无形之中就培养了孩子的交往能力与合作意识;成人游戏比较复杂,有时需要分为两大阵营,这就有一个团队合作问题。通过在闲暇时间长期的游戏活动,就会潜移默化地促进人际关系的和谐,养成团队精神与合作理念。从创造心理学的角度来看,一个人如果能够经常处于自由宽松的精神环境,客观上非常有利于创造力的开发。

第二,促进思维方式的优化,培养平等观念,增强法律意识,促进个性的和谐发展。每个人在日常的学习、生活和工作中,要受到各种局限性,而通过各种丰富多彩的游戏,可以弥补个人思维方式的缺陷,促进思维方式的优化。柏拉图曾经深刻指出:"如果孩子们一开始做游戏起就能借助于音乐养成遵守法律的精神,而这种守法精神又反过来反对不法的娱乐,那么这种守法精神就会处处支配着孩子们的行为,使他们健康成长。"②特别是游戏与社会生活除了有一致性和相似性以外,还有一个重要的区别:在游戏中每个人的权力和机会都是均等的,在各种游戏中可以暂时淡化社会角色差异,达到人际关系的和谐与平衡,有效缓和日常社会和工作中的重压、紧张和焦虑。此外,游戏都有规则,这种规则是游戏的必要保障,同时也是社会秩序在游戏中的特殊体现,任何人只要参加游戏,就必须遵循游戏规则。一个人只要参加游戏,也就意味他能够遵循游戏规则。所以,一个人如果能够遵循游戏规则,也就表明他具有素朴的社会公德和法律意识,具有了尊重社会和他人的可能性。

第三,游戏体现人的本质力量对象化,是对人的本质的占有、确证和实现。从人的生命历程来看,即使人到中年和老年,内心世界仍然拥有一颗年轻的心,仍然

---

① [奥地利]弗洛伊德:《弗洛伊德论美文选》,张唤民、陈伟奇译,知识出版社,1987年版,第30页。
② [古希腊]柏拉图:《理想国》,郭斌和、张竹明译,商务印书馆,1986年版,第140页。

会保持儿童时的天真、纯洁、幼稚,甚至是某些偏激和固执。在社会发展史上,社会分工一方面促进了生产力的发展,但另一方面在客观上又制约每个社会成员的全面发展,因为特定的社会分工总是把社会成员束缚或者局限在特定的工作岗位上,特别是一个人如果终生从事某一方面的劳动,客观上就必然阻碍个人的全面发展。因此,一个人不仅应该在社会分工所从事的劳动中创造出自己的本质,还应该在闲暇时间各种健康的游戏中,创造和发展自己的本质。所以尼采强调说,只有在空闲时间受到尊重的情况下,才可能有高度的文明和哲学思想。近年来,我国的游戏产业固然有了长足的发展,但主要还是局限于儿童游戏产业,为了对社会成员进行全方位的人才开发,我们必须大力发展成人游戏,以促进成人的人才开发。

第四,游戏对情商和创造力的开发。人才开发实践表明:一个人情商的高低直接影响和制约人才开发的广度和深度。情商包括自我认知、自我调控、自我激励、移情和人际交往五种能力。在现实生活中,每个人都要受到各种局限性,情商无法得到和谐发展,可以通过游戏方式全面提升个人的情商。比如通过游戏,可以发现超人的记忆力和想象力,可以调控自己的情绪,增强自信心和人际交往能力等。最重要的是通过游戏可以促进人们的身心协调和全面发展,从而激发创造力。游戏开发创造力也具有一般的规律,这就是"当我们在实实在在的世界中用实实在在的东西进行玩乐的时候,我们却创造了一个脆弱的、虚幻的世界,这个世界有着它自己的某种现实性。娱乐是一种创造性活动,它创造出了一个幻想的王国,一个想象的但却是可能存在的王国,一个使人们把整个身心都投入其中的王国"。[①] 通过游戏能够开发大脑各种智能,促进理解力、联想力、想象力、创造力的协调发展。游戏本身是一种创造性活动,"它创造出了一个幻想的王国",这个王国是"使人们把整个身心都投入其中的王国",而不单纯是外在的游戏。我们应该看到,在游戏中获得的灵感不仅提高游戏的成功率,而且促使游戏者触类旁通,举一反三,由游戏的灵感推及其他的创造性实践。

当然,对于游戏在人才开发过程中的作用,既要充分肯定,又不能以偏概全,应该把游戏纳入社会学特别是闲暇社会学中加以审视。古人所说玩物丧志虽然偏颇,但也给后人敲响警钟。我们可以科学地"玩物",但不能沉溺于游戏,更不能"丧志",而是把游戏与人才开发战略融合起来,把游戏与人的全面发展融合起来,把游戏与和谐社会的建构融合起来。

[①] [美]菲力浦·劳顿、玛丽—路易斯·毕肖普:《生存的哲学》,胡建华等译,湖南人民出版社,1988年版,第266页。

第九章

精神健康与人才开发

人的本质是自然属性与社会属性的辩证统一,也是肉体生命与精神生命的辩证统一。从人才开发的角度来看,任何个人如果在精神生命中出了问题,不但直接阻碍人才开发,而且还会影响整个生命。

一、我国精神健康的现状

我国自从20世纪80年代以来,随着市场经济的发展,社会转型期加快,在促进社会发展进步的同时,也出现了社会发展的不均衡性和非平衡性,导致了社会比较严重的心理问题或者说精神健康问题,也在客观上严重影响了人才开发。

目前,精神疾病在中国疾病总负担中排名首位,约占疾病总负担的1/5。根据"上海市预防自杀研讨会"2004年对上海市杨浦区3000名大学一年级学生的调查数据,25%的被调查者有过自杀的想法,原因是"厌世,精神抑郁"。[①] 中国新闻网根据中新社北京十月二日电(记者曾利明),在2006年10月3日报道:"根据中国部分地区流行病学调查结果推测:目前至少有一亿人患有各种精神障碍疾病,我们虽已重视精神疾病的基础研究,但还缺乏对庞大患者群体的临床治疗和服务"。这是中华医学会精神病学分会主任委员周东丰教授对中国内地精神病学状况的基本评价。她在此间举行的"世界精神病日"专家座谈会上称,精神疾病已成为中国严重的疾病负担,精神卫生服务需求量非常大,全国不足两万名的精神科医师远不能满足临床需要。

世界卫生组织统计,全球约有3.4亿抑郁症患者,抑郁症已经成为不可忽视的疾病。第三军医大学西南医院临床心理科主任瞿伟告诉记者,2009年知名医学杂志《柳叶刀》上一篇流行病学调查估算,中国的抑郁症患者已达9000万。瞿伟说,数据显示,我国的抑郁症识别率仅为21%,远低于世界平均的55.65%,接受干

---

① 吴蔚:《从博士生自杀看教育的缺憾——专访北京市政协委员冯平》,《教育与职业》,2006年第7期。

预和治疗者仅10%。这意味着,近八成抑郁症患者没有被"发现",九成抑郁症患者没有得到规范专业治疗。中国科学院心理研究所教授祝卓宏表示,如今,抑郁症呈现低龄化趋势。①

以上数字表明,心理亚健康已经严重影响人们的生存和发展,在很大程度上制约人才开发,必须引起全社会高度关注。问题在于,家庭、学校、医院和整个社会,一般都习惯于用"精神病"来称谓精神疾病患者,而平时所说的"精神病",这一称谓已带有明显贬义意思,这在客观上为精神病患者进一步增加了精神压力。因此,香港医生在对患者诊断时,已经用"思觉失调症"来代替"精神病"的说法。

二、影响精神健康的客观原因及其对策

在一般的社会状态下,精神疾病现象的产生也具有一定的比例;而在社会转型期,人们心理上还难以适应社会的变化,客观上就容易产生各类精神疾病。为了从根本上防患于未然,有必要认真分析影响精神健康的客观原因,进而找出相应的有效对策。

(一)社会转型期的多重失衡及其对策

在社会转型期,人的价值观念、思想信仰、道德规范、知识结构、心理结构、思维方式和社会关系等可能自觉不自觉发生许多变化,进而引发心理的冲突。

在心理冲突中,很多人既盼改革,又怕改革;既需要选择,又难以选择;既有憧憬,又有失望;既要奋斗,又流于无奈;既需要信仰,又无所信仰;既渴望真善美,又迷恋金钱和权力;既需要社会对自己的关心,又不愿意为社会付出;既想成才,又不肯吃苦;既想做好人,又深感做好人难等等。受心理困惑的影响,人们感到紧张、焦虑、苦闷、彷徨、虚无,就容易产生不同程度的心理障碍,导致个体自我的不和谐、个体与个体、个体与社会的不和谐,这在很大程度上影响人们的成才。

为了克服心理冲突,首先应该正确认识产生心理冲突的某种必然性,即随着社会的剧变,社会各种政治、经济和文化要素不可能完全协调一致地均衡发展,必然会出现暂时不平衡现象,如分配不公、信仰危机、价值观失衡等,在一定时期内必然出现一定程度的多重失衡。对此,正确的态度是以科学的精神,冷静反思复杂纷纭的社会现实,保持冷静、理智的态度,把个人成才与整体性人才资源开发融合起来,实现个体自我、个体与个体、个体与社会的多重和谐统一。

其次,促进新的动态平衡,这是实现人的本质的重要方式,也是推动社会发展

---

① 大学生心理健康教育网 2016 年 9 月 23 日报道,http://www.dxs525.com/newsshow.asp?id=217。

进步的重要体现。从人才开发的角度来看,我们既然要立志成才,就应该尊重自己的本质,实现自己的本质,不要在扑朔迷离、复杂纷纭的现实中失去自我;同时,还应该认识到,平衡是相对的,不平衡是绝对的。在社会发展史上,平衡与不平衡总是在相互交替之中,一个人或事业的发展往往由不平衡发展为新的平衡。

为了保障心理健康,每个人都应该自觉提高有效参与能力,善于调整心理状态,促进新的动态平衡,实现知识结构、心理结构、能力结构等多种因素的优化组合,在诸因素和谐统一中把人才开发与推动社会发展进步结合起来。

(二)客观压力超过承受能力及其对策

在物理学上,"压力"一词是指物体所承受的与表面垂直的作用力;在社会学上,"压力"是指制约人的某种力量。近些年来,压力超载已经成为社会比较普遍的一种心理现象,应该引起全社会的高度注意。

客观压力超过承受能力首先表现在年轻人身上。青少年正处于人生的成长时期,也是走出家庭向社会化过渡的时期,非智力因素尚未定型,自我张力也不够丰厚,抗压能力还不够强大,很容易产生压力"超载"现象。年轻人的诸多压力大致可分为内部压力和外部压力两个方面。内部压力即个体自我压力,外部压力即家庭、学校和社会方面的压力。

从内部压力来看,第一是学业方面的压力。大学生在中学时代大多是班里的佼佼者,进入大学后,才发现高手云集。某医科大学有位女生,中小学时成绩都名列前茅,在大学的新生水平测试中成绩落在后面,郁闷失望,失去自信,期中考试三门课不及格,要求退学。此类情况虽然表现程度不同,但在高校却有一定的代表性。特别是到了大学四年级,大学生陷入"考研热",超负荷拼搏,容易失去学习兴趣,弱化内部成就动机。第二,大学生没有爱情也会产生一种无形的心理压力。第三,毕业班的学生面对就业压力,感到紧张和焦虑,没有心思学习。社会上还存在男女择业不平等的现象,一些用人单位公然违背劳动法,不愿接受女大学生,导致女大学生为择业而深感苦恼、郁闷,甚至气愤。

从外部压力来看,第一,家庭压力。父母"望子成龙"可能是成才动力,但期望过高,也可能是成才阻力。第二,学校整体人文环境的高层次与部分学生知识结构、能力结构的低层次形成巨大的反差。由于中小学长期忽视素质教育,不少大学生进入高校后,深感自己的知识结构、能力结构与学校的人才培养目标有较大的距离,因而在心理上产生较大的压力。第三,社会对大学生的高期望值与大学生尚未形成独立力量之间的矛盾,也是大学生产生心理压力的重要原因。一方面,社会要求大学生有理想、有志气,要做文明的楷模,自觉不自觉地用一种理想的模式去要求和评判大学生;另一方面,大学生由于在政治、经济上都处于依附地位,缺乏对社会的有效参与,其价值往往得不到社会承认,即使毕业后的大学生在一二年内也通常不被用人单位所重视。这种状况往往导致大学生成为思想上的"巨人"、行动上的"矮子",造成心理亚健康。

客观压力超过承受能力还表现在中年人身上。中年人在家庭和单位都面临巨大的压力:既要养家糊口,又在事业上面临竞争。从最近十几年知识分子自杀原因来看,主要是压力过大,超过个人的承受能力,最后才走向自杀绝路。

从人才开发的角度来看,一个人如果不能及时化解各种心理压力,就必然会影响身心健康,也从根本上影响人才开发。大学生面对各种压力,首先,应该正确认识各种压力的必然性和一定的合理性。这就是说,社会、学校和家庭对大学生的高期望值具有一定的必然性,也具有合理性。司马光《资治通鉴》卷一百九十八中有言:"取法于上,仅得其中;取法于中,不免为下。"纪昀等《练兵实记》第十八辨效法语云:"取法乎上,仅得乎中;取法乎中,则无足术,斯下矣。"尽管我们追求比较高的发展目标,但客观上难以达到目标,或者只要能接近目标,就已经很不错了。大学生作为青年中的精华,要担负起未来的历史使命,当然应该高标准,严要求。其次,要把压力变动力,把压力看作是鞭策、鼓励和考验,把压力转化为成才的自觉要求。而中年或者知识分子,完全可以凭借自己的经验、阅历、理性和比较丰富的知识,通过理性的科学分析,妥善化解和分解各种压力,或者直接减压,或者直接拓展生命张力,增强抗压能力。

从家庭、学校和社会的角度来看,外部压力不应对大学生求全责备、期望值过高,而是应减轻对大学生的压力,使压力保持在适度的范围。如果期望值太高,就会使大学生失去追求目标的兴趣和动力,或者使大学生背上沉重的思想负担。

(三)宏观有序与微观无序的困惑及其对策

从哲学的角度来讲,人类必须对现实做出判断,以便更好地生存和发展。我们正处于社会变革的时期,对于多数人来说,要对现实做出正确的判断是很难的。

纵观历史的发展轨迹,在社会变革期,历史发展往往以微观的无序性与偶然性凸现出宏观的有序性和必然性。一般人由于缺乏哲学头脑,不善于通过现象看本质,不知不觉被现象迷住了双眼,不能正确认识现实的多变性和复杂性。为了更好地促进人才开发,我们每个人都应该站在历史哲学的高度,充分认识社会发展无序性与有序性的统一、偶然性与必然性的统一,善于通过无序性看到有序性,透过偶然性看到必然性,分清哪些是主流,哪些是支流;哪些是现象,哪些是本质;哪些是局部的、暂时的、没有生命力的,哪些是永恒和持久的。令人遗憾的是,很多人没有认识到学习哲学的重要性,不愿学哲学和逻辑学,缺乏认识问题、分析问题和解决问题的能力。由于抽象思维能力较低,因而没有鸟瞰的视野,对复杂纷绘的现象缺乏思辨能力和判断能力,"不识庐山真面目,只缘身在此山中",难以超越个体的局限。

由此可见,政府、用人单位、家庭和学校有必要有针对性地开展心理疏导,对压力过大不能自控者进行哲理治疗,促进思维方式和观念的变革,把握社会发展的本质和主流,高瞻远瞩,而不是坐井观天、一叶障目。

(四)家庭、相貌不如人导致的自卑及其对策

个人的心理自卑也在一定程度上影响和制约人才开发。产生心理自卑的主、客观原因是多方面的,其中,家庭、相貌不如人是导致自卑的重要诱因。

一些年轻人认为自己家庭出身贫寒,相貌平常或较差,总怕别人瞧不起自己;看到自己的同龄人家庭条件好或长相好,自己是既羡慕、又嫉妒。因为有自卑心理,不少年轻人性格内向、孤僻,不善言谈,不愿主动与人交往,在意念想象中较少有成功的体验,较多地是失败的体验。自卑的主观感受是认为别人看不起自己,实际上是缺乏自信,自己看不起自己。

要克服家庭、相貌原因导致的自卑,关键不在于改变家庭和个人的相貌,而在于提高和扩展自我张力。首先,应该正确认识家庭、相貌不如人这一客观现象。放眼世界,五十多亿人中家庭、相貌都十分完美者能有几何? 芸芸众生,多数生在寻常百姓家,相貌平常者亦占绝大多数,因为客观上"万物总不能达到尽善和全美"。① 既然如此,何必自寻烦恼、妄自菲薄? 即使个人的家庭、相貌确实较差,也不必回避和遮掩,更不必沉溺于怨天尤人之中,而是承认现实,往者不可谏,来者犹可追。

其次,个人更应注重内在修养,以内在美弥补相貌的不足,以真才实学去超越自卑。近些年来,有一些年轻人为了在相貌上增强自信而过分追求外在美,花费巨资用于整容,实质上也是缺乏自信的表现。一个人没有内在素养,即使外表再美,也难以实现理想目标。在人才发展史上,不少杰出人才出身贫寒,或相貌丑陋,或身材矮小,但都经过练"内功",拓展自我张力,不但超越了自卑,而且充满了自信,走上了成功之路:相貌丑陋的苏格拉底被誉为"西方的圣人",出身寒微的富兰克林成为杰出的科学家和思想家,身材矮小的拿破仑成为杰出的军事家……"盖帝尧长,帝舜短;文王长,周公短;仲尼长,子弓短。昔者,卫灵公有臣曰公孙吕,身长七尺,面长三尺,焉广三寸,鼻目耳具,而名动天下。楚之孙叔敖,期思之鄙人也,突秃长左,轩较之下,而以楚霸。叶公子高,微小短瘠,行若将不胜其衣。然白公之乱也,令尹子西、司马子期,皆死焉;叶公子高入据楚,诛白公,定楚国,如

---

① 亚里士多德:《政治学》,吴寿彭译,商务印书馆,1965年版,第62页。

反手尔,仁义功名善于后世。故事不揣长,不揳大,不权轻重,亦将志乎尔。长短、大小、美恶形相,岂论也哉!且徐偃王之状,目可瞻焉;仲尼之状,面如蒙倛;周公之状,身如断菑;皋陶之状,色如削瓜;闳夭之状,面无见肤;傅说之状,身如植鳍;伊尹之状,面无须麋。禹跳,汤偏,尧、舜参牟子。从者将论志意,比类文学邪?直将差长短,辨美恶,而相欺傲邪?"①荀子这里说的就是不要以貌取人。即使貌不如人,也没有必要怨天尤人,因为相貌不如人不是导致自卑的充足理由,也不是影响个人成才的决定因素。

众所周知,人们不会喜欢那些"金玉其外,败絮其中"者;相反,对于那些虽然家庭贫寒或者其貌不扬但德才兼备的人,人们却往往给予很高的评价。我们应该积极自我开发,超越自卑,充满自信,挖掘潜能,以自己德才兼备的内涵赢得社会的理解和尊重。

三、产生心理障碍的主观原因及其对策

产生心理障碍除客观原因以外,还有个人主观上的诸多原因。我们必须认真分析产生心理障碍的主观原因,才能够找出相应的有效对策。

(一)心理冲突导致的心理障碍及其对策

青少年时期是最容易产生心理冲突的年龄段,如果心理冲突时间过久,就容易产生防御性反应,甚至出现严重的心理障碍。

青少年的心理冲突主要表现两个方面:第一,社会理想与社会现实的反差;第二,个人的愿望、需要、理想等主观需求与这些需求难以实现的矛盾。从第一个心理冲突产生的原因来看,各类学校教育由于一直对学生采取正面教育引导的方针,诸如要有共产主义远大理想,要坚持真理,热爱真善美,批判假恶丑等。这些正面教育在学生形成正确的人生观方面,确实起到积极作用,但在现实面前,这些教育有时非常软弱无力,甚至被无情的现实砸得粉碎。许多大学生认为,学校教育是一回事,而社会现实又是另一回事;应该做的做不到,不应该做的有时还必须去做。大学生对这种现象感到困惑和焦虑。

从第二个心理冲突产生的原因来看,青少年认识问题及解决问题的能力还比较低,面对个人主观需要与客观上难以满足主观需要的矛盾,往往无所适从。比如说,渴望成才,但又不知如何成才;想获得友谊和爱情,但又不知怎样获取;"天之骄子"回归平凡,但又不甘于平庸;想学有所成,但又难以名列前茅;还有如何处理考试与学习的关系、学习与社交的关系、专业学习与全面发展的关系等。调查

---

① 荀子:《非相》。

结果表明:一些大学生不能解决心理冲突时,则容易产生习得性失助,对心理冲突无可奈何,被动顺从,情绪低落、抑郁,甚至有可能导致更为严重的心理障碍。对于心理障碍,亚里士多德已经看到了"愤怒和苦恼相结合,既怒且恼的人就易于丧失理智",①即不良情绪能够导致人们的心理障碍。

为了克服心理冲突,必须正确认识人类社会发展过程中生存和发展这两大主题。首先,我们应该正确认识理想与现实之间的矛盾,培养基本的生存能力,既要看到理想与现实矛盾的必然性,又要看到二者的矛盾是可以解决的。我们只有不断地发现矛盾,认识矛盾,积极解决矛盾,才能促进社会的进步和人生的完善。其次,要把理想与现实和谐统一起来。"作为理想,固然人人可以各抒所见;但完全不可能实现的理想,这就近乎荒诞了。"②我们不仅要使理想定位恰当,而且还要找出实现理想的有效方法,架起理想与现实的桥梁。

辩证法启示我们,如果不能直线式前进,就不妨绕个道,迂回一下,变换一个思路,也许就能解决问题。一旦理想与现实产生矛盾,不要害怕矛盾,也不要回避矛盾,而是要找出产生矛盾的原因,积极有效地解决矛盾。

(二)错误的自我认知及其对策

错误的自我认知主要分为两种类型:一是自我扩张型,其特点是过于悦纳自己,自我评价偏高,形成虚假的理想我,通常表现为过于自信而导致自负,盲目自尊;二是自我否定型,其特点是对自我认识和评价过低,通常表现为安于现状,甚至由自卑发展为自轻自贱,最终导致自我否定。

青少年的自我扩张型与自我否定型都是自我认知有误的表现;而自我认知有误则与社会评价及自我评价有直接的联系。社会评价与自我评价偏高,青少年就容易发展为自我扩张型;反之,就容易发展为自我否定型。一般说来,社会评价愈高,自我评价亦愈高;反之,自我评价亦愈低。自我评价虽然受制于社会评价,但也容易出现两种评价不一致的现象。如果社会评价低,而自我评价高,则仍然易导致自我扩张型;如果社会评价高,则很少出现自我评价低的现象,一般不会导致自我否定型。

对大学生的社会评价主要表现为学校评价,即所在学校、系科和班级对自己的评价。学校应针对大学生可塑性强这一特点,以鼓励、表扬、正面评价为主,不能捧杀,也不能骂杀,以有利于学生形成正确的自我评价。除了表彰学习成绩优秀者外,还可以表彰那些非智力因素表现好的学生,如品质好、学习勤奋认真、个

---

① [古希腊]亚里士多德:《政治学》,吴寿彭译,商务印书馆,1965年版,第289页。
② [古希腊]亚里士多德:《政治学》,吴寿彭译,商务印书馆,1965年版,第63页。

性美等,重视学生的情商培养与评价,注意学生综合素质的测评及潜能蕴含的广度与深度。学校评价应该有利于大学生形成自信的性格,促进身心协调发展。

从大学生自我评价来看,由于大学校园环境比较封闭,大学生以学习为主,其社会实践及社会交往有较大的局限性,自我评价亦难免受到视野的束缚。人才学家王通讯先生曾谈到,一个人如果生活在封闭环境中,偶有小得,就容易沾沾自喜,妄自尊大;偶遇挫折,就容易灰心丧气,导致自卑。心理学中常用"情绪指数"来衡量人的情绪,即情绪指数=期望实现值/内心期望值。公式表明:在实现值一定的情况下,内心期望值愈高,其情绪指数反而愈低,愈容易体验较多的消极情绪;反之,情绪指数亦愈高,愈容易体验到较多的积极情绪。

一般说来,自我认知和自我评价愈正确,愈能使内心期望值科学和适度,亦愈有利于促进心理健康。苏格拉底对自负的尤劳戴莫斯有过一段批评,他说:"人们由于认识了自己,就会获得很多的好处,而由于自我欺骗,就要遭受很多的祸患吗?因为那些认识自己的人,知道什么事对于自己合适,并且能够分辨,自己能做什么,不能做什么,而且由于做自己所懂得的事就得到了自己所需要的东西,从而繁荣昌盛,不做自己所不懂的事就不至于犯错误,从而避免祸患。而且由于有这种自知之明,他们还能够鉴别别人,通过和别人交往,获得幸福,避免祸患。但那些不认识自己,对于自己的才能有错误估计的人,对于别的人和别的人类事务也就会有同样的情况,他们既不知道自己所需要的是什么,也不知自己所做的是什么,也不知道他们所与之交往的人是怎样的人,由于他们对于这一切都没有正确的认识,他们就不但得不到幸福,反而要陷于祸患。但那些知道自己在做什么的人,就会在他们所做的事上获得成功,受到人们的赞扬和尊敬。"[①]由此可见,苏格拉底从正反两个方面阐释了一个人是否有自知之明的两种结果:具有自知之明的人,能够获得幸福,避免祸患;没有自知之明的人,则得不到幸福,反而要陷于祸患。

为了克服认知有误的局限性,我们应自觉开阔视野,在积极参与社会实践的同时,一方面把个人纳入当代青年的整体乃至社会大系统中加以自我审视,扩大自我评价的参照系,预防"自我扩张",一方面还应加强自我沟通,既从社会评价(学校评价)中汲取力量,又超越社会评价的局限,预防"自我否定"。大学生需要有高度的主体性和理性精神,敢于超越社会评价与自我评价的局限,正确认识自己,把握自己真实的自我像。

---

① [古希腊]色诺芬:《回忆苏格拉底》,吴永泉译,商务印书馆,1984年版,第150页。

(三)个性不和谐导致的心理障碍及其对策

由于中、小学长期忽视素质教育,不重视学生的知识结构、能力结构、心理结构与个性是否和谐,学生只要考高分,就可以"一俊遮百丑"。这种教育模式的弊端在中学阶段已有暴露,进入大学后很快在较大范围显示出来。

有的大学新生不适应大学生活,感到空虚;有的学生性格内向,站在生人面前紧张说不出话来;有的学生感到人际关系很复杂,难以处理好同学关系;有的在课堂上想回答问题,但又鼓不起勇气;有的则以"天之骄子"自居,目空一切……产生这些现象的原因是多方面的,但与大学生个性不和谐有密切的关系。大学生个性不和谐通常表现为自负、自卑、鲁莽、怯懦、急躁、害羞、孤僻、多愁善感等。这些个性影响他们对环境的积极适应,阻碍学生之间思想、感情的交流,制约了人才自我开发的共生效应和互补效应。

从人才发展史来看,塑造和谐完美的精神个性是人才开发的重要前提,也是一个人取得事业成功的重要主观因素。荀子《修身》中说道:"治气、养心之术:血气刚强,则柔之以调和;知虑渐深,则一之以易良;勇毅猛戾,则辅之以道顺;剂给便利,则节之以动止;狭隘褊小,则廓之以广大;卑湿重迟贪利,则抗之以高志;庸众驽散,则刦之以师友;怠慢僄弃,则昭之以祸灾;愚款端悫,则合之以礼乐,通之以思索。凡治气、养心之术,莫径由礼,莫要得师,莫神一好。夫是之谓治气、养心之术也。"荀子这段话对于我们培养和谐完美的精神个性颇有启发,和谐完美的精神个性体现了中和之美,需要治气养心之术的调理。

如果从心理健康的角度来看,一般说来,一个人个性愈和谐,其人际关系愈和谐,亦愈能体现出人际关系的美,有利于沟通思想感情,创造良好的人际吸引和人际互动,以促进成才的共生效应和互补效应;反之,则容易产生心理障碍,导致人际关系冲突,使个人游离于他人或集体之外,阻碍正常的人际交往和信息交流,也制约成才的共生效应和互补效应。

为了塑造和谐完美的精神个性,青少年还应该具有远大的理想。在远大理想的激励下,我们能够严格要求自己,自觉修身养性,把个性纳入实现远大理想和社会道德规范的轨道,让美好的理想作为意念想象,为发展和谐的个性引路导航。

同时,青少年还应善于在现实中为个人定位,即把个人纳入班级、学校乃至整个当代青年的大坐标中加以考察,摆正自己在现实中的位置,在平时的学习、生活中,注意心理换位,做到与他人心理相容,培养自信、勇敢、坚定、谦虚、谨慎、诚实、热情、大方、文质彬彬等美好的个性,避免或克服自卑、自负、虚伪浮夸、孤僻、软弱、怯懦等不良性格。

(四)情感失落导致的心理障碍及其对策

青少年情感失落的主要原因是失恋和亲人的亡故。很多青少年不能正确认识失恋和亲人的亡故,不能及时排遣失恋和亲人亡故的痛苦,容易产生心理上的抑郁状态。

情感失落具体表现为情绪低落、焦虑、内心苦闷、行动迟缓、思维迟钝、沉默寡言,不愿参与集体活动,希望独处等。这种心态直接影响大学生的学习和生活,也直接影响身心健康。"不能驾驭自己情感的人,内心的激烈冲突削弱了他们本应集中于工作的理性思考的能力"。① 情感失落是人生中难以避免的客观现象,关键在于通过理性分析,使自己的情感得到升华。以失恋而论,许多人都曾经失恋过,或者可能给别人造成失恋。歌德、贝多芬、拿破仑、刘德华都曾经失恋过,但他们都没在痛苦中沉沦,而是在冷静分析情感失落的基础上,把精力投入到学习和工作中,摆脱情感失落的痛苦,使情感得以升华,促进自己的发展进步,这才是有志者应有的态度。

为了克服情感失落的痛苦,还可以采取情志疗法,以情胜情。人生需要丰富、健康的各种情感,如母子情、师生情、同学情、友情、恋情等。某种情感一旦失落,应以积极的态度去弥补已失落的情感,或者通过丰富其他情感,间接地补充已失落的情感。中医认为,忧、思、恐、喜是人之常情,名曰"情志"。一种情志与某一脏腑,五行相连,如果某一情志活动过度,就容易引起相关的脏腑功能失调而患病。所以,从学校角度来讲,一旦发现学生失恋或亲人亡故,应积极做工作,帮助学生补充其他方面的情感,多给学生以情感的体贴与关怀;从学生的角度来讲,个人应自觉从师生情、同学友谊等情感中寻求慰藉,争取以情胜情。

此外,高校应加强对大学生的情感教育,培养大学生对祖国、集体的热爱之情和对他人的关心之情,这也是克服情感失落之痛的有效方法。大学生如果怀有对祖国、集体的热爱之情和对他人的关心之情,即使失恋或有亲人亡故,固然非常痛苦,也不至于一味地长期沉溺于痛苦,而是有力量克服痛苦。而事实上,"擅长进行情绪控制的人能够把激动的情绪和冲动控制在最小的范围内"②,而不至于影响人际关系和事业的发展,因为人生博大的胸怀和崇高的情感,能够使人"不以物喜","不以己悲",有助于克服和超越个人的情感之痛。

---

① [美]丹尼尔·戈尔曼:《情感智商》,耿文秀等译,上海科学技术出版社,1997年版,第40页。
② [美]安东·卡马罗塔:《发现你的领导力》,扈喜林译,北京科学技术出版社,2006年版,第113页。

产生心理障碍的原因可能是一果多因或一因多果,其对策也是多种多样的,要因人而异,因环境(情境)而异。教育工作者应该掌握解决心理障碍的多视角、多层次和多种方法,把原则性与灵活性相融合,同一性与差异性相融合,综合性与单一性相融合,争取防患于未然,或把心理障碍解决于萌芽状态。

第十章

人际沟通与人才开发

人才开发是一个复杂的系统工程,需要人际之间的良好沟通,而人际沟通的前提是"人类生来就有合群的性情"。① 按照马克思的观点,人的本质在其现实性上是一切社会关系的总和。因此,一方面社会关系是人的本质的表现,是人的实践活动的结果;另一方面,只有在社会关系中才能实现人的本质。人际关系是最重要的社会关系,必然影响和制约人的本质,一个人能否正确认识和处理各种复杂的人际关系,这直接影响人才开发的广度和深度。

一、影响人际沟通的原因

自然界各种物质运动形式都包含着矛盾。分子之间、原子之间、磁极之间、基本粒子之间既存在着引力与聚合的趋势,又有斥力和离散的趋势。生命本身还存在同化和异化、遗传和变异的矛盾。自然界在长期自然变迁与人化的过程中,自始至终都蕴含各种各样的矛盾。

社会领域各种矛盾更为纷繁复杂。国家之间、民族之间、个人与社会之间、人与人之间、先进与落后之间总是存在这样或那样的矛盾,蕴含了矛盾产生的客观必然性。在人类的主观世界中,还有真理与谬误、感性与理性、情感与理智、选择与难以选择、无意识与意识等多种矛盾的存在。

从上述分析可知,矛盾在宏观上是客观存在的,一切事物都存在矛盾,矛盾存在于一切事物的发展过程中。面对各种矛盾:其一,是冷静对待矛盾;其二,是寻找解决矛盾的途径和方法;其三,矛盾宏观上是客观存在的,但微观上是可以预防或解决的。

一般来说,影响人际沟通的主要因素有如下几点:

(一)人际交往中信息变形导致的矛盾

在人与人之间的关系中,信息畅通有利于促进人际关系的和谐,反之就容易

---

① [古希腊]亚里士多德:《政治学》,吴寿彭译,商务印书馆,1965年版,第9页。

产生人际矛盾。人际之间许多矛盾是信息变形造成的,主要表现为如下几个方面:

1. 信息中断导致信息变形

在人际交往中,正常的信息交流是增强人际关系和谐的粘合剂,一旦因故造成信息中断,就很容易造成误解和矛盾。近年来屡有报道,考生已被录取,却因故没收到录取通知书,造成录取信息中断,使考生获得的是没被录取的虚假信息。著名出版家徐诚1958年初中毕业考取了中央美术学院预科班,录取通知书却送到了美术老师那里,而恰巧当天美术老师又收到家乡"父病重速归"的电报。老师办完丧事回到学校,这才想起通知书,但已经过去两个月无法挽回。徐诚不怨不怒,反而宽解老师,郭慎娟对此评价道:"中国艺苑可能少了一位画家,但文化界却多了一位出版家。"①

2. 信息模糊导致信息变形

语言是人际交往最常用的工具,具有模糊性的特点。在人际交往中,信息模糊客观上容易产生矛盾。信息模糊是指输出信息者发出的信息具有模糊性,造成接受者对信息理解的模糊性,导致发信者与收信者的矛盾。比如某领导布置任务,由于没有交代清楚,下属在完成任务时未能按领导的意图去做,就可能引发领导与下属之间的矛盾。

3. 信息误传导致信息变形

在人际交往过程中,信息误传是在传播中经常出现的一种现象,它通常是发信者有意或者无意之间发错信息,造成别人误解,很容易导致主观意图与客观效果的差异。有意发错信息,主要是指有的人为了达到自己的目的,故意向他人或者上级虚报各种情况,如各种统计数字或者个人对立面的所谓"错误"等,这在客观上意味着故意制造虚假信息,以影响他人或者上级的判断。

4. 信息在传递中变形

信息在传递中能够不自觉变形,这是一条基本规律。《吕氏春秋》说:"夫得言不可以不察。数传而白为黑,黑为白。故狗似玃,玃似母猴,母猴似人,人之与狗则远矣。此愚者之所以大过也。"所以,"闻而审,则为福矣;闻而不审,不若无闻矣。"②《吕氏春秋·察传》篇在很大程度上看到信息在传播过程中不自觉变形这一特点。从信息传播的基本规律来看,信息传播者愈多、传播时间愈长,愈容易造成不自觉变形。比如中国古代"挖井得一人"的故事,就是在信息传播中不自觉的

---

① 郭慎娟:《虹在风雨后》,学林出版社,1998年版,第6页。

② 《吕氏春秋·察传》。

变形。

5. 信息在接受时变形

信息接受者都具有阐释学意义上特定的"前理解",在接受信息时受到个人"前理解"的制约和影响,也可能使接受的信息变形。比如,个人按照自己的理解去领会上级布置的任务,就有可能因为理解的片面性而影响工作。关于信息接受者的变形,安东·卡马罗塔指出,"当我们有选择地将注意力集中于体验的某些方面时,我们往往会删除、忽略或遗漏其他方面的信息",[①]因此,他认为两个人经历同一件事,但他们对事情的内心表象以及反应都各不相同,这是因为每个人进行信息的删除、歪曲和概括时所采取的方法各不相同。

6. 信息遗忘或记忆模糊导致信息变形

在信息记忆过程中,个人由于不慎把相关信息遗忘了或记忆模糊,容易造成误解,可能会直接影响工作。比如,因为工作比较繁忙,无意间忘记领导交给的临时任务,就可能给工作造成损失,也会给领导留下不好的印象。此外,下属应该如实向上级提供真实信息,不能报喜不报忧,以保障上级能够了解工作实际情况。

以上这几类情况都是从信息变形的角度,来分析人际之间可能产生的误会与矛盾。实际上,生活中的人际矛盾很多是信息变形造成的,因此畅通信息渠道非常必要。

(二)个性不和谐导致人际矛盾

个性是一个人具有一定倾向性的稳定的心理特征的总和。从人才开发的角度来看,一个人希望别人悦纳自己,就必须使自己的个性与他人相融相谐。

每个人都有独特的个性结构,而个性结构则是一个多层次的、复杂的完整系统,主要包括三个部分:其一是动力结构,即个性倾向性,是个性结构中的核心,处于最高的层次,也是个人心理活动的基本动力;其二是特征结构,即个性特征,是个性差异的具体表征,如气质、性格、能力的差异等;其三是调节结构,即个性自我调节,也是自我意识对心理与行为的控制与调节,如自我评价、自我感受、自我控制等。

从上述个性结构来看,人们的动力结构、特征结构和调节结构是异中有同,同中有异的。个性结构的相同性,容易使人与人之间彼此认同;而个性结构的差异性则容易导致人际冲突,如外向型与内向型、自负型与自卑型、急躁型与稳重型等彼此之间都容易产生矛盾。但从人才结构的角度来看,如果急性子的人在一起,

---

[①] [美]安东·卡马罗塔:《发现你的领导力》,扈喜林译,北京科学技术出版社,2006年版,第18页。

就容易发生冲突;如果慢性子的人在一起,就难以提高工作效率,最好是"千里马"与"老黄牛"有机互补。也就是说,个性差异的双方如果能以高姿态和豁达的态度,形成互补,则最为理想,但有不少人由于诸多原因,个性差异却无法互补。

(三)思维方式不同导致认识事物的差异

思维方式是人们认识事物、从事实践活动的重要导向,也直接影响个人认识问题、分析问题和解决问题的能力。思维方式有正确与错误之分、全面与片面之分。从人才开发的角度来看,形而上学思维方式严重阻碍人才开发,而辩证思维则有助于促进人才开发。

形而上学是一个重要的哲学概念,在西方古代主要指哲学,而近现代则主要指用孤立、静止、片面的观点观察世界的思维方式,一般与辩证法相对而言。人才开发具有整体性和系统性的特点,而形而上学用孤立、静止、片面的观点观察世界的思维方式,必然影响和阻碍人才开发。

辩证思维是反映并符合客观事物辩证发展过程及其规律性的思维,是从对象的内在矛盾的运动变化中,注重从全面性和系统性的各个方面相互联系中认识对象。我们运用辩证思维,从个人主观努力、家庭、学校教育、工作岗位实践以及国家的人事人才政策等全方位来研究人才问题,非常有利于促进人才开发。

(四)个人修养不同容易产生矛盾

一个人的修养是道德与文化综合素质的体现。大千世界有多少人,就有多少种修养,而不同的修养很容易导致人际矛盾。

人们的修养不同是导致人际矛盾的重要因素。在现实生活中,有的人心胸狭窄,对同事取得的成就,易产生嫉妒心理,或看不惯他人的言行,责人严,对己宽;有的人爱占小便宜,借钱不还;有的人不注意小节,进出办公室、宿舍、教室、会议室走路声音太响,或开门、关门用力过大影响他人。这些问题看似小事,如果长期如此,就必然引起他人不满。

(五)个人利益冲突易产生矛盾

利益冲突是人际之间最基本的,也是最深刻的冲突,许多人很容易因为利益关系而产生矛盾。

国家之间、民族之间、单位之间、阶级之间的冲突,许多也表现为利益冲突。在工作调整、评定职称、职务升迁等一系列问题,都可以成为人与人之间利益冲突的导火索。甚至许多家庭矛盾诸如兄弟分家、夫妻对钱财的支配等,也涉及利益冲突。

当然,产生矛盾的原因远不止上述所言,矛盾的复杂性决定了产生矛盾原因的复杂性。不管产生矛盾的原因是什么,要解决矛盾,就必须找出产生矛盾的原因。

二、人际沟通促进人才开发

人际关系的矛盾客观上会直接影响人才开发。一般来说,不同的矛盾要求用不同的解决方法。解决矛盾不能扬汤止沸,而是必须要抓根本,釜底抽薪,从原则上、方法论上对人际矛盾进行预防或化解。

(一)提高个人修养

1. 理解尊重他人

理解和尊重他人,这是现代文明社会中一个人应该具备的基本素养。理解和尊重他人,就要以人为本,具有平等意识和民主意识,尊重他人的尊严和价值。三国时的刘巴才智过人,深得诸葛亮和刘备的欣赏,刘备任命他为左将军。但刘巴缺乏对张飞起码的尊重,也意味着不给刘备和诸葛亮面子。刘备慕贤爱才,但也因刘巴无礼而大为恼火。刘巴本来可以干一番事业,却因恃才傲物,最终影响自己的发展。

2. 学会换位思考

换位思考是一种非常行之有效的思维方法,它要求人们在看待问题时,站在对方或者另外的视角,甚至若干个视角,注重全面客观地看待事物。这种方式可以减少很多人际之间的矛盾。这种换位思考可以广泛应用与一切人际关系,通过换位思考,有利于克服个人思维的遮蔽性,走出只见仁或者只见智的局限性,达到既见仁又见智的思维系统性与整体性。

3. 确立诚信之本

在市场经济条件下,诚信不但没有过时,反而愈加显示其特殊的重要价值,尤其是儒商特别注重经商的诚信。在我国,诚信既是传统美德,又是现代社会不可或缺的文明要素。做诚信之人,交诚信之友,这仍然是大多数国人所遵循的做人和处世之道。因为诚信是一种特殊的道德,因而具有生产力的特殊价值。因此,我们无论是做人、交友,抑或是从事商品生产,追求诚信,应该成为永恒的人生哲学。

4. 心灵坦诚宽广

人们常说,心底无私天地宽,此话非常具有哲理性。一个人只有心底无私,心灵才能坦诚敞亮,也才能像天地一样宽广,能够容得下难容之事,能够交得下难交之友。《吕氏春秋》说:"利不可两,忠不可兼。不去小利,则大利不得;不去小忠,则大忠不至。故小利,大利之残也;小忠,大忠之贼也。圣人去小取大。"①在"小"与"大"的关系上,《吕氏春秋》主张"去小取大"。事实上,一个人只有坦诚宽广的心灵,做到圣人那样"去小取大",才能促进人际关系的和谐。

5. 提高道德、文化修养

提高道德、文化修养是预防或解决矛盾的根本,也是一个人成才的重要主观因素。

从道德修养来看,我们每个人首先应该具备公民的道德修养,尊重社会公德;其次,还应该有具体的职业道德,符合职业岗位的道德标准。提高道德修养是个人内在生命的自我塑造,也是社会对每个人的要求,有利于和谐人际关系,促进每个人的成才。

提高文化修养,要优化知识结构和能力结构,以科学的态度和方法,学会认识事物,正确辨别事物现象与本质,用文化这把利剑,拨开眼前迷雾,开拓澄明的未来人生。

(二)畅通信息渠道

许多矛盾是由于信息变形造成的,及时疏通信息就可以避免和化解矛盾。要做到信息交流畅通无阻,我们应做到如下几点:

1. 充分认识信息对于人际沟通的重要性

在现代社会中,人际之间的互动愈加显示出复杂的多元关系,在人际互动过程中的各种信息,既包括正面的也可能包括反面的。但无论是什么样的信息,个人都应该及时了解人际互动最新的信息,这对于加强人际沟通,和谐人际关系,是非常必要的。

2. 具有及时获取、选择和处理信息的能力

随着各种现代媒体的广泛使用,信息传递越来越迅速和便捷,随之而来的就是每个人要面临大量的信息,特别要求我们应该具有从现代媒体中获取信息的能力,既要及时察看权威网站发布的信息,有需要充分利用中国期刊网和电子图书馆。在现代新媒体的信息传递中,电脑、手机中的网络系统,包括博客、微博、短信、微信、微信公众号、QQ 等,都是传递和接收信息的重要方式。我们只有具备选择和处理信息的能力,才能在信息时代更好地畅通信息,提高工作效率,更好地促进人才开发。

3. 把信息与信道和信源进行信息整合

从信息传播理论来看,只有信源真实可靠,信道畅通准确,才能保证信息传播

---

① 《吕氏春秋·权勋》。

真实有效性,避免小道消息和道听途说的危害性。

对于处理人际之间的各种信息,荀子有着非常深刻的见解。他说:"衡听、显幽、重明、退奸、进良之术:朋党比周之誉,君子不听;残贼加累之谮,君子不用;隐忌雍蔽之人,君子不近;货财禽犊之请,君子不许。凡流言、流说、流事、流谋、流誉、流诉,不官而衡至者,君子慎之,闻听而明誉之,定其当而当,然后出其刑赏而还与之。如是,则奸言、奸说、奸事、奸谋、奸誉、奸诉莫之试也;忠言、忠说、忠事、忠谋、忠誉、忠诉,莫不明通,方起以尚尽矣。夫是之谓衡听、显幽、重明、退奸、进良之术。"①用《吕氏春秋》的话来说,"听言不可不察,不察则善不善不分。"②可见,荀子注意到了"流言、流说、流事、流谋、流誉、流诉"可能对人产生的影响,劝告"君子慎之";而对于"忠言、忠说、忠事、忠谋、忠誉、忠诉",则"莫不明通"。

三、驾驭矛盾促进人才开发

对于人类与大自然的矛盾,我们可以在认识和遵循自然规律的基础上,利用自然和改造自然;人类社会内部的矛盾,最主要的就是人际矛盾,国家之间、民族之间、阶级之间的矛盾实际上也是人际之间的矛盾,其次才是个人生命内部的自我矛盾。为了更好地促进人才开发,就必须积极驾驭矛盾;而人类的伟大之处,就在于不断地发现矛盾和解决矛盾。

(一)培养人际交往的能力

人际关系如果不和谐,就会直接阻碍人才开发的速度,有时甚至会导致事业的失败。为了促进人才开发,我们必须培养人际交往的能力,努力建立和谐的人际关系。

谢家安曾介绍人际交往的一些艺术,③我们不妨加以借鉴和适当改造:

1. 适当多开口讲话,但不要长篇大论,以免令人生厌。
2. 语言幽默诙谐与严肃优化组合。
3. 各抒己见,但不要强迫他人接受你的意见。
4. 在开会时,不要与你邻近的人交头接耳,以免有议论他人是非之嫌。
5. 不要炫耀自己的知识、权力、家庭和财富。
6. 仪态大方整洁,以朴素为美。
7. 与人说话时,真诚地注视着对方的目光,以达到思想情感的沟通与交流。

---

① 荀子:《致士》。
② 《吕氏春秋·听言》。
③ 谢家安:《开启您的智慧》,科学出版社,1996年版,第213页。

8. 不要道听途说,人云亦云。

9. 不要取笑别人的短处,以免伤害他人的自尊心。

10. 说话不要言过其实,自吹自擂,以免失去众人信任。

11. 学会对人微笑。

12. 勇于认错,坦露诚实与率真的人格。

13. 做了好事不要图报。

14. 要学会使用"谢谢!"以尊重他人的劳动与对你的关心。

15. 文质彬彬,从内容到形式和谐统一。

学会理解和尊重他人,培养人际交往的能力,这是情感智商的重要内容,也是减少人际矛盾,追求事业成功必不可少的重要因素。

(二)提高矛盾的预测能力

大千世界,矛盾无处不在,关键是我们需要正确认识矛盾产生的各种复杂的原因,提高矛盾的预测能力。

矛盾的产生有必然性,也有偶然性和突发性。但无论是必然性、偶然性还是突发性,大凡人际之间的矛盾对于人才开发一般来说大多会产生负面的影响。要提高预测能力,首先是学点心理学,尤其是社会心理学。其次,学会用哲学和社会学的观点,去分析事物的发展变化,找出矛盾主要方面和次要方面,进而把握主要矛盾和次要矛盾的转化。

领导决策尤其需要具有科学预测能力。这种预测既需要一定的程序化的决策机制,又需要决策者本身具有优良的主观评断能力;既不能完全依赖于程序化的决策机制,也不能脱离决策机制而一意孤行。"尽管现代民主制度凭借程序化的决策机制有力地保障了国家和社会的正常运行,最大程度上减少了对领导人的个人依赖,但是,在许多情况下,尤其是面临生死攸关、对全局具有关键作用的困难时,程序化的民主制度往往会失灵。因为,现实生活中个人和组织的决策需要一定程度的主观判断,这种判断是在有限、理性的条件下进行的。它需要高瞻远瞩的智慧和非凡的创造性,它需要历史性的魄力和伟大的牺牲精神。"[1]可见,在事业发展的某些关键时刻,尤其需要个人具有很好的预测事物发展变化的能力,需要有"高瞻远瞩的智慧和非凡的创造性"。

(三)解决矛盾的三个层次

1. 未雨绸缪,防患未然

未雨绸缪,防患未然。《黄帝内经》提出"圣人不治已病治未病,不治已乱治未

---

[1] [美]小埃德加·普里尔:《为将之道》,吕德海等译,军事谊文出版社,2005年版,第2页。

乱"的重要观点,揭示了预防为主的思想,为后世医学家和养生家所奉行。所谓"治未病",就是用各种养生之道,健身强体,抗老防病;所谓"治未乱",就是用各种有效措施,预防社会的动乱。面对各种矛盾产生的多种可能性,我们只要设身处地反复酝酿与推理,就可预测出一种原因可能导致一种结果或几种结果,几种原因可以共同构成一个结果等,从而自觉克服产生矛盾的原因。

2. 防微杜渐,止于萌芽

防微杜渐,止于萌芽。比如,企业生产一旦发现产品有一点毛病或机器有一点故障,马上查明原因,找出对策;庄稼地里长出小草,农民应尽快锄掉;在森林防火中,一旦发现火苗,就要及时扑灭;人际关系一旦有矛盾萌芽,就应尽快找出原因,及时化解。这是解决矛盾的中策,此时解决矛盾,也比较容易,绝大部分矛盾可以按照这种思路予以解决。

3. 矛盾激化,冷静化解

矛盾激化,冷静化解。一旦错过了矛盾的萌芽期,矛盾进入激化状态,解决矛盾就非常困难和被动,由此可导致两种结果:其一是付出巨大的代价,终于解决矛盾,但劳民伤财,损失太大;其二是矛盾难以解决,甚至引发更为严重的矛盾。矛盾一旦激化,无论是解决或没解决,都将产生严重后果。实际上,多因多果才能造成矛盾激化。面对一团乱麻,更要学会冷静化解,要以科学的归因理论,克服线性思维,先抓主要矛盾,理清脉络,循序渐进,解决次要矛盾。

总之,我们只有正确认识矛盾,掌握解决矛盾的方法,防患未然或防微杜渐,才能促进身心健康,增强适应未来社会的能力,才能更好地促进人才开发。

第十一章

情感智商与人才开发

情商,即情感智商,也叫情绪商数,简称 EQ,与智商 IQ 相对。从人才开发角度来看,人的情商高低直接决定和影响人才开发的过程及其结果。人才开发实践表明,为了更好地开发人才,必须全面提高情商。

一、情商对人才开发的重要性

情商主要包括自我认知能力、自我调控能力、自我激励能力、移情能力和人际交往能力。前三种能力主要指个体自我的内部方面;后两种能力是个体自我与他人交往的能力,实际上是前三种能力的外化。

(一)对情商理论的考察

我国开始掀起情商的研究热潮肇始于 20 世纪 90 年代。美国著名心理学家丹尼尔·戈尔的《情感智商》一书翻译到我国,迅速在我国心理学、教育学、管理学和人才学等多学科产生了广泛影响。

自觉对情商科学研究的最早萌芽可追溯到美国哈佛教育学院心理学家霍德华·加德纳。他最早指出关于智力的传统观念的狭隘,批驳了当时广为流行的"IQ 思维模式",在 1983 年出版的《心智的结构》一书中,加德纳指出,决定人生成功的并不仅仅只有一种智能,只由单一成分构成,而是至少包含 7 种主要类别的广谱智能,其中最后两种就是人际关系技能和内心的自我审视能力。[①] 此后,耶鲁大学心理学家彼得·萨洛维和新罕布什尔大学的琼·梅耶提出了"情绪智力"这一术语,发展了情商理论,特别是美国哈佛大学心理学博士丹尼尔·戈尔曼出版了《情感智商》一书,迅即在美国和我国刮起了情商风潮,成为社会广为流传和讨论的话题。

在我国学术界,近几年随着"情商"理论的翻译介绍,教育界、人事管理部门和

[①] [美]丹尼尔·戈尔曼:《情感智商》,耿文秀等译,上海科学技术出版社,1997 年版,第 42 页。

企业界的管理也都以极大的热情,关注情商研究,如对情商与素质教育、情商与智商、情商与人事管理、情商与人才开发等关系的讨论,虽然存在争议,但推动了学界对情商的研究。情商研究从根本上打破了把 IQ 定于一尊的思维模式,这对于深入研究和把握人才发展的内在因素及成功要素,是颇有启迪的。笔者 1998 年主持山东省高等教育综合改革研究课题《大学生潜能开发与情商育成》,也是国内较早研究情商的学者之一。[①] 山东省专家鉴定委员会在我们的成果鉴定意见中认为,我们的"研究起点高,视野宽,具有人才战略的前瞻性,符合我国 21 世纪人才培养战略的长远需要,具有重要的理论意义和实践价值","是人才理论的重要突破","研究成果达到了国内领先水平"。

(二)情商的价值

心理学家发现,高智商者多数虽然能取得事业的成功,但少数高智商者却遭到了失败,这就引起人们的思考:这些高智商者为什么会失败?唯一重要的解释就是智商不是决定个人事业成功的关键,而只是提供智力支撑,或者说,导致事业成败除了智商以外,还有其他非智力因素。丹尼尔·戈尔曼认为,IQ 至多只能解释成功因素的 20%,其余 80% 则归于其他因素,而情商则又是其他因素中的关键因素。从人才开发角度来看,控制情绪、战胜挫折、与人相处的能力对未来人生的影响更为重要而又深远。

情商对于潜能开发及人生的事业成功具有重要的影响,主要表现为以下几个方面:

1. 情商高低直接影响事业成败

在情商的五个要素中,自我认知能力越高,越有利于从个人的实际出发,以确定自己的专业学习、职业规划等,可以更好地扬长避短,所谓知己知彼,百战不殆;自我调控能力越高,意志品质越坚韧,越有利于攻坚克难,增强战胜挫折的可能性;自我激励能力越高,人才开发的动力更多地来自生命内部,有利于在人生旅途上打"持久战"和跑"马拉松";移情能力越高,就越有利于善解人意,理解他人的情绪;人际交往能力越高,越有利于和谐人际关系,形成人才开发的合力。因此,情商能够直接影响甚至决定事业的成败。

2. 情商高低直接影响潜能的开发程度

从潜能开发的角度来看,一般说来,情商愈高,愈有利于潜能开发;情商愈低,愈阻碍潜能开发。高情商者具有驾驭一生的统摄力,能够坚持不懈地追求人生理想;低情商者遇到问题难以自控,难以驾驭人生,容易被外物所异化。

---

① 2001 年该项研究成果获山东省优秀教学成果一等奖。

3. 情商高低直接影响逻辑思维能力

从心理学和思维科学的角度来看,人的情绪与思维相互影响、相互制约,又相互促进。情商愈高,愈能促进逻辑思维能力;情商愈低,愈阻碍逻辑思维能力。情商的高低直接影响和制约了思维的强化或弱化。

4. 情商具有干扰思维的强大力量

情商中的情绪具有干扰思维的强大力量,人有悲欢离合、喜怒哀乐之情,这些情绪如果得不到合适的控制和宣泄,就容易对人生产生极大的负面影响。情绪一旦短路,理智中枢将完全被情绪所支配,从而干扰了正常的思维,导致思维混乱、迟钝,甚至错误。古往今来,既有乐极生悲者,也有雪上加霜者,情绪失控必然导致思维能力的降低。

5. 情商高低直接影响身心健康

情商与身心健康具有直接的关系。情绪失控会导致激素分泌的变化,从而影响免疫系统的正常功能。医学或心理学业已证明,长期处于忧虑、烦恼、痛苦、紧张、愤世嫉俗者,更容易产生疾病。

从人才开发的年龄层次来看,青少年尤其需要情商的磨炼和提升。从大学生的心理健康来看,不少大学生存在不同程度的心理问题。随着1999年高校扩招,大学生不再是80年代的"天之骄子"和"时代精英",智商虽然较高,情商却多有失调,顺利时就沾沾自喜,走向骄傲自负;遇到挫折时就容易悲观失望,走向自卑,很难做到胜不骄,败不馁。据报道,有的大学生因丢失了几百元钱,就跳楼自杀;有的因迷了路,回不到学校,竟然绝望的哭泣;有的见到招聘单位的领导,腿打哆嗦;有的见了教师低头走路,不打招呼。从全社会来看,不仅青少年存在比较严重的心理问题,即使中老年也不同程度存在诸多的心理问题,甚至即使在高校,大学教师队伍中因各种压力大也已经产生诸多心理亚健康问题。

针对上述情况,我们都需要加强情商的培育,不断增强每个人自我认知能力、自我调控能力、自我激励能力、移情能力和人际交往能力,让高情商为人才开发保驾护航。

二、情商的五个要素

(一)自我认知能力

情商主要包括自我认知能力、自我调控能力、自我激励能力、移情能力和人际交往能力。

自我认知能力,是个人对自己的认识能力。从情商理论的角度来看,自我认知表示个体对自我内在状态的发展性注意,是一种自我反省的觉知,是对内心情感体验的观察和审视,也是一个人进行科学的生涯设计和修身立业的逻辑起点。一般而言,具有正确的自我认知能力,有利于个人进行生涯设计和修身立业,因此也越有利于成才,更好地实现人生的价值。

从宏观的角度来看,人类要正确的自我认知,才能正确处理人类与大自然以及人类社会自身的复杂关系,力求做到人类与自然的和谐统一,人类与社会发展进步的和谐统一。从微观的角度来看,每个人的生命个体也需要具备自我认知能力。

从人生的轨迹来看,婴幼儿时期的孩子不可能有正确的自我认知能力。所谓初生牛犊不怕虎,说的就是牛犊没有自我认知能力,也不知道老虎的厉害。但随着年龄的增长,到了青少年时期,就需要逐渐具有良好的自我认知能力。自我认知能力是一个人思维、语言和行为重要的逻辑起点,因此直接决定着思维、语言和行为是否合适得体,是否能够实现符合规律性与符合目的性的和谐统一。

影响自我认知的原因很复杂,主要有个人生活经历、知识结构、能力结构与思维视野的局限,可能有坐井观天的思维遮蔽性,或者与个人性格中的自负与自卑具有相关性。自负,是个人自我认知过高,超出了个人的实际水平;自卑,则是个人自我认知偏低,没有真正认识到自己的能力。

(二)自我调控能力

自我调控能力,是控制个人情绪的能力。一个人如果把喜怒哀乐等情绪控制在适度的范围内,这不仅有利于身心健康,而且也能促进个人事业的成功。

人与动物相比,动物的行为出于本能,而人则能够通过自我调控,自觉克服本能的冲动性,尊重人所特有的主体性,按照正确的人生标准,按照多年修身所养成的文明素质,凭借冷静、智慧和意志等主观因素,自觉控制个人对名利的欲望、对困难和压力的恐惧等,以积极的人生态度和科学的方法,来认识和处理各种问题。比如,名牌大学毕业固然值得高兴,但为了庆祝毕业,清华大学两名学生竟然裸奔。[①] 这就有些过分了,说明缺乏基本的自我调控能力。笔者在与学校领导访问加拿大时,因为工作安排时间紧凑,从北京坐十个小时的飞机,到加拿大安排好住宿后,没有倒时差休息,马上乘车去与对方洽谈业务,为了避免打瞌睡,我就掐自己的大腿,此招提神果然有效。

从犯罪心理学的角度来看,一些干部之所以被金钱和权力所异化,就在于这些人失去了人类应有的主体性,而主体性的失去或扭曲,则与平时面对金钱和美色的诱惑缺乏自我调控能力有关。中国古代有坐怀不乱的故事,西方则有托马斯

---

① 王鹏、沈佳音:《清华大学两名学生为庆祝毕业裸奔》,《京华时报》,2008年7月17日。

·阿奎那面对美丽的裸女,用烧红的烙铁把美女赶出房间的案例。古代小说《三国演义》不仅是一部形象化的人才学,而且也是一部形象化的情商学。刘备能屈能伸,具有很强的自我调控能力。曹操总体上情商很高,但也有情商很低的时候,而他的人生轨迹表明,他情商高的时候,他的事业就发展壮大;而情商低的时候,就导致事业的失败。张飞醉打吕布的岳父曹豹而醉失徐州,而《三国演义》第八十一回写"急兄仇张飞遇害",恰恰说明张飞在重要关头,缺乏自我调控能力。张飞出师未捷身先死,笔者每每读到此处,都感到遗憾和心痛不已。

即使从人的身心健康来看,每个人也都要学会管住自己的思维、情绪、语言、嘴巴,也要迈开自己的腿。人生在世,只有具有较高的情商,学会自我管理和自我调控,才能真正拥有人的主体性,才能获得真正的幸福。

(三)自我激励能力

自我激励能力,是指个人的发展的动力来自个人生命内部,自我加压,自我拓变,自我成长,而不是依赖于外在因素。

自我激励能力是个人生命拓变的内在动力,也是个人生命进展的源泉。从人才学上来看,大凡自我激励能力高的人,一般都能积极进取,不畏艰难险阻,顺境时不沉溺于安逸,逆境时敢于百折不挠,终于走向成功。素质教育的内涵之一,就是由应试教育下的"老师要我学",逐步演变为学生自己的"我要学"。很显然,"我要学"体现了学习是来自学生个人生命的内部动力,或者说已经由外在因素内化为个人生命的一部分。

人生在世,每个人都需要各种动力。人才实践表明,有些人才开发过程中的动力来自人才的外部,比如家庭和学校的关心,单位领导和同事们的鼓励帮助,参加比赛过程中亲朋好友和许多粉丝的热烈鼓掌等,都可以成为一个人成功的外在动力。但是,在许多情况下,一个人的发展动力更多地是来自个人生命的内部,比如当一个人学习和工作疲劳的时候,当你孤独寂寞的时候,当你失恋的时候,当你参加比赛实在没有气力的时候,更多地需要个人自我激励,咬住牙,抖擞精神,激发斗志,都可以激发内在动力。2012年8月13日新华网报道《有爱的世界没有残缺》,重度脑瘫女赵冬梅用脚趾在电脑上写出了一部20万字的小说。很显然,这种奋斗精神的动力来自生命内部的自我激励。中新网报道,四年前曾经参加过《非诚勿扰》惨遭24盏灯全灭的穷小子郑钢,一跃成为一名身家过亿的"职业金融投资人"。未满30岁的郑钢捐款1000万元回馈母校南京大学。[①] 郑钢具有很强的自我激励能力,没有被爱情上的失意击垮,而是取得事业的辉煌,体现了很好的

[①] 《上非诚勿扰相亲被灭24盏灯穷小伙4年后身家过亿》,中新网,2015年6月6日。

情商。另据人民网2014年9月1日报道,37岁的巴西男子克劳迪奥·维埃拉·奥利维拉有着不同于常人的外貌,他从出生时就是个极其罕见的残疾人:他的脖子向后背折,头在后背的位置,他的关节严重畸形,在移动肢体时异常痛苦。在妈妈的呵护下,自强不息,成为励志演讲家。

从人才开发角度来看,要提高自我激励能力,一是要树立人生远大的理想,并培养为远大理想不懈奋斗的意志品质;二是要在日常的学习、生活和工作中,日积月累地锻炼和提升自己的自我激励能力。所谓平时不烧香,临时抱佛脚,这种做法是不可取的。

(四)移情能力

移情的能力是指个人能客观的感受、理解和分析他人情感的能力,有人也翻译为共情能力。情商理论认为,一个人如果善于感受、理解和分析他人的情感,就容易协调人际关系,便于他人悦纳自我,从而促进事业的成功。

移情能力要求我们应该善解人意,处理问题时,不仅要考虑自己的个性、兴趣和利益等,不但要知己,而且还要知人,了解他人的个性、兴趣和利益等。在这方面,孔子最典型的表述就是"己所不欲,勿施于人"。而《孟子·梁惠王上》"老吾老,以及人之老;幼吾幼,以及人之幼。"充分体现了古代思想家的移情能力,这句话指的是在赡养孝敬自己的长辈时要想到其他老人;在抚养教育自己的小孩时要想到其他小孩。孟子认为,对于统治者来说,是否能充分理解百姓的感受,重视他们的苦与乐,尤其是以百姓之乐为乐,以百姓之苦为苦,这不仅是统治者获得民心的最重要途径,更是理想的仁政内容。《孟子·梁惠王上》中,孟子曾在谒见梁惠王时说道:"古之人与民偕乐,故能乐也。"他以周文王和夏桀举例做对比,指出"与民偕乐"才能获得民心,统治者自己也会得到真正的快乐。而在面对齐宣王时,孟子进一步总结为"不得而非其上者,非也;为民上而不与民同乐者,亦非也。乐民之乐者,民亦乐其乐;忧民之忧者,民亦忧其忧。乐以天下,忧以天下,然后不王者,未之有也。"在这里,孟子不仅明确指出统治者应该具有和百姓"共情"的能力,还注意到了"共情"的效果,那就是其对象也会相应产生一定的共情行为,从而达到和谐理想的君民关系,即"互为乐忧",对于统治者来说,这是最难得的理想状态。

我们20世纪70年代以后的文章和领导人讲话中,经常使用"想人民之所想,急人民之所急",有时也使用"与人民同呼吸,共命运"的语句等,这实际上也是一种移情能力。可以设想,我们各级政府官员能够如此之"想"的时候,就一定能做好各项工作。

（五）人际交往能力

社会交往能力主要包括社会分析能力、人际联系能力、组织能力和谈判能力。情商理论认为，一个人社会交往能力的大小，直接影响人际关系是否和谐，因而也必然影响一个人事业的发展。

马克思认为，人的本质在其现实性上是一切社会关系的总和。笔者认为，一方面，社会关系是人的本质的外化；另一方面，人的本质也只有通过社会关系才能得以实现。在诸多社会关系中，最基本、最主要的是人际关系，因为其他一切社会关系都只有通过人际关系才能发挥作用，所以，人们彼此交往过程中，都应该学会人际沟通，善解人意，在相互理解、相互尊重中建构优良的人际关系。

人际沟通是合作的前提。现代事业的发展更需要群体的合作，我们在学会人际沟通的前提下，还应学会与他人合作，善于与他人合作，优化与他人的合作，在与他人的合作中，相互促进，相互补充，共同发展，以实现积极的共生效应。相反，一个人如果唯我独尊，天马行空，孤僻、高傲、目中无人或心胸狭窄，就难与他人沟通和合作。

在人际交往能力中，很重要的就是语言表达能力。语言是思想的外壳，言为心声。我们在日常生活与工作中要做到语言清楚、准确、言简意赅，保障正常的思想感情交流，避免因语言表达不当而发生误会，甚至影响工作。

综上可见，为了促进人才开发，我们必须加大力度全方位培养自己的情商，让自己的情商在学习、生活和工作中得到全面的磨炼和提升，全面提高自我认知能力、自我调控能力、自我激励能力、移情能力和人际交往能力。

三、对情商的多维考察

情商虽然是一个心理学概念，但与许多学科和诸多实践领域都具有非常密切的关系，我们需要从多个维度解读情商，通过加深对情商的研究，促进人才的全方位开发。

（一）从心理学角度看情商

情商作为一个心理学概念，是心理学家长期对人的情绪进行研究所提出的一个新概念。心理学家在神经生理学的基础上，通过对情绪中枢的研究，进一步发现情商高低对于心理健康乃至事业成败等都具有重要的影响。情商虽然是作为心理学概念提出来的，但它却迅速超出心理学的范围，进入到社会学、人才学、管理学、教育学、成功学和哲学等领域，成为诸多学科关注的热点问题。

（二）从社会学角度看情商

从社会学的角度来看，情商是个人社会化过程中需要提高的重要主观因素。

个人社会化是个人通过角色学习,领悟和适应群体和社会对自己的角色期待,做一个符合一定社会规范的社会成员;从社会来看,通过长期的社会历史积淀,社会结构中每种职位和角色都形成一定的行为模式,从而自觉或不自觉地规范社会的每个成员。因此从社会学的角度看情商,无论是社会角色的定位,还是具体的行为模式,在竞争与冲突中,更多地强调人们之间的合作与调适,反对离轨行为,这恰恰是对情商的高度重视。丹尼尔·戈尔曼研究情商,动机之一就是出于对美国社会危机四伏、暴力犯罪、自杀、抑郁等社会情感问题的关注。

(三) 从哲学角度看情商

从哲学角度分析情商,情商还具有深刻丰富的哲学意蕴。这主要表现在如下几点:

1. 情商研究与传统的中庸与和谐的价值取向有着深刻的历史渊源

孔子倡导中庸,反对极端;苏格拉底和柏拉图都讲节制;德谟克里特注重适度;亚里士多德推崇"居间者"和"中庸",把中庸看作是最高的善和极端的美。这些都对研究情商的心理学家产生重要影响。丹尼尔·戈尔曼就明显受到亚里士多德中庸思想的影响。

2. 情商研究还体现了对社会异化的哲理治疗

美国心理学家针对美国社会诸多问题,尤其是社会异化所产生的情感焦虑、抑郁、苦闷、悲观等心理问题,切入情商研究的角度,试图以"社会医生"的角色为社会心理问题提供哲理治疗。

3. 情商研究是为了建构和完善主体与客体的和谐关系。在主体与客体的互动过程中,二者既有和谐统一的一方面,又有对立矛盾的一方面。为了克服主体与客体的分裂与矛盾,有必要提高每个社会成员的情商,以促进主体与客体的和谐统一。

4. 情商研究还蕴含了一种成功的人生哲学

提高情商的主要目的在于促进感性与理性的统一,情感与理智的统一,并由此积极有效地促进人们的身心健康,保障思维的优化,和谐人际关系,体现了一种追求成功的人生哲学。

从哲学的角度来看,人与人既互为主体,又互为客体,体现了主体客体化与客体主体化的互渗整合。这种整合是主观与客观的统一,也是主体与客体的多重和谐。为了促进人才开发,每个人不仅需要个体自我内部的和谐,做到自我认知,自我沟通,身心和谐,而且还需要个体人格与生命角色的和谐统一。

四、优化情商与潜能开发的相互融合

优化情商与潜能开发二者是相互渗透、相互促进、相辅相成的,二者形成互补的共生效应。一方面,潜能开发是优化情商的重要动力,有助于优化情商,其中特别有利于正确认识自己的巨大潜能,增强自我激励的能力;另一方面,优化情商又贯穿于潜能开发的全部过程,能促进个人潜能开发,情商愈高,愈有正确认识自我,愈有较高的自控能力、自我激励能力,亦愈善与人处,而这又恰恰为潜能开发奠定了扎实的心理基础和人际关系基础。

从潜能开发与情商育成的相互制约来看,潜能如果得不到及时有效的开发,不但直接荒废和压抑了各种沉睡的潜能,而且也阻碍了情商育成;反之,情商不高,不能正确认识自我,不能控制自己的情绪,没有自我激励能力,人际关系不和谐,这又必然影响潜能开发。由此可见,潜能开发与情商育成存在一定的互为因果关系;二者既相互促进、相互渗透,又相互制约、相辅相成,因而,应该促进二者在互渗中的融合统一。

在各类学校的素质教育中,为了更好地培养人才,应该把优化情商与素质教育结合起来。在情商的诸要素中,正确的自我认知,这是修身立业的出发点,它有助于人才在自我开发中扬长避短,也有助于协调人际关系;正确的自我调控,将有利于克服和疏导消极情绪,对事物进行清醒理智的分析和判断,这两者是促进个人身心健康重要的心理基础;自我激励则有助于自我开发的可持续发展,做到胜不骄、败不馁,永远积极进取,这是人才自我开发的重要内在动力,体现生命的拓展与升华;理解他人的情绪与提高人际交往能力,这是优化社会关系的必由之路,也是在和谐的社会关系中成才的客观需要。情商的诸要素从不同的角度与素质教育相契合,主要体现在素质教育中的第一个层次"学会做人",但又贯穿于素质教育的全过程。也就是说,情商愈高,愈容易学会做人,愈有利于开发各种基本能力和创造能力;反之,情商愈低,愈难提高素质。情商作为素质的综合体现,也是素质的重要内涵,启示素质教育中的情感教育,也引导素质教育中智能与情商的和谐发展,因而应该与素质教育互渗融合起来。

由此可见,为了更好地促进人才开发,应该全面完善和提升人们的情商。从整体性人才资源开发与国家间的人才竞争来看,通过优化每个人的情商,全面开发人的潜能,这是我国实施人才战略的一项长期的重要任务。

第十二章

管理艺术与人才开发

从人才开发的角度来看,管理是一门非常高级而又复杂的艺术。为了更好地促进人才开发,管理者必须树立正确的管理理念,掌握科学的管理方式,把管理看作是凝聚人心和激励精神的艺术。

一、管理理念与人才开发

探讨管理艺术与人才开发的关系,应该从研究管理理念入手,因为观念是行为的先导。管理者的理念是先进还是落后,是科学还是愚昧,是民主还是专断,都将直接影响和制约人才开发的广度和深度。

(一)传统管理向人才开发转变

管理是一门科学,也是一门艺术。广告大师卡罗尔·威廉斯说得好:"在美国,很多人并没有真正理解领导和管理之间的区别。你管理的是文件,但领导的是人。"[①]可见,我们只有把管理转化为领导科学与艺术,才能提升管理的内涵和层次。

近些年来,我国企业管理比较广泛地借鉴了西方人力资源管理理论,虽然在一定程度上促进了我国的人才资源开发,但还存在一些需要反思的问题。我们今天站在人才开发的战略高度,用发展的观点看"人力资源管理",就不难看出人力资源管理理论的局限性。从心理学的角度来看,没有任何一个员工希望老板称自己为"人力",没有任何一个员工愿意只给老板当"资源",也没有任何一个员工愿意总是被老板"管理"。"人力"这个概念没有突出员工的智力性和创造性;"资源"这个概念没有彰显出员工的主体性;"管理"这个概念则没有表现出员工的主人公地位。由此可见,"人力资源管理"的说法其实并不严谨,也并不科学,甚至在一定程度上扭曲了企业员工与企业管理者之间的和谐关系。

组织应该是一个完整的有机体,是由无数个有血有肉、有情有义、有生命力、

[①] [美]麦克·梅里尔:《敢于领导》,冷元红译,中国发展出版社,2005年版,第7页。

有创造力、有主体性的活生生的人构成的大生命体。在这个生命体中,每个人都是独特的生命:彼此之间互为主体,又互为客体;互为合作者,又互为资源;互为管理者,又互为监督者。我们只有从民主政治建设的高度进行人才开发,才能真正激发每一个人的主体精神和创造精神。领导者的管理理念必须与时俱进,不能停留在传统的管理理念上,如果仅凭过去的经验和惯例,就不可能适应人才开发的需要。因此,必须对传统管理进行理性反思。一般来说,传统管理具有以下几个特征:

第一,严格管人,束缚人身。在这一点上,中国传统封建社会基本上把农民束缚在土地上,除非是服兵役或者劳役,才可以暂时离开故土。在"极左"路线时期,对人的管理也是达到了登峰造极的程度,就连宾馆住宿,也必须有相应级别的组织介绍信,至于婚姻恋爱、穿衣戴帽,管理者也要干涉。对此,有的专家指出,我国干部人事管理虽然进行了一些改革,但"仍然存在权力过分集中、管事与管人脱节、人事管理机构缺乏活力的状况。所以,干部人事管理在这方面的任务还很重,认识有待继续加强和统一。"①

第二,事无巨细,高度集权。在这一点上,传统的管理可谓是真正的"管理"。下级对上级要经常请示和汇报工作,至于三日一请示,五日一汇报,这还是少的。在管理者高度集权的前提下,文山会海严重束缚了下级的工作积极性和创造性。根据新华每日电讯15版2018年4月20日关于《"文山"还有多高? 小部门年收文件3831份》一文的报道:"记者在西部一个国家级贫困县采访时,县上一个科级部门的干部反映,去年一年,他们单位共收到市级部门和县里几大班子的文件3831份,经过整合修改,该局全年向乡镇发文642份。如此算来,一个科级单位,每天要接收处理十几份文件,要制定下发两份文件。"由此可见。我们的官僚主义、形式主义的繁文缛节有多么严重。

第三,经济奖罚,缺乏激励。早在资本主义原始资本积累时期,资本家把工人视为赚钱的工具,因而把员工视为"经济人",这种管理模式对于提高生产效益曾产生过一定的作用。企业招收工人就是为了企业赚钱;而工人干活也就是为了得到工钱。因为那个时代工人的需求层次较低,缺乏高级需要,因而管理者注重经济奖罚,暂时能够产生较大的作用。在改革开放初期,为了让人民生活从"极左"路线时期的贫穷状态下摆脱出来,党和政府大力倡导要给人民实惠。因此自20世纪80年代以来,管理者在人事管理中自觉不自觉地增加了经济上的奖罚措施,这在当时也发挥了积极作用。但时至今日,许多管理者仍然经常运用经济奖罚这

---

① 苏廷林、朱庆芳主编:《人事学导论》,北京师范学院出版社,1992年版,第498页。

种手段,却失去了往日的效应,因为人们虽然有经济上的需求,但毕竟已经走出"经济人"时代。

因此,从人才开发的角度来看,必须对旧的管理方式进行大力改革,把被严重束缚的主体性解放出来,以激发人们的各种潜能;必须简政放权,抓大放小,充分提高每一个人的积极性;必须在提高全民福利待遇的基础上,淡泊经济奖罚,强化精神激励,从"经济人"的旧观念中把人解放出来,把人看作社会人、文化人,视为有高级需求的文明人。

(二)微观管理向宏观管理转变

在计划经济时期,国民生产的经营基本上都是严格按照上级指令进行管理,与这种计划经济相适应,就必然对人、对事采取事无巨细、一管到底的方式。但是,如果从人才开发的角度来看,这种管理模式在经济上是僵化的,在人才开发上是没有活力的。因此,我们应该从微观管理转向宏观管理。

首先,由过去的人身管理转到人才的宏观盘活上来。第一,对本单位的人才资源进行宏观盘活,根据人才现状和需求,促进组织内部人才流动,达到适才适所和优化组合。尤其是整个国家宏观上的人才盘活,在提高国家整体人才当量时,还应该考虑各地区之间的人才平衡问题,注重地区与地区之间、东部与西部之间的协调发展,特别是努力提高中部和西部的人才当量。第二,盘活具体的人才。在这方面,管理者应该尊重每个人的个性、人的尊严感和主体性等。管理者应该有这样的理念:一个人如果违反法律,就会有法律加以制裁;一个人如果违反社会公德,就会有社会的道德予以评判。也就是说,一般的管理者没有权力掌握法律和道德这两个尺度,因而也不能随意对部属指手画脚。因此,只要下级按照要求完成任务,至于其他的事情,管理者则应该抓大放小。

其次,管理者还应该认识到,管理本身不是目的,目的是促进组织内部人才的全面发展,追求知识结构和能力结构的优化组合,鼓励员工的潜能开发,大力营造有利于人才开发的人文氛围,引导人们尊重知识,尊重人才,真正促使全社会形成健康而又有活力的时代精神,形成人才开发的整体合力,促进人人成才、人才辈出、人尽其才。

(三)刚性管理向柔性管理转变

在社会发展史上,就总体而言,刚性管理和柔性管理可以互补共存,但从人类社会发展进步的角度来看,由于人类自身的文明进化,在社会管理模式上,一方面,刚性管理和柔性管理可以互补共存,但另一方面,将会由传统的刚性管理逐渐向柔性管理演进,这体现了社会发展进步的质的规定性。

所谓刚性管理,是指根据成文的规章制度,依靠组织职权进行程式化管理;所谓柔性管理,则是指根据组织的共同价值观和文化、精神氛围进行人性化管理。刚性管理体现了法律和规章制度的严肃性,是法制社会中主要的管理模式,也是维系社会秩序所必须遵循的管理模式。一般来说,刚性管理可以凭借法律制度、纪律监督,直至惩处、强制等手段,对被管理者进行硬性管理,无论被管理者理解或不理解、愿意不愿意。但是,这种管理一方面所依据的规章制度未必合理或适应新的形势,一方面这种管理是建立在强制性基础上,很容易陷入"一刀切"的简单化,而且还容易导致矛盾激化。

事实上,刚性管理如果仅仅是他律,没有当事人的自律,处理不好,很容易造成双方的对抗。在运用刚性管理的时候,应该在坚持原则性的基础上具有相对的灵活性。比如,新浪网2004年11月29日转载《今日早报》的报道,题目是《准考证印错地址 北京多名公务员考生错过考试》,报道了2004年11月27日北京考生参加2005年度中央、国家机关公务员招录考试的笔试,但北京一些考生却因准考证错误而耽误了考试。准考证副页上的考试地点是"前门大街137号",而实际上是"前门西大街137号",两个地方相隔六七站远,结果许多考生在考试前没有找到考场,或者找到考场,但因为已经超过进考场的规定时间,而未能入场考试。对此,按道理来讲,这是由于管理部门的疏忽,但管理部门却未能为耽误考试的人员重新考试。可以设想,耽误一门课程考试,将意味这些考生的公务员录取就会失去一次机会,客观上也影响组织对人才的选拔。其实,组织人事部门只要有A、B两套试题就足够了。在这个问题上,相应的管理部门除了刚性管理不够完善以外,也还缺乏柔性管理,甚至没有把这个事件视为可能会影响一些人生命运的大问题,还涉及人才发现和选拔等一系列问题。

柔性管理则与此不同。它是建立在对人的理解和尊重的基础上的人性化管理,旨在通过激励、感召、启发、诱导等,对人进行柔性管理,这是一种以人为中心的人性化管理,也是一种人文化的管理。著名人才学家郑其绪在《柔性管理》一书中对柔性管理的内涵、特点进行了全方位的研究,对于我们正确认识和进行柔性管理,具有非常重要的指导意义。王充《论衡·治期》:"贤君之治国也,犹慈父之治家。"显然,王充所说的治国之道也是建立在对人的理解和尊重的基础上的人性化管理。在日常的管理中,柔性管理采用非强制性方式,在员工心目中产生一种潜在的说服力,从而把组织意志变为个人的自觉行动。特别是在全社会普遍提高文化水平的前提下,刚性管理是不得已而为之,而柔性管理则追求情理兼备,因而受到人们的普遍欢迎。我们过去通常认为,一个人理直气壮很有道理;而现在却应该换一个角度来思考,理直也可以不用"气壮"的方式,真理在握仍然可以心平气和,春风化雨,循循善诱,以理服人,以情感人,也许会有更好的效果。

柔性管理具有比较广泛的普适性。首先,每一个人都希望得到别人的理解和尊重,都希望发挥自己的作用,希望得到他人的肯定性评价;即使犯了错误,在认识到自己错了的时候,也大多希望能够得到他人的理解和原谅,或者能有一个改过自新的机会。因此,即使对罪犯的改造,也应该尽量在明之以法的基础上,动之以情,晓之以理,感之以美,才能收到更好的效果。所以,柔性管理可以在普遍意义上进行尝试。其次,柔性管理特别适应于对从事创造性劳动、创造性学习等知识分子的管理。因为创造性学习或劳动往往是一个艰苦漫长的探索过程,其间充满了不确定性和偶然性,因而无法从时间上和数量上进行量化,也无法简单地判断劳动的质量和社会效益,如果硬性地将其量化并以此作为晋升职务、干部任命和奖惩的依据,就容易把复杂问题简单化,严重影响人们的积极性。

不仅如此,柔性管理还体现了管理对象从"经济人"向"社会人"和"文明人"的过渡和趋向。因为人的劳动仍然是谋生的需要,因而每一个人必然都具有"经济人"的需要,通常也希望组织对自己进行物质奖赏,也不愿意受到经济上的处罚,但人更是"社会人",而且随着社会的发展进步和文化水平的普遍提高,"社会人"更进一步地发展为"文化人"和"文明人"。"一言堂式的决策"属于刚性决策,其最大缺点是很难避免主观、片面、武断的错误,危害极大。"头脑风暴法"是由相关人员独立自主地自由发表意见和建议,不受任何拘束,在此基础上,决策者进行综合分析,择善而从,可称为柔性决策,其最大好处就是能够在较大程度上避免刚性决策可能造成的失误。刚性管理总是在想方设法管着别人;柔性管理则是如何激发他人的积极性。因此,柔性管理有利于激发人们的参与意识,激发人们的积极性和创造性,有利于人们自觉地弘扬主体意识,因此,柔性管理符合人性,更符合社会发展进步的需要,也更有利于构建和谐社会。

当然,在实际工作中,刚性管理和柔性管理是相互影响和相互渗透的,我们应该把二者有机结合起来。刚性管理是管理工作的前提和基础,完全没有规章制度约束的组织必然是无序的、混乱的,甚至会出现无法无天的混乱秩序,柔性管理也必然丧失其立足点;柔性管理是管理工作的"润滑剂",是刚性管理的"升华",缺乏一定的柔性管理,刚性管理亦难以深入,二者的有机结合才是高效益管理的源泉。但相比之下,柔性管理要比刚性管理更高级,更复杂,因而也需要管理者具有更高的素养。

二、管理方式与人才开发

转变管理理念必然带来相应的管理方式的转变。具体来说,主要应该采取三种管理方式:定性管理与定量管理的融合;计划管理与市场管理的融合;身份管理与岗位管理的融合。

(一)定性管理与定量管理的融合

定性管理是一种传统管理方式,具有整体性、直观性和模糊性的特点,需要管理者运用辩证思维,对事物进行整体考察,这有利于充分发挥管理者的主观能动性。运用定性管理时,管理者总体上遵循由感性向理性的延伸,由现象向本质的探幽。但这种延伸和探幽,可能窥见对象的本质,但也可能中止在向本质探幽的路上,甚至被各种复杂的现象遮蔽了视野,以至于局限于对现象的主观印象。

根据定性管理存在的局限性,应该切入定量管理的视野,把定性管理与定量管理结合起来。与定性管理相比,定量管理主要运用数学统计的方法,把需要考察的相关事实,进行数学上的统计,即量化。很显然,定量管理在一些硬性指标上比较清楚准确,操作比较简单易行,在一定程度上能够解决定性难以解决的问题,但是,定量管理不能离开定性的内涵,否则,就容易陷入量化的误区。如果量化没有定性为内涵,量的判定就成为定量管理唯一的标准,而在许多情况下,对人的考察是量化无法简单界定的。比如,要给一个人的道德打分,恐怕就很难用量化,而且就是定性也不容易。在考核指标一定的前提下,硬要人为地分出优秀、良好、合格、不合格等,也确实很难操作。再如,在创造性劳动中,我们无法用时间和所谓的成果对创造者进行量化管理。在产生灵感以后,有的创造可以通过顿悟豁然开朗;而有的创造比较复杂,思考非常深奥的问题,往往需要呕心沥血,殚精竭虑,乃至耗费人的一生。近十几年来,很多高校对教师、博士生和硕士生的考核都有科研成果的数量要求,这其实是目光很短浅的行为,是一种急功近利的近视眼,这在哲学上实际也是一种特殊的异化。创造者的主体性遭到严重扭曲,一些意志不坚韧者就很容易受制于评价指标,并且围绕评价指标打主意,这从根本上压抑了许多真正从事创造者的积极性。

其实,在社会实践中,定性和定量本身就是融合为一体的。一个人做什么,做的结果如何,这是定性要考虑的问题;这个人做了多少,这就是定量应该考虑的问题。如此看来,定性和定量本来就是你中有我,我中有你。针对定性管理与定量管理的不同特点,我们应该在实践中积极促进二者相辅相成与互渗整合。在定性管理时,应该考虑定性中有量的积累,把量的积累融合进定性的考察;在考虑定量管理时,也应该考虑定量中有定性,在量化的同时,把定性融合进来。定性管理与定量管理作为管理形态的两种不同方式,既相互区别,又相互联系,各有其内在规定与特点,存在相互渗透、互补整合的辩证统一关系。正如张瑞甫所言:"定性管理无能为力之时,往往正是定量管理大显身手之机;定量管理一筹莫展之处,常常正是定性管理长驱直入之地。定性管理与定量管理都是管理科学化、最优化的必要途径,二者缺一不可。定性管理是定量管理的基础、前提和先导,定量管理是定性管理的延伸、拓展和升华。没有定性管理,定量管理就会失去目标、流于形式,就无真正意义的定量管理;没有定量管理,定性管理就会变得难以捉摸,不易确定。因而,必须把定性管理与定量管理有机结合起来,使之优势互补、相得益彰。只有这样,才能建立科学的管理体系。"①

我们在进行定性管理与定量管理的互补整合时,还应该看到,因为定性管理与定量管理都有特定的历史内涵,所以在制定定性标准和定量标准时,既要考虑标准的可行性,又要体现标准的科学性,减少主观随意性,要在定性管理与定量管理的互补整合中,促进二者积极的共生效应,把管理真正变为人才开发的动力。根据管理实践经验,一般来说,复杂劳动和创造性劳动主要适用定性管理,或者以定性管理为主,以定量管理为辅;而一般性劳动,特别是简单劳动或者机械劳动,比较适合量化管理,或者说以量化管理为主,以定性管理为辅。

(二)计划管理与市场管理的融合

从政治学的角度来看,传统的观点一谈起市场经济,往往就想到这是资本主义;一谈到计划经济,往往就想到这是社会主义。由此推及计划管理和市场管理,人们也难免会有一些偏见。但从人才开发的角度来看,传统的计划管理与现代的市场管理都有各自的特点,也都对人才开发产生这样或那样的影响,因此,探讨在新形势下如何在计划管理和市场管理的结合中,更好地促进人才开发,这是非常有必要的。一般而言,计划管理具有原则性,而市场管理则具有灵活性,因此,如何把计划管理的原则性与市场管理的灵活性结合起来,就显得愈加必要。正如亚里士多德所言:"某种程度的划一,无论在家庭或在城邦,都是必要的;但完全的划一却是不必要的。"②

从计划管理看人才开发,我们可以把对人才的计划管理分为三个层次:

第一,宏观层次,也是最高层次,是指国家在整体性人才资源开发中,对人才培养目标、人才培养数量、人才的考核和任用、人才的流动和相关待遇等,都要进行整体的把握。在这方面,国家的人才规划不仅要立足现实,更要预测近几年乃至更长远的人才需求,既要考虑全国目前的人才政策,认真分析现实对人才的需求,又要以动态的视野,审视发展变化的潜在需求,以高瞻远瞩的鸟瞰视野对人才进行科学预测,制定人才中长期发展规划。特别是在确定高校的发展规模、招收

---

① 张瑞甫、李明远、张倩伟:《科学管理是定性与定量有机整合的过程》,《人民日报》,2005年5月23日。
② [古希腊]亚里士多德:《政治学》,吴寿彭译,商务印书馆,1965年版,第56—57页。

专业时,要在充分调研和论证的基础上制定科学规划,尤其是随着现代产业的发展,应该对职业技术学院的发展加强引导,提高办学质量。另外,国家还应该继续完善公务员队伍建设。1987年,党的"十三大"正式提出建立和推行国家公务员制度。1993年,国务院颁布《国家公务员暂行条例》,在行政机关推行公务员制度;1995年2月,中央颁布《党政领导干部选拔任用工作暂行条例》;2000年6月,中央批准并印发《深化干部人事制度改革纲要》;2002年7月,中央印发《党政领导干部选拔任用工作条例》;2004年4月,中央办公厅印发《公开选拔党政领导干部暂行规定》。这些纲领性的文件有效促进了干部人事制度的健康发展。2017年全国人大常委会修订了《中华人民共和国公务员法》,2018年开始实施。公务员法是我国五十多年来干部人事管理方面第一部总章程性质的法律,它以邓小平理论和"三个代表"重要思想为指导,坚持党管干部原则,依据宪法,结合干部人事制度建设的实践,以法律的形式明确了公务员管理方面的一系列重大问题。公务员法的颁布实施,是干部队伍建设的一件大事,也是我国社会主义民主与法制建设中的一件大事。当然,就总体而言,宏观层次最重要的是要考虑如何把中国人口大国转变为人才大国,即把丰富的人力资源转化为人才资源的问题。

第二,中观层次,即地方政府对本地区的人才开发所制定的相关政策和发展规划,也要求对本地区的人才现状和未来需求进行分析和预测,要在国家宏观计划的基础上,制定出适合本省发展的人才开发措施。在地方政府所辖范围内,也有比较宏观的决策,但较多的是制定具体人事人才政策。上海人事局规定,要求新录用的公务员必须下基层一线锻炼一年。因为许多刚考取的公务员基本上都是刚毕业的大学生,他们都是从家门到校门再到机关门的"三门干部",虽然有良好的综合素质,却缺乏扎实的社会实践,因此,上海市人事局出台的规定要求:新录用的公务员无故不参加实习锻炼的,不予任职;经基层实习锻炼考核不合格的取消公务员录用。比如山东省人民政府《关于印发山东省"十三五"战略性新兴产业发展规划的通知》要求实施人才工程,强化智力支撑。其中要求:加强高层次人才及团队引进。落实人才强省战略和省委深化人才发展体制机制改革的实施意见,实施更具竞争力的引才政策,完善"领军人才+创新团队"的人才引进模式,吸引海内外高层次和高技能人才带领团队来鲁创新创业。完善高层次高技能人才引进绿色通道,围绕战略性新兴产业重点领域,大力培养引进科技领军人才、创新团队及金融、管理等相关专业产业高端人才。对接"千人计划""万人计划",实施泰山学者、泰山产业领军人才工程、"外专双百计划",支持企业、高校和科研机构引进海外高层次创新人才和团队。①

第三,是微观层次。主要是指具体单位对人才开发的计划管理。单位的人事部门一方面应该对本单位现有的人才现状进行分析,一方面还要对未来的人才需求做出规划,制定相应的人才稳定和引进政策。在这方面,过去有不少经验和教训,有的"招来了女婿挤走儿",有的干脆"女婿招不来,儿子也走了"。究其原因,固然很复杂,但其中与缺乏对人才的科学规划有关。在对人才进行计划管理时,要力所能及地为现有人才和引进的人才提供良好的生活环境和工作环境,如果客观条件有限,也应该及时与人才进行沟通,争取能够让人才理解;同时,要在软件建设上特别下功夫,如凝聚力、进取精神、事业的未来发展空间等,这都是人们更为关心的重要问题。因此,计划管理要适应新形势的发展变化,要以变应变。

从市场管理看人才开发,在全球化的大背景下,任何一个国家和民族都应该普遍关心人才问题。我国改革开放以来,海外留学滞留海外的人数相当客观。我国高校比较普遍的现象是:重点大学忙出国,地方院校忙考研。人才在求学中流动,人往高处走,这已成为市场经济条件下一种正常的人才流动现象。从人才开发的角度,回顾改革开放四十年的历史,颇值得深思。改革开放初期,即20世纪80年代,我国初步形成了尊重知识和尊重人才的价值取向,但这种尊重主要来自党和政府的提倡,主要来自社会发展的客观需要对人才的呼唤,但由于人才市场尚未形成,因而尊重知识和尊重人才更多地体现在新闻媒体和社会舆论上,而没有从人才政策上得到真正落实。80年代中后期,出现所谓"搞导弹的,不如卖茶蛋的"顺口溜,演绎了"穷的像教授,傻的像博士"的现代荒诞。经过90年代的反思,特别是到了90年代中期,一方面,市场对人才需求的数量开始增大,另一方面国家人才政策也得到进一步完善。21世纪以来,我国各种人才工程给许多专家带上了人才帽子,近些年各省市和高校开始出现纷纷抢人才的现象。

在这种市场的大格局下,表现出了市场影响人才开发的三个特点:第一,由于市场经济本质上是社会需要的经济,因而也是人才经济,所以人才的价值在市场面前获得了重要显现,因为市场更加需要人才。第二,市场对人才的强烈需求和持续升温,进一步激发了全社会人才开发的积极性。近几年高校扩招,出现各种职业技术培训和外语热,近几年又开始有了外语中的小语种热等,人才开发的时代氛围更为浓厚,市场经济呼唤人才,也孕育人才。第三,市场和人才双向选择进一步加快人才流动的节奏。"跳槽"实际上是一种职业迁移,已经成为生涯选择的重要举措。在这方面,西方国家每个人大约平均要"跳槽"3次以上,多的可达10

---

① 鲁政发〔2017〕7号文件。

多次;而我国其实才刚开始,将来还会更加突出。

人才市场受到"马太效应"影响,在对人才进行市场管理的过程中,我们应该充分利用市场这只无形的手,发挥其在稳定人才和吸引人才中的能动作用,把其负面作用降低到最小点。但是,无论如何,市场中的人才流动或竞争,也要遵循市场管理的游戏规则,应该有序流动,而不是无序湍流。

(三)身份管理与岗位管理的融合

多少年来,我们基本上按照传统的身份对社会成员进行管理,这似乎天经地义,但随着改革的深入发展,人们发现岗位管理似乎更有道理,更有利于促进人才的开发。

人才开发的实践表明,身份管理具有很大的局限性。所谓身份,基本含义就是指一个人在社会中所处的地位,这是《现代汉语词典》的权威解释。但是,我们仔细深究,就不禁要问,是什么因素决定人的社会地位?是他的知识和能力,还是过去的出身?是已有的地位决定身份呢,还是一个人实际的知识能力决定其应该具有相应的社会地位?这些问题看起来很简单,但实际上需要认真思考。几十年来,身份管理的局限性在事业单位可谓有目共睹。长期以来,国家没有建立适应事业单位工作性质和特点的人事制度,基本上按照党政机关的管理模式进行管理,因而缺乏竞争机制和自我激励机制,人员和工资都由国家决定,政、事职责不分,机构臃肿,财政负担沉重,社会化程度不高,人员结构不合理,干部能上不能下,人员能进不能出,干多干少、干好干坏一个样。这种弊病无疑与身份管理有密切的关联,结果严重挫伤了人们的积极性,影响了人才的潜能开发,制约了事业单位发展的整体效应。

身份管理的尴尬在身份分类上早已捉襟见肘。比如说,在人大现行选举制度框架下,代表结构比例一般是通过以下七组数据反映出来的:性别、年龄、民族、政治面貌、文化程度(即受教育水平)、代表身份构成、代表行业分类(代表界别)。然而,在实际的统计中,前五组数据比较清楚,而后两类就具有模糊性,有时难以界定,特别是代表的身份问题,一般主要分为工人、农民、干部、知识分子、解放军、民主人士、爱国人士、宗教人士、归侨等类别,分别加以统计。在上述身份分类中,除了解放军身份非常清楚以外,其他六种身份既没有严格的界限,又没有明确和统一的划分标准,客观上造成了人才管理和任用上的混乱。比如,专家学者型的领导干部,其身份是知识分子还是干部?企业经营管理者是工人还是干部?工人、农民出身的领导干部,是应按其出身确定为工人、农民,还是应按其现在从事的工作确定为干部?农民企业家或者私营企业老板的身份是农民,还是工人抑或干部?此外,受到身份管理的长期影响,一些没有高学历,甚至也没有参加自学考试的低学历者,他们在社会实践中锻炼出一技之长,也可能做出突出成就,但是我们的人才政策却往往忽视了这些人才。近几年来,一些具有人才战略眼光的管理者,才开始大胆和破格使用一些没有高学历而有真才实学的人才,有的大学甚至把农民身份的杰出人才聘为教授。这种淡化身份的管理思想体现了人才战略的需要,也蕴含着由身份管理开始向岗位管理的转变。

事实上,改革开放以来,社会发展进步客观上已经打破身份对人才的束缚,社会的群体划分业已不再是简单的二元对立的划分,而是由过去的社会阶层划分转向社会利益群体划分。传统的身份称谓如工人、农民、干部、知识分子等不但已经失去原有的身份意义,各种身份的内涵和身份之间的界线已变得越来越模糊;同时,一些新的群体的出现客观上早已打破旧的身份理念的樊篱。因此,在新形势下,人才开发在战略上需要对传统的身份管理进行理性审视,要从根本上转变观念,转到有利于人才的发现和任用上来。

岗位管理则与传统的身份管理有根本的不同,这主要表现在如下几个方面:第一,岗位管理的前提是根据工作的需要先行设岗,是因事设岗,而不是因人设岗。第二,建立符合事业单位性质和工作特点的岗位管理制度,用岗位管理取代身份管理,实行评、聘分开的岗位管理制度,用人单位有权聘任专业技术职务,逐步实现专业技术职务的聘任与岗位聘用的统一,通过岗位管理,力求做到稳定人才、吸引人才和用好人才。第三,岗位管理要求职务能上能下,人员能进能出,待遇能升能降。这种唯才是举的用人理念贯彻了公开、平等、竞争、择优的原则,引入竞争激励机制,能够促进优秀人才脱颖而出,因而是一种充满生机与活力的新的人才开发机制。正因为岗位管理具有更大的活力,所以近几年来,我国正在逐步走向聘用制度的正常化和规范化。

岗位管理已经逐渐成为人才开发的重要方式,在实践中业已取得显著成效。国家通过设置岗位,大量向全社会广揽人才,已经取得显著成效。据中组部原副部长、人事部原部长张柏林介绍,由于各机关面向社会招考,仅 1994 年以来中央党政机关共考试录用 3.1 万人,2000 年至今全国各地共考试录用 63 万多人;从 2000 年至 2004 年年底,全国各级党政机关共有 64.5 万人通过竞争上岗走上领导岗位;从 1996 年到 2003 年年底,全国共有 90 多万公务员进行了轮岗,有 3 万余人进行了任职回避;从 1996 年到 2003 年年底,全国共有 1.6 万余名公务员被辞退,3 万人辞职,初步改变了"能进不能出"的局面。① 根据人事部的报道,中央机关及

---

① 张柏林:《推进干部人事工作科学化、民主化、制度化的重大举措——学习贯彻〈中华人民共和国公务员法〉》《求是》,2005 年第 20 期。

其直属机构2007年考试录用公务员1.2万人,这无疑为很多年轻人提供了发展的机会。但由于近些年大学生就业难,客观上也为岗位管理带来很大的冲击,仅2018届全国高校毕业生人数就高达820万人,促进就业任务十分繁重。

但是,在实际工作中,我们对身份管理和岗位管理的关系有时还没有完全理顺。常毅2006年9月30日在中国人力资源开发网上发表《阜宁大学生村官现状:处境窘迫身份尴尬》一文,揭示了一些大学生"村官"的尴尬境地:

"考核结果证明我们中很多人是优秀的,但为什么却一个人都没有按文件上说的,受到提拔重用?"一位大学生村官忿忿不平地说。

"我感觉我们被遗忘了。"一名女村官说。

"我们很迷茫。"几乎每位受访的村官都这样说。

一位大学生村官用了三个"不"字概括了大家的感受,"以前——不堪回首,如今——不堪一击,未来——不堪设想。"

"我们是什么?如果是农民,可我们没有土地。如果是工人,可我们不享受工人待遇。如果是政府工作人员,可我们没有编制,工资跟他们相差一两倍!"5名大学生村官在不同时间受访时,说出了几乎同样内容的话。

根据上述报道,这些大学生村官究竟是农民、工人,还是公务员?其身份和岗位确实存在模糊性,需要进一步明确,否则,他们就无法正常开展工作。通过以上分析可见,无论从理论上看,还是从管理实践来看,岗位管理有利于促进优秀人才脱颖而出,因而是一种充满生机与活力的新的人才开发机制。全社会在管理上应该尽快由过去的身份管理转向岗位管理,把岗位管理变成新的人才开发。

三、管理是凝聚人心和激励精神的艺术

自从有了人类,就有了社会,而随之就有了相应的管理。但管理本身并非一味地束缚人,而是必须服从管理的目的,管理不是为管理而管理,而是应该把管理变成凝聚人心的艺术和激励精神的艺术。

(一)管理是凝聚人心的艺术

管理是凝聚人心的艺术,是指通过有效的管理增强凝聚力,也包括通过凝聚人心而凝聚集体的智慧。

早在古希腊,亚里士多德看到了集思广益的重要性,他指出:"人各有所见,追集思广益,常能得其旨归,个别的微忽,似若有神而终嫌渺小,或且茫然若失,但既久既众而验之,自古迄今,智慧之累积可也正不少了。"[①]可见,通过凝聚人心而凝

[①] [古希腊]亚里士多德:《形而上学》,吴寿彭译,商务印书馆,1959年版,第32页。

聚智慧，具有重要意义。

在中国历史上，法家注重法律管理；儒家追求法、礼结合；道家则无为而治。就管理的社会效益来说，显然，儒家的管理要完善一些，甚至还有"战胜于朝廷"的最高境界。《吕氏春秋·论威》："凡军，欲其众也；心，欲其一也。三军一心，则令可使无敌矣。令能无敌者，其兵之于天下也，亦无敌矣。"《吕氏春秋》这里所说的就是"三军一心"能够"无敌"于天下。在《三国演义》中，则有马谡的"攻城为下，攻心为上"的军事艺术。这都涉及管理的艺术问题。在现实层面上，为了把管理变成真正的人才开发，应该通过有效的管理，产生强大的凝聚力，把人心凝聚到干事创业的主题上来。

管理要凝聚人心，管理者就必须具有凝聚人心的人格魅力，必须具有人际沟通的技巧，必须有高超的组织协调能力。为此，要求管理者有强烈的事业心，有高尚的人格，有宽广的胸怀，有人才开发的远见，处事公正，用自己的一言一行为员工树立榜样。拿破仑说过，一只狮子率领的由羊组成的部队，能够打败一只羊率领的由狮子组成的部队。其中奥妙很多，但与领导者的人格魅力不无关系。因此，在人才开发的意义上，我们一定不能让羊来率领狮子，而是让狮子来率领羊，这就是人才学意义上的"狮羊效应"与"羊狮效应"①俗话说，人无头不走，鸟无头不飞。管理者就是一个单位的"头"，这个头是否合格，是否有能力领导自己的"四肢"，这显然是一个非常值得关注的问题。更何况，被管理者并不像"四肢"那么简单，而是有血有肉、有人格尊严的主体。为了提高组织的整体工效，管理者就必须体现出自己的人格魅力，让员工自觉地把时间和精力用于干事创业。

管理要凝聚人心，还必须让每一个人在事业上有足够的发展空间。在近几年人才流动和竞争的大潮中，许多有识之士已经看到了凝聚人心的重要性，开始用感情留人，用待遇留人，用事业留人。其实，在这三个要素中，待遇留人，这是基本条件和基础；感情留人，即把人当作人，能够理解、尊重员工，体现了对员工的人文情怀，体现出亲情、友情、同事情，让员工感觉到这是自己的家。但最重要的是第三点，就是事业的发展空间问题。也就是说，干事创业是许多人所追求的人生理想，一个单位必须有足够的发展空间，让每一个人感觉到自己在这里能够施展自己的才华和抱负，而不至于产生"庙小容不下大和尚"的感觉。一般而言，一个单位的凝聚力越强，该单位的事业发展也就越有活力，每一个人也就越有发展空间。

(二) 管理是激励精神的艺术

管理是凝聚人心的艺术，也是激励精神的艺术。如果说凝聚人心是从现实层

---

① 薛永武:《狮羊效应与羊狮效应》,《中国人才》,1996 年第 2 期。

面上来讲的,那么,激励精神则是注重对未来的奋进和追求。

一个组织的发展取决于两种力:一是凝聚力;二是发展力。二者可以简称为凝发力。一个优秀的管理者既要重视当下事业的发展,把人心凝聚在干好目前的工作上,又要把目光放得更远一些,善于激励员工不仅要干好眼前的工作,而且更要着眼于未来,把全身心的活力激发出来。行为科学认为,激励具有重要的价值,它能够激发人的成就动机,使人朝着期望目标不断努力。在实际的管理中,除了在人员任用上要建立"能者上、庸者下"的人事机制以外,传统的管理还重视提高工资和奖金,试图把工资和奖金当作激励员工的方法,但问题在于,提高工资和奖金的发放都是有限的,物质待遇只是提供了员工激励的物质基础而已,仅凭物质奖励不能解决根本问题,甚至可能会引导人们一切"向钱看",其危害性不言而喻。

一个优秀的管理者不妨从如下几点进行尝试:

1. 引导员工认识自己所从事的工作富有挑战性

引导人们认识自己所从事的工作富有挑战性,激发员工干事创业的积极性,这是非常重要的管理艺术。苏格拉底认为"雅典人胜过别人的地方并不在于声音婉转或身材魁梧,而是在于雄心壮志,雄心壮志是鼓舞人创立丰功伟业的最大的刺激剂。"①因此,员工如果认识到自己的工作富有挑战性,就会激发自己的内在动力,释放自己的巨大的能量与创造性的想象力,全力以赴地从事自己的工作。简单说,就是让每一个人都能认识自己所从事的工作具有的重要意义,而不是无关紧要,更不是可有可无。尤其是对于从事比较平凡工作的员工,更应该引导他们认识自己所从事工作的意义。

2. 及时肯定和赞美员工取得的成绩

对员工取得的成绩,管理者要不吝赞美之语,要及时给予真诚的赞美和祝贺,由此激励广大员工树立争优创先的积极进取精神;可以设置并颁发相应的一些荣誉奖章、证书,根据员工的表现,给予表彰和奖励。

3. 以工作业绩为标准提拔员工

在员工的任用方面,除了一些影响员工发展的主客观因素以外,管理者提拔员工时,应该主要是看员工在本职工作岗位上所取得的业绩及其显现出来的能力。

4. 把员工的个人问题视为重要问题

记住每个下属的名字,把下属的个人问题当成重要问题对待;了解员工的实际困难与个人需求,在条件具备的前提下,尽量满足员工的需要。

---

① [古希腊]色诺芬:《回忆苏格拉底》,吴永泉译,1984年版,第92页。

5. 把每位下属都当成"人物"来看

鼓励员工富有自我实现的成就感,把每位下属都当成"人物"来看,激发员工的尊严感,满足下属需要尊重的心理。管理者如果让员工体验到组织发展有他们一份贡献时,员工就能切实感受到自己对组织的价值,从而进一步激发积极性;反之,管理者如果处处让员工唯命是从,把功劳归为管理者,就会扼杀员工的主体性和创造性。

6. 鼓励员工的参与意识

经常使用头脑风暴法解决问题,鼓励员工的参与意识,赋予员工使命感,引导员工畅所欲言,广开智力资源,激发员工的主人公意识和自豪感。使命感可以作为员工内在的自我激励,时刻鞭策员工去关心组织的发展,认同组织的发展目标,具有自觉的执行力。正如王充《论衡·书解》所言:"知屋漏者在宇下,知政失者在草野,知经误者在诸子。"管理者如果能够经常听取员工的意见和建议,就会收到意想不到的效果。

7. 团结一切能够团结的人

善于团结一切能够团结的人,既要团结那些和自己意见不同的人,又要团结那些反对过自己,并且被证明是反对错了的人。特别是对于即将到来的高学历时代,更要注意这一点,因为文化素质越高的人虽然容易领导,但不容易被压制和约束,也不怕"穿小鞋"。因此对于较高素养的人来说,管理者就更应该注意管理中的技巧。只能说服,不能压服;只能激励,少用刚性管理。

8. 效率优先,兼顾公平

效率优先,兼顾公平,建立按劳分配、多劳多得、优劳优酬的激励机制,工资和奖金都要有一定的竞争性,但要合理,不要一切向钱看。

9. 用真诚的心灵回馈与你同甘共苦的部属

以心换心,用真诚的心灵回馈与你同甘共苦的部属。也就是会说,领导可以讲究领导艺术、领导科学和领导策略,但不要跟部属玩心眼,只有自己的真诚才能够换得部属的真诚,才能够形成心理场的聚焦合力。因此,领导的真诚会增强部属的自信,赢得部属的忠诚,提高部属的士气和凝聚力。

10. 让员工在岗位上越做越快乐

让员工在工作岗位上越做越快乐。一个组织要让员工热爱工作岗位,不仅要让员工认识到工作本身的重要性和员工自身的意义,还要尽量让员工体验工作中的快乐,让员工一方面在工作中体验工作本身的快乐,一方面又让员工在快乐的心境状态下快乐的工作。为此,管理者应该尽量为员工提供比较宽松自由、不拘小节的工作环境,让员工越做越开心。

在激励员工的精神时,可以根据行为科学的原理,推论出激励员工的内在机制,即所谓激励员工,应该重点激励员工的人才开发意识。根据行为科学的原理,我们可以确定下面的人才开发动力公式:

人才开发的动力 = 目标期望值 × 实现概率

这个公式表明,人才开发的动力取决于两个因素:第一是希望达到目标的高度;第二是实现目标可能性的大小。无论是组织还是个体,其中有一个因素比较高,那么,该组织或个体人才开发的动力就比较高;反之,就会愈低。"在高远处闪光的目标对进取者来说,不仅在他们面前展现了广阔的天地,奋斗的征程,而且召唤他们不达到目的,绝不罢休",而"伟大的毅力只为伟大的目的而产生。"[1]

(三)从"末位淘汰"走向"共享激励"

"末位淘汰"是近十年来形成的一种颇引争议的管理模式,其基本内涵是通过对本单位员工的量化考核,对排名末尾的员工进行淘汰。2007年1月22日《光明日报》发表记者郑晋鸣和曲一琳的文章《教师要不要"末位淘汰"》。文章对南京市白下区采取对教师"末位淘汰"的做法提出了疑义,认为"末位淘汰"的"制度一经宣布,就引来老师和家长们的高度关注和激烈争论","教师们都很紧张",记者在采访中发现,推行这项制度的三所学校都"人心惶惶"。笔者认为,记者所提出的问题很有现实意义。"末位淘汰"是近年来颇具代表性的一种管理模式,见仁见智,非常值得我们反思。

1."末位淘汰"违反了辩证逻辑

管理者之所以要采取"末位淘汰"的管理模式,这与管理者缺乏基本的辩证思维不无关系。无论一个群体是多么的先进或者优秀,人与人之间的差异仍然是存在的。如果实行"末位淘汰",既有可能淘汰普通群体中的"末位",也有可能淘汰先进群体中的"末位"。如是前者,尚可淘汰;如是后者,为何淘汰?

社会的群体结构大多呈现"线梭型"结构,即"两头尖,中间宽。"其中,完美无缺者和大奸大恶者都非常罕见,大部分人既有优点,又有缺点,只不过优点和缺点的程度因人而异罢了。"末位淘汰"虽然不能说是人人自危,但每个人都有可能成为被淘汰的对象,因而客观上会让大多数人产生危机感。

从"末位淘汰"的考核对象来看,管理者是用"末位淘汰"的方法只考核本单位的员工呢?还是也可以用来考核本单位的领导班子?按照法律面前人人平等的法制理念,领导要求员工做到的,领导理所当然应该做到,领导班子就要敢于带头对自身进行"末位淘汰"。迄今为止,领导班子内部从来还没有实行"末位淘

---

[1] 王通讯:《人才学通论》,中国社会科学出版社,2001年版,第287页。

汰"的考核方法。

2. "末位淘汰"的后果分析

管理是一门科学和艺术。管理的目的不是为管理而管理,而是通过科学和艺术的管理,增强组织的凝聚力,激发组织的发展力。采取"末位淘汰",这在理论上是荒谬的,在实践上虽然也许能够对工作产生一定的促进作用,但总体而言,其结果是弊大于利。

就南京市白下区采取对教师"末位淘汰"的做法而言,"末位淘汰"首先伤害了大部分教师的自尊心和人格。管理者对教师采取"末位淘汰"时,管理者在先入为主的观念中已经没有把教师当作一个有血有肉、有思想感情、有人格尊严的"人类灵魂的工程师",而是仅仅把教师看作是被管理和考核的对象,甚至是被淘汰的对象。学校是培养人才的摇篮,而广大教师则是培养人才的主体。学校的管理者应该和广大教师凝聚成一种合力,为教书育人做出各自不同的贡献。

其次,"末位淘汰"违背以人为本的原则。以人为本的原则具有五个向度:第一,把人当人看;第二,理解人;第三,尊重人,第四,关心人;第五,发展人。管理者应该围绕这五个向度,深刻理解人的本质,把每个员工视为有主体性、人格尊严,追求自由和平等的活生生的人,视为事业发展的主体力量。"末位淘汰"恰恰与以人为本相反,是以把员工当作管理对象为目的,通过考核淘汰某个员工,这才达到管理者所谓的目的,这多少有点"杀鸡给猴看"的嫌疑。

再次,"末位淘汰"还严重影响了人才培养。如果实行"末位淘汰",教师为了使自己的教学符合学校的评价体系,就必然以评价体系为价值取向,而不是以教书育人为神圣的目的。教书育人是一项具有创造性的神圣劳动,需要广大教师呕心沥血,但因为有"末位淘汰"这个紧箍咒的束缚,教师又怎么能够去因材施教,去创造性地开展教学活动?教师假如心里总是揣着"末位淘汰",又怎么能够全身心地投入到人才培养的伟大事业之中呢?按照马克思的观点,在社会主义阶段,劳动仍然是人们谋生的手段。教师亦然,教师是人,不是神。长期带着"末位淘汰"的紧箍咒,教师心理就不可能健康,就不可能热爱教育工作,就会失去教书育人的积极性,就会束缚工作的创造性。最终,受害的不仅仅是教师,还有广大的学生!

3. 共享激励促进人才开发

管理者应该掌握领导科学与艺术,如其人人自危,何如人人快乐?又何必让"教师们都很紧张"而"人心惶惶"?如其弃其所"短",何如扬长补短?如其"末位淘汰",何如"首位激励",然后群起而效之?或者采取"末尾提醒""末尾警示"等,都可以有效激励员工的责任意识和进取精神。

《现代汉语词典》对"淘汰"一词的解释是:在选择中去除(不好的或不适合

的)：~旧产品|他在第二轮比赛中被淘汰。由词典解释可见，"淘汰"一词比较多地适用于比赛，因为比赛属于选拔性质的，无论参赛选手多么优秀，最终只能按照制定的选拔标准和人数，确定冠军、亚军等名次。在人事管理中，考核目的不是为了淘汰某个末尾的员工，如前所述，如果是一个先进集体，其最末尾的也是比较优秀的，为什么要淘汰呢？

鉴于"淘汰"的负面作用，管理者不仅可以考虑使用"首位激励""末尾提醒"或者"末尾警示"的管理模式，而且尤其需要实施"共赏激励"的原则。所谓"共赏激励"，是指管理者制定的管理措施，包括考核、评优等，对所有的员工能够产生普遍的激励效应，从而形成积极的共生效应。"共赏激励"本质上是一种正激励，旨在激发每个员工的主体性、创造性、积极性。为此，既要"抓两头，带中间"，又要"抓中间，促先进，带落后"，以此激活整个团队的生命活力，增强组织的凝聚力，提升组织的发展力。

总之，管理者在运用激励理论时，应该从若干角度入手，特别要激发员工的人才开发意识，使员工产生人才开发的内在动力，既要尊重员工的主体性和创造性，让员工感受和体验到工作的快乐，又要引导员工看到组织发展所具有的比较广阔的前景。在组织的总目标框架内，员工如果认识到个人的发展目标也非常有希望，就具有前进的动力；员工如果感受到奋斗的快乐，就会热爱工作；如果管理者把每位下属都当成"人物"来看，就会极大地激发每一个人的积极性；如果管理者能够真正关心每个员工的发展，员工也就会把组织的目标和个人的发展目标紧密联系在一起，全身心投入到关心组织的发展之中。因为对于员工来说，他必须关心在实现组织总目标的过程中，个人能否拓展适合自己的发展空间，并且能够通过努力，实现自己的发展目标。

第十三章

环境和谐与人才开发

人才开发需要特定的社会历史条件,尤其是需要环境的和谐。环境的和谐既包括人与自然的关系、人和社会的关系,也包括微观上组织内部和日常生活中的人际关系。为了更好地促进人才开发,我们需要在积极互动中共同创造和建设一个有利于生存和发展的和谐顺境,以促进人才开发的共生效应。

一、创造顺境与人才开发

人类的发展离不开自然环境和社会环境,尤其是在人类与社会的关系方面,一方面人类是社会的主体,另一方面人类又要受到社会环境的各种复杂影响。从人才开发的角度来看,人的一生客观上会受到各种挫折的影响,社会特别需要创造有利于人才开发的顺境。

(一)人才开发需要和谐的顺境

人才开发需要和谐的顺境,这已经被社会发展史所证明。从社会发展史来看,和谐的社会是稳定的社会,也是促进人才开发的社会。

从哲学的角度来看,和谐是事物内部诸要素之间的优化组合,体现事物自身生命的活力;和谐也是事物之间关系的平衡与协调,因此是事物存在和发展的一种稳定态势。只有和谐,才能克服非此即彼二元对立的思维方式,促进事物之间的沟通和联系;只有和谐,才能形成人才开发的整体合力,形成强大的聚焦力,才能更好地促进人才开发。

从人才发展史来看,人才开发的历史体现了社会发展的历史。历史业已证明:社会处于和谐状态的时候,客观上已经自觉不自觉地为人才开发提供了比较好的发展环境,特别是每当一个新的社会形态处于上升的发展时期,该时代必然会人才荟萃,群星灿烂;反之,社会走向衰落腐败时,该时代的环境客观上已经不再有利于人才开发,甚至已经成为影响人才开发的阻力。前者如古希腊时期、文艺复兴时期、西方工业革命时期、我国百家争鸣时期、西汉文景之治、唐代贞观之治等;后者西方如漫长的中世纪、中国鸦片战争后的屈辱史等。另外,各种频繁的战乱和重大自然灾害也会在较大程度上影响人才开发。

和谐的顺境最重要的就是建立在物质文明和精神文明基础上的社会文明与公正,体现了法制与德治的有机统一。为此,全社会应该优化社会组织,优化社会流动,把社会变迁纳入与社会发展进步和人才开发同向的轨道上来,要建立民主政治,完善科学的法制,建立和完善一系列有利于促进人才开发的人才政策,确保每个社会成员的合法权益,为每个人提供人才开发的平等机会,保障公民对社会政治的有效参与和管理。

全社会要进一步形成尊重知识和尊重人才的价值取向,建立和完善多劳多得、优劳优酬的分配和激励机制,让真正德才兼备的优秀人才首先富裕起来,能够过上比较满意的生活,正确运用社会激励促进人才开发;相反,决不能让一些不三不四的人钻政策的空子而一夜之间暴富。因为这里的关键不仅仅是财富的多寡问题,而是如此一来很可能严重挫伤各种人才的积极性。我们不妨设想,有的人可以不劳而获,或者少劳多获,而因此获得较高的社会地位,这是导致社会信仰危机和价值观失衡的重要社会诱因,我们决不能等闲视之。

在一个组织内部,管理者要善于运用"皮格马利翁效应",促进对人才开发的激励;运用"鲶鱼效应",激活组织内部员工的生命活力;运用人性管理和柔性管理,通过尊重员工的兴趣和个性,激发员工的创造精神。美国社会心理学家 G. M. 奥尔波特经过研究发现,健康的集体情境对于个体的工作具有积极的促进作用,除了一些技术复杂、需要集中精力思考和注意力高度集中的工作以外,一般来说,集体情境可以消除寂寞和单调,提高工作兴趣,通过集思广益,促进员工智力的发展。

此外,在建立和谐顺境的问题上,我们每个人都具有责无旁贷的社会责任。我们每一个人都自觉不自觉地构成了影响他人发展的一个微观上的社会环境或者特殊情境。我们既然希望社会能够为每个人提供一个和谐的成才环境,就应该从自身做起,自觉把我们自己当作影响他人发展的一种积极的环境,为社会的和谐进步,为促进他人的人才开发,率先垂范,在与他人的交流与合作中,通过积极的互动,进而形成人才开发的共生效应。

(二)要认识顺境的相对性

所谓顺境也只能是相对而言,世界上不可能有绝对的顺境。大自然的春天固然很美,百花齐放、鸟语花香,可谓令人陶醉,但接着就是夏日炎炎、秋风萧瑟和严酷的冬天。人类社会又何尝不是如此?社会的发展总会出现这样或那样的不平衡现象,总会有许多难以预料的因素影响人才开发。

从人类社会发展史来看,任何一个社会形态的兴衰更替,都呈现出抛物线的形状,都要经过开创期→上升期→繁荣期→稳定期→下降期→衰落期,这似乎是难以超越的社会发展规律。"命穷,贤不能自续;时厄,圣不能自免。"①王充这里说的就是社会衰落期人才可能产生的悲剧。黑格尔指出:"每一门艺术都有它在艺术上达到了完满发展的繁荣期,前此有一个准备期,后此有一个衰落期。因为艺术作品全部都是精神产品,象自然界产品那样,不可能一步就达到完美,而是要经过开始、进展、完成和终结,要经过抽苗、开花和枯谢。"②黑格尔这里说的虽然是艺术作品的兴衰,但实际上社会的发展同样如此。

从人才开发的角度来看,我们虽然希望社会能够提供给我们一个比较和谐的顺境,但是,我们不能选择历史,而只能适应环境和改造环境。当我们处于一个先进阶级的开创期时,我们应该抢抓机遇,敢做时代的弄潮儿,争当时代的先锋;当我们处于社会的上升期,我们应该为新的社会大厦铸造栋梁之才,增砖添瓦;当我们处于社会的繁荣期时,我们可以更好地开发自己的潜能,为社会的和谐进步摇旗呐喊;当社会处于下降和衰落期,我们更应该以历史主人公的精神,担负起社会改革、力挽狂澜的重任。

事实上,我们无论如何努力,社会和谐的顺境不可能一劳永逸,也不可能一帆风顺。我们应该注意到,在顺境与逆境之间,还有许多的中介,如准顺境和准逆境等。对此,我们应该站在历史哲学的高度,正确认识和理解自己所处的社会环境,正确认识和谐顺境的相对性,在和谐顺境的氛围中,我们要抓住机遇,提高人才开发的速度和效率;即使环境不太和谐,也应该从中发现有利于人才开发的积极因素,失败尚且是成功之母,更何况只是环境不太理想,我们大可不必悲观失望,而是以坚韧超拔之志,自觉迎接时代的挑战。

二、战胜逆境与人才开发

从人才开发的角度来看,和谐顺境是有利于促进人才开发的,而逆境则不利于人才开发。社会发展过程中不可能有那么多的和谐顺境,我们应该一方面积极适应环境,一方面以坚韧不拔之志超越环境的束缚,在建设文明的环境中,追求人才开发的成功。

(一)对逆境成才的反思

关于逆境成才,在20世纪80年代,张海迪身残志坚,是逆境成才的先进典型,可谓家喻户晓,逆境成才的说法在当时被社会所普遍承认。但是,我们经过深

---

① 王充:《论衡·定贤》。
② [德]黑格尔:《美学》第三卷上册,朱光潜译,商务印书馆,1979年版,第5页。

入的思考,发现逆境成才的说法并没有普遍的学理性,也不是人才开发的普遍规律。为了更好地促进人才开发,我们必须对这一命题进行科学的分析。

如果我们撇开一切偏见,就不难看出,逆境在整体上不但不利于人才开发,反而很容易阻碍人才开发。心理学认为,个体在从事有目的的活动中遇到障碍或干扰,导致其动机不能实现,需要不能满足时,就会产生消极的情绪,从而形成挫折体验。挫折体验本质上也就是痛苦体验,人生漫漫征途,可谓"雄关漫道",很多人由于没有理解幸福的本质和真谛,所以往往认为一生中的痛苦体验要比幸福体验还要多,于是主观上就会产生很多的痛苦体验。

其实,每个人在人生道路上都不可能一帆风顺,总会遇到或大或小、或多或少、这样或那样的挫折。我们如果不能正确认识和理解这些挫折,就很容易产生紧张、焦虑、失望、忧虑和痛苦等消极的情绪反应。但是,在实际生活中,大部分人对于挫折缺乏科学的认识,只能消极地屈从于挫折的折磨,在痛苦中备受煎熬,白白消耗生命的活力,心理上极为痛苦,情绪消沉低落,行为发生偏差,甚至导致各种疾病,最终影响自己的发展。

就个体生命而言,人们往往喜欢和谐的发展顺境,顺境发展犹如顺水推舟,可以一泻千里,早日达到理想的彼岸;处于逆境,遭遇挫折,就如同逆水行舟,不进则退。因此,我们把人才开发对环境的需求完全可以比拟为庄稼对于自然环境的需求。一般庄稼都喜欢肥沃土地、风调雨顺,农民可以完全按照自然规律耕地、播种、施肥、浇水、除草、收割等程序获得丰收;同样,人才开发也具有一般的开发规律,也喜欢"土地肥沃、风调雨顺",而厌恶"穷山恶水""土地贫瘠""狂风暴雨"。

人类是伟大的,但这并不意味生命个体都是伟大的。实践证明,对于大多数人来说,逆境是阻碍人才开发的不利因素;也许只有少数生命张力特别深厚者,才能走出逆境的沼泽。

(二)战胜逆境的主体要素

要在逆境中成才,不能屈服于逆境的压力,不能沉溺于挫折体验中不能自拔,不能听天由命任凭逆境主宰命运。唯一的方法就是弘扬人类特有的主体精神,以优化的知识结构和能力结构,以较高的情商,聚焦形成整体合力,全力以赴,增强抗压能力,集中精力战胜逆境。

1. 以美好愿象为精神动力

近些年来,"愿景"是教育界和企业界比较流行的一个概念,而且这个概念已经收入了新版的《现代汉语词典》。但笔者认为,与其使用"愿景"概念,不如把"愿景"改为"愿象"也许更为恰当。"景"多指图景或景况,一般不包括人;而"象"则多指形象、意象,可以包括人。文学理论讲"文学形象"和"文学意象",都带有

"象。"一般来说,"意象"的词义是中性的,不具备感情色彩,而"愿象"则已经具备了褒义的感情色彩。

对个人来说,愿象就是个人在脑海中所希望或者说是所向往的意象,即意中之象。个人愿象是发自个人内心的,是个人真正最关心的,也是最热切渴望追求的事情,它是一种期望的理想意象,也是一个特定目标实现后的人生图景。愿象作为主体一种自然的、发自内心的强大力量,对于人们战胜各种挫折,具有激发生命潜能的特殊精神能量。

为了让个人的愿象真正成为战胜挫折的精神能量,就必须科学地描绘个人愿象,把个人愿象与生涯设计结合起来,与组织发展的共同愿象结合起来,激发个人对工作的兴趣和挑战性,明确人生的发展方向和目标,让理想愿象成为促进人才开发的重要精神动力,增强人才开发的成就感。

每个人的愿象是不同的,而且个人的愿象也总会随着主客观诸多因素的变化,自觉不自觉地发生变化,使愿象体现出模糊性、易变性的特点。但无论愿象如何模糊和富有变化性,一个人只要具有愿象,他就会带着特有的希望和动力,去积极地开拓人生,去发展自己,为理想人生而努力。因此,当一个人不断追求愿象时,就会精神奕奕,热情饱满,充满活力;当遭受挫折时,愿象就会以特有的精神力量,激励人们坚韧不拔的意志,去战胜挫折,突出逆境的重围。美国第42位总统克林顿是一个二战老兵的遗腹子,母亲是个护士,他在出生三个月前,父亲因车祸去世,母亲在他四岁以后经历了三次婚姻。克林顿目睹了酒鬼继父暴打生母的情景,但这个出身卑微、饱尝破碎家庭痛苦的美国男孩却最终成为美国总统。如果没有美好的愿象和坚韧的意志,克林顿就不可能走向成功。

对于一个组织来说,愿象就是组织成员所共同希望和追求的意象,一个组织的愿象只有具备较大程度的共同性,才能够形成组织的凝聚力和发展力,因此我们也可以说,愿象实质上是一个组织凝聚力和发展力的核心和关键。把个人愿象与个人的生涯设计结合起来,与组织发展的共同愿象结合起来,这也是近几年西方一些开拓性的大企业公司在人力资源管理与开发中出现的新职能和新方法,目前,也已经被国内企业广泛重视和运用,受到企业员工的普遍欢迎。如果从组织战胜逆境的角度来看,愿象概括了组织的发展目标、使命及核心价值,是组织文化中最核心的内容和灵魂。组织的愿象具有极其强大的凝聚力,它就像灯塔一样,始终为组织指明前进的方向,成为激发组织发展力的主要源泉。

实践证明,一个组织如果建立了成员共同认可的愿象,就会形成强大的合力和聚焦力,战胜发展中遇到的各种困难,从而不断地追求卓越,走向成功。当然,美好的愿象绝不是从天上掉下来的,"因为神明所赋予人的一切美好的事物,没有一样是不需要辛苦努力可以获得的……如果你要土地给你带来丰盛的果实,你就必须耕耘这块土地"①。

2. 以坚韧的意志为人格支撑

人生的道路坎坎坷坷,挫折在所难免,我们每个人都可能遇到这样或那样的挫折。为促进人才开发,我们就必须战胜挫折。战胜挫折需要信心,但更需要坚韧的意志。

孟子曾经说过:"天将降大任于斯人也,必先苦其心志,劳其筋骨,饿其体肤,空乏其身,行拂乱其所为,所以动心忍性,增益其所不能"。在人才发展史上,一切成就大事业的人,没有凭侥幸可以成功,都要经历各种磨炼。色诺芬称赞苏格拉底"不仅是一个最能严格控制他的激情和嗜欲的人,而且也是一个最能经得起冷、热和各种艰苦劳动的人。"②可以说,苏格拉底能够被后人称为"为真理而献身的圣人",这与他具有坚韧的意志是分不开的,而他声称自己"一直是在劝导青年要坚忍不拔"。③ 因此,为了能够战胜挫折,我们在遇到困难时,必须以坚韧意志自我激励。

一个人如果有了坚韧的意志,就可以用平常的心态顽强地面对挫折。面对挫折,懦弱者畏缩不前,甚至临阵脱逃;勇敢者无所畏惧,把挫折置之度外,坚韧的执著前行。坚韧者深知,唯有坚韧的意志,才能微笑面对挫折,谈笑风生,体会战胜挫折的快乐,而战胜挫折就是检验坚韧意志的过程。如果挫折是一座高山,我们可以凭借坚韧的意志,把高山踩在脚下;如果挫折是波涛汹涌的大海,坚韧的意志可以激励我们乘风破浪,直达理想的彼岸。

坚韧的意志蕴含了我们乐观的心态,弘扬了一种积极向上的生命精神。在理想愿象的激励下,我们应该保持积极向上的乐观心态,敢于迎接各种挫折的挑战,因为我们相信风雨之后的彩虹会绚丽多彩,这正如柏拉图所说的:"你有没有注意到,昂扬的精神意气,是何等不可抗拒不可战胜吗? 只要有了它,就可以无所畏惧,所向无敌吗?"④实际上,昂扬的精神意气就是一种积极向上的生命精神,它具有一种强大的精神力量。因此,为了走出逆境,我们就必须铸造积极向上的生命精神。

坚韧的意志不但蕴含了乐观的心态,还来自在对主客观因素进行科学分析的

---

① [古希腊]色诺芬:《回忆苏格拉底》,吴永泉译,商务印书馆,1984年版,第49页。
② [古希腊]色诺芬:《回忆苏格拉底》,吴永泉译,1984年版,第6-7页。
③ [古希腊]色诺芬:《回忆苏格拉底》,吴永泉译,1984年版,第194页。
④ [古希腊]柏拉图:《理想国》,郭斌和、张竹明译,商务印书馆,1986年版,第67页。

基础上所形成的高度自信。明代散文家归有光落榜8次；蒲松龄考举人、进士时屡试不中；李时珍14岁中秀才后,3次考举人都名落孙山。但是,他们都是凭借坚韧的意志,未被命运击垮,终于成就一番事业。因此,自信是战胜挫折的重要动力,一个人有了自信,才使坚韧的意志得到保障；相反,一个人如果失去了自信,就不可能保持坚韧的意志,也就不可能以乐观主义的精神去战胜挫折。

为了迎接挫折对人才开发的严峻挑战,我们还应该冷静和理智地分析产生挫折的各种原因。为此,我们可以借鉴海德和维纳的归因理论,对于挫折进行正确的归因。挫折的产生除了不可抗拒的外在原因以外,个人更多地应该总结自己的原因,敢于为自己的行为"埋单"。实践证明:只有正确地分析产生挫折的各种原因,正本清源,由因及果或者由果溯因,彻底厘清挫折的诸多原因,才有可能避免重蹈覆辙,最终走向新的成功。

3. 以光明思维为未来导向

人才开发一方面是实现愿象的过程,一方面也是实现梦想的过程。为了更好地促进人才开发,实现自己的愿象和梦想,就必须拥有光明思维。

光明思维是一种彩虹思维,是一种阳光思维和积极思维,更是一种人才开发的战略思维。为了欣赏绚丽多姿的雨后彩虹之美,就不能怕暴风骤雨,即使再大的风雨,也阻止不了我们的脚步。在这个纷繁复杂的世界上,阳光与乌云并存,晴朗与阴沉携手,风雨迎接彩虹,穿过乌云的阳光会更加灿烂,历经风雨的彩虹会更加绚烂多姿。

光明思维是辩证思维的特殊体现,它对于我们战胜挫折,促进人才开发,具有特别重要的启示意义。挫折并不意味着失败,更不等于失败。挫折是人生之路上的一块绊脚石,也许能够把你绊倒,也许螳臂当车,不自量力,难以撼动你那坚定的步履。然而,在社会生活中,有些人面对一点挫折,总是会满腹牢骚,怨天尤人,甚至甘于沉沦,时间和生命就在整天的埋怨和牢骚中消耗殆尽了；而只有那些具有光明思维的人,才能够以积极的心态,昂扬的精神,微笑着面向未来。

柏拉图说得好:"既然是跌到水里了,那就不管是在小池里还是在大海里,我们义无反顾,只好游泳了。"[1]这实际上也是一种非常典型的光明思维。邓小平曾经"三落三起",如果没有光明思维,就不可能闯过那么多的难关。许多历经沧桑、饱受苦难而又大器晚成者,如果没有光明思维,就不可能实现自己的人生目标。所以有个说法,把每一个人都视为天使,你就生活在天堂里；把每一个人都视为魔鬼,你就生活在地狱里。

---

[1] [古希腊]柏拉图:《理想国》,郭斌和、张竹明译,商务印书馆,1986年版,第183页。

根据新浪网2007年2月14日载《北京晨报》的文章《死刑犯在狱中15年完成百项发明获减刑》,1991年曾因盗窃和受贿被判死缓的原国企厂长惠继凌,在15年的服刑改造生涯中,完成108项技术发明,完成技术革新31项,14项获得国家专利证书,被监狱干警称为"大墙内的发明家"。经过多次减刑,他2008年刑满释放。中央电视台10频道5月21日《家庭》栏目介绍了《铁手奇人》孙吉发的故事:孙吉发27岁时不小心被炸药炸去了双手,历经二十多年的实验,自己制造出了一幅铁手,不仅能够从事体力劳动,而且还能修理电器,灵巧自如。毫无疑问,是一种理想和信念所特有的光明思维,激励着他克服种种困难,最终走向了成功。

人才开发史证明,光明思维是走向成功的重要秘诀之一。一个人的成功与快乐离不开光明思维,我们的精神天空是阳光灿烂还是阴云密布,往往取决于我们的思维方式,所以成功者始终用最积极的思考、最乐观的精神,积极地面对现实,敢于接受各种挫折的挑战。

历史告诉我们,光明思维让我们学会坚强,激励我们正视自己所面对的困难;光明思维让我们学会勇敢,鞭策我们笑谈坎坷曲折;光明思维让我们增强自信,促使我们驱散心灵的阴霾。让我们一起来学会光明思维,自觉迎接一切挫折和挑战,让光明思维成为促进我们人才开发的强大精神动力。

4. 具有复合型的能力结构

一个人要战胜挫折,就必须具有抵抗挫折的能力,具有强大的抗压能力。个人的抗压力不是凭空产生的,而是凭借个人优化的知识结构和能力结构,个人只有具备"山型人才"的复合能力,才能具有厚重的抗压力。

就我国精神健康现状而言,大凡精神不健康者,原因固然很多,但其中与他们没有"山型人才"的复合能力不无关系。他们在挫折面前自觉不自觉地产生苦闷、彷徨、忧郁、悲观、愤怒、嫉妒等不良情绪,这些情绪直接影响他们的心理健康,成为他们人生道路上一道不可逾越的障碍。在这方面,即使一些高级知识分子,包括教授和专家学者,虽然在某一方面有比较深的造诣,但由于学术研究过分专业化,客观上导致他们思维视野的相对封闭性和遮蔽性,他们很可能除自己所研究的领域以外,对其他领域和普通的社会生活知识也缺乏必要的了解,这也就是为什么哲学教授竟然迷信某些旁门左道的原因了。究其实质,一个人如果没有"山型人才"的复合能力结构,就不具备战胜挫折的抗压能力,因为没有任何压力能够压垮一座"山"。

为了更好地促进人才开发,我们必须增强战胜挫折的能力。我们只有具备宽广的思维视野和渊博的知识,具备科学的世界观、人生观、价值观和审美观,在广采博取中优化自己的知识结构和能力结构,具备"山型人才"的复合能力,才能够真正增强抗压的能力,才能够真正战胜各种挫折。

三、准逆境与人才开发

在影响人才开发的诸多因素中,和谐的顺境是最有利于人才开发的,但大部分环境是准顺境,而不可能都是和谐的顺境;很多人注意到逆境对人们产生的影响,但忽视了准逆境对人才开发的负面影响。所谓准逆境,是看不见、摸不着而又制约和影响人才开发的外在因素。

(一)社会张力对人才开发的影响

所谓社会张力,是指由于社会群体内部被抑制的冲突和对立暂时得不到解决,而引起情绪上的压力或紧张状态。社会张力通常表现为社会性懒散、群体压力和团体冲突等几种形式。

1. 社会性懒散对人才开发的束缚

社会性懒散是影响人才开发重要的准逆境。所谓社会性懒散,主要是指在组织内部,人与人之间在互动中所出现的消极状态,不是积极的共生效应,而是互相产生消极影响的负面的共生效应。一个组织如果出现社会性懒散,就会缺乏凝聚力,抑制组织成员的主体精神,甚至会出现责任分散心理,这就是人们常说的"一个和尚挑水吃,两个和尚抬水吃,三个和尚没水吃"。在社会性懒散的状态下,人与人之间完全是消极的互动,彼此之间产生的大多是消极影响,人们在工作中得过且过,安于现状,这无疑等于"慢性自杀"。在计划经济时代的某些企业会出现这种情况;在一些学风不太好的学校,也会出现这种消极的学风。

2. 群体压力对人才开发的束缚

从人才开发的角度来看,一个组织内部的群体如果充满活力,洋溢积极向上的奋斗精神,该群体中的成员就会潜移默化地得到正面的积极熏陶,这从根本上是有利于促进人才开发;相反,如果一个群体层次不高,缺乏积极进取的精神,生活空虚无聊,这样群体中的成员如果不能及时脱离这样的环境,就很可能消极地屈从于环境,被这个环境所同化了,这在客观上必然影响个人的正常发展。一般来说,群体压力可以是正面的,也可以是负面的。正面的压力能够促使个人奋发向上;负面的压力则很可能消解个人的奋斗精神,使个人陷入从众心理而不能自拔。在这种负面压力下,个人很难产生创造性思维。特别是当一个群体的总体素质不高时,民主集中制的决策就很难具有科学性,因为低层次的民主往往会抹杀主体性和创造性,是一种比较典型的从众行为,因而其对人才开发的消极影响是显而易见的。

3. 团体冲突对人才开发的束缚

团体冲突是组织内部经常会出现的一种冲突,主要表现为组织内部存在两种目标互不相容或者互相排斥的对立状态,在这种状态下,组织内部的人与人之间或者组织内的团体之间容易产生冲突。从人才开发的角度来看,团体冲突总体上看是弊大于利,因为这种冲突很有可能导致团体内部形成帮派体系。由此看来,团体冲突很容易进一步激化人际矛盾,恶化人际关系,这既不利于团结,又严重影响人才开发。在干部的提拔和任用上,由于帮派体系作怪,领导之间往往认为甲是我的人,乙是你的人。作为组织成员,就有个"站队"的问题,站"对"了,你就可能一帆风顺,甚至是跨越式发展;如果"站错了队",你就别想正常发展了,到一边去歇着吧。毫无疑问,在中国干部体制还没有健全的前提下,团体冲突是严重阻碍干部人才开发的重要原因。

(二)管理者错误的人才理念对人才开发的影响

管理者的人才理念直接影响组织的人才开发。管理者错误的人才理念主要表现为"罗兰夫人的错觉""顺眼效应"、帕金森定律和管理者甘于平庸。

1. 从"罗兰夫人的错觉"看"天下无马"

在人才的发现、培养和使用过程中,有的管理者由于受到自己思维的遮蔽性,缺乏伯乐的眼光,因此对本单位中的人才往往视而不见,这就是患了"罗兰夫人的错觉"。

罗兰夫人是法国大革命时期一位知名人物,她看不见大革命风暴中涌现出来的各种人才,却认为法国简直没有人才,遍地是"侏儒",这就是人才学上"罗兰夫人的错觉"。所谓"罗兰夫人的错觉",人才学上是指对周围的人才视而不见的一种社会现象。在人才开发的过程中,管理者如果患了"罗兰夫人的错觉",就必然得出"天下无马"的结论。

人们常说,林子大了,什么鸟都会有。这往往是贬义的,却能够给我们以人才开发的启迪。其实,大凡是有人的地方,都会有这样或那样的人才。农村里有各种各样的乡土人才;工厂里有各种各样的技术能手;高校科研单位有专家教授……孔子早就说过,三人行,必有吾师;古人还说,"十步之泽,必有香草;十室之邑,必有忠士"①。刘向《新序·杂事》有田饶去鲁的故事,鲁哀公对人才视而不见、舍近求远,结果导致田饶这样的优秀人才外流。

导致管理者产生"罗兰夫人的错觉"的原因主要有下面几点:第一,管理者本身比较平庸,缺乏发现人才的胆识;第二,管理者对人才求全责备,用一种非常高

---

① 刘向:《说苑·谈丛》。

的标准,居高临下地看待自己周围的人才,结果发现没有可用之才;第三,管理者脱离群众,脱离实际,不了解自己的部下。凡是患有"罗兰夫人的错觉"的管理者,上述原因必居其一。

针对这些原因,为了克服"罗兰夫人的错觉",我们可以采取如下几点措施:首先,坚信"十步之泽,必有香草;十室之邑,必有忠士"的古训,相信本单位里肯定会有一些自己还没有发现的人才,从韩愈的《马说》中汲取经验教训。其次,管理者应该学习人才开发的理论,了解潜人才向显人才转化和生成的发展轨迹,善于发现本单位中那些还处于"未名期"的小人物。再次,管理者可以在自己力所能及的范围内,把单位内部的岗位流动起来,确实保障每个员工均等的发展机会,搞活竞争机制。可以说,管理者如果没有伯乐的"相马"眼光,就不妨把"相马"改为"赛马",让各种人才在竞争中脱颖而出。如此一来,"天下无马"的偏见足可以休矣!

2. 从"顺眼效应"看人才开发的"顺我性"

人才开发过程中还有一种比较特殊的现象,这就是管理者的"顺眼效应"。所谓"顺眼效应",就是指管理者在发现人才和任用人才的过程中,经常会把自己喜欢或者悦纳的人选纳入考察或者任用的视野,在客观上体现出一定的"顺我性"。

在人际交往的过程中,人与人之间有的似乎"一见钟情",大有相见恨晚的意味;有的则"话不投机半句多",彼此之间难以相处。前者彼此之间表现出相互之间的悦纳性,爱屋及乌,就连对方的缺点也似乎视而不见了,甚至可能会把缺点看作优点;后者彼此之间则表现出相互之间的排斥性,恨屋及乌,就连对方的优点也视而不见了。从社会心理学的角度来看,人际之间的"顺眼效应"是比较普遍的,只要不超过一定的限度,就是比较正常的社会心理。但从管理者的角度来看,管理者担负本单位人才开发的重任,必须自觉控制自己的"顺眼效应",把"顺眼效应"控制在私人之间的交往方面,而不影响人才的发现和任用的原则。因为"顺眼效应"一旦形成思维定势,就必然产生"顺我性",即完全按照"我"的希望、标准、趣味等来发现和任用人才。长此以往,那些对管理者没有产生"顺眼效应"的部下,就可能自觉不自觉遭到管理者情感上的排斥;而对于管理者来说,最影响人才开发的严重后果就是造成"顺我者昌,逆我者亡"的不良现象。

事实上,管理者如果在人才发现和人才任用方面形成"顺眼效应",客观上就会产生非常负面的消极影响。在《三国演义》中,孙权初见庞统时,对庞统丑陋颇感不悦,失去一位难得的人才;刘备比孙权稍微能够沉住气,但见庞统也有不悦之感,碍于庞统声望,既难以重用,又不好拒绝,姑且任命庞统做县令。至于诸葛亮的"顺眼效应"更为过分,初见魏延时,就说他脑后有反骨,要马上斩之,为后来马岱斩魏延埋下伏笔。

由此不难看出，从"顺眼效应"看人才开发的"顺我性"，管理者一定要避免感情用事，应该认识到"顺眼效应"的局限性。荀子在《非相》篇中曾经深刻指出："故相形不如论心，论心不如择术。形不胜心，心不胜术。术正而心顺之，则形相虽恶而心术善，无害为君子也；形相虽善而心术恶，无害为小人也。"这里说的就是应该避免以貌取人的局限性。

(三)帕金森定律对人才开发的束缚

英国社会学家帕金森认为，行政官员为了完成某项任务，往往制定出一套复杂繁琐的实施方法，而且在已经不需要的情况下，仍然采用这种方法。这就是帕金森定律。

帕金森定律有两条公理：一是行政官员愿意增加下属人员，而不愿增加同级竞争者；二是官员以工作需要为由，不断扩充庞大的管理机构，即使任务减少，机构照样会扩大。我国干部机构的帕金森定律也非常突出，行政机构人满为患，已经严重影响了干部队伍的建设。下面试举几例：

关于"八大处"与"五官科"。过去某处级单位有正、副8个处长，被群众戏称为"八大处"；有个科有正、副5个科长，群众戏称为"五官科"。安徽霍山县是国家级的贫困县，霍山全县37万人，县城镇人口不到5万，曾经有11位副县长。根据记者郭晶晶、刘伟在《成都商报》撰文《辽宁铁岭市政府设20个副秘书长引争议》，2008年11月27日新浪网转载了报道。铁岭市政府网站政府机构一栏领导名单中竟有9名副市长，3名市长助理，20名副秘书长。另据搜狐新闻报道，2007年11月，记者在山东省沾化县采访发现，这个不足40万人口的贫困县，除了一名县长、六名副县长(其中一名挂职)之外，竟然另有15个县长助理。在沾化县委、县政府官方网站"领导专页"里，这15个县长助理也赫然在列。

根据新浪网的报道，记者登陆新乡市人民政府门户网站，在市政府文件一栏，发现了该市2008年10月通过的《新乡市人民政府关于市长副市长市长助理等分工的通知》和《新乡市人民政府办公室关于市政府秘书长副秘书长等分工的通知》两个文件，文件表明，河南省新乡市设有11名副市长；1名秘书长，16名副秘书长；此外还有6名调研员协助副市长工作。

以上事例表明，如此多的干部不仅加大了行政成本，客观上很容易文山会海，互相扯皮，直接影响工作效率。

帕金森定律是一种很有杀伤力的准逆境。行政机构的干部越多，办公场所就越多，各种会议就越多，各种公务支出也就越多，在劳民伤财的同时，进一步形成了新的"官本位"，造成人际关系复杂，盘根错节，买官卖官，一大批本来想干事创业的年轻干部，却不得不把大量的时间和精力耗费在处理和协调各种人际关系上,在帕金森定律的制约和影响下,客观上难以开创新的事业。

值得关注的是,在2018年全国人大会议通过了机构改革方案,改革后,除国务院办公厅外,国务院设置组成部门26个。机构改革后,国务院正部级机构比以前减少8个,副部级机构减少7个。但是,时至今日,我国行政机构仍然大量重叠设置,造成人力物力严重的浪费。仅以教育部为例,原来基础司设置为基础一司和基础二司,现在已经合并为一个司。可以考虑取消思政司、教师司、学生司和教材局的机构设置,把其职能分别纳入高教司和基教司,即高教司负责高校教师、高校学生和高校教材(含思政),基教司负责中小学教师和中小学教材(含思政);学位办纳入高教司;规划司与综改司合并;政法司与人事司合并。可以设想,大量的机构重叠设置,人浮于事,必然降低工作效率,也浪费大量人才资源和经济资源。

从克服帕金森定律的角度来看,我们不仅要精简机构,还要优化职能配置,科学设置分支机构和副职人数,深化转职能、转方式、转作风,提高效率效能。否则,机构改革就失去了意义。

(四)管理者甘于平庸对人才开发的弱化

从人才开发的角度来看,一个团队的统帅是优秀还是平庸,这将直接影响团队的发展。一个优秀统帅能够通过对团队成员的培养和锻炼,把本来比较平凡的团队成员转化提升为具有战斗力的集体,使该团队形成强大的合力;相反,一只羊率领由狮子组成的部队,无法形成整体的合力,就会大大降低战斗力,所以,"狮羊效应"的合力要大于"羊狮效应"。

一个组织的管理者比较平庸,有可能毁掉该团队成员的光辉前程,这也就是老百姓经常说的"兵熊熊一个,将熊熊一窝"。一般来说,管理者的平庸主要表现为两个方面:第一种情况,有的管理者本来具有积极进取的开拓精神,并且已经取得比较显著的成就,但是,随着形势的发展或者自己年龄的增加,感觉到自己的政治前途再难有什么发展了,不知不觉产生"船到码头车到站"的思想,渐渐变成安于现状、不求进取了。第二种情况,有的管理者本来就是平庸者,依靠论资排辈,或者跑官买官,混个一官半职。可以设想,在这样的团队里,很可能出现"庸者主位坐,英雄沉下僚"的悲剧。由于管理者的平庸,客观上必然会弱化部属的进取精神,甚至使部属由于对前途感到渺茫,因此在不知不觉中也变得平庸起来,或者造成人才外流。

通过以上分析可以看到,准逆境是一种看不见、摸不着的软逆境,它以"柔性"的形式,像一把杀人的"软刀子",但"杀人不见血",颇有"温水煮青蛙"的意味。《吕氏春秋》曾经谈到环境对人的影响,"墨子见染素丝者而叹曰:'染于苍则苍,染于黄则黄,所以入者变,其色亦变,五入而以为五色矣。'故染不可不慎也。"①从人才开发的角度来看,这种"染"的作用,恰恰具有潜移默化的特点,让人在不知不觉中泯灭意志,淡化追求,在凡庸中导致人才的自我埋没。

在日常社会生活中,人们可以向欠自己钱的人讨债;唯独在准逆境中,虽然准逆境制约和影响了人才开发,员工却无法要求那些准逆境的制造者们给自己补偿损失,也不可能向那些平庸的管理者讨要损失的青春和浪费的时间。然而,准逆境这个问题到如今仍然没有引起人们足够的重视,人们往往在司空见惯和习以为常中习惯了这种束缚人才开发的准逆境,这才是最可怕、最可叹的,也是最值得我们反思的。

---

① 《吕氏春秋·当染》。

第十四章

制度创新与人才开发

在社会发展史上,在特定的社会阶段,社会需要什么人才,怎样培养人才,怎样发现人才,怎样促进人才辈出,这不仅与该社会发展阶段经济条件有关,更与该社会的法律、政治制度等上层建筑有关。从人才开发战略来看,我国改革开放以来,经济基础已经发生重大变化,但改革初期为了社会的稳定,在一定程度上延缓了政治制度和人事人才制度的改革。从人才开发的战略上来看,我们特别需要通过制度创新,促进人才的全面开发。

一、创新人才培养制度与人才开发

我国要实施人才战略,就必须创新人才开发制度。应该看到,几十年来,党和政府在人事人才方面出台了一系列政策,促进了人才开发,但是与发展的国际形势相比,我们人才培养制度还有许多方面亟待完善和创新。如果说,技术创新是一个社会经济发展的重要动力,那么,制度创新则是推动社会发展进步的一种最重要的力量,也是促进人才开发的重要动力。

(一)反思人才培养制度

要反思人才培养制度,前提就是我们必须对制度本身进行必要的反思。从历史和科学的观点来看,任何一种体制都不是十全十美的,都有这样或那样的局限性乃至弊端,久而久之,人们就会习惯于那些所谓合乎惯例、合乎程序的各种制度,认为符合惯例和程序的都是对的,都是合理的,而不再相信自己的判断。而事实上,许多合乎惯例和程序的并不都是合理的,只不过是大家都习以为常罢了。由此出发,反思我国的人才制度,就不难发现我们还存在诸多问题。

1. 人才培养观念滞后

在人才培养观念上,从宏观上来说,在 20 世纪 60 年代,号称要"培养无产阶级革命事业的接班人";在改革开放以后,则注重培养"四有新人"。由于社会培养人才通常是为了满足现实的需要,过去的人才培养目的就出现了实用主义倾向,没有从根本上考虑人才开发不仅是为了满足社会的需要,而且人才开发本身就是人生拓展的重要目的。

　　黑格尔指出："诗的艺术作品却只有一个目的：创造美和欣赏美；在诗里，目的和目的的实现都直接在于独立自足的完成的作品本身，艺术的活动不是为着达到艺术范围以外的某种结果的手段，而是一种随作品完成而马上就达到实现的目的。"①黑格尔的深刻之处在于，他虽然肯定了艺术的认识和教育作用，但更肯定艺术的审美作用，尤其是看到了"艺术的活动不是为着达到艺术范围以外的某种结果的手段"，这对于我们理解人才开发具有非常重要的意义。如果回到亚里士多德的"四因说"中的"目的因"，就更容易看出，亚氏把建成房子本身视为实现了房子的目的，因为这意味着建筑材料（物质因）和它的形式实现了有机统一，而不是指建成房子供人使用或者居住。我们从哲学的角度来看，黑格尔和亚里士多德的上述阐释对于我们研究人才开发，都具有重要的启发意义。我们如果仅仅为了实用而培养人才，就必然导致人才培养过程中素质教育的缺失，必然影响人才知识结构和能力结构的完善，就必然影响人才自身的全面发展和可持续发展。

　　人才开发固然要求真，向善，要为社会发展进步做出贡献，但这只是人生的一方面；另一方面，人生还有自身的发展，自身生命的完善，自身价值的实现等，即人生的积极进取本身应该体现人的本质所在。因此，我们不能单纯或片面地追求人才开发的实践价值或社会价值，因为人才开发本身就是人类自身发展的目的。一些特殊的比赛，如汽车拉力赛、自行车障碍赛、大力士比赛、微雕艺术等，已经逐渐失去其实用价值，而凸显生命的哲学价值，即人的潜能开发和价值的确认。

　　因此，为了更好地促进人才开发，我们应该从哲学的更高层次出发，对人才开发进行新的诠释，拨开多年思维定势的遮蔽，以全新的眼光审视人才开发的原动力和真正本质，以利于更好地促进人才开发的全面性和持久性。新的人才开发理念要求我们在人才开发过程中，既要考虑如何满足社会实践的需要，又要考虑如何促进个体生命的全面发展，把人才开发与实现人的本质结合起来，把人才开发的专业技能与素质提升结合起来，从根本上改变过去那种一切为了就业的人才开发模式。

　　2. 人才培养追求短期效应

　　与人才开发的理念滞后相关，我们的人才培养还存在比较明显的短期效应。长期以来，我们的人才培养受到传统文化观念的影响和制约，已经陷入了一种两难的困境。

　　第一，在普通高校教育中，学生由于受到父母长期"望子成龙"或"望女成凤"

---

① ［德］黑格尔：《美学》（第三卷，下册），朱光潜译，商务印书馆，1981年版，第46页。

的熏陶和教育,再加上"学而优则仕"传统观念的影响,有相当多的学生渴望成名成家。从人才开发的角度来看,这无可厚非,但是在求学阶段,如果不是全身心地投入到学习知识和追求真理中去,不淡泊名利,就容易陷入功利主义而急于求成,最终难达成才之鹄的。

第二,在各种职业技术学校和学院中,学校和学生都以学生就业为目的,因此,非常注重实用技能培训。从我国对技术人才的需求来看,职业技术学校和学院都是目前乃至以后长期所需要的,这本来无可厚非。但问题在于,这类学校由于过于强调应用性,而相对来说,以人文为主的素质教育则显得相当薄弱,在这种情况下,学生就必然成为学习的工具,成为将来就业的知识储存器和技能操作者,从根本上说,这也不利于人才长远发展和全面发展。

第三,在用人单位对人才的培养方面,也普遍存在急功近利的实用主义倾向。按照人才开发的原理来讲,用人单位应该制定人才资源的科学规划,有计划地对员工进行培训,做到人尽其才,才尽其用。但实际上,很多用人单位往往"到哪山,砍哪柴",通常是根据工作的临时需要,这才安排员工参加相关的培训。这种短期培训虽然在一定程度上能够立竿见影,但缺乏长效机制。

3. 人才培养缺乏整合效应

人才培养是一项全社会的系统工程,需要社会"产学研"诸多要素的优化组合,因此忽视任何一个环节,或者哪一个环节出问题,都将影响人才的整体性开发。但是,多少年来,我们未能形成家庭、学校和社会培养人才的合力。

第一,学校办学缺乏开放性,在一定程度上影响人才开发的整体合力。办学的封闭性直接影响学校和社会的密切联系,束缚学生的思维视野。我们的学校都要用围墙围起来,这看起来很安全,可问题就出在这里。一堵墙,是封闭式办学的象征,隔开了学生与社会的联系,给学生的思维套上了枷锁,使很多学校带有经院式办学的影子。中学老师要看着学生上早操,上自习,以维持学校的纪律。高校除了在专业课的设置上具有一定的自主权以外,大部分的公共课都有统一规定。基于对学生所谓安全的考虑,所有学校几乎很少组织学生外出旅游、参观、考察和调研。其结果轻则束缚学生个性的健康发展,重则束缚学生的思维视野,难以形成人才培养的合力,因而影响人才的和谐发展。

第二,各种专业教育分工过细,客观上造成各种人才知识结构和能力结构单一化。在中学,有的高中阶段很早就分文理班,严重束缚了中学生知识结构和能力结构的优化;在各种技术学校和职业学院,学生存在技能单一的现象;在大学,专业分得太细太窄,不利于复合型人才的培养;在用人单位,也存在单位内部因为岗位缺乏流动而造成的员工能力单一问题。

总的来看,我国人才开发除了每个人根据不同的年龄段参加学校的教育以外,基本上就是就业以后的某些职业培训,还缺乏整体性人才资源开发的广度和深度,具体表现为家庭、学校、用人单位和整个社会在人才开发方面缺乏必要的联系和沟通。

(二)创新人才培养制度

建立科学的人才培养制度,这是促进整体性人才资源开发的制度保障。我们只有创新人才培养制度,才能够确保人才开发的有序性、科学性与公正性。

1. 增强人才开发的战略意识

要强化人才开发战略,就必须大力推进教育创新,而进行教育创新,关键是通过深化改革,不断健全和完善与现实和未来社会要求相适应的教育体制。因此,从人才开发的角度来看,应该通过人才培养制度的创新,进一步增强人才开发的战略意识。

首先,制度创新要遵从效率性原则。中国人口众多,是一个人力资源大国,为了把人力资源大国真正转变为人才资源大国,我们只有加快人才开发的力度,提高潜能开发的广度和深度,才能在人才竞争和人才流动中掌握人才战略的主动权。为了加速人才开发,就必须把人才开发的效率原则摆在突出地位,努力消除一切制度性浪费、制度性延误和制度性阻碍,努力优化各种人才资源的配制,提高人才的社会效益。

其次,制度创新还要遵循公平性原则。效率优先,兼顾公平,这是适应我国新时期社会发展进步所提出的重要理念。几十年来,我们往往是首先考虑公平,然后再考虑效率,这在一定程度上挫伤了不少人才的积极性,这也是导致平均主义的重要依据和来源。随着社会发展速度的加快,随着社会竞争和人才竞争的国际化,与人才增值相适应,效率优先愈加展现出其应有的活力和激励效应。兼顾公平,就是要以人为本,在鼓励冒尖的前提下,在宏观政策方面,保持公共教育资源配置的相对公平。但随着人才竞争的激烈化,很多单位为了吸引人才,根据某个人才过去的成果来给予其较高的工资和岗贴,而不是根据其引进以后的贡献来确定,因此,其较高的待遇客观上比引进单位原来的人才要高出很多,这样又产生了新的不公平。

2. 聚焦人才开发的社会模式

人才开发无论是宏观抑或是微观层面,都是一项社会性很强的实践活动,需要从社会整体的角度予以考虑,必须建立人才开发的社会模式。

所谓人才开发的社会模式,这里主要是指人才开发所特有的社会性,即需要全社会齐抓共管。"齐抓共管"在近几年具有相当高的使用频率,很多管理者为了强调某种工作的重要性,几乎都要"齐抓共管"。实际上,许多事情只要有专门机构或者专人专管,各负其责也就行了;而唯有人才开发,真正需要全社会齐抓共管,才能形成人才开发的合力。

全社会都来对人才开发齐抓共管,这说明全社会都重视人才培养,目的是强调社会培养人才的整体合力。如果整个社会都关心人才,都在为人才开发提供积极的能量,那么人才的发展就有了良好的社会环境。我们每一个人都应该认识到,自己的一言一行都可能对他人产生积极或消极的影响;反过来,他人也在潜移默化地影响我们每一个人的发展。

在聚焦人才开发的社会模式时,我们还要对"公办"和"民办"的说法进行反思。在"极左"路线时期,有"公办老师",还有"民办老师"。经过政策的逐渐调整,现在的民办老师已经不多了,但"公办学校"和"民办学校"依然泾渭分明。在经济领域,就是所谓国营和民营企业的区分。国外的大学已经超越公办和民办之间的障碍,唯独我们如今还抱残守缺,经常谈论公办或民办的问题,这不能不说是我们的视野所特有的遮蔽性,不能不说是我们缺乏人才开发模式大社会观的表现。《中华人民共和国民办教育促进法》的问世,依法鼓励民办教育的健康发展,运用多种形式,调动和释放各种社会和民间资源,盘活现有国有资源,这无疑体现了人才开发的远瞻性和开放性。

3. 建立人才开发的长效机制

人才开发利在当代、功在千秋,也是一种造福子孙、面向未来的阳光伟业,是一种于国、于民、于己都有重要意义的善举。人才开发不应该是短期行为,而应该具有刘勰所说的"视通万里"的前瞻性,应该建立人才开发的长效机制。

政府应该从宏观上对现有的人才资源进行开发设计,对未来社会的人才需求应该做出动态的预测,制定好人才开发的发展规划。具体来说,第一,改革和创新人事人才制度,完善教育与人力资源开发公共管理结构,解决政府宏观管理的原则、范围、权责、程序等问题;第二,构建现代公共教育管理制度,扩大政府对公共领域和公共事务的投入;第三,建立和完善教育与人力资源开发的法律法规保障体系,利用法律手段调整教育领域中新型的社会关系;第四,建立现代学校制度,增强学校自我约束、自我完善、自我发展的能力;第五,培育社会参与市场导向机制,发挥社会各个方面的积极性,提高资源配置的效益;第六,建设学习型社会的学习支持保障体系,促进全社会人才开发具有长久的动力。

建立人才开发的长效机制,无论是政府、用人单位,抑或是家庭和个人,都应该在人才开发问题上耐得住寂寞,一定要有"十年树木,百年树人"的远见。特别是要对各类人才进行长期的考验,把那些真正经得起长期考验的优秀人才选拔到重要的工作岗位上来,"不经偏裨,不成良将"。柏拉图在《理想国》中谈到理想国的人才选拔时,非常重视人才能否"劳筋骨、苦心志、见贤思齐",①他深刻地指出:"我们也要把年轻人放到贫穷忧患中去,然后再把它放到锦衣玉食的环境中去,同时,比人们用烈火金刚制造金器还要细心得多地去考察他们,看他们受不受外界的引诱,是不是能泰然无动于衷,守身如玉,做一个自己的好的护卫者,是不是能护卫自己已受的文化修养,维持那些心灵状态在他身上的谐和与真正的节奏(这样的人对国家对自己是最有用的)。人们从童年、青年以至成年经过考验,无懈可击,我们必须把这种人定为国家的统治者和护卫者。"②

柏拉图这里虽然谈的是理想国的统治者和护卫者的选拔,但对于我们今天建立长效的人才开发机制仍然具有非常重要的借鉴意义:第一,人才考验要有长期性,从童年、青年到中年都应该纳入考验的时效范围;第二,把考察对象放到"贫穷忧患"和"锦衣玉食"的两种绝然不同的环境中加以锻炼和考察,看能否禁得住"外界的诱惑",是否能"泰然无动于衷,守身如玉"。

我们在市场经济条件下,有不少干部恰恰经不起金钱和美色的诱惑,不仅走上犯罪道路,而且给事业造成重大损失。武汉中级人民法院几任院长接连倒台,被人们誉为"前腐后继",客观上说明某些干部经不起金钱的诱惑,没能"守身如玉"。1999年到2009年江苏赣榆县连续3任县委书记被省纪委"两规",1997年至2012年湖北监利县4任"一把手"相继落马,广东茂名十余年间4任书记3人落马,江西德兴5任书记4人落马,昆明3任书记连续落马,山西太原3任书记、3任公安局局长落马等都属于典型的"前腐后继"案例。③ 上述干部的腐败现象,不仅与我们缺乏有效的干部监督机制有关,也说明我们的干部选拔制度存在严重缺陷,其中最为触目惊心的是边腐败边提拔,边提拔边腐败。

二、创新人才任用制度与人才开发

中国有悠久的封建社会发展史,在人才的任用制度上,自古以来就有任人唯贤和任人唯亲的原则区别,在21世纪的今天,这个问题仍然具有特殊的意义。特别是在人才任用制度上,要杜绝任人唯亲的现象,也绝非轻而易举,而最关键的是要求人才制度在最大程度上能够促进全社会的人才辈出,能够人尽其才。

---

① [古希腊]柏拉图:《理想国》,郭斌和、张竹明译,商务印书馆,1986年版,第126页。
② [古希腊]柏拉图:《理想国》,郭斌和、张竹明译,商务印书馆,1986年版,第126-127页。
③ 张兆松:《"前腐后继"现象的犯罪学思考》,《山东警察学院学报》2016年第2期。

(一)人才任用制度存在不足

人才的任用主要有如下三种:委任制、选任制、聘任制。委任制也叫"任命制",是我国干部任用的主要制度。它根据干部管理权限,由上级领导机关直接委派人员担任一定的职务,规定相应的任期。选任制,就是采用投票或举手表决的方式,经过多数通过以后被任用的方式。聘任制,是通过聘请和应聘的双方签订聘约,聘请人员担任一定的职务。在上述几种任用形式中,我国主要还是委任制,而这种委任制时至今日仍然没有从根本上有重大的改革,在一定程度上严重影响了人员的任用,也在很大程度上阻碍了整体性人才资源开发。

1. 人才任用的机会不够均等

从人才开发的角度来看,机会对于一个人的发展具有重要意义。人的一生如白驹过隙,可以选择的机会并不是太多,机会非常宝贵,往往稍纵即逝。但是,我国长期以来,在人员任用上仍然存在机会不均等的现象。

早在古希腊时期,政治家伯里克利就提出了在法律面前人人平等的思想,开始确立了法律神圣的价值取向,因此,在公民的范围内,执政官的选举机会也是相应地比较均等。但古希腊的民主实际上也只是局限于男性奴隶主;而对于奴隶来说,则丝毫没有机会。在奴隶主看来,奴隶只是人形的牲畜,会说话的财产;就连公民中的女性也多是深居简出,一般不参加政治活动。所以,即使向来被后世赞扬的古希腊民主政治,也没有为所有的社会成员提供均等的机会。

我国曾经受到"极左"思潮的影响,人才发展的机会也存在不正常现象。20世纪80年代以前,我国知识分子曾经近二十年不晋升职称,这种现象严重挫伤了知识分子的积极性。受政治风波的影响,有的省份在1989年以后竟然连续三年不进行职称评定;有的省份在评职称以前突然规定,1990年毕业后在高校工作的本科生从事教学工作,获讲师资格8年以后,才能按照破格条件参评副教授;在破格晋升副教授和教授的年龄上,有的省份随意性很强,说改就改,导致参评人员机会不均等。

在干部晋升方面,过去说老干部"七上八下",57岁可以再干一届,58岁就再也不能升迁了,以至于出现所谓的"58岁现象"。特别是在现行体制下,公务员的晋升在某种程度上还取决于上级领导的赏识。问题在于,领导只有深入实际,了解本单位的每一个成员,才有可能发现人才,但许多领导根本没有足够的时间了解每一个下属,而下属又很难在工作上与身处高位的领导有直接的联系,这在客观上必然会影响组织部门对下属的了解,那么一个人要进入上级的视野,就需要特定的"机遇"了。因此,对于每一个人来说,可能会出现领导赏识的机会不均等的问题,进而影响和制约每个人的正常发展。

2. 人才任用的标准不够科学

在任用人才的标准上,主要存在过于重视年龄、资历和学历的倾向。

在年龄上,企业招聘员工的年龄大多在35岁以下,甚至大部分在25岁以下;党政机关招考干部,一般要求年龄在45岁以下,少数岗位在50岁以下;高校招聘人才,一般也都在45岁以下。关于资历和学历,政府机关在招考副厅级干部的文件中,就明确规定:大学学历、任正处级满三年以上;而在招收研究生的重点高校的一些人看来,那些来自地方院校的学生,甚至是自学考试文凭获得者考研,简直是冲击了研究生教育。过分重视资历和学历,看起来很有道理,但实质上,这仍然是传统"血统论"的遗毒在作祟。

从逻辑的观点来看,过于重视资历和学历时,实际上重视的只是人的"过去",而不是今天,更不是明天。我们不妨设想,邓小平的"猫论"旨在淡化"过去",也就是淡化学历和资历,而注重当下的实际。对于今天的人员任用来说,学历和资历只是个参考,重要的是应该根据现实的岗位需求,对人员进行全方位考察。陈胜曾经发出"王侯将相宁有种乎"的呐喊;毛泽东则以历史的回眸,阐发了"粪土当年万户侯"的人生哲理。根据笔者的调研,许多做出重要成绩的各类优秀人才,不少第一学历来自地方高校,有些甚至来自地方的高等专科学校或自学考试和函授教育。

3. 人才任用的途径不够宽敞

从信息学的角度来看,信道是单一还是多元,是阻塞还是畅通,将直接影响信息传递,也影响信息的接收。同样,人才任用途径如果不够畅达,则直接影响对人才的选拔和使用。

人才任用的途径不够宽敞主要表现在如下几点:首先,组织人事部门在选才时,往往先入为主地划出选择范围,这个范围通常包括人才的地域性、年龄、性别、学历、资历等。范围一旦划定,也就意味着把范围以外的人挡在了选才的视野之外。近些年来,一些重点大学在选拔师资时,往往过于看重学历,甚至比较苛刻地制定了所谓"三重点"的准入制度。所谓"三重点",就是要求参加应聘教师岗位的人才,必须先后在"211"或"985"重点大学读完学士、硕士和博士,才有资格参加遴选。重点大学这种师资招聘的苛刻要求已经延伸到高校招收调剂硕士生,即高校特意预留一部分调剂指标,或者第一志愿招收硕士名额不满需要调剂时,校外申请调剂者也必须是"三重点"高校的大学毕业生。从人才选拔的角度来看,这意味着把选才的道路越修越窄了,而不是拓宽选才渠道。既然是法律面前人人平等,既然是机会面前人人平等,除了少量非常特殊的岗位以外,我们可以把绝大部分岗位公布于民,不拘一格选才于民,即真正面向社会,面向大众广揽人才。根据

2005年12月1日人民网关于《塞申斯：18岁高中生当选美国最年轻市长》的报道，美国18岁的中学生迈克尔·塞申斯在密歇根州希尔斯代尔市市长选举中，以两票的优势击败现任市长51岁的道格拉斯·英格斯，成为美国有史以来最年轻的市长。塞申斯当上市长后，一边上学，一边工作。这对于中国人来说，简直是天方夜谭。中国有自己的国情，但也不能一味地以"国情""特色"为由，阻碍人才制度的变革。

4. 人才任用的方法不够完善

我国人才任用方法不够完善，有两点非常明显：

第一，民主推荐受到人情因素的影响。在这方面，中国自古以来就具有浓郁的人情味，这本来是好事，也是中国号称"礼仪之邦"的光荣和骄傲，但是，当人情因素影响民主推荐时，人情因素的弊端就昭然若揭了，因为有的人可以利用人性的弱点，在跑官游说收买人情。因此，在人情变味的前提下，民主推荐在形式上看似合理合法，而掩饰了实质上的不公正。许多年来，农村选举村干部已经出现大量的贿选问题，必须引起高度重视。

第二，民主推荐受到推荐者本身素质和水平的制约。从社会发展进步的角度来看，民主是个好东西，它弘扬公民的主体意识，但在公民素质普遍较低的前提下，"民主"推荐或决策客观上并不一定体现科学性和进步性，甚至可能导致悲剧发生。苏格拉底就是政府以所谓"民主"的形式被宣判死刑的，而这是西方文化史上一大冤案。苏格拉底认为"用豆子拈阄的办法来选举国家的领导人是非常愚蠢的，没有人愿意用豆子拈阄的办法来雇用一个舵手、或建筑师、或奏笛子的人、或任何其他行业的人，而在这些事上如果做错了的话，其危害是要比在管理国务方面发生错误轻得多的。"①如果民主推荐，管仲得票很难超过鲍叔牙；刘邦如果让全体文臣武将投票，就绝对不可能拜韩信为大将。汉代王充对推荐具有非常独特的见解："且广交多徒，求索众心者，人爱而称之；清直不容乡党，志洁不交非徒，失众心者，人憎而毁之。故名多生于知谢，毁多失于众意。齐威王以毁封即墨大夫，以誉烹阿大夫。即墨有功而无誉，阿无效而有名也。……善人称之，恶人毁之，毁誉者半，乃可有贤。"②对于选举可能出现的弊端，亚里士多德早就发现"某些人，即使为数不多，如果联合起来，他们就可以操纵选举。"③显然，我们考察人才不能简单地拘泥于选举或推荐。

---

① [古希腊]色诺芬：《回忆苏格拉底》，吴永泉译，商务印书馆，1984年版，第8页。
② 王充：《论衡·定贤》。
③ [古希腊]亚里士多德：《政治学》，吴寿彭译，商务印书馆，1965年版，第68页。

第三,对拟任用人员的考察"隔靴挠痒"。所谓"隔靴挠痒",是指组织人事部门考察特定人员时,不是直接考察本人,而是通过其他方式进行考察的方法。这种方法的优点在于能够通过他人和社会对被考察人的评价,间接地了解被考察对象。但是,毛泽东早就说过,你要知道梨子的滋味,就要亲自尝一尝。很显然,既然是间接了解,那么就不等于直接了解。情商理论非常重视人的自我认知能力,把人的自我认知能力看作是情商第一要素。也就是说,一个人贵有自知之明,连自我认知都很难,对他人的了解就更难。再说,民主推荐只能作为参考,而不能当作用人的依据。在实际的推荐中,经常会出现这种情况:坚持原则、倡导改革的优秀人士,得到的选举票数有可能会低于一些"和稀泥"的"老好人"。

亚里士多德强调"要建立良好而适当的任用制度",①然而,近年来我们发现,在某些腐败现象比较严重的区域,清官似乎更难以适应环境,干部选拔存在逆淘汰的现象,而贪官却能够大行其道,甚至在一定时期内畅通无阻。安徽定远县是国家级贫困县,陈兆丰在担任县委书记期间,从1998年11月到2002年,卖出的官帽就多达110顶,卖官收入超过150万元。由于陈兆丰在定远县任职期间,大肆进行权钱交易,一些干部上行下效,致使送钱、行贿之风在定远县一度盛行。这是干部任命中存在问题的冰山一角。2016年9月17日,辽宁省第十二届人民代表大会第七次会议筹备组发布公告称,辽宁省第十二届人民代表大会第一次会议选举全国人大代表过程中,有45名当选的全国人大代表拉票贿选,有523名辽宁省人大代表涉及此案。这一人大代表贿选案,简直令人震惊。

(二)创新人才任用制度

人才任用制度是人才开发的"钥匙",掌握人才开发的"咽喉"。因此,在新的形势下,如何探讨和创新人才任用制度,这既是一个政治话题,又是一个人才开发的重要命题。

1. 明确岗位职责

创新人才任用制度的前提是根据社会需要,因需设岗,科学设置工作岗位,制定人才任用标准,而不是因人设岗。根据适才适所的原则,制定人才任用标准应该考虑四个问题:

第一是岗位的具体需求。岗位需要什么样的人才,我们就应该因岗设人,制定相应的任用标准。

第二,制定用人标准,对即将任用的人才进行全方位考察,包括整体素质、专业技能、团队精神、发展后劲等。

---

① [古希腊]亚里士多德:《政治学》,吴寿彭译,商务印书馆,1965年版,第188页。

第三,明确岗位职责。在这方面,首先要确定特定机构或者组织的职责和权限范围,包括地域等具体的管辖范围,都应该以制度或文件的形式向社会公布其具体的职能;其次,在机构或者组织内部,再具体落实特定岗位的具体职责,如单位的主要负责人应该负哪些责任,副职应该负哪些责任,具体的工作人员应该负哪些责任。苏格拉底认为,"不管一个人领导什么,只要他知道自己所要的是什么,而且能够达到这个要求,他就是一个好领导"①这就是说,一个领导必须知道自己的工作职责是什么,同时能够达到岗位的要求,就是一个胜任工作的好领导。用亚里士多德的话来说,就是"上下全体都各守其位,各尽所司,每个人既要受命也要授令,既要统治也要服从。"②

在明确岗位责任时,既要有准确性,又要有模糊性;既要有定性规定,又要有定量范围。所谓准确性,就是要求岗位的职责总体上要准确,包括职务本身的工作范围、工作权限等;所谓模糊性,主要是指岗位职责总体上要准确,但在细节上不可能都界定清楚,比如岗位和岗位之间的关系等,有时也难以界定清楚,这比较突出地表现在党政关系上,说是党政分家,但工作分工有时难以厘清。所谓定性,就是对岗位职责的工作性质要界定清楚;所谓定量,就是有些工作指标可以量化的,就尽量用量化指标来确定工作职责,如一些企业生产的定量、工程进度和质量问题,都可以通过量化的方式,确定岗位的职责。

2. 拓宽选才视野

不拘一格选拔人才,应该善于运用360°视角筛选人才,因为"选才者视野覆盖面之大小,决定了选才的广度。"③"人才选拔问题是关系党和国家各项事业发展的关键问题,科学的人才选拔工作是保证人才强国战略取得胜利的重要因素。"④因此,我们只有选拔出德才兼备的各类优秀人才,才能更好地实施人才强国战略。

为什么要拓宽选才视野呢?第一,从心理学的角度来看,"首因效应""近因效应"和"晕轮效应"都非常深刻地揭示印象具有一定程度的主观随意性。既然是对人的印象有主观随意性,这必然影响人才的鉴别和任用,因此必须扩大选才视野,以避免个人视野的局限性。第二,从人才史上来看,由于受到诸多因素的影响,杰出的人才所处的社会地位大相径庭,有的位高权重,是功成名就的知名人士;有的受到排挤打击,暂时隐姓埋名;有的长期修行,内功深厚,但苦于没有机会,只好聊

---

① [古希腊]色诺芬:《回忆苏格拉底》,吴永泉译,商务印书馆,1984年版,第95页。
② [古希腊]亚里士多德:《政治学》,吴寿彭译,商务印书馆,1965年版,第102页。
③ 王通讯:《宏观人才学》,中国社会科学出版社,2001年版,第128页。
④ 郑其绪主编:《微观人才学概论》,党建读物出版社,2013年版,第215页。

作池中蛟龙。对于上述三种人才,第一种不需要发现,已经是众所周知的公众人物;而第二种和第三种,则需要伯乐去发现,需要组织人事部门具有慧眼。

在古今中外历史上,有很多杰出人才曾经生活在社会最底层,一开始表面上也无异于寻常百姓,但在其灵魂深处,却仿佛蕴藏一颗躁动不安的心灵,在时刻准备爆发自己的生命能量。刘邦成功的原因之一就是他善于拓宽选材视野:张良是朝廷捉拿的要犯,萧何是捉刀小吏,韩信是一个降卒,官不过执戟郎中。刘邦知人善任,不拘一格用人才,这才能一统天下。《三国演义》中,刘备暂时依归曹操时,担心曹操发现自己的雄心壮志,故意天天忙于田园,但在"煮酒论英雄"时,还是被曹操视为"天下英雄"。2009年4月一个爆炸性的新闻震惊了教育界:复旦大学破格录取38岁三轮车夫蔡伟为博士生。蔡伟只有高中学历,靠拉三轮谋生,却被古文字学泰斗裘锡圭招致麾下,复旦大学还为蔡伟制定专门的培养计划。① 可见,不拘一格,拓宽选才视野对于人才选拔是多么的重要。

在拓宽选才视野的过程中,我们还应该特别注意发现那些"未名期"的所谓"小人物"。由于"未果型的潜人才的待定性更为突出",②因此对于处在"未名期"的人才,我们尤其需要眼光敏锐,善于捕捉蕴藏在芸芸众生之中常人所视而不见的各类人才。

3. 畅通选拔渠道

在交通日益发达的今天,我们还经常要讲"直通车""绿色通道""特快专递",火车运输则先后有慢车、快车、特快、动车和高铁几种形式。可见,渠道的高速畅通,是现代化的重要趋向和标志。

从人才选拔的角度来看,我们也应该畅通选拔渠道,及时做到上情下达,下情上达,知无不言,言无不尽。在人才选拔渠道上,我们存在的最大问题就是下情上达的渠道不够畅通。比如,在信访工作中,大量的矛盾就是下情不能上达所造成的,稍微不慎,就会矛盾激化。在人才工作中,基层的呼声、愿望和要求有时得不到及时报送,群众有时也懒得向上级反映,有"多一事,不如少一事"的消极心理,事不关己,高高挂起。在这种情况下,组织人事部门所了解的事实,与真正的实际相比,往往有较大距离。而这一点,通常不被人们所注意,上级领导也许还认为所了解的是实际情况。对此,我们从信息传递的角度来看,信息在传递过程中会自觉不自觉地变形。以群众测评为例,在选拔人员以前,通常的程序是:首先,主管

---

① 韩晓蓉、罗倩:《复旦录取三轮车夫读博续;学校制定专门培养方案》,《东方早报》,2009年4月28日。
② 杨敬东:《潜人才学》,山西教育出版社,2004年版,第34页。

领导委派具体工作人员找被考察者单位的群众谈话,让这些人谈对被考察者的看法;其次,具体工作人员把谈话了解到的情况向主管领导汇报,于是完成了对一个人的考察过程。这个过程看似很简单,其实,仍然有些值得深思的问题,比如说,找哪些人谈话,谈什么,如何向领导汇报谈话情况,这在客观或主观上都可能有自觉不自觉地信息变形问题。

从阐释学的角度看,这种"隔靴挠痒"的做法,实际上已经有了他人的"先见",并且后来又经过某些领导的主观阐释。因此,在对考核对象进行考察时,有时难以做到真正的客观公正和真实。这些都在一定程度上影响人才选拔渠道的畅通,应该引起组织人事部门的高度重视。

亚里士多德充分肯定竞选制度,主张"公职只应选拔贤能……应当是鼓励人们发展各自的抱负",①"以才德为凭的选举作为尚贤主义的标志"。② 可见,在亚里士多德看来,竞选与尚贤都是以才德为凭的,目的就是"选拔贤能"。时至今日,古希腊这一经验仍然值得我们参考。我们在干部选拔过程中,为了让优秀人才脱颖而出,既要坚持从党政机关选拔领导干部,又要注意从国有企业、高校和科研机构选拔符合条件的优秀人才担任党政领导职务;既要从本地区、本部门、本系统选拔干部,又要注意跨地区、跨部门、跨系统选贤任能,真正形成广揽群贤的生动局面。如果我们的选才渠道宽广畅通,各种优秀人才就能够像雨后春笋那样茁壮成长,进而聚集成人才荟萃的时代大潮。

4. 用人不拘一格

用人既要有格,又要无格。有格,就是要重视德才兼备;无格,就是在德才兼备的前提下,打破选拔人才的一切陈规陋习。新的人才观强调"四不唯",即不唯学历,不唯资历,不唯身份,不唯职称。这"四不唯"体现了用人不拘一格的精神。

古人们已经认识到用人不拘一格的重要性。早在古希腊时期,柏拉图不仅主张男女在职务和责任上人人平等,开创了男女平等和女性解放思想的先河,而且还强调"阶级转换说",在他划分的三个等级中,可以根据每个阶层的后代的实际才能给予升降,即量才录用,不拘一格。荀子在《王制》篇中倡导"贤能不待次而举"的主张。司马迁在《史记·滑稽列传》中指出"相马失之瘦,相士失之贫"。意思是说,挑选马匹,往往因为是瘦马就不予理睬,结果漏掉了良马;选拔人才,往往因为是贫士看不起,结果失掉了贤人。清朝诗人龚自珍有感于当时人才机制的弊端,发出"我劝天公重抖擞,不拘一格降人才"的呐喊。时至今日,我们重温古人

---

① [古希腊]亚里士多德:《政治学》,吴寿彭译,商务印书馆,1965年版,第90页。
② [古希腊]亚里士多德:《政治学》,吴寿彭译,商务印书馆,1965年版,第100页。

的教诲,仍然倍感亲切,感到其顽强的生命力。

但遗憾的是,时至今日,我们选拔干部依然存在严重的性别歧视,在女性人才的选拔和任用上存在普遍的重男轻女现象,我国高级知识分子和中层以上干部的女性比例少得可怜,这在很大程度上浪费了很多优秀的女性人才。在干部的任职资历上,也存在严重的论资排辈现象。历史上的姜太公、韩信、诸葛亮即使在今天,也恐怕会因为他们的学历或者资历不够,而很难被重用。干部退休或者上"二线"的政策,也存在"一刀切"的教条主义,致使一些年富力强或老当益壮的干部早早就不得不开始赋闲。至于长期存在的身份歧视和出身歧视,仍然以各种不同的形式出现在人才招聘和人才使用的许多环节,严重挫伤一些人才的积极性。

我们说用人不拘一格,就是要打破旧的思维框架,不管你过去是什么出身,什么地位,什么学历,是男还是女,只要你现在有真才实学,有真本领,能够适应现在和将来的需要,我们就应该不拘一格地任用,为这些人才提供一个施展才华的平台。

5. 注重适才适所

王充《论衡·超奇》中说:"通书千篇以上,万卷以下,弘畅雅闲,审定文读,而以教授为人师者,通人也。杼其义旨,损益其文句,而以上书奏记,或兴论立说,结连篇章者,文人鸿儒也。"清代顾嗣协《杂兴》诗写道:"骏马能历险,犁田不如牛;坚车能载重,渡河不如舟。"意思是说,人才各有自己的能力结构,表现为不同的特点,关键是要适才适所,人尽其才。

在注重适才适所的时候,首先,我们要确定特定岗位需要什么样的人才,因为特定的岗位需要特定的人才。比如,执法部门的工作岗位,就要求人员的原则性比较强,能够刚正不阿;从事外事工作,既要考察员工的爱国精神,又要求有较高的外语水平、人际交往能力和比较宽广的知识结构;从事管理工作,要求管理人员具有较高的管理水平,熟悉人事学和人才学,在具有一定的专业知识的基础上,还要有良好的人际交往能力,掌握管理中人才开发的艺术;对于教育工作者来说,要求有教书育人的社会责任感,有比较渊博的知识和宽广的能力结构,掌握人才开发的知识和原理,有促进师生教学相长的本领。

其次,我们还要分析拟任用人员的知识结构和能力结构,了解其性格特征、兴趣爱好、发展潜力、事业心等,全面掌握其综合素质和具备的专业能力,尽可能用人所长。柏拉图认为选拔人才"按其天赋安排职业,弃其所短,用其所长,让他们集中毕生精力专搞一门,精益求精,不失时机"。[①] 荀子作为儒学大师,倡导对于

[①] [古希腊]柏拉图:《理想国》,郭斌和、张竹明译,商务印书馆,1986年版,第66页。

人才要"量能而授官",他说:"君子之所谓贤者,非能遍能人之所能之谓也;君子之所谓知者,非能遍知人之所知之谓也;君子之所谓辩者,非能遍辩人之所辩之谓也;君子之所谓察者,非能遍察人之所察之谓也;有所止矣。相高下,视硗肥,序五种,君子不如农人;通货财,相美恶,辨贵贱,君子不如贾人;设规矩,陈绳墨,便备用,君子不如工人;不恤是非、然不然之情,以相荐撙,以相耻怍,君子不若惠施、邓析。若夫谲德而定次,量能而授官,使贤不肖皆得其位,能不能皆得其官,万物得其宜,事变得其应,慎、墨不得进其谈,惠施、邓析不敢窜其察,言必当理,事必当务,是然后君子之所长也。"①在《君道》篇中,荀子还说:"论德而定次,量能而授官,皆使人载其事,而各得其所宜,上贤使之为三公,次贤使之为诸侯,下贤使之为士大夫,是所以显设之也。"荀子这里也是强调适才适所。可见,每个人都有自己的闪光点,作为组织来讲,只有了解每个人的实际才能,才能做到"量能而授官,使贤不肖皆得其位,能不能皆得其官,万物得其宜"。

再次,根据拟任用的员工和拟安排的岗位要求,对号入座,优化配置,争取使每个人都能找到最适合自己的岗位,并能胜任工作岗位的挑战。

最后,就是把经过考察确定的岗位和人员进行最佳配置,实现二者的有机统一,一方面确保满足岗位的需要,一方面人员的知识和能力在合适的岗位上能够学有所用,用有所成。

此外,在考虑人员适才适所的时候,还要斟酌岗位之间人员的优化配置问题。一群千里马都想驰骋疆场,但放在一个团队未必是好事;一群老黄牛聚在一起,恐怕也不行;《西游记》师徒四人之间虽然有误会,有矛盾,有时甚至发展到对抗的程度,尽管他们有自己不同的知识和能力,有自己特殊的个性,但总体上来看,这是一个团结战斗的集体,也是一个战胜困难而走向成功的团队。由此可以看出,我们在注重适才适所时,还必须斟酌团队内部的优化组合问题。

6. 坚持好中选优

坚持好中选优,这是促进人才开发锦上添花的重要举措。从人才开发的角度来看,我们倡导每个人不仅应该做好人,而且还要做好能人。我们在任用人才时,既要看其是否德行高尚,又要看其是否有能力胜任岗位需求。

坚持优中选优,有德无才不行,有才无德也不行,必须德才兼备,德艺双馨。根据具体岗位职责的不同,在德才兼备方面,可以有适度和灵活的侧重点。如从事法律和纪检工作,不仅要熟悉业务,而且特别要求德和原则性;而做技术管理工作,不仅要有责任感,而且还特别要求精通具体的专业技术。在这方面,亚里士多

---

① 荀子:《儒效》。

德认为"各人的品德应该达到符合于各人所司职务的程度。当然,统治者的道德品质应该力求充分完善,他的职位既然寄托着最高的权威,他的机能就应该是一位大匠师,这样的大匠师就是'理智',至于其它被统治者的人各各奉行其自然的职务,他所需的品德,在程度上就只要适用各人的职务而已。"①即品德和能力应该与特定的岗位相符合。

在选拔管理人才时,要准确把握"好"与"优"的辩证关系,特别需要好中选优。好中选优,"好"是前提,"优"是根本。好中选优,实际上就是注重德才兼备。为此,亚里士多德曾经谈道:"凡是想担任一邦中最高职务、执掌最高权力的人们必须具备三个条件:第一是效忠于现行政体。第二是足以胜任他所司职责的高度才能。第三是适合于各该政体的善德和正义。"②亚氏这一思想具有重要的价值,它启发我们在选拔人才时应该重视德和才的统一问题。根据好中选优的要求,有利于在干部队伍中树立不断提高自身素质的正确导向,形成优秀人才脱颖而出、高素质干部大量涌现的良好局面。

坚持好中选优,这并不意味对人才求全责备,而是体现任用人才的一种价值取向和价值标准。因为从人生哲学的角度来看,做个好人是我们最基本的人生准则,因而从好人中选拔人才,也是用人的基本标准;但是,人生在世,仅仅做个好人还是不够的,还应该具有认识世界和改造世界的本领,需要具备从事特定职业的一技之长,需要具有从事创造性劳动的能力,如果具有"山型人才"的知识能力结构,就更加完美了。由此可见,我们坚持任用人才好中选优,既符合人才开发的需要,又能够激励每个人追求德才兼备的人生理想。

在坚持好中选优的时候,还应该特别注意善于发现和任用那些与自己持不同的"政见"者。在日常工作中,下属一些见解可能与领导不同,有时甚至可能完全相反。对此,一个干事创业的领导,要善于从平时的工作中发现那些敢于发表自己独立见解的下属,因为下属如果没有原则性,或者没有自己比较成熟的观点,一般是不可能在领导面前表达自己不同意见的。美国总统罗斯福在1938年11月召开内阁成员和军事顾问会议时,提出为英国和法国生产1万架战斗机,用来帮助英、法对德国作战。当罗斯福征求大家的意见时,参加会议的军方人员虽然不以为然,但没有人表示异议,只有马歇尔将军直接表示反对说:"对不起,总统先生,我根本不同意你的计划。"③很多人都认为马歇尔的直言不讳会自毁前程,结

---

① [古希腊]亚里士多德:《政治学》,吴寿彭译,商务印书馆,1965年版,第39页。
② [古希腊]亚里士多德:《政治学》,吴寿彭译,商务印书馆,1965年版,第271页。
③ [美]小埃德加·普里尔:《为将之道》,吕德海等译,军事谊文出版社,2005年版,第31页。

果到了1939年,罗斯福却提升马歇尔为陆军参谋长,并破格晋升为四星上将。这说明罗斯福用人是富有远见的,他的心胸是宽广的。

从人才开发的角度来看,这恰恰是领导发现人才的一个重要渠道,大凡敢于在领导面前发表不同意见者,一般绝非平庸之辈。由此说明,领导者应该努力营造一种宽松的氛围,鼓励下属敢于在领导面前发表不同意见。

第十五章

绩效评估与人才开发

绩效评估也叫绩效考核,是指按照工作目标或绩效标准,运用科学的方法,对员工的工作完成情况、职责履行程度和员工的发展情况等进行评估的过程。绩效评估既体现了组织对员工的要求和希望,也是对员工的水平、能力和贡献的价值确证,因而,绩效评估对于人才开发具有重要的意义。

一、绩效评估在人才开发中的作用

绩效评估一般具有两种形式:一是上级组织对下级组织的工作评估;二是组织内部在一定的时间内,对本单位员工进行的绩效评估。正确的绩效评估有利于激励人们的进取精神,有利于管理者进行人才规划,有利于落实和调整分配机制。

(一)有利于激励人们的进取精神

从人才开发的角度来看,绩效评估是依据一定标准和程序对员工工作绩效进行的评估。这种评估不只是为评估或者为管理而评估,而是应该有利于激励人们的进取精神。

从一般的社会心理来看,人人都希望自己的知识和能力能够运用于特定的社会实践,一方面希望在实践中做出一定的成绩,一方面也希望自己的知识、能力和业绩得到同事、领导和社会的承认。从哲学的角度来看,人的本质力量对象化只有通过具体的社会实践,才能得到展现;而这种展现不是单纯个人的行为,而是需要组织上的确认,也就是说,一个人的价值本身就是关系的产物,这里所说的关系,就是指个人的实践过程及其结果与社会需要或者岗位需要的关系。一个人的实践过程及其结果如果能够满足岗位和社会的需要,那么,社会或者组织对他的评价就是实现价值的一种确证,当然不是唯一的确证,但确实是非常重要的依据。从大量的事实来看,没有人不在意单位对自己的绩效评估。淡泊名利是一回事,希望他人和组织能够肯定自己的价值,这是另一回事,二者并不矛盾。

正因为如此,绩效评估中,制定绩效的标准应科学准确,还要有一定的弹性,不能太高,也不能太低,要掌握高低的平衡。这里所讲的高低平衡,主要是指标准的适度问题。绩效标准太高,人们无论怎么努力,都无法完成,这样的目标与其说有激励作用,倒不如说是有负激励作用。《三国演义》第八十一回写"急兄仇张飞遇害",范疆、张达杀死张飞罪不可赦,但张飞制定的绩效目标太高,让部属"限三日内置办白旗白甲,三军挂孝伐吴",下属无论如何也无法实现,这也是不可忽视的原因。因此,制定绩效目标时,要根据实际情况,不要把目标定得太高,太高就容易使人失去实现目标的信心;反之,目标也不能太低,太低很容易实现,这样的工作既没有激发潜能的动力性,也无法使人产生实现目标之后的成就感。

制定目标还要考虑如何适度的问题,这个适度既要符合特定岗位的规定性,又必须与被评估的具体人员相适应。换言之,在规定岗位职责的基础上,对于具体的被评估对象还要进行具体的分析。如一位运动员初次参加国际大赛,教练员对这位运动员的评估就不能要求十全十美,而是应该适当降低期望值。按照通常的经验和心理潜能来说,绩效目标的高度应该像篮球筐,而不是足球门。前者是大多数人通过努力能够把篮球投进去的,高个甚至还可以扣篮;而后者难度就稍微大了一些,让人感觉"破门"太难。这就是说,工作目标是我们每个人通过努力都能实现的,而不是拼命也无法实现的空中楼阁。唯有按照适度的目标进行绩效评估,才能有利于激发人们的积极性。

(二)有利于管理者进行人才规划

管理者通过对员工的绩效评估,不仅对员工的业绩有定性或定量的确认,而且由此对员工的知识、能力有更深入的了解,既可以从中了解员工的兴趣爱好和个性特点,又可以从中窥见员工的潜在能力。因此,在绩效评估的基础上,管理者可以进一步从绩效评估中总结员工队伍的现状和发展前景,找出存在的问题,并想办法予以解决。从人才开发的角度来看,更重要的就是通过绩效评估,对现有的人才资源进行科学规划,或者进行重组,以达到优化配置的目的。

通过绩效评估进行人才规划,既要看最近的绩效,还要看以前的绩效史,更要看未来的发展趋势,要兼顾一个人的过去、现在和未来,用人才开发这条主线把人们的生涯贯穿起来,以动态思维和开放视野,总结人力资源管理系统存在的不足,找出新的增长点。为了更好地进行人才规划,可以让每一个人向同事们介绍自己的业绩,同时分析自己取得业绩的原因,发现自己的不足,对自己进行人才开发方面的总结和提升。

然而,对于通过绩效评估对人才进行规划这个问题,我国从党政机关到企事业单位,比较普遍地存在重视不够的情况。原因主要有两点:第一是许多单位虽然年复一年地对本单位员工进行评估,但多数流于形式,其根本原因在于有些管理者不太懂得如何进行绩效评估。第二是许多单位缺乏对本单位员工的人才规划,任其按照某种惯性和常规发展。由于既不懂得绩效评估,又缺乏人才规划,二者之间没有建立必然的联系,客观上就难以通过绩效评估进行人才规划了。

(三)有利于落实和调整分配机制

绩效评估是在充分肯定员工积极性的基础上,对员工业绩进行定性和定量分析,然后给予相应报酬和奖励。在这方面,一是要落实既定的分配机制,兑现承诺,二是要根据绩效评估情况,酌情调整分配机制。为此,对现有的薪酬制度对照员工的业绩,看看是否符合员工的实际,是否贯彻多劳多得、按贡献分配的原则,看是否能够激发员工的积极性。在这方面,要掌握"效率优先,兼顾公平"的分配原则。对于确实做出突出贡献者,可以破格奖励,上不封顶。作为组织来讲,在绩效评估的基础上,要让员工感觉到,只要努力做出贡献,组织上是能够通过调整分配机制,以体现出对其劳动的尊重。

另外,在调整分配机制时,近几年来,有不少单位为了让大家能够及时参加单位组织的会议或其他活动,主要采取扣钱的方式,这是一种带有强制性的措施。这种方法虽然有一定的成效,但是不够长久,也是违背人性化管理的。其实,对于单位组织的活动或召开的会议,管理者完全可以运用人性化的激励方式,让员工自由自觉地参加,要让人们认识到参加活动或会议的重要性;同时,组织活动要确实富有意义,会议可开可不开的,就不要召开,尽量减少文山会海的负面效应。

二、绩效评估的恒定性与模糊性

绩效评估是对于员工业绩的评估,从评估标准的制定到评估得出的结论,都将直接影响员工的切身利益,也关系到是否能够激励员工积极性的问题,所以,绩效评估具有一定的恒定性。但是,由于绩效评估客观上可能会有一些难以确定的因素,因而又必然会具有一定程度的模糊性。

(一)绩效评估的恒定性

所谓绩效评估的恒定性,主要体现在绩效评估具有效度性和稳定性两个方面。

1. 绩效评估的效度性

绩效评估的效度性是指评估测量的准确程度。具体来说,第一,管理者作为评估主体,首先要制定科学合理的绩效评估标准;第二,要正确理解和阐释绩效评估的标准;第三,要对员工进行全方位评估,找出存在的问题,肯定其做出的业绩。第四,用绩效评估标准对照评估对象,理论联系实际,争取评估结论和被评对象实际情况的一致性。第五,对于不同的评估对象,应有不同的尺度,不能一概而论。此外,对于从事创造性工作的专业人员,通常需要较大的灵活性,不能简单地用量化加以衡量。为了更好地确保绩效评估的效度性,管理者应该自身做到公正,自觉克服和避免"近因效应""首因效应"和"晕轮效应"等感情因素的影响,自觉克服一切偏见。

2. 绩效标准的稳定性

绩效标准的稳定性,主要是指一个组织的绩效标准一旦制定出来以后,应该在一定的时期内得到有效的组织实施,不能朝令夕改。绩效标准确立以后,根据岗位目标,员工就要具体制定自己的工作计划,并且自觉地按照绩效标准的要求去完成岗位目标。因为绩效评估标准对于员工来说,具有重要的价值导向作用,所以,如果价值导向经常变化,就会使员工失去发展方向,甚至茫然不知所措。当然,这里所说的稳定性,并非绝对不变,而是指相对的稳定性,是在一定时期内的稳定性。随着员工的变化和岗位职责的变化,绩效评估的标准也要随之与时俱进。

(二)绩效评估的模糊性

绩效评估的模糊性是与准确性相对的概念。绩效评估既具有效度性,也具有一定程度的模糊性。所谓绩效评估的模糊性,是指在绩效评估中,评估主体对评估标准理解和阐释不仅具有一定程度的不确定性,而且被评估者本身也具有一定程度的不确定性。

1. 绩效标准的可变性

绩效标准的可变性导致绩效评估的模糊性。这里所说的可变性,主要有两个含义:第一,对于绩效标准的理解和阐释具有一定程度的主观性,有时会出现仁者见仁、智者见智的现象。在宗教领域,面对同一部《圣经》,教徒的阐释可谓同中有异,异中有同。在绩效标准的理解和阐释上,也难免具有主观的理解。第二,在同一个单位内部,也会出现绩效标准的变化。在职称评定和科研评奖中,都会有"大小年"的说法。所谓"大小年",是指如下两种情况:其一,有的年份晋升职称的人比较少,或者参加评奖的成果比较少,评起来相对容易,这叫作"小年";反之,有的年份参加晋职或评奖的人比较多,竞争就非常激烈,这叫作"大年"。所以,同样是评奖或晋升职称,相同的职称和相同等级的奖励,并非具有相同的含金量。即使在同一范围内,有时也不相同,同时在一个单位晋升教授,或者相同的评奖,虽然都是用一个标准,但在具体运用标准时,实际上也都有一定的差别。

2. 评估对象的模糊性

绩效评估的对象虽然是员工的业绩,但实际上评估的是员工本身。在大千世界中,我们人类的内心世界是最复杂的,就连我们自己对个人的了解有时也难以自我认知。在对员工进行定性分析和人才规划时,管理者通常是根据员工已经表现出来的能力,作为人才规划的依据;而相应来说,对员工的兴趣和潜能通常注意不够,难以从人才开发的动态视野出发,进行科学的有前瞻性的人才规划。

3. 评估的测不准原理

测不准关系,亦称测不准原理,本来是德国物理学家海森堡1927年发现的一个物理规律,意思是说,一个微观粒子的某些成对的物理量不可能同时具有确定的数值。测不准关系用于人才鉴别上,我们可以发现,人才鉴别中也存在测不准状态,即人才鉴别者对人才的鉴别、认识和评价不一定完全符合人才的实际情况。① 把人才鉴别的测不准原理用于绩效评估,也会出现测不准的问题,这是不以人的意志为转移的客观事实。绩效评估的主体和对象都是活生生的人,都是有着复杂内心世界,在评估时要受到主观和客观很多因素的影响,人情和偏见等都可能影响对绩效的评估。

三、绩效评估促进人才开发的原则和方法

从总体上来讲,绩效评估应该遵循"全方位评估"的原则。"全方位评估",又称"360°绩效评估制度",最早由被誉为"美国力量象征"的典范企业英代尔首先提出。它是指从员工自己、上司、直接部属、同仁、同事甚至顾客等全方位各个角度了解个人的绩效。通过全方位评估,被评估者可以从上司、部属、同事甚至顾客处获得多种角度的反馈,也可从这些不同的反馈中认识到自己的不足、长处与发展需求,以更好地促进以后的职业发展。

(一)绩效评估促进人才开发的原则

在全方位进行绩效评估的过程中,管理者需要掌握如下三个具体原则。

1. 绩效评估与个人自我评估趋向一致

所谓绩效评估与个人自我评估趋向一致,就是要求在对被评估者全面了解的基础上,做出让本人口服心服的评估结论,尽可能达到绩效评估的信度。要达到这一点,就必须力求绩效评估与个人的自我评估相一致。这种一致也只能从总体上而言,实际上不可能完全一致,因为其中要受到评估模糊性和测不准原理的影响。

2. 绩效评估应该略高于个人自我评估

所谓绩效评估应该略高于个人自我评估,就是在绩效评估中采取"就高不就低"的原则,如果定性在优秀和良好之间的,可以确定为优秀;如果在良好与合格之间,可以确定为良好。这样做的目的是让被评估者感受到自己的价值,通过评

---

① 薛永武:《人才鉴别的测不准原理》,《中国人才》,1996年第2期。

估增强个人的自信心,这有利于激发员工对绩效评估的参与意识。在这方面,管理者应该舍得用一些荣誉和奖励去鼓励员工发奋进取,丝毫不能吝啬对员工的奖赏。

3. 绩效评估应该顾及个人的历史发展

在全方位进行绩效评估时,应该注意两个层次:首先是横向的全方位,也就是从现实层面上对员工进行全方位的评估;其次,就是要以历史的眼光,从员工历史的发展轨迹中,结合现实表现,全面进行评估,力求把"过去时""现在时"和"未来时"联系起来评估,能在很大程度上避免片面性。

从历时性的视野来看,如果一个人原来的绩效高峰逐渐下降到现在的绩效低谷,而另一个人则从过去的绩效低谷发展为今天的绩效高峰,尽管这两个人在特定的时间内其总的绩效大致相同,那么作为管理者就应该把握这两个人的发展走向,既肯定前者过去的绩效高峰,又要指出其现在的不足,既要看到后者过去绩效的低谷,更要看到现在的绩效高峰。

(二)绩效评估促进人才开发的方法

1. 明确合法的评估主体

在绩效评估中,明确评估主体,这是确保评估主体合法性的必然要求。在这方面,我们判断一个评估是否合法,不是从抽象意义上来讲的,而是从具体的评估入手,也就是说,具体的评估主体只能针对具体的评估对象,符合一定的时间和空间范围,还要符合评估主体自身之内的权限,不能随意越界和随意扩容。

评估主体应该具有相应的资质和能力,通过有关组织授权,取得合法资格,才能进行评估活动。这些年来,一些行业组织或民间协会举行的各种行业评估,在很大程度上难以保障评估主体资格的合法性,也难以保障评估本身的准确性。

此外,评估主体不是唯一的,既不能唯专家论,也不能唯组织论,而是应该具体问题具体分析。亚里士多德认为,群众中的个别人判断力不及专家,"但当他们集合起来,就可能胜过或至少不比专家们有所逊色",[1]因此,在他看来,房屋的住户有时比建筑师更擅长于评判房屋的好坏;舵师比一位造船木匠就更擅长于鉴别一支舵;对于一席菜肴,最适当的评判者不是那位厨师,而是食客。亚里士多德启发我们,评判事物的主体不能唯上,也不能唯专家,而是应该根据实际情况,或者根据具体评估对象的特点和要求,具体确定评估的主体。

2. 选择评估的具体对象

在确定了评估主体之后,就要确定评估的具体对象。在确定评估对象时,可

---

[1] [古希腊]亚里士多德:《政治学》,吴寿彭译,商务印书馆,1965年版,第146页。

以根据实际需要,从应该被评估的范围中抽查一部分对象进行评估,也可以对应该评估的所有对象进行系统的全面评估。确定评估对象以后,应该及时通知被评对象,以便于被评者进行必要的准备。在这方面需要注意的是,不同的评估主体具有不同的评估对象,即评估主体只是相对于具体的评估对象而言,没有抽象的评估主体,也没有脱离评估主体的评估对象。

3. 制定合理的绩效标准

要对绩效进行科学的评估,就必须制定合理的绩效标准。所谓合理,就是要求绩效标准要尽量符合被评对象的实际,既要参照过去的绩效标准,又可以参照同类机构的同类绩效标准,从而制定出具体可行的绩效标准。在这方面,近几年来,许多单位为了招聘急需的高级人才,制定了招聘计划,其中有些标准对高级人才的要求显然过高,结果出现了两种情况:一种是想应聘者不敢贸然前来应聘,怕完不成任期目标,结果是招聘单位发了招聘榜,最后却无人问津;另一种是应聘者应聘以后,也没有完成任期目标,最后导致招聘单位和应聘人进退两难的境地。

4. 了解评估的激励效应

在绩效评估中,作为评估主体和被评者,都应该认识到绩效评估所特有的激励效应。对于评估主体来说,必须从人才开发的大视野出发,以人才战略的眼光看待绩效评估,而不是单纯地以评估为目的,不能为评估而评估;评估只是促进事业发展的一个手段,因而也是激励人们积极进取的重要动力。对于被评者来说,应该自觉参与被评估,自觉接受他人和组织上的监督和考察,借此机会检验自己,以求得正确的自我认知,以评估为动力,促进自己的人才开发。

5. 民主公开与结论反馈

在绩效评估中,还要求评估的全过程要有透明度,评估前就要把评估对象、评估内容和评估时间等通知被评者;同时,评估本身也要接受民主的监督,力求公正透明。评估者应该把评估结果及时通知被评者,并征求被评者对结论的意见和建议,然后根据有关规定或需要,在一定的时间和空间内公布于众,接受社会和他人的监督。

6. 员工对管理者的绩效评估

我们通常所说的评估,一般是指上级组织对下级组织的评估,也指组织内部的领导层对员工绩效评估,很少涉及员工对领导层的评估。实际上,评估应该是双方的,应该体现出管理和被管理者之间的双向评估。通过双向评估,一方面检验全体员工的绩效,一方面也对管理者的素质和能力提出新的要求,客观上有利于促进组织内部的发展活力。

总之,为了使绩效评估更好地促进人才开发,一方面我们应该确立评估主体的合法性和科学性,一方面要尽量简化评估程序和评估指标,让绩效评估真正能够成为促进人才开发的激励方式,而不是一种新的"扰民"方式。

第十六章

社会评价与人才开发

绩效评估是一种组织行为,具有较高的权威性,但社会评价则不具备绩效评估的主体性、合法性,而是体现出自由性、弥散性和社会性的特点。社会评价作为一种特殊的价值取向或者社会心理和社会意识,在很大程度上以特有的方式影响和制约全社会的人才开发。

一、社会评价对人才开发的影响

社会评价对人才开发的影响虽然没有国家的人才政策那么重大,但仍然具有一种无形的巨大力量,它以潜移默化的方式影响和制约人才开发的方方面面。从以往社会评价对人才开发的影响来看,社会的人才观、社会价值观和社会对人才的期望值都以不同的方式影响和制约人才开发的广度和深度。

(一)社会人才观对人才开发的影响

社会的人才观是特定社会人才思想的社会体现,它不是孤立抽象的存在,而是与该社会对人才的发现、培养和任用具有非常内在的统一关系。社会有什么样的人才观,就会有什么样的人才标准,就会按照人才观的要求去发现人才、培养人才和任用人才。

1. 社会人才观对人才的认可取向

(1)社会认可德才兼备的人才

社会人才观是对人才宏观的评价形式。社会人才观往往以意识和社会心理的方式蕴含了对该社会的人才特定的要求,自觉不自觉地形成社会认可的人才标准或者人才模式,这在很大程度上影响对人才的发现、培养和任用。从社会对人才的认可来看,社会普遍认可德才兼备的人才。

从人才发展史来看,古今中外历史上无论是哪一个社会形态,就总体而言,人们都是比较普遍认可那些德才兼备的优秀人才。根据对《四库全书》的统计,在中国古代典籍中,涉及"大圣"词条的有6384卷9174条,涉及"圣人"的词条有29069卷161803条,涉及"孔子"词条的有23757卷111641条,涉及"君子"词条的有

39032 卷 224178 条,涉及"贤人"词条的有 7257 卷 11616 条。在中国古代典籍中,圣人、君子和贤人都是作者肯定和赞美的对象,由此不难看出,在中国古代,圣人、君子和贤人受到尊重的程度。在古希腊,赫拉克利特曾经说过,"在我看来,一个优秀的人可以抵得上一万个人"。苏格拉底、柏拉图和亚里士多德都是德才兼备的杰出人才。社会认可德才兼备的人才,往往能够形成一种无形的力量,引导和启迪一些潜力深厚者向着德才兼备的高层次追求和奋进。

(2) 社会认可关系和谐的人才

关系和谐是一个人交往能力和处事能力的表现,一般来说,社会比较普遍认可那些能够妥善处理人际关系的各种人才,也就是通常人们所说的"人缘好"。在这方面,特别是我国,深受传统文化的影响,比较讲究"修身、齐家、治国、平天下",其中修身是第一位的。所以,如果一个人在家庭内部就没有处理好人际关系,他在社会上也很难处理好与他人之间的人际关系。因为社会认可关系和谐的人才,这在客观上也会给一些锋芒毕露、人际关系紧张者以无形的制约和规范,所以,很多人就会自觉不自觉地积极建构人际间的和谐关系。

(3) 社会认可伦理之美的人才

我国最基本的伦理之美主要体现在家庭成员之间的亲情上,其中以孝敬父母等长辈为最重要。一般来说,社会对一个人的评价固然有很多方面,但最基本的就是看一个人是否孝敬父母,是否尊敬师长。就这一点来说,甚至有些犯罪分子也还是孝敬父母和尊敬师长的,并没有完全丧失人性。"老吾老,以及人之老;幼吾幼,以及人之幼。"这种尊老爱幼的价值取向一直是中国传统的美德,时至今日,仍然得到国人的高度肯定。

(4) 社会认可做出成绩的人才

我们虽然不以成败论英雄,但社会上一般还是以成败论英雄。老百姓经常有句话挂在嘴边,叫作"是骡子是马,拉出去遛遛"。意思是说,光靠说嘴是不行的,要来真格的,就可以检验真伪和高低。一般而言,社会喜欢那些埋头苦干、兢兢业业的人;喜欢那些脚踏实地、甘于奉献的人;喜欢那些不喊口号、真抓实干而卓有成效的人。一个社会如果认可做出成绩的人才,这对于人才开发是极其有力的。可以设想,人们如果发现社会喜欢做出成就的人才,那么对于具体的人来说,如其咋咋呼呼,雷声大,雨点小,倒不如默默地干出成绩来再说。

2. 社会人才观对人才的否定取向

社会人才观也具有对某些人才的否定取向。这种否定取向也在一定程度上制约和影响人才开发,对人才开发产生一定的规范和导向作用。

(1) 有德无才或者有才无德者

对于有德无才者,中国人一般只是认为他是个好人,而不把他看作是一个能人。在20世纪80年代以前,社会评价一个人品非常好的人,往往说他"挺老实的""是个好人";但到了80年代以后,受到市场经济的冲击,社会评价这类人则往往说他"太老实了""没有本事",因此,在一定程度上来讲,"好人"和"老实人"或多或少含有一定程度的贬义色彩。对于有才无德者,20世纪80年代以后,一个人在品德方面只要不是民愤极大,只要他有才能,社会受"猫论"的影响,往往给予其较大程度的肯定;如果一个人的品行确实道德败坏,即使他再有才能,社会对他的评价也基本是否定性的。由此可见,社会对有德无才者和有才无德者基本上都是不太肯定的,这也在一定程度上引导人们应该追求德才兼备的平衡。

(2) 个性过分张扬咄咄逼人者

在对待个性方面,绝大多数人比较喜欢那些个性比较和谐、人缘比较好、具有个性美的人。从家庭、学校,再到用人单位或者整个社会,一般都不喜欢那些个性过分张扬、咄咄逼人的人。一个人无论多么具有才能,仅凭过分张扬、咄咄逼人的个性,就可能导致人际关系的疏离。这些人在具体工作方面,很容易失去合作者;在评优、推荐、提职等方面,都可能因为人际关系紧张而失去进一步发展的机会。

(3) 不孝敬父母不尊重师长者

中国是文明古国,一直具有尊老敬师的文化传统,人们对于那些不尊敬父母、不尊敬师长的言论和行为,一般都是否定的。也就是说,尊敬父母师长,这是一个人伦理道德最基本的要求。一个人要得到社会承认,最起码在尊敬父母和师长方面,应该得到社会的肯定,社会才能够接受他,进而悦纳他。就人才开发来说,一个人尊敬父母师长,这是最基本的要求;否则,社会就不会认可他,就不会接受他。

(二) 社会价值观对人才开发的影响

社会价值观是一个社会的价值体系,体现了该社会的价值取向,能够对社会行为产生重要的导向作用,对于人才开发也会产生积极或消极的影响。

1. "学而优则仕"对人才开发的影响

自从孔子倡导"学而优则仕"以来,在中国传统文化中,"修身、齐家、治国、平天下"就一直成为中国传统知识分子最重要的价值取向。

我们可以设想,不让那些品学兼优的人去当公务员,难道要让那些缺德少才的人去以权谋私吗?问题在于,我们不可能让所有的优秀人才都去从政,而是除了一部分优秀人才去从政以外,更多的优秀人才可以去当科学家,当教育家,当专家学者,搞经济建设,等等。但是,实际上,中国长期以来存在不同程度的人治大于法治的现象,从政似乎意味着有权力有地位,似乎可以光宗耀祖,出人头地,还可以利用手中的权力为亲朋好友办点事,以显示自己的价值,一方面也可以从行政权力中得到更多的利益,因此也似乎更能得到人们的尊敬。基于这种价值取向,多少年来,我们的干部体制改革一直是步履维艰,甚至出现精简三五人,增加七八人的混乱现象。

受"学而优则仕"价值观的影响,必然会出现两种情况:

第一,社会成员无论是优秀还是不优秀,比较普遍的是很多人都想去从政,都想在行政上谋个一官半职,走行政的路实在走不通了,然后才不得不去干别的事情。即使在专业知识分子队伍中,也仍然有不少人存在严重的"官本位"思想。当然,知识分子想当官本身也并不一定就是坏事,问题在于其是否适合做行政工作?其动机是沽名钓誉,还是为了把一个单位的事业推向前进?这才是我们考虑问题的出发点和关键。"官本位"的价值取向甚至已经渗透到小学教育之中。某小学的一个班级,班里的各种干部的数量竟然占全班的一大半,这可以算是一个比较具有代表性的例子。更有甚者,据2017年5月23日央视新闻1+1报道:安徽省怀远县一小学副班长拥有检查作业、监督背书的权力。他多次以检查别人作业,学习进度为由,逼迫其他学生吃屎喝尿,收受其他学生"贿赂"几万元,一个女生给的最多,高达1万,其他人几千不等。可见,如果把当官视为一种能够以权谋私的权力,就连这个小学副班长,就能够为所欲为,无法无天。

第二,用人单位为了尊重知识和尊重人才,对一些不适合做行政工作的专业人员"封官许愿"。自从20世纪80年代以来,社会逐渐形成了尊重知识和尊重人才的价值取向,客观上确实提高了各种人才的社会地位,但也有不少单位没有真正理解尊重知识和尊重人才的本质内涵,对人才不是适才适所,量才录用,而是把官职看得非常重,有时甚至不考虑这个专业技术人才是否适合从政或者兼任行政职务,就贸然予以安排。结果,有的人"身在曹营心在汉",仍然心系专业,行政职务如同虚设;有的人虽然疲于奔命,但心有余而力不足,无奈只好望洋兴叹,既荒废了业务,也没有履行好行政职务的职责。

2. 金钱意识对人才开发的影响

人类社会发展史证明,金钱是特定社会物质财富的载体,金钱不是万能的,没有金钱却是万万不能的。金钱固然重要,但也不应该成为社会最主要的价值取向,孔子早就说过,"君子爱财,取之有道"。令人遗憾的是,我们不少人已经被金钱异化了。

第一,有不少人把金钱看得过重,把人生主要的时间和精力都用于追求金钱财富上,不经意间把自己变成金钱的奴隶。在我们看来,君子和一切人一样,也需要吃喝住穿,也都需要物质财富,但君子爱财不能金钱至上,而是应该把自己的时间和精力主要用于开拓事业上,争取物质利益与事业发展的和谐统一。一些企业为了追求短期效益,不支持和鼓励员工参加必要的培训,常常让员工加班加点,追求经济利润,这在客观上必然要影响员工的人才开发。一些家庭也存在类似情况,一旦当孩子学习成绩不太好的时候,家长一看考学无望,就早早让孩子辍学务农或者外出打工,客观上阻碍了青少年的健康发展。

第二,有些人不但爱财,而且还取之无道。一些腐败分子不但受贿,而且还索贿,简直就是"钱无止境""钱途光明",除了钱还是钱,甚至已经到了把生死置之度外、不怕上绞刑架的程度。某贫困县的县委书记在被查处以后,经调查发现,该县所有的局级干部都曾经向他行过贿;还有些握有实权的干部直接卖官,见利忘义,见利忘则。近些年腐败分子的"老虎"们犯罪金额少则几千万,多则上亿元,产生极其恶劣的社会影响,简直触目惊心。

客观地说,金钱确实是一把双刃剑。当我们"君子爱财,取之有道"的时候,金钱可以成为我们追求成功的一种重要的前进动力;当我们陷入金钱至上、取之无道的时候,对金钱的欲望则往往控制我们的心灵,使人不知不觉地变为金钱的奴隶,陷入了异化,还麻木不仁、乐此不疲,以至于到最后也许才能够如梦初醒,但往往为时已晚,悔之晚矣!

3. "读书无用论"对人才开发的影响

随着近几年高校扩招所带来的就业压力,有些博士、硕士甚至也难以找到自己比较理想的工作,有的大学生甚至再"回炉"去读中专或者读职业学院,还有的大学生还没有就业,就已经开始进入失业的行列,并且进行了失业登记。在这些现状的困扰下,有不少人逐渐产生了具有时代特色的新"读书无用论"。

"读书无用论"在一定程度上体现了对现代教育制度的反思和批判。由于从小学、中学再到大学,乃至硕士和博士,都在一定程度上存在应试教育的弊端,客观上也确实培养了一些高分低能的各类学生,培养了一些心理不够健康的学生。因此,很多学生或者家长面对毕业生找不到理想的工作,甚至干脆就找不到工作的尴尬,就必然会产生读书无用的想法。

但是,我们也不能对此因噎废食,不能因为就业不理想,就不再读书了。这里的关键是要认识博览群书的重要性,但不要读死书,死读书,要把书读活,要把读书与人生和社会实践紧密联系起来。事实上,近十多年来,全国有不少家庭因为受经济条件的影响,再加上受"读书无用论"的影响,导致许多适龄儿童辍学,这在很大程度上严重影响了人才开发。有一段广为流传的对话,路人问在山坡上的放羊娃:"放羊干什么?"答:"卖钱。"再问:"卖钱干什么?""娶媳妇。""娶媳妇干什么?""生娃。""生娃干什么?""放羊。"老子一辈子放羊,儿子孙子也跟着放羊。这不但是农村的悲哀,也是农村教育的悲哀,更是人才开发的悲哀。

王充《论衡·效力》:"故夫垦草殖谷,农夫之力也;勇猛攻战,士卒之力也;构架斫削,工匠之力也;治书定簿,佐史之力也;论道议政,贤儒之力也。人生莫不有力,所以为力者,或尊或卑。孔子能举北门之关,不以力自章,知夫筋骨之力,不如仁义之力荣也。"可见,在王充看来,一个人读书有学问,要远远胜过那些以力见长者。实际上,不是读书无用,而是在于读什么书,怎么读书;如果读死书,死读书,理论脱离实际,成了书呆子,那么这样的读书当然是无用了。

(三)社会期望值对人才开发的影响

从人才开发的角度来看,社会期望值是社会对特定个体期望的值域。一般来说,期望的值域愈高,愈有利于产生对人才开发的激励效应;期望的值域愈低,愈不利于对人才开发产生激励效应。

1. 成功期望对人才开发的激励效应

从心理学的角度来看,社会期望通常具有一种无形的巨大力量,能够给人以积极的精神激励。所谓社会期望,并不是指整个社会对于某一个人产生的期望,而是指社会期望往往是通过一个组织或者群体对某个人的期望表现出来。

从人才开发的角度来看,社会期望为什么能够具有人才开发的力量呢?这是因为社会期望意味着对于特定的期望对象的一种认识、理解和肯定,体现了一种正面的潜在的价值判断。从一个组织内部来讲,如果该组织的大部分成员对于某一个成员具有殷切的期望,这恰恰反映了该组织对这个成员正面的潜在的价值判断。过去人们讲时代造英雄,时势造英雄,客观上都在一定程度上蕴含了一定的期望理论;我们现在也不妨说,期望造英雄,需要造英雄。因为社会对于一个人的期望在一定程度上也意味着社会的某种需要,因此,期望与需要在本质上具有内在的统一性。一个人如果认识到了社会对他的期望或者需要以后,一般来讲,就能够认识到自己的责任,进而把社会对于自己的期望转化为一种自我激励的巨大能量,成为促进人才开发的一种精神力量。

心理学曾经做过一个试验:心理学家随机从一个小学班级的学生名单中抽出一些学生的名字,并告诉这个班级的任课老师,说这些学生的智商比较高,具有发展的潜能。后来,经过跟踪调查,结果惊人地发现这些随机抽查的学生果然进步比较快。这里的关键就是期望理论发生了潜移默化的作用。其内在的机理是:当老师们认为这些学生有发展后劲时,老师们在与这些学生的交往过程中,就会自觉不自觉地给这些学生以更多的关怀、鼓励和信任,这样,久而久之,这些学生就在老师的成功期望中得到了关爱,得到了老师们的信任和鼓励,于是,各种潜能就会潜移默化地得到开发。

弗罗姆认为,激励是评价、选择的过程,人总是渴求满足一定的需要并设法达到一定的目标,因此在没有实现这个目标以前,必然表现为一种期望;这时目标反过来对个人的动机又是一种激发的力量,人们采取某项行动的动力或激励力取决于其对行动结果的价值评价和预期实现目标可能性的估计。换言之,激励力的大小取决于效价与期望值的乘积,用公式表述:激励力 = 效价 × 期望值。其中效价指个人对某一行动成果的价值评价,它反映个人对某一成果或奖酬的重视与渴望程度;期望值是个人对某一行为导致特定成果的可能性或概率的估计与判断;激励力则是直接推动或使人们采取某一行动的内驱力。显然,只有当人们对某一行动成果的效价和期望值同时处于较高水平时,才有可能产生强大的激励力。因此,一般来说,效价或者期望值越高,激励力量就越大。

正是如此,我们在人才开发的过程中,应该更好地利用社会期望理论,给他人更多的成功期望,把成功期望进而转化为每个人的外在动力。当然,就个人来说,这里的关键是一方面应该及时认识到社会对自己的期望,一方面又要把社会对自己的期望及时转化为自我开发的精神能量。

2. 负期望对人才开发的抑制效应

社会期望除了成功期望以外,有时还会有负期望。它是社会通过一个组织或者群体对某个人的失败认同表现出来,具体来说,就是一个组织或者群体通过对特定成员的认识、理解和判断,认为该成员确实不是个人才,也没有什么发展潜力,或者不值得信赖和重用等。一般来说,社会产生负期望的原因主要有三个方面:

第一,社会期望的价值标准不够科学。价值本身虽然是一个关系范畴,不属于认识论的范畴,但是价值却应该以认识论为基础,不能完全脱离认识论。因此,每当社会期望的价值标准失衡的时候,也就是远离科学的时候,社会期望则会出现意想不到的偏离,从而对特定的评价对象自觉不自觉地给予了负期望。

第二,个人由于受到主客观因素的诸多影响,或者岗位不适合自己,或者由于其他原因,自己暂时没有得到正常的发展,潜能也没有得到有效的开发,因而自己的价值还不被社会所认可,从而导致社会对自己的负期望。中国历史上有很多这样的教训。姜太公大半生寒微,择主不遇,飘游不定,最后终遇明主,成就霸业。韩信向漂母乞食、受辱胯下之时,谁能够料到他能够干出一番事业?事实上,只有少数潜人才具有非常深厚的生命张力,才能够经得起社会各种挫折的考验,一旦时机成熟,就会大展宏图。

第三,个人由于自己的失误或者自觉不自觉地犯了错误,因而遭到社会的评价降低,甚至产生负期望。也就是说,导致社会产生负期望的原因不是社会的偏见或者从众心理,而主要在于个人行为违背既定的道德法律规范。众所周知,在社会的价值判断中,我们习惯于永远做一个好人,决不允许马失前蹄,前功尽弃。这种价值体系对人才开发直接产生了两种影响:首先,大多数人做人以谨慎为准则,害怕犯错误,不敢张扬个性,工作唯唯诺诺,缺乏开拓精神,客观上养成了比较普遍的从众心理;其次,一旦犯了错误,难以再有翻身的机会,一方面社会有时不够宽容,不一定给你改过自新的机会,如干部犯错误免职以后,就很难再有机会重新任职,另一方面作为个人来说,也认为自己已经没有机会了,只好听天由命,甚至破罐子破摔。因此,社会的负期望对人才开发能够产生比较大的负面作用。

二、社会评价与人才开发的互动

通过上述分析,我们可以发现社会评价对于人才开发具有正面和负面的双重影响。因此,为了促进人才开发,我们应该及时把社会评价纳入人才开发的视野,积极促进社会评价与人才开发之间的互动。

(一)社会评价对人才开发的促进

在社会评价与人才开发之间的互动中,社会评价对人才开发具有重要的影响,我们应该让社会评价对人才开发发挥积极促进作用。

1. 社会评价对人才开发的激励

从总体上来看,社会评价对人才开发的影响既有正面的,又有负面的。一般来说,从人才开发的角度来看,社会评价应该注重对人才开发的正面激励作用。

社会评价本质上是一种价值判断活动,对于人才开发具有重要的导向功能。人才学家杨敬东先生认为,"在社会评价中,肯定、赞同和鼓励什么样的人才,人们的成才目标往往就会朝什么方向发展。"[①]这里所谈的社会评价不是指项目的社会评价,也不是指上级组织以行政手段所进行的合法性评价,而是组织和法律以外的社会评价,主要体现为对人才开发的特定对象进行一定的价值判断。从人才开发的意义上来说,社会评价作为价值判断,与认识论的求真判断不同,而是根据一定的价值标准,在求真判断的基础上,对特定的评价对象做出的价值判断。

为了实现社会评价对人才开发的激励作用,首先,社会评价的标准应该是一个完整的系统,即能够从各个方面对特定的人才进行全方位的评价,而不是仅仅从某一个方面、某一个角度对人才进行简单或者片面地评价。我们既要避免"一俊遮百丑"的片面做法,又要克服"一丑遮百俊"的求全责备。这两种做法都不利于对人才开发的激励,前者容易使被评价者忘乎所以,妄自尊大和盲目乐观;后者

---

① 杨敬东:《潜人才学》,山西教育出版社,2004年版,第69页。

则容易使人灰心丧气,看不到希望和光明。

其次,社会评价还应该从历时性的发展演变来评价人才开发。历时性的眼光要求在评价时不仅要看一个人的过去,还要看一个人的现在,更要看一个人的将来,在对其历时性的审视过程中,以发展的眼光把握人才的发展走向。

为了更好地实现社会评价对人才开发的促进作用,社会评价主体应该尽量克服本身所处阶层或者职业的局限性,应该超然物外,把感性与理性统一起来,就像康德所说的审美主体应该与审美对象保持无利害关系,超越功利性,才能够做审美趣味的裁判人。

2. 社会评价对人才开发的确证

社会评价是对一个人的整体评价,由于特定的个体本身就是一个复杂而又独特的生命个体,是一个独特的"小宇宙",具有多方面的意蕴,社会评价必须采取定量和定性相结合的评价方式,要经历一个反复提炼和深化的过程。

比如,在对学术研究人才的评价方面,国内各种不同版本的期刊类别,都在某种程度上引导学者追逐所谓高级别的期刊。在社会科学领域,教育部已将CSSCI数据作为全国高校机构与基地评估、成果评奖、项目立项、名优期刊的评估、人才培养等方面的重要指标。申报项目在填写申报人前期研究成果时,也是首选CSSCI期刊所发的文章。在具有了CSSCI数据以后,对一个学者的学术成果就有可能进行定量的分析,进而可以通过定量评价达到一定程度的定性评价。因此,学界通常可以根据一个人在核心期刊发表文章的数量,来评价其学术地位和学术影响。

但是我们必须注意,评价一个人的学术能力决不能拘泥于发表刊物的所谓级别和数量,因为在核心期刊上也可能有二流文章,也可能有质量一般而且较小的"豆腐块";而二类刊物也可能有分量比较重的好文章。有的作者文章数量较多,但学术含量并不太高;有的作者文章数量较少,但学术含量较高。因此,对于发表文章的数量和质量不能简单定论。

要实现社会评价对人才开发的确证,还必须要求社会评价标准具有较大程度的科学性。比如在"极左"路线时期,有些人片面地只算政治账不算经济账,"宁要社会主义的草,不要资本主义的苗",在这种时代氛围下,社会对人才的评价肯定要出现偏差,无法真正确证一个人究竟是否是人才;在市场经济条件下,受拜金主义和"官本位"的影响,有些人把金钱和权力视为神灵,跪倒在金钱和权力面前,成为金钱和权力的奴隶。

另外,社会对于部属高校与省属高校的评价中,普遍认为部属院校师资强,学生水平高。实际上,省属院校中也有一批非常优秀的教师和学生,而部属院校也有一些水平一般的教师和学生。因此,用人单位在招聘人才时不能拘泥于招聘对象是否来自"三重点"高校。

(二)人才开发对社会评价的超越

人才开发是一项伟大的战略工程,它既符合构建和谐社会的最高需要,又符合人才开发自身质的规定性。从人才开发促进和谐社会的建构来讲,人才开发是服务于社会的手段;但从人才开发自身质的规定性来看,人才开发本身就体现了人全面发展的最高宗旨,体现了实现个人生命价值的最高取向。从前者来看,人才开发往往要受制于社会评价;从后者来看,人才开发却可以超越社会评价,以促进人的全面发展和实现个人的生命价值为最高宗旨。

1. 成才动机对社会评价的超越

从创造心理学的角度来看,一个人的成才动机对于促进人才开发具有极其强大的内在动力。一个人如果具有成才动机,就可以在较大程度上以积极的精神能量,超越社会评价对个人的各种影响,进入"不以物喜,不以己悲"的超然境界。

成才动机是在个人物质需要和精神需要的基础上产生的,具有重要的精神能量,能够引导和调节个人的行动。成才动机是成才需要的主观表现,也是推动个人奋发成才的内在原因和重要的精神动力。成才的需要产生成才的动机;成才的动机又反过来激励人才开发。成才动机本身是一种内部动力,从不同的角度可以分为四类:生物性动机和社会性动机;外因性动机与内因性动机;有意识动机与无意识动机;近景性动机与远景性动机;辅助性动机和主导性动机。

首先,个人的成才动机要实现对社会评价的超越,就必须把社会需要作为个人确立成才动机的最基本出发点。也就是说,个人在确立成才动机时,决不能仅仅考虑个人的发展,而是把个人的前途与社会需要、国家前途结合起来。这样,个人的成才动机才能够具有深邃的生命之根,也才能够有利于实现个人的生命价值。

其次,以正确的价值观为成才动机引路导航。成才动机的确立实际上也是价值观的确立,个人应该把成才动机建立在正确的价值观上。一般而论,成才动机所具有精神力量的大小,是直接受制于个人对成才期望的结果。如果一个人的成才期望最终是为了个人成名成家,或者追求个人的金钱和权力,他的成才动机所产生的精神能量就不可能持久,就不可能得到社会更多人的支持。只有把人生的最大价值定位在为社会做出较大贡献上,才能得道多助,进入"先天下之忧而忧,后天下之乐而乐"的人生境界。

人才开发史证明,一般来讲,凡是由深厚博大的感情激发的成才动机所产生的精神能量,要比纯粹由理性或个人欲望激发的成才动机所产生的精神能量要强烈得多;有重要社会意义或巨大价值的成才动机往往会引起个人非常强烈的情感体验,这种情感体验反过来在很大程度上有助于强化成才动机的精神能量。

2. 人才开发对社会评价的矫正

人才开发是一项伟大的事业,它固然要受到社会评价的各种制约和影响,但归根结底,更应该超越社会评价的影响,以自己特定的主体性和创造性矫正社会的评价。

由于社会生活的复杂性,社会评价既可以促进人才开发,又可能阻碍人才开发。前者如社会处于发展进步、文明和谐进步的历史时期,社会评价也往往是积极的,客观上是促进人才辈出的伟大时代;后者是指社会处于相对比较混乱与不和谐甚至黑暗的时期,社会评价就会降低对人才的评价,客观上影响人才开发。王蒙在《自传》中对"极左"思想给予辛辣的讽刺和批判,他谈到了人生、社会学、政治学中充满了悖论:"废黜所有的专家们与管理人员,来一个大颠倒,干脆来一个劳心者治于人,小学毕业者治大学毕业者……却分明是乌托邦,只能带来生产力的大倒退与社会秩序的更加混乱。"[①]在这种情况下,只有一些具有光明思维的所谓"右派",才能够以自己意志的坚韧,把自己当右派的时间当作一种特殊的学习和锻炼,通过养精蓄锐,等待未来拨乱反正的召唤。

为了能够对社会评价进行积极的矫正,人才开发者应该力求做到"两坚"。

首先,要学会坚信,坚信人才开发是社会发展进步之道,是人生拓展之道。在这方面,一个人处于逆境状态,社会对自己的评价往往是负面的时候,如一个人因冤假错案,暂时得不到社会的积极评价。一个具有生命张力的人,在这种情况下,越是要坚信自己的价值,应该显示出大无畏的战斗精神,坚信"天生我材必有用",俯下身子,放下架子,做好眼前一切应该做而且又能够做好的事。这样,久而久之,周围的人就会慢慢了解你的为人,你的能力,对你的评价也会潜移默化地得到矫正。

其次,要学会坚持,坚持以大学习观的思维视野,持之以恒地促进人才开发的广度和深度。人的一生会有各种各样的挫折,面对各种困境,我们应该学会坚持,要树立"坚持就是胜利"的理念。其实,在人生的旅途上,有很多事情是需要坚持的,只要坚持一下,再坚持一下,你就有可能克服意想不到的困难。逆境需要坚持,顺境需要清醒。

此外,人才开发还需要正确认识社会评价的偏颇性。社会评价的主体在评价各类人才时,往往自觉不自觉地带着自己的倾向性甚至偏颇性。这方面很有典型

---

① 王蒙:《王蒙自传》第一部"半生多事",花城出版社,2006年版,第328页。

意义的就是观众对演员的评价问题。周里京在电影《人生》中成功扮演了高加林这个艺术形象,但由于影片中的高加林是一个所谓"负心汉"的形象,在评选最佳男主角奖的时候,在上海观众的投票中,竟然没有一个女性投周里京的票。这说明这些女性还缺乏艺术素养,不懂艺术真实与生活真实的联系和区别,进而把周里京与高加林混同起来,因为女性最憎恶男人负心,所以,周里京客观上就莫名其妙地少得很多票。这是一个比较典型的社会评价案例,其实质就是由于社会评价者缺乏艺术素养,没有掌握文艺的评价标准,带着女性的主观倾向性,客观上就容易发生误评。对此,作为被评价者,应该以积极的心态去对待各种各样的社会评价,"不畏浮云遮望眼",坚信"是非自有公论",坚持"功到自然成"。

  回眸社会发展史,对于个人来说,我们的能力虽然微乎其微,也许无法改变周围的大环境,但是却有可能改变自己,完善自己,坚持自己的信仰,坚持自己的人生追求,坚持人才开发。当我们如此振作的时候,我们的生命就有了韧劲,就有了张力,就有了希望,就有了对未来的执著追求。

  总之,从人才开发的角度来看,我们应该尽量把社会评价引到促进人才开发的轨道上来,使其成为促进人才开发的重要的外在动力。但是,社会评价具有无序性、随机性和偶然性的特点,我们不可能把社会评价完全掌控起来,特别是随着网络的普及,有些网络投票就很难保障其科学性与合理性。因此,社会评价无疑也具有"双刃剑"的功能:社会评价者如果素质较高,运用比较科学的评价标准,在了解事情真相的基础上,就有可能对特定的人和事做出比较客观和准确的评价;如果社会评价者素质不太高,又缺乏科学的评价标准,在不了解事情真相的基础上,对特定的人和事贸然做出的评价,就有可能"差之毫厘,失之千里"。

第十七章

人才流动与人才开发

我国改革开放以来,随着市场经济的确立,人才流动已经汇成势不可挡的时代浪潮。在这种新的时代格局下,如何促进人才科学的流动,如何在人才流动中更有效地促进人才开发,这是我们促进人才开发和建设和谐社会应该关注的重要问题。

一、马太效应与推拉定律对人才流动的影响

我国人口众多,国土辽阔,由于地理条件的不同,我国长江三角洲和东部沿海一带,人口急剧增加,在人才流动过程中,呈现出积极的"马太效应",涌现出人才汇集的大潮;而我国西部,由于受到客观条件的限制,却呈现出负面的"马太效应",人才外流相当严重。人才流动的推拉定律如同一只无形的大手,时刻在钳制人才流动的神经,使人们时刻感受到潜规则的存在及其无形的巨大力量。

(一)马太效应对尊重人才的启示

马太效应揭示了一个人或者组织在发展中良性循环或恶性循环的两极发展走向,这无论是对于人才开发,还是对于一个组织的事业发展,都有极其重要的启发意义。

"马太效应"的理论来源肇始于《圣经》中的一句话:"凡是有的,还要给他,使他富足;但凡没有的,连他所有的,也要夺去。"20世纪60年代,社会学家罗伯特·莫顿对"马太效应"的原理进行了归纳。他认为,任何个体、群体或地区,一旦在某一个方面获得成功和进步,就会产生一种积累优势,就会有更多的机会取得更大的成功和进步。事实上,无论人们是否愿意,马太效应是客观存在的事实,也在一定程度上体现了事物发展的规律。我们必须认识它,理解它,尊重它,利用它的基本原理,对于可能发生在我们身边的马太效应,采取积极的应对措施,在做好预测的基础上,促进马太效应的良性循环。

从马太效应来看人才开发的良性循环,一方面我们只有尊重知识,尊重人才,才能稳定人才,加快事业的发展;另一方面,只有加快事业发展,才能更好地吸引和引进人才,进一步加速事业的发展,实现事业发展与人才开发的良性循环。如果不尊重知识,不尊重人才,我们的事业就会受到严重影响,导致人才外流。因此,我们应该以高度的警觉,面对马太效应,对我们的管理者大声呐喊:请尊重知识,尊重人才吧!

(二)推拉定律对人才开发的挑战

所谓推拉定律,就是在人才流动过程中,有两种力量在起作用:第一是人才流出单位的推力效应;第二是人才流入单位的吸引效应。

1. 强势组织在推拉定律中广揽人才

在人才流动呈现"马太效应"的背后,实际上有一个重要的推拉定律在起作用。在吸引效应中,除了环境比较理想以外,主要原因是所流入的单位的事业发展空间比较大,待遇比较好,人际关系比较融洽等。

在《三国演义》中,推拉定律在曹操和袁绍之间表现非常鲜明:曹操唯才是举,用人不拘一格,只要发现对方是个人才,无论是降将还是出身低微或者资历短浅,曹操都予以任用,这比袁绍要高明得多。袁绍本来四世三公,门生故吏颇多,但不能任人唯贤,没有凝聚人心的本领,各种人才纷纷外流曹营。此外,曹操还重用张辽、张郃、庞德这些本领高强的降将。在第二次世界大战后期,美国为了广揽人才,还专门成立了一支"阿索斯突击队",专门深入敌占区,采取各种方式把一些科学家引到美国,其中德国量子物理学家海森堡就是那时被引到美国去的。美国人认为,海森堡一个人的力量就相当于十个师的部队。美国战后半个多世纪以来,一直保持广揽人才的战略,甚至就连他们的盟国也不放过,照样从盟国那里引进自己所需要的人才,这是美国能够独霸世界最重要的战略。

从历史的观点来看,管理者应该充分发挥"马太效应"的正面作用,加大引进人才的力度,把事业继续推向前进,争取事业发展上锦上添花,使事业永远立于不败之地。

2. 弱势组织在推拉定律中积极应战

在推力效应中,除了环境不太理想以外,主要是原单位由于事业发展缺乏吸引力,或者待遇不高或者人际关系不和谐等因素,使人才产生想"跳槽"的想法。

我们通过调查一部分"跳槽"者,了解到"跳槽"原因大部分与上述因素有关,其中有一半以上是与事业发展空间小或人际关系不和谐有关。因此,管理者应该让干事的人有一个比较宽松的人事环境,让单位的事业发展有空间,让优秀的人才放心、安心、大胆地工作,让每一个人都能尽情发挥自己的潜能,让事业在发展中不断地增强凝聚力,从而促进员工和事业积极互动的共生效应。管理者面对客观"硬件"不硬的前提下,要加强"软件"建设,用感情和事业来凝聚人心,减少"马太效应"的负面性。在这方面,刘备三顾茅庐无疑是人才开发史上的一段佳话。刘备当时在实力上与曹操和孙权相比,基本上还是处于弱势群体的地位,刘备也许并不懂得什么推拉定律,但深知尊重知识和尊重人才的重要性,这才能够通过三顾茅庐,赢得了诸葛亮的信赖和肝脑涂地的回报。

其实,针对我国目前人才流动基本上还是处于"孔雀东南飞"的现状,为了促进中部和西部的人才开发,中部和西部可以充分利用人才流动的推拉定律,虽然有些地理环境和其他的物质条件也许比不过沿海,但中部和西部在地理环境上也有一些独特的风貌,如名山大川、古代人文景观等,此外,最重要的就是管理者要用纯真的感情去感染人,用诚心和诚信取信于人,用苦尽甘来的事业发展愿象去吸引人,用星星之火可以燎原的气势去鼓舞人,用尽可能的优化政策去服务于人。

人才流动规律表明,只要管理者能够自觉认识到推拉定律的重要性,真正做到尊重知识和尊重人才,弱势组织仍然具有可持续发展的后劲和活力,仍然可以开创新的辉煌。

二、人才流动的原因、动机和现状

针对人才流动的大潮,为了促进人才的合理流动,就必须认真研究人才流动的原因、动机和现状,有的放矢促进人才流动的良性循环。

(一)人才流动的原因

人才流动的原因是非常复杂的,大致可以从三个方面予以阐释:社会对人才的需求是促进人才流动的客观原因;个人对生命的拓展是人才流动的主观原因;人才流动客观上受推拉定律的制约和影响。

1. 社会对人才的需求是人才流动的客观原因

随着市场经济的飞速发展,虽然全国各地都需要人才,但是由于地区之间发展的不平衡性,一些发展越快的地区和单位,对人才的需求也越大,而东南沿海一带迅速增长,决定对人才的持续增长的势头有增无减,因而,"孔雀东南飞"具有一定的客观必然性。

物理学上有个原理,一个运动的物体,前进的速度越快,受到的阻力就越小。由此来看发达地区对人才需求的持续增长,就有了物理学的依据。东南沿海地区发展越快,对人才的需求就越多,对人才的吸引力也就越大,引进的人才也就越多;而引进的人才越多,事业发展就越快,因而呈现出发展的良性循环。

从人才流动大潮中,不难看出,这二十多年来,人才由中部、西部和北部向东南沿海一带流动的速度简直是惊人。在这种人才流动的大格局下,东南一带原有的人才就较之中部、西部和北部,本来就要相对多一些,再加上这些年来引进的人才,进一步增加了东南沿海一带的人才优势,因而"马太效应"进一步体现出在东南沿海的良性作用。

2. 个人对生命的拓展是人才流动的主观原因

从人才开发的角度来看,最重要的开发是人才的自我开发,这是因为外在的开发最终只有通过个人的自觉,才能真正转化为人才开发的实践。

人才流动的最直接、最深层的原因不是外在的,而是人才自身对个人生命价值的新吁求,也是个人对生命拓展的必然表现,这才是人才流动的真正的主观原因。在人才流动以前,许多人才鉴于在原来单位受到发展的局限性,难以实现自己的人生理想,就必然想到"跳槽",这是古代早已有之的史实。我国古代早就有"良鸟择树而栖""良臣择主而仕"的理论和实践。韩信本是项羽的部属,却没有得到项羽的重用,最后"跳槽"到刘邦那里,刘邦最初也不了解韩信,结果导致韩信再一次"跳槽",然后才有"萧何月下追韩信"的佳话,才有刘邦设坛拜大将的美名。当然,个人生命的拓展不一定非要"跳槽",但这本身给管理者敲响了警钟。

管理者要时刻理解和记住,每一个人都有对自己生命价值的关怀,都有想实现自己生命价值的吁求,管理者必须在可能的情况下为部属提供必要的发展空间,不要让任何一个人产生怀才不遇的感觉。当然,在目前的形势下,对于大多数人来说,"不患人之不己知也,患其不能也",怀才不遇已经可以通过合理的流动,找到适合个人发展的新空间。

3. 人才流动客观上受推拉定律的制约和影响

人才流动除上述所说的客观原因和主观原因以外,客观上还要受推拉定律的制约和影响。

人才流动的推拉定律是客观存在的,在中部、西部和北部,由于受到客观条件和诸多因素的影响和制约,有时即使管理者再优秀,也难以完全留住人才,这主要受到"人往高处走"这一走向的客观影响。但这并不是说,这些地区就束手无策了,毕竟事在人为。日本和韩国地理条件都不太好,通过努力却发展比较快,这与日韩重视人才开发有密切的关系。我国的中部、西部和北部也可以通过卓有成效的工作,通过人才开发产生的最大效益,都可以把事业进一步推向前进。

荀子对于人才流动过程中的推拉定律似乎已有深刻思考。他说:"川渊深而鱼鳖归之,山林茂而禽兽归之,刑政平而百姓归之,礼义备而君子归之。故礼及身而行修,义及国而政明,能以礼挟而贵名白,天下愿,令行禁止,王者之事毕矣。《诗》曰:'惠此中国,以绥四方。'此之谓也。川渊者,龙鱼之居也;山林者,鸟兽之居也;国家者,士民之居也。川渊枯则龙鱼去之,山林险则鸟兽去之,国家失政则士民去之。无土则人不安居,无人则土不守,无道法则人不至,无君子则道不举。

故土之与人也,道之与法也者,国家之本作也;君子也者,道法之总要也,不可少顷旷也。得之则治,失之则乱;得之则安,失之则危;得之则存,失之则亡,故有良法而乱者有之矣,有君子而乱者,自古及今,未尝闻也,传曰:'治生乎君子,乱生于小人。'此之谓也。……人主之患,不在乎不言用贤,而在乎不诚必用贤。夫言用贤者,口也;却贤者,行也;口行相反,而欲贤者之至、不肖者之退也,不亦难乎!夫耀蝉者务在明其火、振其树而已,火不明,虽振其树,无益也。今人主有能明其德者,则天下归之若蝉之归明火也。"①在荀子看来,人才流动中的推力效应表现在"川渊枯则龙鱼去之,山林险则鸟兽去之,国家失政则士民去之";而人才流动中的拉力效应表现在"今人主有能明其德者,则天下归之若蝉之归明火也"。此说可谓深刻揭示了人才流动过程中推拉定律的深层原因。

与荀子相媲美的是《吕氏春秋》所说的,"夫覆巢毁卵,则凤凰不至;刳兽食胎,则麒麟不来;干泽涸渔,则龟龙不往。物之从同,不可为记"。② 把这一原理用于人才流动的分析上,这就是人才流动的推力效应。相反,人才流动也有拉力效应:"水泉深则鱼鳖归之,树木盛则飞鸟归之,庶草茂则禽兽归之,人主贤则豪杰归之。"③在《吕氏春秋》看来,"士虽骄之,而己愈礼之,士安得不归之?士所归,天下从之帝。帝也者,天下之适也;王也者,天下之往也"。④"故圣王不务归之者,而务其所以归。"⑤此论可以补充荀子的观点。

对于人才流动产生推力效应的主要原因有:管理者素质不高,心胸狭窄,嫉贤妒能;单位内部缺乏事业的发展空间;人际关系与人文环境欠佳;经济待遇不高和地理环境较差等。这都可以构成人才外流的推力效应。

对于人才流动产生引力效应的主要原因有:管理者具有雄才大略,唯才是举,任人唯贤;事业发展具有光明的前景;人文环境较好;经济待遇比较好和地理环境较好等。这都可以构成人才流动过程中的引力效应。推拉定律是客观的,但不是绝对的,也并不厚此薄彼,我们还是应该注重人的努力,在遵循推拉定律这一客观规律时,还要进一步克服这一规律的局限性,进而把推拉定律当作鞭策我们人才开发的重要动力,只要我们对推拉定律因势利导,更加尊重知识和尊重人才,就可以把推拉定律纳入人才开发的轨道上来,就能够在较大程度上进一步把事业推向前进。

---

① 荀子:《致士》。
② 《吕氏春秋·应同》。
③ 《吕氏春秋·功名》。
④ 《吕氏春秋·下贤》。
⑤ 《吕氏春秋·功名》。

人才流动客观上受推拉定律的制约和影响，这一规律启示我们：为了促进人才和谐与科学的流动，我们一方面应该把人才流动过程中的推力效应降低到最低点，另一方面我们又要努力提升人才流动过程中的引力效应。

(二) 人才流动的动机

在探讨人才流动的原因时，我们还要认真研究人才流动的动机。个人对生命的拓展是人才流动的主观原因，这是从哲学的角度对人才流动的主观原因进行的审视，人才流动还有最直接的动机，主要表现在追求事业发展，对美好生活的向往，考虑子女未来就业等问题。

1. 追求事业发展

过去人们常讲，人往高处走，水往低处流；树挪死，人挪活。这都从不同的侧面揭示了人才流动的主观性和客观必然性。

在人才流动的动机中，最重要的就是追求事业的新发展。从人才流动的总体情况来看，90%以上的属于中青年，因为中青年正处于年富力强或朝气蓬勃的最好年华，需要干一番事业，如果原单位缺乏相应的发展空间，就会影响一些人才对事业的追求，就可能造成人才外流。比如说，一些单位领导班子没有形成合理的年龄梯队，都是中青年，那么对于其他的中青年来说，就很难有晋升的空间；在一些高校或科研单位，在定岗定编的前提下，如果现有的高级职称都是中青年，那么其他的中青年就很难有晋升职称的机会。某高校曾经有个系的教授岗位不但已经满员，而且在岗的教授都是中青年，许多副高级职称以下的中青年教师在职称晋升方面几乎就没有空间。因此，有的年轻教师开玩笑说："如果现在的教授不退休，不调走，不意外死亡，我们就很难有晋升教授的机会了。"可见，在上述情况下，一些年轻人才就很难稳定下来，一旦外面有机会，就会"跳槽"，以追求未来事业发展的空间。

2. 对美好生活的向往

对美好生活的向往，这也是人才流动的重要动机。20世纪60年代，党和政府倡导农村是一个广阔的天地，在那里可以大有作为。在那个特殊的背景下，知识青年上山下乡成为特定时代"准就业"的主潮。在21世纪，随着市场经济的进一步发展，大城市就必然成为人才流动的首选目标。人才向大城市流动，还有一个很重要的原因，这就是为了提高生活质量，追求新的幸福生活。客观上，一些比较落后的地区，经济不发达，文化和闲暇生活的质量也都比较落后，人们要么没有钱消费，要么有了钱也没地方消费。在这种情况下，人们很自然地向往更好的生活条件和生活环境，为了追求新的幸福生活，人才也就比较容易外流。

3. 为子女前途着想

从事业发展的角度来看,通常比较可行的是,如果能够顺境成才,就没有必要逆境成才;如果没有合适的顺境,那么就必须战胜逆境成才。因此,从年轻人创业的角度来看,现在大多数人都自觉选择有利于个人发展的顺境,不到万不得已,一般不会去艰苦创业。现在的中青年一代人,大部分都是一个孩子,为人父母,就不能不考虑孩子的前途。为了给子女的发展提供良好的条件,家长都有可能考虑调动问题。比如,由于在高考招生中北京和上海的分数比较低,有的家长为了孩子考大学,就想办法调往北京或上海;还有的家长为了孩子将来就业,也会考虑从中小城市或落后地区"跳槽"到大城市或发达地区。我们研究人才流动,不能回避这一客观事实,除非国家采取重大措施,大力发展中小城市,才有可能从根本上解决人才往大城市单向流动的问题。

(三)人才流动的现状

从总体上来看,我国人才流动主要呈现如下多种走向:第一,组织内部上下流动,即庸者下,能者上,组织内部建立能上能下的人才机制。第二,地域性流动,主要是从中部、西部、北部向东南沿海流动。第三,城乡之间流动,主要是从农村、小城镇向大中型城市流动。第四,经济性流动,主要是从经济落后地区向经济效益好的地区流动,从待遇低的单位向待遇高的单位流动。第五,国际性流动,主要是发展中国家的人才流动到经济文化比较发达的国家。我国在这方面主要是大部分留学生留学后直接留在国外。

《2005年中国人才报告》的统计,我国2000年出国留学38989人,同年回国9121人;2001年出国83973人,同年回国12243人;2002年出国125179人,同年回国17945人;2003年出国117307人,同年回国20152人。据1978年到2008年的三十年期间,从总体上来看,回国的人员占出国人员的比例也越来越低,即出国的越来越多,而回国的越来越少。近十年来,随着我国的发展,留学生逐步掀起了回国潮,回国的人数逐年上升,人才流动开始回流。

就目前而言,我国内部人才流动的一个显著特点是由小城镇流向大中城市,这与我国近几年来片面发展大城市有关。20世纪90年代,我国为了促进社会全面发展,曾经大力提倡发展中小城市,建卫星城;而到了世纪之交,我国许多中心城市在制定"九五"计划及2000年发展纲要时,纷纷提出建设国际化城市及国际化大都市的设想,表达了敞开家门,吸收国际资本与先进技术的辐射,积极参与国际化社会的强烈意愿。近十多年来,拟建国际化大都市的中心城市已经超过了100个。这在客观上促进了大城市的加速发展,但也影响了中小城市的协调发展,由于人口急剧向大城市流动,一方面导致了人才单向度的流动,即都往大城市流动,造成了中小城市人才的大量流失,一方面导致了大城市人才发展的浪费,这在客观上不利于社会的协调发展。

人才流动的频率在西方一些发达国家也是比较高的。在美国,人才的自由流动是建立在自由择业体制的基础上的,通过科学有序的人才流动,可以保证人才有充分发挥自己潜力的空间。一般来说,美国人力资源开发及管理的社会化程度比较高,住房、医疗、保险等都实现了社会化,劳动力也不受户籍、地域的制约,在全国范围内可以自由流动。因此,劳动者为了找到更能发挥自己潜力的职业,职业迁移往往比较频繁,许多年轻人在30岁之前就已换了5~6次工作。尤其是一些中青年高级专门人才,往往在院校、科研单位、企业及政府间频繁流动。据统计,20~24岁人群的迁移率高达35%,25~29岁人群的迁移为32%。可见,人才流动已经是大势所趋,关键是能否在人才流动中一方面吸引优秀的人才,一方面对现有的人才资源进行优化重组。

三、人才流动与人才开发的相互促进

面对我国人才流动大潮,如何把人才流动大潮纳入既定的和谐轨道,如何把人才流动与人才开发结合起来,使二者相互促进,共同增强社会发展的活力,这是每一个管理者都应该考虑的问题。

(一)把人才流动演进为新型的人才开发

如前所述,人才流动体现了社会发展的需要,要受到推拉定律的影响,也是个人自身价值的呼求。这三点都和人才开发直接相关,可以说,人才流动本质上应该是对现有人才资源的重组和优化。

一般说来,人才流动过程基本上体现了"人往高处走"的价值趋向,人才流动在总体上频率愈高,说明人才发展的愈快,而人才发展的愈快,流动的速度也就愈频繁。因此,就人才流动本身来说,这对于人才开发是一件好事,它体现了社会对人才的尊重。从发现人才的角度来看,伯乐愈多,人才流动就愈频繁。近几年我国人才流动频繁,这说明我们生活中的伯乐越来越多了;反过来讲,人才流动也给那些"非伯乐"们敲响了警钟:你再不发现和任用人才,你那里的千里马有可能都跑光了。

因此,为了更好地在人才流动中促进人才开发,对于人才外流比较严重的地区和单位,管理者不要怨天尤人,消极埋怨环境,而是应该以积极的心态,在人才流动中保持清醒的头脑,把人才流动产生的巨大压力转化为人才开发的巨大动力。为了稳定现有人才,为了吸引外来人才,要进一步采取有效措施,必须有容人的雅量,有创业的精神,有凝聚人心的本领,有事业的可持续发展,努力做到感情留人,事业留人,待遇留人。

对于在人才流动中有较大吸引力的地区和单位来说,固然有吸引人才的客观优势,但这并不意味着一定能够引进合适的人才。在人才引进的过程中,尤其是要充分利用"鲇鱼效应"。所谓"鲇鱼效应",本来是挪威的一位船长发现的。为了能够让沙丁鱼活着回到港内,以便于卖好价钱,这位船长把一条鲇鱼放入盛沙丁鱼的鱼槽,于是鲇鱼四处游动,引起了沙丁鱼的游动,从而激发了沙丁鱼的活力。日本的企业家三泽千代治开始把"鲇鱼效应"用于人才开发,把一些富有活力的"鲇鱼"引进企业,激起了原有人才产生"触电"的感觉,一石激起千层浪,大大增强了企业的活力。

由此可见,在具有吸引力的地区和单位,管理者也不能单纯、孤立地看待人才引进,而是要把引进的人才和原来的人才进行优化配置,力求实现积极互动的共生效应,也就是"鲇鱼效应"。不能招来了"女婿",挤走了"儿";也不能以人才储备为由,对人才引而不用。另外,作为一线城市,为了稳定人才和引进人才,也要预防高房价对青年人才的挤出效应。

(二)促进人才流动与社会变迁和谐统一

从社会学的角度来看,社会变迁是有序的,也是无序的,是有序和无序的有机统一。从社会学和人才开发的双重视野来看,应该把社会变迁纳入人才开发的轨道,让社会变迁成为促进人才开发的重要社会动力。

首先,应该促使社会结构的变迁有利于人才开发。社会结构是指构成社会整体的各种基本组成部分及其相互之间比较稳定有序的关系网络。宏观上是指社会的经济基础与上层建筑及其关系;微观上是指各种不同的角色及角色规范和符号体系。从人才开发的角度来看,我们应该积极促进社会变迁对人才开发产生积极的影响。我国目前比较突出的仍然是上层建筑与经济基础之间的矛盾,上层建筑改革相对比较滞后,干部人事制度等都还需要加大改革力度,以促进社会结构的整体优化,如果回避或者延缓上层建筑改革,单纯抓经济建设,这显然是偏颇的。因为上层建筑建立在经济基础之上,当经济基础发生重大变革时,上层建筑必须随之发生变化,才能在新的经济基础上更好地促进生产力发展,才能在社会结构变迁中更好地促进人才开发。

其次,"边际人"向"现代人"的生成。改革开放以来,社会结构发生急剧的变化,历史以前所未有的加速度进入新的社会转型期,社会的变迁呈现出雷霆万钧之势,把我们迅速地卷入了传统与现代的夹缝之中,使我们很多人身不由己,不知不觉地仿佛变成了"边际人"。

"边际人",也叫作"边缘人"或"过渡人"。除了一些具有大智慧、大觉悟的少数英才以外,我们大多数人的心理处在一种失范和失衡的状态,因而暂时成了"边际人"。因此,许多人出现价值观念失衡、心理结构失衡、知识结构失衡和社会关系失衡的状况。由于诸多失衡,造成个人社会认知的错位,也造成类似孕妇分娩前的阵痛现象。"边际人"的结构和状况严重影响人才的身心健康,因而也影响人才的长远发展。"边际人"在20世纪90年代以前尤为突出,进入21世纪以后,由于市场经济进一步得到确立,计划经济和市场经济共存共荣已经获得更多人的认可,而人们的社会心理也经过改革开放20年的反思和心理准备,才开始真正向"现代人"转化。这里所说的"现代人",是指既扎根于传统文化,汲取传统文化的营养,又有现代社会开放的思维视野、团队精神和人文素养等特征的文明人,也是注重知识结构和能力结构优化组合的新人类。从人才开发的角度来看,只有加快"边际人"向"现代人"的转化与生成,才能促进人才开发向着协调的方向发展。

再次,价值观念的变迁应该促进人才开发。在人才开发的过程中,价值观念的导向具有特殊而又重要的作用。改革开放初期,我国开始初步形成了尊重知识和尊重人才的价值取向,但由于改革过程中的政策不够完善,到了80年代后期,一些不三不四的人和钻政策空子的人赚了大钱,以至于让许多人在价值观念上产生了失衡,滋生了新时期的"读书无用论",逐渐强化了崇拜金钱和权力的价值取向。到了90年代初期,随着治理整顿和政策的逐步完善,各种人才又开始得到社会的确认,广大青少年立志成才的积极性空前得到张扬。但随着高校扩招和就业难,又开始出现新的"读书无用论"。这样,在新时期的历史上,崇拜金钱、崇拜权力和"读书无用论"联系在一起,就形成了一种对于人才开发非常有害的价值导向。这种导向虽然不是社会发展的主流,但像一只无形的手,或者像一股潜流,在时隐时现中影响人们的心灵,也影响人才的整体性开发。因此,我们应该树立正确的权力观和金钱观,自觉把握正确的价值导向,把每一个人的成才和实施人才战略融合起来,把实现个人的生命价值和为社会多做贡献融合起来。

通过上述分析可见,从人才开发的视野来看,人才流动是大势所趋,也是一件从根本上有利于人才开发的善举。如果没有人才流动,就不会有人才竞争;如果没有人才流动,就不可能真正形成尊重知识和尊重人才的价值取向;如果没有人才流动,就不可能有真正的人才开发;如果没有人才流动,就不可能从根本上实施人才战略。人才流动从根本上能够激活人力资源向人才资源的转变,人才流动向万马齐喑说"不"!

第十八章

人才战略与人才开发

从社会发展史来看,得人才者昌,失人才者亡,这是社会发展兴衰的客观规律。我们要促进社会发展的全面进步,必须强化人才战略,把人才战略聚焦在以人才开发为中心的时代主题上。

一、确立人才战略是第一战略的价值取向

在社会发展整体战略中,最重要和最关键的就是人才战略。在全球化竞争日益激烈的今天,中华民族要永远立于不败之地,就必须确立人才战略是第一战略的价值取向,大力实施人才战略。

(一)实施人才战略必须以人为本

社会发展战略必须以人才战略为核心和关键。我国是世界上人口最多的国家,在世界上最具有比较优势的是人力资源,只有把人力资源作为第一资源优先开发,才能使人口大国所拥有的人力资源优势转化为现实的人才资源优势。

1. 战略与人才战略

战略作为军事术语,战略之"战",本来是指战争;战略之"略",本来是指谋略。意思是说,要取得战争的胜利,就必须讲究谋略。根据人才与社会发展进步的关系,人才战略是制约影响乃至决定社会发展进步最重要的战略。

近几年来,随着市场经济的竞争所带来的人才竞争,"战略"已经广泛地被使用于经济发展、人才开发和社会发展的规划之中。我们已经走进新的知识经济时代和信息时代,人才作为最重要和最宝贵的资源,越来越成为世界各国关心的主题,国家之间的竞争日益演变为激烈的人才竞争,一场全球范围内的人才争夺战,将会旷日持久地激烈战斗下去。为了促进社会发展的全面进步,在生产力和生产关系、上层建筑和经济基础之间的辩证关系中,只有大力发展生产力,才能更好地促进生产关系的变革,促进上层建筑和经济基础之间的协调发展。而在生产力诸要素中,在自然资源、资本资源和人力资源三大资源中,人是生产力中最活跃的因素,人力资源是第一资源,创新是第一动力。

因此,对于我国的社会发展进步来说,在自然资源、资本资源和人力资源三大资源的优化配置中,我们必须抓住人力资源这一最具有优势的资源。

2. 我国人才资源的短板

我国虽然人口众多,但并非人才大国。从人才资源的角度来看,我国人才资源还存在非常明显的短板。短板主要一是国民接受高等教育的程度还不高,至今仍然有一些适龄儿童未能入学;二是人口红利基本消失;三是创新后劲不足。

据统计,到1999年,我国就业人口7亿多人,文化程度在大专以上的仅占3.8%,而初中以下的占80%以上。2000年,我国29个专业技术系列中具有副高以上职称的人员共157万,仅占技术人员总数的5.5%。每万名劳动者中有研发科学家和工程师11人,而在发达国家这一数字接近或超过了100人。在2000年国际科技竞争力排行榜上,我国"企业获得合格工程师的难易程度"这一指标在47个国家中位居倒数第一。这说明了我们缺少一批能抢占世界科技制高点的将帅人才,缺少大批熟悉市场经济规律的高素质经营管理人才,更缺少在综合中求创新的懂管理的复合型人才。创新能力是衡量人才的重要标准,而我国创新能力薄弱的问题非常突出,知识老化现象异常严重。从人才学意义上来说,我国是人力资源大国,却不是人才资源大国。

根据国统计局网站2017年发布的统计,通过我国2016年人口受教育程度的抽样调查,相关数据如下:在全国6岁及以上人口1077332人中,未上过学的61448人,大学专科74338人,大学本科59235人,研究生5797人。根据对北京的抽查17001人的统计,未上过学的313人,大学专科2320人,大学本科4152人,研究生1257人。根据抽样调查,贵州、青海、云南等比较落后的省份未上过学的约占10%左右。根据2018年2月28日国家统计局发布的《中华人民共和国2017年国民经济和社会发展统计公报》,我国九年义务教育巩固率为93.8%,高中阶段毛入学率为88.3%。这组数字表明我们农村的基础教育存在的问题还比较严重,我国的人口素质以及人力资源的学历程度都有待于较大程度的提升。

随着我国即将进入老龄化社会,人才年龄的老化问题也将提到议事日程。近十年,我国各类专家陆续进入退休大潮,如何实施"银发工程",大力开发老年人才资源,已经成为我国人才战略的重要布局之一。此外,我国近20年来,人才的外流现象十分严重,已经对我国的人才战略敲响了警钟。我国地方院校忙考研,重点大学忙出国,这是众所周知的事实。尤其需要引起我们注意的是,一些发达国家已经把企业设在我们国内,直接聘用我们的本土人才为其企业服务,这是一种隐性的看不见的人才外流。

根据我国人才资源的短板,我国人才战略必须确定以人为本。这里所说的以人为本,具有两个方面的含义。

第一,人才战略的目的是更好地促进全社会的人才开发,因此,在实施人才战略的过程中,必须理解和关心每一个人,把每一个人都视为人才开发的对象和主体,即:开发每一个人,每一个人也都是人才开发者;每一个人都是伯乐,每一个伯乐也都是千里马。通过人才战略的实施,营造一种人才开发的时代氛围和时代主题,促进全社会人才辈出。

第二,人才战略通过促进全社会的人才开发,最终的目的是促进社会发展的全面进步,而社会发展的全面进步,实质上也是为了实现人的全面发展,使更多的人过上幸福美好的生活,即人才战略是为了促进人才开发,而人才开发又是为了促进人的全面发展,最终促进社会的发展进步,实现人的社会理想。

我国创新型人才总量短缺,自主创新能力还相对薄弱,在创新型人才培养方面,资源分散,力量不足,措施不够得力,在创新型人才培养机制方面还缺乏根本的突破,尚未形成有利于创新型人才脱颖而出的社会环境,更没有从战略上把13亿人口纳入巨大的创新型人才资源库加以思考和建设,没有从整体上和根本上把人口压力转化为人才优势。我国实施人才战略,尤其需要把以人为本落到实处,以人才为核心,以人才创新为动力,全面实施人才开发战略和人才强国战略。

(二)以人为本的目的是人尽其才

在我国当下的语境中,新闻媒体、领导讲话、学术研究和社会实践的诸多领域,几乎普遍使用"以人为本"的概念,这虽然看起来强调了对人的理解和尊重,但从人才战略的角度来看,还是远远不够的。从人才开发的角度来看,以人为本,就是要理解人,关怀人,就是要紧紧依靠人的力量推进事业的发展,而最终的目的应该是促进人尽其才。

在国际人才争夺战中,只有真正做到人尽其才,才能真正实现以人为本。微软公司之所以举世瞩目,其秘诀就在于对人才的高度重视,对人才精挑细选,不让最优秀的人才"漏网",竭力追求人尽其才的最佳效果。比尔·盖茨只要了解到有公司需要的令他满意的人才,无论在世界上哪个角落,他都不惜任何代价将其挖到微软公司。比尔·盖茨认为,如果把微软公司顶尖的20个人才挖走,那么,微软会变成一家无足轻重的公司。正因为微软公司高度重视人尽其才,所以,公司对世界各国人才的吸引力也因此而大增,每年竟然能够接到来自全世界各地的求职申请达12万份。

以人为本,就是要把人当人看,理解人,尊重人,关心人,发展人,真正做到人尽其心,人尽其情,人尽其力,人尽其才。这种理解和关心不能停留在提高福利待遇等浅层次上,而是要紧紧抓住人才开发这个主线或主题,把理解人和关心人,落实到发展人,提升到人才开发这一最重要的永恒主题中来;离开人才开发这一主题,就不可能把以人为本落到实处,就只能局限于一般的物质层面或其他的浅层次上。因此,我们要以人为本,就必须抓住以人为本的实质和关键,这就是通过人才开发,使人成其才,最终达到人尽其才的目的。

为了更好地人尽其才,管理者要力所能及地让每一个人干自己最喜欢干的工作,这是激发人的积极性的最直接、最有效、最高明的工作策略,让每一个人的兴趣成为从事创造性工作的主观动力,成为诱发潜能的最直接、最有效的加速器;如果完全凭长官意志来任用人才,就不利于每一个人开发自己的潜能,也就很难做到人尽其才。因此,聪明的管理者应该尽可能地用人之长,把每个人放到最恰当的又是最喜欢的工作岗位。

二、人才战略的核心是人才开发

人才战略的核心是人才开发。人才开发这一特殊性,直接决定了人才开发所蕴含的双层含义:第一,人才开发本身要求人成其才;第二,在人成其才的基础上,还要人尽其才。因为从人才开发战略来看,人成其才还不是最终目的,最终目的就是人尽其才,所以,人尽其才就是人才开发本来就应该具有的意义。实践证明,只有人尽其才,才能更好地促进人成其才,也才能更好地促进人才开发。

(一)由人力资源的使用转向人才资源的开发

人才开发与自然资源的开发有本质的不同:在未经开发以前,自然资源本身是客观事物,自然资源与自然资源之间只有"自在"的关系,没有"自为"的关系,开发出来以后还是客观事物,资源与资源之间仍然没有直接的联系,比如煤矿挖出来的煤和油田开采出来的石油之间,本身就没有任何的联系。在人才开发之前,人与人之间就已经具有了直接或间接的各种复杂关系,因而不是"自在"关系;人才经过开发以后,人才与人才之间更会产生积极的双向互动,也就是说,人才与人才之间都具有"自为"性。

要落实人才开发这一人才战略的核心,就必须促进人力资源向人才资源的转变,由人力资源的使用转向人才资源开发。古希腊哲人赫拉克利特对人才价值的阐释非常具有超前性,认为一个优秀的人能够抵得上一万个人。笔者认为,人力资源再多,也只是人力而已,是人的普通力量;而唯有把人力转向人才,才能把人的普通力量提升到一个更高层次,提升到一个能够产生巨大能量,因而也能够创造出更多价值的社会群体。

著名人才学家王通讯20世纪80年代去美国考察时,就发现美国的人事部门都变了,人事部不叫人事部了,叫人力资源部。中国的人事部门职责很明确,就是人事管理；而美国专家认为美国和中国的管理方式差别就在"开发"这两个字上。① 在生产力的发展史上，小农经济需要的主要是人力；而知识经济时代是信息的时代，是现代技术广泛运用于社会化大生产的时代，传统的人力已经失去往日的价值，单纯靠体力创造价值的时代已经一去不复返了。在现代社会，不要说一般的体力劳动者无法创造出更大的价值，甚至就连谋生都不容易。近些年来，随着农村劳动力大量涌进城市，除了一些有一技之长的农民能够找到一定的工作以外，许多没有专长的普通农民在城市中几乎没有立足之地，有些甚至为生活所迫，走向了犯罪道路，真让人扼腕而叹！

针对我国八亿多农民，我们应该从人才战略的高度出发，看到人力资源的丰富性，看到其中蕴含的巨大能量，这是取之不尽、用之不竭的最丰富的资源。从人才开发来看我国人口众多的客观事实，我们如果缺乏人才开发的理念，忽视对人力资源的开发，人口众多就可能成为我国实现现代化的瓶颈，因为即使我国综合国力再强，但按照人口一平均，各项指标也都难以得到提升。但是，如果我们以积极的心态，站在人才开发的战略制高点，就可以用鸟瞰的视野，发现人口众多所蕴藏的巨大潜力和巨大能量。几百年前，拿破仑曾说过：中国是一头沉睡的雄狮，一旦它醒来世界将为之震撼！要实现拿破仑这一预言，唯一的秘诀就是通过人才开发，把我国丰富的人力资源转化为人才资源，让我国真正成为一个人才大国。

实践证明，人力资源是所有资源中增值潜力最大、最具有投资价值的资源，人才投资也是所有投资中风险最小、收益最大的战略性投资。我国对人才的开发与管理应采取集约式发展，要对人才开发舍得高投资，进一步提高人才总量，全面提升人才的高素质，优化人才队伍的知识结构和能力结构，通过卓有成效的人才开发，进一步增强全社会的凝聚力和发展力。

（二）由人才竞争转向新的人才辈出与共生

在人才开发的宏伟大业中，人才竞争只是人才开发的手段和人才运动的轨迹，也是人才开发的一种方式，而不是人才开发的目的。人才竞争只有一个目的，这就是通过积极的人才竞争，以人才流动为动力，促进全社会的人才辈出，从而实现人才开发的共生效应。

要把人才竞争转向人才辈出，实现积极的共生效应，就必须优化人才竞争机制，把人才竞争纳入法制的轨道上来，要合法竞争。在这方面，由于近几年人才竞争加快了人才流动的频率，客观上出现了人才流动的无序现象。这种无序性在很大程度上影响了全社会人才资源的优化配置，以至于在不少地区和单位出现人才

---

① 王通讯：《人才资源论》，中国社会科学出版社，2001年版，第3页。

流动失控的局面。基于此,我们在研究人才竞争时,就应该考虑把人才竞争纳入有序的法制轨道上来,使人才流动有序,开发有序,在微观上搞活,在宏观上调控。具体来说,专业技术人员不仅要讲合同,更要讲诚信,合同完成后,双方同意继续聘任的,就继续聘任;有一方不同意聘任的,可以不予聘任。人事部门可以按照合同聘任的规定,对各类人才进行有序的科学管理。

如果从人才开发的视野来看人才竞争,人才竞争的目的绝非仅仅局限于对现有人才的争夺,而是要通过积极有序的人才竞争,促进全社会的人才开发,注重彼此之间在人才开发中的共生效应。通过积极的人才竞争,一方面进一步强化尊重知识和尊重人才的价值取向;另一方面,通过竞争进一步实现人才自身的价值。通过全社会的人才竞争,人才在流动中客观上促进人才资源的优化配置,促进人才资源的适才适所。在引进人才的单位和地区,应该追求人才引进所产生的"鲇鱼效应",进而激发原有人才的积极进取精神;对于人才外流的单位和地区来说,人才外流本身是一面镜子,它直接反映出一个单位的事业发展状况,间接地映射出该单位对人才的任用情况。如果人才外流是因为"庙小容不下大和尚",管理者就应该建造一个大"庙",拓展事业的发展空间,让再大的和尚,也有地方念经;如果人才外流是因为人才埋没,管理者就应该以此为戒,完善内部的用人机制,任人唯贤,唯才是举。

因此,如果全社会能够积极参与人才竞争,就一定能够从人才竞争和人才流动中获得对人才开发的启迪,并以此为动力,促进人才开发的共生效应。

(三)由人才垄断转向突破时空的异地用才

在计划经济条件下,人才机制实际上从属于人事机制,是一种人才垄断机制。这种人才垄断严重束缚人才的竞争和正常的人才流动。一个单位如果没有一个好领导,"羊狮效应"就可能把这个单位的员工变得平庸和安于现状,直接影响人才开发,也阻碍事业的健康发展。

人才垄断表现在人才管理方面,主要有两个特征:第一,单位严格按照人才的人事档案关系进行全方位的管理,从工资奖金到职务晋升,从住房到看病就医等,都由所在单位全权管理,因而,对本单位的人才是有养有用。第二,在人才的发现、任用和统计上,只关注本单位现有的人才,而不是从人才开发的角度出发,也不是从本单位事业发展的需要这一战略高度出发,因而,对于那些不属于本单位编制的人才,则不养不用,甚至熟视无睹。其实,在用人机制上,一般是有养有用,但更为灵活的,也是最高境界的,却是不养而用。所谓不养而用,是指一个单位在使用本单位以外的人才时,根据单位工作的实际需要,酌情聘请相关专家进行咨询、讲学和技术指导等,然后根据人才的具体贡献,给予适当报酬,而不是把档案、工资、住房等统管起来。

对于人才不养而用,受益最大的是一些人才荟萃的大城市,如北京、上海、西安、南京和武汉等。这些大城市除了在行政上隶属于地方管理的专业人才以外,还有大量的是中央各部委在地方设置的科研机构、部属院校和国属大企业等。因此,对于地方政府来说,对于这些大城市中的每一个单位和个人来说,人才资源就绝不仅仅是归属地方政府管理的那些人才,而是也应该包括那些非地方政府所管理的各类人才。在北京,中国科学院、中国社会科学院等科研机构人才荟萃;清华大学、北京大学、中国人民大学等部属重点大学英才云集。这些科研机构和高校可谓人才济济,客观上构筑了北京在全国独树一帜的人才高地。对于北京市政府而言,对于北京所有的企业和每一个人来说,这种特殊的人才高地所形成的人才"硅谷"真是得天独厚,因而完全可以不养而用,如果能够发挥他们的作用,就一定能够产生事半功倍的最佳社会效益和经济效益。

近几年来,人才的社会价值更加凸显出来,专家各种社会兼职,为公司当顾问,被高校特聘教授,受聘"长江学者""泰山学者"等,已经初步形成人尽其才和人才资源优化配置的新局面,这也是人才开发突破时空、异地用才的一种特殊体现。在这方面,对于所有的管理者而言,确实应该明确自己的用人理念,无论是否为你所拥有,只要这个人才对单位的事业发展有好处,就一定想办法让其能够为你所用,这才是真正不拘一格用人才,才能真正体现出管理者的人才战略意识。

(四)由人才低谷转向全球人才高峰的攀登

人才战略的核心是人才开发,因此,我们为了实施新的人才战略,就必须以强烈的忧患意识,以远见卓识的战略眼光,由人才低谷转向全球人才高峰的攀登。

1. 对现有的人际关系结构进行重新组合

要实现由人才低谷转向人才高峰的攀登,根据事物结构决定事物功能这一特点,首先,应该对现有的人际关系结构进行重新组合,以建立或形成新的人际关系。通过反思我国的人才低谷,不难看出,由于人事制度等多方面的原因,我国的人际关系结构存在一些问题,不利于人才的整体性开发。具体表现在如下几点:

第一,人际关系具有区域性。在人际交往中,随着人际关系政治化的淡薄,人情的因素在急剧上升,其中老乡观念是中国传统文化的重要显现,也是近几年来非常流行的观念之一。杜甫《四喜诗》:"久旱逢甘霖,他乡遇故知。洞房花烛夜,金榜题名时。"其中就有对老乡之情的讴歌。从人性和人情的角度来看,老乡观念具有一定的合理性与合情性,但是从人才开发的角度来看,如果在人际关系中过分重视老乡观念,就有可能影响对非老乡人才的发现和任用。

第二,人际关系具有家族性。近几年来,随着寻根意识的增强,以续家谱为标识的宗族观念也大有蔓延的态势;在民营企业中,"家天下"的特点十分鲜明,一些主要岗位基本上全被业主一家所垄断;在广大农村中,家族意识已经在很大程度上影响村干部的选举。很显然,这种家族观念的泛化,必然导致用人方面的任人唯亲,因而对人才开发产生非常负面的影响。

第三,人际关系具有校友性。我国高校这十几年来,纷纷举办校庆活动,再加上以校庆为纽带的各种校友聚会、系友聚会更是比比皆是。这些活动的目的一方面在于振奋精神,凝聚人心,一方面也在于通过加强校友之间的联系,为学校和个人的发展提供某些方便。

上述这三点本来无可厚非,但是应该保持一个恰当的度,即不能让这些因素影响或干扰了人才的发现和任用,更不能影响整体性人才资源开发。

针对人际关系的现状,从人才开发的角度来看,我们应该倡导全社会建立科学的人际关系,以事业发展为人际关系引路导航,以广揽人才为发展目标,从五湖四海中选才任贤,以得天下英才为自豪。我们要以人才开发为主线,把它贯穿于构建和谐的人际关系之中。

2. 进行人才挖潜的战略决战

在计划经济时期,我国为了提高生产质量,也曾经在倡导技术革新的同时,大力主张对老企业进行挖潜改造。在以人才为时代动力的新时代,企业需要挖潜,人才开发更需要挖潜,时至今日,我们已经到了对人才开发进行战略决战的时刻。

对老企业这些看起来已经没有生命力的事物,尚且能够挖潜改造,实现新旧动能转换,促进产业转型升级,以此提高生产效益,更何况是活生生的人力资源呢? 在各种资源的开发中,物质资源的开发毕竟是有限的,而唯有人才资源开发才真正取之不尽、用之不竭。正因为如此,我们应该充分认识和利用人才开发这一特殊规律,对全社会的人力资源进行整体性的人才资源开发,进行全方位的人才挖潜大会战。诚然,我们过去为了搞政治运动,曾经大量搞群众性的大会战,严重挫伤了广大人民群众的积极性;现在,我们大力倡导人才挖潜的战略决战,是为了促进全社会的人才开发,这与过去的政治运动有根本的不同。

为了更好地进行人才挖潜战略决战,需要政府和社会的共同参与,也需要每一个人的群策群力。具体来说,政府制定人才开发战略时,不能把目光停留在已经具有成就的专业人才上,而是应该把人才开发看作能够让全社会每一个成员都能够参与的伟大事业;对于具体从事人事管理的领导者来说,就要看本单位中每一个人已经具有的能力是否都发挥了作用,看本单位在使用性开发上是否埋没了人才,看每一个人的潜能是否都得到了有效的开发;对于具体的每个人来说,就要看个人的发展过程中是否曾经有过自我埋没,看自己的兴趣爱好是否转化为激发潜能的兴奋剂,看自己是否为了远大理想而不懈地奋斗。为了促进人才开发,不论男女老幼、老弱病残,甚至触犯了刑律而被判刑的人,我们都应该把他们当作人才开发的一份资源。这样,政府和全社会每一个成员共同参与,通过制造人才开发的社会舆论,弘扬人才资源是第一重要资源的思想,树立一种人人都可以成才的价值取向,营造一种比成才、比贡献的时代氛围,就一定能够汇聚成波涛汹涌的人才开发大浪潮。

3. 建立人才开发的新机制

党的十六大报告提出,要"努力形成广纳群贤、人尽其才、能上能下、充满活力的用人机制,把优秀人才集聚到党和国家的各项事业中来"。党的十九大又指出:"人才是实现民族振兴、赢得国际竞争主动的战略资源。要坚持党管人才原则,聚天下英才而用之,加快建设人才强国。"人才开发是一项涉及社会、家庭、学校和社会各个方面的整体性开发,为了促进人才开发的广度和深度,就必须建立科学有效、充满生机与活力的人才开发机制。从社会和用人单位的角度来讲,最重要的就是完善人才的培养、引进、评价、选拔使用、激励等人才制度,进一步激励人才开发的积极性和创造性,促进人才实现最大的增值效应。

第一,树立人才开发的新理念。首先,确认人才是第一资源、创新是第一动力的价值取向,在全社会进一步弘扬尊重知识、尊重人才、尊重创新价值取向,而不是官本位意识和金钱意识;其次,在全社会倡导人人都可以成才的社会风尚;再次,由"以人为本"转化为全社会的人才开发。以人为本不仅要求理解人和尊重人,更包含人才开发的深层意蕴,其最核心和最关键的就是在促进每个人的全面发展过程中,积极进行人才开发,促进人人成才。这里的关键就在于如何学会在集思广益中发现各种优秀的人才,对此,我们不妨从亚里士多德那里得到一点启发。亚氏在《政治学》中虽然谈的是城邦管理,即"治权",但通过他的分析,却给我们今天的人才开发以非常有益的启示。他指出:"如果许多人①人人贡献一分意见和一分思虑;集合于一个会场的群众就好像一个具有许多手足、许多耳目的异人一样,他还具有许多性格、许多聪明。群众(多数)对于音乐和诗人的作品的批评,常常较②更为正确,情况就是这样:有些人欣赏着这一节,另些人则被另一节所感动,全体会合起来,就完全领略了整篇的得失。"③由此不难看出,通过集思广益,一方面实现了民主决策,一方面又在客观上有利于发现人才,使一些有识之

---

① 共同议事
② 少数专家
③ [古希腊]亚里士多德:《政治学》,吴寿彭译,商务印书馆,1965年版,第143页。

士能够有机会脱颖而出。

第二,明确人才开发机制的总体思路。人才开发要树立大人才观、大学习观和终生开发的全新理念,以创新能力为核心,以社会需要为导向,以竞争为鞭策,立足当前,着眼长远。对于全社会的人才开发而言,我们要在提高人文素养和科学素养的基础上,建立健全人才的终生开发体系,培养我们适应社会的生存能力,开拓未来的发展能力。具体而言,管理人才应该重点培养理论素养、战略思维、决策能力和解决实际问题的能力;专家学者应该进一步拓宽思维,重点培养学术创新能力和发明创造能力;企业管理人才和技术人才应该具有驾驭商品市场化、国际化和技能化的开拓能力,提高企业的国际竞争力;产业工人应该掌握最新的现代技术,能够熟练从事现代化大生产,生产出一流的产品;农民应该树立现代农业的新理念,全力推进科学种田,把自己培养成具有现代农业知识的现代农业工人。

第三,要完善人才引进机制。引进人才是发展事业和壮大事业的需要,一个组织要做强做大,仅有本单位的人才是不够的,而由于"十年树木,百年树人"的长期性,组织本身也很难在比较短的时间内培养出自己所急需的人才。因此,在引进高水平的人才,无论是从经济上,还是从长远事业的发展上,都是极其有益的。要引进人才,关键是提高我们自身的吸引力。首先要尊重人才,引进人心,让引进的人才从内心深处转移到新的工作岗位上来;其次要制定引进人才的优惠政策,要为人才提供良好的工作、生活环境,使引进的人才能够安心扎根,安居乐业,人尽其才。当然,引进人才不仅要看学历,更要看学力和实际能力;不但要"筑巢引凤",而且还要主动出访,三顾茅庐。

第四,要完善人才评价机制。人才评价是对人才本质力量的确证,人才评价的标准是否科学,评价过程是否公开透明,评价结论是否公允准确,都直接影响人才开发。在人才评价问题上,要确立科学的人才评价标准,既要坚持德才兼备,避免"重德轻才"或"重才轻德",又要防止求全责备,把人才的动机与实践效果结合起来,坚持动机与效果的统一论。

第五,要完善人才选拔和任用机制。由过去的"相马"转变为"赛马",让实践来检验每个人的品德和能力;坚持任人唯贤,唯才是举,不拘一格,适才适所,量才录用,人尽其才,才尽其用;要建立可上可下、可进可退的人才管理制度,做到能者上,庸者下,树立"无功即是过"的岗位理念,引入竞争机制,营造争创佳绩的组织文化。

第六,要完善人才激励机制。人才也是人,同样也需要一定的激励。一般来说,科学完善的激励机制有利于激发人才的积极性和创造性,有利于稳定现有人才,也有利于吸引和引进人才。在这方面,要进一步打破平均主义思想,要敢于坚持效率优先,"人们对于各尽自己的功能来有所贡献于社会,也从别人对社会的贡献中取得应有的报偿",①对于人才的创造性贡献,多劳多得,优劳优得。既包括物质福利的实惠,也包括精神方面的激励。通过各种激励,让人才能够感觉到自己在较大程度上实现个人的生命价值,能够增进个人的成就感、荣誉感和自豪感。

第七,完善各类人才市场,把人才开发与市场经济和人才市场有机联系起来。为了体现人才市场的优化配置,2004年2月,人事部出台了《关于加快发展人才市场的决定》,提出了加快发展我国人才市场的一系列政策和措施,明确要求加强市场在人才资源配置中的主导地位。2005年,人事部又进一步加强人才市场的立法与管理,进一步发展人才公共服务,推进建设统一开放的人才市场体系,以及推动政府人事部门所属人才流动服务机构体制改革等,这为人才开发提供了政策性支持。为了加快引进人才的速度,很多地区推行人才居住证和人才"绿卡"制度,为引进人才开辟"直通车"和"绿色通道"。为建设统一开放、竞争有序的人力资源市场,更好服务就业创业和高质量发展,国务院常务会2018年5月3日通过《人力资源市场暂行条例(草案)》。该草案突出规范人力资源市场活动,促进人力资源自由有序流动,细化了就业促进等规定,明确了市场监管措施。

第八,由人事管理真正转化为人才开发。管理者重要的一点是要转变观念,把人事管理转变为新的人才开发。目前,许多机构在人才管理上主要是制定人才的工作目标,规定人才相应的各种待遇,但是,人才如何实现个人的工作目标,如何可持续发展,如何搭建合力梯队,却考虑不够。这样的人才制度对人才开发既有积极作用,又有消极作用。人才开发的战略要求我们必须打破传统人事管理的瓶颈,人事部门要从过去的管事和管人中解放出来,转移到理解人、尊重人、关心人和促进人才开发的轨道上来,只有如此,才能由人事管理真正转化为新的人才开发。

三、人才战略呼唤人才开发大师

知识经济时代归根结底是以人才开发为动力的时代,这是一个呼唤人才的时代,是一个需要巨人也能够产生巨人的伟大时代。随着全球化的到来,我们已经自觉不自觉地参与了世界范围内的人才大战,我们最终能否打赢这场战争,不仅取决于我国经济的发展,而且也取决于我们对人才开发的广度和深度。我们正面临一场前所未有的历史抉择:我们是让人力资源大国成为我国社会发展进步的包袱,还是把人力资源转化为新的人才开发,使我国成为人才大国和人才强国,这是

---

① [古希腊]亚里士多德:《政治学》,吴寿彭译,商务印书馆,1965年版,第46页。

摆在我们面前的一项战略选择。

(一)大众的觉醒:人人都是人才开发者

实施人才开发战略,这是我国历史上亘古未有的伟大事业,它需要人才开发理论的支撑,需要一大批人才开发大师,也需要全社会的共同参与,是一项群策群力、人人开发和开发人人的可持续发展的持久战。

首先,人才开发实践需要坚实的人才开发理论作支撑。我国的人才开发研究在理论上肇始于王通讯先生等专家对人才学的研究。王通讯先生把我国的人才学研究分为三个阶段:1979年到1985年,这是我国人才学研究的理论初创时期;1986年到1994年,人才学研究开始与组织人事工作相结合,人才测评、人才考核、职称改革、人才选拔制度改革、知识分子工作等都成为人才研究的热点;1995年到2008年,人才研究开始和国际上的人力资源管理与开发理论相融合,人才开发成为耀眼的亮点,这是人才研究的第三个阶段。近二十年来,我国人才学理论研究产生一批重要成果,为我国人才战略提供了理论支持,随着人才学研究和人才开发理论的不断发展,中组部、教育部与人力资源和社会保障部也都制定了一系列的人事人才政策,各地政府也都根据中央和各部委的文件精神,制定适应本地区发展的人事人才政策。这样,从人才学研究到人才开发理论的深入发展,再到各种人才政策的制定和完善,为我国全面的人才开发提供了理论和政策上的双重保障。

其次,人才开发理论对人才开发实践的指导。随着我国人才学研究队伍的扩大,许多具有人才战略眼光的管理者也开始自觉用人才学的理念进行人事管理,特别是到了20世纪90年代中期以后,伴随着各种自然资源的开发,人才开发成为时代最抢眼的亮点。这种抢眼不仅表现在人事管理向人才开发的转变上,也表现在全社会人才开发的意识开始觉醒,这是我国历史上前所未有的。近几年来,各种自然资源的开发、各种开发区和房地产开发等,都开始不同程度地降温,唯有人才开发在不断地持续升温,因为人们已经开始认识到人才开发能够激发人类生命的巨大能量。由于市场经济的初始阶段,人们看中的主要还是人才开发所产生的经济效益,在人才开发的理念和动机上,仍然存在一定程度上的短期行为,即把经济发展视为人才开发的最重要目的,而相对来说,还没有从根本上认识到人才开发对于实现个人的生命价值的重要哲学意义,更没有认识到人才开发对于全社会所产生的社会整体效益。换言之,人才开发在社会实践中,虽然客观上蕴含真善美及三者的有机统一,但大部分人只看到人才开发所产生的善,而相对来说,没有看到人才开发所蕴含的真和美,更不可能看到人才开发是社会一项系统的综合工程,本身就蕴含真善美的有机统一。这就是说,社会对于人才开发的意识虽然开始觉醒,但觉醒的程度还远远不够。正确的认识应该是既要看到人才开发的善,又要看到人才开发所蕴含的真和美,还要进而把握人才开发所产生的整体性的社会效益,认识到人才开发所蕴含的真善美三者的和谐统一。只有当我们的认识达到了这样的高度时,我们对人才开发才能追求更进一步的自觉和自律。

毛泽东在《沁园春·长沙》中曾经发出了"问苍茫大地,谁主沉浮"的询问;而如今如果要问:中国发展,谁主沉浮?我们可以理直气壮地宣言,我们只有在党和政府的领导下,全面推进人才开发的伟大事业,中华民族才能真正崛起,才能真正在国际之间的竞争中永远立于不败之地;只有全面推进人才开发,我们党才能更好地代表先进生产力的发展要求,代表中国先进文化的前进方向,代表中国最广大人民的利益;只有落实以人民为中心的思想,激发人民的主人翁意识和责任感,让人人都成为人才开发者,才能真正做到开发人人,形成全社会人成其才和人才辈出的繁荣局面。

(二)人才开发大师需要能力的高度优化

随着我国人才战略的实施,人才开发的浪潮方兴未艾,大有愈加高涨的态势。为了更好地促进我国的人才开发,我们不仅需要人才学家理论上的指导,而且还需要实践意义上的人才开发大师。

1. 拨开迷雾,睁开伯乐的慧眼

人才开发的伟大事业客观上需要并呼唤人才开发大师的出现;而人才开发大师的出现又能反过来积极促进全社会的人才开发。人才开发大师与其他的某某"师"相比,特别要求具有综合性的通才结构,需要知识和能力的高度优化组合。

早在古希腊时期,就有"大匠师"之称,亚里士多德认为"每一行业中的大匠师应更受尊敬"。① 改革开放以来,我们称邓小平为中国改革开放的总设计师;在企业界,有工程师,90 年代以来,还出现"企业策划师"的称谓;在教育界,人们习惯上称从事教育的人为老师。人才开发涉及整个社会每一个人的福祉,更应该从理论到实践上给予高度的重视。人才开发与其他工作相比,具有独特的质的规定性:第一,人才开发的对象是人本身,这就决定了人才开发的复杂性,因为在人世间,唯有人最复杂,最难理解,最难认识,因而也是最难鉴别的对象。第二,人才开发与别的开发不同,自然资源开发出来以后,可以直接为开发主体所用,为开发主体实现经济效益。而人才开发的结果是激发开发对象的活力,促进对象的成才,这固然也可以为开发主体带来经济效益,被开发出来的人才与开发者之间如果处理好关系,就能促进二者之间积极的互动与共生效应;但是,如果处理不好,就可

---

① [古希腊]亚里士多德:《形而上学》,吴寿彭译,商务印书馆,1959 年版,第 2 页。

能影响到许多人才之间的积极互动。

中央电视台10套节目2006年10月2日在《家庭》栏目中,播出了四川的格洛和仁青兄弟"牧牛兄弟酒醉羌歌"的感人故事。兄弟俩能够在2006年获得全国青年歌手大奖赛"原生态唱法"的铜奖,是与四川音乐策划人汪静泉的发现分不开的。假如汪静泉在以前采风时没有发现他们,他们的歌唱才能恐怕就很难有机会获得社会的承认。因此,在这个意义上来说,汪静泉无疑是这对兄弟的伯乐,是汪静泉的火眼金睛发现了他们的巨大潜质,并且想尽千方百计帮助他们,才能够使他们有机会脱颖而出。与此相反,2006年10月18日南方新闻网报道:河南省第八届政协委员马跃华是国家一级美术师和河南省文史研究馆馆员,曾经获得不少美术展的奖项。几十年来,马跃华认为自己的美术才华在河南一直无法得到施展,无法被河南省美术家协会推荐并评选成为中国美术家协会的会员。为了排遣郁闷,马跃华想到当街焚画,他还拿起笔,写下一份自我介绍:"不想做中国的凡·高——在有生之年得以认可,死可瞑目。待百年之后价值连城,实属悲哀;选择当街焚画——缓解压力,不想自杀;压力来源——屡屡受阻,有梦难圆。"于是在深圳街头焚画,称无伯乐赏识,认为"烧掉画,我心里舒坦多了! 没有伯乐识我,留着这些画干吗?"可以设想,倘若有"伯乐"在马跃华最忧郁和苦恼时,能够给与必要的安慰和鼓励,按照马跃华的才能,很有可能得到社会的承认。

因此,为了促进人才开发,我们应该拨开眼前的迷雾,睁开伯乐的慧眼,"不畏浮云遮望眼"。① 我们不怕山中的浮云遮住双眼,应该拨开人类社会这座高峰上各种各样"遮望眼"的"浮云",冲破那些阻碍人才开发的腐朽的陈规陋习,超越"首因效应""近因效应"和"晕轮效应"对人才鉴别的心理干扰。荀子曾经揭示了明君和愚者对待人才截然不同的两种态度:"明君以为宝,而愚者以为难。"②意思是说,英明的君主把人才视为宝贝,而愚昧的君主则把人才视为祸患。荀子可谓一针见血地阐明了人才在明君和昏君心目中截然不同的评价。《吕氏春秋》:"夫私视使目盲,私听使耳聋,私虑使心狂。三者皆私设,精则智无由公。"③意思就是说,一个人以私心去看问题,就会使眼睛什么也看不见;以私心去听,就会使耳朵什么也听不见;以私心去考虑问题,就会使心狂乱没有准则。因此,为了更好地促进人才开发,我们应该大声疾呼:我劝伯乐重抖擞,睁开慧眼识英才!

2. 敞开海纳百川的无私胸怀

---

① 王安石:《登飞来峰》。
② 荀子:《王霸》。
③ 《吕氏春秋·序意》。

为了更好地促进人才开发,伯乐仅有一双慧眼还是不够的,重要的还要敞开海纳百川的无私胸怀,以国家和人民利益为最高的价值取向。

韩愈《马说》:"故虽有名马,祗辱于奴隶人之手,骈死于槽枥之间,不以千里称也",结果只能导致人才被埋没的悲剧。大海唯有敞开宽广的胸怀,才能广纳百川;对于人才开发来说,中国历史上著名的"管鲍之交",谱写了鲍叔牙一曲感人肺腑的伯乐之歌,可歌可泣!倘若鲍叔牙心存私念,明知管仲是个人才,不但不推荐,反而嫉妒、排挤和打击,因为只有管仲才具有与他竞争的实力。中国古代在人才任用方面,非常推崇"内举不避亲,外举不避仇"的做法,这需要举荐者具有非常宽广的无私胸怀。《左传·襄公三年》载:

祁奚请老,晋侯问嗣焉。称解狐,其仇也,将立之而卒。又问焉,对曰:"午也可。"于是羊舌职死矣,晋侯曰:"孰可以代之?"对曰:"赤也可。"于是使祁午为中军尉,羊舌赤佐之。君子谓:"祁奚于是能举善矣。称其仇,不为谄;立其子,不为比;举其偏,不为党。《商书》曰:'无偏无党,王道荡荡。'其祁奚之谓矣!解狐得举,祁午得位,伯华得官,建一官而三物成,能举善也!夫唯善,故能举其类。《诗》云:'惟其有之,是以似之。'祁奚有焉。"

祁奚举善是中国人才史上的佳话,被后世广泛的演义成多种文本,可见我国古代就非常重视伯乐的无私胸怀。人才开发实践表明,"大泽水多则不朽,小池水少则易朽",①伯乐只有敞开无私的胸怀,才能容得下天下之物,超越个人的利害得失,才能囊括宇宙人生,于芸芸众生中发现人中豪杰。沈建华2006年11月2日在中国人力资源网上发表《李嘉诚的人才观》一文,介绍了李嘉诚的用人之道。李嘉诚认为,企业家用人,首先要有"海纳百川"的容才之量。"宰相肚里能撑船",说的就是企业家要有广阔的胸怀。企业家有容纳人才的心胸,才能吸引人才,任用人才,否则,人才就会离他而去。古言说得好,此处不容人,自有容人处。企业家应善于任用各方面的"能人",不能搞"武大郎开店"。企业家应该清楚地认识到,手下的人才超过自己的越多,越说明你会培养人、使用人,越能够吸引人才;有众多人才凝聚在你身边,你的事业才会不断发展,成就才会不断扩大。李嘉诚说:"长江取名基于长江不择细流的道理,因为你要有这样旷达的胸襟,然后你才可以容纳细流——没有小的细流,又怎能成为长江?只有具有这样博大的胸襟,自己才不会那么骄傲,不会认为自己样样出众,承认其他人的长处,得到其他人的帮助,这便是古人说的'有容乃大'的道理。"可以说,正是李嘉诚通过慧眼识才、诚信聚才、精心育才、仁义爱才、宽厚待才和雅量用才,才能够取得事业的成功,此亦诚

---

① [古希腊]亚里士多德:《政治学》,吴寿彭译,商务印书馆,1965年版,第163~164页。

如荀子在《王制》中所言:"欲立功名,则莫若尚贤使能"。

3. 知识高度综合与融会贯通

人才开发者需要具有知识高度综合与融会贯通的能力。由于每一个人都是黑格尔所说的特定的"这一个",人才开发实践必然决定人才开发的特殊性和具体针对性,不能对所有的人一概而论。既要有一般的倡导和鼓励,还要有对开发对象的具体针对性,做到一般性和特殊性相结合,共性和个性相结合,原则性和灵活性相结合。

人才开发是一项非常复杂而又高级的创造性劳动,特别需要人才开发者应该具备通才的知识结构和能力结构,以便于更好地指导人们学习文化知识,由知识进而转化为能力;唯有把知识和能力融会贯通起来,才能更好地发现人才开发的复杂性和立体性,运用所掌握的知识体系和多学科的基本原理,对人才进行全方位的交叉和渗透,运用辐射思维和辐集思维,以理性的闪光去照亮他人前进的航程。具体来说,人才开发者应该掌握人才学、人才美学、潜能开发学、运筹学、未来学、哲学、心理学(含社会心理学、创造心理学、儿童心理学、青年心理学、老年心理学等)、社会学、管理学、文化学、教育学、美学等诸多学科,在全面了解和掌握诸多学科基本知识和基本原理的基础上,对诸多学科基本知识和原理融会贯通,在大脑中构建自己所消化和理解的立体的知识网络体系,形成知识宽度和思想深度相结合的能力结构,具备在综合中求创新的知识和理论整合能力。唯有如此,才能更好地发现人,说服人,激励人,才能做一个合格的人才开发者。

4. 经受丰富的人生阅历沧桑

人才开发是一项非常复杂而又高级的创造性劳动,不同于一般的自然科学研究和实践活动。人才开发者不仅具备优良的人文社会科学素养,还要具有丰富的人生阅历沧桑。

人才开发者应该把人才开发理论和个人的社会阅历结合起来,以自己特有的人才开发实践经验去检验现有的人才开发理论,指导个人所从事的人才开发活动。倘若人才开发者自己的生涯非常简单、顺畅,喝着甜水长大,没有经历一点风雨,就很难识别彩虹之美,就很难说服那些身处逆境的人如何去战胜逆境;如果人才开发者个人的生活视野非常狭窄,在温室或象牙之塔中长大,没感受到生活中的假恶丑,就不可能认识社会和人生的复杂性,因而也就无法去引导他人积极适应社会,不可能指导人们在复杂纷纭的社会中保持清醒的头脑。比如,对人才的发现和鉴别等,都离不开伯乐深邃的目光,荀子说得好:"故古之人为之不然。其取人有道,其用人有法。取人之道,参之以礼;用人之法,禁之以等。行义动静,度之以礼;知虑取舍,稽之以成;日月积久,校之以功,故卑不得以临尊,轻不得以县重,愚不得以谋知,是以万举不过也。故校之以礼,而观其能安敬也;与之举措迁移,而观其能应变也;与之安燕,而观其能无流愐也;接之以声色、权利、愤怒、患险,而观其能无离守也。"①与荀子相媲美,王充《论衡·佚文》中说:"国君圣而文人聚,人心惠而目多采",唯有丰富人生经验者,才能从"文人聚"而察"国君圣",从"目多采"而体认到"人心惠"。

人才开发者最好具有比较丰富的社会阅历,体验过人生的沧桑,品尝过人生的悲欢离合、喜怒哀乐,与形形色色的人物打过交道,经历过风雨,方能看到彩虹之美。如是,人才开发者在人才开发的过程中,才能以特有的说服力和感染力,打开和启迪他人的心扉,才能以伯乐特有的慧眼去发现各种人才。

5. 具有良好的人际沟通能力

人才开发者应该具有良好的人际沟通能力,这是人才开发的特殊性所决定的。人才开发的对象不是那些已经成功的人士,而是那些追求成功而又尚未成功者,是那些处于社会最基层的普通的人力资源。为了更好地促进人才开发,人才开发者应该善与人处,有良好的人际交往能力,能够与各种各样的人打交道。

第一,直接以思想的形式影响社会的人才开发意识,这主要是通过发表人才开发方面的文章,出版人才开发方面的著作,给广大读者以潜移默化的熏陶和鼓舞。

第二,通过授课、演讲和做报告等,直接以口头相传的方式,把自己的人才开发思想传播给他人,以激励他人的成才。

第三,在日常的社会生活和工作中,善于与同事和他人广结人缘,广交朋友,在相互促进和相互交流中,一方面激励自己追求成功和卓越,一方面鼓励他人积极进取,注重在双方乃至多方合作中形成积极的共生效应。

第四,通过直接的人事管理,把管理转变为人才开发。大凡从事人才开发者,应该是一个比较成功或者正在走向成功的人士,可以充分利用自己的工作岗位,把岗位职责与人才开发实践直接联系起来。

综上所述,我们要实施人才战略,就应该有一批人才开发大师。人才开发是伟大时代赋予我们每一个人的神圣的使命。我们每一个人都有责任和义务开发自己的潜能,也都应该训练一双发现人才的伯乐慧眼,更要有推荐人才的雅量。我们全社会都应该动员起来,在人才开发的宏伟大业中,每一个人都做人才开发的实践者,都做追求成功的奋斗者。生命在于追求,生涯在于设计,价值在于开发。人才开发的宏伟大业蕴含于我们每个人的实践之中,蕴含于我们不断的自我

---

① 荀子:《君道》。

超越之中,也蕴含于我们追求未来的理想之中!

四、聚天下英才而用之的海纳百川精神

随着全球化和世界经济一体化的演进,人才战略也已经开始进入全球化的时代。放眼世界格局,国际人才竞争体现三个特点:竞争空间全球化;竞争手段多样化;竞争对象高端化。① 根据人才竞争全球化的新特点,我们党及时提出"聚天下英才而用之"战略观,这对于促进我国人才资源开发,吸引世界各国优秀人才,具有重要的人才战略意义。

(一)国际人才资源竞争的态势

国际之间的人才大战已经硝烟弥漫,谁以人为本,拥有了人才,谁就赢得发展的先机,谁就抢占了战略的制高点。

美国学者麦克·梅里尔通过总结世界50位商业领袖的成功经验发现,"伟大的商业领袖不断证实的一个根本性原则:照料你的人"。② "无论做什么事,都不要低估人的因素——人是你所能做的最好投资。"③麦克·梅里尔所说的"照料你的人",就是指公司要理解员工,关心员工,以人为本,实施人才战略。

根据中国人事科学研究院《2005年中国人才报告》,我们可以发现在部分国家和地区每百万人口中的科学家和工程师数量,就可以了解到发展的奥秘了。美国早在1997年,每百万人口中的科学家和工程师就达到了4099人;瑞典1997年达到了3826人;新加坡2001年达到了4052人;俄罗斯2001年达到了3494人;德国2001年达到了3153人;韩国2001年达到了2880人;日本2001年达到了5321人;而中国在2003年,内地才达到1745人。从人才战略的角度来看上述数字的差异,我们可以从中感悟国际之间人才资源竞争的激烈程度,因为上述统计数字中就有很多人是从中国外流出去的。从社会发展的角度来看,科学家和工程师的数量无疑是促进科技进步和经济发展最核心的力量。因此,在某种程度上来说,这些人才的数量直接决定一个国家发展的速度,决定一个国家竞争力的强弱。

根据新华社李斌和翟伟对九届全国人大四次会议和全国政协九届四次会议的报道,清华大学电子系2000年毕业了16个研究生,12个去了美国。硅谷里的"同学"到处都是,我们成了美国和一些发达国家的人才培训基地。一些发达国家已纷纷提出计划,欲从发展中国家"采购"和引进大批尖子人才以及急需领域的人

---

① 赵永乐主编:《宏观人才学概论》,党建读物出版社,2013年版,第374—376页。
② [美]麦克·梅里尔:《敢于领导》,冷元红译,中国发展出版社,2005年版,第213页。
③ [美]麦克·梅里尔:《敢于领导》,冷元红译,中国发展出版社,2005年版,第214页。

才:德国计划从欧洲以外地区招聘3万多名电脑专家,美国计划今后两三年内把高科技人才的引进名额由过去的每年11.5万人增加到20万人,就连一向保守的日本也放低了准入门槛:外籍研究人员占本国人员的比例将在今后几年提高到30%。近二十多年来,一些发达国家已经把我国视为头号"猎头"目标,其中一些跨国公司则充当了"急先锋"。为吸引和留住人才,不少跨国公司新招迭出,有的一不做、二不休,干脆把研发机构设在我们的"家门口"。一些大的跨国公司,从联合创办实验室、设立奖学金,到创办全球性的研发机构,在我们国内就地获取我国的人才。日本一些企业在世纪20世纪90年代,对在校的大学生就采取"买青苗"的方式,以吸引优秀大学生毕业后去公司工作。美国信息产业有210万职工,其中35万属于1992年以后移居美国的新移民,其中40%拥有硕士以上学位。[①] 美国微软公司甚至到了争夺"人才幼苗"的地步,哪里有天才儿童,他们就会上门问:"你以后是否想到微软工作?"

根据王辉耀主编最新的《区域人才蓝皮书·中国区域国际人才竞争力报告》显示,"与欧美发达国家长期以来重视引进国际人才相比,尤其与很多移民型国家相比,中国国际人才竞争力总体水平不高,存在两大挑战:一是国际人才引进数量处于世界较低水平;二是人才流失情况仍然较为严重。根据2015~2016年国际人才竞争力指数报告,在全球109个国家国际人才竞争力的综合排名中,中国排第48位。与其他中等高收入国家相比,中国在国际知识技能和国际人才发展这两项指标上低于平均水平;在其他指标方面,包括劳动力和职业技能、国际人才培养、国际人才吸引力和留住国际人才能力,中国的得分与其他国家持平;但与发达国家大规模引进国际人才相比,中国国际人才竞争力则明显落后。"[②]很显然,随着我国进入老年社会,人口红利正在消失,出现适龄劳动力缺乏、人才匹配度不高、科技创新能力不足的状况。

我国虽然是人口大国,但人才当量不高,在全球范围的人才大战中,我国已经处于劣势,再加上这几年严重的人才外流,我国的人才战略形势愈加严峻。我们必须有高度的紧迫感和责任感,认真研究我国的人才战略,在稳定人才和开发人才两个方面,采取卓有成效的措施,只有这样,我们才能在人才竞争中抢占人才战略的制高点。

[①] 王通讯:《人才与人事论衡》,中国人事出版社,2005年版,第143页。
[②] 王辉耀主编:《区域人才蓝皮书·中国区域国际人才竞争力报告》,社会科学文献出版社,2017年版,第8—9页。

(二)海纳百川:聚天下英才而用之

习近平同志在2017年两会上强调,要以识才的慧眼、爱才的诚意、用才的胆识、容才的雅量、聚才的良方,广开进贤之路,把各方面知识分子凝聚起来,聚天下英才而用之。

"要实现中华民族伟大复兴的中国梦,应当以史为鉴,择天下英才而用之,走好人才强国之路。"①聚天下英才而用之,这是我国一项十分重要的人才战略新理念,其理论萌芽由来已久,在中国传统文化已经初露端倪,显示了我国人才战略思想源远流长。《论语·子路》载,叶公问政。子曰:"近者悦,远者来。"孔子希望君王为政以德,以德政应得民心,这样就可以达到"近者悦,远者来"的目的了。这句话展示了孔子宽广远大的胸怀,也蕴含了孔子思想的深刻性和富有远见卓识。《论语·季氏》:"夫如是,故远人不服,则修文德以来之。既来之,则安之。"孔子在人才培养方面,不仅得天下英才教育之,而且其优秀的弟子也纷纷到各国担任大臣。《孟子·尽心上》认为君子有三乐:"父母俱存,兄弟无故,一乐也;仰不愧于天,俯不怍于人,二乐也;得天下英才而教育之,三乐也。"第一乐是指家庭和睦;第二乐是指做人要有人格,君子坦荡荡,仰起头对天无愧,低下头不愧于人,做人要光明磊落,问心无愧;第三乐是指得天下英才而教之。作为一个教育家,孟子以得天下英才教育之而感到人生的快乐,这足以说明孟子的思想境界是多么的纯洁而又高远!

实际上,我国在春秋战国期间,各诸侯国彼此征战,一些富有眼光的君王也在纷纷广揽国际人才,开始在实践上得天下英才而用之。在战国时代,著名的四公子魏国的信陵君魏无忌、赵国的平原君赵胜、楚国的春申君黄歇、齐国的孟尝君田文,他们都以养士著称于世。他们礼贤下士,广招宾客,因此养"士",包括学士、方士、策士或术士以及食客等。

把得天下英才而用之纳入世界范围来看,最需要引起我们思考的就是美国的国际人才战略。众所周知,美国是世界经济大国、科技大国和军事大国,但问题在于,美国之所以能够成为头号强国,关键在于美国在世界范围内率先实施了国际人才战略,也是我们所说的得天下英才而用之。早在第二次世界大战期间,美国为了广揽世界英才,派出了一支阿尔索斯突击队,到战败国那里采取软硬兼施的方式,想尽千方百计把当时的一些科技精英带回美国。所以,在第二次世界大战期间,无论是其他的战胜国还是战败国,本土都不同程度地遭到战争的破坏,与此同时,人才外流也在所难免,唯有美国不仅没有在本土作战,而且还大发了一笔战

---

① 齐秀生:《选贤用才》,党建读物出版社,2016年版,第193页。

争期间的人才财。二战期间美国引进的各种科技专家,为美国的科学创新和经济发展,带来巨大的效益。2012年11月30日《环球时报》报道,美国移民局拟审查相关法律,以挽留高科技人才。中国与全球化智库和社会科学文献出版社共同发布《国际人才蓝皮书:海外华侨华人专业人士报告(2014)》。蓝皮书指出,目前在美国、加拿大、澳大利亚、日本、新加坡等发达国家的海外华侨华人专业人士数量接近400万。新华网北京2013年6月3日电,记者周英峰专访了中央人才工作协调小组办公室负责人。该负责人告诉记者,虽然中国已从人才资源相对匮乏的国家发展成为第一人力资源大国,但流失的顶尖人才数量居世界首位。根据国际人才蓝皮书《中国国际移民报告(2012)》提供的信息,中国国际移民总数世界居首,每年大量人才流失。我国流失的顶尖人才数量居世界首位,其中科学和工程领域滞留率平均达87%。① 在国际人才争夺战不断加剧的同时,中国却呈现出"留学赤字""移民赤字""人才赤字"等三大劣势。②

王辉耀深入研究了移民人才的重要性,他认为:"移民人才是发达国家创新创业的很重要的力量,近几十年来,发达国家一直在享受移民红利。国际移民对移入国的经济贡献非常突出。20世纪90年代,移民对新加坡GDP增长的贡献率一度超过40%。在美国,移民已成为科技创新的重要力量,其获得的创新专利量占据了总量的1/3。在美国的7大顶级癌症研究中心中,42%的研究人员出生于外国。2011年,美国大学电子工程专业全日制在校研究生中,国际学生占71%;2011年,美国计算机科学专业的国际学生占65%。在美国科学与工程领域拥有博士学位的就业者中,外国人比例从1993年的23%增至2010年的42%。移民创建了美国国内占总量1/4的高科技公司,美国市值前50名的上市公司中,有近一半是移民创建或共同创建的。"③ 从历史的观点来看,我们姑且撇开国家之间意识形态的差异,就人才的国际化战略而言,美国和其他国家的做法确实值得我们学习。

回眸历史,往者不可谏,来者犹可追。从孔子的"近者悦,远者来",再到孟子"得天下英才而教育之",再到中外历史上人才的国际化竞争,都彰显了得天下英才而用之的重要性。在当代人才思想史上,查阅中国知网,最早可见《引进国外医药技术与设备》的记者对上海阿洛卡医用仪器有限公司的有关负责人的采访报道,文章题目是《聚天下英才 创世界一流品牌——记上海阿洛卡医用仪器有限

---

① 盛若蔚:《中国科学和工程领域人才国外滞留率达87%》《人民日报》,2013年6月6日。
② 《瞭望新闻周刊》记者:《中国人才竞争现留学赤字移民赤字等三大劣势》,《瞭望新闻周刊》,2014年6月14日。
③ 王辉耀:《关于成立国家移民局的提议》,《北京青年报》,2016年3月12日。

公司》①,首次提到了"聚天下英才"这个概念。此后陆续有一些文章介绍先进经验时使用了"聚天下英才"。

真正把得天下英才而用之用于人才战略,是习近平总书记在2017年3月4日在看望参加政协会议的民进农工党九三学社委员时的讲话。习近平在讲话中强调指出,全社会都要关心知识分子、尊重知识分子,营造尊重知识、尊重知识分子的良好社会氛围。要以识才的慧眼、爱才的诚意、用才的胆识、容才的雅量、聚才的良方,广开进贤之路,把各方面知识分子凝聚起来,聚天下英才而用之。②"聚天下英才而用之"体现了习近平总书记作为政治家的博大胸襟,也是我们不断开创中国特色社会主义事业新局面的重要基础。③

随着我国社会发展的进步,逐步确立了我国在世界上的地位和话语权,我们的留学生近些年回归的越来越多,这标志着我国人才战略正在逐步得到落实。根据国家统计局2017年公布的统计结果,我国2010年出国留学人员284700人,学成回国人员134800人;2011年出国留学人员339700人,学成回国人员186200人;2012年出国留学人员399600人,学成回国人员272900人;2013年出国留学人员413900人,学成回国人员353500人;2014年出国留学人员459800人,学成回国人员364800人;2015年出国留学人员523700人,学成回国人员409100人;2016年出国留学人员544500人,学成回国人员432500人。这组数字显示,2010年回国的人数还不到该年度出国人数的一半,从2011年开始,回国人数逐年递增,到2016年回国的人数几乎占出国的80%。由此可见,我国留学生回国人数正在呈上升的趋势。

根据王辉耀、苗绿主编的《国际人才蓝皮书·中国留学发展报告》的研究,自2008年"千人计划"启动以来,我国正由高端人才流失国逐渐转为最主要的高端人才回流国。从2004年到2013年,我国留学人员回流率呈逐年上升趋势,并在2013年达到近10年来的峰值(85.4%),越来越多的留学人员选择回国就业创业。海外留学人员回流率上升,从动因来看,可归纳为宏观与微观两个方面。宏观因素包括中国经济发展、政治稳定、国家政策保障、中国产业结构升级引起的劳动力需求变化等;微观因素则指个人发展及家庭因素等方面。从2014年至2016年的

---

① 《聚天下英才 创世界一流品牌——记上海阿洛卡医用仪器有限公司》,《引进国外医药技术与设备》,1999年第1期。
② 习近平总书记2017年3月4日在看望参加政协会议的民进农工党九三学社委员时的讲话。
③ 彭公璞:《聚天下英才而用之——系统学习习近平总书记十八大前后关于人才问题的重要论述》,《学习时报》,2015年3月2日。

数据来看,我国留学人员回流率有所回落并趋于平缓。国内经济的日趋稳定发展以及相关政策的成熟,也使得留学人员在毕业后的选择更加理性。① 由此可见,随着我国经济社会的稳定发展,留学生回流将会走向正常轨道。

聚天下英才而用之,已经写进"十九大"报告。习近平在十九大报告中指出:"国家为了能够得天下英才而用之,今年十九大报告人才是实现民族振兴、赢得国际竞争主动的战略资源。要坚持党管人才原则,聚天下英才而用之,加快建设人才强国。实行更加积极、更加开放、更加有效的人才政策,以识才的慧眼、爱才的诚意、用才的胆识、容才的雅量、聚才的良方,把党内和党外、国内和国外各方面优秀人才集聚到党和人民的伟大奋斗中来,鼓励引导人才向边远贫困地区、边疆民族地区、革命老区和基层一线流动,努力形成人人渴望成才、人人努力成才、人人皆可成才、人人尽展其才的良好局面,让各类人才的创造活力竞相迸发、聪明才智充分涌流。"为了在政策上保障引进国际人才,2016年2月18日中共中央办公厅、国务院办公厅印发《关于加强外国人永久居留服务管理的意见》,2016年6月我国正式加入国际移民组织,2018年十三届全国人大一次会议审议通过了组建国家移民管理局。上述举措客观上为我国引进海外人才提供了管理和政策上的保障。国际人才竞争实践表明,"集聚世界顶尖人才,提升中国人才全球影响力,必须从增强人才政策开放度入手,"②我国对外改革开放的人才政策也已经吸引外国人才到我国学习,"而如今,越来越多的美国学生也到中国学习,他们发现中国十分活跃,期望更加深入地了解中国。"③因此,我们有理由说,"人才国际化是世界经济发展的必然是一种不可抗拒的潮流。"④

为了聚天下英才而用之,政府除了要提供政策保障以外,一方面我们在观念上要引导全社会充分认识聚天下英才而用之的重要性,并逐步把聚天下英才转化为各省市和具体的企业、高校和研究机构的自觉要求;另一方面,我们要通过多种渠道加大宣传力度,利用各种现代媒体,讲好中国故事,既要大力吸引留学生回归,又要打破国籍的身份限制,不拘一格招揽国际人才,还可以学会异地用才、异国用才,广开才路,让"近者悦,远者来"。

---

① 王辉耀、苗绿主编:《国际人才蓝皮书·中国留学发展报告》,社会科学文献出版社,2017年版,第103页。
② 苗月霞、冯凌、杨耀武:《"人才政策,手脚还要放开一些"——111位2014年全球最具影响力中国大陆科学家群体分析》,《光明日报》,2015年6月2日。
③ 褚国飞:《中国教育成为国际社会焦点话题——记2014年哈佛中国教育论坛年会》,《中国社会科学报》,2014年5月7日。
④ 王通讯:《人才战略:凝思与展望》,党建读物出版社,2014年版,第77页。

综上所述,随着全球化的浪潮的到来,国际间从人口流动到人才流动,已经形成了人才竞争的国际大潮。社会发展进步的基本规律证明:得人才者,得天下;失人才者,失天下。中华民族要实现腾飞,既要以人为本,依法治国,同舟共济,凝心聚力,又要海纳百川,不拘一格,让"近者悦,远者来",敢于和善于聚天下英才而用之。沧海横流,方显出英雄本色。我们真正实施人才强国战略之时,就是中华民族真正腾飞之时。

参考文献

一、著作

[1]王辉耀主编:《中国区域国际人才竞争力报告(2017)》,社会科学文献出版社,2017年。

[2]王辉耀、苗绿主编:《中国留学发展报告(2017)》,社会科学文献出版社,2017年。

[3]王蒙、(日)池田大作:《赠给未来的人生哲学》,人民出版社,2017年。

[4]侯建东:《中国人才学史》,同济大学出版社,2017年。

[5]张向前:《中国高等教育发展研究》,经济日报出版社,2017年。

[6]马抗美等:《人才法律制度新论》,党建读物出版社,2016年。

[7]司江伟、徐凌:《人才统计理论与实践》,党建读物出版社,2016年。

[8]桂昭明:《人才资本论》,科学出版社,2014年。

[9]罗洪铁:《人才学基础理论与实践专题研究》,党建读物出版社,2014年。

[10][澳]埃恩·海(Iain Hay)主编:《教学的智慧》,邢磊译,华东师范大学出版社,2014年。

[11]钟祖荣:《走向人才社会》,党建读物出版社,2014年。

[12]王通讯:《人才发展战略论》,中国人事出版社,2013年。

[13]叶忠海主编:《新编人才学通论》,党建读物出版社,2013年。

[14]桂昭明、王辉耀:《中国区域人才竞争力报告》,社会科学文献出版社,2013年。

[15]罗洪铁、周琪主编:《人才学原理》,人民出版社,2013年。

[16]殷凤春:《自主创新人才评价与提升》,南京大学出版社,2013年。

[17]董克用、李超平:《人力资源概论》,中国人民大学出版社,2011年。

[18]赵慧军:《企业人力资源多样化女性发展问题研究》,首都经济贸易大学出版社,2011年。

[19] 郑其绪:《求索》,中国石油大学出版社,2010年。

[20] 董立勤:《心灵之力量》,社会科学文献出版社,2010年。

[21] [英]温·格兰特、菲利帕·谢林顿:《规划你的学术生涯》,寇文红译,广东财经大学出版社,2010年。

[22] 王通讯、叶忠海主编:《中国人才学三十年》,中国人事出版社,2009年。

[23] 吴江主编:《第一资源》,党建读物出版社,2009年。

[24] 叶忠海、裘克人、郑其绪主编:《中国人才学三十年:成就、机遇与展望》,中国石油大学出版社,2009年。

[25] 叶忠海:《叶忠海人才文选》(全七册),高等教育出版社,2009年。

[26] 罗洪铁主编:《人才学学科30年建设和发展研究》,中央文献出版社,2009年。

[27] 袁振国:《教育新理念》,教育科学出版社,2009年。

[28] 陈舜英、王林平主编:《大写的人王康纪念文集》,新华出版社,2009年。

[29] 乔盛:《人才论》,中共中央党校出版社,2008年。

[30] 杨敬东:《潜人才学》,山西教育出版社,2008年。

[31] 王通讯:《人才战略规划的制定与实施》,党建读物出版社,2008年。

[32] 吴江:《人才强国战略论》,党建读物出版社,2008年。

[33] 沈荣华:《人才引进与保持》,党建读物出版社,2008年。

[34] 吴德贵:《人事管理制度改革与创新》,党建读物出版社,2008年。

[35] 唐志敏:《人才配置与人才市场》,党建读物出版社,2008年。

[36] 董志超:《人才能力建设与评价》,党建读物出版社,2008年。

[37] 袁娟:《知识产权人才管理与开发》,知识产权出版社,2008年。

[38] [阿根廷]费洛迪:《人力资源管理的未来》,谢逸群译,东方出版社,2008年。

[39] 罗洪铁主编:《人才学原理》,四川人民出版社,2007年。

[40] 刘书林:《成功人才素质论》,高等教育出版社,2007年。

[41] 徐颂陶:《马克思主义人才论》,中国人事出版社,2006年。

[42] 郑其绪:《柔性管理》,中国石油大学出版社,2006年。

[43] [美]安东·卡马罗塔:《发现你的领导力》,扈喜林译,北京科学技术出版社,2006年。

[44] [美]迈克尔·洛赛等编著:《人力资源管理的未来》,傅继军、董丽平译,高等教育出版社,2006年。

[45] [美]伊斯雷尔·谢弗勒著:《人类的潜能》,石中英、涂元玲译,华东师范

大学出版社,2006年。

[46]孟秀勤、史绍洁主编:《国际化人才战略与开发》,中国人民大学出版社,2006年。

[47]李焰编著:《压力管理实务》,机械工业出版社,2006年。

[48]伊斯雷尔·谢弗勒:《人类的潜能》,石中英、涂元玲译,华东师范大学出版社,2006年。

[49]赵永乐:《人才市场新论》,蓝天出版社,2005年。

[50]桂昭明:《人才资源经济学》,蓝天出版社,2005年。

[51]沈邦仪:《人才生态论》,蓝天出版社,2005年。

[52]齐秀生:《社会环境与人才》,齐鲁书社,2005年。

[53][美]小埃德加·普里尔:《为将之道》,吕德海等译,军事谊文出版社,2005年。

[54][美]麦克·梅里尔:《敢于领导》,冷元红译,中国发展出版社,2005年。

[55]郑其绪、司江伟、张玲玲:《人才评价》,石油大学出版社,2004年。

[56][英]帕特·乔恩特等编:《跨文化管理》,卢长怀等译,东北财经大学出版社,2003年。

[57][美]阿尔伯特·哈伯德:《把信送给加西亚》,路军译,企业管理出版社,2002年。

[58]王通讯:《王通讯人才论集》(全五卷),中国社会科学出版社,2001年。

[59]贺淑曼:《个性优化与人才发展》,世界图书出版公司,2001年。

[60]朱祖祥、葛列众、张智君:《工程心理学》,人民教育出版社,2000年。

[61]赵永乐:《现代人才规划技术》,上海交通大学出版社,1999年。

[62]叶川编著:《潜能再现》,四川大学出版社,1998年。

[63]林贤治主编:《伽达默尔集》,上海远东出版社,1997年。

[64][法]狄德罗:《狄德罗文集》,王雨等编译,中国社会出版社,1997年。

[65][美]丹尼尔·戈尔曼:《情感智商》,耿文秀等译,上海科学技术出版社,1997年。

[66]谢家安:《开启您的智慧》,科学出版社,1996年。

[67][美]菲力浦·劳顿 玛丽—路易斯·毕肖普:《生存的哲学》,胡建华等译,湖南人民出版社,1988年。

[68][古希腊]柏拉图:《理想国》,郭斌和、张竹明译,商务印书馆,1986年。

[69][古希腊]色诺芬:《回忆苏格拉底》,吴永泉译,商务印书馆,1984年。

[70][德]黑格尔:《美学》第一卷,朱光潜译,商务印书馆,1979年。

[71][古希腊]亚里士多德:《政治学》,吴寿彭译,商务印书馆,1965年。

[72][古希腊]亚里士多德:《形而上学》,吴寿彭译,商务印书馆,1959年。

二、论文

[1]郁芬:《激活"第一资源",增强"第一动力"》,《新华日报》,2018年3月18日。

[2]高书国:《教育智库能力建设的思考》,《中国国情国力》,2018年第1期。

[3]沈荣华:《习近平人才观的核心:聚天下英才而用之》,《人民论坛》,2017年15期。

[4]何宪:《人才工作的新定位新要求新任务》,《中国组织人事报》,2017年11月10日。

[5]余仲华:《人才公共服务发展策略探析》,《人事天地》,2017年10期。

[6]范巍、蔡学军:《职称制度改革任重道远》,《中国人力资源社会保障》,2017年第5期。

[7]苗月霞:《大数据助力创新"聚才的良方"》,《福建日报》,2017年7月10日。

[8]王晓初:《深化改革促人才发展》,《中国人力资源社会保障》,2017年第3期。

[9]王通讯:《五大维度把脉人才工作创新》,《光明日报》,2016年12月13日。

[10]吴江:《创新是创业的本质特征》,《光明日报》,2016年12月13日。

[11]孙锐:《构建聚天下英才而用之的人才治理新体系》,《学习时报》,2016年12月5日。

[12]余兴安:《党管人才旨在爱才兴才聚才》,《光明日报》,2016年3月29日。

[13]柳学智:《中国学生出国留学和留学回国发展趋势分析》,《中国行政管理》,2016年第1期。

[14]张圣华:《技能大师工作室:名师如何带出高徒》,《中国人才》,2015年第11期。

[15]吴旻瑜、郭海骏、金凯:《青少年科技创新人才的群体特征》,《光明日报》,2015年11月17日。

[16]蔡秀萍:《畅通大众创业万众创新之路》,《中国人才》,2015年第9期。

[17]彭公璞:《聚天下英才而用之——系统学习习近平总书记十八大前后关

于人才问题的重要论述》,《学习时报》,2015年3月2日。

[18]郑其绪:《人才价值与评价结果非对称性现象研究》,《中国电力教育》,2014年16期。

[19]郭法奇:《什么是好的教育》,《中国社会科学报》,2014年5月7日。

后 记

人才资源是第一资源,人才战略是第一战略,人才开发是最重要的开发。我们要落实习近平总书记在十九大报告中提出"聚天下英才而用之,加快建设人才强国"的人才战略,就必须加大人才开发研究的力度。

《人才开发新论》是在拙著《人才开发学》(中国社会科学出版社2008年)的基础上,历经10年思考、积淀和修改而成。拙著运用哲学、社会学、创造学、文化学、情商理论和生物全息律等新的科学原理,汲取许多先贤时哲人才学、心理学、创造学、成功学、脑科学和人力资源管理等成果,围绕"山型人才"开发,从大学习观和大人才观的全新视域,以全方位的角度,以360度的环视,注重从系统整体性研究人才开发,从全方位、多角度出发,对人才开发特点和规律进行比较全面和深入的思考。

从"新论"的角度出发,拙著不仅对原来的观点进行新的补充、提炼和完善,而且还专章研究了人才开发的主要类型,分别研究了公务员人才的开发、智库型人才的开发、教育型人才的开发、经济型人才的开发(包括带动产业结构转型升级的经济人才、文化创意产业人才、人工智能人才、网络软件人才、技能型人才)、创新型人才开发、创业型人才开发;在研究学校教育与人才开发时,对著名的"钱学森之问"进行了新的阐释,探索了人才开发的资源共享理念;在研究大学习观与人才开发时,探讨了从"三人行必有我师"到"一人行必有我师"的学习理念;在研究思维方式与人才开发时,探讨了思域融通性与人才开发,其中包括思维湍流与人才开发、视域融合与人才开发;在研究能力结构与人才开发时,研究了整体效应与优化智慧结构等;在研究情感智商时,拙著对情感智商进行了多维研究;在研究管理艺术与人才开发时,还研究了从"末位淘汰"走向"共享激励"的新理念;在研究人才战略与人才开发时,对聚天下英才而用之进行了最新的思考。

笔者在高校从教35年,深切体会研究人才开发对人才培养的重要意义。我以第一作者先后出版《新世纪人才学》《大学生潜能开发与情商育成》《人才开发学》《人才与审美》《让孩子走向成功和卓越》《文化产业人才资源开发》《审美与人才开发》和这本《人才开发新论》。讲授的人才学类课程有:人才开发学、人才美学、人力资源管理、领导科学与艺术、文化人力资源管理、文化产业人才资源开发。拙著是人才研究与人才培养有机结合的一次新尝试。

在拙著付梓之际,笔者特别感谢先贤时哲对我的启发。感谢著名人才学家王通讯先生、何宪先生、叶忠海先生、吴江先生、郑其绪先生、余兴安先生、沈荣华先生、赵永乐先生、罗洪铁先生、桂昭明先生、马抗美先生、王辉耀先生、钟祖荣先生和中组部李志刚局长的关心和鼓励。

本书是中国人才研究会课题《人才开发新论》结项成果,感谢中国人才研究会领导和专家的支持,感谢中国人事科学研究院唐志敏书记和韦智敏秘书长对我人才研究的关心。

本书能够列入《博士生导师学术文库》,要感谢中联华文(北京)社科图书咨询中心将其列入中国书籍出版社出版计划;感谢张金良先生对拙著的关心;感谢责任编辑毕磊先生对拙著一丝不苟的审阅和指正。另外,研究生孙圆圆和高雪在微信公众号"薛说人才"上推介了拙著关于人才开发的很多研究成果,受到读者的好评。

欢迎各位专家和广大读者不吝赐教。

薛永武

2018年5月16日于青岛观日轩

A Library of Academics by PHD Supervisors

博士生导师学术文库

孟学研究

——探《孟子》述孟学

刘瑾辉 著

中国书籍出版社
China Book Press

图书在版编目（CIP）数据

孟学研究：探《孟子》　述孟学/刘瑾辉著.—北京：
中国书籍出版社，2018.10
ISBN 978-7-5068-7053-5

Ⅰ.①孟…　Ⅱ.①刘…　Ⅲ.①儒家—文集②《孟子》
—研究—文集　Ⅳ.①B222.55-53

中国版本图书馆 CIP 数据核字（2018）第 244729 号

孟学研究——探《孟子》　述孟学

刘瑾辉　著

责任编辑	李　新
责任印制	孙马飞　马　芝
封面设计	中联华文
出版发行	中国书籍出版社
地　　址	北京市丰台区三路居路 97 号（邮编：100073）
电　　话	（010）52257143（总编室）　　（010）52257140（发行部）
电子邮箱	eo@chinabp.com.cn
经　　销	全国新华书店
印　　刷	三河市华东印刷有限公司
开　　本	710 毫米×1000 毫米　1/16
字　　数	269 千字
印　　张	15
版　　次	2019 年 1 月第 1 版　2019 年 1 月第 1 次印刷
书　　号	ISBN 978-7-5068-7053-5
定　　价	78.00 元

版权所有　翻印必究

前　言

　　孟子是中国古代著名政治家、思想家、教育家和散文家,战国时期儒家代表人物。《孟子》是儒家经典,是先秦杰出散文,具有很高的学术价值和艺术成就,在历史上曾产生过极其深刻、广泛的影响,直至今日依然为人们所珍视。

　　孟子思想博大精深,政治上倡导"民为贵,社稷次之,君为轻",主张具仁心,施仁政;经济上提出恢复井田制度、授田于民、轻徭役、薄赋税、不误农事、制民之产的富民经济观;性善论、天人合一的哲学思想影响深远;强调道德修养是齐家治国平天下的根本;重视道德教育和意志的磨炼,主张因材施教;"知人论世""以意逆志""知言养气"的文艺思想影响大。《孟子》就像一座取之不尽、用之不竭的稀有矿藏,不同时代、不同的人,根据需要,可以从中挖掘出利国利民的宝藏。

　　自汉以来,研《孟》者众,成果丰硕,并形成了专门学问——《孟子》学。宋代二程合《四书》,朱熹注《四书》,《孟子》入经,孟子地位逐渐提升,更多的人关注《孟子》,《孟子》学渐成显学。《孟子》是入世哲学,所以历代统治者关注《孟子》,借助它教化民众,安邦治国;学者研治它,陶冶情操,丰富思想,提高学识。研治《孟子》,不同朝代,关注的内容不同;不同时期,关注的重点有别;不同的学者,治《孟》的角度和方法亦异。

　　推举《孟子》,崇尚圣言,探求圣意,评析文法,审视艺术,综论影响。研治孟学,了解历代学者"知人论世""以意逆志"的治《孟》历程,展示历代孟学成就。本著梳理孟子思想被"经世致用"、发扬光大的历程,挖掘孟子思想的时代价值;推举孟子性善论的论辩艺术,辨析孟子人性论的逻辑推演过程。宏观俯视明清孟学,全面梳理明清孟学的发展脉络,客观展现明清孟学的历史面貌。重点考察戴震孟学四书所反映的戴震理气论、人性论、理欲观的嬗变历程;观照焦循《孟子正义》的学术成就、孟学地位及影响;审视阮元《孟子注疏校勘记》的校勘方法和成就。探析《孟子》,乃推举圣典;考述孟学,是彰显圣学魅力。

第一章　孟子思想光耀千秋 ··· 1
  第一节　古代贤哲推举孟子　1
  第二节　当代学者崇尚孟子　3
  第三节　党的领袖发展孟子　7

第二章　孟子性善论的内在逻辑 ································· 10
  第一节　立于本然之性　辩于社会属性　10
  第二节　辨本善　证可善　13
  第三节　犹豫于人固有四端　17
  第四节　人兽对比言人性善于理不合　20

第三章　善——中华民族的信仰与追求 ······················· 22
  第一节　人心向善　22
  第二节　孟子言善倡善　24
  第三节　中华文化充满善　25

第四章　明代《孟子》考据学 ······································ 28
  第一节　明代《孟子》考据学概略　29
  第二节　明代《孟子》考据学特点　30
  第三节　明代《孟子》考据学缺憾　39

第五章　清代孟学兴盛之背景 ································ 42
 第一节　清前历代学术积淀　42
 第二节　清代学术环境　45
 第三节　清代孟学兴盛的特殊原因　50

第六章　清代《孟子》考据学 ································ 54
 第一节　成果丰硕　54
 第二节　考证全面　56
 第三节　研治深入　62

第七章　清代《孟子》义理学 ································ 65
 第一节　人性论　65
 第二节　理气论　69
 第三节　理欲观　71
 第四节　仁政论　73

第八章　清代《孟子》义理学四大家 ···················· 76
 第一节　关注重点有别　76
 第二节　诠释方法各异　82
 第三节　个性特色鲜明　87

第九章　戴震孟学四书理气观 ······························ 90
 第一节　气化即道　90
 第二节　理即条理　95
 第三节　就事求理　99

第十章　戴震孟学四书人性观 ······························ 103
 第一节　性以类别　103
 第二节　性不同呈乎才　108
 第三节　知即善　113

第十一章　戴震孟学四书理欲观 ·························· 120
 第一节　欲根于性　120

第二节 以情絜情 124
第三节 理欲统一 128

第十二章 《孟子正义》性善辨 133
第一节 推举孟子性善论 133
第二节 智即善 134
第三节 辩善特色 141

第十三章 《孟子正义》疏证特色 145
第一节 推孟宗赵　全面疏证 145
第二节 广征博引　精审独到 148
第三节 打破成法　驳破规正 152
第四节 不拘程式　详略有致 154

第十四章 焦循人性论逻辑推演 156
第一节 人具智慧四心 156
第二节 人能知可教 159
第三节 人知情有欲 162
第四节 人尊贤采善 164
第五节 人知权变可旁通 166

第十五章 《孟子正义》缺失 169
第一节 门户之见 169
第二节 曲护赵注 171
第三节 繁琐重复 172
第四节 错疏误注 173

第十六章 《孟子注疏校勘记》校勘方法 176
第一节 校异同　清源正本——对校法 176
第二节 抉异同　正缪误——本校法 178
第三节 广搜证　辨是非——他校法 179
第四节 依推断　定是非——理校法 180
第五节 因需而择　多法共校——综合法 182

第十七章 《孟子注疏校勘记》校勘成就 ……………………… 184
   第一节 校勘讹误 184
   第二节 校订脱衍 193
   第三节 标章指 辨伪疏 200

第十八章 《孟子注疏校勘记》校勘疏失 ……………………… 203
   第一节 校勘疏漏 203
   第二节 校订错误 210

第十九章 牛运震《孟子论文》 …………………………………… 216
   第一节 审视《孟子》散文艺术 217
   第二节 《孟子论文》评点特色 227
   第三节 《孟子论文》对《孟子》辞章学的影响 229

第一章

孟子思想光耀千秋

《孟子》是儒家经典,是先秦杰出散文,具有很高的思想价值和艺术成就,在历史上曾产生过极为深刻、广泛的影响,直至今日依然为人们所珍视。孟子思想博大精深,政治上倡导"民为贵,社稷次之,君为轻",主张具仁心,施仁政;经济上提出恢复井田制度、授田于民、轻徭役、薄赋税、不误农事、制民之产的富民经济观;性善论、天人合一的哲学思想影响深远;强调道德修养是齐家治国平天下的根本;重视道德教育和意志的锻炼,主张因材施教;"知人论世""以意逆志""知言养气"的文艺思想影响大。《孟子》就像一座取之不尽用之不竭的稀有矿藏,不同时代、不同的人,根据需要,可以从中挖掘出利国利民的宝藏。故言孟子思想光耀千秋。

研治《孟子》,不同朝代,关注的内容不同;不同时期,关注的重点有别;不同的学者,治《孟》的角度和方法亦异;对《孟子》的思想研究尤其如此。本章重点讨论不同时期的贤哲是如何挖掘孟子思想的时代价值的,换言之,就是考察从古至今,孟子思想是如何被继承和发扬光大的,孟子思想是如何被"经世致用"的,孟子思想是如何闪耀时代光芒的。

第一节 古代贤哲推举孟子

自汉以来,研《孟》者众多,成果丰硕,并形成了专门学问——《孟子》学。宋代二程合《四书》,朱熹注《四书》,《孟子》入经,孟子地位逐渐提升,更多的人关注《孟子》,《孟子》学渐成显学。《孟子》是入世哲学,所以历代统治者关注《孟子》,借助它教化民众,安邦治国;学者研治它,陶冶情操,丰富思想,提高学识。古代学者在诠释孟子思想时,基本都与当时的政治伦理和社会发展紧密关联,挖掘其时代价值。我们仅举三例说明之。

1. 董仲舒对孟子天人合一思想的申发

孟子曰:"莫之为而为者,天也;莫之致而致者,命也。""尽其心者,知其性也;知其性则知天矣。"认为天命是人力之外的决定力量,人只要能尽心养性,以天作为心的终极根据,不仅可以"知天",还可达到"天人合一"的境界。汉董仲舒明确提出"天人之际,合而为一"的思想,并在此基础上提出天意与人事能交感相应的"天人感应"概念。董仲舒明显继承和发展了孟子的天人合一思想,或者说孟子天人合一思想是董仲舒"天人感应"思想的渊源。那么董仲舒为什么要申发孟子的天人合一思想呢?他仅仅出于推崇孟子吗?不是,主要是为他的"君权神授"立论寻找圣学依据。董仲舒不仅提出"天人感应"思想,还提出"君权神授"概念。天人感应的基本思想就是以君应天,以天应人。就是说君主的权力是由上天授予的,但是这个权力不能让君主为所欲为,也要顺应天命,并且天命与人民的意愿相通,天命通过人们的意愿表达出来。秦行暴政,忤逆天意,天意让人民起来反对秦朝,而刘邦顺应民意,推翻了秦,顺应了天命成了皇帝。汉景帝朝的国策辩论,引出了西汉政权的合法性问题。中国古代讲究忠孝,忠孝是中国道德的核心,其他道德准则都是从此引申出来的。如果按照忠孝的概念,那么秦末起义和西汉的合法性就存在问题。董仲舒为了维护皇权的绝对性,强调王权的合理合法性,故提出"君权神授"理论,目的是从理论上解决汉代替秦的合法性问题。董仲舒的"天人感应"和"君权神授"说不仅在理论上解决了封建王朝更替的合法性问题,也契合了孟子的天人合一和民本思想。

2. 宋理学家对孟子理欲观的诠释

孟子曰:"养心莫善于寡欲,其为人也寡欲,虽有不存焉者寡矣。其为人也多欲,虽有存焉者寡矣。"孟子认为人的欲望寡浅才能保持住善良的本性,多欲则会丧失善良的本性。程颐说:"人心私欲,故危殆。道心天理,故精微。灭私欲则天理明矣。"这里所谓"灭私欲则天理明",就是要"存天理、灭人欲"。朱熹在《孟子集注》中云:"人欲肆而天理灭",他把破坏封建道德伦常的个人过度欲望叫做"人欲","灭人欲即是天理","灭私欲即天理明",这里的私欲指的是人欲。此后朱熹又强调"天理人欲,不容并立",必须"革尽人欲,复尽天理",故"存天理,灭人欲"成为朱熹理欲观的高度概括。孟子提倡寡欲,理学家在此基础上提出"存天理,灭人欲",是有特定的时代背景的。北宋王朝一开始就实行"不抑兼并"的土地政策,纵容大地主、大官僚以随意购买的方式兼并土地。在理学家看来,这种无限兼并是可怕的"人欲",为了不让这种"人欲"横流,他们便应时提出了"存天理,灭人欲"的哲学理论。隋唐五代的长期分裂和混乱,使传统伦理道德规范遭到了极大破坏,纲常松弛,道德式微,显然不利于大一统政治的稳定和巩固。宋理学家提出

"存天理,灭人欲",是出于儒家学派革除时弊,拯救文化,整顿人心,重建伦理纲常,维护封建统治的需要。理学是建立在孟子哲学之上的理论体系,孟子强调寡欲,宋理学家要灭欲,要灭的不是人的生存之欲,是纵欲和贪念。不是否定孟子理欲观,是发展了孟子的理欲观,是挖掘孟子思想的时代价值。

3. 康有为借《孟子》言志

康有为1901年创作完成《孟子微》,在序中言:"举中国之百亿万群书,莫如《孟子》矣。传孔子《春秋》之奥说,明太平大同之微言,发平等同民之公理,著隶天独立之伟义,以拯普天生民于卑下钳制之中,莫如孟子矣!"事实上康有为在《孟子微》中对孟子申发不多,真正意图是要借孔孟的权威,言自己的"大同"社会理想,论证维新变法理论的合理性,减少或消除维新变法的阻力。是借《孟子》言志立说。"大同"一词,不管在中国,还是在外国,早有人说过,但像康有为这样,套用孟子思想,进行系统阐述还前所未有。所谓大同,康有为云:"大同之世,人人以公为家,无复有私,人心公平,无复有贪,故可听其采取娱乐也。"具体说就是仁爱亲亲、独立平等、民主民权、公举共政。"孟子立民主之制,太平法也。……所谓君者,代众民任此公共保全安乐之事。为众民之所公举,即为众民之所公用。……大同之世,天下为公,选贤与能也。孟子已早发明之。"不管是民主思想,还是社会理想,康有为都从《孟子》中找到了注脚。康有为的"孟子微",实际是"大同微",他打着孟子的旗号,绘制大同蓝图,其根本意图是为他的政治改良变法鸣锣开道,拉住孟子为自己的理论做免费广告,以便产生"名牌"和权威效应,用心何其良苦。康有为在《孟子微》中,托圣人之论,言自己的理想与主张。这样做,一是容易让读者接受自己的观点,二是可以减小实践中的变革阻力。这就展示了孟子思想的时代价值。

第二节 当代学者崇尚孟子

近年来,《孟子》研究参与者愈来愈多,年成果量不断攀升,研究领域不断拓展,研究理念和方法不断更新,孟子思想研究始终是重点。时代在发展,理念在更新,但对孟子思想研究的热情没有降,只不过是赋予了新的内涵,也就是不断挖掘孟子思想的时代价值。孟子的哲学、政治、伦理、经济、管理等思想一直都有学者关注,但不同时期关注的重点有别。

1. 20世纪80年代对孟子民本思想高度关注

20世纪80年代,我国处于改革开放初期,重视经济建设,亟须让老百姓脱贫致富。所以学者高度关注孟子的民本思想。孟子曰:"民为贵,社稷次之,君为轻。""诸侯之宝三:土地,人民,政事。宝珠玉者,殃必及身。"提倡"王道"政治,目的是劝告统治者重民、安民、富民。这一时期学者阐释孟子民本思想,期盼治国安邦者能重民、贵民、安民、恤民、爱民、富民,并且能胸怀百姓、善待百姓,认为百姓安则天下安,民富则国强。

首先,强调要关注民生。孟子十分重视人的生存权,曾说:"庖有肥肉,厩有肥马,民有饥色,野有饿莩,此率兽而食人也。兽相食,且人恶之;为民父母,行政不免于率兽而食人,恶在其为民父母也?"厨房有肥肉,马棚有肥马,而老百姓却面带饥色,野有饿死的人,这如同放任野兽来吃人。野兽自相残食,人们且厌恶,而身为主持政事者,却不能避免野兽吃人,还是父母官吗?孟子还说:"无恒产而有恒心者,惟士为能。若民,则无恒产,因无恒心。苟无恒心,放辟邪侈无不为已。……是故明君制民之产,必使仰足以事父母,俯足以畜妻子,乐岁终身饱,凶年免于死亡。"君主不仅要使老百姓能够活下去,而且还要创造条件让老百姓活得更好。要让老百姓有固定的产业,使他们对上足够奉养父母,对下足够养活妻儿,年成好能丰衣足食,年成坏也能免于饿死。这样百姓才能引而善,才会有恒常的心。如何能使百姓有恒产呢?必须减轻百姓负担。"有布缕之征,粟米之征,力役之征。君子用其一,缓其二。用其二而民有殍,用其三而父子离"。国家发展,需要税收,但征收要适度,要保证百姓温饱无忧和正常发展所需,古今同理。

其次,强调要顺应民心。孟子说:"桀、纣之失天下也,失其民也;失其民者,失其心也。得天下有道:得其民,斯得天下矣;得其民有道:得其心,斯得民矣;得其心有道:所欲与之聚之,所恶勿施,尔也。民之归仁也,犹水之就下、兽之走圹也。"孟子从桀、纣覆灭的历史教训中得出失民心者失天下,得民心者得天下的结论。得民心无他,顺民意而已。如何顺民意?要与民同欲,与民同乐,与民同忧。孟子曾对梁惠王说:只有贤德的人才能感受到快乐,不贤的人纵然拥有珍禽异兽,也无法享受快乐。古代的贤君与民同乐,所以能享受到真正的快乐。如果君王打猎,百姓听到君王车马的声音,看到美丽的旌旗,都欢欣鼓舞,喜形于色,就是因为君王能与民同乐。"乐民之乐者,民亦乐其乐;忧民之忧者,民亦忧其忧。乐以天下,忧以天下,然而不王者,未之有也。"任何朝代,任何国度,君主若能将百姓的快乐当作自己的快乐,百姓就会乐其所乐;若能将百姓的忧患当作自己的忧患,百姓也会忧其所忧。君爱民,民拥君;君民同心,邦兴国强。古今百姓乐忧近也!

2. 20 世纪 90 年代热衷解读孟子经济管理思想

20 世纪 90 年代,我国经济建设驶上快车道,学者在继续研治孟子民本、教育、伦理思想的同时,热衷于解读孟子经济管理思想,并联系实际,分析其现实意义。孟子的管理智慧得到历代统治者的发扬,对安邦定国、富民强国产生过积极的作用。对于当代企业家、管理者而言,借鉴它,可以拓展经营思路,提高经营管理水平。主要从以下几个方面解读孟子的管理思想:

首先,认为孟子性善论应作为企业管理的思想基础。孟子的思想是建立在性善论的哲学基础之上的,孟子所说的人性是指能区别人与其他动物的意识活动,使人之所以成为人的特性。他认为只有人才具有恻隐、羞恶、辞让、是非之心,动物不具有此四心,四心是仁、义、礼、智发生的根源。人的四种心向所产生的仁、义、礼、智是属于善的品德,人心向善,故人性善。这是孟子管理思想的基本出发点和前提,更应成为企业管理的思想基础。

其次,认为孟子仁政思想应作为企业管理的核心理念。孟子认为"仁者爱人,有礼者敬人。爱人者,人恒爱之;敬人者,人恒敬之"。孔孟的"仁"是一种含义极广的伦理道德观念,其最基本的精神就是"爱人"。孟子从孔子仁的思想出发,把它发展成包括思想、政治、经济、文化等各个方面的施政纲领,就是"仁政"。"仁政"的基本精神是对人民有深切的同情和爱心。现代管理理论应将孟子仁政思想作为其核心理念,现代管理应发扬孟子的仁政和仁爱思想,重视人的作用,提倡以人为本,让企业员工成为企业的主人。尊重人的价值,尊重人的地位、尊严和物质需要。在管理者与被管理者这对矛盾中,重视被管理者的感受,在领导者与员工之间,突出员工的利益和价值,将员工视为企业发展不可或缺的资源。应尊重员工的地位、尊严和物质需要,尊重个性和独立人格,把重视人、关心人、塑造人作为企业经营和发展的关键来抓,企业才能不断发展。

再次,认为企业应该形成"得民心者得天下"的满意管理理念。孟子从"民贵君轻"论出发,进一步讨论了民与君的关系,指出得民心者得天下。在现代企业管理中,在企业内部,实行人性化的管理,尊重员工的尊严、地位,维护他们的利益,让他们得到自我满足,实现管理者与被管理者之间关系的和谐,赢得被管理者的肯定和认同,这样企业就可以在良好的氛围中实现良性循环。得民心不仅要尊重关爱企业的员工,还要尊重关心消费者的愿望和喜好。在企业外部,需赢得消费者的满意,企业在保证能生产质优价廉产品的同时,要了解消费者的爱好和需求,并提供热情周到的服务,才能占有市场。一个成功的企业必须有自己的企业文化,让广大员工有一种自豪感,有一种成就感,为进入自己的企业而骄傲。同时让企业的合作者感到满意,让消费者放心。这样,企业才能顺利地发展,才能持续发展。

第四，认为应将求变求新作为企业管理的指导思想。孟子说："嫂溺不援,是豺狼也。男女授受不亲,礼也;嫂溺援之以手者,权也。"孟子具有通权达变的思想,被誉为"中国古代权变管理大师",以时间、空间、对象、条件为转移的权变思想,对现代管理学具有强大的魅力。"可以速而速,可以久而久,可以处而处,可以仕而仕。"孟子强调做事应随时间、条件的变化而变化。孟子的权变思想,重点在于"变",突出一个"活"。他认为遵"道"若缺乏灵活性和变通性,就会陷入死板僵化。管理者应根据环境的变化随机应变,以保证企业生产经营少走或不走弯路。企业是开放的权变的系统,受外界多种因素影响,内外环境是在不断变化,不可能有一成不变和放之四海皆准的管理模式,一切需依环境变化而变化。

3.21 世纪对孟子和谐思想的发扬光大

进入21世纪,我国经济建设取得令人瞩目的成就,但同时也出现了资源无序过度开发,贫富分化严重,区域、行业发展不平衡,社会矛盾突显等许多不和谐现象。"构建社会主义和谐社会"成为社会发展的战略目标。这一时期研究孟子和谐思想成为热点。

孟子有"天时不如地利,地利不如人和"的和谐思想理念,学者认为孟子和谐思想核心主要表现在两个方面:

其一,认为强调经济和谐是孟子社会和谐的思想基础。孔子首倡"仁",仁就是要求建立一种人与人之间的友爱和谐关系。孟子将仁上升到"政"的高度,提出了"仁政"理念。孟子和谐思想非常重视物质利益在"仁政"中的基础地位,认识到物质经济因素是政治统治及社会和谐的基础。认为要实现以人际和谐为实质的仁政,就必须有一个和谐的经济基础,没有一个和谐的经济基础,一个人人友爱和谐的仁政王道的统治秩序就不可能出现。因此,孟子非常重视构建人与人之间在物质利益和经济生活上的和谐关系。孟子强调三点,一是制民之产,二是发政施仁,三是通功易事,百业俱兴。认为一个和谐的社会,必须使每一个普通百姓拥有一份能供养全家所需的生活资料、能满足发展需要的物质资料。"养生丧死无憾,王道之始也""有恒产者有恒心,无恒产者无恒心",指出没有基本的生活保障和生存所需,人们无以为生就易于违法犯罪,如此人际和谐、社会稳定就是空话。"是故明君制民之产,必使仰足以事父母,俯足以畜妻子。"家有基本的生活所需,能满足人的基本生存发展需要,才能促进社会和谐。同时孟子的经济和谐思想中,高度重视和关心弱势群体的生存状态。认为要实现社会各个阶层的和谐相处,必须在物质生活上对社会底层百姓和弱势群体予以关心和抚恤。"鳏、寡、独、孤,此四者,天下之穷民而无告者,文王发政施仁,必先斯四者。"一个仁政化的社会,决不能忽视、歧视弱势群体及其生存状况,要"以不忍人之心,行不忍人之政"。另外还要通功易事,百业俱兴。孟子和谐思想中还包含着一个独特的和谐观,重视行业和产业协调发展、均衡发展,认为这是"天下之通义"。孟子认为"有大人之事,有小人之事。且一人之身,而百工之所为备。如必自为而后用之,是率天下而路也"。要求充分认识到"通功易事,以羡补不足"的必要性,认识到社会上有"或劳心,或劳力"的分工的合理性,反对那种"尊"一行"轻"一业的思想行为。若能"天下之士,皆悦而愿立于朝""天下之商,皆悦而愿藏于市""天下之旅,皆悦而愿出于其路""天下之农,皆悦而愿耕于其野""天下之民,皆悦而愿为之氓","则无敌于天下"。士、农、工、商"皆悦",各行各业协调发展,才是真正的社会和谐。

其二,认为强调道德和谐是孟子和谐思想的核心。孟子把物质经济条件视为和谐的王道仁政的基础,并没有把经济因素视为通往和谐社会的唯一大道。孟子认为经济因素对构建和谐社会只是打下了一个必不可缺少的物质基础,而和谐社会建设更为重要的是道德建设,道德建设是和谐社会建设的核心。和谐社会其本质是社会人际的和谐,主要内容是建立与人为善、助人为乐、团结协作的人际关系,这样的关系并不会直接必然地从物质经济因素中引申出来。孟子认为人们只有基于仁义道德,才能形成一种真正友爱和协作的人际关系,才能形成一种真正融洽和谐的社会状态。"老吾老以及人之老,幼吾幼以及人之幼。""仁者爱人,有礼者敬人。爱人者人恒爱之,敬人者人恒敬之。"仁,就是要人人对他人充满仁慈友好的爱心;义,就是要人人做正当合理的符合各自身份的事。人人依仁据义,社会必然和谐有序。"未有仁而遗其亲者,未有义而后其君者",孟子的社会和谐论本质上是一种仁义和谐论。

第三节 党的领袖发展孟子

中国共产党领袖学说中都蕴涵着孟子思想,在继承、丰富、发展和超越的过程中,赋予了孟子思想新的内涵。

1. 毛泽东的"为人民服务"思想

中华人民共和国成立前,毛泽东就提出"为人民服务"思想。1945年毛泽东在《论联合政府》一文中再次强调:"紧紧地和中国人民站在一起,全心全意为中国人民服务,就是这个军队的唯一宗旨。""为人民服务"起初是毛泽东对革命军队的要求,后来全心全意为人民服务成为党的根本宗旨,党的一切工作都是为了造福人民。强调要始终把最广大人民的根本利益作为党和国家一切工作的出发点和落脚点,尊重人民主体地位。"为人民服务"就是为民、贵民、惠民、利民。孟子的民本思想将民视为君王的管理对象,民是客体;毛泽东将民奉为服务对象,民变为主体,变成社会的主人,党成为人民的公仆。这是对孟子民本思想的丰富、发展和超越。

2. 邓小平的"共同富裕"思想

1988年5月25日邓小平提出:"坚持社会主义的发展方向,就要肯定社会主义的根本任务是发展生产力,逐步摆脱贫穷,使国家富强起来,使人民生活得到改善。没有贫穷的社会主义。社会主义的特点不是穷,而是富,但这种富是人民共同富裕。"明确了社会主义的特点不是穷,而是富,而且不是少数人富,是人民共同富裕。1992年初邓小平在南方谈话中又强调:社会主义的本质,是最终达到共同富裕。孟子言"明君制民之产,必使仰足以事父母,俯足以畜妻子","老者衣帛食肉,黎民不饥不寒",希望君主能保证百姓仰事父母、俯畜妻子、衣帛食肉、不饥不寒,期盼君王恤民。邓小平将人民共同富裕确定为社会主义制度的根本宗旨,是孟子"制民之产"理论的升华。

3. 江泽民的"三个代表"思想

江泽民2002年提出"三个代表"重要思想,其中"中国共产党代表着中国最广大人民的根本利益",包含着深刻的爱民思想,强调党的各项工作必须坚持把人民的根本利益作为出发点和归宿,在社会不断发展进步的同时,使人民群众不断获得切实利益。孟子的民本思想是要求统治者要关心、关注百姓,而江泽民"三个代表"重要思想,强调宗旨意识,把人民的根本利益作为党的工作出发点和归宿,丰富、发展了"为人民服务"和"共同富裕"思想。

4. 胡锦涛的"和谐社会"构想

2005年胡锦涛提出构建和谐社会思想,认为和谐社会"应该是民主法治、公平正义、诚信友爱、充满活力、安定有序、人与自然和谐相处的社会",要保证民主得到充分发扬,依法治国方略得到切实落实,公平正义得到切实维护,实现全体人民平等诚信友爱,一切有利于社会进步的言行得以张扬,社会组织有健全的机制、完善的管理、良好的秩序,人民安居乐业,社会安定团结,生产发展,生活富裕,生态良好。孟子和谐思想是以人际和谐为核心,胡锦涛将"和谐"扩大到"民主法治、公平正义、诚信友爱、充满活力、安定有序、人与自然和谐相处",极大地丰富了孟子的和谐思想。

5. 习近平的"群众路线"论述

2013年6月18日,习近平总书记在党的群众路线教育实践活动工作会议上发表讲话,要求围绕保持党的先进性和纯洁性,在全党深入开展以为民、务实、清廉为主要内容的党的群众路线教育实践活动。强调全心全意为人民服务是党的根本宗旨,群众路线是党的生命线和根本工作路线。认为当前党员干部贯彻落实党的群众路线总体是好的,在联系服务人民群众方面做了大量富有成效的工作,但也存在着不符合为民、务实、清廉要求的问题。这些问题,严重损害党在人民群众中的形象,严重损害党群干群关系,必须认真加以解决。习近平总书记推行党的群众路线教育,树立党为民、务实、清廉的形象;对"群众路线"的阐述,将孟子的"民本"发展成为"本民""亲民""爱民""惠民",要求党员干部消除长官意识,增强公仆意识,接地气,解民情,顺民心,造福于民。

2013年11月26日,习近平总书记在曲阜考察时强调:一个国家、一个民族的强盛,总是以文化兴盛为支撑的,中华民族伟大复兴需要以中华文化发展繁荣为条件。对历史文化要坚持古为今用、推陈出新,有鉴别地加以对待,有扬弃地予以继承。孟子思想是不可多得的中华文化资源,底蕴深厚,内涵丰富,影响深远,不断地为社会传递正能量。当代学者挖掘孟子思想的时代价值,就是坚持古为今用、推陈出新,就是批判地继承孟子思想,并发扬光大。

第二章

孟子性善论的内在逻辑

"滕文公为世子,将之楚,过宋而见孟子。孟子道性善,言必称尧舜。"①孟子见当时为太子的滕文公,竭力推崇贤明君主尧舜,并倡言人性善。孟子"道性善"之"性"是指人的本然之性还是社会属性?孟子"道性善"是指人性本善,还是人性趋善,抑或人性可善?此处没有言明。后人多认为孟子性善论是强调人性本善,那么"道性善"之"性"就是指人的本然之性;也有人认为孟子性善论是指人性趋善或可善,"道性善"之"性"是指人的社会属性。为什么会出现不同理解?是因为孟子人性论具有内在的矛盾。孟子在论证人性善时还存在自我否定现象,同时以人兽对比证明人性善,禽兽之性不善,既不合逻辑,也有偷换概念之嫌。

第一节 立于本然之性 辩于社会属性

孟子言人性善之"性",到底是人的本然之性还是社会属性?孟子没有明言,孟子有时指向人的本然之性,有时又指向人的社会属性,二者混淆不清。孟子言论有三处可以确定其性善论指向人的本然之性善。

其一:

告子曰:"性犹湍水也,决诸东方则东流,决诸西方则西流。人性之无分于善不善也,犹水之无分于东西也。"孟子曰:"水信无分于东西。无分于上下乎?人性之善也,犹水之就下也。人无有不善,水无有不下。今夫水,搏而跃之,可使过颡;激而行之,可使在山。是岂水之性哉?其势则然也。人之可使为不善,其性亦犹

---

① 杨伯峻:《孟子译注》,北京:中华书局,2005年,第112页。

是也。"①

告子说"性犹湍水也,决诸东方则东流,决诸西方则西流。人性之无分于善不善也,犹水之无分于东西也"之性,指的是人的本然之性,因为人的社会属性是受社会教化和引导的,人类社会进入封建社会后,人的社会属性不可能任由"性犹湍水也,决诸东方则东流,决诸西方则西流",肯定会疏而导之,引以为善。那么孟子与告子的辩论,在此没有变换辩论主体,所以此"性"指的是人的本然之性。

其二:

告子曰:"生之谓性。"孟子曰:"生之谓性也,犹白之谓白与?"曰:"然。""白羽之白也,犹白雪之白;白雪之白,犹白玉之白与?"曰:"然。""然则犬之性,犹牛之性;牛之性,犹人之性与?"②

孟子在此并不否定告子"生之谓性"的命题,那就说明孟子与告子辩论之人性指向人的本然之性。故其后《荀子》云:"生之所以然者谓之性",董仲舒《春秋繁露》曰:"如其生之自然之资谓之性",王充《论衡》亦说"性,生而然者也"。

其三:

告子曰:"食色,性也。仁,内也,非外也;义,外也,非内也。"孟子曰:"何以谓仁内义外也?"③

告子曰:"食色,性也。"此食,是人类包括动物赖以生存的饮食;此色,乃人类包括动物的种群赖以繁衍的雌雄交流和交配。对于人和动物都是本性。换言之,食欲和性欲都是人的本性。故告子说"食色,性也",孟子没有反对,也没有反驳。所以孟子在此论性,指的是人的本然属性。

但孟子"道性善"之性,常指向人的社会属性。

其一:

公都子曰:"告子曰:'性无善无不善也。'或曰:'性可以为善,可以为不善;是故文武兴,则民好善;幽厉兴,则民好暴。'或曰:'有性善,有性不善;是故以尧为君而有象,以瞽瞍为父而有舜;以纣为兄之子且以为君,而有微子启、王子比干。'今曰'性善',然则彼皆非与?"孟子曰:"乃若其情,则可以为善矣,乃所谓善也。若夫为不善,非才之罪也。恻隐之心,人皆有之;羞恶之心,人皆有之;恭敬之心,人皆有之;是非之心,人皆有之。恻隐之心,仁也;羞恶之心,义也;恭敬之心,礼也;是非之心,智也。仁义礼智,非由外铄我也,我固有之也,弗思耳矣。故曰:'求则

---

① 杨伯峻:《孟子译注》,北京:中华书局,2005 年,第 254 页。
② 杨伯峻:《孟子译注》,北京:中华书局,2005 年,第 254—255 页。
③ 杨伯峻:《孟子译注》,北京:中华书局,2005 年,第 255 页。

得之，舍则失之。'或相倍蓰而无算者，不能尽其才者也。诗曰：'天生蒸民，有物有则。民之秉彝，好是懿德。'孔子曰：'为此诗者，其知道乎！故有物必有则，民之秉彝也，故好是懿德。'"①

孟子言恻隐、羞恶、恭敬、是非之心人皆有之，即仁义礼智人皆有之。孟子此处所谓"人"，乃大写之"人"，是具有社会伦理道德之"人"，而非生物体之"人"。因为呱呱坠地之婴儿，不会产生不忍人之心，襁褓之婴，赤身裸体，也不会有羞恶之心，襁褓之婴不管见孺子将入于井还是入于火，都不会产生怵惕恻隐之心，这是因为他们还是"小人"，没有正常思辨能力，没有伦理道德，虽有四体，但不可能懂四端。所以孟子所言四端、四体应指能明善恶、能辨是非的"大人"。孟子所言四端，乃人的社会属性，是后天在"善"的环境中熏陶出来的，是人和禽兽的本质区别。这种区别主要在于人总是生活在一定的社会关系之中。"人的本质不是单个人所固有的抽象物，在其现实性上，它是一切社会关系的总和。"②人是具体的、生活于现实生活中的人。他们的一切行为不可避免地要与周围的人发生各种各样的关系，如生产关系、性爱关系、亲属关系等等。现实社会中的人，必然是生活在一定社会关系之中。这种复杂的社会关系就形成了人的社会属性。而且此"四端"是一定社会伦理道德规范下而被普遍接受的"正能量"，并不是人类产生就有此"四端"的，比如奴隶社会，奴隶主视奴隶为私有财产，任意处置，随意凌辱或赠送，甚至可以杀奴隶取乐，此时人性中就不显"四端"。

其二：

孟子曰："口之于味，有同耆也。易牙先得我口之所耆者也。如使口之于味也，其性与人殊，若犬马之与我不同类也，则天下何耆皆从易牙之于味也？至于味，天下期于易牙，是天下之口相似也惟耳亦然。至于声，天下期于师旷，是天下之耳相似也。惟目亦然。至于子都，天下莫不知其姣也。不知子都之姣者，无目者也。故曰：口之于味也，有同耆焉；耳之于声也，有同听焉；目之于色也，有同美焉。至于心，独无所同然乎？心之所同然者何也？谓理也，义也。圣人先得我心之所同然耳。故理义之悦我心，犹刍豢之悦我口。"③

孟子云："口之于味，有同耆也"，此不是指人的本然之性，因为口味也具有后天性，不同时期，生长环境不同，不同族群，口味也具有较大的差异；同时一个人的

---

① 杨伯峻：《孟子译注》，北京：中华书局，2005年，第258—259页。
② 中共中央马克思恩格斯列宁斯大林著作编译局：《马克思恩格斯选集》，北京：人民出版社，1995年，第60页。
③ 杨伯峻：《孟子译注》，北京：中华书局，2005年，第261页。

一生，口味也是会变化的。至于说美声、美色，那是社会发展的产物，因为对于声、色，不同时期、区域、族群区别很大，人喜好美声美色，不是人本性的展示，而是人类改造自然和社会发展使然。孟子曰"心之所同然者何也？谓理也，义也。圣人先得我心之所同然耳。故理义之悦我心，犹刍豢之悦我口"，既非必然，也非所有。因为刍豢之悦口，也许人皆好之，理义之悦心，未必人皆好之。可能会出现好刍豢之悦口，而忘记或舍弃理义。刍豢之悦口，大众可以趋同并追求之，理义不一定随时都悦众人之心，即使悦心，未必众人追求之。或许别人于我该讲理义之时，吾则悦之，而当我应讲理义之时，未必悦之。此乃人性本然，还是环境使然？悦口或许勉强说具有一定先天性，悦心肯定是后天养成的，应该是人的社会属性。

其三：

孟子曰："人之所不学而能者，其良能也；所不虑而知者，其良知也。孩提之童无不知爱其亲者，及其长也，无不知敬其兄也。亲亲，仁也；敬长，义也；无他，达之天下也。"①

孟子此处所言的良能、良知，应该是人生来就有的，因为不需要学习和思考就可具有，就如同孟子所说仁义礼智，人皆有之。那么为什么襁褓之婴不知爱其亲？为什么要"及其长也，无不知敬其兄"呢？所以孟子所说的"人之所不学而能者，其良能也；所不虑而知者，其良知也"中的"不学"与"不思"是指在当前的情况下，不需要现时学习和长时间的思考，是因为他经过长时间的学习和磨炼，已经具备了相关的知识和基本的判断能力，所以才可以"不学"和"不思"。换言之，良能与良知都是人后天习得的，不是与生俱来的，所以孟子所言人的善性也具有后天性，也是后天经过教化而养成的，即人的社会属性。

因孟子言人性善之"性"，或人的本然之性，或人的社会属性，本身混淆不清，自相矛盾，故读者无所适从。同时，孟子主要致力于辨明人的社会属性善，较少论证人的本然之性善，即使论证也言之无力，说明孟子深知人的本然之性善是缺乏说服力的，底气不足。

第二节　辨本善　证可善

孟子言人性善，是指人性本善，还是人性可善？孟子没有明言，而在论辩过程

---

① 杨伯峻：《孟子译注》，北京：中华书局，2005年，第307页。

中,孟子混淆了两个概念。

告子曰:"性犹湍水也,决诸东方则东流,决诸西方则西流。人性之无分于善不善也,犹水之无分于东西也。"孟子曰:"水信无分于东西。无分于上下乎?人性之善也,犹水之就下也。人无有不善,水无有不下。今夫水,搏而跃之,可使过颡;激而行之,可使在山。是岂水之性哉?其势则然也。人之可使为不善,其性亦犹是也。"①

公都子曰:"告子曰:'性无善无不善也。'或曰:'性可以为善,可以为不善;是故文武兴,则民好善;幽厉兴,则民好暴。'或曰:'有性善,有性不善;是故以尧为君而有象,以瞽瞍为父而有舜;以纣为兄之子且以为君,而有微子启、王子比干。'今曰'性善',然则彼皆非与?"②

孟子于此是在论辩人性本善,或者说是论证人的本然之性善。告子云:"性犹湍水也,决诸东方则东流,决诸西方则西流。人性之无分于善不善也,犹水之无分于东西也。"告子在此强调人的本然之性完全是自然流露,引导它向善则善,引导它向恶则恶,因为它本身无善无恶。告子认为"性无善无不善",也有人认为"性可以为善,可以为不善;是故文武兴,则民好善;幽厉兴,则民好暴",还有人认为"有性善,有性不善;是故以尧为君而有象,以瞽瞍为父而有舜;以纣为兄之子且以为君,而有微子启、王子比干"。所以公都子问孟子:您说人性本善,难道大家都错了吗?而孟子则说:"水信无分于东西。无分于上下乎?人性之善也,犹水之就下也。人无有不善,水无有不下。"孟子强调人性本善,犹如"水之就下也",是不可抗拒的,是自然之道。表面上看是有道理的,可仔细推敲,觉得孟子在没有论证"人性之善也,犹水之就下也"的情况之下,就断言"人无有不善,水无有不下",如果不论证就断言之,那么别人是否可以说"人性之恶也,犹水之就下也。人无有不恶,水无有不下"呢?既然不论证,那就有两种可能。所以孟子此说不能令人信服。此处一是武断,二是狡辩。孟子在此应该论证人的本然之性是否善,或为什么说人性本善?但遗憾的是孟子只有观点无论证。

孟子曰:"鱼,我所欲也,熊掌,亦我所欲也,二者不可得兼,舍鱼而取熊掌者也。生,亦我所欲也,义,亦我所欲也,二者不可得兼,舍生而取义者也。生亦我所欲,所欲有甚于生者,故不为苟得也。死亦我所恶,所恶有甚于死者,故患有所不避也。如使人之所欲莫甚于生,则凡可以得生者何不用也。使人之所恶莫甚于死者,则凡可以避患者何不为也!由是则生而有不用也;由是则可以避患而有不为

---

① 杨伯峻:《孟子译注》,北京:中华书局,2005年,第254页。
② 杨伯峻:《孟子译注》,北京:中华书局,2005年,第258页。

也。是故所欲有甚于生者,所恶有甚于死者。非独贤者有是心也,人皆有之,贤者能勿丧耳。一箪食,一豆羹,得之则生,弗得则死。呼尔而与之,行道之人弗受;蹴尔而与之,乞人不屑也。万钟则不辨礼义而受之,万钟于我何加焉!为宫室之美,妻妾之奉,所识穷乏者得我欤?向为身死而不受,今为宫室之美为之;向为身死而不受,今为妻妾之奉为之;向为身死而不受,今为所识穷乏者得我而为之:是亦不可以已乎?此之谓失其本心。"①

孟子云:"鱼,我所欲也,熊掌,亦我所欲也,二者不可得兼,舍鱼而取熊掌者也。生,亦我所欲也,义,亦我所欲也,二者不可得兼,舍生而取义者也。生亦我所欲,所欲有甚于生者,故不为苟得也。死亦我所恶,所恶有甚于死者,故患有所不避也。如使人之所欲莫甚于生,则凡可以得生者何不用也。使人之所恶莫甚于死者,则凡可以避患者何不为也!由是则生而有不用也;由是则可以避患而有不为也。是故所欲有甚于生者,所恶有甚于死者。"说明求富贵弃贫贱、冀生惧死乃人生而然者也,非后天教化使然,此处说明人性趋恶。而舍生取义、所欲有甚于生,所恶有甚于死者,乃是后天教化使然,否则就无所谓"甚于",此"甚于"是比较而得出的结果,得出此结果的标准和参照系就是社会伦理道德,没有社会伦理道德,也就无所谓"甚于"。此处说明人的社会之性是引而善,也就是说人的社会之性是可善的,而不是一定善。孟子言:"非独贤者有是心也,人皆有之,贤者能勿丧耳",既然是贤者能不丧失,说明只有那些遵守社会伦理规范的道德高尚者才能不丧失,那么此"心"非一般人所有,若是人皆能不丧失,此心才是生来之"心"。若如孟子所言"非独贤者有是心也,人皆有之,贤者能勿丧耳",那也一定是有的程度有别,存的多少有异,否则何谈贤与不贤呢?因为贤与不贤是后天养成的,不是生来就定贤与不贤。故此"心"亦是后天"长"成的,非先天就有。我们认为,孟子所言"向为身死而不受,今为宫室之美为之;向为身死而不受,今为妻妾之奉为之;向为身死而不受,今为所识穷乏者得我而为之",不是"失其本心",而是失其则,也就是没有遵守自己原先的原则罢了,因为接受与不接受不是生来的定则,更不是人性本然,而是人类社会伦理道德规范使然,也非众人都依此而"不受"与"奉之",只有贤者为之。故此"本心"非一般人"本心",而是贤人"本心",那也就不是一般意义上的"本心",更不是本性。此处说明贤者向善、可善,换言之,向善、可善才可谓贤者。进一步说明人性非本善,人的后天之性也只是可善。

孟子曰:"尽其心者,知其性也。知其性,则知天矣。存其心,养其性,所以事

---

① 杨伯峻:《孟子译注》,北京:中华书局,2005年,第265—266页。

天也。殀寿不贰,修身以俟之,所以立命也。"①

孟子认为:充分扩张善良的心,就是懂得人性。懂得人性,就懂得天命。保持人善良的心,培养人的善性,这就是对待天命的方法。此处说明人性可善,因为孟子说充分扩张善良的心,就是懂得人性。懂得人性,就懂得天命。保持人善良的心,培养人的善性,这就是对待天命的方法。那就说明如果人不能保持善良的心,不能充分扩张善良的心,就无法培养人的善性,进一步说明人性仅仅是可善。

按照孟子"四端"说,应该是人因具四端,故人性善。那么心就决定性,或者说,因有善心,才有善性。如果是性决定心,既然人性本善,那么善心为什么还需要尽和存呢?性为何需要养呢?而善和良都是社会的产物,因为早期的人类"食色,性也",与动物无别,既然与动物无别,就无所谓善和良。那么孟子所言之心,应该是人类发展到一定阶段,有了社会伦理道德规范之后才有的"心",这不能说是本心,应该是有了社会伦理道德评价标准之后养成的"心",没有社会伦理道德评价标准,就无所谓善和良,难道我们能斥责动物不善良?那只能是对牛弹琴。既然"善心"是后天养成的,那么善性是天生否?如果将"尽其心者,知其性也"中的"心"与"性"理解成本心与本性那就更说不通了。此处说明善心是养成的,善性亦是养成的,进一步说明人性仅仅是可善。

孟子曰:"以佚道使民,虽劳不怨;以生道杀民,虽死不怨杀者。"②

孟子认为,在谋求老百姓安逸的原则下役使百姓,百姓虽然劳苦也不怨恨。在谋求老百姓生存的原则下杀人,那人虽被处死也不怨恨杀他的人。需要辨明:善,指心地仁爱,品质淳厚。孟子此处所言的"使民"与"杀民"应该是善举,是善的表现,那么取人性命可以显善,那么说明善不是一成不变的,同样是杀人,时间、地点、情形不同,就有善恶之分。那么善恶的标准是什么呢?有利于众者为善,有利于长远造福于民者为善。那么此善非与生俱来,而是具有正确社会认知的人,才可以辨别的。所谓正确认知,既具有时代性、阶级性(集团利益、族群利益),也受主流意识形态影响。此处再次说明人性不是本善,仅仅是可善。

孟子曰:"形色,天性也;惟圣人,然后可以践形。"③

孟子认为人的身体容貌是天生的,这种外表的美要靠内在的美来充实,只有圣人才能做到,并不愧于这一天赋。此处说明所谓的天性,是需要后天充实的,所谓美,也是后天赋予的,只有注重修养的圣人,才能显"天性",小人则不显也。故

---

① 杨伯峻:《孟子译注》,北京:中华书局,2005年,第301页。
② 杨伯峻:《孟子译注》,北京:中华书局,2005年,第305页。
③ 杨伯峻:《孟子译注》,北京:中华书局,2005年,第319页。

"天性"只是"可美",美不美是后天决定的。人性也是如此,生而然之之"性",只是具有"可善"性,是否善,是后天决定和赋予的。

孟子曰:"圣人,百世之师也,伯夷、柳下惠是也。故闻伯夷之风者,顽夫廉,懦夫有立志;闻柳下惠之风者,薄夫敦,鄙夫宽。奋乎百世之上,百世之下,闻者莫不兴起也。非圣人而能若是乎?而况于亲炙之者乎?"①

孟子曰:"闻伯夷之风者,顽夫廉,懦夫有立志;闻柳下惠之风者,薄夫敦,鄙夫宽",说明顽夫、懦夫、薄夫、鄙夫是可以廉、立志、敦和宽的,或者说顽夫、懦夫、薄夫、鄙夫是需要教化影响才能廉、立志、敦和宽的,而顽夫、懦夫、薄夫、鄙夫也不是天生就顽、懦、薄、鄙的,也是后天环境造成的。故人性本善、本恶都是不成立的,应该是人性可善、可恶。

孟子曰:"尧舜,性者也;汤武,反之也。动容周旋中礼者,盛德之至也;哭死而哀,非为生者也;经德不回,非以干禄也;言语必信,非以正行也。君子行法,以俟命而已矣。"②

孟子说"尧舜,性者也;汤武,反之也",认为尧舜行仁德,是出于天性;而汤武是经过修身来恢复天性。有什么根据说"尧舜,性者也"? 又凭什么说"汤武,反之也"? 应该说尧舜行仁德,那是他们知百姓疾苦,懂百姓需求,顺势而为,而不是尧舜天生就为了向百姓行仁德而来的。此"性"乃"道"也,即遵循社会发展规律、顺应老百姓的诉求而为,此乃尊"道",汤武是经过修身而后顺"道"。此处与孟子所言性本善有矛盾,如果人性本善,就不能说"尧舜,性者也;汤武,反之也",而是尧舜汤武皆性者也。

孟子言人性善,主要指向人的社会属性善。而孟子在论辩过程中,对人的社会属性是善还是可善也没有辨明,甚至是混淆善与可善两个概念。

第三节　犹豫于人固有四端

《孟子·告子上》云:"恻隐之心,人皆有之;羞恶之心,人皆有之;恭敬之心,人皆有之;是非之心,人皆有之。恻隐之心,仁也;羞恶之心,义也;恭敬之心,礼也;是非之心,智也。仁义礼智,非由外铄我也,我固有之也,弗思耳矣。"孟子由此强

---

① 杨伯峻:《孟子译注》,北京:中华书局,2005年,第329页。
② 杨伯峻:《孟子译注》,北京:中华书局,2005年,第338页。

调人性本善。但孟子在论辩过程中,常常出现前后矛盾、自我否定现象。

孟子曰:"人之有德慧术知者,恒存乎疢疾。独孤臣孽子,其操心也危,其虑患也深,故达。"①

孟子认为:人的品德、智慧、本领、知识,往往产生于灾患之中。那些受疏远的大臣和贱妾所生的儿子,经常操心着危难之事,深深忧虑着祸患降临,所以能通达事理。孟子既然说仁义礼智人皆有之,不是从外部给予的,是每个人本来就拥有的。此处又说"人之有德慧术知者,恒存乎疢疾",到底是"固有"还是"外铄"?我们认为孟子此处所言人的品德、智慧、本领、知识,往往产生于灾患之中,也就是出于实践之中,应该是大家可以普遍接受的,也是符合认识之发展规律的。此显孟子人性论内在矛盾性。

孟子曰:"广土众民,君子欲之,所乐不存焉。中天下而立,定四海之民,君子乐之,所性不存焉。君子所性,虽大行不加焉,虽穷居不损焉,分定故也。君子所性,仁义礼智根于心。其生色也,睟然见于面,盎于背,施于四体,四体不言而喻。"②

孟子说"君子所性,仁义礼智根于心",那么众民所性,仁义礼智是否根于心呢?如果众民所性,仁义礼智亦根于心,那么还需要分别君子与众民吗?君子与众民根本区别又在何处?如果众民所性,仁义礼智非根于心,那么众民是人吗?是人,性就善,就应该具有仁义礼智。孟子所言自相矛盾。

孟子曰:"易其田畴,薄其税敛,民可使富也。食之以时,用之以礼,财不可胜用也。民非水火不生活,昏暮叩人之门户,求水火,无弗与者,至足矣。圣人治天下,使有菽粟如水火。菽粟如水火,而民焉有不仁者乎?"③

孟子认为"菽粟如水火,而民焉有不仁者乎"?也就是说,圣人治理天下,使百姓的粮食多得像水火,老百姓就无有不仁。此言与"恻隐之心,人皆有之;羞恶之心,人皆有之;恭敬之心,人皆有之;是非之心,人皆有之。恻隐之心,仁也;羞恶之心,义也;恭敬之心,礼也;是非之心,智也""仁义礼智,非由外铄我也,我固有之也"前后矛盾。如果"仁义礼智,非由外铄我也,我固有之也",那么应该说"室无菽粟、赴汤蹈火,而民焉有不仁者乎?"

王子垫问曰:"士何事?"孟子曰:"尚志。"曰:"何谓尚志?"曰:"仁义而已矣。杀一无罪非仁也,非其有而取之非义也。居恶在?仁是也;路恶在?义是也。居

---

① 杨伯峻:《孟子译注》,北京:中华书局,2005年,第308页。
② 杨伯峻:《孟子译注》,北京:中华书局,2005年,第309页。
③ 杨伯峻:《孟子译注》,北京:中华书局,2005年,第311页。

仁由义,大人之事备矣。"①

孟子此处言"杀一无罪非仁也",而前文强调"以生道杀民,虽死不怨杀者",那么"以生道杀民"之民一定有罪乎?若无罪,杀一无罪非仁也。"以生道杀民"之民有可能是无罪的,起码是罪不该死,若罪不该死而杀之,亦不仁也。如果是罪大当诛,人人得而诛之,还谈什么"以生道杀民"呢?所以什么是仁?什么是道?仁与道是互显还是有冲突?孟子没有说清楚。"居仁由义,大人之事备矣。"与前文的"仁义礼智,非由外铄我也,我固有之也"亦矛盾,因为仁义礼智,非由外铄我也,我固有之,所以每个人都已经"居仁由义",故都是大人,毋庸置疑"大人之事备矣"。此处不仅与前文"我固有之"有矛盾,而且仁与道亦存在矛盾。

浩生不害问曰:"乐正子,何人也?"孟子曰:"善人也,信人也。""何谓善?何谓信?"曰:"可欲之谓善,有诸己之谓信。充实之谓美,充实而有光辉之谓大,大而化之之谓圣,圣而不可知之之谓神。乐正子,二之中,四之下也。"②

孟子认为"可欲之谓善,有诸己之谓信",此与"四端""五常"有不一致的地方。因为善应见之于仁义礼智信,或曰不显仁义礼智信就不善。那么"可欲之",是君子、庶人、小人都"可欲之"?如果是小人"可欲之",那么"有诸己"就不可谓信了。此处以"可欲之"谓善,与"四端"显善有矛盾,因为"可欲之"不一定是"欲"仁义礼智,如果不"欲"仁义礼智,甚至有违仁义礼智,就与"仁义礼智,非由外铄我也,我固有之也"存在矛盾。

孟子曰:"君子居是国也,其君用之,则安富尊荣;其子弟从之,则孝悌忠信。'不素餐兮!'孰大于是?"③

孟子说"君子居是国也,其君用之,则安富尊荣;其子弟从之,则孝悌忠信",其子弟从之,才能孝悌忠信。那就说明仁义礼智是外铄也,非固有也。既然仁义礼智是外铄,非固有,那就说明善也是后天养成的。

孟子云"仁义礼智,非由外铄我也,我固有之也",言不由衷,理不直,气不足。故在论辩过程中,出现前后矛盾、自我否定现象就不足为奇了。

---

① 杨伯峻:《孟子译注》,北京:中华书局,2005 年,第 315—316 页。
② 杨伯峻:《孟子译注》,北京:中华书局,2005 年,第 334 页。
③ 杨伯峻:《孟子译注》,北京:中华书局,2005 年,第 315 页。

第四节 人兽对比言人性善于理不合

孟子用人兽对比的方式证明人性善,禽兽之性不善。这既有偷换概念之嫌,也不合逻辑。

告子曰:"生之谓性。"孟子曰:"生之谓性也,犹白之谓白与?"曰:"然。""白羽之白也,犹白雪之白;白雪之白,犹白玉之白与?"曰:"然。""然则犬之性,犹牛之性;牛之性,犹人之性与?"①

孟子在此并不否定告子"生之谓性"的命题,只是以白羽之白非白雪之白;白雪之白非白玉之白,进而说明犬之性非牛之性;牛之性非人之性。换言之,也就是为了说明人性有别于禽兽之性,人性善,禽兽之性不善。事实上,孟子以白羽之白非白雪之白,白雪之白非白玉之白;犬之性非牛之性,牛之性非人之性,只能证明人性有别于禽兽之性,并不能证明人性善,禽兽之性不善。或许在此也可以说犬之性非牛之性,牛之性非人之性,人性有别于禽兽之性,所以人性恶。因为禽兽不能辨是非,故禽兽之性无所谓善恶。而且孟子在此用犬牛之性与人之性进行比较也是不合逻辑的,因为我们用人的思维和人类社会善恶标准,来评判犬牛之性善恶,也是可笑的。此处用人兽对比言人性善,乃偷换概念,因为此处不是论性,而是论智,如果论智慧,禽兽无法与人比,但聪明不意味着性善,也许聪明会使人更恶。

孟子曰:"牛山之木尝美矣,以其郊于大国也,斧斤伐之,可以为美乎?是其日夜之所息,雨露之所润,非无萌蘖之生焉,牛羊又从而牧之,是以若彼濯濯也。人见其濯濯也,以为未尝有材焉,此岂山之性也哉?虽存乎人者,岂无仁义之心哉?其所以放其良心者,亦犹斧斤之于木也,旦旦而伐之,可以为美乎?其日夜之所息,平旦之气,其好恶与人相近也者几希,则其旦昼之所为,有梏亡之矣。梏之反复,则其夜气不足以存;夜气不足以存,则其违禽兽不远矣。人见其禽兽也,而以为未尝有才焉者,是岂人之情也哉?故苟得其养,无物不长;苟失其养,无物不消。孔子曰:'操则存,舍则亡;出入无时,莫知其乡。'惟心之谓与?"②

---

① 杨伯峻:《孟子译注》,北京:中华书局,2005年,第254—255页。
② 杨伯峻:《孟子译注》,北京:中华书局,2005年,第263页。

孟子言："虽存乎人者,岂无仁义之心哉？其所以放其良心者,亦犹斧斤之于木也,旦旦而伐之,可以为美乎？其日夜之所息,平旦之气,其好恶与人相近也者几希,则其旦昼之所为,有梏亡之矣。梏之反复,则其夜气不足以存；夜气不足以存,则其违禽兽不远矣。人见其禽兽也,而以为未尝有才焉者,是岂人之情也哉？故苟得其养,无物不长；苟失其养,无物不消。"人类社会,自从有教化以来,大都教人向善,常以善导之,还见恶端,到底说明人性本善还是本恶？还是无所谓善恶？人类于善非"斧斤之于木也,旦旦而伐之",而是植之、扶之、育之、润之,非"梏之反复",而是润之反复,为何还常现"夜气不足以存,则其违禽兽不远"呢？另外,斧斤之于木也,非旦旦而伐之,山林之木也不一定为美,既生参天大树,也长灌木杂草,此乃山之本性。只有去除灌木杂草,扶之以木,才能保证树木成材。孟子认为善"操则存,舍则亡；出入无时,莫知其乡",既然善乃人本然之性,应该是深入骨髓,应该不需操则存,舍也不亡；不分出入,永记故乡。若善可操可舍、出入有时、莫知其乡,那就说明善非生而然者也。

孟子以人兽对比证人性善,禽兽之性不善,此处的人性"善",与人的聪明才智紧紧联系在一起,此"善"非彼"善",因为只有人才具有高级思维,才能形成是非概念,才可辨别真、善、美。禽兽不具有高级思维,也不能形成是非概念,更无法辨别是非,故就禽兽而言,无所谓是非,那也就谈不上善恶。事实上孟子此处不是论性,而是论"智"。以此论性是偷换概念,不合逻辑。

纵观中国古代哲学史,对孟子性善论推崇者有之,完全赞同孟子性善论者不多。大多表面赞成孟子性善论,却又不同程度修正孟子性善论。比如：董仲舒、韩愈"性三品"论,表面不否定孟子性善论,事实上倾向于荀子的性恶论。宋理学家"天理之性善,气质之性恶"之论,亦是表面不否定孟子性善论,事实上推举荀子的性恶论。戴震"知即善"之论,焦循"智,人也；不智,禽兽也。故人性善,禽兽之性不善"之论,学习孟子辩善方法,将"善"与人的聪明智慧紧紧联系在一起,此"善"非彼"善",此善乃"智"也,非性也。究其原因有四：一是孟子"道性善"之"性"指向不明；二是孟子混淆本善与可善；三是孟子在论证人性善时存在自我否定现象；四是孟子以人兽对比证明人性善,既不合逻辑,也有偷换概念之嫌。

第三章

善——中华民族的信仰与追求

孟子以"四端"言人性善,具有以性统心,以心显性的特点。陆九渊、王阳明进一步发展了孟子心性之学,认为心即性,性即心,认为人一念向善,心存良知,故人心向善,人具善念。善是孟子思想的基石,孟子的政治、哲学、伦理、教育、文艺思想的支点均为善。儒、释、道共同倡善;荀子强调抑恶从善;法家主张惩恶扬善;墨家倡平等之爱,善待生命;兵家坚持执中守正,以战逼和,不战而屈人之兵。善一直是中华民族的信仰与追求。

第一节 人心向善

人性善恶问题,自孟、告之辩始,直至今日,人们依然在思考。

告子曰:"性犹湍水也,决诸东方则东流,决诸西方则西流。人性之无分于善不善也,犹水之无分于东西也。"孟子曰:"水信无分于东西,无分于上下乎?人性之善也,犹水之就下也。人无有不善,水无有不下。"①

孟、告此处所辩之"性",乃人之本然之性。告子认为人性本无所谓善恶,犹水也,引向东则东,引向西则西;换言之,引向善则善,引向恶则恶。孟子认为人性善犹水就下也,人性无有不善,犹水无有不下也。孟子在此只有结论,没有论证。孟子对性善论证最具代表性的是:

孟子曰:"乃若其情,则可以为善矣,乃所谓善也。若夫为不善,非才之罪也。恻隐之心,人皆有之;羞恶之心,人皆有之;恭敬之心,人皆有之;是非之心,人皆有之。恻隐之心,仁也;羞恶之心,义也;恭敬之心,礼也;是非之心,智也。仁义礼

---

① 杨伯峻:《孟子译注》,北京:中华书局,2005年,第254页。

智,非由外铄我也,我固有之也,弗思耳矣。"①

孟子以性统心,以心显性。此乃后世心学之源。孟子所言"性",本来指向本然之性;而以心显性,此"性"就指向人的社会属性,或曰后天之性。孟子言恻隐、羞恶、恭敬、是非之心人皆有之,此处所谓"人",乃大写之"人",是具有社会伦理道德之"人",而非生物体之"人"。因为呱呱坠地之婴儿,不会产生恻隐之心,襁褓之婴,亦不会有羞恶之心,不管见孺子将坠井还是将入火,都不会产生怵惕恻隐之心,因为他们还是小"人",还没有正常思辨能力,没有伦理道德,虽有四体,但不具"四端"。故孟子所言"四端"乃能明善恶、能辨是非的大"人"所具有。"四端"是人的社会属性,是人后天在"善"的环境中熏陶出来的,是人和禽兽的本质区别。而且此"四端"是一定社会伦理道德规范下而被普遍接受的"正能量",并不是人类一产生就有此"四端"的。所以,孟子所言的善端——四端,是具有正常思辨能力、能明善恶、能辨是非的大"人"的情思。

陆九渊、王阳明进一步发展了孟子心性之学。陆九渊强调"心即理"。认为事物之理本然地存在于人心之中,"万物森然于方寸之间,满心而发,充塞宇宙,无非此理"②,因此心是第一性的,"理"是离不开心的。主张"宇宙便是吾心,吾心便是宇宙"③,又倡"心即理"说。断言天理、人理、物理只在吾心之中。人同此心,心同此理。往古来今,概莫能外。王阳明承陆九渊之说,强调"心即是理",即最高的道理不需外求,而从自己心里即可得到。认为"天地虽大,但有一念向善,心存良知,虽凡夫俗子,皆可为圣贤"④。"心者身下主宰,目虽视而所以视者,心也;耳虽听而所以听者,心也;口与四肢虽言动而所以言动者,心也"⑤,"凡知觉处便是心","心外无物,心外无事,心外无理,心外无义,心外无善"⑥,"心即理也","心"不仅是万事万物的最高主宰,也是最普遍的伦理道德原则。陆、王认为心即性,性即心,主张'心即理',断言天理、人理、物理只在吾心之中。此处的心,不是生物体的心,而是具有正常思辨能力的大脑在是非、善恶伦理道德标准影响下的情思。

---

① 杨伯峻:《孟子译注》,北京:中华书局,2005 年,第 259 页。
② 陆九渊:《陆九渊集》,北京:中华书局,2008 年,第 423 页。
③ 陆九渊:《陆九渊集》,北京:中华书局,2008 年,第 483 页。
④ 王阳明:《王阳明全集》,杭州:浙江人民出版社,2010 年,第 11 页。
⑤ 王阳明:《王阳明全集》,杭州:浙江人民出版社,2010 年,第 6 页。
⑥ 王阳明:《王阳明全集》,杭州:浙江人民出版社,2010 年,第 168 页。

第二节 孟子言善倡善

孟子不仅言人性善,而且倡导善,宣扬善。"善"是孟子思想的基石。

孟子继承了孔子的"德治"说,发展为"仁政"学说,成为其政治思想的核心。孟子主张具仁心,施仁政。强调仁政是治天下的必备条件,将"不忍之心"的思想用于政治,维护国家长远利益。提倡以德治国,主张"有德者执政""尊贤使能"①。倡导以德服人的仁政,主张"王道政治",反对武力、霸政。孟子主张恢复井田制度,国家授田于民,轻徭役,薄赋税,不误农事,制民之产,民富国强。

孟子强调"天下之本在国,国之本在家,家之本在身"②。将伦理和政治紧密结合起来,强调道德修养是齐家、治国、平天下的根本。孟子提出修身必须扩充存于内心之"四端",发挥与生俱来之善性,尽心养性,培养浩然之气,成为"富贵不能淫,贫贱不能移,威武不能屈"③之大丈夫,再以"心志统气",抑情制欲,修身成德,以达"修、齐、治、平"高度有机统一的理想境界。并坚守"穷则独善其身,达则兼善天下"④的信念。

孟子教育思想富有特点,强调内心的道德修养,同时重视后天环境对人的影响。认为后天的环境可以改变先天的心性和后天的恶习——人可引而善。认为:"人之有道也,饱食暖衣,逸居而无教,则近于禽兽。"⑤"善政不如善教之得民也。善政,民畏之;善教,民爱之。善政得民财,善教得民心。"⑥强调道德教育和意志的锻炼,提倡尚志养气,反求诸己,改过迁善,意志锻炼等。主张循序渐进、因材施教等。"君子之所以教者五:有如时雨化之者;有成德者;有达财者;有答问者;有私淑艾者。此五者,君子之所以教也。"⑦

孟子"知言养气"文艺思想影响深远。孟子解释为"诐辞知其所蔽,淫辞知其所陷,邪辞知其所离,遁辞知其所穷"⑧。也就是辨别言辞的能力,在文学批评史

---

① 杨伯峻:《孟子译注》,北京:中华书局,2005年,第77页。
② 杨伯峻:《孟子译注》,北京:中华书局,2005年,第167页。
③ 杨伯峻:《孟子译注》,北京:中华书局,2005年,第141页。
④ 杨伯峻:《孟子译注》,北京:中华书局,2005年,第304页。
⑤ 杨伯峻:《孟子译注》,北京:中华书局,2005年,第125页。
⑥ 杨伯峻:《孟子译注》,北京:中华书局,2005年,第306页。
⑦ 杨伯峻:《孟子译注》,北京:中华书局,2005年,第320页。
⑧ 杨伯峻:《孟子译注》,北京:中华书局,2005年,第62页。

上,即指鉴赏文学作品的能力。"养气"即养"浩然之气",这种"气",孟子解释为"其为气也,至大至刚,以直养而无害,则塞于天地之间"①。孟子所谓的"知言",应该包括书面语言即文章作品,而这种"知言"的前提是"我善养吾浩然之气",必须首先使作者具有内在的精神品格之美,养成"浩然之气",具有高尚道德品质而形成的一种崇高的精神气质蕴涵,才能有美而正的言辞。这实际上是说,作家要加强自己的人格修养,具有高尚的道德品质,然后才能写出好的文学作品。读者也必须加强自己的人格修养,具有高尚的道德品质,才能具备正确鉴赏文学作品的能力。

善——植根于中华文化,影响文化的价值取向。从中国古代人性论发展流变看,汉、唐倡"性三品",程朱推"天理之性善,气质之性恶"②,陆王认为"一念向善,心存良知",清代戴震、焦循言"智,人也;不智禽兽也;故人性善,禽兽之性不善"③。他们都在一定程度上修正了孟子性善论,但都坚持推"善",强调社会教化引人向善的功用。

我们认为,不是因为尊孟才推善,而是因为推善而尊孟。因为孟子继承发扬了孔子"仁"学思想,将仁义礼智归结为善之根本,或曰善端。

第三节 中华文化充满善

仁、义、礼、智、信、忠、恕、孝、悌等皆是中国优秀传统文化的核心理念,这些都充分彰显"善",此乃中华民族的追求和信仰。

1. 荀子强调抑恶从善

荀子"性恶论"之性指向人的后天之性,倾向于以"行"论"性",之所以有孟子性善论与荀子性恶论之争,主要是由于他们各自学说中的概念内涵不一致的原因造成的。但他们的目标都是引导人们弃恶从善。孟子强调社会教化使民趋善的作用,荀子同样强调"积善成德,圣心备焉"④"其数则始乎诵经,终乎读礼。其义则始乎为士,终乎为圣人"⑤。荀子往往以礼义并称,区别于孟子的以仁义并称。如果说孟子是在孔子"仁"的概念之后着重建立了"义"的概念,那么荀子就是继

---

① 杨伯峻:《孟子译注》,北京:中华书局,2005 年,第 62 页。
② 朱熹:《孟子集注》,载《四书章句集注》,济南:齐鲁书社,1992 年,第 160 页。
③ 焦循:《孟子正义》,北京:中华书局,1987 年,第 586 页。
④ 张觉:《荀子译注》,上海:上海古籍出版社,1995 年,第 8 页。
⑤ 张觉:《荀子译注》,上海:上海古籍出版社,1995 年,第 8 页。

孟子之后着重建立了"礼"的概念。所以冯友兰先生认为孔子、孟子、荀子是先秦儒家三个最大的人物。认为："荀子最著明的是他的性恶学说。这与孟子的性善学说直接相反。表面上看,似乎荀子低估了人,可是实际上恰好相反。荀子的哲学可以说是教养的哲学。他的总论点是,凡是善的、有价值的东西都是人努力的产物。"①吕思勉先生说："其实荀子之言性恶,与孟子之言性善,初不相背也。伪非伪饰之谓,即今之为字。荀子谓'人性恶,其善者伪',乃谓人之性,不能生而自善,而必有待于修为耳。故其言曰:'涂之人可以为禹则然,涂之人之能为禹,则未必然也。'夫孟子谓性善,亦不过谓涂之人可以为禹耳。"②荀子重视社会教化的作用,认为人是可以引而善的,所以强调抑恶从善。孟子为了强调仁义,以求激励人心,要求人在后天行事中保持其本心,就是俗话说的"唱红脸"。表面上讲性善,实际上重在后天行事。荀子也讲仁义,但荀子生于人人争于利欲,君子与小人同恶的时代,固不宜倡言心性之善,于是只有深明其恶,以求人能反躬自救,要求人在后天生活实践中厉行改造,是俗话说的"唱白脸"。孟、荀二人性善论与性恶论态度虽然相反,但"仁"的主张一致,强调后天实践一致。所以孟、荀人性论异曲同工,都是导善。只是导善的路径不同,孟子强调尽心、求放心,重在培育善;荀子强调抑恶从善,重在践行善。

2. 儒、释、道共同倡善

儒家强调人与人(社会)的和谐——善待他人。仁、义、礼、智、信等都是强调善待他人,建立和谐的人际关系。"天时不如地利,地利不如人和"③,强调和谐人际对于社会稳定和成就事业的重要意义。释家强调人内心和谐——善待自己。释家讲究静心领悟,若无静心,很容易偏激,走极端;若无领悟,不得世间万物真谛。认为相由心生,心不动,万物皆不动,不动则不伤,主张笑对人生,不怨恨一切。强调随心,随性,随缘。道家强调人与自然和谐——善待自然。主张天气自然,共为天地之性。道家认为自然是生育天地万物的本原,人应该顺应自然,遵循自然规律,维护自然生态,保持人与自然和谐共生,才符合自然规律,才是最美的。道家把整个宇宙看成一个大的生态自然系统,一个生生不止、永不停息的自然生态。只有将人类和自然界的天地万物都置于自然和谐统一之中,才是人和天地万物的生命与价值所在,才能真正体现出自然生态美。既然人是从天地自然万物中产生的,因此,人就应该顺从天地自然万物。

---

① 冯友兰:《中国哲学简史》,北京:北京大学出版社,2013年,第140页。
② 吕思勉:《先秦学术概论》,上海:东方出版中心,2008年,第59页。
③ 杨伯峻:《孟子译注》,北京:中华书局,2005年,第86页。

3. 法家重刑罚——惩恶扬善

"不别亲疏,不殊贵贱,一断于法"①,"君臣上下贵贱皆从法"②,"法不阿贵,绳不挠曲。法之所加,智者弗能辞,勇者弗敢争。刑过不避大臣,赏善不遗匹夫"③。法律面前人人平等,赏罚分明,标准就是善恶。善则奖,恶则惩,宗旨就是惩恶扬善。

4. 墨家主张兼爱、非攻——平等之爱、珍爱生命

"天下兼相爱则治,交相恶则乱"④,"若兼则善矣"⑤,天下之乱,起于人与人不相爱。臣与子不孝,君与父不慈,以及"大夫之相乱家,诸侯之相攻国"⑥,直至盗贼之害人,都是互不相爱的结果。如果天下人能"兼相爱","爱人若爱其身"⑦,那就天下太平了。墨子也讲"慈""孝",但并不以"孝悌"为"兼爱"之本,更不主张有等差的爱,强调平等之爱。墨家主张"非攻",反对发动战争。"兼爱"主张天下人互爱互利,不要互相攻击,这就必然要主张"非攻"。当时兼并战争剧烈,农、工、商、士等庶人阶层和下层贵族都希望社会安定,墨家代表了他们要求停止战争的愿望。认为攻战之害:"春则废民耕稼树艺,秋则废民获敛","百姓饥寒冻馁而死者,不可胜数"⑧。而且不仅被攻的国家受害,攻人的国家也要受害;由于兼并战争,将会导致"兼国覆军,贼虐万民"⑨的后果。强调珍爱生命。

5. 兵家强调珍爱生命、心悦诚服

兵家谋略的理想境界是以战逼和,首先不是想怎样去赢,而是想怎样才能不败。心头之剑不是为了战胜敌人,而是为了砍掉自大的锋芒,斩断心头的恶念。故兵家强调执中守正,以战逼和。兵家最高追求:"不战而屈人之兵,善之善者也"⑩,希望珍爱生命,做到心悦诚服。战争目的不是为了攻城略地,而是为了顺民意,获民心。

综上所述,善是中华民族的信仰与追求,在言善、倡善、求善的历史征程中,富有智慧的中华民族不仅有善的追求,更有美的享受;期盼善满天下,福满人间。

---

① 司马迁:《史记》,载《二十四史》,北京:中华书局,1999年,第2487页。
② 王光辉、金玉编著:《法家金言》,合肥:安徽人民出版社,2009年,第28页。
③ 韩非子著,王先慎集解:《韩非子集解》,载《诸子集成》,上海:上海书局,1986年,第26页。
④ 孙诒让:《墨子间诂》,载《诸子集成》,上海:上海书局,1986年,第63页。
⑤ 孙诒让:《墨子间诂》,载《诸子集成》,上海:上海书局,1986年,第65页。
⑥ 孙诒让:《墨子间诂》,载《诸子集成》,上海:上海书局,1986年,第63页。
⑦ 孙诒让:《墨子间诂》,载《诸子集成》,上海:上海书局,1986年,第63页。
⑧ 孙诒让:《墨子间诂》,载《诸子集成》,上海:上海书局,1986年,第82页。
⑨ 孙诒让:《墨子间诂》,载《诸子集成》,上海:上海书局,1986年,第90页。
⑩ 孙武著,曹操等注:《孙子十家注》,载《诸子集成》,上海:上海书局,1986年,第35页。

第四章

明代《孟子》考据学

孟子是中国古代著名思想家、教育家,战国时期儒家学派代表人物,其著述《孟子》,思想博大精深,并具有强大而现实的社会功用。自汉以来,《孟子》受到历代统治者和文人学者的高度关注。统治者借助于它,教化民众,安邦定国;文人学者研究它,丰富思想,提高学识,并由此形成了瀚博的《孟子》学,使孟子及其思想愈益璀璨夺目。

在《孟子》学发展过程中,不同的历史阶段,各具特色。汉、唐注重训注,两宋以义理显于世,清代以考据为特色,元、明则是《孟子》学发展相对舒缓的时期。在明代,由于诸多因素的影响,以阐释《孟子》义理为主的著述虽然有一定的数量,但影响却远不及两宋。明代运用考据的方法研治《孟子》的学者和著作也无法与清代相提并论。但是,就明代《孟子》考据学而言,它是《孟子》学发展史上不可或缺的一环,具有承上启下的作用,其成就和影响是客观存在的。在某种程度上说,清代《孟子》考据学之鼎盛"多赖明儒植其基"。① 所以,全面考察明代《孟子》考据学的状况,实事求是展示明代《孟子》考据学的成果,客观评价明代《孟子》考据学之得失,既具有较为重要的理论意义,亦有较高的学术价值。

明代《孟子》学为显学,涉《孟》学者不少,据笔者不完全统计,明代《孟子》学著作357种,涉及学者188人。357种《孟子》学著作大致分为义理、考据两类,义理类258种,考据类99种。义理、考据相互兼及的不少,但义理、考据同时著称的不多。

明代《孟子》考据学,参与学者较多,著述亦丰,前、中、后期发展不均衡;具有关注重点较为集中、专题研究较为兴盛、体例上推陈出新等特点;同时也明显存在简单重复考证和考证不够深入的缺陷。

---

① 刘师培:《刘师培史学论著选集》,上海:上海古籍出版社,2006年,第176页。

第一节　明代《孟子》考据学概略

明代《孟子》考据学是明代考据学的一部分,所以总体发展走向的曲线与明代考据学走向的曲线基本吻合。换句话说,明代《孟子》考据学的发展演变,既可以折射明代考据学的发展脉络,同时也可以作为明代各种思想倾向及其相互作用、影响的缩影。

明初,统治者对意识形态领域控制极为严密,并进一步完善科举制度,程朱理学盛行。中期,王阳明心学亦逐渐占据主导地位。在此背景之下,明代的《孟子》考据学发展受到较大的影响,前期、中期发展较为缓慢,直到后期实学兴起,考据学风渐盛之时,其发展才较为迅速。明代《孟子》学,与汉、唐、宋、元《孟子》学相比,有诸多不同;在明代经学中,也有其自身的特点,有两点较为突出:

1. 学者较多、著述亦丰

首先,治学队伍庞大。对明代《孟子》学著述进行较为全面系统辑汇的清代学者朱彝尊,其《经义考》中共辑录明代《孟子》学著述 22 人 22 种。① 据笔者不完全统计,明代研《孟》学者 188 人,著述 357 种。在 188 个研《孟》学者中,明代经学影响较大的学者王阳明、季本、杨慎、陈士元、焦竑、郑明选、郝敬、史鹗、胡继先、刘宗周、吕元善等都名列其中。

其次,著述量较大。明代研《孟》学者 188 人,著述 357 种。这个数字与清代《孟子》学著述相比,显然是小巫见大巫,但若与汉、唐、宋、元相比,其学者人数和著述数量几乎超过汉、唐、宋、元几朝之总和。在 188 个研《孟》学者中,有 41 人考《孟》,涉及著作 99 种,在"空疏学风"影响学界之际,应该说这个数字还是较为惊人的。在 99 考《孟》著作中,有多人参与、延续时间较长、直至清代才最终完成的《三迁志》,也有在《孟子》学史上较有影响、明代《孟子》考据学扛鼎之作、陈士元的《孟子杂记》。

2. 考据学发展前后不均衡

受多种因素影响,明代《孟子》考据学发展是不均衡的,前、中、后期发展呈逐渐上升走势。明代有《孟子》考据学著述 99 种,涉及学者 41 人。为叙述方便,根

---

① 朱彝尊:《经义考》,载《四库全书》卷二三一,上海:上海古籍出版社,1987 年。

据学界对明代学术的大致分期以及明代考据学发展概况①,为了直观且叙述方便,我们将明代《孟子》考据学发展粗略分为三个阶段,并将明代《孟子》考据学学者和著作分布情况列表如下:

《孟子》考据学分期	前期	中期	后期
起止时间	明初至天顺末年	成化初年到嘉靖末年	万历初年至明末
时间跨度	约100年	约100年	约80年
学者人数	6人	11人	24人
著述数量	12种	36种	51种

据上表可知,明代前期致力于《孟子》考据的学者和著作数量较少,仅6人12种;中期有所增加,为11人36种,著作数量明显增多,仅杨慎一人就多达23种;后期无论是学者人数还是著作数量都超过前两期之和。因此,明代《孟子》考据学的前、中、后期呈现出一个较为明显的低谷、上升、高峰这样一个逐步向上发展的曲线。

明代《孟子》考据学,从数量上看整个呈上升发展之势。从质量上看,较有影响的著作分布大致是:前期有张萱的《五霸》,中期有杨慎的《孟子》23种、季本的《孔孟事迹图谱》,后期有吕元善的《三迁志》(《三迁志》在明代被三次重修,具体内容为何人所撰难以确定,但是吕元善集前两次重修之大成,为方便叙述,姑且定《三迁志》主要内容为吕元善所著,参见《三迁志》序,下同)、陈士元的《孟子杂记》、焦竑的《孟子非受业子思》、郝敬的《孟子》、谭贞默的《孟子编年略》、董斯张的《逸孟子》、胡爌的《孟子》。其中尤以杨慎、陈士元、郝敬、谭贞默影响为大,是明代《孟子》考据中不能忽略的,而前期几乎无一种著述是研究明代《孟子》考据不可或缺的,这也反映前、中、后期发展的不均衡。

第二节 明代《孟子》考据学特点

明代《孟子》考据学自明代中期开始发力,再到后期达到高峰,在其发展过程中,主要表现出如下三个特点:关注重点较为集中、专题研究较为兴盛、体例上推

---

① 林庆彰:《明代考据学研究》,台北:台湾学生书局,1983年。

陈出新。

1. 关注重点较为集中

在明代 99 种《孟子》考据类著作中，可谓是辑、考、注、补、正、辨、校等应有尽有，门类齐全。从明代中期开始，考证范围扩大，内容较为广泛。考证内容涉及孟子生卒年月、孟子祖籍世系、孟子父母家庭、孟子师承、孟子游历、孟子加封配享、《孟子》的思想、作者、字、词、句、篇章、次序、章指、篇叙、外书、佚文以及与其相关的史实、地理、名物、制度等，前人考过的问题，明人大部分都有所涉及，前人没有考过的问题，比如孟子加封配享、佚文等内容，明人也有所涉及。明人考《孟》，虽广泛涉猎，但关注重点较为集中，主要关注：一是孟子生卒年月，二是孟子师承，三是孟子游历，四是《孟子》的作者。影响较大的著述有：杨慎"孟子考"、季本的《孔孟事迹图谱》、吕元善的《三迁志》、陈士元《孟子杂记》、郑明选的"考孟"、郝敬的《孟子说解》等。

（1）考证孟子生卒年月

关于孟子生卒年月，司马迁《史记·孟轲荀卿列传》、东汉赵岐《孟子章句》等均无记载。至元代张须作《孟母墓碑记》，始引《孟氏谱》，认为孟子生于周定王三十七年己酉四月二日，卒于周赧王二十六年壬申正月十五日，享年八十四岁。《孟氏谱》的作者不详，宋时未见有人引用，其说法也与史实多有不符之处。周朝有两位定王，一是春秋时的定王姬瑜（公元前 606 年—公元前 586 年）；一是战国时的贞定王姬介（公元前 468 年—公元前 441 年）。孟子生于战国，故只能是定王姬介。但姬介在位只有二十八年，没有三十七年。故《孟氏谱》说法不可靠。元代金履祥著有《孟子年谱》对此应有考证，可惜无从见之。明代学者对于孟子的生卒年月亦多有考证，影响较大者有陈士元、郝敬、吕元善、郎瑛、彭大翼、田艺蘅等，主要有三种观点：

其一，以陈士元为代表的学者质疑《孟氏谱》的说法，认为孟子或生于安王初年，卒于赧王初年。陈士元不附会《孟氏谱》的观点，质疑《孟氏谱》的说法，他分为两个步骤进行考证：首先，他从两个方面对"生于周定王（年间）"提出了质疑，一是历史上无周定王三十七年；二是即使按周定王二十一年起始算，孟子当"二百九十八"岁，这也不合常理。从而推翻了孟子生于周定王时之说。其次，依据当时孟子见魏惠王之史实，从年龄和称谓角度来进行考证，从而推断出孟子"或生于安王初年，卒于赧王初年"①的结论。陈士元的第一步考证还可以说较为合理，但是其第二步考证就值得商榷，因为其对史书的纪年不甚重视，如其所云"按礼制，国君

---

① 陈士元：《孟子杂记》，载《丛书集成初编》，北京：中华书局，1985 年，第 11 页。

薨后始得称谥,鲁平公薨于赧王二十年,而孟子称之,若孟子生于安王初年,岂不百有余岁乎?然则谱牒纪年,盖不足据……"①从中可以看出,陈氏对于史书纪年的真实性持一定的怀疑态度,而对孟子的生年和卒年同时加以改动,似乎也过于主观。在明代,郝敬基本赞同陈士元的观点。

其二,以吕元善为代表,认为孟子生于周烈王四年,卒于赧王二十六年。吕元善依据历史上有两个定王这一史实,先推定孟子生年为误,卒年为正确,然后根据孟子的岁数来逆推,从而得出孟子生年为周烈王四年,其推论似乎有一定的合理性,但不够严谨。

其三,郎瑛等人支持《孟氏谱》说法,认为孟子生于周定王三十七年,卒于周赧王二十六年。彭大翼和田艺蘅基本赞同郎瑛的观点,他们基本附会《孟氏谱》的说法,自己没有新的、有力证据,也未曾深入考辨。

明代很多学者对于孟子生卒年月都进行了考证,莫衷一是,都不能拿出让人信服的证据,也没有得出一个权威的结论,故孟子的生卒年月在明代仍是悬案。但是明人对于这一问题的考辨,在一定程度上又为后人考证孟子生卒年月拓展了思路。

(2)考证孟子师承

关于孟子师承,孟子未曾明说,只是在其《孟子·离娄下》云:"予未得为孔子徒也,予私淑诸人也。"因此,后代学者众说纷纭,从可考的资料来讲,最早对这一问题进行考证的应是西汉司马迁,他在《史记·孟子荀卿列传》中云:"孟轲,邹人也,受业于子思之门人。"其后西汉刘向在《列女传》中称孟子"师事子思,遂成天下名儒"。《孔丛子》亦从此说。东汉班固《汉书·艺文志》认为孟子为"子思弟子"。赵岐《孟子题辞》曰:孟子"长师孔子之孙子思"。应劭《风俗通义·穷通》云:"孟子受业子思。"唐代韩愈也认为孟子师从子思。宋代施德操赞同孟子师从子思说。其云:"……尧舜之道自孔子传之曾子,曾子传之子思,子思传之孟子,孟子得其传,然后孔子之道益尊,而曾子子思之道益著……"②宋代辅广则曰:"子思之门人无有显名于世者,而孟子真得子思之传,则疑亲受业于子思者为是。"③朱熹对这个问题则未置可否。其云:"子思,孔子之孙。名伋,《索隐》云,王劭以'人'为衍字,而赵氏注及《孔丛子》等书亦皆云孟子亲受业于子思,未知是否。"④

---

① 陈士元:《孟子杂记》,载《丛书集成初编》,北京:中华书局,1985年,第11页。
② 朱彝尊:《经义考》,载《四库全书》卷二三一,上海:上海古籍出版社,1987年,第6页。
③ 朱彝尊:《经义考》,载《四库全书》卷二三一,上海:上海古籍出版社,1987年,第7页。
④ 朱熹:《四书章句集注》,载《四库全书》,上海:上海古籍出版社,1987年,第1页。

明之前学者,司马迁持师从子思门人说,刘向、班固、赵岐、韩愈、施德操、辅广持师从子思本人说。对于这一问题,明代较多的学者给予关注,倾力较多、影响较大的有季本、陈士元、吕元善、焦竑、郝敬等,主要有四种观点:

其一,以胡广为代表,持从子思说。胡广云:"而《集注》两存其说,盖自古圣贤固有闻而知之者,不必待耳传面命而后得也。又以《中庸》一书观之,所以传授心法,开示蕴奥,如此其至,则当时门弟子岂无见而知之者?孟子从而受之愈益光明,亦宜有之也。"①

其二,以陈士元为代表,持师从子思门人说。并选择独特的视角进行考证。陈士元依据年表与史实,首先推断出子思不可能生活在孟子年轻的时代,从而反证孟子"师从子思门人"。其次陈士元又依据当时的"卫国乱政"这一史实,再进行考证,推翻了"子思居卫见孟子"的说法,既然孟子在那一时期不曾见到子思,又岂能"受业于子思"?从而进一步排除了孟子师从子思的可能性。

其三,以吕元善为代表,对孟子师从子思或师从子思之门人两种观点不置可否,持中立态度。吕元善只是罗列了两种观点,似乎觉得都有点道理,又觉得证据不足,自己又无法举证,引征目的盖存疑待考。

其四,以郝敬为代表,持"学无专师"的观点,对孟子从子思或师从子思之门人两种观点都反对。他从孟子言论入手,再根据孟子生卒推断,从而得出二人不可能共同生活在一个较短暂的时期,从而排除了孟子师从子思的可能。然后认为师从子思之门人也缺乏依据,认为孟子言"予私淑诸人也",故孟子应该是"学无专师",又否定了师从子思门人说。

明代学者对这一学界广为关注的"孟子师承"问题倾注了不少的精力,并且对前人论断敢于质疑,基本否定孟子"师从子思"说,总体倾向"师从子思门人"说,但郝敬认为孟子"学无专师",拓宽了考证思路,对后人亦有启发。

(3)考证孟子游历

孟子游历是学界广泛关注的问题,其分歧在于"先齐后梁"还是"先梁后齐"。《史记·孟轲荀卿列传》云:"道既通,游事齐宣王,宣王不能用。适梁,梁惠王不果所言,则见以为迂远而阔于事情。"《史记》言孟子先事齐宣王,这与史实不符,在时间上也难以讲通,故后人对此多有怀疑。至宋代,学界开始争辩。《资治通鉴》认为"先梁后齐"。朱熹则认为"先齐后梁""先梁后齐"说都有一定道理,但不能完全令人信服,故不断先后。以黄震为代表主"先齐后梁"说,支持《史记》说法。黄震的考证有三个依据:一是齐伐燕有二事,孟子是两次到齐国。二是有两个齐王,

---

① 胡广:《四书大全》,载《四库全书》,上海:上海古籍出版社,1987年,第1页。

一为齐宣王,一为齐湣王,后人将两齐王误混为一齐王。三是发现《孟子》文章中的史实与"先齐后梁"的假设相符。通过这三点,黄震就坚持孟子"先齐后梁"。元代,陈栎对此加以了考证,认为是"先梁后齐"。

明代学者就这一问题继续考辨,有两种观点:

第一,以吕元善和季本为代表,依据《通鉴》所载史实上的矛盾来考证,持"先梁后齐"观点,非《史记》所言。

首先,季本根据《史记》所载伐燕之事,推出"齐宣王时的伐燕之事不应该发生在齐湣王年间",从而证明《史记》"先齐后梁"是错误的。

其次,季本又以"一次伐燕"之事为前提,以年表入手继续考证,提出三个疑问:一是"疑《史记》误分惠成之世为后五年",二是"则孟子居魏者阅十八年,居齐者阅六年。今孟子书所记魏事甚少,齐事甚多,岂宜在魏日如此之深而在齐日如此之浅邪?"三是"安知惠成王非即襄王之别称邪?"①以此进一步说明孟子"先齐后梁"论断的错误。

吕元善和季本等人的考证略显简单,不够深入,所以说服力不强。

第二,陈士元、郝敬和谭贞默等人持"先齐后梁"说,支持《史记》的观点。陈士元在比较前人的考证成果基础上,较为推崇黄震的考证,故对其考证引用较多,自己没有举出更多的证据。

郝敬推出"孟子两到齐国"的观点,因而"先齐后梁"可信度增加,遗憾的是郝敬未能继续深入考证。

谭贞默通过对《史记》中史实的互相印证从而证明确有"两齐王""两伐燕"之事。谭贞默的考证思路类似黄震,较为清晰严谨,也较为可信,故其影响也较大。

明代学者在孟子游历齐梁先后这一问题上虽然分为两派,但是可以看出,"先齐后梁"派则基本上承继了黄震的观点,其考证较为严谨合理,明显占据上风,特别是谭贞默的考证思路对后人影响较大。

(4)考证《孟子》的作者

《孟子》一书的作者究竟为何人,一直是《孟子》考据学史上一个极有争议的问题,自从《孟子》一书问世,这一问题的争议就没有停止,明之前主要有三种观点:"孟子本人说""孟子弟子说""孟子与弟子合作说"。

汉代,"孟子本人说"占据绝对优势,主要有司马迁、应劭、赵岐。司马迁云:"退而与万章之徒序诗书,述仲尼之意,作孟子七篇。"②应劭曰:"孟子作书中、外

---

① 季本:《孔孟事迹图谱》,载《四库全书存目丛书》,济南:齐鲁书社,1996年,第3页。
② 司马迁:《史记》卷七十四,载《四库全书》,上海,上海古籍出版社,1987,第2页。

十一篇。"①赵岐则云:"退与弟子公孙丑、万章之徒疑难答问,又自撰法度之言,著书七篇。"②

到晋唐,"孟子弟子说"又占据上风。晋姚信曰:"孟子之书将门人所记,非自作也。"③唐韩愈曰:"轲之书非自著,既没,其徒万章、公孙丑记其言耳。"④林慎思曰:"孟子七篇,非轲自著,乃弟子共记其言。"⑤

至宋,学界开始出现分歧,出现了三分天下的局面。以何异孙和朱熹为代表持"孟子本人说";以晁说之为代表持"孟子弟子说",其曰:"书载孟子所见诸侯,皆称谥……夫死然后有谥,轲著书时所见诸侯不应皆死……故予以愈言为然"⑥;以董铢为代表持"孟子与弟子合作说",其云:"今观七篇文字笔势如此,决是一手所成,非鲁论比也。然其问有如云孟子道性善,言必称尧舜,亦恐是其徒所记,孟子或略加删定也。"⑦

到了明代,学者对这个问题也是极为重视,也分为三派:"孟子本人说""孟子弟子说""孟子与弟子合作说":

其一,"孟子本人说"。明代持这种观点的学者中较有代表性的有季本、陈士元、郝敬、胡爌、吕元善等人。季本对于《孟子》书中所陈史事进行了一番考证,如"比而次之",发现了其"自有其据",既然其所言史事基本上是可信的,那么作者就没有必要"寓假姓名以立言",就不可能为虚构。陈士元基本倾向于司马迁、朱熹之观点。吕元善根据诸王侯的卒岁在孟子卒年之前,从而判断出《孟子》该书为孟子自著。胡爌考证基本引用《孟子集注》,未有自己的举证。郝敬将《孟子》和《论语》进行对比,就《孟子》内容的精深程度而言,认为除了孟子本人,他人是不可企及的。

其二,"孟子弟子说"。明代学者持这种说法的代表人物有薛瑄、章潢等人。薛瑄云:"《孟子》之书,齐、梁诸国之君皆称谥,则成于后来弟子无疑。"⑧薛瑄从《孟子》文中的史实和古代礼仪制度角度进行考辨,认为孟子生时,"齐、梁诸国之君"肯定有未曾去世的,既然未曾去世,那么就不可能称其谥号,所以《孟子》应为其弟子所作才符合逻辑。章潢依据"梁惠王见孟子称叟",结合年龄、古代礼制,推

---

① 朱彝尊:《经义考》,载《四库全书》卷二三一,上海:上海古籍出版社,1987年,第2页。
② 朱彝尊:《经义考》,载《四库全书》卷二 ,上海:上海古籍出版社,1987年,第2页。
③ 朱彝尊:《经义考》,载《四库全书》卷二三一,上海:上海古籍出版社,1987年,第2页。
④ 朱彝尊:《经义考》,载《四库全书》卷二三一,上海:上海古籍出版社,1987年,第3页。
⑤ 朱彝尊:《经义考》,载《四库全书》卷二三一,上海:上海古籍出版社,1987年,第3页。
⑥ 朱彝尊:《经义考》,载《四库全书》卷二三一,上海:上海古籍出版社,1987年,第5页。
⑦ 朱彝尊:《经义考》,载《四库全书》卷二三一,上海:上海古籍出版社,1987年,第7页。
⑧ 薛瑄:《读书录》,载《四库全书》卷十一,上海:上海古籍出版社,1987年,第24页。

断"岐之言非也"。

其三,"孟子及其弟子合作说"。明代学者持这种说法的人数较少,以张懋修为代表,依据史实及《孟子》一书的行文笔法,认为该著应为孟子及其弟子合纂。

明代学者在《孟子》作者问题上虽投诸较大精力,但与汉、唐、宋、元学者考证相比,既没有举出新证据,也未寻到新的视角。

2. 专题研究较为兴盛

前文所言,明代考《孟》关注重点较为集中,当然成就最高也在重点之列。同时明人考《孟》,不少学者对某些专题较有兴趣,尤其是对《孟子》中的人物、孟子生平事迹、孟子配享的考证。

(1) 考《孟子》中的人物

明代中后期开始,较多的学者和著作关注《孟子》中的人物考证,尤以陈士元、郑明选为代表。郑明选有《卫孝公》《邹穆公》《慎子》《子都》《孟仲子》等专门考人的著作。陈士元《孟子杂记》中有专门章节"辨名",对《孟子》中人名有异称者50余人进行了专题考证,不仅用力较勤,亦不乏精彩之处。如其对"孙叔敖"的考证,其云:"孙叔敖,楚王子蒍章之孙,蒍贾之子。《左传·类解》云,蒍孙叔敖,蒍,姓;敖,名;孙叔,字也。金履祥云,敖,楚官号也。先儒以孙叔敖字艾猎,《世本》则以艾猎为敖之兄。薛氏《人物考》云,孙叔敖,一名蒍艾猎。非也,蒍姓岂名乎?蒍一作蔿字,同余。著名疑解之详。"[①]再如其对"滑釐子"考证,其云:"赵注,滑釐,慎子名。或云即禽滑釐也。班固人表作禽屈釐,《庄子》作禽骨釐,《吕览》作禽滑黎,《史记·列传》:慎到,赵人,与孟子同时。孙奭云,滑釐即慎到也。慎一作昚到,一名广,或云禽、慎俱姓,禽滑釐、慎滑釐盖二人。"[②]

如郑明选对《慎子》的考证,其云:"鲁欲使慎子为将军,孟子曰,一战胜齐,遂有南阳,然且不可。慎子勃然不悦,曰,此则滑釐所不识也。朱子注云,滑釐,慎子名。按《庄子》称慎到与彭蒙、田骈为友,学墨子弟子禽滑釐之术,所称滑釐不识,谓其师,禽滑釐非其己名,犹孔子云,此黄帝之所听莹也。庄子又云,慎子闻宋钘之风而悦之,郑端简公云,慎到尝与同门三百人持鲁器守宋城,御楚寇,著《慎子》四十六篇,与宋钘同时,墨子、宋钘之术皆尚禁兵寝攻,慎子悦而学之,南阳之役孟子又止之,故卒不行。"[③]

专门考证《孟子》中的人物,在明代之前是较为少见的。明人对人物的考证,

---

① 陈士元:《孟子杂记》,载《丛书集成初编》,北京:中华书局,1985年,第60页。
② 陈士元:《孟子杂记》,载《丛书集成初编》,北京:中华书局,1985年,第62页。
③ 郑明选:《郑侯升集》,在《四库禁毁书丛刊》,北京:北京出版社,1999年年,第4页。

不仅多引征,而且考证较为细致。

(2)考孟子生平事迹

对孟子的生平事迹,自汉以来,一直有学者关注,但明人不仅关注者多,且出现系列成果。刘濬、王三聘、郝敬、李乐、郭子章、陈士元等人都投入了不少精力。刘濬《孔颜孟三氏志》中有孟子"出处事迹",王三聘的《孟子》、郝敬《孟子说解》有"孟子遗事",李乐《孟子考》、郭子章的《孟子》、陈士元的《孟子杂记》等都有专考孟子事迹的内容,他们主要以"事"为线索。如陈士元《孟子杂记》云:"元按:司马迁《史记》孟子传述孟子仅十数语,即以驺衍之术赘之,且称衍为诸侯所尊礼,而淳于髡、慎到、环渊、接子、田骈、驺奭之徒,各著书以于世,主其意,盖有感于士之遇合与否?然而知孟子浅矣,以故述孟子事甚疏略,不备,近时薛应旂《四书人物考》有孟子传,大率采撷他书以成谓七篇,为学者所雅闻,不复引及,似非孟子全录,元不揣谫劣,谬辑七篇中所载出处,著为传,以补马、薛之阙,而马、薛二传仍附其后,以便观览焉……"①陈氏认为司马迁的《史记》和薛应旂的《四书人物考》,对孟子事迹过于简略,需进一步加以考证。陈士元的《孟子杂记》对孟子事迹的考证较为详细。

季本的《孔孟事迹图谱》、吕元善的《三迁志》、谭贞默的《孟子编年略》等主要以"年"为线索,考孟子的生平事迹。谭贞默《孟子编年略》是明代关于孟子的年谱专书,成书于明后期,其成书缘由,据朱彝尊《经义考》云谭贞默自序有六:"此孟子往来齐梁间见诸侯事也。不见在隐居求志之日,见在行义达道之时,本前后两截事,曰迨斯可以见,曰古之人未尝不欲仕也,又恶不由其道,由其道固可往见也,如是则见、不见乃并行不悖。其不可不编年者一……孟子居邹邑,即是居鲁,明乎父母之邦也。书有二邹,为故邾故鄹之别,千古淆讹,其不可不编年者二……后孟子而死者,齐湣王、宋王偃不称谥,止称王,因书中无湣王谥,遂混齐两王为一王,两伐燕为一伐燕……前后两去齐也。书史参伍自见,其不可不编年者三……不得编年则不知孟子立湣王朝将以齐王之子为宣王子,则孟子于齐梁二王子何无故轩轾如此也?其不可不编年者四……后车数十乘,从者数百人,所过必传食,所处必馆宫,齐以雪宫,始以授室终滕,以上宫馆皆师宾之道也,其不可不编年者五……孟子之为孟孙氏后信也编年,以母氏始,以仲子季子终。孟子书中自齐葬鲁、封王、使人问疾……略见于句字间者也。若父名激公宜,母仉氏,妻田氏,仲子名泽

---

① 陈士元:《孟子杂记》,载《丛书集成初编》,北京:中华书局,1985年,第12页。

杂见他书,不妄载。此其不可不编年者六也。"①谭贞默《孟子编年略》,对涉及孟子生平事迹的大部分问题都进行了考证,此著综合了众家年谱之长,应该说是代表了明代孟子年谱类著作的水平。

3. 体例上推陈出新

明人考《孟》,在内容上能吸收前人的研治成果,并能有所发明。在体例上亦能推陈出新。汉以来,考《孟》基本是依"时"和依"事"两类,明人考《孟》能较好地兼及两者,并以较为新颖的体例展示出来。

刘濬的《孔颜孟三氏志》,篇序依次为:一序文;二地图;三目录;四提纲;五志书;六后序。其中主要内容"志书"类又依次为:姓氏源流、出处事迹、庙宇、林墓、历代封谥诏旨诰勅、历代主祀宗子特授恩典、历代祭文。条理清楚,严谨有序,明代之前未见此体例。

《三迁志》篇序依次为:卷一上(地灵、石像);卷一中(祖德、师授);卷一下(年表);卷二上(佚文);卷二中(赞注);卷二下(崇习);卷三上(爵享、弟子);卷三中(礼仪、恩赉);卷三下(宗系、名裔);卷四上(祠庙);卷四下(林墓);卷五上(祭谒);卷五中(题咏);卷五下(古迹、杂志)。共分五卷,依二十个专题结合时代之先后进行考证,广泛涉及,纵横驰骋,体例较为独特。

陈士元的《孟子杂记》共四卷:卷一包含系源、邑里、名字、孟母、孟妻、嗣胄、受业、七篇、生卒、补传。卷二为稽书、准诗、撰礼、徵事、逸文。卷三为校引、方言、辨名。卷四为字同、字脱、断句、注异、评辞。卷一主要是考证孟子世系家族及其生平事迹;卷二考证《孟子》引文;卷三考证《孟子》名物制度等;卷四主要是音义训诂。陈士元《孟子杂记》卷二、三、四将《孟子》引文、名物、训诂单列进行考证,体例也是较为独到的。

另外,陈士元在具体考证过程中,较早地运用"按"的形式,来区别引文和表明自己的观点。如在其"七篇"一节中,陈氏就将《史记》、赵岐《孟子题辞》《汉书·艺文志》、贾同《责荀篇》等著作中对《孟子》篇数的观点陈列于前,然后进行比较分析,最后以"元按"表明自己的观点,让读者自己去甄别是非高低。这种体例既可以博采众家之长,又可以让读者一目了然。与传统考证体例相比,显然更为合理,在明代《孟子》考据学著述中可谓独树一帜。

---

① 朱彝尊:《经义考》,载《四库全书》卷二三六,上海:上海古籍出版社,1987年,第17—23页。

第三节　明代《孟子》考据学缺憾

明代《孟子》考据学,在许多方面与前人相比,都有较大的进步和发展,成果是客观存在的。由于受历史与现实、政治与学术、主观与客观等诸多因素的影响,明人考《孟》也留下一些缺憾。

1. 简单重复考证

明代学者在对孟子其人和《孟子》其书的考证过程中,有部分内容被重复考证,基本是简单重复劳动,没有给读者传递更多的信息,没有得出较有权威的确切结论。较为典型的是对孟子生卒年月和《孟子》作者的考证。明人对于孟子的生卒年月的考证,可谓乐此不疲,涉及学者人数和著述都较多。

以持"孟子生于安王初年卒于赧王初年说"的陈士元和郝敬为例,陈士元云:"元按:《史》《鉴》并云,周定王在位二十一年而崩,无三十七年也。考之长历,定王二十一年乙亥,至赧王二十六年壬午,凡二百九十八年,窃疑'定'或'安'字之讹……是时惠王年不啻六七十,老矣,岂得反称三十七岁之孟子为叟哉?疑孟子或生于安王初年,卒于赧王初年,未可知也。"可以看出陈士元是认为孟子或生于安王初年,卒于赧王初年。郝敬则云:"……吾乡陈士元按:《史》周定王在位二十八年崩……考之长历,定王二十七年己亥至赧王二十年壬申,凡一百五十三年,疑'定'字是'安'字之讹……孟子始来,则王年已六七十岁,反称三十七岁之孟子为叟乎?疑孟子或生于安王初年,卒于赧王初年近是。"①从两者的考证中可以看出,郝敬基本照搬陈士元的考证,既没有新的举证,也没有自己独到的逻辑推演,就是简单重复。

再如持"孟子生于周定王三十七年卒于赧王二十六年说"的郎瑛、彭大翼、田艺蘅为例,郎瑛云:"《史记》不书孟子生卒,而孟谱云生于周定王三十七年四月初二日……卒于赧王二十六年正月十五……寿八十四。"②彭大翼在其《山堂肆考》"孟子生辰"一文中云:"孟子生于周定王三十七年四月二日……卒于赧王二十六

---

① 郝敬:《孟子说解》,载《四库全书存目丛书》,济南:齐鲁书社,1996年,第5页。
② 郎瑛:《七修续稿·辨证》,载《续修四库全书》,上海:上海古籍出版社,2002年,第1—2页。

年正月十五日……年八十四。"①田艺蘅也云:"……孟子周定王三十七年夏四月二日生……赧王二十六年春正月十五日卒……年八十四岁……"②郎瑛、彭大翼、田艺蘅完全是重复《孟氏谱》的说法,没有新的证据,也没有新的论证过程,仅是简单重复。

再看对《孟子》作者的考证。陈士元在《孟子杂记》中云:"韩愈谓孟轲之书非轲自著……朱子云熟读七篇,观其笔势如熔铸而成,非缀缉可就也。苏明允云,孟子之文语约而意尽,不为巉刻断绝之言,而其雄不可犯。司马君实云,孟子之文直而显,斯知言哉!"③胡㸌云:"《孟子集注序说》引《史记·列传》,以为孟子之书孟子自作……有第四章决汝汉注曰,……朱子答曰,前说是后两处失之。熟读七篇,观其笔势如熔铸而成,非缀缉所就也……"④郝敬云:"《孟子》文章长展,非他人可代,正是孟子手笔。苏明允谓孟子之文不为巉刻之言,而其锋不可犯……"⑤。他们对《孟子》作者的考证基本依据朱熹和苏洵考述,没有新的视角,也没有新的证据,只是简单重复。

2. 考证不够深入

明人考《孟》,内容较为广泛,但有时仅将前人的考据成果罗列在一起,未能对其深入考证,常常浅尝辄止,令人遗憾。

陈士元虽然是明代较有代表性的考《孟》学者,但其亦有此缺陷。如其《孟子杂记》中有"辨名"一节,专考《孟子》中的人物。"龙子"条云:"朱注:古贤人。金履祥云:不知其世,然《左传》有龙子名穆,一曰龙叔,与卫公叔文子之子公叔戍相友善,或云即孟子所引龙子也,岂宋儒未考邪?"⑥"告子"条云:"赵注,告,姓也。名不害。孙奭正义云,告子名不害者,尽心篇有浩生不害,疑为告子姓告,名不害,字浩生也。然赵注又云,浩生姓,不害名。则是二人矣,但不知赵注告子名不害何据,薛氏《人物考》独遗告子,岂即以浩生不害为告子邪?"⑦陈士元只是罗列资料,没有对其进行深入考辨,既不甄别真伪,也不断其是非。

杨慎也是明代《孟子》考据学的代表人物之一,在《转附朝儛》中云:"二邑名,朝音朝夕之朝,齐有朝儛,卫有朝歌,皆以俗好嬉游名其地,淳于髡云,绵驹处于高

---

① 彭大翼:《山堂肆考》卷一百四十三,载《四库全书》,上海:上海古籍出版社,1987年,第16页。
② 田艺蘅:《留青日札》卷十七,载《续修四库全书》,上海:上海古籍出版社,2002年,第8页。
③ 陈士元:《孟子杂记》,载《丛书集成初编》,北京:中华书局,1985年,第9页。
④ 胡㸌:《拾遗录》,载《四库全书》,上海:上海古籍出版社,1987年,第22页。
⑤ 郝敬:《谈经》,载《续修四库全书》卷九,上海:上海古籍出版社,2002年,第15页。
⑥ 陈士元:《孟子杂记》,载《丛书集成初编》,北京:中华书局,1985年,第60页。
⑦ 陈士元:《孟子杂记》,载《丛书集成初编》,北京:中华书局,1985年,第63页。

唐,而齐右善歌,岂即此地与?"①其对此考证显得过于简单,几乎看不出其参考的文献,既没有深入考证,无法察其意,留下悬疑,可谓是浅尝辄止。

王三聘的《孟子》内容极为简单,仅仅叙述了孟子退而与弟子著述七篇。"战国时孟轲以儒术干诸侯不用,退与弟子公孙丑、万章之徒相与答问,著书七篇,秦焚书,以其书号诸子,故得不泯绝。"②

田艺蘅的《孟子传考》云:"孟氏,姬姓,鲁桓公子,庆父之后也,庆父曰共仲,本仲氏亦曰仲孙氏,为闵公之故,讳弑君之罪,更为孟氏,亦曰孟孙氏。又卫有公孟縶之后亦曰孟氏,齐有孟轲,字子车,秦有孟说,齐有仲孙湫,韩有仲孙章,盖孟以次为氏也,孟子,周定王三十七年夏四月二日生,即今之二月,赧王二十六年春正月十五日卒,即今之十一月,年八十四岁,母仉氏。"③

彭大翼的《断机》《谕子留妇》更是直接照搬《列女传》所述。其云:"《列女传》,孟轲母其舍近墓,孟子少嬉游于墓地间,为其事,母曰,非吾所以处子也,乃去。舍市傍,其嬉戏乃贾人……卖之事,又曰,非吾所以处子也,复徙,舍学宫之傍,其嬉戏乃设俎豆揖逊进退,母曰,此真可以处吾子,遂居焉,后孟子学而归,母问学所至,孟子自若也,孟母以刀断机曰,子之废学若吾断机,孟子……勤学不息,遂成名儒。"④

从上可以看出,明人考《孟》,常常对一个问题只是简单涉及,或罗列前人成果,既不断其是非,也没有重新举证,故不能深入细致考证,有过程无结果,读后不免留下遗憾。

皮锡瑞云:"论宋、元、明三朝之经学,元不及宋,明又不及元。"⑤因此,学者对明代经学关注程度不高,明代《孟子》考据学就更加受冷落。然明代《孟子》学是中国《孟子》学不可忽略的重要组成部分,有其独特的学术特点和贡献,是一块有待进一步开垦的学术领地,研究空间较大,需要全面深入研究。

---

① 杨慎:《丹铅续录》卷一,载《丛书集成初编》,北京:中华书局,1985年,第34页。
② 王三聘:《事物考》卷二,载《续修四库全书》,上海:上海古籍出版社,2002年,第8页。
③ 田艺蘅:《留青日札》卷十七,载《续修四库全书》,上海:上海古籍出版社,2002年,第8页。
④ 彭大翼:《山堂肆考》卷九十二,载《四库全书》,上海:上海古籍出版社,1987年,第1—2页。
⑤ 皮锡瑞:《经学历史》,北京:中华书局,2004年,第350页。

第五章

清代孟学兴盛之背景

《孟子》是儒家的基本文献之一,也是中国文化宝库中十分重要的典籍。这部著作具有很高的思想价值和艺术成就,在历史上曾经产生极为深刻、广泛的影响,直至今日依然为人们所珍视。

汉唐已有不少学者潜心于《孟子》研究,且《孟子》的地位也呈上升的趋势。宋代二程合四书,朱子注四书,《孟子》入经,《孟子》学渐成显学。

清代《孟子》学兴盛,著述多,影响大,成为中国古代《孟子》学集大成时期。据笔者不完全统计,清代有《孟子》学专著 240 种,《孟子》学专论 114 种,《孟子》学专著的序、跋 44 种(不包括自序),三类共 400 种左右,遗漏在所难免。若将千种以上的《四书》类中的《孟子》学一并计算,约有 1500 种著述涉及《孟子》学。清人释《孟》,主要关注人性论、理气论、理欲观、仁政论等。从"智"的层面申发性善论;坚持气本论、反对理本论;坚持理欲统一,反对"存天理,灭人欲";提倡施仁善政,富民强国。清人考《孟》,从《孟子》七篇到《孟子》外篇,从孟子本人到孟子家世,从孟子生卒年月到游历时地,从孟子游事之君到孟子弟子,从《孟子》作者到篇章次序,从字词句章到思想主张,从名物训诂到典章制度,可谓无所不涉,卓然有成。成果丰硕,考证全面,研治深入,影响深远。

清代《孟子》学的兴盛,成因是多方面的,既受当时政治、经济、学术、文化、科技等因素的影响,也离不开汉唐宋明《孟子》学之基础,同时清代的经学思潮、科举和四书热也极具推动作用。故清代《孟子》学的发展兴盛,具有其特定的背景。

第一节 清前历代学术积淀

清代《孟子》学是在历代《孟子》学的基础上发展兴盛起来的。

1. 汉唐《孟子》学

自汉至唐的一千多年间,《孟子》一直未被列入官学范围,所以《孟子》学相对于其他经学来说,受到了冷落。仅少数学者,出于个人对孟子学说的认同赞赏,不带功利色彩去研究、注解《孟子》,其间《孟子》注解诠释之书主要有:两汉七部:赵岐《孟子章句》、程曾《孟子章句》、郑玄《孟子注》、高诱《孟子章句》、刘熙《孟子注》、扬雄《注孟子》、王充《刺孟》;魏晋南北朝一部:綦毋邃《孟子注》;隋唐五代五部:陆善经《孟子注》、张镒《孟子音义》、丁公著《孟子手音》、刘轲《翼孟》、林慎思《续孟子》。

汉代赵岐的《孟子章句》,是汉代《孟子》学硕果的仅存者,也是较为完整流传至今的最早一部《孟子》注本,它是研究汉代《孟子》学的唯一可靠的资料,具有很高的史料价值,对后世《孟子》学影响是非常深远的。

隋唐时代,结束了南北分裂的动荡局面,天下统一。统治者重新需要一种能鼓吹王道政治和大一统思想、能够化民善俗和歌颂太平的学说,来稳固其统治,于是儒家学说又一次受到青睐,《孟子》学也就随之趋热。唐代杨绾、皮日休曾两次上疏请求把《孟子》列为经书,未能得到统治者的认可。尽管《孟子》在唐代未被列为经书,没有得到官方的认可,但它在学术史上的地位却比魏晋南北朝时期有了很大的提高,这主要得力于以韩愈为首的一批知识分子的推崇,孟子的社会地位有了显著的提高。唐代以前,儒家学说定于一尊,所尊的只是孔子而已,而韩愈则把孟子与孔子相提并论,因为他所强调的仁义之道既是孔子思想的核心,也是孟子思想的核心,二者不可或缺。所以韩愈之后,尽管《孟子》仍未被列为经书,但在主张儒家道统说的士人心目中,孟子显然占据了十分重要的地位。中唐以后,人们普遍地把孔子和孟子的名字连在一起,合称孔孟。孔孟之道的说法也开始逐渐流行。

2. 宋代《孟子》学

宋代的《孟子》学,比之汉唐时代有了长足的发展,可以说是《孟子》学史上的一次飞跃。突出表现在四个方面:

第一,《孟子》和孟子的地位的提高。《孟子》在宋代以前只是子部儒家类的一部重要著作,从宋代开始跃进了经书的行列,成为封建科举必不可少的教科书,并且一直延续到清末。孟子其人在宋以前一直被视为儒家学派的代表之一,虽然也受到了学人士子的尊崇,但未能像孔子那样作为偶像,受到人们的顶礼膜拜。到了宋代,孟子则被封为公爵,首次被供奉到孔庙之中,列于颜回之次,分享孔颜所享受的人间烟火。

第二,《孟子》研究的范围扩大。汉唐时代影响较大的是东汉出现的几部《孟子》注本。由于受到了古文经学研究模式的束缚,这几部注本都以训诂语词,阐释章句为主,间或有一些政治、伦理思想的解说,也大多停留在政治实践需要的层面上,缺乏深刻的理论思维。唐代的几部《孟子》著作,承袭了东汉的研究学风,也是以训诂考据为主。只有韩愈和李翱,提倡道统,在竭力抬高孟子地位的同时,对孟子的性善论做了较为深刻的阐述和发挥。李翱作《复性书》,提出了"性善情恶"说,探索了人性善恶的来源问题,但就其理论深度和阐述的精密程度看,比宋代理学家们又略逊一筹。到了宋代,《孟子》研究的范围大为扩展。既有从汉唐沿袭下来的训诂注疏之学,又有哲学、政治、经济思想的阐释发挥。特别是对一些重要的哲学命题如性、命、义、理等,有了比以往任何时代都更为深入透辟的阐述和尽情的发挥。

第三,研究《孟子》的专著骤然增多。汉唐时代研究《孟子》的专著见于著录者总共不过十部,其中在魏晋南北朝和隋代,由于受到玄学、佛学的猛烈冲击,儒学的研究被冷落、淡化,对《孟子》的研究几乎是个空白。而在两宋时代,见于著录的《孟子》专著猛增至一百多部,见于《宋史·艺文志》和《宋史艺文志补》的有二十八部,见于《经义考》的则有百余部。仅从著述的数量就可以看出宋代的《孟子》研究之盛,是汉唐时代所无法比拟的。

宋代倾力于《孟子》的学者多,著述丰,研究的领域广,特别是对《孟子》义理的阐释,达到了空前的程度。特别是经朱熹等人的推波助澜,《孟子》学变成了显学,《孟子》的义理经朱熹等人的竭力阐发,几乎变成了修身齐家治国平天下的指南。

第四,宋代"合四书"和"注四书",使《孟子》的地位更加显赫和稳固。宋代二程极力表章四书,把《大学》《中庸》从《礼记》中独立出来,与《论语》《孟子》相提并论,合称四书,抬高到与六经相同的地位,进行专门的研究。这件事是理学家对传统经学的改造,它对于《孟子》地位的提高和《孟子》学的发展影响极大。表章四书,使《孟子》在中国学术史上的地位发生了决定性的转变。宋以前,《孟子》只是一部颇受人们重视的子书,在经学领域尚未占据一席之地。自二程表章之后,人们则把《孟子》视为与《大学》《中庸》《论语》并驾齐驱的经书。宋神宗熙宁年间,《孟子》正式被确立为国家设科取士的经典。使四书真正成为独立的整体,取得足以与六经相抗衡的地位,则是朱熹作《四书章句集注》之后。《四书考异》引王祎《文忠公集·四子论》说:"近世大儒河南程子,实始尊信《大学》《中庸》而表章之。《论语》《孟子》亦各有论说,而未有专书也。至新安朱子,始合四书,谓之四子。《论语》《孟子》则为之注,《大学》《中庸》则为之章句或问。自朱子之说行,而旧说尽废。于是四子者与六经皆并行,而教学之序莫先焉矣。"《四书章句集注》

是朱熹殚精竭虑、用力最勤的著作。它不仅反映了朱熹思想的精华，而且萃集了朱熹之前的理学家研究四书的成就，诚可谓集大成之作。其中《孟子集注》既是朱熹研究《孟子》的最高成就，同时也代表了宋代《孟子》学的最高水平。因此，《四书章句集注》问世以后，其影响远远超过了二程的表章四书，以至于在经学上开辟了一个专门的领域——四书学，在目录类别的划分上出现了一个新的部类——经部四书类。朱熹死后，封建统治者又把《四书集注》定为科举考试的基本教材，朱熹的注解遂成为举子应试的最正统、最标准的答案。随着《四书集注》的出现，《孟子》在经学上的地位更加稳固，孟子其人也备受封建统治者的推崇，以仅次于孔子的偶像地位，受到人们的顶礼膜拜。

3. 元明《孟子》学

元明两代，由于《四书》地位的不断提高，尊孟崇孟得以延续，孟子的亚圣地位得到统治者的确认，《孟子》学仍是显学。元明两代有关《孟子》的著述，数量很多，绝大多数都是围绕着朱熹《孟子集注》的观点，或敷衍义理，或训考字义，有所创新和发明的不多，在研究领域方面，也无突破，没有出现空前成就和影响深远的经世之作。但元人金履祥的《孟子集注考证》、许谦的《读四书丛说》、陈天祥的《四书辨疑》、赵惪的《四书笺义》、张存中的《四书通证》、袁俊翁的《四书疑节》、史伯璿的《四书管窥》，明人蔡清的《四书图史合考》和《四书蒙引》、陈士元的《孟子杂记》(此为陈氏晚期作品，也有人将之视为清代《孟子》学著作)，起于明代、完于清代、多人参与的《三迁志》，明代官方纂修的《四书大全》等在思想或资料方面对后世《孟子》学亦是有影响的。

汉唐、宋、元明，各个时期《孟子》得到了不同程度的重视，但其影响和地位总体呈上升趋势；各个时期的《孟子》学成果的数量和质量不同，但都对清代《孟子》学的发展与兴盛产生不同程度的影响。

第二节 清代学术环境

研究清代《孟子》学，就不能离开清代经学这个大背景。清代经学兴盛的原因也是清代《孟子》学兴盛的主要成因。

在中国封建社会的学术研究中，经学一直处于核心领导地位，一切学术都依附于经学而生存发展，这是中国传统学术的一大特点。清代经学是继汉、宋之后的中国历史上第三个高峰，也可以说是中国历史上空前绝后的顶峰时期。清代经学兴盛的原因又是多方面的。

1. 政治因素

清廷入主中原后,经过数十年的征战与调整,终于组成了稳定的以满洲贵族为主体的满汉地主阶级联合专政的政权,作为中国封建社会最后一个王朝,将专制主义中央集权制度发展到了极限,皇权的强大与专制远非前代任何一朝可比。始自康熙朝,一方面削弱满洲贵族内部诸王旗主的势力,消除其对皇权的威胁;另一方面对汉族权贵与士大夫的拉拢利用,缓和满汉矛盾,维护中央集权。康、雍、乾三帝精明勤政,大权独揽,胆识超人,治国有略,役臣有方,统民有策。他们平息了国内各地的抗清斗争和叛乱活动,维护了政权的巩固和国家的统一。对内,彻底消灭了南明政权,平定了三藩之乱,进军收复了台湾,粉碎了西北地区的叛乱;对外,多次击败了沙俄对我国北境的侵略。随着国家的统一与巩固,清统治者也实行了务实的民族政策,加强了中央政府对边疆地区的管辖。他们在西南推行了"改土归流"的政改措施,在西藏建立了政教合一的行政体制,在蒙古设置了盟旗制的管理制度,在东北推行了军府制的治理形式。封建国家的统一稳定和专制政权的稳固,使清王朝出现了其最强盛的"康乾盛世"。到了乾隆初期,经过一百多年的图治,清代社会进入了它的全盛时期,这为清代经学的兴盛奠定了坚实的社会基础。

2. 经济因素

经济的繁荣为清代学术的繁荣发展奠定了雄厚的物质基础。政治上的稳定统一,为学术文化的发展开辟了广阔的道路,展示出美好的前景,能否使学术发展到极盛,还需要相应的物质经济基础。康乾时期,统治者在稳定社会政治的同时,在经济上也采取了一系列恢复发展生产的措施。在农业生产上,他们下令停止圈占土地,推行了"更名田"的土地制度,将明朝皇室和官有的庄田划分给农民耕种,农民开垦的无主荒地均归农民所有;同时又实行了"摊丁入亩""地丁合一"的赋税制度,减轻了农民的生产负担;大力兴修农田水利设施,改善了农业的生产条件。在工商业生产上,清政府废除了手工业者的匠籍制度,免去了他们的丁银赋税,减轻了手工业者对封建国家的人身依附关系,促进了资本主义商品经济的萌芽与发展。因此,康乾之世,农业、手工业和商业,都取得了长足的发展,呈现出国富物丰的繁荣景象。经济的发展繁荣,既为封建帝国强大奠定了雄厚的物质基础,也为封建学术文化的传播和盛行提供了物质条件。乾嘉学派之所以能蓬勃兴旺发展,是因为康乾盛世为之提供了较为雄厚的物质经济基础。其间以惠栋为代表的吴派,以戴震为代表的皖派,以阮元、焦循、汪中、王念孙、王引之等为代表的扬州学派,以全祖望、章学诚为代表的浙东学派都产生于经济技术较发达的江南地区。所以经济的繁荣,是清代经学兴盛不可忽略的重要因素。

3. 文化政策

清统治者大力倡导"稽古右文"、"崇儒重道",重视发展传统的汉族封建文化,对经学的兴盛,起了直接的推动促进作用。康、雍、乾等帝王都比较自觉地倡导汉族传统文化。他们从维护统治地位出发,在政治形势稍加安定之时,便提出"振兴文教"的措施。康熙十七年(1678)开博学鸿儒科,以网罗天下"硕彦奇才"。对于当时著名的学问家,康熙都十分尊重,如胡渭、阎若璩都曾受到隆重礼遇。康熙本人也非常醉心于汉族传统文化,他"留心艺文,晨夕披阅",从经传诗词,到天文历算,无不涉猎,即使军政事务繁忙,日理万机,也不废讲读。他刻苦自励,汉学修养深厚。康熙还下令广为搜寻各种图书并钦定编辑各种书籍。蜚声古今的《四库全书》《古今图书集成》《佩文韵府》《渊鉴类函》《全唐诗》等都整理印刻于这一时期。雍正、乾隆皇帝也同样重视对古籍的搜集编纂和整理。乾隆即位后,即下诏搜访遗书,并令儒臣校勘十三经、二十一史,以嘉惠后学,复开馆纂修《纲目三编》《通鉴辑览》及《三通》诸书。从康熙到乾隆,曾多次组织人员,几乎对所有儒家经书都进行了疏解,刻印成书,为后来乾嘉学者大规模地训诂、校勘、注释儒家典籍营造了学术氛围,提供了便捷和丰富的资料。此外,还编纂刊印了各种丛书、类书与工具书,书类之多,规模之大,均为历史上所罕见。特别是《四库全书》,把我国古代各种重要典籍,分编于经、史、子、集四部,丰富浩瀚,包罗宏大,可谓古代文化遗产的总汇。虽然在编书过程中也查禁、销毁、删改了大批"违碍"书籍,但实事求是地衡量其功过得失,整理保存文化典籍的功绩却不可磨灭。

在清朝中央政府的大力提倡下,朝中的一些要员和封疆大臣也都热心于提倡学术,他们在幕府中养了大批学人,创办学堂精舍,主持编纂书籍。在这方面,阮元的功绩尤为突出。一时间,搜书、编书、校书、刻书、藏书蔚然成风,既培养了学者,也为更多的士子提供了读书治学的资料和环境,使一代学者能从不同方向、不同程度步入学术领域,学术气氛极为浓厚。在上下热心提倡学术的流风影响之下,甚至一些穷奢极欲的江南盐商也附庸风雅,招养名士,竞相刻书、藏书。如清代扬州出现了以曹寅为代表的刊刻《全唐诗》《佩文韵府》诸书的官宦阶层;有以藏书为嗜好的马曰琯、马曰璐兄弟和江春等一批盐商巨贾。乾嘉学派就是在这样的条件和土壤里发展起来的,因而清代经学盛极一时。

同时,清政府为了加强封建专制政权的稳固统治,在思想文化上实行了恩威并施的双重政策。一方面,他们极力提倡孔孟程朱儒学思想,实行了崇儒重文的文化政策,重视和关心封建学术文化的发展,组织学者编纂整理古今图书,保存了丰富的古代文化遗产,促进了清代学术文化的发展。另一方面,他们为了钳制人们的思想行为,又实行了残酷的文字狱政策;罗织文网捕风捉影,疯狂镇压富有民族思想和触犯现实政治的知识分子,焚禁大批有碍于专制政权的古今典籍。清代政府的双重文化政策,促使清初经世致用的学术风气转向乾嘉时期脱离现实的考据之学。从某种程度上说,清政府的双重文化政策,是导致清代乾嘉考据学兴盛的重要原因。

4. 科技和外来文化

(1)造纸、刻板、印刷等技术的改进,通信、信息传播等条件的改善,有利于学术的繁荣。

到了清代,我国的造纸技术更趋成熟,纸的质量提高,价格便宜,为学术繁荣提供了一定的物质条件。刻板和印刷技术的更新提高,使印刷更加快捷,学术成果的刊行成本更加低廉,也为学术繁荣创造了一定的条件。一定意义上讲,造纸、刻板、印刷等技术的改进,为清代编书、校书、刻书、藏书之蔚然成风提供了技术上的支持和物质上的便利。通信、信息传播条件的改善,国内外信息沟通速度的加快,既便于学术成果的社会化,也便利了学者相互切磋学问,极大地推动学术的发展。换言之,学术成果的快印刷、低价格、高品质、速传播,为学者们创造了易得书、快得书、多得书、得好书的客观条件,使更多的人有书可读,扩大了读书人进入学术殿堂的可能性,快速获取最新学术成果,又促进学术研究不断深入。

(2)外来文化对清代学术的影响。

十七世纪,西方即兴实证科学,十八世纪,中国清代的考据学兴盛,虽然两者在目标指向和适用范围方面有明显区别,但从方法论的角度看,却有异曲同工之妙。实证科学家采用的方法是掌握资料,确定范围,分析、分类、思考,在实验中得出结论,这要求具有可证性。考据学也是在掌握资料的基础上,确定范围,分析、分类、思考,在博征的基础上得出结论,追求确定性,两者之间是否有必然和内在联系,有待进一步举证,但两者之间相互影响可能在所难免。西方从十六世纪就推崇实用,十七世纪中后期清代经学大师倡导"经世致用",虽然追求各有不同,但"事功"的价值取向是一致的,这两者似乎殊途同归。清后期,随着西方的科技、社会科学的大量传入,日本明治维新,引发中国有识之士的深层思考,政治上求变、求异,变法维新的要求,必然渗入经学研究之中。康有为就将西方资本主义的政治学术和中国传统的儒家思想相结合,将自己的社会政治理想寓于《大同书》和《孟子微》之中。

5. 学术发展的内在需求

清代经学是清代儒学演变的具体形态,是传统经学更新递进的重要发展阶段。它的产生兴盛,不仅是在对宋明理学的反思批判中形成的,而且是在对传统经学的丰富创新中发展的。因此,传统儒学的自身发展,为清代经学的兴盛提供了内在的学术基础。

首先,对宋明理学流弊的批判与反思。宋明理学的形成发展,构筑了传统儒学哲理思辨的理论体系,充实了传统儒学系统严谨的思想内容。但是,在其演变过程中,宋明理学又有空谈心性义理、漠视经世致用的空疏倾向,特别是在明代中期以后,由于王阳明心学思想的盛行,许多学者束书不观,游谈无根,终日空言明心见性,不关切现实时务。理学末流的空疏流弊和明清更迭的惨痛现实,导致了清初学者对于宋明理学的反思批判,认为宋明理学的空疏流弊,在于"以明心见性之空言,代修己治人之实学"①,"言心学者,则无事乎读书穷理;言理学者,其所读之书不过经之章句,其所穷之理不过字义从违"②,他们不仅背离了经世致用的儒学宗旨,实是内释外儒的空疏之学,而且导致了社会人心的腐败堕落,实是明朝覆灭的思想根源。因此,以顾炎武、黄宗羲为代表的清初思想家,为了力矫理学末流的空疏弊端,重倡经世致用的儒学传统,主张根据经书和历史立论,提出了"通经治史""明道救世"的为学宗旨。他们重新阐释了经学的本质含义,提出了"舍经学无理学"的思想,认为"古之所谓理学,经学也","今之所谓理学,禅学也"③,指出圣人之道蕴涵于"六经"之中,惟有通经治史才能明晓儒学义理。同时,他们主张研治经学应当直接反求于古经,摆脱宋明诸儒臆断解经的羁绊。清初学者对于宋明理学的反思批判和对经学研究的重视倡导,开启了清代学术实事求是的务实学风,奠定了清代经学兴盛的学术基础。

其次,对传统经学的丰富发展。传统经学的演变发展,系统地阐释了儒家经典的思想内容,丰富地创立了经学研究的目的和方法。但是,由于儒家经典文字古奥、语义难明多歧,后人解经多有望文生义曲解原旨之失。同时,由于经学历史源远流长,经典流传颇为复杂,致使古籍文本讹误甚多,学派思想尤多歧异。特别是宋明以来,妄改古籍恶习盛行,臆断解经多滋伪说。因此,重新订正经典文字原貌,再显儒学义理本旨,促成了经学研究的创新发展。在明代末期,许多学者开始重新研究儒家经典,出现了经学复兴运动。他们批评和怀疑宋人经解,主张兼采汉儒之说,考证名物训诂,辨析诸经真伪。清代初期,以顾炎武、黄宗羲、阎若璩、胡渭为代表的学者,上继明末经学复兴运动,力揭了宋明诸儒对于经典的曲解舛

---

① 顾炎武:《日知录》卷七,上海:商务印书馆,1933年,第32页。
② 黄宗羲:《南雷诗文集》,载《黄宗羲全集》第10册,杭州:浙江古籍出版社,1985年,第645页。
③ 顾炎武:《顾亭林诗文集》,北京:中华书局,1983年,第58页。

误,下启清代经学考据学风,创立了治经复古辨伪存真的治经方法。"黄氏辟图书之谬,知《尚书》古文之伪;顾氏审古韵之微,补《左传》杜注之遗"①,"若璩辨伪经,唤起求真观念;渭攻'河洛',扫架空说之根据"②。清代经学正是在对传统经学的丰富创新中,逐渐兴起盛行的。

另外,汉唐宋明的学者对经典的整理保存、校注通释,官府的编制整理典籍,倡导学术,汉代经学、唐代佛学、宋明理学的学术思潮的学术积淀,为清代经学的发展兴盛奠定了坚实的学术基础。

清代经学的发展和兴盛,是清代学术演变发展的典型表现形态,是中国传统经学更新递进的重要发展阶段。任何社会现象的发生发展,都是由它赖以存在的特定社会历史条件所决定的。清代经学发展兴盛,既受清代社会特定的历史条件的影响,又受学术自身的发展特点和规律所制约。社会政治稳定,学者可安心治学;统治者的倡导,治学成为风尚;学术气氛浓郁,家学、学派学术渊源、传承,代代相继,促使学术研究不断深入;交通发达、对外交流便利,信息来源广泛,促进思想进化和深入思考,更可能出新的成果;经济的发展,科技的进步,学者有书可读,学术成果可很快面世,促进学术繁荣;经济繁荣,兴办书院学堂,培养后学,成立书会,交流切磋学问,促进学术发展;另外,经济发达,许多商人赞助办学、办会、刻书,对清代经学的兴盛亦有推动。《孟子》乃十三经之一,清代经学的兴盛,必然带动《孟子》学的发展与兴盛。

第三节 清代孟学兴盛的特殊原因

《孟子》学是经学的一部分,清代经学兴盛的成因也是《孟子》学兴盛的主要原因。然而,除了经学兴盛的共性原因外,《孟子》学兴盛还有其个性原因。

1. 宋明理学的勃兴,带动了《孟子》学的发展

清代《孟子》学空前发展的一个非常重要的原因是宋明理学的勃兴,"清学"对宋明理学的矫枉过正,带动了《孟子》学的发展。因为理学家以尊崇孔孟和儒家经典作为自己的旗帜,建立了一套精细严密、有较强思辨性的哲学体系,理学与孟

---

① 江藩:《国朝汉学师承记》,北京:生活·读书·新知三联书店,1998年,第158页。
② 梁启超:《清代学术概论》,载《中国历史研究法》,石家庄:河北教育出版社,2003年,第285页。

子思想关系非常密切。人性问题的讨论是中国哲学史上的热门话题,从先秦始,围绕着人性善恶的问题展开过长期的争论,其中最有代表性的学说是孟子的性善论、荀子的性恶论、告子的性无善无不善论、董仲舒的性有善有恶论、王充和韩愈等人提出的性三品论等等。宋儒认为,以往的人性论都没有对人性的本质做出完善明确的解释,于是理学家综合各家之说,提出了性二元论。他们认为,人性分为天地之性和气质之性。天地之性又叫天命之性、义理之性、本然之性,它是宇宙万物之性,在人则表现为未出生之前所共有的本性,这个性是纯善无恶的。气质之性是指万事万物有了形体之后而有的性,在人则表现为出生之后与身心相结合的具体本性,它因人而异,有善有恶。我们从性二元论的本质内容可以看出,它实际上并不是什么独创的理论,而是以孟子的性善论为基础,又吸收了荀子的性恶论以弥补性善论的缺陷而产生的一种人性学说。其本质与性善论十分接近。孟子的人性论以善来解释人类的本性,这与理学体系在本质上是相同的。但孟子的理论却不能圆满地回答人何以有好坏,性何以有善恶。于是理学家吸取了荀子性恶论的部分观点,提出了天命之性尽善尽美,气质之性有善有恶的性二元论。正因为如此,在诸多的人性学说中,理学家们似乎对孟子的性善论有着更为浓厚的兴趣,并引发更为深入的研究,他们更推崇孟子。理学家讨论的重点内容,基本是孟子政治和哲学思想的精华所在,因为理学与孟子思想之间有着极为深刻的内在联系,理学的大部分内容就是在继承孟子思想的基础上,对某些概念范畴作了引申和发挥。汉以来的任何一个时代,都没有像宋代理学那样对孟子思想做如此全面的阐述与研究。

宋儒所以会对孟子倾注这样大的热情,一个最重要的原因就是理学的思想体系与孟子的思想体系是一脉相承的。理学家们是以儒家道统的继承者自居的,因此他们都非常尊崇孔孟,但实际上他们从孔子那里继承的东西远不如从孟子那里继承的多,原因就是在孔子思想体系中较少有理学家认为很重要的思辨性的哲学范畴,特别是理学的核心"性与天道"问题,孔子更是极少言及。然而孟子则不同了,在孟子思想体系中包含了大量纯思辨的哲学问题,譬如性善论、浩然之气等等,都是理学极感兴趣的问题,所以孟子思想受到理学家的格外垂青,而格外重视的结果,使孟子的地位直线上升,必然促进《孟子》学较大规模的发展。

王阳明的"心学"体系,是在与朱子理学进行辩论中建立起来的,这种争辩,往往拉住《孟子》。朱子理学如上所述,基本由《孟子》而引发,王学亦然。王阳明强调:"尽心知性知天,是生知安行事。存心养性事天,是学知利行事。'夭寿不贰,修身以俟',是困知勉行事。朱子错训格物,只为倒看了此意,以尽心知性为物格知至,要初学便去做生知安行事。如何做得?……性是心之体,天是性之原,尽心即是尽性……"①他以"尽心"解释"尽性",因为他认为"性是心之体","无心外之理,无心外之物","心"与"理"是一而非二,两者同步同质,不需离"心"而向外觅"理"。于此王氏否定了宋理"义理之性"与"气质之性"的说法。由此我们发现,宋、明儒家立说,不管持何主张,多借《孟子》说话。清儒多以"性""理""气"驳朱子,实延续朱、王之争,仍借《孟子》言事。故宋明理学的兴盛对清代《孟子》学兴盛起了巨大而独特的推动作用。

2. 科举和四书热,推动《孟子》学的兴盛

(1)科举制度,厚待《孟子》,促使更多的读书人倾心《孟子》学。

随着对《孟子》研究的不断深入,在北宋确立了尊孟崇孟的主流思潮,而这种思潮得到了北宋统治者的认可和加强,从而孟子其人及《孟子》其书的地位在北宋也急剧上升。仁宗朝曾经以《孟子》书中的内容设题取士,这在前代是没有的,这是《孟子》地位上升的一个显著标志。及至神宗朝,由于新政带来的科举改革和王安石本人对于孟子的推崇,《孟子》一书被正式列入科举范围,"于是变法,罢诗赋,帖经墨义,士各治《易》《书》《诗》《周礼》《仪礼》一经,兼《论语》《孟子》。"②《孟子》一书第一次被官方列为经书。《孟子》从宋代开始跃进了经书的行列,成为封建科举必不可少的教科书,并且一直延续到清末。明代颁布了《四书大全》,作为科举取士必备的教科书。清代顺治元年,清军进占北京后,即宣布实行科举考试。其科题承明制,用八股文,命题范围为四书五经(八股文还可专以四书文名之),其中规定,四书须出三题,《大学》《中庸》出一题,《论语》《孟子》各出一题,可见,《孟子》是每次科考必考之目,且所占比重较大。清代的《钦定四书文》,供科举考官出题和士子应考之用。因此,势必引起学者更加关注《孟子》,客观上促进《孟子》学的兴盛。

(2)统治者推崇四书,对《孟子》学的兴盛也起了推动作用。

清代,除了科举考试引发更多的人关注《孟子》外,统治者还特别推举四书,偏爱《孟子》,有两点可以说明。一是清代康、雍、乾三帝,都推儒学,重四书,有较高的儒学修养。康熙从其亲政第五年(1671)开始,拜熊赐履等人为日讲官,日讲四书。其中《论语》讲两年半,《大学》讲十天,《中庸》讲两个月,《孟子》讲三年,《孟子》比《论语》多讲半年。从日讲四书,可以看出康熙对四书的推重程度,从四书各部日讲时间长短,可见康熙和日讲官对《孟子》的厚爱。二是康熙日讲四书课程刚毕,就面谕陈廷敬等人,迅速将"四书讲章"刊行,名之曰《日讲四书解义》,康熙亲

---

① 王阳明:《传习录》,郑州:中州古籍出版社,2004年,第2页。
② 脱脱:《宋史》卷155,北京:中华书局,2000年,第2419页。

自为之序。在此背景之下,一方面为了科举,一方面迎合统治者喜好,官宦学者共推四书热潮,因而四书讲章类著作层出不穷,几乎泛滥成灾,尤以康、乾两朝为甚。

唯物辩证法认为,事物是相互联系的,不可独立存在和发展;任何事物,既有其类的共性,又有其自身所特有的个性,其发展变化,既有内部原因,也有外部因素。所以清代《孟子》学是在历代《孟子》学的基础上发展兴盛的;《孟子》乃十三经之一,清代经学兴盛,必然带动《孟子》学一起兴盛,故引发、促成清代经学兴盛的原因,也就是导致清代《孟子》学兴盛的主要原因;但清代《孟子》学的发展兴盛亦有其自身独特的个性原因。因此,我们既要探寻清代经学兴盛的外部因素,又要考察清代经学兴盛的内部原因;既要分析清代经学兴盛的共性原因,又不能忽略清代《孟子》学发展兴盛的个性原因。

第六章

清代《孟子》考据学

清代《孟子》学兴盛,著述多,影响大,是中国古代《孟子》学集大成时期。清人研究《孟子》的著述主要由两部分构成,一部分寓于《四书》学之中,另一部分独立于《四书》学之外。本文的考察对象主要是独立于《四书》学之外的《孟子》学。据笔者不完全统计,清代有《孟子》学专著240种,专论114种,《孟子》学专著的序、跋类著述44种(不包括自序)。清代240种《孟子》学专著大致可分为义理、考据两类,义理类94种,考据类146种。考据类《孟子》学专著中,辑、考、注、补、正、辨、校等应有尽有,门类齐全。就考证内容而言,可以说人、事、物、时、地、制、字、词、句,可谓无所不考,硕果累累。

清代是中国历史上考据学的鼎盛期,考据学是清代学术的主流,并形成"时代思潮"。清人考《孟》,涉及孟子本人与家世,孟子生卒年月与游历时地,孟子游事之君与弟子,《孟子》作者与篇章次序,《孟子》字词句章与思想主张,名物训诂与典章制度,可谓无所不考,卓然有成。成果丰硕,考证全面,研治深入,影响深远。清代《孟子》考据之成就,以一篇短文,很难逐类析之,我们仅从三个方面,作简要概述。

第一节 成果丰硕

用成果丰硕来言清代《孟子》学,实不为过。它不仅著作数量惊世,更以著作的高品位而传世,不仅在当时有很大的影响,而且对后世的影响也很深远。

一、著作量大

如前所述,清代《孟子》学,单考据类专著就有146种,另外在114种《孟子》学专论中还有64种侧重于考证,这两者相加就有210种。如果再考虑清代《四书》学中的《孟子》研究成果,数量盖在千种以上。而在清代之前,宋代是中国经学发展的一个高峰,朱彝尊《经义考》辑宋一代《孟子》学著作总共也仅百余种。就绝对数量言,清代《孟子》考据成果是宏丰的。

著作量大,还表现在单部作品的篇幅大,容量大。按中华书局1999年版《十三经注疏》标点本计算,《孟子注疏》中赵注加孙疏总共约有70万字,按齐鲁书社1992年版朱熹《四书集注》标点本总共不到26万字,其中《孟子集注》约13万字。在清代考《孟》专著中,与朱熹《孟子集注》相当的有15部左右,像阮元《孟子校勘记》、曹之升的《孟子年谱》、蒋一鉴的《孟子章句考年》都在20万字以上,焦循的《孟子正义》近80万字。单部作品的容量大,一可反映学者勤苦程度,二可反映学者对某一问题研治深入的程度。焦循《孟子正义》之所以能担当"集大成"之名,与篇幅不无关系。首先,焦氏在《正义》中共引各类文献826种10796次,在篇幅小的著作中是无法做到的。其次,焦氏《正义》之所以被称为"集大成",一是它对赵岐《孟子章句》进行了全面疏证,二是汇集了前贤时彦治《孟》的主要成果。若能如此,非鸿篇巨制不可为也。

二、质量高

论清人考《孟》的质量,可以从三个方面予以考察。

1. 学术至上,求真求实

在学术领域,历代都有沽名钓誉、欺世盗名之作,在清代也很难说没有,但在《孟子》学考据领域,似乎未见踪迹,说明学者治学是求真趋实的。清人在学术上自由争鸣,切磋学问,不惧权威,大大推进了学术趋真,使得学术成果品位整体上升。比如孟子游历问题,阎若璩是清前期经学大师,对《孟子》的时、地之考,成就赫然,令人折腰。但他一反赵注、《史记》之述,提出"先梁后齐"之说,引发群起而辩之的景象,不管是否有最终结论,愈辩愈明是确定无疑的。

2. 勇于考,善于证

考据,一要考,二需据。所谓考,就是要寻觅线索,探其源流。所谓据,即言之有据,证之以实。清代学者之考证,不仅善于发现新问题,对前人考证过的问题,也多方引证,不轻信前贤所说,自己不轻作结论,而是多方求证,反复辨证,最后明以己见。这样的著作经得起推敲,经得起历史的检验,可流芳后世。

《孟子·滕文公章句上》云:"禹疏九河,瀹济漯而注诸海,决汝汉,排淮泗而注之江,然后中国可得而食也。"于淮泗入江之说,赵岐不注,孙奭疏曰:"江,九江也。"①朱熹《四书集注》言"据《禹贡》及今水路,惟汉水入江耳,汝、泗则入淮,而淮自入海。此谓四水皆入于江,记者之误也。"②孙奭所说,不可信,亦不合情理。朱子据《禹贡》,言"记者之误"。对这一问题,清代不低于二十个学者论及之。阎若璩申朱子曰:"淮水入江,自孟子一时误记,朱子所谓不必曲为解说最是。"③阎氏据史实与水路进行考证,补朱子之说。但清代孙兰、孙星衍、焦循、宋翔凤等人认为《孟子》所言"排淮泗而注之江"无误。焦循引《禹贡》《舆地隅说》《分江导淮论》《水经注》《汉书注》《舆地纪胜》《货殖传》《史记》《舆地广记》《元丰九域志》《方舆胜览》《合肥旧志》《尔雅》《汉书》《庄子》等证之。宋翔凤还引《墨子》《淮南王》《地道记》等续证之。经过那么多学者的反复考证,我们认为,孟子所谓禹"决汝汉,排淮泗而注之江",应为史实。

3. 影响深远

在《孟》学史上,论及考《孟》,汉至明代不可或缺的著作仅赵岐《孟子章句》、孙奭的《孟子正义》和朱熹《孟子集注》。而论及清代考《孟》,人们就会想到朱彝尊的《孟子弟子考》、阎若璩的《孟子生卒年月考》、任启运的《孟子考略》、任兆麟的《孟子时事考》、周广业的《孟子四考》、崔述的《孟子事实录》、张宗泰的《孟子七篇诸国年表》、焦循的《孟子正义》、阮元的《孟子注疏校勘记》、宋翔凤的《孟子赵注补正》等等,至少阎、周、焦、宋之著作,是研究清代考《孟》不可缺少的,焦循的《孟子正义》成就高、影响大更是无与伦比的,近代以来许多涉及清代考据的学术著作都推崇他们。如梁启超《清代学术概论》《中国近三百年学术史》、钱穆《中国近三百年学术史》、杨伯峻《孟子译注》、董洪利《孟子研究》等都给予他们很高的评价。

第二节 考证全面

清代考《孟》,无所不涉,卓然有成。为便于叙述,我们将清代考《孟》成果粗分为两大板块,一是辑佚,二是考证。在 146 种考据类专著中,前者 40 种,后者

---

① 赵岐注、孙奭疏:《孟子注疏》,北京:北京大学出版社,1999 年,第 152 页。
② 朱熹:《四书章句集注》,长春:辽宁教育出版社,1998 年,第 280 页。
③ 阎若璩:《四书释地》,载《四库全书》210 册,上海:上海古籍出版社,1989 年,第 341 页。

106 种。

一、辑佚

清代考据学兴盛，考证的内在需要和官方搜书、修书，推动了辑佚工作的全面开展。不少学者长期致力于辑佚工作，成就斐然，泽及后世。学者把散见于其他著述之中的有关《孟子》研究的资料加以辑录、考订，整理出了许多宝贵的文献资料，这是清代《孟子》学可喜的成就。

辑佚大致有三类：一是辑《孟子》遗篇，包括《孟子》章指和外书，共有 17 种，其中遗篇 8 种，章指 4 种，外书 5 种；二是汉唐除赵注之外较有影响的汉程曾、高诱、刘熙、郑玄、晋綦毋邃、唐陆善经、张镒、丁公著等《孟子》旧注共 17 种，其中王谟、黄奭、马国翰、王仁俊的工作较为突出，马国翰贡献尤大，一人就辑有《孟子》汉唐古注 8 种；三是散、佚的宋、元、明学者的《孟子》学著述，共有 6 种。经学辑佚工作，历代都有人做，但像清代这样，参与学者多，辑佚范围广，确是罕见。

二、考证

考证由于涉及的领域多，范围大，著作多，无法一一加以评述，所以我们选取孟子生平、《孟子》文本两个角度予以考察。

1. 考证孟子生平事迹

关涉孟子，就有孟子的生卒年、生卒地、游历、家世、师从、弟子等相关事迹，在 106 种考证专著中，此类占 50 种。因涉及面太广，涉及著作太多，我们仅对孟子的生卒年月、游历、师从和弟子的考证简述如下：

第一，考证孟子的生卒年月。

在清代考据类《孟子》学著作中，涉及学者、著作最多的专题就是考证孟子时年，涉及著作估计近百种，有 43 种专考时年，可见这是一个学者普遍关注、非常难以考定的一个问题。清代学者如此关注，投入超出想象的精力，原因是关于孟子生卒年，司马迁《史记》、赵岐《孟子章句》等均无记载。元人作《孟母墓碑记》，始引《孟氏谱》，认为孟子生于周定王三十七年己酉四月二日，卒于周赧王二十六年壬申正月十五日，享年八十四岁。《孟氏谱》的作者不详，宋时未见有人引用，其说法也与史实多有不符之处。周朝有两位定王，一是春秋时的定王姬瑜（公元前 606—公元前 586）；一是战国时的贞定王姬介（公元前 468—公元前 441）。孟子生于战国，故只能是定王姬介。但姬介在位只有二十八年，没有三十七年。故《孟氏谱》说法不可靠。

尽管《孟氏谱》的记载不可靠，后人却在此基础上推衍出两种说法。一是将

《孟氏谱》中生年的"定"字改为"安"字，又去掉三十七前的"三"；把卒年中的二十六去掉"六"字，又把二十改为"十二"，便为生于周安王十七年（公元前385），卒于周赧王十二（公元前303）或十三年（公元前302）。清代阎若璩的《孟子生卒年月考》、周广业的《孟子四考》等大体持此说，其后许多学者也都由此演绎而持一说，但未举出新的有力证据。近人杨伯峻、董洪利也基本赞同此说。二是据《孟氏谱》的卒年上推八十四年，当生于周烈王四年（公元前372），卒于周赧王二十六年（公元前289）。清代焦循的《孟子正义》、张宗泰的《孟子七篇诸国年表》、陈宝泉的《孟子时事考征》、狄子奇的《孟子编年》等基本持此说。近代不少学者认为后者与孟子的活动大体相符。

第二，考证孟子游历。

关于孟子游历，主要分歧在于"先齐后梁"还是"先梁后齐"。《史记·孟轲荀卿列传》云："道既通，游事齐宣王，宣王不能用，适梁。"《史记》说先事齐宣王，之后又游宋、游梁、游滕。这与史实不符，在时间上也难以讲通。故后人对此多有怀疑。

清代学者对此也是各持己见。以阎若璩、宋翔凤为代表，持"先梁后齐"观点，主要是依史实推算出《史记》的说法是错误的，另外《通鉴》说始游梁，后事齐；再本《孟子》，开篇即言梁事，乃游事之始，认为"先梁后齐"为是。以周广业为代表，持"先齐后梁"观点，认为：《孟子》书先梁后齐，此篇章之次，非游历之次，赵氏注可谓明且核，后儒不喜赵注，见《孟子》开篇即云"孟子见梁惠王"，遂断为历聘之始。故依《史记》之说，但仍对其有悖史实问题未作出正面肯定的回答，所以还是不能令人信服。张宗泰的《孟子七篇诸国年表》提出孟子三至齐，以此来证"先齐后梁"之说，虽然不可全信，但拓宽了学者的思维空间。所以后来狄子奇的《孟子编年》提出孟子一生实际到过齐国两次，一次是在齐威王（公元前356—公元前320）时，一次是在齐宣王（公元前319—公元前301）时，由于司马迁的疏漏，只记录了后一次，结果造成了错误和混乱，此说可信度较大。若此，"先齐后梁"之说就能为大部分学者所接受。

第三，考证孟子师从。

对于孟子师从，各家存在分歧主要是受业子思，还是子思门人。《孟子·离娄下》云："予未得为孔子徒也，予私淑诸人也。"《史记·孟轲荀卿列传》曰："孟轲，邹人也。受业于子思之门人。"《列女传》载："（轲）稍长，……旦夕勤学不息，师事子思，遂成天下名儒。"《汉书·艺文志》言："名轲，邹人，子思弟子。"《孟子题辞》说："孟子生有淑质，夙丧其父，幼被慈母三迁之教，长，师孔子之孙子思，治儒术之道。"《风俗通义·穷通》云："孟子受业于子思。"

由于《孟子》所说"予私淑诸人"较为笼统含糊,故《史记》说是子思的门人,而《列女传》却说是子思。故引发后世争论。有关孟子师从问题,清代学者分歧不是太大。周广业的《孟子出处时地考》以孔子、伯鱼、子思、孟子生活年代相推和史实证之,认为孟子受业子思门人之说可信。之后学者基本赞同。如康有为在《孟子微》中说:"子游受孔子大同之道,传之子思,而孟子受业于子思之门人。"梁启超说:"《春秋》太平世之义,传诸子游,而孟子大昌明之。《荀子·非十二子》篇攻子思、孟子云:以为仲尼子游为兹厚于后世。可见子思孟子之学实由子游以受孔子也。"①

第四,考证孟门弟子。

关于孟子弟子,历代学者都是在各自《孟子》学著作中顺带论及,清代却不然,仅这一问题,除了顺带论及外,就有朱彝尊的《孟子弟子考》、许重炎的《孟子弟子考》、吴昌宗的《孟子弟子考》、观颏道人的《孟子弟子考》、陈矩的《孟子弟子考补正》等著作专门考证孟子弟子。影响较大的是朱彝尊的《孟子弟子考》及陈矩的《孟子弟子考补正》。

朱彝尊的《孟子弟子考》列孟子弟子为:乐正子、万子章、公孙丑、浩生(亦作告)子不害、孟仲子、陈子臻、充子虞、屋庐子连、徐子辟、陈子更、彭子更、公都子采、咸邱子蒙、高子、桃子应、盆成子括、滕子更,共十七人。陈矩认为朱彝尊《孟子弟子考》基本可信,但亦有误漏,故曰:"……矩详考群篇,无可疑而补入者七人,告子、季孙、子叔、匡章、曼丘不择、孟季子、周霄,并原书所列得二十四人。"同时他认为:朱彝尊的《孟子弟子考》载"浩生(亦作告)子不害,宋赠东阿伯。"误也。所以正之曰:"矩案赵岐曰:浩生姓,不害名,齐人也。浩生复姓,不害其名,与公孙篇之告子,及以告子名篇者,各一人,赵氏偶于告子篇误注名不害。朱子亦沿其缪,遂传疑至今。兹据《墨子》书定告子名胜,与浩生不害判为两人。"②

清代学者对孟子弟子考订,虽各自略有不同,但基本不出朱彝尊的《孟子弟子考》和陈矩的《孟子弟子考补正》考证范围。

2. 考证《孟子》

考证《孟子》其书,就要涉及《孟子》的思想、作者、字、词、句、篇章、次序、章指、篇叙,及相关的史实、地理、名物、制度等。我们仅述及对《孟子》作者、篇章次序的考证。

第一,《孟子》的作者。

---

① 康有为:《孟子微》,北京:中华书局,1987年,第1页。
② 陈矩:《孟子弟子考补正》,灵峰草堂丛书本,1897年,第6页。

关于《孟子》的作者,历来有多种说法。清代学者亦有分歧。

首先,孟轲自著说。现存《孟子》的最早注释本,是汉代赵岐的《孟子章句》。赵氏在该书的《题辞》中说:"孟,姓也;子者,男子之通称也;此书,孟子之所作也,故总谓之《孟子》。"宋朱熹从文章风格的匀称一致上,力证该书出自孟轲之手,曰:"《论语》多门弟子所集,故言语时有长长短短不类处。《孟子》疑自著之书,故首尾文字一体,无些子瑕疵。不是自下手,安得如此好?"①清阎若璩的《孟子生卒年月考》、魏源的《孟子年表考》则从有无记述孟轲容貌上推断,《孟子》应为孟轲自著。焦循《孟子正义》则以《论语》《孟子》之命名相推断,《孟子》是孟轲自作之书。

其次,弟子辑成说。唐韩愈在《答张籍书》首先提出这一论点:"孟轲之书,非轲自著。轲既殁,其徒万章、公孙丑,相与记轲所言焉耳。"清崔述在《孟子事实录》中认为,《孟子》所讲的历史事实和地理位置往往不合,"果孟子自著,不应疏略如此"。崔氏还认为,《孟子》对门人乐正子等都称"子","果孟子所自著,恐未必自称门人皆曰子。细玩此书,盖孟子门人万章、公孙丑等所追述,故二子问答之言,在七篇中为最多,而二子书中亦不以子称也"。

再次,再传弟子辑成说。清周广业在其《孟子出处时地考》中说:"此书叙次数十年之行事,综述数十人之问答,断非辑自一时,出自一手。""追归自梁而孟子已老,于行文既绝少,又暮年所述,故仅与鲁事,分附诸牍末。其后门人论次遗文,分篇列其目,以仁义两言为全书纲领。"故推断《孟子》是孟轲以其说传授于乐正子等,然后由乐正子及其门徒编辑成书的。

此外,师生合著说。认为《孟子》由孟轲口授,其弟子万章、公孙丑整理成书。宋朱熹、清阎若璩、魏源是主张孟轲自著的,但都认为有孟子的弟子参加。朱氏指出:"恐是其徒所见,孟子必曾略加删定也。"阎氏说:"(孟子)卒后,书为门人所叙定",魏氏也说是万章、公孙丑二人受之于口而笔之于书。焦循在《孟子正义》中还引《史记索隐》语曰:"平日与诸弟子解说之辞,诸弟子各记之,至是孟子聚集而论次之,……《离娄》《尽心》等章,则孟子自撰也。"实际上也是认为《孟子》为师生合著。

第二,《孟子》的篇章次序。

关于《孟子》篇章,赵岐在《孟子题辞》中云:"自撰其法度之言,著述七篇,二百六十一章,三万四千六百八十五字。……又有《外书》:《性善》《辩文》《说孝经》《为政》。其文不能宏深,不与内篇相似,似非孟子本真,后世依仿而托也。"

对《外书》,清代学者辑、考、辨、证较多,专著就有五部,但对赵氏"依仿而托"

---

① 黎靖德编:《朱子语类》,长沙:岳麓书社,1997年,第388页。

非之不多,只是觉得《外书》与内篇多有关联,存之无妨。

对于《孟子》篇数为"七",盖无可疑,历代学者基本不论。但对其章数、字数不时有人论及。唐张镒的《孟子音义》说见《孟子》七篇仅二百五十八章,与赵氏所云少三章。故《崇文总目》说是陆善经删去赵岐《章指》,邵武士人作疏,依用陆本。《章指》既删,章数遂不可定。对此,清戴震得朱氏文游校本二,认为造成误差的原因:"一为虞山毛扆手校,……今未见其影钞者。而此本《尽心》下,惟梓匠轮舆章有《章指》,余并缺。一为何仲子手校,……并缺《章指》。二校各有详略,得以互订……然则今孔氏所刻《章指》,亦拾掇于残缺之余,焉保无分合之讹。然欲傅会于二百六十一之数,而强分以足之,则亦非后学所敢矣。"①戴氏认为赵岐《孟子题辞》所说不误。焦循以为戴震所言可依。

关于《孟子》字数,应如赵氏在《孟子篇叙》中所言:"文章多少,拟其大数,不必适等。"但历代为此耿耿于怀者有之,明末陈士元《孟子杂记》统计《孟子》字数为三万五千四百一十字,比赵氏所云多七百二十五字。焦循按孔氏刻本统计为三万五千二百二十六字,比赵氏所计多五百四十一字。焦氏并分析造成统计误差的原因是:《孟子》原文本无孟子曰,"'孟子曰'三字乃为后人所加","以此推之,虽未能尽得其增加之迹……约略可于此见之也。"②因此,周广业在《孟子异本考》中云:"赵注《孟子》,三年乃成,谓可寤疑辨惑。字数易明,岂复疏于布算,但旧书古简,脱漏居多。唐宋本固应减于汉,否亦不能加多。今兹剩字,得毋有后人所羼入者乎。"所以为此花费精力,实属不必。

关于《孟子》七篇,为何如此相次叙之,历代不少学者论及。论述较为详尽者,一是汉赵岐,二是清代周广业。赵氏以为其序次有内在逻辑性:即仁义开篇,乃全书宗旨;言仁义为上,可大行其政;善政莫过于尚古圣道;尚古可从善思礼;思礼而行孝;孝道本于情性;情性在内而主于心,尽心便可与天道通。周广业《孟子出处时地考》云:"其后门人论次遗文,分篇列目,以仁义两言为全书纲领,因割其六章冠首,而以《梁惠王》题篇,于梁齐之下,继以邹、滕、鲁。盖孟子生平所注意者,祗此五国而已。……孟子一生行藏,首篇尽之矣。……首次二篇以天终,末篇以天始,《梁惠王》以王道始,《尽心》以圣学终,《公孙丑》由王道推本圣学……《滕文公》亦兼举圣学王道……。《离娄》《万章》《告子》《尽心》,发端言尧舜心性……而《万章》一篇,又知人论世之林。此则七篇大致,可得而略言者。"焦循以为"周

---

① 焦循:《孟子正义》,长沙:岳麓书社,1996年,第9页。
② 焦循:《孟子正义》,长沙:岳麓书社,1996年,第698—699页。

氏所云,似较赵氏为长。"①

第三节 研治深入

清人考《孟》,其研治的深入程度是历代无法比拟的。仅以两点说明之。

一、专题研究兴盛

清代不乏全面考证《孟子》的著作,如焦循的《孟子正义》、俞樾的《孟子平议》等,但比较而言,专题研究更加兴盛,且影响较为深远。

首先,分工细密,学有专长。

清代考孟的146种专著,可细分为:辑佚类(40种)、年谱类(43种)、弟子类(5种)、章指、篇叙类(3种)、外书类(5种)、辨赵(岐)类(2种)、辨朱(熹)类(2种)、综合类(5种)和其他类(41种)等九个类别。在其他类41种著作中,有王谟的《孟子古事案》、林春溥的《孟子列传纂》、于鬯的《孟子分章考》、刘曾 的《孟子人考》、船山主人的《孟子杂录》等。似乎经过细密规划,各人专司一行。

学不在多,有长则名。在清代《孟子》学中,论考孟子时年,虽有43种专考,近百种专著涉及,人们却无法忘记阎若璩的《孟子生卒年月考》、周广业的《孟子出处时地考》,而这两部著作都是较为短小的专题考证,极受清人推崇,原因是考证精密,颇有学界广泛关心的问题和前人未考定之结论,所见之高,让人难以忘怀。

张宗泰的《孟子七篇诸国年表》,盖不超万言,专考各国相关史实之时年,考证极为精审,《续修四库全书总目提要》曰:"其据《竹书》纪年以驳《史记》,极是。谓见梁惠王必在改元之后,以来见之初,即称之曰王,则为证。既在改元之后,而惠王复胪陈三事以析之。又下章即接见梁襄王,非后十六年而何? 此则确当不可易。……孟子逮事滑王,故篇前称齐王而无谥,中间曾以葬母故归邹,后又反齐。此亦确当不可易。……他若辨邹即是邾,邹国邹邑之非一,《竹书》纪年载越灭滕之误俱甚确。"用一个"极是",两个"确当不可易",一个"俱甚确"评价之,可见张氏之著的价值、地位和影响。

周广业的《孟子章指考证》,应该说考证的问题较为冷僻,此著目前难以见到,可清人在著述中却广泛征引,焦循在《孟子正义》中就引了34次,可见其研究的深

---

① 焦循:《孟子正义》,长沙:岳麓书社,1996年,第697页。

入程度。

其次,学倡争鸣,愈辩愈明。

清代虽然大兴文字狱,但学术争鸣气氛仍较为浓烈,不仅敢于怀疑古代权威,当代权威也常被质疑,这就推动了清代学术的发展。

《孟子》赵注颇受学者推举,可宋翔凤的《孟子赵注补正》多用"望文生义""其说谬误""此言诞不足信"批评赵注之误,并予以订正,故《续修四库全书总目提要》曰:"多所发明。"近人亦认为:"《孟子赵注补证》也体现了清代考据学家所共有的一个特点,即引证材料非常丰富精审。……无论在考据方面还是在资料方面都堪称孟子学史上的重要著作,有着广泛的参考价值。"①

孟子弟子,也是历代学者常考证的问题,清代就有五部专著,朱彝尊的《孟子弟子考》乃清前期"弟子类"有影响之论著,可清晚期的陈矩大胆地予以补正,作《孟子弟子考补正》,因而此著不仅同样有较大影响,而且还更受关注。于此,学界对孟子弟子的分歧范围也就更小了。

焦循在《孟子正义》中,共引征文献826种,在同一个条目下,最多引征文献30余种,他将古代和当时的关涉某一问题的相关论述,汇集一处,进行对比考证,使所考问题更明,结论更加可信。不因权威而从,不因推崇而采,这种争辩的精神、勇气可嘉,求真的态度可推。

二、考辨细致入微

清代学者深入研《孟》,不仅表现在广泛开展专题研究,还体现在考证问题细致入微。有时细小问题解决了,大问题也就迎刃而解。

关于"告子",赵注:"告子者,告,姓也。子,男子之通称也。名不害。兼治儒、墨之道者,尝学于孟子。"赵氏以告子名不害,盖以为即浩生不害。为此,阎若璩在《释地又续》云:浩生,复氏。不害,其名。与见《公孙丑》之告子,及以《告子》题篇者,自各一人。赵氏仍于《告子篇》误注曰名不害,且臆度其尝学于孟子,执弟子问者。后来毛奇龄亦以赵氏为误。继之,陈矩在《孟子弟子考补正》中进一步考证告子与浩生不害"判为两人"。这一问题解决,孟子弟子中相关分歧也就解决了。

对孟子至齐次数和时间的考证。《史记》云:"道既通,游事齐宣王,宣王不能用,适梁。"《史记》所叙似与史实有诸多不符,《通鉴》则曰孟子先至梁,故后人对孟子游历争论不休。清代学者有主"先齐",有主"先梁",但都不能说服对方。后

---

① 董洪利:《孟子研究》,南京:江苏古籍出版社,1997年,第343页。

来张宗泰《孟子七篇诸国年表》说孟子实三至齐,只得到"此说亦不为无因"①的评价,却引发狄子奇的继续思索,在《孟子编年》中提出孟子一生实际到过齐国两次,并考定时年,证明司马迁疏漏,只记录了后一次,故造成了错误和混乱。对孟子至齐次数和时间的考定,就解决了历史悬案,接受狄子奇的结论,实际上就肯定《史记》"先齐后梁"之说。

　　清代学者,考证问题,细微处往往也是精彩之处。如焦循《孟子正义》之《告子章句上》"今夫奕之为数,小数也"条,赵注"奕,博也。或曰围棋。《论语》曰:'不有博奕者乎?'"②"奕"为围棋,"博"为局戏,赵氏不懂棋艺,以"博"释"奕",显然是混二为一。焦循为了纠正赵氏混"博""奕"为一的错误,引征:《方言》《孟子字义疏证》《说文》《荀子》《楚辞》《史记》《春秋》《左传》《广雅》《广雅疏证》《韩非子》《西京杂记》《列子》《六博经》《博奕论》《小尔雅》《小尔雅训纂》《大戴礼记》《文选》《艺经》《后汉书》《九章算术》《奕旨》《论语》等文献的相关论述,最后云:"赵氏以《论语》博奕连言,故以博释奕。其实奕为围棋专名,与博同类而异事也。"③考证如此细致入微,且精彩之至,非清人不能为也!

　　时至今日,人们常常强调《孟子》的义理之学的成就和对后世的影响,而忽略《孟子》考据学的成就和对后世的影响,这是因为对《孟子》学缺乏全面了解所致。

---

① 柯绍忞主编:《续修四库全书总目提要·经部》卷下,北京:中华书局,1993年,第926页。
② 赵岐注、孙奭疏:《孟子注疏》,北京:北京大学出版社,1999年,第307页。
③ 焦循:《孟子正义》,长沙:岳麓书社,1996年,第519—520页。

第七章

清代《孟子》义理学

《孟子》是儒家的基本文献之一,也是中国文化宝库中十分重要的典籍。这部著作具有很高的思想价值和艺术成就,在历史上曾经产生极为深刻、广泛的影响,直至今日依然为人们所珍视。汉唐已有不少学者潜心于《孟子》研究,且《孟子》的地位也呈上升的趋势。宋代二程合四书,朱子注四书,《孟子》学渐成显学。到了清代,《孟子》学兴盛,著述多,影响大,成为中国古代《孟子》学的集大成时期。据笔者不完全统计,清代仅《孟子》学专著就有240种,侧重于义理的有94种。

清代《孟子》义理学,主要关注人性论、理气论、理欲观、仁政论等四个方面。从"智"的层面申发性善论;坚持气本论、反对理本论;坚持理欲统一,反对"存天理,灭人欲";提倡施仁善政,富民强国。

第一节 人性论

"道性善",是孟子全部思想的"宗旨"和"要领",性善说是孟子哲学思想的核心。人性善恶问题,是历代思想家们无法回避的哲学命题,自孟子、告子展开人性善恶之辩后,荀子提出"性恶论",董仲舒、韩愈倡"性三品",宋理学家主"义理之性善","气质之性恶"的观点。清代学者在释孟时,多倾向于孟子的性善之说,并有所发明。

顾炎武认为,"性善"之说的提出,可以追溯到《商书》所谓民之"恒性"。"'恒',即相近之义;相近,近于善也。"①他认同孟子的性善论,承认孟子的性善论适用于绝大多数人。他指出,也有极少数人生而性恶,如纣、盗跖之类,"则生而性

---

① 顾炎武:《日知录》,上海:商务印书馆,1934年,第38页。

与人殊",这就好比正常人都有五官百骸,但是也有少数人生来畸形而不全。问题在于,性恶者是"千万中之一",所以,不能"以一而概万"①得出人性本恶的结论。顾炎武所言,对孟子的人性论稍有订正,在根本上还是维护其结论的。

王夫之认为,"天地无不善之物,而物有不善之几"。②这就是说,包括人在内的物,本身都具有善的本质,只是在与外物相关联、接触时才产生"不善"之机缘,"非相值之位则不善"。物之不善,不是不可逃脱的定数,决定性的条件是要"知几""审位"并"应以其正"。认为孟子言心善与言性善无别。"尽其心者知其性",唯一故也。"③

崔纪认为:"七篇之文,离奇变化,而大纲不外仁义礼智之性,恻隐羞恶辞让是非之情。性者心之体,情者心之用。"④所以他在札记中,以仁义礼智言性,以恻隐羞恶辞让是非言情,倡善推仁。

康浚曰:"孟子书上下七篇,其言性善仁义,上接尼山之统。然圣人之言浑含,孟子必出以爽豁,圣人之言简该,孟子必出以详明。"⑤认为孟子性善之论,主要是申发孔子人性论,使之更加"爽豁"。

崔述云:"孔子曰:性相近也,习相远也。又曰:惟上知与下愚不移。孟子曰:人性之善也,犹水之就下也。又曰:乃若其情,则可以为善矣。孔孟之论性者如此。至荀子始有性恶之说,扬子始有善恶混之说,逮唐韩子乃合而折其衷,谓人性有三品,善与恶皆有之,孟子之与荀扬皆得其一而失其二。及宋程朱又分而异其名,谓有理义之性,有气质之性,孔子所谓相近,兼气质而言之,孟子则专以理义言性,故谓之善也。余谓人之性一而已矣,皆本理义、兼气质而成,不容分以为二。"崔述在驳斥历史上各种错误的人性论基础上,断言"学者当取信于孔孟之言,不必以先儒之说为疑也"⑥。

李光地云:"盖其曰有三品者,气质之性也。曰所以为性者五,则天命之性也。夫仁义礼智信,岂有不善者乎?是其见与孟子同也。惜乎于三品谆谆焉,而于五者寂然无说。遂至班孟子于荀扬,而自晦其立言之意。故曰孟子所以独出诸儒者,以其明性也。"李光地认为,仁义礼智信乃性之五常,性有五常,岂有不善哉?⑦

---

① 顾炎武:《日知录》,上海:商务印书馆,1934年,第39页。
② 王夫之:《读四书大全说》,北京:中华书局,1975年,第572页。
③ 王夫之:《读四书大全说》,北京:中华书局,1975年,第502—503页。
④ 崔纪:《读孟子札记》,《四库全书存目丛书》本,济南:齐鲁书社,1995年。
⑤ 康浚:《孟子文说》,《续修四库全书》本,上海:上海古籍出版社,2002年。
⑥ 崔述:《孟子事实录》,载《崔东壁遗书》,上海:上海古籍出版社,1983年,第409页。
⑦ 李光地:《读孟子札记》,《四库全书》本,上海:上海古籍出版社,1989年。

言气质、天命之性,其论近于程朱之说。

就人性论而言,清代黄宗羲的《孟子师说》、戴震的《孟子字义疏证》、焦循的《孟子正义》、康有为的《孟子微》申发较为系统。黄宗羲可视为前期代表,戴震、焦循可视为中期典范,康有为在后期影响较为独特。

黄宗羲对"善"有自己的独特见解。首先,他认为善是心之本然,性之本然。"孟子论性,只就最近处指点。……心体次第受亏,几于禽兽不远。然良心仍在,平日杀人行劫,忽然见孺子入井,此心便露出来,岂从外铄者?"①哪怕十恶不赦之徒,平日杀人行劫,忽然见孺子入井,恻隐之心也会显露出来,说明良心仍存,此乃人心之本然,性之本然,故人心善,人性善。其次,黄宗羲以人物对比,明人性之善。"盖人而丧其良心入于禽兽者有矣,未有禽兽而复为人者也。"②禽兽不如之人,仍知善恶;至灵之禽兽,亦无羞恶之心,人丧其良心能与禽兽为伍,未见有禽兽能具人之性也。其根源就在于人之性善,物之性不善也。

戴震持"知即善"的性善论观点。他提出了"惟据才质而言,始确然可以断人之性善"的命题,从而给予了性善说以立足于人之"才质"的物质基础。他认为只有从人的自然才质来讲,才可以明确地断定人的性是善的。这个"才质"指的是能思想的"心知",即是说人性善与人的"心知"是分不开的。"心知"何以能成就善?他认为,"心知"能知理知义,而知理知义即是善。认为,从性到善,是一个从血气心知之自然到道德之必然的过程,"善者,称其纯粹中正之名;性者,指其实体实事之名。……善,其必然也;性,其自然也。归于必然,适完其自然,此之谓自然之极致"③。戴震在考察历代儒家论人性善恶理论的前提下,试图揭示人性的本真面貌,弘扬能思的"心知"对于人性善的意义,极力高扬人的主体性。

在清代释孟学者中,对孟子性善说申发最用力者是焦循,他的《孟子正义》释孟部分,致力于辨明为什么说人性善。他说:"人性之善,亦如寒暑昼夜之有常也。"④"人性生而有善,犹水欲下也。所以知人皆有善性,似水无有不下者也。"⑤"人之性善,物之性不善。盖浑人物而言,则性有善有不善。专以人言,则无不善。"⑥为此,焦循从九个方面,论证人性善,物性不善。其一,人能知故善。其二,人可教而明,故人性善。其三,人因有"四端",故性善。其四,人可使"欲"从自然

---

① 黄宗羲:《孟子师说》,载《黄宗羲全集》卷二,杭州:浙江古籍出版社,1985年,第67页。
② 黄宗羲:《孟子师说》,载《黄宗羲全集》卷二,杭州:浙江古籍出版社,1985年,第135页。
③ 戴震:《孟子字义疏证》,载《戴震全书》卷六,合肥:黄山书社,1997年,第201页。
④ 焦循:《孟子正义》,长沙:岳麓书社,1987年,第394页。
⑤ 焦循:《孟子正义》,长沙:岳麓书社,1987年,第490页。
⑥ 焦循:《孟子正义》,长沙:岳麓书社,1987年,第492页。

达至必然,所以人性善。其五,人知尊贤采善,故人性善。其六,人有神明之德,故性善。其七,人因知权善变而善。其八,人知情欲,求精妍故性善。其九,人可"旁通"情欲,所以性善。焦循的"性善论",以性、灵、情、欲、德、才、知、智来区别人与禽兽,禽兽虽有欲,却是愚昧、原始、本能、不知好嗜的,而人欲则出于性,发于情,合于礼,追求精妍,是文明之欲,所以人欲趋善,故人性乃善。更有甚者,人能举一反三,推己及人,受教而明,能"旁通"于人性之类、权变于情理之中,人乃宇宙之灵,故人性至善也。

在清代释孟学者中,对孟子性善论的理解比较富于包容性的是康有为。他在《孟子微》中,主观上想调和、杂取历史上不同时期不同圣贤的不同人性观,建立一种可被广泛接受的康氏人性理论,客观上却又明显倾向于"性三品"之论。他对历史上有代表性的人性观一一予以点评,然后云:"实者人性有善有恶,犹人才有高有下也。高不可下,下不可高。谓性无善恶,是谓人才无高下也。禀性受命,同一实也。……余固以孟轲言人性善者,有中人以上者也;孙卿言人性恶者,中人以下者也;扬雄言人性善恶混者,中人也。"①此实为"性三品"之论。

清代学者,对孟子性善说的申发,方法、角度各异,用力程度亦不同。王夫之、黄宗羲以心善倡性善,富有特色,但没有对孟子的性善说进行系统的论证和阐述。戴震以"心知",倡言性善,虽然自身未形成完整的体系,但对焦循的影响很大。焦循的性善之论,是竭尽全力申发孟子性善说,他受戴震"知即善"的影响,他的性善论完全立于"智"的层面上,这与儒家传统的人兽之辨有根本的区别。传统的人兽之辨,主要在人与兽"本能、已为、可为"的层面上辨,主要论辩的焦点是人性中是否有恶。而焦循一反传统,以"智,人也;不智,禽兽也"②为立论基点,主要辨人、兽之"能为",论辩的焦点是人、兽之性中"至善"可及,撇开人兽是否可行恶,关键是能否及善。焦循的高明之处就在于:他基于人兽对比,将"善"与智慧、文明紧紧地连在一起,这样一来,人性善之论就易于被接受。焦循思维独到,睿智可推,理论自成体系,情理令人心服,推论令人折腰,影响深远。康有为的人性之论,是依其"三世"理论和大同理想构建而成的,就难免出现理想、现实、需要之间的矛盾,在两难选择中未能形成极具影响的人性论体系。

---

① 康有为:《孟子微》,北京:中华书局,1987年,第36页。
② 焦循:《孟子正义》,长沙:岳麓书社,1987年,第390页。

第二节 理气论

《孟子》曰:"其为气也,至大至刚,以直养而无害,则塞于天地之间。"①那么何为"气"?王夫之云:"气者,天下之事。"②戴震曰:"谓之气者,指其实体之名。"③所谓气,就是宇宙间客观存在的事物,气衍生万物。

关于"气"为万物本原的思想,在中国古代思想史中,这一主张一直为许多思想家所坚持。如先秦时期宋尹学派的"精气"说,东汉王充的"元气"说,唐柳宗元、刘禹锡的"元气自然论",北宋张载的"元气本体论"。但朱熹认为"儒者以理为不生不灭"④,强调"理先气后""理主宰气"。就世界本原、理气之先后问题,清代学者,借释孟展开了广泛而深入的讨论。

李光地认为:"孟子谓就二者较之,心是气之根源,不得于心,勿求于气,犹可也,理又是心之根源。""知言为先而养气继之,则理既明而气之根于理。"⑤李氏言理主心,心主气,赞同程朱"理先气后"观点。

崔纪云:"配义与道,是气配道义,非道义配气也。须知道义是主气,是辅天下莫强于道义。故守气不如守道义。"⑥崔氏亦主"理先气后",认为守道义,就是守气。

罗泽南云:"理无定在,势之所存,即理之所寓。"⑦罗氏所说的"势",就是客观存在的事物,即理寓于物中,离物便无理。

刘光蕡曰:"如谓孟子论性善,皆是据继善成性以后说,即是据气质言,无气质则礼义无所附。"⑧在此,刘光蕡认为无气质即无礼义,即气先理后。

清代学者对理气关系问题的辩论,影响较大、自成一说的是王夫之、黄宗羲、戴震,其中尤以戴震为最。他们的观点都与程朱理气之论不合。

---

① 杨伯峻:《孟子译注》,北京:中华书局,1960年,第62页。
② 王夫之:《读四书大全说》,北京:中华书局,1975年,第682页。
③ 戴震:《孟子私淑录》,载《戴震全书》卷六,合肥:黄山书社,1997年,第37页。
④ 黎靖德编:《朱子语类》,长沙:岳麓书社,1997年,第2721页。
⑤ 李光地:《读孟子札记》,《四库全书》本,上海:上海古籍出版社,1989年。
⑥ 康浚:《孟子文说》,《续修四库全书》本,上海:上海古籍出版社,2002年。
⑦ 罗泽南:《读孟子札记》,载《续修四库全书总目提要》,北京:中华书局,1993年,第929页。
⑧ 刘光蕡:《孟子性善备万物图解》,载《续修四库全书总目提要》,北京:中华书局,1993年,第929页。

王夫之提出"气本论",他认为:"气者,天下之事。"①"气者,吾身之与天下相接者也。……吾身之流动充满以应物而贞胜者,气也。"②气乃宇宙之本原,世界由气所构成,人即气之化也,人因气而神明于世。换言之,气是宇宙万物变化发展的物质实体,天地万物都是由物质性的气构成的,其变化只不过是气的聚散而已。王夫之的气一元论,否定了理学的理本论和心本论的思想。在理气关系上,王夫之继承发展了张载的气一元论思想,认为气是宇宙的唯一实体。"理即是气之理,气当得如此便是理,理不先而气不后。"③"理者理乎气而为气之理也,是岂于气之外别有一理以游行于气中者乎?……理便在气里面。"④由气一元论出发,王夫之坚持理气相依,理在气中,气者理之依也,理者气之理也,理是气的内在规律,气外更无虚托孤立之理,理与气不可分离。

黄宗羲虽继承了其师刘宗周的"心一元论"思想,但在理气关系问题上,坚持"理气一元论",认为"理气之名,由人而造,自其浮沉升降者而言,则谓之气;自其浮沉升降不失其则而言,则谓之理。盖一物而两名,非两物而一体也"⑤。黄宗羲坚决反对把理说成是一物的理论,认为:理为气之理,无气则无理。"理不离气","离气无所为理"。⑥"天地间只有一气充周,生人生物,人禀是气以生。"⑦他认为,理不可见,而见之于气。

戴震既反对程朱学派的理本论,也反对陆王学派的心本论,坚持"人物之生,分于阴阳气化"⑧的气本论。对此,他说:"阴阳五行之运而不已,天地之气化也,人物之生生本乎是","气化生人生物以后,各以类滋生久矣,然类之区别,千古如是也,……阴阳五行,人物以类滋生,皆气化之自然"⑨。戴震认为:"理在气中""理在物中",反对程朱"以理为别如一物"观点,在他看来,"理"并不是先于"气"而独立存在的东西,而是"天地阴阳之理","天地、人物、事为"之理。⑩ 在理气关系上,戴震深刻地揭露了程朱理本论的佛老神学本质,以鲜明的唯物主义观点批驳程朱理本论的唯心主义观点。

---

① 王夫之:《读四书大全说》,北京:中华书局,1975年,第682页。
② 王夫之:《读四书大全说》,北京:中华书局,1975年,第531页。
③ 王夫之:《读四书大全说》,北京:中华书局,1975年,第660页。
④ 王夫之:《读四书大全说》,北京:中华书局,1975年,第684页。
⑤ 黄宗羲:《明儒学案》,上海:商务印书馆,1947年,第249页。
⑥ 黄宗羲:《孟子师说》,载《黄宗羲全集》卷二,杭州:浙江古籍出版社,1985年,第161页。
⑦ 黄宗羲:《孟子师说》,载《黄宗羲全集》卷二,杭州:浙江古籍出版社,1985年,第60页。
⑧ 戴震:《孟子私淑录》,载《戴震全书》卷六,合肥:黄山书社,1997年,第37页。
⑨ 戴震:《孟子字义疏证》,载《戴震全书》卷六,合肥:黄山书社,1997年,第179—180页。
⑩ 戴震:《孟子字义疏证》,载《戴震全书》卷六,合肥:黄山书社,1997年,第164—165页。

由于社会的进步，科学技术的发展，以及人们认识世界水平的提高，清代释孟学者，除了李光地、崔纪等少数人外，基本坚持气先理后，即物质先于意识而存在。王夫之、戴震坚持气本论，黄宗羲提出理气一体，反对将理视为一物。尽管没有完全摆脱唯心主义的影响，但都在不同程度上迈向唯物领域。从他们各自理、气之论中，可以感受到，清代学者除了认识世界水平的提高外，他们主观上都在远离、摆脱程朱理学的影响。

　　"理、气"先后之争，是世界本原是物质还是精神之争，是唯物主义与唯心主义之根本区别，对这一问题的不同回答，不仅仅是哲学思想上的分歧，还影响对孟子的人性之论的理解，朱熹的"义理之性"与"气质之性"的人性论实立于"理先气后"的理论之上，若理本论不成立，那么"义理之性"与"气质之性"的人性论也就不成立。坚持气本论，或理气一元论，在某种程度上说，就是与程朱理学分庭抗礼。

第三节　理欲观

　　宋儒提出"存天理，灭人欲"，后来引发长期争论，清儒多不赞成宋儒观点，基本倾向于"理欲统一"。但对此又往往是泛泛而谈，涉及不深，一是不敢谈论，二是不易谈论。清代学者中，戴震和焦循于此有较为深刻的论述，影响也很大。

　　针对宋儒"存天理，灭人欲"的理欲观，戴震坚持"理欲统一"的理欲观。理欲关系问题是戴震整个义理之学思想体系的核心，也是《孟子字义疏证》的中心议题，他对理、欲有新的诠释，认为理寓于人欲之中，并从"自然"和"必然"的层面上深化其理欲观。同时他还通过对程朱理学主张的"存天理，灭人欲"的"以理杀人"本质的无情批判，进一步张扬自己的理欲统一的思想。认为，所谓"理"或"天理"不过是自然之分理、事物之条理、腠理，并非如程朱所言是超越于具体事物之上的精神本体。因此，"理"或"天理"不能超越于人的情欲之外而独立存在。"理"或"天理"并不是高高在上的精神本体，其基本社会功能就在于对人的情欲进行疏导和调整，使"欲不流于私"。他强调"天理者，节其欲而不穷人欲也。是故欲不可穷，非不可有；有而节之，使无过情，无不及情。"① "欲不流于私则仁，不溺

---

① 戴震：《孟子字义疏证》，载《戴震全书》卷六，合肥：黄山书社，1997年，第162页。

而为恶则义;情发而中节则和,如是之谓天理。"①他认为有生故有欲,人欲是血气之属的本能;只要有生命存在,就会有声色臭味之欲;人的情欲根于性而原于天,其情欲产生有必然性,其存在具有合理性。程朱理学主张的"存天理,灭人欲",把理欲对立起来,而戴震坚持"理者存乎欲者"②的理欲统一观。人有欲望,便产生行为。有行为,才能有行为的准则,即理。"天下必无舍生养之道而得存者,凡事为皆有于欲,无欲则无为矣;有欲而后有为,有为而归于至当不可易之谓理;无欲无为又焉有理!"③戴震指出,情欲适当,就是理,"理者也,情之不爽失也","无过情无不及情之谓理"。④ 把人的生存需要,推而广之,达到"通天下之情,遂天下之欲"⑤的境界。

焦循赞同戴震的"理欲统一"的论点,曰:"宋以来儒者,举凡饥寒愁怨、饮食男女、常情隐曲之感,则名之曰人欲,故终其身见欲之难制。……凡事为皆有于欲,无欲则无为矣。……是故君子亦无私而已矣,不贵无欲。……古之言理也,就人之情欲求之,使之无疵之为理。今之言理也,离人之情欲求之,使之忍而不顾之为理。此理欲之辨,适以穷天下之人,尽转移为欺伪之人,为祸何可胜言也!"⑥在他看来,人之生存所依即为欲,顺应人性所需,即为理。理乃存欲之理,非无欲之理。所以他认为:"孟子言养心莫善于寡欲,明乎欲不可无也,寡之而已。人之生也,莫病乎无以遂其欲。"⑦"饮食男女,人之大欲存焉。圣人治天下,体民之情,遂民之欲,而王道备。"⑧理欲统一之"理"的最高境界即为"体民之情,遂民之欲"。使之情无过无不及,使之欲无纵无不遂。

理、欲是对立统一关系,理不可废,欲不能禁,理乃存欲之理,欲乃寓理之欲。"存天理,灭人欲"既不符天理,也有违人性。故清代学者坚持理欲统一,"欲不流于私",情无过无不及,欲无纵无不遂。

---

① 戴震:《答彭进士允初书》,载《戴震全书》卷六,合肥:黄山书社,1997年,第359页。
② 戴震:《孟子字义疏证》,载《戴震全书》卷六,合肥:黄山书社,1997年,第159页。
③ 戴震:《孟子字义疏证》,载《戴震全书》卷六,合肥:黄山书社,1997年,第216页。
④ 戴震:《孟子字义疏证》,载《戴震全书》卷六,合肥:黄山书社,1997年,第152—153页。
⑤ 戴震:《孟子字义疏证》,载《戴震全书》卷六,合肥:黄山书社,1997年,第211页。
⑥ 焦循:《孟子正义》,长沙:岳麓书社,1987年,第334页。
⑦ 焦循:《孟子正义》,长沙:岳麓书社,1987年,第513页。
⑧ 焦循:《孟子正义》,长沙:岳麓书社,1987年,第514页。

第四节 仁政论

历代学者在释孟的时候,申发性善说,基本上都同时论述"仁",因为善与仁是不可分离的,或者说善即仁,仁即善,无善不可能行仁,行仁必须知善,两者相辅相成,互为表里。清代学者在释仁时,主要关涉"施仁"。

所谓"施仁",是就统治者而言的。就是在释孟时,借古喻今,论述统治者广施仁政的重要性。翁方纲曰:"《孟子》七篇,以言性善,正人心,距扬墨,为闲圣道也。以行仁政,黜伯功,救民水火,为崇王道也。……其语意之间,则未尝不隐隐与行仁政崇王道相为映发。"①梁启超云:"《孟子》言民为贵,民事不可缓,故全书所言仁政,所言王政,所言不忍人之政,皆以为民也。……明此义而读《孟子》,则皆迎刃而解。"②所以,学者们常常以此抒发政治理想,警醒统治者,维护封建统治。

王夫之曰:"孟子七篇,屡言兴王业之事,而未详所以定王业者。唯此一章(《离娄章句上》)是已得天下后经理措置之大业。所谓'为政'者,言得天下而为之也。"③他认为孟子多言"兴王业",唯《离娄章句上》言"定王业"。一国之君,如何使社会安定、百姓安居乐业呢?"王者施仁制产之德政。"④"士民固可不危,其本在施仁制产也。"⑤"不忍人之政,正以王天下。"⑥"老老幼幼之心,发政施仁,而使民得仰事俯畜。"定天下,唯"施仁制产"而已,只要广施仁爱,恩泽于民,民富国强,百姓安居乐业,君得民心,天下岂有不定哉?

黄宗羲曰:"天地之生万物,仁也。帝王之养万民,仁也。宇宙一团生气,聚于一人,故天下归之,此是常理。"⑦天下是否安定,是否"一团生气",全系于国君是否施仁。若"政如农工,日夜思之。思其始而成其终,朝夕而行之,行无越思,如农之有畔,其过鲜矣"⑧。一国之君,若能日夜思及百姓,并能有富民之策,民将归

---

① 翁方纲:《孟子附记》,载《丛书集成初编》,北京:中华书局,1985年,第21页。
② 梁启超:《读孟子界说》,载《饮冰室合集》文集三,北京:中华书局,1936年,第18页。
③ 王夫之:《读四书大全说》,北京:中华书局,1975年,第598页。
④ 王夫之:《读四书大全说》,北京:中华书局,1975年,第508页。
⑤ 王夫之:《读四书大全说》,北京:中华书局,1975年,第503页。
⑥ 王夫之:《读四书大全说》,北京:中华书局,1975年,第510页。
⑦ 黄宗羲:《孟子师说》,载《黄宗羲全集》卷二,杭州:浙江古籍出版社,1985年,第90页。
⑧ 黄宗羲:《孟子师说》,载《黄宗羲全集》卷二,杭州:浙江古籍出版社,1985年,第89页。

之,并拥而戴之。

焦循云:"一国思其善政,则天下思以为君矣。……政善则巨室善之,而一国随其所善。政不善则巨室恶之,而一国随其所恶也。"①政善则国善,君仁义天下,百姓从善如流。"明君制民之产,必使仰足以事父母,俯足以畜妻子,乐岁终身饱,凶年免于死亡,然后驱而之善,故民之从之也轻。……谨庠序之教,申之以孝悌之义,颁白者不负戴于道路矣。老者衣帛食肉,黎民不饥不寒,然而不王者,未之有也。"②国修政,国可强大,君施仁,民拥君,仁义天下,天下之民"皆延颈望欲归之,如水就下,沛然而来",无人能挡。反之,"以政伤民,民乐其亡"③。"国须贤臣,必择忠良,亲近贵戚,或遭殃祸。"④君遇良才,方能辅君以道,教民以人伦,施民以仁义,"以是治天下,易于转丸于掌上也"⑤。

阮元对"仁"则有专论,他在《孟子论仁论》中云:"《孟子》论仁无二道,君治天下之仁,士充本心之仁,无异也,治天下非仁不可。"⑥"治民者,必以仁;暴民者,必致亡;为七篇之纲领。"阮元认为,《孟子》乃警统治者而作。故曰:"不仁不得天下……得其民者得其心也,不得心不可云得民,不得民不可云得天下。"⑦所以"为政者必以仁,仁者三代先王之道,正经界、薄税敛、不罔民。久行而待时,民之受虐政者必归之"⑧。仁君,天下归之,暴君,天下背之。仁君应"不忍人,不害人,不杀一无罪,仁之至也"⑨。因此,"以仁伐不仁,必无敌,不可以善战为无敌"。仁君富国安民,让百姓安居乐业,不可好战而草菅人命。

康有为曰:"既有此不忍人之心,发之于外即为不忍人之政。若使人无此不忍人之心,圣人亦无此种,即无从生一切仁政。故知一切仁政皆从不忍之心生,为万化之海,为一切根,为一切源。……至于太平大同,皆从此出。"⑩有仁心,才能有仁政,有仁政,社会才能进化文明,才会有天下太平,实现大同理想。

清代学者在申发孟子"仁"说思想时,多倡言统治者多行仁政,少言士人百姓秉善行仁。言仁政时,多言不违农时,制民以产,让百姓确保仰事俯畜,知礼

---

① 焦循:《孟子正义》,长沙:岳麓书社,1987年,第329页。
② 焦循:《孟子正义》,长沙:岳麓书社,1987年,第52页。
③ 焦循:《孟子正义》,长沙:岳麓书社,1987年,第44页。
④ 焦循:《孟子正义》,长沙:岳麓书社,1987年,第485页。
⑤ 焦循:《孟子正义》,长沙:岳麓书社,1987年,第156页。
⑥ 阮元:《孟子论仁论》,载《研经室集》卷九,北京:中华书局,1994年。
⑦ 阮元:《孟子论仁论》,载《研经室集》卷九,北京:中华书局,1994年。
⑧ 阮元:《孟子论仁论》,载《研经室集》卷九,北京:中华书局,1994年。
⑨ 阮元:《孟子论仁论》,载《研经室集》卷九,北京:中华书局,1994年。
⑩ 康有为:《孟子微》,北京:中华书局,1987年,第9页。

行义。盖缘于清初战事不断,百姓不得安宁,苛捐杂税,民不聊生,学者是缘事而发。

人性善恶、理气关系、理欲关系、施仁行善等问题,是《孟子》的核心问题,故也是清代学者释孟时关注的重点问题。换言之,历代学者在借孟言事或阐明自己的学术思想时,也都是立于《孟子》的核心问题之上的,这也是《孟子》之魅力所在。

第八章

清代《孟子》义理学四大家

《孟子》乃儒家经典,其思想价值和艺术成就历来备受珍视。统治者借助它,教化民众,安邦定国;学者研治它,丰富思想,提高学识。自汉以来,研治《孟子》者众,硕果累累,并形成了专门的学问——《孟子》学。宋儒合《四书》、注《四书》,《孟子》入经,《孟子》学渐成显学。清代是中国古代《孟子》学集大成时期,著述丰,影响大,清代《孟子》义理类专著约百种,以其自身的质量和影响作综合衡量,黄宗羲的《孟子师说》、戴震的《孟子字义疏证》、焦循的《孟子正义》(义理、考据兼佳)、康有为的《孟子微》,可视为义理诠释之代表。重点关注人性论、理气论、理欲观、仁政论;显示借《孟》言志、作而不述,驳宋批朱、撼动权威,关注现实、经世致用等特点;在释《孟》的学术指向、著述风格等方面又各具特色。

第一节 关注重点有别

《孟子》思想博大精深,不同时代,不同群体,关注重点不同。统治者关注其政治、伦理思想,探寻治国理政之道;学者从哲学、政治学、伦理学、文学等多角度诠释《孟子》,极大地丰富了中国古代思想史。清儒释《孟》,涉及领域广泛,黄宗羲、戴震、焦循、康有为对《孟子》的义理诠释侧重哲学,主要关注人性论、理气论、理欲观、仁政论,但各人的关注重点有别。

1. 人性论

"道性善"是孟子哲学的核心,历代思想家对人性善恶都有自己的判断。荀子言性恶,汉唐学者将人性分为"圣人之性""中民之性""斗筲之性",持"性三品"之论,宋儒将人性分为"天理""气质"之性,言"天理"之性善,"气质"之性恶。清儒释《孟》时,基本倾向于孟子的性善论,并有发明。

黄宗羲对"善"有独特见解。人"心体次第受亏,几于禽兽不远。然良心仍在,平日杀人行劫,忽然见孺子入井,此心便露出来"①。黄氏认为即使万恶之徒,平时杀人不眨眼,乍见孺子掉井,恻隐之心"便露出来",此性之本然;所以说人心善,人性善。"盖人而丧其良心入于禽兽者有矣,未有禽兽而复为人者也。"②黄宗羲认为禽兽不如之辈,亦知善恶;无论怎样灵性的禽兽,也没有羞恶之心,人丧德败性能与禽兽为伍,但从未见禽兽具人之性也。原因在于人性善,禽兽之性不善。

戴震持"知即善"的人性观。认为:人之才质得于天,耳能辨声,目能辨色,口能辨味,鼻能辨臭,心可通天下理义,"惟据才质为言,始确然可以断人之性善"③。戴震性善说之物质基础是人的"才质",他将人性善与人的"才质"密切关联。说明人性善与人的"心知"紧密联系,不可分离,人性善取决于"心知"。人类之所以能不断摆脱兽性及其本能,成为人,成为具有伦理道德的人,是因为人具"心知",或曰人心能知。"善者,称其纯粹中正之名;性者,指其实体实事之名。"④善属道德范畴,故言之为"纯粹中正"。而性乃"实体实事"。"善,其必然也;性,其自然也。归于必然,适完其自然,此之谓自然之极致。"⑤由性而善是自然达至必然,即由血气"心知"之自然达至仁义礼智之必然。戴震在此不仅辨明道德与知识的关系,更强调由性而善是一个由"心知"自然达到道德必然的过程。"惟人之知,小之能尽美丑之极致,大之能尽是非之极致。然后遂己之欲者,广之能遂人之欲;达己之情者,广之能达人之情。"⑥人不仅能"遂己之欲""达己之情",还能"遂人之欲""达人之情",说明人既可正确认识自然,亦能把握道德之必然。"道德之盛,使人之欲无不遂,人之情无不达。"⑦能使人"欲无不遂""情无不达",乃属"道德之盛"——善。戴震在此试图揭示人性的本真,高扬"心知"是人性善的决定因素。

在清代,焦循竭力申发孟子性善说。曰:"人性生而有善,犹水欲下也。"⑧说明善乃人与生俱来。"盖浑人物而言,则性有善有不善。专以人言,则无不善。"⑨认为人、禽兽并论,性有善有不善,专以人言,无有不善。他在《孟子正义》中,致力

---

① 黄宗羲:《孟子师说》,载《黄宗羲全集》第1册,杭州:浙江古籍出版社,1994年,第67—69页。
② 黄宗羲:《孟子师说》,载《黄宗羲全集》第1册,杭州:浙江古籍出版社,1994年,第135页。
③ 戴震:《原善》,载《戴震全书》第6册,合肥:黄山书社,1997年,第18页。
④ 戴震:《孟子字义疏证》,载《戴震全书》第6册,合肥:黄山书社,1997年,第201页。
⑤ 戴震:《孟子字义疏证》,载《戴震全书》第6册,合肥:黄山书社,1997年,第201页。
⑥ 戴震:《孟子字义疏证》,载《戴震全书》第6册,合肥:黄山书社,1997年,第196页。
⑦ 戴震:《孟子字义疏证》,载《戴震全书》第6册,合肥:黄山书社,1997年,第196页。
⑧ 焦循:《孟子正义》,北京:中华书局,1987年,第736页。
⑨ 焦循:《孟子正义》,北京:中华书局,1987年,第739页。

于辨明为何言人性善。他认为人性善,禽兽之性不善的根本原因是:一人能知故善;二人可教而明;三人具"四端";四人可使"欲"从自然达至必然;五人知权善变,"人之性善,故其心能变通"①;六人可"旁通"情欲,能"以己之情,通乎人之情;以己之欲,通乎人之欲"②,可推己及人,故人性善。

  清代对孟子性善论的理解比较富有包容性的学者是康有为。他在《孟子微》中,主观上想调和、杂取历史上不同时期的不同人性观,试图建立一种能被广泛接受的康氏人性论,客观上却倾向于"性三品"。他在列举、评点历史上有代表性的人性观后曰:"实者人性有善有恶,犹人才有高有下也。高不可下,下不可高。谓性无善恶,是谓人才无高下也。禀性受命,同一实也。……余固以孟轲言人性善者,有中人以上者也;孙卿言人性恶者,中人以下者也;扬雄言人性善恶混者,中人也。"③兜了一大圈,最终还是认为:上人性善,中人性无善无不善,或曰善恶混,下人性恶。康有为的人性论,并非为了申发《孟子》,是为其《大同书》的面世寻求理论依据,而大同理想又必须立于人性善的基础之上,如果不坚持性善论,其"无国家"之论就缺乏人性基础,《孟子微》表面上没有否认孟子的性善论,但内在地透视着康有为矛盾的人性观及两难选择。

  清儒对孟子人性论诠释,基点不同,影响亦异。黄宗羲以"心"释善,有见解、有特色,但没有确立自己的理论体系。戴震基于"才质"、立于"心知",高扬人性善,有见解,但也没有形成自身完整的人性论体系。焦循的性善之论,目的是全力以赴申发孟子性善说,受"知即善"人性理论影响,其性善论基于人兽对比、立于"智"的层面,将"善"与智慧、文明密切关联,回避性与行的纠缠,以此证人性善,就易于被接受。康有为依其"三世"理论和建构大同理想需要而形成的人性之论,难免出现理论、现实、需要之间的冲突和矛盾,在两难选择中构建的理论,肯定是凌乱、不成体系的,既缺乏说服力,也不易产生深远影响。

  2. 理气论

  孟子曰:"其为气也,至大至刚,以直养而无害,则塞于天地之间。"④清儒认为气乃"天下之事"⑤"实体之名"⑥,是宇宙间实体万物。

  在中国思想史上,持"气"衍生万物思想的有先秦宋尹学派的"精气"论,汉王

---

① 焦循:《孟子正义》,北京:中华书局,1987年,第875页。
② 焦循:《孟子正义》,北京:中华书局,1987年,第755页。
③ 康有为:《孟子微》,北京:中华书局,1987年,第35—36页。
④ 杨伯峻:《孟子译注》,北京:中华书局,1960年,第62页。
⑤ 王夫之:《读四书大全说》,北京:中华书局,1975年,第682页。
⑥ 戴震:《孟子私淑录》,载《戴震全书》第6册,合肥:黄山书社,1997年,第37页。

充的"元气"论,唐柳宗元、刘禹锡的"元气自然论",宋张载的"元气本体论"等。宋程朱认为"理为不生不灭",①主"理先气后"观点。清儒不赞成程朱理气之论,借释《孟》,就世界本原及理气之先后等问题,展开辩论。自成一家、影响较大的是黄宗羲和戴震,戴震尤为用力。

黄宗羲曰:"自其浮沉升降者而言,则谓之气;自其浮沉升降不失其则而言,则谓之理。盖一物而两名,非两物而一体也。"②理气是一物两名,或曰"理气一元"。"理不离气","离气无所为理"。③坚持理为气之理,无气则无理,反对将理视为一物。"天地间只有一气充周,生人生物,人禀是气以生。"④强调理不可见,可见者气也。

戴震反对宋儒理本论,坚持气本论。"人物之生,分于阴阳气化。"⑤"阴阳五行之运而不已,天地之气化也,人物之生生本乎是……阴阳五行,人物以类滋生,皆气化之自然。"⑥认为理乃"天地阴阳之理","天地、人物、事为"之理,⑦"理"不可先于"气"而独立存在,"理"在"气"中。戴震不赞成程朱"以理为别如一物"之说,以气本论的唯物观驳斥理本论的唯心观。

社会的进步,科学技术的发展,使人们认识世界的水平不断提高。清儒基本赞同气先理后观点。黄宗羲言理气一体,反对将理视为一物;戴震持"理在气中"的气本论。于此我们可以感受到,清儒主观上竭力摆脱宋理学的影响。他们的理气之论,还没有完全摆脱"心"学影响,黄宗羲受其师刘宗周影响,虽然意识到没有一成不变之"心",但要求他与"心"学完全决裂,是不太可能的;戴震坚持气本论,但他又特别强调"心知",表现出一定的矛盾性。

"理、气"先后之辩,实为世界本原是物质还是精神之争,是唯物论与唯心论之分水岭,对此观点不同,既是哲学思想上的分歧,也影响对孟子的人性论的理解,宋儒义理之性善、气质之性恶的人性论就立于"理先气后"的理论之上,若理本论被推翻,那么义理之性善的人性论也就无立足点。坚持气本论,或认同理气一元论,在一定程度上说,就是与程朱理学分庭抗礼。

---

① 黎靖德编:《朱子语类》,长沙:岳麓书社,1997年,第2721页。
② 黄宗羲:《明儒学案》,上海:商务印书馆,1947年,第249页。
③ 黄宗羲:《孟子师说》,载《黄宗羲全集》第1册,杭州:浙江古籍出版社,1994年,第161页。
④ 黄宗羲:《孟子师说》,载《黄宗羲全集》第1册,杭州:浙江古籍出版社,1994年,第60页。
⑤ 戴震:《孟子私淑录》,载《戴震全书》第6册,合肥:黄山书社,1997年,第37页。
⑥ 戴震:《孟子字义疏证》,载《戴震全书》第6册,合肥:黄山书社,1997年,第179—180页。
⑦ 戴震:《孟子字义疏证》,载《戴震全书》第6册,合肥:黄山书社,1997年,第164—165页。

3. 理欲观

清儒基本倾向"理欲统一"的理欲观,反对宋理学家的"存天理,灭人欲"的理欲观。但在长期论辩过程中,对此泛泛而谈者众,涉及不深,说服力不强。因清统治者推举理学,故大部分人不敢深论,同时此问题也不易深论。戴震和焦循展示了过人胆识,于此有较为精辟独到的论述,影响深远。

理欲关系是《疏证》的中心议题,也是戴震哲学思想体系的核心。针对宋儒"存天理,灭人欲"的理欲观,戴震坚持"理欲统一"论。"理者,尽夫情欲之微而区以别焉。使顺而达,各如其分寸毫厘之谓也。……情发而中节则和,如是之谓天理"①戴震认为"理"是自然之分理、事物之条理,非超越具体事物之上的精神本体。人之情欲"顺而达",即为"理"。"理"的基本社会功能就是疏导人的情欲,使"欲不流于私"。"天理者,节其欲而不穷人欲也。……有而节之,使无过情,无不及情。"②戴震强调有生故有欲,欲是血气之属的本能,只要生命存在,就有声色臭味之欲;人的情欲根于性而原于天,其情欲产生有不以人的意志为转移的必然性,欲存在合于"天理"。"欲不流于私则仁,不溺而为慝则义;情发而中节则和,如是之谓天理。"③宋理学家将理欲对立,戴震将理欲统一起来,坚持"理者存乎欲者也"④。"凡事为皆有于欲,无欲则无为矣;有欲而后有为,有为而归于至当不可易之谓理。"⑤认为人有欲望,便会产生行为,有行为才会有调节行为的准则——理,"理者也,情之不爽失也","无过情无不及情之谓理"⑥。认为情欲适当即为理,顺"理"之最高境界——"通天下之情,遂天下之欲"⑦。

在理欲关系问题上,焦循与戴震一脉相承,亦持"理欲统一"观。《孟子正义》曰:"凡事为皆有于欲,无欲则无为矣。……古之言理也,就人之情欲求之,使之无疵之为理。今之言理也,离人之情欲求之,使之忍而不顾之为理。此理欲之辨,适以穷天下之人,尽转移为欺伪之人,为祸何可胜言也!"⑧认为欲乃人生存之所依,存欲之理是顺乎人性。"孟子言养心莫善于寡欲,明乎欲不可无也,寡之而已。"⑨

---

① 戴震:《答彭进士允初书》,载《戴震全书》第6册,合肥:黄山书社,1997年,第359页。
② 戴震:《孟子字义疏证》,载《戴震全书》第6册,合肥:黄山书社,1997年,第162页。
③ 戴震:《答彭进士允初书》,载《戴震全书》第6册,合肥:黄山书社,1997年,第359页。
④ 戴震:《孟子字义疏证》,载《戴震全书》第6册,合肥:黄山书社,1997年,第159页。
⑤ 戴震:《孟子字义疏证》,载《戴震全书》第6册,合肥:黄山书社,1997年,第216页。
⑥ 戴震:《孟子字义疏证》,载《戴震全书》第6册,合肥:黄山书社,1997年,第152—153页。
⑦ 戴震:《孟子字义疏证》,载《戴震全书》第6册,合肥:黄山书社,1997年,第211页。
⑧ 焦循:《孟子正义》,北京:中华书局,1987年,第503页。
⑨ 焦循:《孟子正义》,北京:中华书局,1987年,第770页。

"饮食男女,人之大欲存焉。圣人治天下,体民之情,遂民之欲。"①焦循强调欲非不可有,"寡之而已",圣人治天下,就应"体民之情,遂民之欲",理欲统一之最高境界——使之情无过无不及,使之欲无纵无不遂。

4. 仁政论

善与仁是密不可分,善亦仁,仁亦善,无善不可能有仁,行仁必须本善,两者相辅相成,互为表里。清儒在推举、申发孟子性善说时,与历代学者一样,基本都同时论"仁",而且主要指向"施仁"善政。

"《孟子》七篇,以言性善,……为闲圣道也。以行仁政,……为崇王道也。……其语意之间,则未尝不隐隐与行仁政崇王道相为映发。"②"《孟子》言民为贵,民事不可缓,故全书所言仁政,所言王政,所言不忍人之政,皆以为民也。"③清儒释《孟》,一般不直接指向统治者,要求统治者如何施仁善政,基本是借古喻今,强调统治者欲平治天下、富民强国必须广施仁政。清儒释《孟》论仁,一是抒发政治理想,二是警醒统治者。

国君施仁善政,是天下百姓安泰之前提。"政如农工,日夜思之。思其始而成其终,朝夕而行之,行无越思,如农之有畔,其过鲜矣。"④黄宗羲认为一国之君,若能日夜思天下,虑百姓,同时有富民强国之策,民拥戴之。"帝王之养万民,仁也。宇宙一团生气,聚于一人,故天下归之,此是常理。"⑤"宇宙一团生气",有赖国君仁爱百姓,君若仁治天下,天下归之,此乃常理。

焦循在申发孟子性善论时,特别重视仁政学说。曰:"一国思其善政,则天下思以为君矣。……政善则巨室善之,而一国随其所善。政不善则巨室恶之,而一国随其所恶也。"⑥认为君施仁善政才能国强民富。"明君制民之产,必使仰足以事父母,俯足以畜妻子,乐岁终身饱,凶年免于死亡,然后驱而之善,故民之从之也轻。"⑦君制民以产,确保百姓"仰足以事父母,俯足以畜妻子""凶年免于死亡",百姓方可从善如流。"君行仁恩,忧民困穷,则民化而亲其上。"⑧君仁爱百姓,民拥而戴之,君善政,国强大;国强民富,天下之民"皆延颈望欲归之,如水就下,沛然而

---

① 焦循:《孟子正义》,北京:中华书局,1987年,第772页。
② 翁方纲:《孟子附记》,《丛书集成初编》本,北京:中华书局,1985年,第21页。
③ 梁启超:《读孟子界说》,《饮冰室合集》本,北京:中华书局,1936年,第18页。
④ 黄宗羲:《孟子师说》,载《黄宗羲全集》第1册,杭州:浙江古籍出版社,1994年,第89页。
⑤ 黄宗羲:《孟子师说》,载《黄宗羲全集》第1册,杭州:浙江古籍出版社,1994年,第90页。
⑥ 焦循:《孟子正义》,北京:中华书局,1987年,第494页。
⑦ 焦循:《孟子正义》,北京:中华书局,1987年,第75页。
⑧ 焦循:《孟子正义》,北京:中华书局,1987年,第159页。

来"。若"以政伤民,民乐其亡"①。"但有善心而不行之,不足以为政;但有善法度而不施之,法度亦不能独自行也。……故徒善是但有善心,徒法是但有善法度。行仁政必有法,徒有仁心而无法,不可用为政也。有法而不以仁心施之,仍与无法等。有善心而不以法,与无善心以施行法,同一不行先王之道也。"②焦循认为君施仁于民、仁爱百姓,是有善心。君治天下,还须有善政善法。"国须贤臣,必择忠良,亲近贵戚,或遭殃祸。"③任贤使能方可功成不堕。君择良才,方能辅君以道,教民以人伦。"以是治天下,易于转丸于掌上也。"④

康有为于"仁",有自己的见解。曰:"不忍人之心,仁也,人人皆有之,故谓人性皆善。既有此不忍人之心,发之于外即为不忍人之政。若使人无此不忍人之心,圣人亦无此种,即无从生一切仁政。"⑤认为有仁心才会有仁政,有仁政才会文明进化,方有太平天下,才能长治久安。"盖国之为国,聚民而成之,……民聚则谋公共安全之事,故一切礼乐政法皆以为民也。……选贤与能也,孟子已早发明之。"⑥康氏强调:聚民方可成其国,国立需贤君,贤君选贤任能,方可强国富民。

清儒在申发孟子仁政学说时,主要指向统治者施仁善政。述仁政,多言不违农时,制民以产。

人性论、理气论、理欲观、仁政学说,是孟子思想的核心,也是清人释《孟》特别关注、深入辨析的问题。清儒与历代学者一样,不管是借孟言事,还是阐明自己的学术思想,都以《孟子》的核心思想为基础,或者说,都立于《孟子》核心问题之上,这就是《孟子》魅力之所在。

第二节 诠释方法各异

历代学者诠释《孟子》,有不同的学术目标、诠释方法和重点,显示出各自的时代特征和学术个性。黄宗羲、戴震、焦循、康有为释《孟》,个性鲜明,突显如下特点:

---

① 焦循:《孟子正义》,北京:中华书局,1987年,第64页。
② 焦循:《孟子正义》,北京:中华书局,1987年,第484页。
③ 焦循:《孟子正义》,北京:中华书局,1987年,第728页。
④ 焦循:《孟子正义》,北京:中华书局,1987年,第233页。
⑤ 康有为:《孟子微》,北京:中华书局,1987年,第9页。
⑥ 康有为:《孟子微》,北京:中华书局,1987年,第20—21页。

1. 借《孟》言志 "作而不述"

在孟学史上,清代之前,诠释《孟子》,重在申发《孟子》,罕见借《孟》而言他之作。清儒借《孟》言志,姑称之为"作而不述"。就是指不以申孟为主旨,侧重借《孟》言志,在此过程中,客观上也对《孟子》进行适当的阐释,不过这种阐释,仅满足于言事需要,非著述目的。所以"作而不述"是借释《孟》为幌子,目的是建立自己的思想体系。戴震和康有为是其中的代表。

(1) 戴震借《孟》立说

戴震借《孟》立说,是将自己的理论附着于经典圣言,从经典圣言中寻找自己学术思想的渊源,或曰理论依据。戴震主要借助圣典,与宋理进行对抗,同时构建自己的思想理论体系,达到破宋立说之目的。

首先,戴震以"知即善"的人性观,反对宋儒"理即善"的人性论。孟子将人性善立论的依据推至难以捉摸的宇宙终极原因"天",故汉以来,多数儒家学者肯定孟子的性善说,基本以宇宙终极原因作为其形而上的立论根据。朱熹认为"性即天理,未有不善者也。"①他以"理"作为性善立论的根据。戴震不同意朱熹的观点,扬弃孟子先验论的推演,并对孟子的性善论进行改造,提出"惟据才质而言,始确然可以断人之性善"②的观点,认为人性善立论的基础应是"才质"。孟子认为人具"四端",异于禽兽,故人性本善。戴震认为人具"心知",故高于禽兽,人性善取决于"心知"的主体性。人具认知的主体性,故人类可以摆脱兽性和本能,成为具有伦理道德的人。戴震基于"才质",以"心知"作为性善立论的根据,将曾游离于人性的"善",又重新确立在人的主体性之上。

其次,戴震以"气本论"反对宋儒"理本论"。在理气关系问题上,戴震以"人物以类滋生,皆气化之自然"③,反对宋儒以"理为不生不灭"的观点。④ 以"人物之生,分于阴阳气化"⑤的气本论,反对程朱"理本论"。戴震非"气"为万物本原的思想的发明者,但他扬弃了前贤的学术思想,对这一学说作了更具体的阐述,辨明"气"是世界的唯一物质实体,认为万物是阴阳二气矛盾运动的结果,主张"理在气中",反对程朱以"理为别如一物"的观点,反映出较为深刻的唯物论思想。

再次,戴震以"理欲统一"的理欲观,反对宋儒"存天理,灭人欲"的理欲论。戴震从"自然"和"必然"的层面上,深化其"理欲统一"的观点,认为理始终寓于人

---

① 朱熹:《四书章句集注》,济南:齐鲁书社,1992年,第350页。
② 戴震:《原善》,载《戴震全书》第6册,合肥:黄山书社,1997年,第18页。
③ 戴震:《孟子字义疏证》,载《戴震全书》第6册,合肥:黄山书社,1997年,第179—180页。
④ 黎靖德编:《朱子语类》,长沙:岳麓书社,1997年,第2721页。
⑤ 戴震:《孟子私淑录》,载《戴震全书》第6册,合肥:黄山书社,1997年,第37页。

欲之中。通过对程朱理学"以理杀人"本质的批判,深化自己的"理欲统一"思想。强调"理者,尽夫情欲之微而区以别焉。使顺而达,各如其分寸毫厘之谓也"①。辨明"理"不可能超越于人的情欲而独立存在,"理"不是精神本体,"理"不应禁灭人欲,"理"的功能是疏导人欲,使"欲不流于私"。宋儒对立理欲,戴震坚持"理者存乎欲"②的理欲统一观。

戴震《孟子字义疏证》,不依先注后疏再释的传统治经成法,视立论需要,选取核心问题,目标明确,直奔主题,阐发得淋漓尽致。他依据《孟子》和六经,针对宋儒"尽以意见误名之曰理"等观点,以及清廷对理学的改造与利用,择取核心范畴,有的放矢地进行疏证,以此构建自己的理论框架。戴震借疏《孟》,辨明人具"心知"而性善、宇宙本原是物质的"气""理者存乎欲",以此建立自己的哲学理论体系,并与程朱理学分庭抗礼。故曰戴翁之意不在"疏证",而在立说也。

(2)康有为借《孟》言志

借《孟》言志,就是奉《孟子》为圣典,托圣言明己志。康有为为何借《孟》言志?一是托圣言易于让读者接受自己的观点;二是托圣言可以减少实践中的变革阻力。康有为作《孟子微》,欲借助亚圣之权威,言康氏"大同"理想,明维新变法的必要性、合理性,初衷是减少、消除维新变法的阻力。康有为1901年创作完成《孟子微》,当时国情是大部分国民思想还处于未开化状态,夜郎自大的无知意识弥漫社会,守旧思想笼罩举国上下,很少有人了解西方的社会政治、经济的发展及文明现状。要想让国民直接接受中西结合的新思想,是非常困难的,只能"曲线救国",借孟子之权威,高举圣人之大旗,采用"儒表西里"的理论手段,发改革时政之呼声,减轻改革的阻力,《孟子微》是借孟子之口言"大同"理想。康有为《大同书》构思创作于《孟子微》之前,却面世于《孟子微》之后,成书十多年后才与读者见面,原因是《大同书》需以《孟子微》为其学术前站,让圣人为其"背书",以便人们先接受《孟子微》的理论思想,进而接受《大同书》的美好构想。康有为生活的时代,中国可谓积贫积弱,欲使国民接受《大同书》的理论与构想,几乎是天方夜谭。康氏对此亦有清醒的认识,故《大同书》完稿后,长期秘而不宣,先推出《孟子微》,其意图就不言而喻了。"举中国之百亿万群书,莫如《孟子》矣。传孔子《春秋》之奥说,明太平大同之微言,发平等同民之公理,著隶天独立之伟义,以拯普天生民于卑下钳制之中,莫如孟子矣!……吾中国幸有孟子言,吾何为独遇兹浊乱世哉?

---

① 戴震:《答彭进士允初书》,载《戴震全书》第6册,合肥:黄山书社,1997年,第359页。
② 戴震:《孟子字义疏证》,载《戴震全书》第6册,合肥:黄山书社,1997年,第159页。

吾民何为不能自立而遭兹压乱哉？孟子之义，其独晦冥霾瘗哉！"①康有为在《孟子微·序》中明言创作目的——借《孟》言志。

"孟子立民主之制，太平法也。……大同之世，天下为公，选贤与能也。孟子已早发明之。"②康氏借《孟》言志立说，抒发自己的政治理想，初步建构"大同"理论。不管是民主理念，抑或社会理想，康有为都从《孟子》中找到了注脚。"大同"在东西方都不是新的概念，但借儒家思想对其进行创新改造，唯康氏所能为也。康有为的《孟子微》，实是"大同微"，他肩扛孟子大旗，手绘大同蓝图，目的是为其政治改良变法鸣锣开道，拉住孟子为其理论做免费广告，以便产生"名牌"和权威效应，用心良苦，高明之至。

在中国《孟子》学史乃至经学史上，如戴震、康有为以释《孟》为幌子，拉圣人之大旗而立言立说者，实不多见，但其效果显著，影响深远。

2. 驳宋批朱　撼动权威

清代经学，有汉学和宋学之分。就孟学而言，特别是《孟子》义理之学，宋学派身影不常见，影响较大的孟学专著，都不属"宋理"范畴。原因至少有三：首先，宋儒发挥义理，常随心所欲。自清初思想家批评明人"空疏"，言"读九经自考文始，考文自知音始"③之后，倡汉学，兴考据，渐成风尚。受主、客观因素影响，程朱理学受到冲击，缺乏市场。其次，宋儒对"理"的阐释不严密，不管是"理即善"的人性论，还是"理为不生不灭"的"理本论"，抑或"存天理，灭人欲"的理欲观，学者愈益觉得其缺陷明显。再次，矫枉常常过正，既欲撼动权威，就形成全面批驳，全盘否定宋"理"之风。黄宗羲、戴震更具代表性。

"《四子》之义，平易近人，非难知难尽也。……成说在前，此亦一述朱，彼亦一述朱，宜其学者之愈多而愈晦也。"④黄宗羲旗帜鲜明，立场坚定，试图打破元、明以来形成的众口一词宗主朱熹的局面，坚持"天地间只有一气充周，生人生物"⑤，强调"理不离气"，以理气一元论反对宋儒理气二元论。黄宗羲在《孟子师说》中，就理、气、仁、义等诸多核心范畴，与宋儒展开全面的辩驳，见解独到，有胆有识。

戴震驳宋批朱，无不尽其力。他以人的"心知"能知理、知义之善的"知即善"观点，驳宋儒"理即善"之论，强调人性之善与人的"心知"是分不开的。他以"理

---

① 康有为：《孟子微》，北京：中华书局，1987年，第5—6页。
② 康有为：《孟子微》，北京：中华书局，1987年，第20—21页。
③ 顾炎武：《答李子德书》，载《顾亭林诗文集》第4卷，北京：中华书局，1983年，第73页。
④ 黄宗羲：《孟子师说》，载《黄宗羲全集》第1册，杭州：浙江古籍出版社，1994年，第48页。
⑤ 黄宗羲：《孟子师说》，载《黄宗羲全集》第1册，杭州：浙江古籍出版社，1994年，第60—62页。

在气中"的气本论驳宋儒以"理为别如一物"的理气二元论。认为"理"乃"天地阴阳之理"①,"理"不可能先于"气"而独立存在。以"理者存乎欲者也"②的理欲统一论驳宋儒"存天理,灭人欲"的理欲对立观。"天下必无舍生养之道而得存者,凡事为皆有于欲,无欲则无为矣;有欲而后有为,有为而归于至当不可易之谓理;无欲无为又焉有理!"③认为人欲是行为的动力,有欲望才能激发人的行为,继而有规范行为的准则——理。"理者也,情之不爽失也……无过情无不及情之谓理。"④情欲适当,就是理。

3. 关注现实 "经世致用"

清初思想家倡导"经世致用",提倡学问应关涉现实,应以治事、救世为急务,反对不切实际的空虚之学,对后人影响很大。《孟子》既可称普世伦理,又是入世哲学,故历代学者在释《孟》时,基本都能关涉时务,追求"经世致用",清儒黄宗羲、戴震、康有为尤为如此。

"民事不可缓……贤君必恭俭、礼下,取于民有制。"⑤国计民生、平治天下,乃《孟子》关注重点,故治《孟》亦倡致用。黄宗羲反对空疏无用之谈,密切关注社会现实,抨击时弊。"今之两税,皆贡法也。其病民不待言,然民亦无暇以此为病矣。"⑥《孟子师说》从历史的角度考论夏以来税制后,联系现实,借题发挥,高呼"何不幸而为今之民也""民生无几矣",直击当时的繁苛重赋,反映富有良知的学者对国计民生的关切。黄宗羲生活在社会动荡凋敝、儒学衰变的时代,理学已近支离破碎,儒学极度缺乏汉唐经天纬地的气概。故《孟子师说》曰:"学莫先于立志。立志则为豪杰,不立志则为凡民。凡民之后兴者,草上之风必偃耳。吾因而有慨。"⑦感慨"道学乡愿"陷溺于博取功名,置"治乱存亡"于度外。疾呼"世道交丧,圣王不作,天下之人……要不能空然无所挟以行世,则遂以举世之习尚,成为学术"⑧。倡导儒者治学,经世致用。欲振兴儒学,须治经以经世,黄宗羲治学,不尚空疏之谈,从解决现实问题出发,"以治天下""以为民用",经天纬地。

---

① 戴震:《孟子字义疏证》,载《戴震全书》第6册,合肥:黄山书社,1997年,第164—165页。
② 戴震:《孟子字义疏证》,载《戴震全书》第6册,合肥:黄山书社,1997年,第159页。
③ 戴震:《孟子字义疏证》,载《戴震全书》第6册,合肥:黄山书社,1997年,第216页。
④ 戴震:《孟子字义疏证》,载《戴震全书》第6册,合肥:黄山书社,1997年,第152—153页。
⑤ 杨伯峻:《孟子译注》,北京:中华书局,1960年,第117—118页。
⑥ 黄宗羲:《孟子师说》,载《黄宗羲全集》第1册,杭州:浙江古籍出版社,1994年,第80—81页。
⑦ 黄宗羲:《孟子师说》,载《黄宗羲全集》第1册,杭州:浙江古籍出版社,1994年,第151页。
⑧ 黄宗羲:《孟子师说》,载《黄宗羲全集》第1册,杭州:浙江古籍出版社,1994年,第164—165页。

宋儒"虽视人之饥寒号呼,男女哀怨,以至垂死冀生,无非人欲,空指一绝情欲之感者为天理之本然,存之于心"①。戴震治学,关心民生疾苦。认为百姓饥寒号呼到垂死冀生,宋儒还凭空塞一个断情绝欲之"天理",此乃不顾百姓饥寒号呼,"以理杀人"。"人知老庄、释氏异人圣人,闻无欲之说,犹未之信也;于宋儒,则信以为同于圣人;理欲之分,人人能言之。……人死于法,犹有可怜之者,死于理,其谁怜之?"②宋儒宣扬违反"理"而受到的痛苦是"应然",灭人欲是"理"之"本然",外在之"理"竟成为人性的内容,"死于理"有谁怜之?所以戴震疾呼"此理欲之辨,适成忍而残杀之具,为祸又如是也"③。"酷吏以法杀人,后儒以理杀人。浸浸乎舍法而论理,死矣!更无可救矣。"④他痛责宋儒"以理杀人",以"文字"杀人乃涂炭生灵;抨击统治者推宋崇朱到顶礼膜拜的境地,而视百姓"饥寒号呼""男女哀怨""垂死冀生"于不顾。警醒统治者,需"体民之情,遂民之欲",极具现实意义。

康有为之"大同",是"无国家、人无尊卑贵贱、人人享受良好教育、自由平等、有丰富的精神和物质享受",从一个侧面反映其对现实社会的不满,说明改革时政之急迫,抒发自己的政治理想。"传孔子《春秋》之奥说,明太平大同之微言,发平等同民之公理,著隶天独立之伟义,以拯普天生民于卑下钳制之中,莫如孟子矣!……嗟哉!吾中国幸有孟子言,吾何为独遇兹浊乱世哉?吾民何为不能自立而遭兹压乱哉?"⑤康有为对当时的社会现实极为不满,甚至是憎恨,故大声疾呼:"吾何为独遇兹浊乱世哉""吾民何为不能自立而遭兹压乱哉"。既关注国家兴衰,也关注民众疾苦。

清儒立言立说、对程朱理学的态度以及对现实关注的程度,既透视出学者的学术价值和政治价值取向,同时也折射出当时社会政治的清明程度。

第三节 个性特色鲜明

清儒释《孟》,不管是阐释,还是申发,抑或立说,在发扬光大《孟子》思想的同时,各自也有不同的学术追求,显示不同的著述风格。在治学方法上,亦不断求异

---

① 戴震:《孟子字义疏证》,载《戴震全书》第6册,合肥:黄山书社,1997年,第211页。
② 戴震:《孟子字义疏证》,载《戴震全书》第6册,合肥:黄山书社,1997年,第161页。
③ 戴震:《孟子字义疏证》,载《戴震全书》第6册,合肥:黄山书社,1997年,第216页。
④ 戴震:《与某书》,载《戴震全书》第6册,合肥:黄山书社,1997年,第496页。
⑤ 康有为:《孟子微》,北京:中华书局,1987年,第5—6页。

创新,各具特色。

黄宗羲的学术影响至少有二:一是申发《孟子》,关涉时务。《孟子师说》不是变换花样,人云亦云,哗众取宠,而是以独特的视野,超人的胆识申发《孟子》,发表见解。他反对空疏学风,密切关注现实,抨击时弊,以"何不幸而为今之民也""民生无几矣"之呼喊,警醒统治者。以"以治天下""以为民用"的经世思想为指导,进行学术研究。二是治学趋实求真。黄宗羲崇孟(《孟子》)本赵(赵岐《孟子章句》),但不盲崇。《孟子师说》在崇孟本赵的同时,又疑孟辨赵,并驳朱(朱熹)非王(王阳明)。对圣言不迷信,对古语不盲从,求真求实,表现出超人的胆识和严谨的学术态度。

《孟子字义疏证》是戴震学术思想的代表作,他在反程朱理学的基础上,立言立说。突出影响有三:一是"知即善"的性善论,二是"万物本于气"的气本论,三是"理欲统一"的理欲观。"《疏证》一书,字字精粹……与欧洲文艺复兴时代思潮之本质绝相类……其志愿确欲为中国文化转一新方向,其哲学之立脚点,真可称二千年一大翻案。其论尊卑顺逆一段,实以平等精神,作论理学上一革命,其斥宋儒之糅合儒佛,虽辞带含蓄,而意极严正,随处发挥科学家求真求是之精神,实三百年间最有价值之奇书也。"①梁启超在《清代学术概论》中盛赞《孟子字义疏证》,首先赞《疏证》一改传统治经先注后疏再释之惯例,选取核心问题,直入庙堂的高超的写作艺术。其次赞戴震在依托训诂考据的基础上,大力倡导和践行释义。清代到了乾嘉时期,"咬文嚼字"的"考据"成为思潮,大部分学者治经已离"道"。戴震则云:"凡学始乎离词,中乎辨言,终乎闻道",警醒学者不能钻到故纸堆里,不能玩文字游戏,学问要"经世",要密切关注民生疾苦,学术应该服务于现实社会。戴震在《疏证》中显示出怀疑前贤的精神、否定权威的胆识、重建学术体系的谋略,既打破了程朱理学一统天下的局面,又唤醒学者的创新意识,在中国学术思想史上影响是巨大而深远的。

焦循是清代申发孟子性善论最倾力者,他一反传统,以"智,人也;不智,禽兽也"②为立论基点,以人兽对比言人性之善。撇开人兽是否可行恶,论辩的焦点是人兽之性中"至善"可及,将"善"阐发得淋漓尽致,可谓是"善"的宣言。焦循的性善论,以"智"为立论基点,以情、欲、才、智来区别人与禽兽,这有别于儒家传统的以"人兽之辨"来言人性善恶。辨明禽兽有欲无情,而人不仅有欲还有情;兽欲是愚昧、本能、不知好嗜的,而人欲不仅出于性,还发于情,合于礼,且追求精妍。兽

---

① 梁启超:《清代学术概论》,北京:中国书籍出版社,2006年,第66—67页。
② 焦循:《孟子正义》,北京:中华书局,1987年,第586页。

欲只能是愚昧、本能之欲,人欲展示人性,是文明之欲,是对善的追求,美的享受,故人欲趋善,所以人性善。同时,人乃宇宙之灵,能受教而明、推己及人,能"旁通"情欲、权变情理,所以言人性善。焦循不推孟、告强词夺理之辩,不喜宋儒"天理""气质"之玄乎,驳荀子欲乃人性恶源之论,有理有据,层次清楚,明白晓畅,富有逻辑性。他将"善"立于"智"之上,并将"善"与智慧、文明密切关联,实乃高明之举。焦循人性论,立论基点、论证方法、结论的逻辑推演,都富有个性和特色,在中国哲学思想史上有地位有影响。"其立说之最明通者,为其发明孟子性善之旨。"①"价值是永永不朽的"。②

康有为借圣言阐释"大同",是"前不见古人"的创造发明。有两点值得关注:首先是主观上试图调和、杂取历代人性观,而客观上又明显倾向于"性三品"。康有为《孟子微》,没有光大孟子性善论之内涵,却巧用孟子"导善"之方法,将人类社会理想导向太平大同,乃高明之举。其次是大同之论带有浓厚的宗教色彩。康有为富有佛、道理论素养,又研究过西方其他宗教理论,他的大同之论宗教色彩浓厚。康有为常用中西方宗教理论释《孟》,说明其宗教理论造诣较高。《孟子微》中多用佛教语,非刻意求之,可谓信手拈来。另外"康有为时代","大同"仅仅是一种美好的理想,不可能实现的,或者说他还没有找到、也不可能找到或指明实现"大同"理想的途径,故他有意无意地将"大同"理想与虚无缥缈的宗教理想糅合在一起。但康有为能绘制如此美好的社会蓝图,足显其是一位天才社会学家。

在清代孟学中,黄宗羲是反程朱理学之先锋,《孟子师说》可谓是"心一元论"之重镇;戴震《孟子字义疏证》是击程朱理学之利剑,同时是"知即善"之倡导者。我国古代"气本论"之总结者,"理欲统一"论之力辨者;焦循是历代申发孟子性善论之最用力者,《孟子正义》成就极高、极具特色;康有为是让圣学"经世"之代表,《孟子微》是维新之论。他们不仅在孟学史上享有极高的地位,在经学史上,乃至中国思想史上影响深远。

---

① 钱穆:《中国近三百年学术史》,北京:商务印书馆,1997年,第502页。
② 梁启超:《中国近三百年学术史》,北京:东方出版社,1996年,第220页。

第九章

戴震孟学四书理气观

戴震孟学著作主要有《原善》三卷(前期《读孟子论性》《原善》三篇皆收入《原善》三卷,下文《原善》即指《原善》三卷)、《孟子私淑录》、《绪言》和《孟子字义疏证》(下文简称戴震孟学四书)。

《孟子》曰:"其为气也,至大至刚,以直养而无害,则塞于天地之间。"①那么何为"气"?戴震曰:"谓之气者,指其实体之名。"②气乃宇宙间客观存在的事物。戴震坚持理气一元论,认为"气化即道""理即条理、分理",强调"就事求理",批驳程朱"理先气后""理主宰气"的理气二元论。戴震孟学四书之理气观,前后既有继承,又有明显发展,经历了一个否定之否定、不断深化和完善的过程,突显戴震对程朱理学由怀疑、纠结、远离到全力批驳的心路发展历程。

第一节 气化即道

戴震在《原善》中,就开始关注理气问题,并体现其早期的哲学思想倾向。

关于世界的生成问题,戴震曰:"《易》曰:'天地之大德曰生。'气化之于品物,可以一言尽也,生生之谓欤!"③认为天地生万事万物。"气化之于品物"盖有三层含义:首先,戴震认为世界的本源是物质性的"气",阴阳二气是构成世界一切事物的基础;其次,"化"即变化流行之意,也最能体现"生生"的特点,《易》曰:"生生之

---

① 杨伯峻:《孟子译注》,北京:中华书局,2006 年,第 62 页。
② 戴震:《孟子私淑录》,杨应芹、褚伟奇主编:《戴震全书》第 6 册,合肥:黄山书社,2010 年,第 37 页。
③ 戴震:《原善》,杨应芹、褚伟奇主编:《戴震全书》第 6 册,合肥:黄山书社,2010 年,第 9 页。

谓易"①,"生生"即指事物的不断产生、变化和发展,这与运动变化之"化"相吻合,成为戴震哲学思想的一个重要概念;再次,《易》曰:"云行雨施,品物流形"②,"品物"代表万物,可指代整个世界。故戴震认为:阴阳二气通过运动变化而生成万物,这种思想成为戴震整个哲学思想体系的基础。由此,戴震释《易》"一阴一阳之谓道,继之者善也,成之者性也"为"一阴一阳,盖言天地之化不已也,道也"③,称物质性的阴阳二气不断地运动变化就是道,是宇宙现象和规律的统一。

《易》曰:"形而上者谓之道,形而下者谓之器。"④这一概念在中国哲学史上逐渐被哲学家引申为抽象和具体、本质和现象、本源和派生物的范畴,成为唯物和唯心思想家无法回避的问题。《原善》云:

《易》曰:"形而上者谓之道,形而下者谓之器。""形而下"者,成形质以往者也。"形而上"者,阴阳鬼神胥是也,体物者也;故曰"鬼神之为德,其盛矣乎!视之而弗见,听之而弗闻,体物而不可遗。"《洪范》曰:"五行:一曰水,二曰火,三曰木,四曰金,五曰土。"五行之成形质者,则器也;其体物者,道也,五行阴阳,得之而成性者也。⑤

在此戴震对形而上和形而下做出了自己的解释,认为"形"就是形质,所以形而下就是有了形质之后的具体事物,形而上就是还未成形质之前的阴阳二气及二者的运动变化。金木水火土本质上是物质性气的具体化,五行构成的是具有形质的"器",体现在具体事物之中的阴阳五行的变化运动就是道,目的是张扬气为世界本源的思想。

戴震《原善》对"气化即道"思想的阐释,具有明显的唯物主义倾向,界定了气、化、形上、形下和道这几个核心概念,并厘清了彼此之间的关系。《原善》之后的孟学三书对气或道的论述基本是围绕这几个核心概念展开的,为其哲学思想的发展奠定了基础。

《孟子私淑录》(下文简称《私淑录》)和《绪言》关于理气问题的论述,基本属于同一个理论高度,内容上有较多的相同或相似之处。《绪言》卷上重点讨论理气关系的前十条和《私淑录》卷上的内容基本上是对应的,所以就理气问题,基本可视二书为一整体,将其与《原善》进行对比分析,可了解戴震理气思想的发展脉络。

---

① 孔颖达:《周易正义》,阮元校刻:《十三经注疏(清嘉庆刊本)》,北京:中华书局,2009年,第162页。
② 孔颖达:《周易正义》,阮元校刻:《十三经注疏(清嘉庆刊本)》,第23页。
③ 戴震:《原善》,杨应芹、诸伟奇主编:《戴震全书》第6册,合肥:黄山书社,2010年,第8页。
④ 孔颖达:《周易正义》,阮元校刻:《十三经注疏(清嘉庆刊本)》,第171页。
⑤ 戴震:《原善》,杨应芹、诸伟奇主编:《戴震全书》第6册,合肥:黄山书社,2010年,第8页。

《原善》对"气化"问题的立场已较为明确,所以《私淑录》和《绪言》所做的工作就是进一步深化和发展,曰:"一阴一阳,流行不已,生生不息"①是坚持《原善》阴阳二气运动变化生成万事万物的思想,强调的是阴阳二气与运动变化是密不可分的。

《绪言》曰:"一阴一阳,流行不已,夫是之谓道而已"②"大致在天地则气化流行,生生不息,是谓道"③,对"道"表述与《原善》基本是一致的,道作为最高的哲学范畴,至少有两层含义:一是"气",二是"化"。《原善》称"道,言乎化之不已也"④,侧重强调道的运动变化。故戴震云"古人称名,道也,行也,路也,三名而一实"⑤,"大致道之名义于行尤近"⑥,亦侧重运动之义。戴震还说"主其流行言,则曰道"⑦"道以化言,是也"⑧,对道的运动变化含义的论述更加充分。《原善》中的"道"虽然包含着实体之"气",但没有进一步的论述,《私淑录》和《绪言》则曰:"今据《易》之文,证明'一阴一阳'即天道之实体"⑨"阴阳五行,天道之实体也"⑩,突出了阴阳五行这种物质性的气在道中的实体地位,道的变化流行就是阴阳五行的变化流行,对道的阐释较之《原善》更为深入。

就形而上与形而下的区分来说,《原善》说形就是"成形质",《私淑录》和《绪言》说"形,谓已成形质"⑪,这一思想是一以贯之的,形而上与形而下的区别就在于是否已成形质。除此以外,《私淑录》和《绪言》在解释形上、形下时有两个较为明显的特点:

一是明确了否定程朱理学的态度。

问:《易》曰:"形而上者谓之道,形而下者谓之器。"程子云:"惟此语截得上下最分明,元来只此是道,要在人默而识之。"后儒言道,多得之此。朱子云:"阴阳,气也,形而下者也;所以一阴一阳者,理也,形而上者也;道即理之谓也。"朱子此言,以道之称惟理足以当之。今但曰"气化流行,生生不息",非程朱所目为形而下

---

① 戴震:《绪言》,杨应芹、褚伟奇主编:《戴震全书》第6册,合肥:黄山书社,2010年,第88页。
② 戴震:《绪言》,杨应芹、褚伟奇主编:《戴震全书》第6册,合肥:黄山书社,2010年,第83页。
③ 戴震:《绪言》,杨应芹、褚伟奇主编:《戴震全书》第6册,合肥:黄山书社,2010年,第83页。
④ 戴震:《原善》,杨应芹、褚伟奇主编:《戴震全书》第6册,合肥:黄山书社,2010年,第7页。
⑤ 戴震:《绪言》,杨应芹、褚伟奇主编:《戴震全书》第6册,合肥:黄山书社,2010年,第83页。
⑥ 戴震:《孟子私淑录》,杨应芹、褚伟奇主编:《戴震全书》第6册,合肥:黄山书社,2010年,第37页。
⑦ 戴震:《绪言》,杨应芹、褚伟奇主编:《戴震全书》第6册,合肥:黄山书社,2010年,第88页。
⑧ 戴震:《绪言》,杨应芹、褚伟奇主编:《戴震全书》第6册,合肥:黄山书社,2010年,第126页。
⑨ 戴震:《绪言》,杨应芹、褚伟奇主编:《戴震全书》第6册,合肥:黄山书社,2010年,第90页。
⑩ 戴震:《绪言》,杨应芹、褚伟奇主编:《戴震全书》第6册,合肥:黄山书社,2010年,第91页。
⑪ 戴震:《绪言》,杨应芹、褚伟奇主编:《戴震全书》第6册,合肥:黄山书社,2010年,第84页。

者欤？①

《二程遗书》原文为"阴阳亦形而下者也，而曰道者，惟此语截得上下最分明，元来只此是道，要在人默而识之也。"②朱熹所云与之一脉相承。程朱所言实则为其理气二元论服务，使得阴阳二气之上还存在更高层次的理，即理先气后，气是形而下的，而之所以能形成阴阳全依赖理，理才是万物的本体，理就是道，是形而上的。戴震持气本论思想，提出道即气化流行，明确了否定程朱理学的态度。

二是引经据典解释形上形下。《原善》对形而上、形而下的解释较为简略，只是提出形就是形质，形而下就是成形质。戴震在《私淑录》和《绪言》中引经据典，训诂考据，对《易》中"形而上者谓之道，形而下者谓之器"和"一阴一阳之谓道"二句的"谓之"和"之谓"进行训释：

古人言辞，"之谓""谓之"有异：凡言"之谓"，以上所称解下，如《中庸》"天命之谓性，率性之谓道，修道之谓教"，此为性、道、教言之，若曰性也者天命之谓也，道也者率性之谓也，教也者修道之谓也；《易》"一阴一阳之谓道"，则为天道言之，若曰道也者一阴一阳之谓也。凡曰"谓之"者，以下所称解上，如《中庸》"自诚明谓之性，自明诚谓之教"，此非为性教言之，以性教区别"自诚明""自明诚"二者耳。《易》"形而上者谓之道，形而下者谓之器"，亦非为道器言之，以道器区别其形而上形而下耳。③

戴震言"之谓"是以上解下，所以"一阴一阳之谓道"就是以阴阳解释道，否定了朱熹以阴阳为形而下的解释。"谓之"则是以下解上，所以"形而上者谓之道，形而下者谓之器"就是以道解释形而上、以器解释形而下，形而上和形而下才是辨析的重点，《易》此言并不是主要用来说明道和器的，而是用道和器来区分形而上和形而下的。在此基础上，戴震才指出"形谓已成形质"。同时，《郑笺》注《诗》"下武维周"的"下"字为"后"④意，戴震借此解释形而下就是成形质以后，形而上就是成形质以前。因此戴震认为：阴阳二气气化运动是道是形而上的，就是成形质以前；器就是形而下的，就是形成有形实体之后。戴震此论多次引用经典，既丰富了内容，又使论述更具权威性。戴震对"谓之"和"之谓"的解释，目的是进一步否定程朱学说。

---

① 戴震：《绪言》，杨应芹、褚伟奇主编：《戴震全书》第6册，合肥：黄山书社，2010年，第83页。
② 程颢、程颐：《河南程氏遗书》，王孝鱼点校：《二程集》，北京：中华书局，2004年，第118页。
③ 戴震：《绪言》，杨应芹、褚伟奇主编：《戴震全书》第6册，合肥：黄山书社，2010年，第83—84页。
④ 毛亨传、郑玄笺、孔颖达：《毛诗正义》，李学勤主编：《十三经注疏》，北京：北京大学出版社，1999年，第1046页。

《绪言》曰:"凡日用事为,皆性为之本,而所谓人道也;上之原于阴阳五行,所谓天道也。"①将"道"分为两层,一曰"人道",一曰"天道"。在《疏证》中,进一步强化了戴氏"天道"观。

戴震在《绪言》中曾对宋儒太极之说进行分析时说:"虽'形'字借以指'气',似有未协,'而上''而下',及'之谓''谓之',亦未详审。"②对"形""而上""而下"的阐释已较为完善,"气化之于品物,则形而上下之分也""形谓已成形质",也明确了"形"指具体的品物和形质,可戴震仍说"似有未协""亦未详审"。《疏证》云"今既辨明形乃品物,非气化,然则'太极''两仪',后儒据以论道者,亦必傅合失之矣"③。在此戴震明确"形"就是品物,这个思想在前著中已经提出,同时指责宋儒根据"太极"和"两仪"来说明"道"必然是牵强附会。《疏证》较之前孟学三书,强化了自己的学说,体现戴震从纠结到自我肯定的变化过程,同时坚定了反对程朱理学的决心。

《疏证》曰:"诬圣欺学者,程、朱之贤不为也。"④此言在《私淑录》和《绪言》中已有,但没有深入辨析。在《疏证》中,戴震补充云:"盖其学借阶于老、庄、释氏,是故失之。"⑤戴震这里将程朱理学之失归咎于老庄释氏,并指出老庄释氏是"以神为有天地之本"的唯心观,同时指出朱熹"儒者以理为不生不灭,释氏以神识为不生不灭"之言,实与老庄释氏异曲同工。较之《私淑录》和《绪言》,《疏证》对程朱的批驳态度坚定,辨析的内容更加详实。

纵观戴震孟学四书,《原善》已建立起唯物倾向的天道观,之后的孟学三书不断地深化完善,反映戴震对自身学说观点由模糊到清晰、对程朱理学由怀疑到批驳的心路发展历程。

---

① 戴震:《绪言》,杨应芹、褚伟奇主编:《戴震全书》第 6 册,合肥:黄山书社,2010 年,第 103 页。
② 戴震:《绪言》,杨应芹、褚伟奇主编:《戴震全书》第 6 册,合肥:黄山书社,2010 年,第 85 页。
③ 戴震:《孟子字义疏证》,杨应芹、褚伟奇主编:《戴震全书》第 6 册,合肥:黄山书社,2010 年,第 175 页。
④ 戴震:《孟子字义疏证》,杨应芹、褚伟奇主编:《戴震全书》第 6 册,合肥:黄山书社,2010 年,第 176 页。
⑤ 戴震:《孟子字义疏证》,杨应芹、褚伟奇主编:《戴震全书》第 6 册,合肥:黄山书社,2010 年,第 176 页。

第二节　理即条理

戴震基于"气化即道"的气本论思想,提出"理"即"条理""分理"的论断,具有鲜明的唯物主义倾向。虽然"条理""分理"的说法在《原善》时就已出现,但若纵观戴震的孟学四书,则会发现"条理""分理"思想有一个不断深化的过程。

《原善》所言"条理""分理",至少包含以下三个方面的内容:

首先,蕴涵事物一般规律。《原善》曰:"是故生生者,化之原;生生而条理者,化之流。"①"生生者,化之原"是指阴阳二气,是一切事物运动变化的本原。而"生生而条理者,化之流"之"条理"则是指阴阳二气运动变化过程中的一般规律。又曰:"是故一物有其条理,一行有其至当"②,此"条理"亦指规律。此"条理"与"气化即道"思想相呼应。但细加观察,《原善》中"条理""分理"明确指向事物一般规律的也只有上述两例,其着力点并非于此。

其次,"条"和"分"具有区分、具体的内涵。戴震在《原善》开篇即言:"理,言乎其详致也。"③"天道,五行阴阳而已矣,分而有之以成性"④"分而为品物者也"⑤,戴震用"分"来解释阴阳二气为世界本源,并明确万事万物各自的特性是如何产生的。在理气问题上,戴震认为气化分而为物,既然品物是分的,那么理相对应的也应是分的,戴震称"理"为"分理""条理"的原因或在于此。

再次,密切关联社会伦理道德。《原善》云:

生生者,仁乎;生生而条理者,礼与义乎。何谓礼?条理之秩然有序,其著也;何谓义?条理之截然不可乱,其著也。得乎生生者谓之仁,得乎条理者谓之智。……一阴一阳,其生生乎,其生生而条理乎?以是见天地之顺,故曰'一阴一阳之谓道'。生生,仁也,未有生生而不条理者。条理之秩然,礼至著也;条理之截然,义至著也。⑥

既指明条理的普遍性特征,又将条理是否有序不乱作为道德判断的标准。礼

---

① 戴震:《原善》,杨应芹、诸伟奇主编:《戴震全书》第 6 册,合肥:黄山书社,2010 年,第 8 页。
② 戴震:《原善》,杨应芹、诸伟奇主编:《戴震全书》第 6 册,合肥:黄山书社,2010 年,第 24 页。
③ 戴震:《原善》,杨应芹、诸伟奇主编:《戴震全书》第 6 册,合肥:黄山书社,2010 年,第 7 页。
④ 戴震:《原善》,杨应芹、诸伟奇主编:《戴震全书》第 6 册,合肥:黄山书社,2010 年,第 12 页。
⑤ 戴震:《原善》,杨应芹、诸伟奇主编:《戴震全书》第 6 册,合肥:黄山书社,2010 年,第 7 页。
⑥ 戴震:《原善》,杨应芹、诸伟奇主编:《戴震全书》第 6 册,合肥:黄山书社,2010 年,第 8—9 页。

的特征是条理的井然有序,义的特征是条理的截然不乱,了解并把握条理就是智。戴震还曰:"一家之内,父子昆弟,天属也;夫妇,胖合也。天下国家,志纷则乱,于是有君臣,明乎君臣之道者,无往弗治也。凡势孤则德行行事,穷而寡助,于是有朋友;友也者,助也,明乎朋友之道者,交相助而后济。五者,自有身而定也,天地之生生而条理也。"①"君臣也,父子也,夫妇也,昆弟也,朋友之交也。五者,天下之达道也。"此条理已不仅仅指向理气关系中的事物运动发展规律,更多指向社会伦理中的各种人际关系和道德判断。

由此可见,戴震《原善》中的"条理"包含了自然和社会两种属性,这种"条理"具有普遍性、具体性和客观性,涵盖了自然与社会中的一切规律和关系。但《原善》中"条理""分理"的论述更偏向于伦理道德层面,而在理气关系层面的阐发并未形成体系,而这一点在《原善》之后的孟学三书中得以完善。

《私淑录》和《绪言》对"条理"的论述较为明晰、充分,都专设"问:理之名起于条理欤?"一章,集中地阐发"条理"。曰:

凡物之质,皆有文理,粲然昭著曰文,循而分之、端绪不乱曰理。故理又训分,而言治亦通曰理。理字偏旁从玉,玉之文理也。盖气初生物,顺而融之以成质,莫不具有分理,则有条而不紊,是以谓之条理。以植物言,其理自根而达末,又别于干为枝,缀于枝成叶,根接土壤肥沃以通地气,叶受风日雨露以通天气,地气必上接乎叶,天气必下返诸根,上下相贯,荣而不瘁者,循之于其理也。以动物言,呼吸通天气,饮食通地气,皆循经脉散布,周溉一身,血气之所循,流转不阻者,亦于其理也。理字之本训如是。因而推之,举凡天地、人物、事为,虚以明夫不易之则曰理。所谓则者,匪自我为之,求诸其物而已矣。②

戴震尝试通过字义训诂的方式给予"理"字以更为准确的疏解。此"理"从字面上看,是个体事物之文理,是事物特性的外在表现,如玉石之纹路;此"理"就本质而言,是各种事物既彼此严格区分,又有条不紊的规律。③ 戴震举植物的枝干根叶与动物的呼吸饮食为例,说明理具体体现在不同事物中,表现为各自必须遵循的规律。故戴震认为"条理"是"理"最为准确的注疏,并具有显著特点:

第一,具有客观性和可知性。"所谓则者,匪自我为之,求诸其物而已矣",戴震认为条理不是主观的,而是需要以具体事物为根本,同时人的主观能动性又是

---

① 戴震:《原善》,杨应芹、褚伟奇主编:《戴震全书》第6册,合肥:黄山书社,2010年,第27页。
② 戴震:《绪言》,杨应芹、褚伟奇主编:《戴震全书》第6册,合肥:黄山书社,2010年,第89页。
③ 王茂:《戴震哲学思想研究》(安徽人民出版社,1980年)第4章第1节有关于"(戴震)把有条不紊的条理性看成事物的规律、法则"的论述。

可以感知的。"求诸其物"突显"理"的客观性和可知性,直接否定宋儒"理气先后"之论,"理"不再是超然于具体事物之上的实体,而是从客观事物中体现出来、可以认知的具体而稳定的客观存在,体现的是气本论的唯物主义思想。

第二,具有客观性。"不易之则曰理",就是说事物的条理是相对稳定并须遵循的客观规律,是不以人的意志为转移的。故曰:"夫天地之大,人物之蕃,事为之条分委曲,苟得其理矣,如直者之中悬,平者之中水,圆者之中规,方者之中矩,夫然后推诸天下万世而准。"①

第三,具有普遍性。此理存在于"举凡天地、人物、事为",即普遍存在于万事万物之中。故曰:"语大极于至巨,语小极于至细,莫不显呈其条理。失条理而能生生者,未之有也。"②

戴震在《私淑录》和《绪言》中对"条理"的论述仍内含社会伦理道德,如"礼者,天地之条理也,言乎条理之极,非知天不足以尽之"③,但从自然观层面对"条理"思想的阐发明显增多,不断深化"条理"客观规律的内涵。到《疏证》时,戴震对"条理"的论述又有丰富和发展。《疏证》中专设"理"一篇,并置于卷首:

理者,察之而几微必区以别之名也,是故谓之分理;在物之质,曰肌理,曰腠理,曰文理;得其分则有条而不紊,谓之条理。孟子称"孔子之谓集大成"曰:"始条理者,智之事也;终条理者,圣之事也。"圣智至孔子而极其盛,不过举条理以言之而已矣。《易》曰:"易简而天下之理得。"……《中庸》曰:"文理密察,足以有别也。"《乐记》曰:"乐者,通伦理者也。"郑康成注云:"理,分也。"许叔重《说文解字序》曰:"知分理之可相别异也。"古人所谓理,未有如后儒之所谓理者矣。④

《疏证》开篇就对"理"及"条理""分理"的含义展开辨析,可见戴震对唯物主义自然观下的条理思想的倚重。此"理"是事物的一般规律的思想与前著是一脉相承的,但又显新特点:

其一,运用训诂和援经据典来论证自己的观点。引用《孟子》《易》《礼记》《说文解字》等经典,全面揭示"理"的内涵,为其条理、分理之说提供理论依据,彰显条理和分理思想的合理性和权威性。

其二,区分"条理"和"分理"。在前孟学三书中,戴震对"条理"和"分理"两种说法是不加以区别的,有时二者混用,但更倾向于使用"条理","分理"这种说法

---

① 戴震:《绪言》,杨应芹、褚伟奇主编:《戴震全书》第6册,合肥:黄山书社,2010年,第89页。
② 戴震:《绪言》,杨应芹、褚伟奇主编:《戴震全书》第6册,合肥:黄山书社,2010年,第88页。
③ 戴震:《绪言》,杨应芹、褚伟奇主编:《戴震全书》第6册,合肥:黄山书社,2010年,第117页。
④ 戴震:《孟子字义疏证》,杨应芹、褚伟奇主编:《戴震全书》第6册,合肥:黄山书社,2010年,第149页。

较少出现,且都是混于"条理"的相关论述之中,二者基本混同。戴震在《疏证》中明确了分理和条理的关系。曰:"理者,察之而几微必区以别之名也,是故谓之分理","得其分则有条而不紊,谓之条理",认为"理"的本质是"分",在"分"的基础上有条不紊才是"条","条理"是"分理"的高级形态,二者是紧密联系又相互区分。因此,戴震在论理气关系时,对"理"的称呼开始更多的使用"分理",这种倾向体现的是自然观下"气"与"理"的最终接轨。因为自《原善》起,"分"的概念就是戴震宇宙生成观的关键,而到《疏证》时,戴震明确说"阴阳五行,道之实体也,……有实体,故可分"①,所以用"分理"一词更能体现出"理"的根本属性,故《疏证》多次言及"分理":"天理云者,言乎自然之分理也"②"分之,各有其不易之则,名曰理"③"以各如其区分曰理"④,明显强调自然观下理之"分"的属性。虽然"条理"的说法在《疏证》中也同时出现,但多是在论述社会伦理道德或人性时才使用"条理"概念:

  礼者,天地之条理也,言乎条理之极,非知天不足以尽之。⑤ 理义在事情之条分缕析,接于我之心知,能辨之而悦之;其悦者,必其至是者也。⑥ 由其生生,有自然之条理,观于条理之秩然有序,可以知礼矣;观于条理之截然不可乱,可以知义矣。在天为气化之生生,在人为其生生之心,是乃仁之为德也;在天为气化推行之条理,在人为其心知之通乎条理而不紊,是乃智之为德也。⑦

  较之前孟学三书,《疏证》在使用"分理"或"条理"时存在着明显的选择性,不再混同两个概念,在论述理气关系时使用"分理",强调分化和区分,与"气化运动"思想相匹配;在论述社会伦理道德或人性时使用"条理",侧重的是有条不紊,体现的是社会关系中"理"的有序性和准则性。

---

① 戴震:《孟子字义疏证》,杨应芹、诸伟奇主编:《戴震全书》第6册,合肥:黄山书社,2010年,第173页。
② 戴震:《孟子字义疏证》,杨应芹、诸伟奇主编:《戴震全书》第6册,合肥:黄山书社,2010年,第150页。
③ 戴震:《孟子字义疏证》,杨应芹、诸伟奇主编:《戴震全书》第6册,合肥:黄山书社,2010年,第151页。
④ 戴震:《孟子字义疏证》,杨应芹、诸伟奇主编:《戴震全书》第6册,合肥:黄山书社,2010年,第151页。
⑤ 戴震:《孟子字义疏证》,杨应芹、诸伟奇主编:《戴震全书》第6册,合肥:黄山书社,2010年,第204页。
⑥ 戴震:《孟子字义疏证》,杨应芹、诸伟奇主编:《戴震全书》第6册,合肥:黄山书社,2010年,第154页。
⑦ 戴震:《孟子字义疏证》,杨应芹、诸伟奇主编:《戴震全书》第6册,合肥:黄山书社,2010年,第203—204页。

总之,从《原善》到《疏证》,"分理""条理"两者区分更加明晰,思想内容更显丰富,论述趋向严谨,方法不断更新,反映戴震"理"思想更加成熟。

第三节 就事求理

理气关系问题是哲学思想史上长期争论的一个根本问题,唯心论者认为"理"是万物本源,"气"是"理"的派生物;唯物论者则认为:"气"是世界万物的根源,"理"只是"气"运动变化的规律。戴震推举后者,在《原善》中,阐发了"气化即道"的思想,界定了气、化、道、理等核心概念,但《原善》并未对理、气二者关系做过直接、具体、明确的讨论。《私淑录》和《绪言》更加重视对理气关系的讨论。《私淑录》和《绪言》有一章完全相同:

问:后儒言理,与古圣贤言理异欤?曰:然。举凡天地、人物、事为,不闻无可言之理者也,《诗》曰:"有物有则"是也。就天地、人物、事为,求其不易之则是谓理。后儒尊大之,不徒曰"天地、人物、事为之理",而转其语曰"理无不在",以与气分本末,视之如一物然,岂理也哉! 就天地、人物、事为,求其不易之则,以归于必然,理至明显也。谓"理气浑沦,不害二物之各为一物",将使学者皓首茫然,求其物不得,合诸古贤圣之言抵牾不协。姑舍传注,还而体会《六经》《论语》《孟子》之书,或庶几矣!①

戴震用"则"来说"理",体现了理是具体事物的客观规律的含义。"有物有则"出自《诗经》"天生烝民,有物有则。民之秉彝,好是懿德"②。孟子申之曰:"故有物必有则,民之秉彝也,故好是懿德。"③《诗经》与《孟子》取向伦理道德,戴震引"有物有则"指向事物各自应遵循的规律,同时又言:"就天地、人物、事为,求其不易之则,是谓理。"明确了理和气的关系。认为阴阳二气气化而生天地、人物、事为,而"则"也就是"理",必须是就天地、人物、事为而言的。戴氏此论确定气先理后,认为先有气化生物,然后有事物之理;同时强调理包含在具体事物之中,不能超然于事物之外。戴震借用"有物有则""就事求理"这一命题来强调每个事物

---

① 戴震:《绪言》,杨应芹、褚伟奇主编:《戴震全书》第6册,合肥:黄山书社,2010年,第87页。
② 周振甫:《诗经译注》,北京:中华书局,2010年,第443页。
③ 杨伯峻:《孟子译注》,北京:中华书局,2006年,第259页。

都有各自无法规避的规律,这种规律必然寓于物中。针对宋儒"以与气分本末,充视之如一物然"这种脱离具体事物而论理的做法,戴震诘问"岂理也哉!"由此可见,就理气关系而言,《私淑录》和《绪言》较之《原善》,内容更充实,理论的内在逻辑性更为严密,同时对程朱理学进行了辨析与否定。

值得注意的是,《私淑录》和《绪言》虽在唯物自然观上有大体一致的取向,但两者也存在着较大的差异,《绪言》较之《私淑录》又有明显进步。

戴震在《私淑录》中曾言"道"与"理"的关系:"故语道于天地,道之实体即理之精微……此道之实事与理之精微,分而为言,质言之此道,精言之循而得理"①,甚至曰:"古人言道恒赅理,言理必要于中正不失。"②在此先不讨论戴震是如何辨析道和理的关系,只就戴震用"理之精微"这一表述,就隐约可见程朱理学的影子。"理之精微"或"义理之精微"是理学家言理之惯用语,朱子曰:"至于性与天道,乃是此理之精微。"③"见得圣人之心脱落自在,无私毫惹绊处,方见义理之精微。"④在理学中,理是天理,是宇宙本原,是天所赋予且具有派生作用的绝对法则,"若理,则只是个净洁空阔底世界,无形迹"⑤,这种脱离具体的客观物质而言理的唯心观导致理学家认为理是精微的。倘若理为精微,相对应的则是形气之粗鄙。其实戴震在《私淑录》中也曾怀疑过"理之精微"之说,有曰:"盖见于阴阳气化,无非有迹可寻,遂以与品物流行同归之粗,而空言夫理,似超迹象以为其精"⑥,但没有深入辨析,说明戴震此时并未远离程朱理学。戴震此处所言"道之实体即理之精微",认为道的实体是理,理等同于道,道与理不过是同一种东西的不同形态。然而《私淑录》同时又说"阴阳五行,天道之实体也"⑦"今据《易》之文,证明一阴一

---

① 戴震:《孟子私淑录》,杨应芹、褚伟奇主编:《戴震全书》第6册,合肥:黄山书社,2010年,第42页。
② 戴震:《孟子私淑录》,杨应芹、褚伟奇主编:《戴震全书》第6册,合肥:黄山书社,2010年,第42页。
③ 朱熹:《朱子语类》,朱杰人、严佐之、刘永翔主编:《朱子全书》第15册,上海:上海古籍出版社,2010年,第1036页。
④ 朱熹:《晦庵先生朱文公文集》,朱杰人、严佐之、刘永翔主编:《朱子全书》第22册,上海:上海古籍出版社,2010年,第1772页。
⑤ 朱熹:《朱子语类》,朱杰人、严佐之、刘永翔主编:《朱子全书》第14册,上海:上海古籍出版社,2010年,第116页。
⑥ 戴震:《孟子私淑录》,杨应芹、褚伟奇主编:《戴震全书》第6册,合肥:黄山书社,2010年,第40—41页。
⑦ 戴震:《孟子私淑录》,杨应芹、褚伟奇主编:《戴震全书》第6册,合肥:黄山书社,2010年,第50页。

阳即天道之实体"①,认为道的实体其实是物质性的阴阳五行。如此看来,《私淑录》对于道和理关系的阐释存在着内在的矛盾。由于宋儒认为天理是至善的、是完美的,所以将不善归咎于有形有迹的气。理是精微的观点是理气二元论的必然产物,戴震在《私淑录》中的有关论述体现了程朱理学在其思想中有残留,反映此时戴震对程朱理学仍处于怀疑和纠结之中。

一部思想成熟的哲学著作,无疑不应出现思想上的混乱和逻辑上的矛盾,所以到《绪言》时,戴震删除了有关"理之精微"的表述,对于"道之实体即理之精微"将理视为道之实体的说法,戴震进行了针对性的修正:"古人言道,恒赅理气;理乃专属不易之则,不赅道之实体"②,理与气皆包含于其中,气是道的实体,理是气之规律而非实体,就这一点来说《绪言》较之《私淑录》有明显的进步,体现了戴震理气思想经历了怀疑、纠结、远离程朱理气论的嬗变过程。

《疏证》较之前孟学三书,理气观深化显著。云:

天地、人物、事为,不闻无可言之理者也,《诗》曰"有物有则"是也。物者,指其实体实事之名;则者,称其纯粹中正之名。实体实事,罔非自然,而归于必然,天地、人物、事为之理得矣。③

戴震在此强调三点:第一,理是普遍存在的,是万事万物皆备的;第二,理是"纯粹中正"的,是确而不变的;第三,客观存在的实体实事是自然,"就事求理"就是从低级阶段的自然达至高级阶段的必然。较之前孟学三书,《疏证》理气论已经有了质的飞跃。故又曰:

举凡天地、人物、事为,求其必然不可易,理至明显也。从而尊大之,不徒曰天地、人物、事为之理,而转其语曰"理无不在",视之"如有物焉",将使学者皓首茫然,求其物不得。④

此处直接批驳宋儒"理无不在",视理"如有物焉"的理气观,并言"诬圣欺学者,程、朱之贤不为也。盖其学借阶于老、庄、释氏,是故失之"。认为程朱之论"诬圣欺学",盖非程朱本意,或蔽于老、庄、释氏之言,但无论如何,"是故失之"毋庸置疑。语言婉转,但批驳程朱理学立场坚定。

---

① 戴震:《孟子私淑录》,杨应芹、褚伟奇主编:《戴震全书》第6册,合肥:黄山书社,2010年,第49页。
② 戴震:《绪言》,杨应芹、褚伟奇主编:《戴震全书》第6册,合肥:黄山书社,2010年,第88页。
③ 戴震:《孟子字义疏证》,杨应芹、褚伟奇主编:《戴震全书》第6册,合肥:黄山书社,2010年,第162页。
④ 戴震:《孟子字义疏证》,杨应芹、褚伟奇主编:《戴震全书》第6册,合肥:黄山书社,2010年,第162页。

总之，戴震"就事求理"思想与"气化即道"的唯物自然观是相辅相成的。戴震视阴阳二气为世界的本原，确定理存在于具体事物之中、并各自遵循不同的客观规律，从而动摇了理学家的理本论思想。纵观戴震孟学四书，虽然《私淑录》中曾有程朱理学思想的残留，但《绪言》就主动进行了修正，《疏证》则表现出鲜明的批驳程朱的思想倾向。由此既可寻戴震哲学思想逐渐完善和成熟的轨迹，又可见戴震对程朱理学由怀疑、纠结、远离到批驳的心路发展历程。

第十章

戴震孟学四书人性观

"道性善"是孟子思想的核心,戴震推孟崇儒,申发孟子性善论。戴震坚持性一元论,认为"性以类别""性不同呈乎才",强调"知即善",竭力批驳宋儒"天理之性善,气质之性恶"的性二元论。戴震孟学四书之人性观,前后既有继承,又有明显发展,经历了一个否定之否定、不断深化和完善的过程,突显了戴震对程朱理学由怀疑、纠结、远离到全力批驳的心路发展历程。

第一节 性以类别

《读孟子论性》可以视为戴震最早的孟学著述,由题中"论性"可知此作是关涉孟子人性思想的专论,目的是确立戴氏人性观。在此戴震提出"性"乃人、物共有,但人、物之"性"存在着根本区别,区别的根本原因就在于"类"之不同:

> 人物之生,类至殊也;类也者,性之大别也。孟子曰:"凡同类者举相似也,何独至于人而疑之?圣人与我同类者。"诘告子"生之谓性",则曰:"犬之性犹牛之性,牛之性犹人之性与?"盖孟子道性善,非言性于同也,人之性相近,胥善也。①

戴震着重关注的是孟子"同类者举相似也",将"性"的性质特点概括为"性以类别",这一理论在戴氏人性观发展过程中起着基础性作用,在之后的孟学著述中,戴震阐释孟子的人性论都是在"性以类别"的前提下进行,严格区分"人性"与"物性"。然而,《读孟子论性》对"性以类别"这一观点的阐释还显简略,对什么是"性"、为何人物之性存在类的区别、区分的依据又是什么等问题还未进行深入地

---

① 戴震:《读孟子论性》,载《戴震全书》第6册,合肥:黄山书社,2010年,第348页。

探讨,戴震在之后的孟学著作中对此皆有讨论,并不断深化"性以类别"的思想,直至《孟子字义疏证》(下文简称《疏证》)时,最终建立起具有唯物特征的人性观。可以从两个侧面透视戴震"性以类别"思想的嬗变历程。

1. 人物以类滋生

《孟子私淑录》(下文简称《私淑录》)、《绪言》和《疏证》对"类"的思想都有详细论述,皆由"气化生人生物以后,各以类滋生久矣"而发。《疏证》曰:

> 气化生人生物以后,各以类滋生久矣;然类之区别,千古如是也,循其故而已矣。在气化曰阴阳,曰五行,而阴阳五行之成化也,杂糅万变,是以及其流形,不特品物不同,虽一类之中又复不同。凡分形气于父母,即为分于阴阳五行,人物以类滋生,皆气化之自然。……分于道者,分于阴阳五行也。一言乎分,则其限之于始,有偏全、厚薄、清浊、昏明之不齐,各随所分而形于一,各成其性也。然性虽不同,大致以类为之区别。……孟子曰:"凡同类者举相似也,何独至于人而疑之!圣人与我同类者",言同类之相似,则异类之不相似明矣;故诘告子"生之谓性"曰:"然则犬之性犹牛之性,牛之性犹人之性与",明乎其必不可混同言之也。天道,阴阳五行而已矣;人物之性,咸分于道,成其各殊者而已矣。①

戴震明确指出"性"的本质是源于气化的阴阳五行,也就是"道",这种带有朴素唯物主义倾向的人性论在戴震思想体系中具有相当重要的地位。戴震认为存在"类"的不同的原因在于"分于道不能齐也",即不同物种所禀之"性"存在着巨大差别。于此,戴震回答了什么是性、性存在类的区别的根本原因等问题,相较于《读孟子论性》有了较大的发展。

《私淑录》《绪言》和《疏证》对"类"的思想皆由"气化生人生物以后,各以类滋生久矣"而发,但在《私淑录》《绪言》和《疏证》三著中又存在着明显差异:

第一,重视程度不同。"气化生人生物以后,各以类孳生久矣"一段,分别见于《私淑录》第十二条、《绪言》第十一条、《疏证》"性"九条。相较于《私淑录》《绪言》,戴震在《疏证》中专门提取"性"这一哲学范畴著"性九条"一章,尊崇孟子性善论思想,对人性进行集中的论述,将"气化生人生物以后,各以类孳生久矣"一段置于"性"九条下第一条的重要位置,说明到《疏证》时,戴震对此的重视程度大大提高。另外,区别于《私淑录》和《绪言》中用问答的方式,此段在《疏证》中作为一章的第一条,以一种纲领性主旨条目的形式呈现,对"性"九条所阐述的思想内容起到提纲挈领的作用,可见戴震对此论述的重视。

第二,内容有增减。首先,《绪言》删除了《私淑录》中相应内容。《私淑

---

① 戴震:《孟子字义疏证》,载《戴震全书》第6册,合肥:黄山书社,2010年,第177—178页。

第十章 戴震孟学四书人性观

录》云：

人与禽兽得之为性也同，而致疑于孟子。朱子云："孟子言'人之所以异于禽兽者几希'，不知人何故与禽兽异；又言'犬之性犹牛之性，牛之性犹人之性与'，不知人何故与牛犬异。此两处似欠中间一转语，须著说是'形气不同，故性亦少异'始得。恐孟子见得人性同处，自是分晓直截，却于这些子未甚察。"①

《绪言》只保留了"人与禽兽得之为性也同，而致疑于孟子"，删去了《私淑录》对朱子言论的引征与质疑。朱熹认为人与禽兽由于形而下的形气的不同，所以各自的性也存在差异，借此宣扬自己的性二元论思想。而到《疏证》时，戴震又将此内容移至"性"九条，用于批驳朱熹性二元论的问答中，这样显得更为合理，主旨也更加明确。这也反映戴震人性观发展经历了一个纠结的过程。

其次，《绪言》调整和精简了《私淑录》中的部分内容。在《私淑录》的"人物以类滋生"一段有较长的篇幅是对"才"这一概念的论述（"自尧舜至于凡民，……，材于性无所增损故也"②），此时"才"的思想体系已初成，在《绪言》和《疏证》中多被采录。但是，从前文所举《疏证》关于"类"的内容来看，与"类"思想有着紧密联系的是"分"，有着较大篇幅关涉"才"的论述在这里就显得有点突兀。因此，到《绪言》时，戴震将关于"才"的内容从"人物以类滋生"一段中移至第23条和第28条之中，这样"才"与"类"的相关论述都更为集中精准。

总体来看，《绪言》较《私淑录》而言，内容上精简了不少，主要是精简了一些与"类"或"分"的人性思想关联不大的内容，从而起到了突显主旨的作用。就此而言《绪言》无疑是进步的，也可佐证学术界关于《绪言》成书在《私淑录》之后的说法。

再比较《绪言》与《疏证》，《疏证》基本保留了《绪言》对《私淑录》所做的改动，但对《绪言》的部分内容又进行了增减。

首先，《疏证》删除了《绪言》中"一阴一阳之谓道，继之者善也，成之者性也"③等原有涉《易》内容，而保留了对《大戴礼记》"分于道谓之命，形于一谓之性"④的阐释。就所删内容看，"一阴一阳之谓道"的解释偏向于对"天道"概念的阐发，故戴震将此移至"天道"条。而保留对《大戴礼记》的相关阐释，是因为"分"与"类"思想有着紧密的联系。如此变动体现了《疏证》编排更加合理，阐释更显

---

① 戴震：《孟子字义疏证》，载《戴震全书》第6册，合肥：黄山书社，2010年，第49页。
② 戴震：《孟子字义疏证》，载《戴震全书》第6册，合肥：黄山书社，2010年，第51页。
③ 戴震：《绪言》，载《戴震全书》第6册，合肥：黄山书社，2010年，第90—91页。
④ 王聘珍：《大戴礼记解诂》，北京：中华书局，1983年，第250页。

精当。

其次,"人物以类滋生"到《疏证》中成为主旨条目,变诘问宋儒之语为结论性表述:

> 性者,分于阴阳五行以为血气、心知、品物,区以别焉,举凡既生以后所有之事,所具之能,所全之德,咸以是为其本,故《易》曰"成之者性也"。……凡分形气于父母,即为分于阴阳五行,人物以类滋生,皆气化之自然。……天道,阴阳五行而已矣;人物之性,咸分于道,成其各殊者而已矣。①

明确了"性"是以阴阳五行为本源的特性,"性"由阴阳五行分到具体人与物而言则存在不同,所以产生"类"的区别。既明确了"性"的本质,又明确了"性以类别"的根本原因。《疏证》作为戴震孟学四书的最后成果,对"类"思想的阐发,较之《原善》有了质的飞跃,较之《私淑录》和《绪言》显得更加精炼,主旨更加明晰。

2. 举凡品物之性,皆就其气类别之

戴震著述,常常使用"气类"这一概念。《原善》曰:"性,言乎本天地之化,分而为品物者也。限于所分曰命,成其气类曰性。"②这里"气类"的含义大致是阴阳二气运动变化而形成人和物不同本质的种类,可以认为"气"是形成人与物不同种类的基础,这或许可以解释为什么戴震会将"气"与"类"合称。同时,人与物种类不同,本质也就不同,而这种本质就是"性"。戴震以"气类"解释"性",颇具唯物自然观的特征。"气类"的概念在《原善》之后的孟子三书中一直沿用,且有"如飞潜动植,举凡品物之性,皆就其气类别之"等内容相继出现,并不断发展完善。《私淑录》云:

> 如飞潜动植,举凡品物之性,皆就其气类别之。人物分于阴阳五行以成性,舍气类更无性之名。医家用药,在精辨其气类之殊;不别其性,则能杀人。……天道,阴阳五行而已矣。人物之性,分于道而有之,成其各殊者而已矣;其不同类者各殊也,其同类者相似也。孟子曰:"如使口之于味也,其性与人殊,若犬马之与我不同类也,则天下何嗜皆从易牙之于味也!"又言"动心忍性"。是孟子矢口言之,亦即别于气类,尽人而知之性。③

戴震在此将"性""气""类"紧紧地联系在一起,并对"类"的区分有着较为系统的论述,故《绪言》基本沿用此内容,只将《私淑录》中"是孟子矢口言之,亦即别

---

① 戴震:《孟子字义疏证》,载《戴震全书》第6册,合肥:黄山书社,2010年,第177—178页。
② 戴震:《原善》,载《戴震全书》第6册,合肥:黄山书社,2010年,第7页。
③ 戴震:《孟子私淑录》,载《戴震全书》第6册,合肥:黄山书社,2010年,第54页。

于气类,尽人而知之性"改为"是孟子矢口言之,所谓性,亦如后儒指为'已不是性'者矣。孟子言性,曷尝自岐而二之哉?"①《绪言》将原来的陈述改为诘问,并将矛头直指宋儒,可见戴震反理学的态度愈加鲜明。

《疏证》将此内容置于"性九条",主要用来批驳荀子、释氏与宋儒的人性论,并将"类"的思想向纵深发展。

首先,戴震在《疏证》中保留了原有区分人物"类"的思想,删去《绪言》"岂其然哉"之后原有表述,取而代之的是:

自古及今,统人与百物之性以为言,气类各殊是也。专言乎血气之伦,不独气类各殊,而知觉亦殊。人以有礼义,异于禽兽,实人之知觉大远乎物则然,此孟子所谓性善。②

认为人性与物性对比,就不仅仅是客观气类上的差别,更存在主观知觉能力方面的不同。戴震此观点标志着其"血气心知"人性理论的成熟,这里的"血气之伦"就指有"血气"的一类,即"气类";"知觉"体现在人身上即"心知"。在此人物之性不仅体现出气类上的不同,同时还体现出知觉上的差别。虽然知觉能力的拥有是以血气为基础的,归根结底还是"气"的区别,但戴震提出"知觉亦殊"无疑是开拓了一个新视野,从而使得在讨论人性与物性时,不仅可以从种类的区别上进行比较,更可以从知觉能力上对人和物进行比较。其实戴震较早就开始关注人具备特殊的知觉能力,到《疏证》时将"性""类"和知觉能力联系起来,丰富发展了早期"类也者,性之大别也"思想。

综上,戴震继承并发扬了孟子"类"的思想。首先,"人物以类滋生"明确了何为"性"及产生"类"的区分的根本原因,重点揭示气化运动是性的本源、"分"是"性"存在不同种类的原因。其次,在"举凡品物之性,皆就其气类别之"的论断中,戴震一方面继承了孟子关于"类"的普遍性与特殊性相统一的特点;另一方面,对"类"的具体含义进行了深入探析,充分论述了气、类关系,使它更好地为自己的人性观服务。同时,将具有主观认识作用的、以"血气"为存在前提条件的"心知",作为区分人性与物性的根本特征。

纵观孟学四书,戴震是在对程朱理学怀疑、纠结的过程中,不断地调整和修正,最终才形成较为成熟和完善的戴氏人性理论,这一理论的意义:将孟子"圣人与我同类者"中"类"的概念视为"性"的一个本质特点,同时"类"的划分又以具体的现实世界为依据,批驳程朱避开具体的人谈性的荒谬,否定宋儒"性"二元论,使

---

① 戴震:《绪言》,载《戴震全书》第6册,合肥:黄山书社,2010年,第95页。
② 戴震:《孟子字义疏证》,载《戴震全书》第6册,合肥:黄山书社,2010年,第189页。

得自己的"人性论"立足于人并在严格区分人性与物性的框架中进行。

第二节 性不同呈乎才

戴震在《原善》中对"才"有多次论述,含义大概有四:

第一,明确了"才"的性质。"性,言乎本天地之化,分而为品物者也。限于所分曰命;成其气类曰性;各如其性以有形质,而秀发于心,征于貌色声曰才。"①戴震在此阐明了气化运动的限制作用为命,气化生成不同种类为性,才是按照人物之性而具有的形态,才为性的外在表现,具体可以表现为声色容貌等,性是才的根本,故戴震说"性至不同,各呈乎才"②。通过才可以显性,即"惟据才质为言,使确然可以断人之性善"③"人之才质良,性无有不善,见于此矣"④,人们可以通过外在的才质来观察和判断性的善恶。

第二,人、物之"才"具有差异性。由于"性"与"才"互为表里,相互依存,所以戴震说"才以类别存乎性"⑤,认为才存在种类的差异,而这种差异的根本原因在于性存在类的差别,性为才之本原,所以才随性之不同而不同。

第三,"才"具有"思"的能力。"人之才,得天地之全能,通天地之全德,其见于思乎"⑥"耳能辨天下之声,目能辨天下之色,鼻能辨天下之臭,口能辨天下之味,心能通天下之理义,人之才质得于天,若是其全也"⑦,戴震认为人的才质具有"思"的能力,此乃人之"全能""全德",是人性区别物性的外在表现。

第四,"私"与"蔽"可戕害"才"。"人之不尽其才,患二:曰私,曰蔽。……私者之安若固然为自暴,蔽者之不求牖于明为自弃,自暴自弃,夫然后难与言善,是以卒之为不善,非才之罪也。"⑧戴震十分强调私与蔽对才的戕害,戕害才即是戕害人性。倘若人有私蔽之患则难显善性,所以作为性的外在表现的才也就不显善。性表现为不善应归咎于私与蔽,而不应怪罪于才。戴震的这种表述与《孟子》

---

① 戴震:《原善》,载《戴震全书》第6册,合肥:黄山书社,2010年,第7页。
② 戴震:《原善》,载《戴震全书》第6册,合肥:黄山书社,2010年,第16页。
③ 戴震:《原善》,载《戴震全书》第6册,合肥:黄山书社,2010年,第18页。
④ 戴震:《原善》,载《戴震全书》第6册,合肥:黄山书社,2010年,第25页。
⑤ 戴震:《原善》,载《戴震全书》第6册,合肥:黄山书社,2010年,第7页。
⑥ 戴震:《原善》,载《戴震全书》第6册,合肥:黄山书社,2010年,第20页。
⑦ 戴震:《原善》,载《戴震全书》第6册,合肥:黄山书社,2010年,第18页。
⑧ 戴震:《原善》,载《戴震全书》第6册,合肥:黄山书社,2010年,第23页。

"非天之降才尔殊也,其所以陷溺其心者然也"异曲同工,将陷溺的原因归结为私与蔽。

总体看来,《原善》对"才"的概念的阐发已初具形态,对戴震之后的孟学三书深化"才"思想有着重要意义。其中对才的本质的规定和"性"与"才"的相互关系的认知,在整个"才"思想体系中已经是核心的内容。然而,"才"具有"思"的能力这一思想在其后的孟学三书中有所削弱,其原因或许与其"血气心知"思想的发展和渐趋成熟有关。《原善》已初现人有欲有觉的思想,这是人的本性中固有的能力,性的外在表现是才,性是抽象的而才是具体的,所以《原善》中认为才亦有欲有觉。同时《原善》中"血气心知"思想还处在萌芽状态,与人的欲望和知觉能力的联系尚不紧密。而自《私淑录》到《绪言》再到《疏证》,"血气心知"思想逐渐发展为一种成熟的思想体系,遂欲能力与血气紧密联系,知觉能力与心知密切相关,在这种趋势下,《原善》中赋予"才"以能力的思想逐渐被削弱或许就可以理解了。

《私淑录》对"才"的论述篇幅不大,其遵循的基本思想与《原善》基本一致,其中有一段论述对之后的思想发展有较大影响:

在天道为阴阳五行,在人物分而有之以成性,由成性各殊,故材质亦殊。材质者,性之所呈也,离材质,恶睹所谓性哉!故孟子一则曰"非才之罪",再则曰"非天之降才尔殊"(才、材,古字通用)。人之材得于天独全,故物但能遂其自然,人能明于必然。孟子言"圣人与我同类",又言"犬马之不与我同类",是孟子就人之材之美断其性善明矣。材与性之名,一为体质,一为本始,所指各殊,而可即材之美恶以知其性,材于性无所增损故也。①

此处强调两点:其一,"材质者,性之所呈也",才是性的外在表现,不通过才就无法观察性。自《私淑录》始,此言成为戴震对"才"的标准表述,之后的《绪言》和《疏证》对"才"的定义都与此一致。其二,确定"才"与"性""一为体质,一为本始",明确提出"材于性无所增损"的观点。较之《原善》,这是戴震对"才"思想的新发展,具有十分重要的意义:丰富了"才"思想,呼应《孟子》"若夫为不善,非才之罪也"之论,明确了才与性之间互为表里的关系,强调才显性之善恶而不左右性之善恶。戴震"一为体质,一为本始"的一元论的前提是"材于性无所增损",实际上与程朱将才与性分而为二观点是针锋相对的。虽然《私淑录》中暂未明确反对程朱,但是为《绪言》和《疏证》批驳程朱性二元论奠定了基础。由此可观戴震对程朱理学由怀疑、纠结、远离到批驳不是一挥而就,而是经历了长期艰难的抉择历程。

---

① 戴震:《孟子私淑录》,载《戴震全书》第6册,合肥:黄山书社,2010年,第51页。

《绪言》将《私淑录》中关于"才"的论述拆分为两章,"材质者,性之所呈也"被完整录入卷上并予以丰富,"材于性无所增损"思想则在卷中得到发展。曰:

> 以人譬之器,材则其器之质也,分于阴阳五行而成性各殊,犹之取于木以为器,则其器木也,取于金以为器,则其器金也。此以类别者也,品物之不同如是矣。从而察之,木与金之质,其精良与否,其为器也,一如乎所取之木,所取之金。故材之美恶,于性无所增,亦无所损。夫木与金之为器,成而不变者也,人又进乎是。自圣人至于凡民,其等差凡几。或疑人之材非尽精良矣,而不然也。人虽有等差之不齐,无非精良之属也。孟子言"圣人与我同类",又言"犬马之不与我同类",是孟子就人之材之美断其性善明矣。材与性之名,一为体质,一为本始,所指各殊,而可即材之美恶以知其性,材于性无增损故也。①

若将人比作器皿的话,才则相当于器具表现出的质地,人和物分于阴阳五行而形成不同的特性,那么材质也因性的不同而不同,戴震通过类比,一方面可以验证才为性之所呈、性不同才亦不同的观点;另一方面,好比器具表现为木质还是金属的问题,或木质还是金属孰优孰劣的问题,这只与器具以什么为原材料有关。换言之,戴震这里所说的"才"是体质,"性"是本始,通过才可显性之本原,但才的外在体现不会成为其本始之性的决定因素。此观点与《私淑录》是一致的,但《绪言》中用比喻的方式和较大篇幅的类比以证明此观点,并且这种论证方法在《疏证》中得以沿用。《绪言》又云:

> 宋儒以不善归气禀,孟子所谓性,所谓才,俱指气禀,指其禀受之全曰性,指其体质之全曰才。禀受之全,无可据以为言。如桃杏之性,含于核中之仁,其香色臭味,无一或阙,而无可见;及其萌芽甲坼,根干枝叶,桃与杏各殊;由是为华为实,香色臭味,无不区以别者,虽性则然,皆据材言之耳。成是性斯为材,人之性善,故材亦美。②

《私淑录》中有关论述已经起到批判程朱理学的作用,但态度不够明确,至《绪言》中这一态度非常明确。戴震还引程朱以不善归才的论述:

> 程子言:"才禀于气,气有清浊,禀其清者为贤,禀其浊者为愚。"朱子引之而云:"程子此说'才'字,与《孟子》本文小异。盖孟子专指其发于性者言之,故以为才无不善;程子专指其禀于气者言之,则人之才固有昏明强弱之不同矣。二说虽殊,各有所当,然以事理考之,程子为密。"③

---

① 戴震:《绪言》,载《戴震全书》第6册,合肥:黄山书社,2010年,第112—113页。
② 戴震:《绪言》,载《戴震全书》第6册,合肥:黄山书社,2010年,第113页。
③ 戴震:《绪言》,载《戴震全书》第6册,合肥:黄山书社,2010年,第112页。

戴震推举孟子"性"和"才"皆就气禀而言之论,坚决否定程朱把人性的不善归咎于气禀言论。此外,将桃杏的核中之仁比作"性",将香色臭味比作"才",以此说明有什么样的性就有什么样的才,但性必须通过具体形态的才方能见之。可以说,戴震通过生动形象的论证方法阐明"才"与"性"的根本区别与联系,是对"才"思想的丰富与创新。

戴震在《原善》中曾言私与蔽会戕害才,《私淑录》中此一思想没有得到进一步申发,而《绪言》则深化且赋予其更为丰富的内涵。曰:

此偏私之害,不可以罪材,尤不可以言性。"孟子道性善",成是性斯为是材,性善则材亦美,然非无偏私之为善为美也。人之初生,不食则死;人之幼稚,不学则愚;食以养其生,充之使长;学以养其良,充之至于圣人;其故一也。材虽美,譬之良玉,成器而宝之,气泽日亲,久能发其光,可宝加乎其前矣;剥之蚀之,委弃不惜,久且伤坏无色,可宝减乎其前矣。又譬之人物之生,皆不病也,其后百病交侵,若生而善病者。或感于外而病,或受损于内身之阴阳五气胜负而病,指其病则皆发乎其体,而曰天与以多病之体,不可也。如周子所称猛隘、强梁、懦弱、无断、邪佞,是摘其材之病也;材虽美,失其养则然。孟子岂未言其故哉?因于失养,不可以是言人之材也。夫言材犹不可,况以是言性乎!①

周敦颐认为人性有刚有柔,而刚柔都有善恶,只有做到"中和"才达最高境界,而只有圣人能至此。戴震指明周子之言是宣扬才为恶的观点,其原因在于理学家把不善归罪于人的气质。针对宋儒之言,戴震明确指出人性现不善的原因在于私,不可以归罪于才,更不可以讲性有不善。"孟子道性善,成是性斯为是材,性善则材亦美,然非无偏私之为善为美也",认为孟子强调有什么样的性就有什么样的才,性善则材也美,才之善是由性之善所决定的。

其次,戴震认为人的材质既然可以为"偏"与"私"所损害,故相应地提出了"才"可被滋养的观点。将才比作玉石,常保养则会更加美观,如果被弃之不理则会失去光泽,由此确认人的材质也需要后天滋养。故周敦颐所说的缺陷与不足,是"失其养则然"。

综上所述,《绪言》对"才"思想的发展较之《原善》和《私淑录》是全方位的。首先,运用比喻的修辞手法和类比的论证方法,对才的本质和"才"与"性"的关系进行了申发,丰富了"才"思想。其次,强调后天滋养对才的积极作用,是对"才"思想的深化。再次,反对程朱理学的倾向愈发明显。

《绪言》对"才"思想较之《原善》《私淑录》已有了跨越式发展,《疏证》在此基

---

① 戴震:《绪言》,载《戴震全书》第6册,合肥:黄山书社,2010年,第115—116页。

础上又重点做了三方面工作：

一是论证更显科学，表述更加精准。《绪言》在论述"才"与"性"的关系时，举"以人譬之，材则其器之质也"并以"取于木以为器"和"取于金以为器"二者进行类比，将人性比作金与木，然后讨论外在的表现与本质的精良的关系，较之《私淑录》，其实《绪言》的这种类比已使戴震的"才"思想更加生动易懂。但若仔细推敲，戴震所举的木与金还是存在质的差别的，不在一个层面之上比较。基于此，戴震在《疏证》中，对此作了修改。曰："犹金锡之在冶，冶金以为器，则其器金也；冶锡以为器，则其器锡也"①，戴震不再以金和木而是用金和锡作类比，相较于金和木的质的差异，金与锡同为金属，二者既有相似性又有差异性，故以此类比人性，较之金和木作类比要更为严谨，表述更加精准。②

二是丰富完善。《绪言》曰："或疑人之材非尽精良矣，而不然也。人虽有等差之不齐，无非精良之属也。"《疏证》则曰："或疑人之才非尽精良矣，而不然也。犹金之五品，而黄金为贵，虽其不美者，莫与之比贵也，况乎人皆可以为贤为圣也！"③此处以黄金贵于其他金属作类比，说明人的材质总是高于其他百物。戴震再次运用类比论证的方法，使深奥的道理形象化，进一步完善了"才"思想。

三是更加集中精炼。《绪言》对"才"的阐述散见于各卷之中，《疏证》则是专设"才"一章，一则显得著作布局更为合理，逻辑性强；二则"才"一章内各条所表达思想更为明确清晰，避免了大致相同的内容重复出现而显累赘。《绪言》中关于"才"的性质及"才"与"性"的关系的有关内容，《疏证》集中归入"才"一章第一条，而将原来《绪言》问答中的相关内容选择性地保留成为第二条，将引述的程朱言论移至"才"一章第三条中，并与周敦颐"才"有不善思想并列，以便一并批驳。显得更加集中、精炼、合理。

总而言之，《疏证》在前孟学三书的基础上对"才"思想进行了修补提升，使得语言的表述更加准确和严谨，观点更加清晰，结构也更为精简合理。就"才"思想而言，《疏证》无论是语言表述还是篇章结构，都向着体系化的方向迈进，标志着戴震"才"思想的成熟。纵观戴震孟学四书"才"思想的变化，既体现出其唯物思想逐步发展和成熟，也可见其从怀疑、纠结、远离再到全力否定程朱理学的心路发展历程。

---

① 戴震：《孟子字义疏证》，载《戴震全书》第6册，合肥：黄山书社，2010年，第193页。
② 王智汪：《命、性、才——戴震关于人性的命题及其局限》（北方论丛，2016年第1期，90—93页）对戴震哲学思想中"性"和"才"的含义及关系的讨论。
③ 戴震：《孟子字义疏证》，载《戴震全书》第6册，合肥：黄山书社，2010年，第193页。

第三节　知即善

戴震在《原善》三篇中就提出血气心知之性,人皆有之,非二本然也。强调血气心知之性与"天之性"是一本而非二本,说明戴震在其早期的人性论中,已开始关注"血气心知"与性善的关系,至《原善》三卷时,关于"血气心知"的内容明显增多。曰:

《记》曰:"夫民有血气心知之性,而无哀乐喜怒之常;应感起物而动,然后心术形焉。"……《记》又有之曰:"人生而静,天之性也;感于物而动,性之欲也;物至知知,然后好恶形焉。好恶无节于内,知诱于外,不能反躬,天理灭矣。"人之得于天也一本,既曰"血气心知之性",又曰"天之性",何也?本阴阳五行以为血气心知,方其未感,湛然无失,是谓天之性,非有殊于血气心知也。是故血气者,天地之化;心知者,天地之神。①

"血气心知之性"②这一概念出于《礼记》中的《乐记·乐言》一篇,本是阐述音乐的本原、社会作用以及音乐和"礼"的关系,此处讲虽然人人都有气质、心智这些本性,但喜、怒、哀、乐等情感变化并没有规律,人心受到外物的刺激而产生反应,然后才表现为一定的情感。戴震引《乐记》之言目的在于:一是采择人人都有气质和心智的思想,即血气与心知;二是认同"心"对客观事物的认识作用。此外,戴震所说"血气心知"还涉及《乐记》"人生而静,天之性也"③,因为宋儒性二元论和天理人欲相对立思想盖基于此。"宋儒由已发以求未发之中,由感物之动以求天性之静,想以此来达到存天理而去人欲,常为程朱系统中的大事",④宋儒将儒家经典中的"天之性"视为具有超越性的天理,由此产生天理之性与气质之性的对立,因此在这里,戴震需要对"天之性"进行合理的解释,使得"天之性"能与物质性的"血气心知之性"思想相统一。所以,戴震既坚持性"一元论"立场,认为血气心知以阴阳五行为根本;同时还认为当血气心知之性在没有感受到外物而保持纯净的时候,就可以被称为"天之性","天之性"与"血气心知之性"并非二物,"天之

---

① 戴震:《原善》,载《戴震全书》第6册,合肥:黄山书社,2010年,第10—11页。
② 孔颖达:《礼记正义》,阮元校刻:《十三经注疏(清嘉庆刊本)》,北京:中华书局,2009年10月,第3327页。
③ 孔颖达:《礼记正义》,阮元校刻:《十三经注疏(清嘉庆刊本)》,第3311页。
④ 徐复观:《中国思想史论集》,北京:九州出版社,2014年,第40页。

性"只是"血气心知之性"的某种特殊状态。另外,戴震坚持血气是天地阴阳二气自然运动作用的结果,而心知是阴阳运动产生的认识功能,这对戴氏认识论的形成和发展起到至关重要的作用。

《原善》又曰:"性,言乎本天地之化,分而为品物者也。……有血气,斯有心知,天下之事能于是乎出,君子是以知人道之全于性也。"①戴震这里用唯物思想来解释人性问题,认为性来源于阴阳的运动变化,分而为各种具体人与物的不同属性。同时戴震还指出血气与心知之间存在着逻辑上的先后关系。故曰"有血气,夫然后有心知",并对这种逻辑上的先后关系及"心知"的重要意义进行了阐发:

《传》曰:"心之精爽,是谓魂魄。"凡有生则有精爽,从乎气之融而灵,是以别之曰"魄";从乎气之通而神,是以别之曰"魂"。《记》有之:"阳之精气曰神,阴之精气曰灵;神灵者,品物之本也。"有血气,夫然后有心知,有心知,于是有怀生畏死之情,因而趋利避害。其精爽之限之,虽明昧相远,不出乎怀生畏死者,血气之伦尽然。故人莫大乎智足以择善也;择善,则心之精爽进于神明,于是乎在。②

戴震从一般生物现象中得出人有生命就有思维这种结论,认为"精爽"为"血气之伦"所尽有,凡人皆有精爽能力,都有"心知"层面的怀生畏死的本能。此怀生畏死与趋利避害就是"精爽"的最基础表现,也就是"心知"的一种表现。在之后的孟学三书中戴震都论及怀生畏死与趋利避害,可以说这个观点具有十分重要的基础性地位。戴震认为在"精爽"之上还存在着更高级的状态——"神明"。精爽如何进而为神明?人"智足以择善"就可以实现。戴震在此言"智"和"择善",说明人具智慧的特点,故有主动认知和选择善的能力,③"知即善"的思想初步形成,实际是在申发孟子性善论。

总体而言,《原善》中"血气心知"之论还不系统,所表达的"知即善"思想基本上还是处于初级阶段,在《私淑录》和《绪言》中得以改进,直到《疏证》中才趋于成熟。

《私淑录》直接论述"血气心知"的内容很少,甚至少于《原善》,但是《私淑录》对心的认知作用的表述较之于《原善》更深一层,如:"知觉云者,如寐而寤曰觉,心之所通曰知,百体皆能觉,而心之知觉为大。"④"人与物咸有知觉,而物之知觉不

---

① 戴震:《原善》,载《戴震全书》第6册,合肥:黄山书社,2010年,第7页。
② 戴震:《原善》,载《戴震全书》第6册,合肥:黄山书社,2010年,第16页。
③ 张岱年主编:《中国哲学大辞典》,上海:上海辞书出版社,2010年,第56页。
④ 戴震:《孟子私淑录》,载《戴震全书》第6册,合肥:黄山书社,2010年,第55页。

足与于此。人物以类区分,而人所禀受,其气清明,远于物之不可开通。礼义者,心之所通也,人以有礼义异于禽兽,实人之智大远乎物。"①《原善》中戴震认为人心能由精爽进于神明,人的智慧可以"择善",在《私淑录》中则明确指出人心的功能是能"通"的知觉作用,而人的智慧足以让人可以拥有更高级的认知作用,即可认知理义,这就可以解释为什么人性是善的,因为"知即善"。较之《原善》,《私淑录》的思想明显提高了一个层次。《私淑录》中的种种表述虽然还未直接明言"知即善",但实际上为最后形成系统的"知即善"理论奠定了坚实基础。

《绪言》继承和发展了关于心具知觉和认知能力的思想,并发《私淑录》所未发:

> 心者,耳目百体之灵之所会归也。……盖耳之能听,目之能视,鼻之能臭,口之能味,魄之为也,所谓灵也,阴主受者也;心之志虑,不穷于用,魂之为也,所谓神也,阳主施者也。主施者断,主受者听。故孟子曰:"耳目之官不思,心之官则思。"是思者,心之能也。《春秋传》曰:"心之精爽,是谓魂魄。"魄属阴之精气,魂属阳之精气,而合言之曰"心之精爽"者,耳目百体统于心,无一时一事不相贯也。精爽有蔽隔而不通之时,及其无蔽隔,无弗通,乃以神明称之。凡血气之属,皆有精爽。其心之精爽,巨细不同,如火光之照物,光小者,其照也近,所照者不谬也,所不照斯疑谬承之,不谬之谓得理;其光大者,其照也远,得理多而失理少。且不特远近而已,光之及又有明暗,故于物有察有不察;察者尽其实,不察斯疑谬承之,同乎不照,疑谬之谓失理。失理者,限于质之昧,所谓愚也。……故理义非他,所照所察者之当否也。何以得其当否?心之神明也。人之异于禽兽者,虽同有精爽,而人能进于神明也。理义岂别若一物,求之所照所察之外?而人之精爽能进于神明,岂求诸气禀之外哉!②

"凡血气之属,皆有精爽"与《原善》中的说法基本相同,但《原善》说到"心之精爽进于神明"则止,《私淑录》中说人心能进入更高水平的"神明"层次之后也无深入,《绪言》对人的一般思维能力进行了更深入的阐发,最特别且多为后人所称道的便是戴震"火光照物"的比喻。用"火光"比喻心,用"照"来比喻心的认知行为,用被光所照之物来比喻理,盖有四层含义:第一,就像火光能照到事物一样,人心具有认知的能力;第二,像火光有大有小,人的认知能力有差异性;第三,像事物独立于火光一样,真理具有客观性;第四,事物可以被火光所照亮,那么客观的理

---

① 戴震:《孟子私淑录》,载《戴震全书》第6册,合肥:黄山书社,2010年,第60页。
② 戴震:《绪言》,载《戴震全书》第6册,合肥:黄山书社,2010年,第119—120页。

具有可知性。① 戴震这里保留了前著的思想,同时将此与《孟子》"心之官则思"②结合起来,明确地指出人心的认知功能。虽然此处没有直言"知即善",但是戴震这里对人心具有的认知能动性、理义的客观性,以及心知认知理义的可能性进行了系统的阐发,这种阐发其实推动了"知即善"理论的最终建立,同时也解释了为什么人性区别于兽性而能知理为善。

《绪言》中凡言"血气心知"都与心知的认识功能紧密关联。曰:

> 人之血气心知本乎天者也,性也。……心知之资于问学,其自得之也即为我之心知。以血气言,昔者弱而今者强,是血气之得其养也;以心知言,昔者狭小而今也广大,昔者暗昧而今也明察,是心知之得其养也。故人之血气心知,本乎天者不齐,得养不得养,则至于大异。③

此处所言源于"天"的人之血气和心知就是人的本性,将血气心知与人性善具体地结合起来并对血气和心知展开讨论,强调的是对血气和心知进行滋养和扩充的重要性和通过"问学"的方式以达到心知的神明,即善的境界。又曰:

> 凡血气之属,自有生则能知觉运动,而由其分于阴阳五行者殊,则知觉运动亦殊。人之知觉,通乎天德,举其知之极于至善,斯仁义礼智全矣,极于至善之谓理。……孟子直云"恻隐、羞恶、恭敬、是非之心",四者由心知而生,是乃仁义礼智之端绪也;既得端绪,则扩充有本,可以造乎仁义礼智之极,明仁义礼智,人皆有根心而生之端,非以仁义礼智为性,恻隐、羞恶、恭敬、是非为情也。人之性善,其血气心知异于物,故其自然之良,发为端绪,仁义礼智本不阙一耳。④

戴震直言人性善的原因在于人的血气心知,以此区别于禽兽之性,使血气心知与性善直接联系起来,说明人的心知能力若能达到极致的话,就具有仁义礼智,人性也就能至善。同时,戴震推举孟子的"四端"学说,认为人之心知本身就具有恻隐、羞恶、辞让、是非之善端,人心对此善端进行扩充就能至善,即"知即善"。

总之,到《绪言》时,"血气心知"在人性论中的地位逐渐提升,首先在篇幅上较之《私淑录》有明显增加,出现了较多的间接或直接涉及血气心知的内容。其次,深化思想内容,特别是针对心知的认知功能,《原善》和《私淑录》基本上只是阐述了人心拥有认知的功能,而《绪言》则从认知的规律、认知的扩充,以及心知与

---

① 王茂著:《戴震哲学思想研究》,合肥:安徽人民出版社,1980年,第四章有"火光照物"之论。
② 杨伯峻:《孟子译注》,北京:中华书局,2012年,第295页。
③ 戴震:《绪言》,载《戴震全书》第6册,合肥:黄山书社,2010年,第135页。
④ 戴震:《绪言》,载《戴震全书》第6册,合肥:黄山书社,2010年,第116页。

理义的关系等方面进行了深入的探讨,使得"知即善"思想渐趋成熟。到《疏证》时,戴震一方面继续构建"知即善"这一理论体系,提高其在戴氏人性论中的地位;另一方面对前孟学三书中已有的理论加以改造和完善,使其与血气心知的联系更加紧密,更加彰显"知即善"思想。

《绪言》曰:"人之血气心知本乎天者也,性也。"《疏证》则曰:"人之血气心知本乎阴阳五行者,性也。"①虽然在《绪言》中"天"已经具有阴阳五行的意义,但在《疏证》中改为直言阴阳五行,也可见得戴震的唯物主义倾向更加明显。

《绪言》多次论述心知的认知功能,并将"心知"与《孟子》"四心"相关联,但《绪言》说"四者由心知而生",也就是说善由心知而生,但对于心知如何产生四端未进行说明,倘若心知无需感知对象而具有直接的生成作用,那么戴震这里所说的"四者由心知而生"难免有唯心和先验论倾向。或许正是因为此,《绪言》中对四心四端的表述未见于《疏证》,取而代之的是对四端和心知的全新论述:

性者,血气心知本乎阴阳五行,人物莫不区以别焉是也,而理义者,人之心知,有思辄通,能不惑乎所行也。……然人之心知,于人伦日用,随在而知恻隐,知羞恶,知恭敬辞让,知是非,端绪可举,此之谓性善。于其知恻隐,则扩而充之,仁无不尽;于其知羞恶,则扩而充之,义无不尽;于其知恭敬辞让,则扩而充之,礼无不尽;于其知是非,则扩而充之,智无不尽。仁义礼智,懿德之目也。孟子言"今人乍见孺子将入井,皆有怵惕恻隐之心",然则所谓恻隐、所谓仁者,非心知之外别"如有物焉藏于心"也。已知怀生而畏死,故怵惕于孺子之危,恻隐于孺子之死,使无怀生畏死之心,又焉有怵惕恻隐之心?……此可以明仁义礼智非他,不过怀生畏死,饮食男女,与夫感于物而动者之皆不可脱然无之,以归于静,归于一,而恃人之心知异于禽兽,能不惑乎所行,即为懿德耳。……孟子言"人无有不善",以人之心知异于禽兽,能不惑乎所行之为善。②

《疏证》首先明确了性的本质是源于阴阳五行而具形体和精神两个层面的特质,人之心知经过思考后可获得理义。戴震借用孟子的四心之说,强调了心知可以通过思的作用而与理义产生联系,首先构建起一种认知模式:心知是作用的主体,人伦日用是作用的客体,四心则是作用的结果。换言之,孟子所说的恻隐、羞恶、辞让、是非之心,是心知对人伦日用进行感知而得到的思维结果,所以戴震说"知恻隐""知羞恶""知辞让"和"知是非"。孟子说恻隐之心是人心所固有的,又

---

① 戴震:《孟子字义疏证》,载《戴震全书》第6册,合肥:黄山书社,2010年,第157页。
② 戴震:《孟子字义疏证》,载《戴震全书》第6册,合肥:黄山书社,2010年,第181—182页。

说"今人乍见孺子将入于井,皆有怵惕恻隐之心",戴震正是据此为切入点,将诸如"乍见孺子将入于井"这类现象归为人伦日用,它包含了人们日常生活的所有现象以及人与人之间的相互关系,人们只有在此类关系中,才能产生恻隐之心。有客观的对象,才能有主观的认知,《疏证》对此问题的论述较之《绪言》则更加丰富,唯物主义倾向也更为明显。戴震强调孟子言"人无有不善"的关键就在于"人之心知异于禽兽",可见人之心知在戴震人性论中起到了越来越重要的作用,"知即善"思想也愈来愈明晰。

《疏证》对《绪言》中已有的关于血气心知的思想进行了改造和完善,特别是对"心知"的阐发已经成熟,对"知即善"思想的发展还表现出另外两个特点:

首先,《疏证》对"血气心知"的论述内容更加丰富,论述的频次篇幅较之《绪言》有着明显增加。如《疏证》曰:"味也、声也、色也在物,而接于我之血气;理义在事,而接于我之心知"①,明确了血气和心知的各自职能,同时强调了理义是可以被心知所认知和获得的。此外关涉"知即善"的论述还有:"是孟子矢口言之,无非血气心知之性"②"血气心知者,分于阴阳五行而成性者也"③等等。

其次,"血气心知"在人性论中的地位不断提升。戴震在《疏证》"性"一章开篇即曰:"性者,分于阴阳五行以为血气、心知、品物,区以别焉。"④此言在《疏证》中无疑起着纲领性作用。一方面强调性的本质是由阴阳五行而来,是坚持理气一元论;另一方面性具体表现为血气与心知,所以戴震的人性论就依托"心知"而立。故云:"言分于阴阳五行以有人物,而人物各限于所分以成其性。阴阳五行,道之实体也;血气心知,性之实体也。"⑤戴震从唯物自然观出发,认为物质性的阴阳五行是道的实体,表现为形体和知觉的血气心知则是性的实体。将血气心知上升至性之实体的高度,对坚持"知即善"之论具有十分重要的意义。

总之,"知即善"理论在《疏证》中得到了很大的提升,内容更加充实,思想更加深刻,在其人性论体系中的地位更为重要。

戴震坚持性一元论,认为人性本质上是本于物质性的血气心知,认为人性"分于阴阳五行",正因为有所分才有所别,故曰"性以类别"。强调才是性的外在表现,提出"性不同呈乎才",实则是对程朱"才禀于气,气有清浊"的理气二分和性

---

① 戴震:《孟子字义疏证》,载《戴震全书》第6册,合肥:黄山书社,2010年,第153页。
② 戴震:《孟子字义疏证》,载《戴震全书》第6册,合肥:黄山书社,2010年,第183页。
③ 戴震:《孟子字义疏证》,载《戴震全书》第6册,合肥:黄山书社,2010年,第206页。
④ 戴震:《孟子字义疏证》,载《戴震全书》第6册,合肥:黄山书社,2010年,第177页。
⑤ 戴震:《孟子字义疏证》,载《戴震全书》第6册,合肥:黄山书社,2010年,第173页。

二元论的直接否定。坚持"心"对客观事物具有认识作用,认为人性本善的原因就在于"知即善"。纵观戴震孟学四书中人性论的发展轨迹,可知戴震对程朱理学的怀疑、远离是渐进的,纠结、抉择过程是艰难的,批驳是全力以赴的。所以戴震言:"仆生平论述最大者,为《孟子字义疏证》一书,此正人心之要。今人无论正邪,尽以意见误名之曰理,而祸斯民,故《疏证》不得不作。"[①]

---

① 戴震:《与段若膺书》,载《戴震全书》第 6 册,合肥:黄山书社,2010 年,第 543 页。

第十一章

戴震孟学四书理欲观

戴震申发《中庸》"率性之谓道",表达人欲根于人性的思想;受《大学》"絜矩之道"的启发,提出"以情絜情"学说,将人的情感与人际交往密切联系;将社会道德规范的理与人类社会活动紧密关联,并通过"自然"与"必然"来论证理欲的辩证统一。坚持"是理者存乎欲者也"的"理欲统一"观,揭露宋儒"存理灭欲"的本质。戴震理欲观有一个不断深化的过程:《原善》提出欲源于性的观点,在之后的孟学三书中,不断强调根于性之欲的合理性,坚持理欲统一思想,明确人道之理是源于人伦日用之井然有序,否定程朱将理和欲对立的观点,对宋儒存理灭欲之说予以全力批驳。戴震孟学四书之理欲观,前后既有继承,又有明显发展,经历了一个否定之否定、不断深化和完善的过程,突显出戴震对程朱理学由怀疑、远离到全力批驳的心路发展历程。

第一节 欲根于性

对于"欲",戴震自《原善》起,既有清晰的认识,又有明确的态度。关于"欲"的本质,《原善》曰:

凡有血气心知,于是乎有欲,性之征于欲,声色臭味而爱畏分。[1] 喜怒哀乐、爱隐感念、愠憪怨愤、恐悸虑叹、饮食男女、郁悠喊咨、惨舒好恶之情,胥成性则然,是故谓之道。[2]

---

[1] 戴震:《原善》,载《戴震全书》第 6 册,合肥:黄山书社,2010 年,第 10 页。
[2] 戴震:《原善》,载《戴震全书》第 6 册,合肥:黄山书社,2010 年,第 15 页。

认为人的欲根于性,人性源于阴阳五行,体现的是人的本然之性,同时人性具体包含血气和心知两个层面,血气表现为外在的形质,是人性的重要组成部分,为欲望的必要性提供了依据。

戴震在明确"欲根于性"的同时还强调欲既合人道又顺天道:

> 天道,五行阴阳而已矣,分而有之以成性。……言乎其分于道,故曰"天命之谓性"。耳目百体之欲,求其故,本天道以成性者也。人道之有生则有养也;仁以生万物,礼以定万品,义以正万类,求其故,天地之德也,人道所由立也;咸出于性,故曰"率性之谓道"。①

戴震对《中庸》"天命之谓性,率性之谓道"②的解释,是以唯物自然观为基础,认为人性是源于气化流行的自然属性,性中既含欲望又生理义,性之欲望保证人道之生养,性之理义保证人道之有序,所以戴震由人性建立起人道。虽然《原善》中此处的论述没有涉及理和欲的相互关系,但戴震已强调欲望的实现则是人道中必不可少的环节,欲望的生养作用是不可忽视的。

戴震在《原善》中对"欲"已有明确的态度,曰:

> 人有欲,易失之盈;盈,斯悖乎天德之中正矣。心达天德,秉中正,欲勿失之盈以夺之,故孟子曰"养心莫善于寡欲"。禹之行水也,使水由地中行;君子之于欲也,使一于道义。治水者徒恃防遏,将塞于东而逆行于西,其甚也,决防四出,泛滥不可救。③

> 《记》曰:"饮食男女,人之大欲在焉。"……饮食男女,生养之道也,天地之所以生生也。……是故去生养之道者,贼道者也。细民得其欲,君子得其仁。遂己之欲,亦思遂人之欲,而仁不可胜用矣;快己之欲,忘人之欲,则私而不仁。④

首先,戴震十分肯定作为生养之道实现方式的人欲存在的必要性,认为人之情欲是人类得以繁衍生存的基础。其次,戴震认为对欲望既要满足也要限制。孟子言"养心莫善于寡欲",明确欲望既不能放纵,也不能堵塞,并以治水为喻,阻塞欲望如阻塞水流,结果必然是泛滥成灾。再次,戴震强调"遂人之欲"的重要性,称只顾遂己之欲而忽视遂他人之欲者为"私",并予以否定。云:"人之不尽其才,患二:曰私,曰蔽。私也者,生于其心为溺,发于政为党,成于行为慝,见于事为悖,为

---

① 戴震:《原善》,载《戴震全书》第6册,合肥:黄山书社,2010年,第12页。
② 朱熹:《四书章句集注》,北京:中华书局,2011年,第19页。
③ 戴震:《原善》,载《戴震全书》第6册,合肥:黄山书社,2010年,第20页。
④ 戴震:《原善》,载《戴震全书》第6册,合肥:黄山书社,2010年,第27页。

欺,其究为私已"①,人若只满足私欲,即为"专欲而不仁"②,就会招致"祸患危亡随之,身丧名辱,若影响然"③的灾难。

戴震既肯定人欲具有必要性,同时又呼吁对人欲要进行限制,强调不仅要遂己之欲,还要遂天下人之欲。《原善》对欲的概念已有较为清晰的界定,为之后孟学三书对欲的论述奠定了理论基础。

在《孟子私淑录》(下文简称《私淑录》)和《绪言》中,戴震基于性和人道论欲。《私淑录》曰:

道有天道人道。天道以天地之化言也,人道以人伦日用言也。是故在天地,则气化流行,生生不息,是谓道;在人物,则人伦日用,凡生生所有事,亦如气化之不可已,是谓道。《易》曰:"一阴一阳之谓道",此言天道也;《中庸》曰"率性之谓道",此言人道也。④

《绪言》曰:

大致在天地则气化流行,生生不息,是谓道;在人物则人伦日用,凡生生所有事,亦如气化之不可已,是谓道。故《易》曰"一阴一阳之谓道",此言天道也;《中庸》曰"率性之谓道",此言人道也。⑤

可见,戴震从气化即道的唯物自然观出发论天道、人道和性,欲在人道中表现为人伦日用,认为"'民之质矣,日用饮食',自古及今,以为道之经也"⑥,肯定日用饮食等基本欲望的必要性,这一思想《孟子字义疏证》(下文简称《疏证》)予以继承和发展。

戴震在《私淑录》和《绪言》中,开始对宋儒"去欲"主张进行辨析。曰:"老聃、庄周、告子、释氏,谓得之以性皆同其神,与天地等量,是以守己自足,主于去情欲以勿害之,不必问学以充之。宋儒或出焉,或入焉,故习其说者不得所据,多流于老释。"⑦指责老庄释氏强调绝对精神主体的作用,因此忽略外在欲望和问学,而宋理学实则出于老庄释氏。又曰:"周子论学圣人主于无欲,王文成论致知主于良知之体,皆以老释废学之意论学,害之大者也。"⑧此是对宋以来的唯心主义思想进行辨析和批驳,戴震认为宋明的学说实则流于老释之学,直言其学说"害之大

---

① 戴震:《原善》,载《戴震全书》第6册,合肥:黄山书社,2010年,第23页。
② 戴震:《原善》,载《戴震全书》第6册,合肥:黄山书社,2010年,第27页。
③ 戴震:《原善》,载《戴震全书》第6册,合肥:黄山书社,2010年,第27页。
④ 戴震:《孟子私淑录》,载《戴震全书》第6册,合肥:黄山书社,2010年,第38页。
⑤ 戴震:《孟子私淑录》,载《戴震全书》第6册,合肥:黄山书社,2010年,第83页。
⑥ 戴震:《孟子私淑录》,载《戴震全书》第6册,合肥:黄山书社,2010年,第57页。
⑦ 戴震:《孟子私淑录》,载《戴震全书》第6册,合肥:黄山书社,2010年,第71页。
⑧ 戴震:《孟子私淑录》,载《戴震全书》第6册,合肥:黄山书社,2010年,第70页。

者"。

总之,戴震对性源于天道而欲根于性的见解是自《原善》就已经有了基本构架,《私淑录》和《绪言》对欲的阐释增量不大,是因为《私淑录》和《绪言》侧重点在于论述理欲统一,将阐述欲和理结合起来,强调理欲是统一而不可分的,并开始对宋儒"无欲""去欲"的主张与老庄释氏的思想进行比较分析,指责理学陷溺于老释,说明戴震此时在理欲问题上已经开始远离宋明理学,到《疏证》时,戴震就明确了批驳程朱理欲观的态度。

关于理和欲,朱熹曰:"欲是情发出来底。心如水,性犹如水之静,情则水之流,欲则水之波澜,但波澜有好底,不好底。"[1]还曰:"人之一心,天理存,则人欲亡;人欲胜,则天理灭。未有天理人欲夹杂者。……饮食者,天理也;要求美味,人欲也……学者须是革尽人欲,复尽天理,方始是学。"[2]理学家将用来满足生存基本需求的欲望视为源于天理之性,同时又认为欲望存在好坏优劣之分,所以要求革去。故朱熹又言"天理人欲,不容并立"[3],所以理学家的理欲观在实践上层面上难免出现禁欲主义倾向,可沦为用于泯灭人性的教条。戴震认为:欲是基于自然人性、顺理而产生的,欲望的实现过程中存在公与私之分,所以要去私,而不是禁欲。故曰:"是故圣贤之道,无私而非无欲;老、庄、释氏,无欲而非无私。"[4]在《疏证》中戴震明言:

凡出于欲,无非以生以养之事,欲之失为私,不为蔽。自以为得理,而所执之实谬,乃蔽而不明。天下古今之人,其大患,私与蔽二端而已。私生于欲之失,蔽生于知之失;欲生于血气,知生于心。因私而咎欲,因欲而咎血气;因蔽而咎知,因知而咎心,老氏所以言"常使民无知无欲";彼自外其形骸,贵其真宰;后之释氏,其论说似异而实同。宋儒出入于老、释,故杂乎老、释之言以为言。[5]

认为"欲之失为私,不为蔽",而宋儒就是失为蔽,"自以为得理,而所执之实谬,乃蔽而不明"。天下古今之人大患私与蔽,"私生于欲之失,蔽生于知之失",故宋儒是明"知"之失。"欲生于血气,知生于心",所以宋儒之蔽是生于心,是主观自蔽。结果是"使民无知无欲",故曰"后之释氏,其论说似异而实同。宋儒出入于

---

[1] 黎靖德编:《朱子语类》,载《朱子全书》第14册,上海:上海古籍出版社,2010年,第229页。
[2] 黎靖德编:《朱子语类》,载《朱子全书》第14册,上海:上海古籍出版社,2010年,第388—390页。
[3] 朱熹:《四书章句集注》,济南:齐鲁书社,1996年,第310页。
[4] 戴震:《孟子字义疏证》,载《戴震全书》第6册,合肥:黄山书社,2010年,第209页。
[5] 戴震:《孟子字义疏证》,载《戴震全书》第6册,合肥:黄山书社,2010年,第158页。

老、释,故杂乎老、释之言以为言",揭开宋儒面纱,直刺宋儒要害,批驳宋儒态度鲜明。

针对程朱理学所体现出的禁欲主义倾向①,《疏证》言:"宋以来之言理也,其说为'不出于理则出于欲,不出于欲则出于理'"②,反对程朱理欲对立观。戴震认为欲是应该节制的,但反对宋儒禁欲观,"节而不过,则依乎天理;非以天理为正,人欲为邪也。天理者,节其欲而不穷人欲也。是故欲不可穷,非不可有"③。认为程朱理欲对立观的本质是穷人之欲,有违天理。对宋儒存理灭欲思想予以彻底否定。

纵观孟学四书,戴震坚持欲根于性,认为欲具有必要性,遂欲是顺应天理,但同时认为应"制"欲而不能"去"欲,并提出不仅要遂己之欲,更要遂天下人之欲的进步主张。对于程朱存理灭欲的观点,戴震经历了怀疑、远离到全力批驳的嬗变过程。

第二节 以情絜情

在戴震的社会伦理道德观念中,除了"理"和"欲"两个核心概念之外,对"情"这个概念也有独到的阐发,且在孟学四书中呈现不断深化和完善的过程,直至《疏证》时,明确提出"以情絜情"的论断,并引发后世如梁启超、容肇祖、胡适等学者的高度关注④。对于"情"这一范畴,《原善》云:

凡有血气心知,于是乎有欲,性之征于欲,声色臭味而爱畏分;既有欲矣,于是乎有情,性之征于情,喜怒哀乐而惨舒分;……生养之道,存乎欲者也;感通之道,在乎情者也;二者,自然之符,天下之事举矣。⑤

表面上看,情表现为喜、怒、哀、乐、悲、伤等情绪和情感;深层次看,戴震建立

---

① 朱贻庭主编:《中国传统伦理思想史》496页(华东师范大学出版社,1989年6月),有"(戴震)更以'理者存乎欲'的理欲统一观,抨击了程、朱'存理灭欲'的禁欲主义"的论述。
② 戴震:《孟子字义疏证》,载《戴震全书》第6册,合肥:黄山书社,2010年,第209页。
③ 戴震:《孟子字义疏证》,载《戴震全书》第6册,合肥:黄山书社,2010年,第160页。
④ 梁启超的《戴东原哲学》、容肇祖的《戴震说的理及求理的方法》、胡适的《戴东原的哲学》中对戴震的"以情絜情"思想皆有讨论。
⑤ 戴震:《原善》,载《戴震全书》第6册,合肥:黄山书社,2010年,第10页。

了一个性——欲——情逻辑结构。以血气心知之性为出发点,强调生养之欲的必要性和合理性,在此基础上,推演出"既有欲矣,于是乎有情",欲望是情感产生的前提,欲是对饮食男女等现实的追求,情则是基于欲望之上的情感体验。所以戴震说欲望对应的是"生养",倾向于生理上的满足;情对应的是"通感",倾向于心理上的满足。生理和心理都是人性之本然,所以戴震认为情显欲,欲显性,情和欲可以涵盖人生所有事。

戴震在《原善》中已提出"遂天下之情"①的主张,使情具有实践意义,并对之后的孟学三书产生影响。《私淑录》云:"人之生也,分于阴阳五行以成性,而其得之也全。声色臭味之欲,资以养其生;喜怒哀乐之情,感而至乎物"②,《绪言》曰:"人分于阴阳五行以成性,而其得之也全。喜怒哀乐之情,声色臭味之欲,是非美恶之知,皆根于性而原于天。"③《私淑录》与《绪言》对情的论述皆建立在《原善》的基础之上,并有所发展。

戴震在《原善》中就提出情发于欲,欲根于性的观点,实是针对程朱理欲观而言的。因为朱熹曾曰:"性是未动,情是已动,心包得已动未动。盖心之未动则为性,已动则为情,所谓心统性情也。欲是情发出来底。心如水,性犹水之静,情则水之流,欲则水之波澜,但波澜有好底,有不好底。"④"情者,性之动也"⑤。在朱熹的思想中,心是本体,性是未动,情是已动,未动之性与心实则为一物,即理也,这种观点具有明显的唯心主义倾向⑥。同时,朱熹认为,纵情为欲,欲源于情且有优劣之分,这为存理灭欲之说提供了理论依据。总之,宋儒坚持的是心统性情的思想,"性者,理也。性是体,情是用,性情皆出于心,故心能统之"⑦,其根本目的是倡导个人内在的精神修养,鼓吹的是对个人情欲的限制。比较而言,戴震所提出的情寓欲、欲显性、性顺乎天理的理欲统一的思想框架,是对宋儒情欲观的否定。朱熹说"欲是情发出来底",情是欲的前提,但戴震则认为欲是情的基础,情绪情感是建立在物质欲望之上的,这种思想成为戴震整个唯物主义思想体系中的一

---

① 戴震:《原善》,载《戴震全书》第6册,合肥:黄山书社,2010年,第8页。
② 戴震:《孟子私淑录》,载《戴震全书》第6册,合肥:黄山书社,2010年,第56页。
③ 戴震:《绪言》,载《戴震全书》第6册,合肥:黄山书社,2010年,第103页。
④ 黎靖德编:《朱子语类》,载《朱子全书》第14册,上海:上海古籍出版社,2010年,第229页。
⑤ 朱熹:《四书章句集注》,济南:齐鲁书社,1996年,第399页。
⑥ 蒋建华:《朱熹理、性、情、欲的逻辑联系及理欲之辩的理论实质》(《学术界》47—52页,1988年第三期),有关于朱熹对性、情、欲之间关系的讨论。
⑦ 黎靖德编:《朱子语类》,载《朱子全书》第17册,上海:上海古籍出版社,2010年,第3304页。

个重要组成部分。同时,戴震认为基于自然人性的欲望是合理和必要的,所以基于欲望之上的情感亦将是合情合理的,情、欲同属自然,而理属必然,此为《疏证》提出"以情絜情"与理是"情之不爽失"的观点奠定了理论基础。

戴震在《疏证》中,对情的论述较之前孟学三书有明显的提升,其曰:

人生而后有欲,有情,有知,三者,血气心知之自然也。给于欲者,声色臭味也,而因有爱畏;发乎情者,喜怒哀乐也,而因有惨舒;辨于知者,美丑是非也,而因有好恶。声色臭味之欲,资以养其生;喜怒哀乐之情,感而接于物;美丑是非之知,极而通于天地鬼神。声色臭味之爱畏以分,五行生克为之也;喜怒哀乐之惨舒以分,时遇顺逆为之也;美丑是非之好恶以分,志虑从违为之也;是皆成性然也。有是身,故有声色臭味之欲;有是身,而君臣、父子、夫妇、昆弟、朋友之伦具,故有喜怒哀乐之情。①

认为情表现为喜怒哀乐,欲是"资以养其生",情是"感而接于物",这与前孟学三书思想是一脉相承的,但此处情的含义更为丰富:情不仅仅只是对物质欲望的情感体验,情还关涉人际情感。情是"感而接于物"的,而物不只是普通的饮食日用,更包含"君臣、父子、夫妇、昆弟、朋友之伦",人际关系的处理对个人情感有着十分重要的意义。戴震前孟学三书虽已关注情与人伦,但未将人伦与情直接关联,《疏证》将此二者直接联系起来,可见戴震对人伦情感的重视与强调。《疏证》还曰:"有血气,则所资以养其血气者,声、色、臭、味是也。有心知,则知有父子,有昆弟,有夫妇,而不止于一家之亲也,于是又知有君臣,有朋友;五者之伦,相亲相治,则随感而应为喜、怒、哀、乐。合声、色、臭、味之欲,喜、怒、哀、乐之情,而人道备。"②这里戴震视情为心知与人伦的结合,并认为达情遂欲就是"人道备"。《原善》视人道为"咸根于性而见于日用事为"③,《疏证》称人道为"人伦日用身之所行皆是也"④,明显突出了人伦的地位,体现了戴震对人"情"的关注。

在《疏证》中,人的情感被视为对社会人伦的表达,情和欲成为人道的重要内容。戴震认为:"性,譬则水也;欲,譬则水之流也;节而不过,则为依乎天理"⑤,"在己与人皆谓之情,无过情无不及情之谓理"⑥,由此可见,戴震思想中欲和理、情和理的相互关系实则异曲同工,情之无过和无不及与欲之有而节之相呼应,所

---

① 戴震:《孟子字义疏证》,载《戴震全书》第6册,合肥:黄山书社,2010年,第195页。
② 戴震:《孟子字义疏证》,载《戴震全书》第6册,合肥:黄山书社,2010年,第191页。
③ 戴震:《原善》,载《戴震全书》第6册,合肥:黄山书社,2010年,第11页。
④ 戴震:《孟子字义疏证》,载《戴震全书》第6册,合肥:黄山书社,2010年,第197页。
⑤ 戴震:《孟子字义疏证》,载《戴震全书》第6册,合肥:黄山书社,2010年,第160页。
⑥ 戴震:《孟子字义疏证》,载《戴震全书》第6册,合肥:黄山书社,2010年,第151页。

以戴震说"天理者,节其欲而不穷人欲也。是故欲不可穷,非不可有;有而节之,使无过情,无不及情,可谓之非天理乎!"①戴震之所以强调情无过无不及、欲有而节之,反映了戴震对情的论述偏向于人伦的规范与协调,对欲的论述偏向于对个人物质欲望的限制和约束,极大地丰富了理和人道思想。

既然戴震言"使无过情,无不及情,可谓之非天理乎",那么如何实现之?于是戴震创造性地提出了"以情絜情"的观点:

理也者,情之不爽失也;未有情不得而理得者也。凡有所施于人,反躬而静思之:"人以此施于我,能受之乎?"凡有所责于人,反躬而静思之:"人以此责于我,能尽之乎?"以我絜之人,则理明。天理云者,言乎自然之分理也;自然之分理,以我之情絜人之情,而无不得其平是也。②

"以情絜情"的重点在于"絜"字,明显感通于《大学》中的"絜矩"之说,《大学》曰:

所谓平天下在治其国者,上老老,而民兴孝;上长长,而民兴弟;上恤孤,而民不倍。是以君子有絜矩之道也。所恶于上,毋以使下;所恶于下,毋以事上;所恶于前,毋以先后;所恶于后,毋以从前;所恶于右,毋以交于左;所恶于左,毋以交于右。此之谓絜矩之道。③

戴震的"以情絜情"实则受《大学》"絜矩之道"的启发,"絜矩之道"所"絜"指向人伦,《疏证》"以情絜情"之"絜"更关注基于人伦的情感。"絜矩之道"中"絜"的具体表现为"所恶于上,毋以使下;所恶于下,毋以事上;所恶于前,毋以先后;所恶于后,毋以从前;所恶于右,毋以交于左;所恶于左,毋以交于右",孔子将其归纳为"己所不欲,勿施于人",《疏证》则提倡凡有所施与所责于人皆要"反躬而静思之"。可见"絜矩之道"对戴震"以情絜情"之说有着十分深刻的影响,而戴震的超越在于将人的情感与人伦紧密联系,使得絜矩之道的对象由具体的人伦上升到抽象的情感上来,从而使得"以情絜情"成为规范人伦的法则。戴震强调从弱者、寡者、愚者、怯者与疾病、老幼、孤独者的状况反躬自省,旁通他人之情,体现出十分积极的对弱势群体的关怀意识④,所以戴震呼吁"通天下之情,遂天下之欲"⑤。

---

① 戴震:《孟子字义疏证》,载《戴震全书》第6册,合肥:黄山书社,2010年,第160页。
② 戴震:《孟子字义疏证》,载《戴震全书》第6册,合肥:黄山书社,2010年,第150页。
③ 朱熹:《四书章句集注》,济南:齐鲁书社,1996年,第24页。
④ 吴根友:《言·心·道——戴震语言哲学的形上学追求及其理论的开放性》,朱志方主编:《武汉大学哲学学院九十周年纪念文集》,2012年,第494页有:"(戴震)欲借助于对程朱之学的理论批判达到对现实社会不公正的批判,表现出强烈的社会关怀。"
⑤ 戴震:《孟子字义疏证》,载《戴震全书》第6册,合肥:黄山书社,2010年,第209页。

综上，《原善》关注人道，《疏证》重视人情，情欲乃合乎自然人性之理。《疏证》将情与人伦密切关联，受"絜矩之道"启发，提出"以情絜情"的主张，通过情欲上的以己度人从而实现对理的追求，既肯定了人的情欲的必要性和合理性，又强调对人的情欲要加以限制和规范，体现了戴震理欲观深切的人文关怀。

第三节　理欲统一

在理气关系中，理是一般规律，在理欲关系中，理则体现为社会伦理道德规范，所以戴震在理欲关系问题上坚持理欲统一的主张。《原善》曰：

人与物同有欲，而得之以生也各殊；人与物同有觉，而喻大者大，喻小者小也各殊；人与物之一善同协于天地之德，而存乎相生养之道，存乎喻大喻小之明昧也各殊。①

这里所说的天地之德就是理，践行此理受制于二：一是生养之道，二是喻。生养是欲，喻即觉，欲与觉的根源是性。所以戴震云"人与物同有欲，欲也者，性之事也；人与物同有觉，觉也者，性之能也"②。《原善》所论之理，是指欲和觉的统一。但因《原善》时"心知"概念还不成熟，所以欲与血气、觉与心知的联系还不密切，但这为之后深化心知在理欲统一中的作用奠定了基础。

关于理欲关系问题，戴震在《原善》中曰：

性之欲，其自然之符也；性之德，其归于必然也。归于必然适全其自然，此之谓自然之极致。《诗》曰："天生烝民，有物有则，民之秉彝，好是懿德。"凡动作威仪之则，自然之极致也，民所秉也。自然者，散之普为日用事为；必然者，秉之以协于中，达于天下。知其自然，斯通乎天地之化；知其必然，斯通乎天地之德，故曰"知其性，则知天矣"。③

戴震在此引入了一对十分重要的概念，即自然和必然。一方面，自然与必然相互区别。自然是性之欲，体现为日用事为。必然是性之德，即体现为伦理道德之理。另一方面，自然与必然相互统一。自然与必然不是相互独立的，必然既是

---

① 戴震:《原善》,载《戴震全书》第 6 册,合肥:黄山书社,2010 年,第 9 页。
② 戴震:《原善》,载《戴震全书》第 6 册,合肥:黄山书社,2010 年,第 9 页。
③ 戴震:《原善》,载《戴震全书》第 6 册,合肥:黄山书社,2010 年,第 11 页。

自然的极致,同时又适全其自然,具体到理欲关系上,则表现为理倚欲而又制欲,在理和欲的二者关系中,欲处于基础性的地位,理寓于欲并对欲起到规范作用。《原善》此论虽显简略,但用自然与必然的辩证统一来体现理欲的辩证统一,对之后的孟学三书有着深远的影响。故《私淑录》曰:

> 圣人而后尽乎人之理,尽乎人之理非他,人伦日用尽乎其必然而已。……举凡天地、人物、事为,不闻无可言之理者也。《诗》曰:"有物有则"是也。就天地、人物、事为求其不易之则是谓理。后儒尊大之,不徒曰"天地、人物、事为之则",而转其语曰"理无不在",以与气分本末,视之如一物然,岂理也哉!就天地、人物、事为求其不易之则,以归于必然,理至明显也。①

戴震在此不仅继承和发展《原善》自然与必然、欲和理相统一的思想,开始否定宋儒"理无不在"的思想。在理学家眼中理是天理,是上天所赋予的绝对法则,朱熹云:"天下未有无理之气,亦未有无气之理,气以成形,而理亦赋焉"②,可见理是相对独立存在的,只是外在赋予气之上,体现的是理学家理气二分的思想。戴震认为理气统一,天理是天地间阴阳二气的不易之则。但是这里戴震并不仅仅讨论理气关系,认为人道层面的人物与事为,皆可求其不易之则并归于必然而得其理,据此我们可以发现戴震的理欲统一与理气统一的思想是相辅相成的。

《绪言》中关于自然与必然的相互关系的论述较之《私淑录》更为精彩:

> 命即人心同然之理义,所以限制此者也。古人多言命,后人多言理,异名而同实。耳目百体之所欲,由于性之自然,明于其必然,斯协乎天地之中,以奉为限制而不敢逾,是故谓之命。命者非他,就性之自然,察之精明之尽,归于必然,为一定之限制,是乃自然之极则。若任其自然而流于失,转丧其自然而非自然也。故归于自然,适完其自然,如是斯"与天地合其德,鬼神合其吉凶"。③

《绪言》在此丰富和发展了自然与必然关系学说。戴震表达了两层意思:第一,将命等同于理,为的是突出命和理的规范与限制作用。第二,对自然与必然的关系进行了更深层次的讨论。首先,必然源于自然,自然是必然的基础,这一点自《原善》起一以贯之;其次,必然是自然的归宿,自然需要通过必然来突显自身的价值与意义。所以说"若任其自然而流于失,转丧其自然而非自然也",此一思想表现在理欲关系上,则是人若不知对欲望加以认知与限制而只是放任自流,那么最

---

① 戴震:《孟子私淑录》,载《戴震全书》第6册,合肥:黄山书社,2010年,第44页。
② 黎靖德编:《朱子语类》,载《朱子全书》第14册,上海:上海古籍出版社,2010年,第114页。
③ 戴震:《绪言》,载《戴震全书》第6册,合肥:黄山书社,2010年,第102—103页。

终会导致人本来正当情欲的丧失，人欲就丧失了其本来的意义，也就丧失了其存在的必要性和合理性。《绪言》突出命与理对人欲的规范与限制作用本身是积极的，但是限制作用只是理的功能之一，所以将命等同于理的说法并不严谨。所以戴震在《疏证》中说："命者，限制之名，如命之东则不得而西，言性之欲之不可无节也"①，强调其限制作用的同时，不再与理的概念完全等同。在此基础上，《疏证》进一步完善了《绪言》对自然和必然相互关系的讨论，曰："自然之与必然，非二事也。就其自然，明之尽而无几微之失焉，是其必然也。如是而后无憾，如是而后安，是乃自然之极则。若任其自然而流于失，转丧其自然，而非自然也；故归于必然，适完其自然。"②由此《疏证》揭示了自然与必然这对范畴的一般规律，深化了理欲辩证统一的思想。

戴震曾在《私淑录》和《绪言》云：

耳目鼻口之官，臣道也；心之官，君道也；臣效其能而君正其可否。理义非他，可否之而当，是为理义。声色臭味之欲，察其可否，皆有不易之则。故理义者，非心出一意以可否之，若心出一意以可否之，何异强制之乎！因乎其事，察其不易之则，所谓"有物必有则"，以其则正其物，如是而已矣。③

在论述理欲关系时，并未采用自然与必然这对范畴，而是从耳目鼻口之官与心之官这个角度来进行阐发的。深入分析可以发现，耳目鼻口之官即性之血气，心之官即性之心知，若以血气为臣而心知为君的话，则"臣效其能而君正其可否"，即是在满足血气之欲的同时心知对其进行适当与否的判断，所以理义不是别的，而是基于心知对欲望的感知与判断。可以发现，戴震这里的论述是基于血气心知的人性而进行的，所以《私淑录》和《绪言》能从人性的角度对理欲关系进行讨论，可以说是血气心知之性发展的产物，开拓了理欲关系讨论的新视角。在《疏证》中戴震将这一思想予以深化。曰：

欲，其物；理，其则也。④ 性，譬则水也；欲，譬则水之流也；节而不过，则为依乎天理，为相生养之道，譬则水由地中行也。……节而不过，则依乎天理；非以天理为正，人欲为邪也。天理者，节其欲而不穷人欲也。⑤ 就人伦日用，举凡出于身者求其不易之则，斯仁至义尽而合于天。人伦日用，其物也；曰仁，曰义，曰礼，其

---

① 戴震：《孟子字义疏证》，载《戴震全书》第6册，合肥：黄山书社，2010年，第160页。
② 戴震：《孟子字义疏证》，载《戴震全书》第6册，合肥：黄山书社，2010年，第169页。
③ 戴震：《孟子私淑录》，载《戴震全书》第6册，合肥：黄山书社，2010年，第58页。
④ 戴震：《孟子字义疏证》，载《戴震全书》第6册，合肥：黄山书社，2010年，第158页。
⑤ 戴震：《孟子字义疏证》，载《戴震全书》第6册，合肥：黄山书社，2010年，第160页。

则也。①

强调理欲统一,断言"是理者存乎欲者也"②。坚持理欲统一,就是批驳程朱理学的理欲观。

首先,戴震强调了理的客观性,以此反对宋儒"视理如一物"的唯心论思想。无论是天道之理还是人道之理,都是以物质为基础的。天道的自然之条理依乎天地阴阳二气,人道的道德规范之理依乎人伦日用的自然情欲。《疏证》曰:"其所谓'存理',空有理之名,究不过绝情欲之感耳。何以能绝?曰'主一无适',此即老氏之'抱一''无欲',故周子以一为学圣之要,且明之曰,'一者,无欲也'。天下必无舍生养之道而得存者,凡事为皆有于欲,无欲则无为矣;有欲而后有为,有为而归于至当不可易之谓理;无欲无为又焉有理!"③戴震强调人有欲望方可有事为,人的社会活动达到恰当而稳定的程度就是理,没有欲望就没有事为,没有事为就没有所谓的理。朱子曾言"主一无适"④"一为要,一者无欲也"⑤,实则与老庄释氏无欲无为的主张无异。

其次,突出强调了人欲的必要性,斥宋儒绝人情欲的谬论。对理学家而言,理不仅是独立于人欲而存在的,同时人的自然欲望还会对天理产生污坏。朱熹说"盖天理者,此心之本然,循之则其心公而且正;人欲者,此心之疾疢,循之则其心私而且邪"⑥,可见朱熹不仅认为理和欲不能统一,还相互冲突,因此理学家宣扬存天理、灭人欲。戴震对此近乎深恶痛绝,在《疏证》中曰:"其所谓理,依然'如有物焉宅于心'。于是辨乎理欲之分,谓'不出于理则出于欲,不出于欲则出于理',虽视人之饥寒号呼,男女哀怨,以至垂死冀生,无非人欲,空指一绝情欲之感者为天理之本然,存之于心"⑦,指责宋儒将理和欲视为彼此对立冲突的一对概念,为了实现所谓的天理而排斥人欲,从而无视人们饥寒号呼的悲惨、男女正当情欲得不到实现的哀怨、百姓求生畏死的强烈愿望。戴震深刻揭露宋儒理欲观的祸害,疾呼"此理欲之辨,适成忍而残杀之具,为祸又如是也!"⑧

---

① 戴震:《孟子字义疏证》,载《戴震全书》第6册,合肥:黄山书社,2010年,第201页。
② 戴震:《孟子字义疏证》,载《戴震全书》第6册,合肥:黄山书社,2010年,第157页。
③ 戴震:《孟子字义疏证》,载《戴震全书》第6册,合肥:黄山书社,2010年,第214页。
④ 黎靖德编:《朱子语类》,载《朱子全书》第14册,上海:上海古籍出版社,2010年,第570页。
⑤ 周敦颐:《通书》,载《周子通书》,上海:上海古籍出版社,2000年,第38页。
⑥ 朱在编:《晦庵先生朱文公文集》,载《朱子全书》第12册,上海:上海古籍出版社,2010年,第639页。
⑦ 戴震:《孟子字义疏证》,载《戴震全书》第6册,合肥:黄山书社,2010年,第209页。
⑧ 戴震:《孟子字义疏证》,载《戴震全书》第6册,合肥:黄山书社,2010年,第214—215页。

总而言之，《疏证》中戴震对宋儒的批驳不仅是从理论上展开的，更结合了生活实际对宋儒理欲观给予了彻底的否定，体现了戴震理欲观强烈的人文关怀。

戴震理欲统一的思想在《原善》中便已建立，通过自然与必然这对辩证统一的概念来论述理欲的辩证统一，且这一论述方法在之后的孟学三书中得到继承和发扬。同时，随着其血气心知的人性论的发展与成熟，在《私淑录》中戴震运用了通过血气心知之性来论述理欲关系的新方法。至《疏证》时，戴震明确提出"理存乎欲"的观点，并对宋儒的"存天理，灭人欲"的理欲对立观展开了全面批驳，体现了戴震彻底的反理学倾向。

第十二章

《孟子正义》性善辨

焦循(1763—1820),字里堂,一字理堂,晚号里堂老人。世居甘泉县(今江苏扬州人)。他的一生,正逢清代乾嘉学术繁荣时期,其著述宏富,经、史、子、集无所不涉,诗、词、文、赋无所不作。后人称其为经学家、数学家、戏剧学家,而于史学、文学、教育等诸领域亦多发明。其著述有近六十种,四百余卷,数百万字。阮元撰《通儒扬州焦君传》,誉其"于学无所不通","于经无所不治","学乃精深博大",名之"通儒",应是当时学术界权威公允的评价,他是乾嘉学派中很具影响力的学者,更是扬州学派的重镇。

焦循治经,广治博收,"无所不治,无所不卓然有成",尤其《孟子》学和《易》学,更可谓卓然自成一家。在清代,焦循以数理的方法治《易》,独具特色;焦循的《孟子正义》在《孟子》研究领域成就最为显赫。梁启超在《中国近三百年学术史》中评价为:《孟子正义》"实在后此新疏家模范作品,价值是永永不朽的"[①]。梁氏独具慧眼,但遗憾的是,此后学界多重焦氏《孟子正义》训诂之法,而于焦氏对《孟子》仁善之学的发明,关注较少。

人性善恶问题,是历代思想家无法回避的哲学命题。孟子主"性善论",荀子提出"性恶论",董仲舒、韩愈倡"性三品",宋理学家持"义理之性善","气质之性恶"的观点。清代学者焦循,以"智,人也;不智,禽兽也"为立论基点,力辨人性之善。

第一节 推举孟子性善论

孔子殁后,儒分为八,其著者有孟子之学,有荀子之学,而孟荀遂倡两千年学

---

① 梁启超:《中国近三百年学术史》,北京:东方出版社,1996年,第220页。

术之大概,并立人性善、恶之论。孟子主善,其后接踵传续;荀子主恶,后有法家把守。"儒学在其衍化过程中,逐渐形成了独特的价值体系,它以善的追求为轴心,并具体展开于天人、群己、义利、理欲、经权以及必然与自由等基本的价值关系,其逻辑的终点则是真善美统一的理想之境。"①历史上有"儒表法里"之谓,儒何以"表"?"儒表"何以立两千年不败?盖其性善之谓也。谓性善,定于"四端",则承认人仁,人仁则信,故"儒表"治身,自"性""信"始。故清末学者姚永概认为,孟子性善之论,"乃救民之根本也"②。

清儒治学,以"吴学最专,徽学最精,扬州之学最通。无吴皖之专精,则清学不能盛;无扬州之通学,则清学不能大"③。而在通学之中又有焦循,实堪代表。发明《孟子》者,自董、韩、程朱以来,可谓络绎不绝。至清,顾炎武、黄宗羲、戴震、康有为等都曾用力于此,而扬州焦循则鼎一时之盛,故梁启超、钱穆在各自的《中国近三百年学术史》中都给予了极高的评价。

焦循自谓其治学心得:"著书各有体,非一例也。有全以己见,贯串取精前人所已言不复言,余撰《易学三书》及《六经补疏》是也。有全录人所已言,而不参以己见,余辑《书义丛钞》是也。有采择前人所已言,而以己意裁成损益于其间,余所撰《孟子正义》是也。"④《孟子正义》既具汉学精于训诂考据之所长,显乾嘉"朴学"之风,又具宋学精求义理之特征,微言大义。所谓"裁成损益",其实有二:一谓注疏,二谓释义。在《孟子正义》中,焦循大张旗鼓、全力以赴申发孟子的性善论,将"善"阐发得淋漓尽致,可谓是"善"的宣言。

第二节 智即善

在清代述孟学者中,对孟子性善说申发最用力者是焦循,他的《孟子正义》释孟部分,致力于辨明为什么说人性善。焦循认为:"性,生而然之也。"⑤"举仁义礼三者而善备矣,……举智仁勇三者而德备矣,曰善曰德,尽在实之谓诚。"⑥故仁义

---

① 杨国荣:《善的历程》,上海:上海人民出版社,1994年,第8页。
② 姚永概:《孟子讲义》,合肥:黄山书社,1999年,第2页。
③ 张舜徽:《清代扬州学记》,上海:上海人民出版社,1962年,第2页。
④ 焦廷琥:《先府君事略》,受古书店藏版,道光戊子年。
⑤ 焦循:《孟子正义》,长沙:岳麓书社,1996年,第491页。
⑥ 焦循:《孟子正义》,长沙:岳麓书社,1996年,第338页。

礼智信即为善。"人之性善,物之性不善。盖浑人物而言,则性有善有不善。专以人言,则无不善。"①"人性之善,亦如寒暑昼夜之有常也。"②"人性生而有善,犹水欲下也。所以知人皆有善性,似水无有不下者也。"③焦循何以断言人性善?他不厌其烦,从九个方面力辨之。

第一,人有"四端",所以人性善。《孟子》曰:"人皆有不忍人之心者,今人乍见孺子将入于井,皆有怵惕恻隐之心,非所以内交于孺子之父母也,非所以要誉于乡党朋友也,非恶其声而然也。由是观之:无恻隐之心,非人也;无羞恶之心,非人也;无辞让之心,非人也;无是非之心,非人也。恻隐之心,仁之端也。羞恶之心,义之端也。辞让之心,礼之端也。是非之心,智之端也。人之有是四端也,犹其有四体也。"(《孟子·公孙丑上》)焦循认为:"孟子道性善,谓人之性皆善,禽兽之性则不善也。禽兽之性不善,故无此四者。禽兽无此四者,以其非人之心也。若为人之心,无论贤愚,则皆有之矣。孟子四言非人,乃极言人心必有此四者。"人因有仁义礼智,而成为宇宙中唯一有情有义之精灵,故人性善。《孟子》"以情之可以为善明性善,此又以心之有恻隐、羞恶、恭敬、是非明性善也。惟性有神明之德,所以心有是非;心有是非,则有恻隐、羞恶、恭敬矣"④。故焦循强调:"人生矣,则必有仁义礼智之德,是人之性善也。若夫物则不能全其仁义礼智之德,故物之性不能如人性之善也。"⑤"四端"是人心之所出,性之所有,乃人性善之本然之质,人性中无此"四端",人性将如物性,人之所以区别于禽兽,首先是因为人有"四端"。

第二,人能知故善。焦循在《孟子正义》中,反复论人能知,兽则不能知,所以人性善。为此,他从三个方面加以辨明。首先,人知义,兽则不知。他说:"饮食男女,人有此性,禽兽亦有此性,未尝异也。乃人之性善,禽兽之性不善者,人能知义,禽兽不能知义也。因此心之所知而存之,则异于禽兽。"⑥又云:"孟子言良能为不学而能,良知为不虑而知。其言孩提之童,无不知爱其亲,则不言无不能爱其亲也;其言及其长也,无不知敬其兄,则不言无不能敬其兄也。盖不虑而知,性之善也,人人所然也。"⑦人亲亲敬长,乃不虑而知也,虽有不能或没有做到亲亲敬长的,但无有不知的,而禽兽不仅无亲其亲的意识,更不懂敬其长,所以说人性善。

---

① 焦循:《孟子正义》,长沙:岳麓书社,1996年,第492页。
② 焦循:《孟子正义》,长沙:岳麓书社,1996年,第394页。
③ 焦循:《孟子正义》,长沙:岳麓书社,1996年,第490页。
④ 焦循:《孟子正义》,长沙:岳麓书社,1996年,第504页。
⑤ 焦循:《孟子正义》,长沙:岳麓书社,1996年,第493页。
⑥ 焦循:《孟子正义》,长沙:岳麓书社,1996年,第378页。
⑦ 焦循:《孟子正义》,长沙:岳麓书社,1996年,第601页。

其次，人能知又能觉，兽则不能。"圣人出，示之以嫁娶之礼，而民知有人伦矣；示之以耕耨之法，而民知自食其力矣。以此教禽兽，禽兽不知也。禽兽不知，则禽兽之性不善，人知之，则人之性善矣。圣人何以知人性之善也？以己之性推之也。己之性既能觉于善，则人之性亦能觉于善，第无有开之者耳。使己之性不善，则不能觉，己能觉，则己之性善。己与人同此性，则人之性亦善，故知人性之善也。……同此饮食男女，嫁娶以别夫妇，人知之，禽兽不知之；耕凿以济饥渴，人知之，禽兽不知之。禽兽既不能自知，人又不能使之知，虽为之亦不能善。然人之性，为之即善，非由性善而何？人纵淫昏无耻，而己之妻不可为人之妻，固心知之也；人纵贪饕残暴，而人之食不可为己之食，因心知之也，是性善也。故孔子论性以不移者属之上知下愚，愚则仍有知，禽兽直无知，非徒愚而已矣。"①焦循认为，饮食男女，人与禽兽之所同，人有知而守婚姻之礼，因有觉而懂夫妇之别，禽兽则不知之，更不能觉之。人能由愚昧迈向文明，由原始人进化为文化人，禽兽则只能永远愚昧，更不可能产生文化，所以说人性善，禽兽性不善。焦循此论要比孟子"乃若其情，则可以为善矣，乃所谓善也"（《孟子·告子上》）明晰而更具说服力。

再次，人能知而又知，有知且能辨精粗美丑。曰："知知者，人能知而又知，禽兽知声不能知音，一知不能又知。故非不知色，不知好妍而恶丑也；非不知食，不知好精而恶疏也；非不知臭，不知好香而恶腐也；非不知声，不知好清而恶浊也。惟人知知，故人之欲异于禽兽之欲，即人之性异于禽兽之性。"②人不仅能知声，还能辨音之清浊；不仅知色，还好美恶丑，不仅知食，还好精恶粗，不仅能知，还能一知再知，所以人性善。

第三，人可教而明，故人性善。人不仅有知，而且可教，能启而发。"人之有男女，犹禽兽之有牝牡也。其先男女无别，有圣人出，示之以嫁娶之礼，而民知有人伦矣；示之以耕耨之法，而民知自食其力矣。以此教禽兽，禽兽不知也。禽兽不知，则禽兽之性不善，人知之，则人之性善矣。……世有伏羲，不能使禽兽知有夫妇之别；虽有神农，不能使鸟兽知有耕稼之教；善岂由为之哉？文学技艺才巧勇力，有一人能之，不能人人能之，惟男女饮食，则人人同此心。人不能孝其父，亦必知子之当孝乎己，不能敬其长，亦必知卑贱之当敬乎己。子让食于父而代劳于兄，此可由教而能之，所谓为之者善也。然荀子能令鸟让食乎？能令兽代劳乎？此正率性之明证，乃以为悖性之证乎！"③即人能受教明理懂礼。人与禽兽同有饮食男

---

① 焦循：《孟子正义》，长沙：岳麓书社，1996年，第212页。
② 焦循：《孟子正义》，长沙：岳麓书社，1996年，第492页。
③ 焦循：《孟子正义》，长沙：岳麓书社，1996年，第212页。

女,而人之所以异于禽兽者,则在于人不仅有知,而且能教而明,禽兽则无知,更不能受教,故人性善。"禽兽之性情,不可教之使知仁义也。同此饮食男女,人有知则有伦理次序,察于人伦,知人可教之使知仁义也。"①"以教化顺人性为仁义,仍其人自知之,自悟之,非他人力所能转戾也。"②也就是说,人可教而尊人伦,知仁义。禽兽不仅无伦理仁义,且教而不明。另外,人,性可教而明,情可疏而通。"圣人教民,民皆知人道之宜定,而各为夫妇,各为父子,以此教禽兽,仍不知也。人之性可因教而明,人之情可因教而通。禽兽之性虽教之不明,禽兽之情虽教之不通。"③人,性可因教而明,情因疏而通。禽兽则虽教不明,虽疏不通。因此禽兽之性不善,人之性善矣。

第四,人知情有欲求精妍,故性善。历史上有许多学者将情欲与善完全对立起来,而焦循则认为知情有欲求精妍是人知善懂善求善的极佳表现。他说:"知知者,人能知而又知,禽兽知声不能知音,一知不能又知。故非不知色,不知好妍而恶丑也;非不知食,不知好精而恶疏也;非不知臭,不知好香而恶腐也;非不知声,不知好清而恶浊也。惟人知知,故人之欲异于禽兽之欲,即人之性异于禽兽之性。"④"人生而后有情有欲有知,三者血气心知之自然也。给予欲者,声色臭味也,而因有爱畏。发乎情者,喜怒哀乐也,而因有惨舒。辨于知者,美丑是非也,而因有好恶。声色臭味之欲资以养其生,喜怒哀乐之情感而接于物,美丑是非之知极而通于天地鬼神。声色臭味之爱畏以分,五行生克为之也。喜怒哀乐之惨舒以分,时遇顺逆为之也。美丑是非之好恶以分,志虑从违为之也。是皆成性然也。有是身,故有声色臭味之欲。有是身,而君臣父子夫妇昆弟朋友之伦具,故有喜怒哀乐之情。惟有欲有情而又有知,然后欲得遂也,情得达也。天下之事,使欲之得遂,情之得达,斯已矣。惟人之知,小之能尽美丑之极致,大之能尽是非之极致。然后遂己之欲者,广之能遂人之欲;达己之情者,广之能达人之情。道德之盛,使人之欲无不遂,人之情无不达,斯已矣。"荀子言人性之恶,源于"欲",而焦循则认为"性之善,不为情欲所乱,性能运情,情乃从性,则情可为善。""人能好色,鸟兽不知好色。惟人心最灵,乃知嗜味好色,知嗜味好色,即知孝弟忠信礼义廉耻。理义之悦心,犹刍豢之悦口,悦心是性善,悦口亦是性善。"⑤理学家将欲、善对立,焦循则极言人欲之善。难能可贵的是,他已经从理论上认识到人性之所以能够趋善,

---

① 焦循:《孟子正义》,长沙:岳麓书社,1996年,第379页。
② 焦循:《孟子正义》,长沙:岳麓书社,1996年,第489页。
③ 焦循:《孟子正义》,长沙:岳麓书社,1996年,第504页。
④ 焦循:《孟子正义》,长沙:岳麓书社,1996年,第492页。
⑤ 焦循:《孟子正义》,长沙:岳麓书社,1996年,第502—509页。

即源于人有欲有情有知,禽兽有欲无情更无知。人性之所以善,除了人有欲有情并且有知,还在于求精妍,弃粗丑。人之情欲好精妍,乃进步文明的象征,在情欲之中有对真善美的追求,极具审美价值。

第五,人可使"欲"从自然达至必然,所以人性善。"善者,称其纯粹中正之名。性者,指其实体实事之名。一事之善,则一事合于天,成性虽殊,而其善也则一。善其必然也,性其自然也,归于必然,适完其自然,此之谓自然之极致。"①人与禽兽都有欲,都好色嗜食,但禽兽之欲,乃其本能之欲,也就是自然之欲。禽兽不知伦理,不懂精妍美丑,永远只能是自然。而人则不同,懂得"性之欲,其自然之符也;性之德,其归于必然也。归于必然适全其自然,此其为自然之极致。《诗》曰:天生蒸民,有物有则,民之秉常,好是懿德。凡动作威仪之则,自然之极致也,民所秉也。自然者,散之普为日用事为;必然者,秉之以协于中,达于天下。知其自然,斯通乎天地之化;知其必然,斯通乎天地之德;故曰知其性,则知天矣。"②"惟据才质而言,始确然可以断人之性善。人之于圣人也,其才非如物之与人异。物不足以知天地之中正,是故无节于内,各遂其自然,斯已矣。人有天德之知,能践乎中正,其自然则协天地之顺,其必然则协天地之常,莫非自然也。物之自然不足语于此。孟子道性善,察乎人之才质所自然,有节于内之谓善也。"③人之有灵,不仅有"四端",通"五常",还能居天地之中正,"适完其自然",达到自然之极致,使人不乱纲常,尽享食色等人间之欲。这种"欲"的自然之极致,实际上是真的追求,善的表现,美的享受,是文明的标志。

第六,人知尊贤采善,故人性善。人既能明善知恶,还能弃恶从善。禽兽不仅不知善恶,更不可能弃恶趋善。焦循曰:"性之善,在心之能思行善,故极其心以思行善,则可谓知其性矣。知其性,谓知其性之善也。天道贵善,特钟其灵于人,使之能思行善。惟不知己性之善,遂不能尽其心,是能尽极其心以思行善者,知其性之善也。"④"多闻择其善者而从之,多见而识之,知之次也。"人"非生而知之者,好古敏以求之者也。然闻见不可不广,而务在能明于心,一事豁然,使无余蕴,更一事亦如是,久之心知之明,进于圣智"⑤。禽兽之性所以不善,是因为禽兽只能知本能的"欲"的需要,这种需要基本上是生存之需,完全处于昧的状态。而人自知男女人伦,饮食耕稼,就已经脱离愚昧,迈向文明。不仅有真的追求,善的表现,美

---

① 焦循:《孟子正义》,长沙:岳麓书社,1996年,第258页。
② 焦循:《孟子正义》,长沙:岳麓书社,1996年,第585页。
③ 焦循:《孟子正义》,长沙:岳麓书社,1996年,第510页。
④ 焦循:《孟子正义》,长沙:岳麓书社,1996年,第585页。
⑤ 焦循:《孟子正义》,长沙:岳麓书社,1996年,第372页。

的享受,还知善而又善,知择善可心智进圣。"孔子曰:五十学《易》,可以无大过矣。可以无大过,即是可为善。性之善,全在情可以为善;情可以为善,谓其能由不善改而为善。孟子以人能改过为善,决其为性善。"①人性之善不仅表现为知善,尊贤采善,还表现于知恶,弃恶从善。禽兽不知善,不能尊贤采善,更不知恶,善恶于禽兽而言一也。"义可为乃为之,义所不可为则不为。人能知择,故有不为者,有为者。"②"惟人皆实有此性(善性),故人人能择善。"③因为人有"四端",懂"五常",所以知尊采贤善,弃贬愚恶,故明可为和不可为,义可为乃为之,义所不可为则不为。而禽兽不知何谓可为与不可为,故可为与不可为都可能为,也都可能不为,所以人之性善,禽兽之性不善。

第七,人有神明之德,故性善。《孟子正义》云:"禽兽之情何以不可为善,以其无神明之德。人之情何以可以为善,以其有神明之德。……于情之可以为善,知其性之神明。性之神明,性之善也。"④人乃生物之精灵,宇宙之主宰,是因为人有神明之德。"先圣仰观天文,俯察地理,图画乾坤,以定人道。民始开悟,知有父子之亲,君臣之义,夫妇之道,长幼之序,于是百官立,王道乃生。……古之时,未有三纲六纪,民人但知其母,不知其父,能覆前,不能覆后,卧之詓詓,起之吁吁,饥即求食,饱即弃余,茹毛饮血而衣皮苇。于是伏羲仰则观象于天,俯则观法于地,因夫妇,正五行,始定人道,画八卦以治天下。……以通神明之德,以类万物之情。神明之德,即所谓性善也,善即灵也,灵即神明也。"⑤人是智慧之体,故能"仰观天文,俯察地理,图画乾坤,以定人道"。"当羲、农之前,人苦于不知,故羲、农尽人物之性,以通其神明,其时善不善显然易见,积之既久,灵智日开,凡仁义道德忠孝友悌"也。⑥"以情之可以为善明性善,此又以心之有恻隐、羞恶、恭敬、是非明性善也。惟性有神明之德,所以心有是非;心有是非,则有恻隐、羞恶、恭敬矣。"⑦有神明之德,故可仰天俯地,定人伦,众民皆知仁义道德忠孝友悌,不仅如此,"人则能扩充其知至于神明,仁义礼智无不全也。仁义礼智非他,心之明之所止也,知之极其量也。知觉运动者,人物之生;知觉运动之所以异者,人物之殊其性。孟子言人无有不善,以人之心知异于禽兽,能不惑乎所行之为善。……凡血气之属皆有精

---

① 焦循:《孟子正义》,长沙:岳麓书社,1996年,第504页。
② 焦循:《孟子正义》,长沙:岳麓书社,1996年,第368页。
③ 焦循:《孟子正义》,长沙:岳麓书社,1996年,第338页。
④ 焦循:《孟子正义》,长沙:岳麓书社,1996年,第503页。
⑤ 焦循:《孟子正义》,长沙:岳麓书社,1996年,第211页。
⑥ 焦循:《孟子正义》,长沙:岳麓书社,1996年,第212页。
⑦ 焦循:《孟子正义》,长沙:岳麓书社,1996年,第504页。

爽,而人之精爽可进于神明"①。之所以说人性善,禽兽之性不善,是因为禽兽虽有血气,但不能进于神明,永远只能蒙昧无所知。

第八,人知权善变,故人性善。人知理行于礼,但在实践中,又不能不顾实际而执"理",不近人情而死守所谓"礼",人之所以为人,就因为人知权善变。焦循说:"人之性善,故其心能变通。"②"盖人性所以有仁义者,正以其能变通,异乎物之性也。以己之心,通乎人之心,则仁也。知其不宜,变而之乎宜,则义也。仁义由于能变通,人能变通,故性善;物不能变通,故性不善,岂可以草木之性比人之性?……人有所知,异于草木,且人有所知而能变通,异乎禽兽,故顺其能变者而变通之,即能仁义也。"③"权者何?权者,反乎经然后有善者也。权之所设,舍死亡无所设。行权有道,自贬损以行权,不害人以行权。……权之设,所以扶危济弱,舍死亡无所设也。……赋此诗以言权道,反而后至大顺。说者疑于经不可反。夫经者,法也。制而用之谓之法,法久不变则弊生,故反其法以通之。不变则不善,故反而后有善。不变则道不顺,故反而后至于大顺。……权者,变而通之之谓也。……孟子不枉道以见诸侯,正所以挽回世道,矫正人心,此即孟子援天下之权也。……权外无道,道外无权,圣贤之道,即圣贤之权也。"④"圣人以权运世,君子以权治身。权然后知轻重,非权则不知所立之是非,鲜不误于其所行,而害于其所执。……孟子曰:'男女授受不亲,礼也。嫂溺援之以手,权也。'又曰:'嫂溺不援,是豺狼也。'豺狼,禽兽也。禽兽不能转移,人则能转移。自守于礼,而任嫂之死于溺,此害于礼者也。援则反乎礼而善矣。"⑤焦循认为,人类之所以能进化,就是因为人类富有智慧,且能不断变通,所谓善就是人性变通的结果。人性之所以能变通,在于人的性灵,即人的主观能动性,而物则无之,故性不善。"黄帝、尧、舜氏作,通其变,使民不倦;神而化之,使民宜之。……穷则变,变则通,通则久。黄帝、尧、舜,垂衣裳而天下治。盖尧、舜以变通神化治天下,不执一而执两端,用中于民,实为万世治天下之法。"⑥"因事转移,随时通变,吾心确有权衡,此真义内也。"⑦人知事异时移,能根据实际情况,不断变化,与时俱进,故人性善。而禽兽既不知事异和时移,更不可能根据现实情况的变化而变化其行为,不可能与时俱

---

① 焦循:《孟子正义》,长沙:岳麓书社,1996年,第493页。
② 焦循:《孟子正义》,长沙:岳麓书社,1996年,第584页。
③ 焦循:《孟子正义》,长沙:岳麓书社,1996年,第489页。
④ 焦循:《孟子正义》,长沙:岳麓书社,1996年,第346—347页。
⑤ 焦循:《孟子正义》,长沙:岳麓书社,1996年,第146—147页。
⑥ 焦循:《孟子正义》,长沙:岳麓书社,1996年,第212页。
⑦ 焦循:《孟子正义》,长沙:岳麓书社,1996年,第497页。

进,永远处于愚昧不可移其本能的状态,故禽兽之性不善。

第九,人可"旁通"情欲,所以性善。人之所以高明而伟大,还在于人不仅知己有情欲,还能"旁通"知达人之情,遂人之欲。《孟子正义》云:"孟子性善之说,全本于孔子之赞《易》。伏羲画卦,观象以通神明之德,以类万物之情,俾天下万世,无论上智下愚,人人知有君臣父子夫妇,此性善之指也。孔子赞之则云:利贞者,性情也。六爻发挥,旁通情也。禽兽之情,不能旁通,即不能利贞,故不可以为善。情不可以为善,此性所以不善。人之情则能旁通,即能利贞,故可以为善;情可以为善,此性所以善。禽兽之情何以不可为善,以其无神明之德也。人之情何以可以为善,以其有神明之德也。神明之德在性,则情可旁通;情可旁通,则情可以为善。……孔子以旁通言情,以利贞言性,情利者,变而通之也。以己之情,通乎人之情;以己之欲,通乎人之欲。己欲立而立人,己欲达而达人,己所不欲,勿施于人。因己之好货,而使居者有积仓,行者有裹粮,因己之好色,而使内无怨女,外无旷夫。如是则情通,情通则情之阴已受治于性之阳,是性之神明有以运旋乎情欲,而使之善,此情之可以为善也。故以情之可以为善,而决其性之神明也。"焦循强调人因有神明之德,而"神明之德在性,则情可旁通;情可旁通,则情可以为善"。因情"旁通",而推己及人,才能"使居者有积仓,行者有裹粮;因己之好色,而使内无怨女,外无旷夫"。[①] 人懂得"己所不欲,勿施于人",己所欲之,先施于人,故人性善。

焦循的"性善论",以性、灵、情、欲、德、才、知、智来区别人与禽兽。辨明禽兽虽有欲,却是愚昧、原始、本能、不知好嗜的,而人欲则出于性,发于情,合于礼,追求精妍,是文明之欲,是对善的追求,美的享受,所以人欲趋善,故人性乃善。更有甚者,人能举一反三、推己及人、受教而明,能"旁通"于人性之类、权变于情理之中,人乃宇宙之灵,故人性至善也。焦循在《孟子正义》中,力避告、孟之辩的强词夺理,不取宋明理学的心性、气质之辩的玄乎,正面回击荀子欲乃人性的恶源之说,而以人与禽兽之别来赞扬、申明人性之善,明白晓畅。

第三节 辩善特色

"道性善",是孟子全部思想的"宗旨"和"要领",性善说是孟子哲学思想的核

---

① 焦循:《孟子正义》,长沙:岳麓书社,1996年,第503页。

心。"孟子之所谓性善,是说一般人的本质都是善的。尧舜之所以为尧舜,也只是因为他是'人',只是因为人的本质是善的。"①对孟子的性善之论,有三点我们必须分辨:首先,孟子言人性善之"人",是指能进行复杂思维的高级动物,"性"是指人具有的本质属性。其次,孟子有以心善明性善的倾向。再次,孟子以人性的"实然"之善证人性的"必然"之善。

人性善恶问题,是历代思想家们无法回避的哲学命题,自孟、告人性善恶之辩后,荀子提出"性恶论",董仲舒、韩愈倡"性三品",宋理学家主"义理之性善","气质之性恶"的观点。之所以对人性善恶有不同的判断,一是立论的出发点和立足点不同,二是论证人性善恶不在同一个层面上,三是以个别代一般,将"实然"当"应然"。

清代学者在述孟时,基本倾向于孟子的性善之说,并对之进行继承与发展。顾炎武曰:"孔子所谓(性)相近,即以性善而言,若性有善有不善,其可谓之相近乎?如尧舜性者也,汤武反之也。若汤武之性不善,安能反之以至于尧舜邪?汤武可以反之,即性善之说,汤武之不即为尧舜,而必待于反之,即性相近之说也。孔孟之言一也。"②顾炎武所言,即由于性相近,故人人可至于尧舜也。既然人人可至尧舜,那么人性皆善。王夫之认为孟子言性善,即言心善,心性一也。"仁义,善者也,性至德也。心含性而效动,故曰仁义之心也。仁义者,心之实也,若天之有阴阳也。……而性为心之所统,心为性之所生,则心与性不得分为二,故孟子言心与言性善无别。'尽其心者知其性',唯一故也。"③黄宗羲对"善"有自己的独特见解。他认为善是心之本然,性之本然。"孟子论性,只就最近处指点。……孟子一书,专为性善说也。然则仁义礼智可谓非性乎?……满腔子是恻隐之心,此意周流而无间断,却未发之喜怒哀乐是也。遇有感触,忽然迸出来,无内外之可言也。先儒言恻隐之有根源,未尝不是,但不可言发者是情,存者是性耳。扩充之道,存养此心,使之周流不息,则发政施仁,无一非不忍人之心矣。"④哪怕十恶不赦之徒,平日杀人行劫,忽然见孺子入井,恻隐之心也会显露出来,说明良心仍存,此乃人心之本然,性之本然,故人心善,人性善。他还说:"孟子之言性善;亦是据人性言之,不以此通之于物也。……夫所谓理者,仁义礼智是也。禽兽何尝有

---

① 李维武编:《徐复观文集》第三卷,武汉:湖北人民出版社,2002年,第155页。
② 顾炎武:《日知录》,上海:商务印书馆,1934年,第39页。
③ 焦循:《孟子正义》,长沙:岳麓书社,1996年,第502—503页。
④ 黄宗羲:《孟子师说》,载《黄宗羲全集》卷二,杭州:浙江古籍出版社,1985年,第67—69页。

是?……盖人而丧其良心入于禽兽者有矣,未有禽兽而复为人者也。"①禽兽不如之人,仍知善恶;至灵之禽兽,亦无羞恶之心,人丧其良心能与禽兽为伍,未见有禽兽能具人之性也。其根源就在于人之性善,物之性不善也。在人性论问题上,戴震持"知即善"的性善论观点。他指出"孟子曰'非天之降才尔殊',曰'乃若其情,则可以为善矣,乃所谓善也;若夫为不善,非才之罪也。'惟据才质为言,始确然可以断人之性善。"②戴震把性善与"才质"联系起来,以"才质"作为他性善论的物质基础。这个"才质"指的是能思想的"心知",即是说人性善与人的"心知"是分不开的。"心知"何以能成就善?他认为,"心知"能知理知义,而知理知义即是善。"人之心知,于人伦日用,随在而知恻隐,知羞恶,知恭敬辞让,知是非,端绪可举,此之谓性善。"戴震在考察历代儒家论人性善恶理论前提下,试图揭示人性的本真面貌,弘扬能思的"心知"对于人性善的意义,极力高扬人的主体性。

清代学者,对孟子性善说的申发,各个人的方式方法、角度和用力程度都有不同。王夫之、黄宗羲都以心善倡性善,富有特色,但没有对孟子的性善说进行系统的论证和阐述。戴震以"心知",倡言"知即善",自身未构建成完整的人性论体系。但他们的性善论对焦循都有不同程度的影响,戴震对焦循的影响更大。焦循的性善之论,是竭尽全力申发孟子性善说,他在对人性的本质阐释的基础上,承继前贤所论,发展了孟子以心善明性善的方法,以人性的"实然"之善辨明人性的"必然"之善。在戴震"知即善"理论的影响下,他的性善论完全立于"智"的层面上,这与儒家传统的以"人兽之辨"来言人性善恶有根本的区别。传统的"人兽之辨",主要在人与兽"本能、已为、可为"的层面上辨,主要论辩的焦点是人性中是否有恶。而焦循一反传统,以"智,人也;不智,禽兽也"③为立论基点,主要辨人、兽之"能为",论辩的焦点是人兽之性中"至善"可及,撇开人兽是否可行恶,关键是能否极善。焦循的高明之处就在于:他基于人兽对比,将"善"与智慧、文明紧紧地连在一起,这样一辨,人性善之论,就易于被人们所接受。焦循的人性论,从立论的基点、论证的方法,到结论的逻辑推演,在中国人性论史上都应有自己的一席之地。

钱穆在《中国近三百年学术史》中说:"里堂论学极多精卓之见,彼盖富具思想文艺之天才,而游于时代考据潮流,遂未能尽展其长者。然即其思想上之成就言

---

① 黄宗羲:《孟子师说》,载《黄宗羲全集》卷二,杭州:浙江古籍出版社,1985年,第135页。
② 戴震:《原善》,载《戴震全书》卷六,合肥:黄山书社,1997年,第18页。
③ 焦循:《孟子正义》,长沙:岳麓书社,1996年,第390页。

之,亦至深湛,可与东原、实斋鼎足矣。其立说之最明通者,为其发明孟子性善之旨。"①历史上人性善恶之辨,多表现为辨者概念模糊,底气不足,语势不强,所以得出的结论难以让人信服。而焦循则打破传统思维的桎梏,独辟蹊径,用人物对比的方式,辨明人性善,物性不善。从能知到可明,从人有"四端"到人欲可至必然,从知择采善到能权善变,从知情欲求精妍到能旁通利贞,最后达至人有神明之德。步步为营,层层推进,气势磅礴,咄咄逼人,思维独到,理论自成体系,情理令人心服,推论令人折腰,影响深远。故梁启超曰:《孟子正义》"价值是永永不朽的"。

---

① 钱穆:《中国近三百年学术史》,北京:商务印书馆,1997年,第502页。

第十三章

《孟子正义》疏证特色

焦循的《孟子正义》是清代第一部用一家之注的新疏,也是清代本赵注《孟子》仅存的一部新疏。于赵注,申、补、正、存,实事求是。不墨守唐宋旧疏"疏不破注"的成法,"于赵氏之说或有所疑,不惜驳破以相规正",尽显清学特色。广考博征,融会贯通,精审独到,被誉为"新疏家模范作品"①"具有清学特色的新疏"②"《孟子》研究集大成之作"③。那么《孟子正义》的"模范"表于何方?"特色"显于何处? 又何谓集大成者? 其突出之处至少表现在以下几个方面。

第一节 推孟宗赵 全面疏证

焦循的《孟子正义》是清代第一部用一家之注的新疏,也是清代本赵注《孟子》仅存的一部新疏。于赵岐《孟子章句》,一申其义,二补其注,三正其误,四存其疑。申赵而不盲从;补赵盖属必要之处;正在要处,正之有据;不能断其是者,存疑待考,学风可推。

1. 申赵

赵注《孟子》,是汉代《孟子》多家注本中唯一完整流传下来的,造成这"唯一"的原因可能是多方面的,但不管在当时乃至后代,赵注《孟子》乃学者善藏喜阅乐采的珍本,是确定无疑的。更有可能因为其淹博而淹没了《孟子》的其他注本。之所以如此推测,是因为赵岐的《孟子》注学术价值高,总体上是值得推崇的。故焦

---

① 梁启超:《中国近三百年学术史》,北京:东方出版社,1996年,第220页。
② 沈文倬:《孟子正义校点说明》,载《孟子正义》卷首,北京:中华书局,1987年。
③ 董洪利:《孟子研究》,南京:江苏古籍出版社,1997年,第374页。

循在《孟子正义》中,对赵注极为推崇。焦循在《孟子正义》中,不仅竭力阐发《孟子》思想,对赵注中有关义理的注释也给予申发。《孟子·离娄下》有:"舜明于庶物,察于人伦,由仁义行,非行仁义也。"赵注云:"舜明庶物之情,识人事之序。仁义生于内,由其中而行,非强力行仁义也。故道性善,言必称尧舜。"①焦循觉得赵氏虽及孟子之旨,但所注不够淋漓晓畅,于是花费近千言申之,最后云:"此孟子所以不称伏羲氏而称尧舜也。"②赵氏未言孟子为何"道性善,言必称尧舜"?焦循于此不仅言明孟子"道性善"之由,同时也道孟子"言必称尧舜"之因。

2. 补赵

由于主客观的原因,赵岐《孟子》注不可能尽善尽美,于是焦循续补其说。因汉距孟子之世较近,或有些问题在汉代为人所共知,故赵岐的《孟子》注,略于许多问题。而到了清代,有些问题必须搞清楚,故焦循对赵注作了许多补注。《孟子·滕文公上》云:"禹疏九河,瀹济、漯而注诸海,决汝、汉,排淮、泗而注之江,然后中国可得而食也。"赵岐于"排淮、泗而注之江"无注,淮、泗是否均可注入江?引发汉之后许多学者的争辩,清代不少学者对此亦有不同看法,焦循认为这是赵注的一大缺憾,他先引《禹贡》《水经注》《汉书注》《舆地纪胜》《货殖传》《舆地广记》《元丰九域志》《方舆胜览》《合肥旧志》等文献,认为淮水与沘水、泄水、施水合。古巢湖水北合于肥河,故魏窥江南,则循涡入淮,自淮入肥,由肥而趋巢湖。合肥有肥水、淮水,宋时庐州有镇淮楼。盖肥合于淮,淮水盛则被于肥,此淮水至合肥之证。再引孙兰《舆地隅说》、孙星衍《分江导淮论》等清代学者之言:《孟子》言排淮、泗而注之江,今不得其解,或以为误,或以为据吴沟通江、淮之后言之。实近世水利不修,淮、肥流断,然巢湖之水,夏间犹达合肥,古迹可寻求也。且古说大别在安丰,为今霍丘地,禹迹至此排淮,故导江有至大别之文,此又淮流与江通之证矣。所以,焦循认为:夏时贡道,正可由巢湖溯施、泄、肥水之流通淮,达于菏泽,菏泽会沛、泗之流,故云达于淮、泗。清代大部分学者都认为淮水不入江,而焦循经过引经据典,不仅补赵注之缺,而且证明"孟子此文,至精至妙"。③

3. 正赵

"是书虽为赵岐章句作疏,然亦不尽从其说。"④在《孟子正义》中,焦循在申赵、补赵的同时,对"赵氏之说或有所疑,不惜驳破以相规正"⑤。赵注中有一些错

---

① 李学勤主编:《孟子注疏》,北京:北京大学出版社,1999年,第223页。
② 焦循:《孟子正义》,北京:中华书局,1987年,第569页。
③ 焦循:《孟子正义》,北京:中华书局,1987年,第383页。
④ 《续修四库全书总目提要·经部》,北京:中华书局,1993年,第925页。
⑤ 焦循:《孟子正义》,北京:中华书局,1987年,第1051页。

注误注,焦循将之一一摘出,予以更正。《孟子·尽心上》曰:"有为者辟若掘井,掘井九轫而不及泉,犹为弃井也。"赵注曰:"轫,八尺。"①对于"轫"之数,古代有两种不同观点。《淮南子·原道训》、许慎《说文》、王肃《圣证论》、赵岐《孟子注》、曹操、李筌《孙子注》、郭璞《山海经注》、颜师古《司马相如传》注、房玄龄《管子注》、鲍彪《楚国语注》,并曰八尺。而《庄子》《览冥训》、郑康成《周官》《仪礼》注、包咸《论语注》、高诱注《吕氏春秋》、陆德明《释文》、王逸注《大招》《招魂》、李谧《明堂制度论》、《吕氏春秋》注等则皆以为七尺。而清代方密之、顾亭林皆笃信八尺之说,程瑶田以为仞七尺者是也。段玉裁《说文解字注》云:程氏甚精,仞说可定矣。焦循经过引征、辨别、推理,最后断言:"仞为七尺,程氏、段氏之言定矣。"②

4. 存疑待考

《孟子正义》中,遇有对赵注不甚满意,他注也缺乏很强说服力之处,自己暂时亦无有力证据立其说者,焦循就兼存备录,存疑待考。应该说这是实事求是的治学态度,非常值得推崇。《孟子·公孙丑下》有云:"孟子为卿于齐,出吊于滕。"赵注为:"孟子尝为齐卿,出吊滕君。"③孟子出吊之"滕君",究竟为谁?焦循不能定夺,故曰:"出吊于滕,赵氏云出吊滕君,按滕定公薨,孟子时居邹,非此为齐卿时也。季本《孟子事迹图谱》云:其与王驩使滕,为文公之丧也。非大国之君,无使贵卿及介往吊之礼。此固重文公之贤,而隆其数,亦孟子欲亲往吊,以尽存没始终之大礼也。事虽无据,可存以备参考。"④焦氏认为两者均有不合,故存疑待考。

汉以来赵岐之《孟子》注,多受推崇,亦有非之,往往偏执一面。焦循则总体翼赵注而非孙疏。申赵而不盲从,表述严谨而不浮夸。补赵盖属必要之处,补不离题,不喧宾夺主。正赵而不屈从权威,正在要处,正之有据,多有极佳处。暂不能断其是者,不轻言,不臆断,存疑待考,学风可推。《孟子正义》于赵注,申、补、正、存,总体把握,全面疏证,基本不夹杂个人偏好,聚众家之说,比较优劣,据以取舍,较为客观,乃大手笔矣。

---

① 李学勤主编:《孟子注疏》,北京:北京大学出版社,1999年,第368页。
② 焦循:《孟子正义》,北京:中华书局,1987年,第923页。
③ 李学勤主编:《孟子注疏》,北京:北京大学出版社,1999年,第112页。
④ 焦循:《孟子正义》,北京:中华书局,1987年,第274页。

第二节 广征博引 精审独到

焦循《孟子正义》之疏证，一显广博，可以说广征博引，几乎无有不考；二显精审，极多精辟独到之处；三显会通，会通古今，会通经史，会通百科。

1. 广征博引

首先，考证范围极广，几乎称得上无所不涉。焦循在《孟子正义》中，历史、地理、天文、历法、礼仪、制度考辨细致，服装饮食、娱乐器具、日常用品样样关涉，度量重长、诸侯疆域、字词训诂条条核实。以礼制来说，就涉及天子装饰之礼，君臣相见之礼，君臣出巡之礼，父子、夫妇尊卑之礼，婚礼，葬礼，祭祀之礼……。如《梁惠王下》"雪宫"条，赵注为"雪宫，离宫之名也。宫中有苑囿台池之饰，禽兽之饶，王自多有此乐，故问曰贤者亦能有此乐乎"①。此"雪宫"到底是王行乐之处，还是贤者居处，历来有不同意见，这实际上涉及君臣相见之礼。故焦循曰："《文选·雪赋》云：臣闻雪宫，建于东国。注引刘熙《孟子》注云：雪宫，离宫之名也。与赵氏同。离宫，即囿人、阍人所掌也……阎氏若璩《释地》云：解者谓雪宫孟子之馆，宣王就见于此，因夸其礼遇之隆……曹氏之升《摭余说》云：阎氏说非也。赵氏注孟子将朝王章亦云寡人就孟子之馆相见也。盖雪宫如汉甘泉、唐九成之属。齐宣尊礼孟子，馆之离宫，不使侪于稷下，故景丑氏以为丑见王之敬子也。齐宣以孟子为宾师，极致尊礼，其问隐然自表其优遇之至意。赵氏佑《温故录》亦云：此盖齐王馆孟子于雪宫而来就见也。贤者，即谓孟子，与梁惠王之问不同。按孟子见梁惠王，与宣王见孟子于雪宫，文顺逆不同。谓孟子在雪宫，宣王就见，义似为长。齐宣有此雪宫之乐，今馆孟子于此，则贤者亦有此雪宫之乐，见能与贤者共此乐也。"②名物也涉及方方面面，诸如日用器具，农具，渔猎用具，祭祀器皿，棺椁，棋牌，钱币，鸟鱼虫兽，车马兵器，鞋帽服饰，草木谷物，刑具，乐器等等，几乎样样稽考。

其次，引征广博。焦循《孟子正义》征引资料之详博，是其他同类著作无与伦比的。在《孟子篇叙》注文中，焦循列举了所征引的同时代著名学者的著作"凡六十余家，皆称某氏以表异之，著其所撰书名以详述之"③。据笔者不完全统计，焦

---

① 李学勤主编：《孟子注疏》，北京：北京大学出版社，1999年，第39页。
② 焦循：《孟子正义》，北京：中华书局，1987年，第118页。
③ 焦循：《孟子正义》，北京：中华书局，1987年，第1051页。

循在《孟子正义》中征引清代学者的著作75家129种1164次,征引20次以上的著作就有17种,征引50次以上的著作有8种,阎若璩的《四书释地》、阮元的《校勘记》征引达120余次。征引清代之前著作697种9532次之多。征引百次以上的著作就有26种,征引200次以上的著作有9种,征引300次以上的著作就有5种,其中《说文》征引达663次。也就是说,《孟子正义》共引各类文献826种10796次。此外,他所征引,可以说是无所不包,十三经一个不差,清代能见到的官修史籍一应俱全,诸子著作几乎囊括,丛书、类书应有尽有。像《慈湖家记》《崔实政论》《地道记》《古今姓纂》《刘攽两汉刊误》《容斋二笔》《商子画策篇》《尉缭子》《鹖冠子》等等,都是在其他著作中罕见书籍。旁征博引,博采众长,使焦循的《孟子正义》不仅具有很高的学术价值,同时具有极高的资料价值。"我们说《孟子正义》是封建时代孟子研究集大成之作,正是基于'广博'这个意义上提出的。到目前为止,在孟子学界资料最全、解说最细的著作,仍然要首推《孟子正义》。"①

2. 精审独到

首先,考证严密。焦循在《孟子篇叙》中曰:"为《孟子》作疏,其难有十:……前所列之十难,诸君子已得其八九,故处邵武士人时,为疏实艰,而当日,集腋成裘,会鲭为馔,为事半而功倍也。"②也就是说,清代许多学者的学术成果客观上为焦循的《孟子正义》成为集大成之作准备了条件。但是,客观只是外部条件,焦氏自身的严谨考证、严密推理,才是《孟子正义》成为集大成之作的决定性因素。《孟子·万章上》"谟盖都君咸我绩"条,赵注曰:"象,舜异母弟。谟,谋。盖,覆也。都,于也。君,舜也。舜有牛羊仓廪之奉,故谓之君。咸,皆。绩,功也。象言谋覆于君而杀之者皆我之功。欲与父母分舜之有,取其善者,故引其功也。"③焦循认为赵注不够准确,故曰:"《释言》云:弇,盖也。孙炎注云:盖,亦覆之意。襄公十七年《左传》云:不如盖之。服虔注云:盖,覆盖之。是盖为掩,即为覆也。《尔雅·释诂》云;都,于也。近时通解谓舜所居三年成都,故谓都君。赵氏谓有仓廪牛羊之奉故谓之君,奉即《汉帝纪》列侯幸得餐钱奉邑之奉。《广雅·释诂》云:奉,禄也。既食禄奉,则是尊官。《仪礼·丧服传》:君至尊也。注云:天子诸侯及卿大夫有地者皆曰君。虽成都未尝君之,故解都为于。是时未知所处何等,故但以奉知为君也。咸皆也,绩功也,均《尔雅·释诂》文。阮氏元释盖云:《尔雅·释言》盖,割裂也。害、曷、盍、末、未,古音皆相近,每加偏旁,互相假借,若以为正字,则失之。

---

① 董洪利:《孟子研究》,南京:江苏古籍出版社,1997年,第355—356页。
② 焦循:《孟子正义》,北京:中华书局,1987年,第1051页。
③ 李学勤主编:《孟子注疏》,北京:北京大学出版社,1999年,第247—248页。

《书·吕刑》曰：鳏寡无盖。盖即害字之借，言尧时鳏寡无害也。伪传云：使鳏寡得所，无有掩盖。失之矣。《尔雅·释文》盖，舍人本作害。《孟子》：谋盖都君。此兼井廪言之，盖亦当训为害也。若专以谋盖为盖井而不兼焚廪，则咸我绩咸字无所著矣。"①多引证，常比较，精推演，善结论，是焦循考证特点之一。焦氏在《孟子正义》中，不用孤证，据不足，不轻下结论。

其次，见解独到。焦氏《正义》，在严谨的同时，见解多有精辟独到之处，故频显闪光之点。《孟子·告子上》"欲富贵，人之同心也。人人有贵于己者，弗思耳。人之所贵者，非良贵也，赵孟之所贵，赵孟能贱之"条，赵注为："人皆同欲贵之心。人人自有贵者在己身，不思之耳。在己者，谓仁义广誉也。凡人之所贵富，故曰非良贵也。赵孟，晋卿之贵者。能贵人，能贱人，人之所自有者，他人不能贱之也。"②赵氏于"良"未有详释，焦氏考之曰："良之训为善，毛、韩之传《诗》，郑氏之注《礼记》《周礼》、笺《诗》，何氏注《公羊传》，韦氏注《国语》，高氏注《吕氏春秋》，许氏《说文解字》，张氏《广雅》，司马氏注《庄子》，某氏传《尚书》。孟康、如淳注《汉书》，孔晁注《周书》无不然，故良心即指仁义之心，谓善心也。此良贵，赵氏明指仁义广誉，则亦当训为善，谓贵之善者也。人所贵者富贵，富贵之贵，不如仁义之贵良也。《易·文言传》云：元者，善之长也。元有善义，亦有首义，故《尔雅·释诂》云：元，良，首也。良训善，因亦为元首。此善于彼，则此居彼上，故《左传》所云良医，即《周礼》所云上医，若曰此医之善者，亦即医之首也。"至此，"良"引证多多，"善"义可解。若焦氏到此为止，那也就与普通学者无二。继而焦氏申发曰："《山海经·西山经》：瑾瑜之玉为良。注云：良，言最善也。最善，善之最，即善之长，善之长即善之甚，故赵氏解良知、良能为甚知、甚能，皆由善之义引申者也。人人所自有，此是解人人有贵于己者，言仁义不待外求。富贵则赵孟能贵能贱，此仁义之贵，比较富贵之贵所以为良，非良字有自有之训也。良贵犹云最贵，非良贵犹云非最贵也。自儒者误以良为自有之训，遂造为致良知之说，六书训诂之学不明，其害如此。"③此释矛头直指王阳明，应属学术之分歧。但对"良"之见解极为精辟独到，可圈可点。

"精审"是焦疏成为传世佳作的主要原因之一，而精审与前一条"广博"有着密不可分的关系。首先是焦循所博引的内容，大多是前代学者呕心沥血的研究成果，其本身就极为精密，具有极高的学术价值。焦循在广征博引的基础上，精心而

---

① 焦循：《孟子正义》，北京：中华书局，1987年，第621页。
② 李学勤主编：《孟子注疏》，北京：北京大学出版社，1999年，第315—316页。
③ 焦循：《孟子正义》，北京：中华书局，1987年，第797页。

审慎地以己意贯串推衍，或明断内容的是非取舍，或提出自己的独到见解。为了考证一个字义、一个史实或一个典章，或名一物，焦循往往不厌其烦地举出若干证据，因而他提出的结论大都精确可信，即或不同意他的意见，也能使人感到他的结论持之有故，言之有据，自成一家。此足显焦循充分发扬了乾嘉学派注重求真，精于考证的良好学风。

3. 融会贯通

阮元撰《通儒扬州焦君传》，誉焦循为"于学无所不通""于经无所不治""学乃精深博大""名之为通儒"。此非过誉之词，《孟子正义》也充分显其"通"的特点。

首先，会通古今。前文已言，《孟子正义》共引各类书籍826种10796次，可谓历代贤人名著汇于一书，亘古以来，罕有其匹。《孟子·离娄下》"蚤起，施从良人之所之，遍国中无与立谈者。卒之东郭墦间，之祭者乞其余，不足，又顾而之他。此其为餍足之道也。"条，赵注为："施者，邪施而行，不欲使良人觉也。墦间，郭外冢间也。乞其祭者所余酒肉也。"①为了进一步证明赵注观点，焦循用了600多言，所涉资料，清代之前有《史记》《汉书》《淮南子》《释丘》《说文》《方言》《终制》《咸阳灵台碑》《韩诗外传》《周本纪》《周礼冢人》，清代有：钱大昕的《潜研堂答问》、程瑶田的《通艺录》、王念孙的《广雅疏证》、阎若璩的《四书释地》、曹之升的《摭余说》、何焯的《读书记》，共引史籍17种。再如前文所举《孟子·告子上》"欲贵，人之同心也。人人有贵于己者，弗思耳。人之所贵者，非良贵也，赵孟之所贵，赵孟能贱之"条，焦循用400多言考证"良"，就引前贤时彦著作18种，不可谓不多矣。

其次，会通诸经。阮元誉焦循为"于经无所不治"，事实确实如此，焦循不仅无经不治，且均卓然有成。所以在《孟子正义》中，充分显示其经学功力，将十三经打通融于一著之中。他不仅引诸经原文作为考证依据，更频繁采用历代学者研究十三经的杰出成就，以证己见。《孟子·滕文公上》"人之有道也，饱食暖衣，逸居而无教，则近于禽兽。圣人有忧之，使契为司徒，教以人伦：父子有亲，君臣有义，夫妇有别，长幼有序，朋友有信"条，赵注为："司徒主人，教以人事。父父子子，君君臣臣，夫夫妇妇，兄兄弟弟，朋友贵信，是为契之所教也。"②焦循为了申发赵注，引证各种著作54次，其中引《易》《尚书》《礼记》《中庸》《春秋》《左传》《大学》《论语》《诗经》《孟子》共28次。在一个条目之下就几乎会通诸经，让人叹为观止。

---

① 李学勤主编：《孟子注疏》，北京：北京大学出版社，1999年，第240页。
② 李学勤主编：《孟子注疏》，北京：北京大学出版社，1999年，第146页。

再次，会通百科。《孟子正义》所引，经、史、子、集无所不涉。十三经经经皆引，所引清代129种著作中，绝大多数是经学研究著作，所引清代之前书籍中，经学研究著作也占有很大比重。其中征引百次以上的26种书籍中，就有20种是经类著作，另有史类书六种。在征引的经类著作中，单与《礼》有关的就有14种。在征引的史类著作中，仅与《汉书》相关的就有《汉书》《汉书补注》《汉书官名秩薄》《汉书集注》《汉书音义》《汉书赞》《汉书注》等七种。子类所采，可谓包罗万象，如《荀子》《尉缭子》《孙子》《管子》《农书》《古今律历考》《勾股引蒙》《皇极经世书》《演繁露》等等，子类细目中，几乎无有缺类。集类著作采摘颇多，如《楚辞》《文选注》《乐府》《文心雕龙》等等。

焦氏不仅征引广博，还能会通各科知识于一体。如《孟子·告子上》"今夫奕之为数，小数也"条，焦循为了纠正赵氏混"博""奕"为一的错误，引征著作包括：《方言》《孟子字义疏证》《说文》《荀子》《楚辞》《史记》《春秋》《左传》《广雅》《广雅疏证》《韩非子》《西京杂记》《列子》《六博经》《博奕论》《小尔雅》《小尔雅训纂》《大戴礼记》《文选》《艺经》《后汉书》《九章算术》《奕旨》《论语》。在一条疏证之下，汇通经、史、子、集，不能不让人折腰。

焦循被誉为"通儒"，后人称之为经学家、数学家、戏剧学家，乃至史学家、文学家、教育学家等等，冠之如此多的"家"，足显其"通"，已经让人敬仰。而在一部著作中，能会通古今、会通经史、会通百科，确属罕见。同时能信手拈来，运用贴切自如，就不仅仅是一般之"通"，而是达到精通古今，精通经史，精通百科的境界。

第三节　打破成法　驳破规正

唐宋经学重家法和师法，著述大多以义疏为主。义疏是对经书中的注作详细解说，原则是"疏不破注"。《孟子正义》虽以疏解赵注为主，但焦氏并未墨守唐宋旧疏"疏不破注"的成法，"于赵氏之说或有所疑，不惜驳破以相规正"①，充分体现了清学实事求是的精神。

综观《孟子正义》，焦氏驳破赵注主要体现在"正赵"和"存疑"部分，涉及历史地理、名物制度、词义训释、句意理解等诸多方面。

---

① 焦循：《孟子正义》，北京：中华书局，1987年，第1051页。

《孟子·万章下》有云:"以皮冠。庶人以旃,……",赵注"皮冠,弁也"。①《孟子正义》曰:"周氏柄中《辨正》云:《周礼·司服》:凡甸冠弁服。郑注:冠弁,委貌,此田猪之冠也。薛氏《礼图》以冠弁即皮弁,又以皮弁即皮冠,此说非是。襄十四年《传》:卫献公射鸿于囿,孙、宁二子从之,不释皮冠而与之言,二子怒。孔疏谓敬大臣宜去皮冠。若皮冠即弁,则卫献之不释皮冠,正自应尔,孙、宁二子何为而怒乎?然则皮弁者礼服之冠,皮冠盖加于礼冠之上,田猎则以御尘,亦以御雨雪。楚灵狩于州来,去皮冠而与子革语,必非科头也。可见去皮冠而仍有礼冠矣。以其为田猎所有事,故招虞人以之,而礼冠中不数也。或云天子田猎服委貌,诸侯服皮冠,亦是臆说。"②赵岐不通礼,皮弁、皮冠不分,若遵循"疏不破注"之成法,焦循则与此既可敷衍其说,也可略而不言,然而焦氏"不惜驳破以相规正"③,尽显其实事求是的一贯学风。

《孟子·梁惠王下》曰:"王之好乐甚,则齐其庶几乎?今之乐,由古之乐也。"赵注"甚,大也。谓大要与民同乐,古今何异也。"④以甚训大,焦循以为不然。云:"《后汉书·樊准传》注云:大,犹甚也。大甚之大,读若泰,与广大之大古通。《索问·标本病传论》云:谨察间甚,以意调之。注云:甚,谓多也。《礼记·郊特牲》云:大报天而主日也。注云:大,犹遍也。遍与多义亦相近。然则王之好乐甚即谓王之好乐遍,遍则充满广众,合人己君民而共之矣。《汉书·陈咸传》注云:大要,大归也。无论古乐今乐,俱要归于与民同乐。故云大要。赵氏以大训甚,不属于前齐国其庶几之下,而属于此下,大要二字,承而言之,似以前之好乐甚谓大好古乐,此之好乐甚谓大要与民同乐,甚之为大同,而前后义异。前浑言好乐,则自宜古不宜今;王既自明为世俗之乐,则孟子顺其意而要归于与民同乐,乃揆经文,前后两称好乐甚,皆谓好乐能遍及于民,不宜殊异。赵氏大要之大,不必即训甚为大之大。大要二字,自解今乐犹古乐之义,推甚大之训,误系于此,转令学者感耳。"⑤对比言之,"甚"于此训为大,实属不妥,说明赵氏于此不明《孟子》本义,故焦氏驳之正之。

焦循驳破赵注大致有二:一是赵注错误较为明显,问题也不甚复杂,学界分歧不大,焦疏也往往直接驳破规正赵注,简明扼要,一语中的。二是问题较为复杂,学界历来多有分歧,焦循往往多方引征他人学术成果,以强有力的证据驳破规正

---

① 李学勤主编:《孟子注疏》,北京:北京大学出版社,1999年,第288页。
② 焦循:《孟子正义》,北京:中华书局,1987年,第722页。
③ 焦循:《孟子正义》,北京:中华书局,1987年,第1051页。
④ 李学勤主编:《孟子注疏》,北京:北京大学出版社,1999年,第31页。
⑤ 焦循:《孟子正义》,北京:中华书局,1987年,第100页。

赵注。综观全疏,焦循驳破赵注既十分大胆,又绝非随心所欲,他非常重视吸取前贤时彦的学术成果,以求立论坚实,信而有征,因此,焦氏之说大多是诚信可靠的。焦循敢于突破"疏不破注"的束缚,大胆驳破规正赵注,这种实事求是的学术精神和由此表现出的巨大学术勇气,是极其难能可贵的。

第四节　不拘程式　详略有致

　　焦循的《孟子正义》,不是依旧疏程式,先分后总,按篇章逐一疏证,而是实事求是,不拘程式,详略有致。凡赵注有错或有所疏略、需详证详疏的地方,不惜数千言;赵注已基本具其义,不需详证详疏的地方,则简言之;赵注已很精善,不需补疏补证,则略而不言。

　　首先,《孟子正义》不依章句逐段疏证,而是该疏则疏,该证则证,疏在惑、忽之处,证于歧、误之点。《孟子正义》共十四卷,除去"孟子题辞""孟子篇叙",约七十万字,平均每部分约五万字。《滕文公上》和《尽心下》两卷各约七万五千字,而《万章》上下两卷才近九万字,这说明焦氏是应需而疏,并非平均使用笔墨。

　　其次,需要详证详疏,不惜笔墨;不需疏证,惜墨如金。《孟子正义》卷十一《告子上》"理义之悦我心,犹刍豢之悦我口"条,焦循为了申赵义,洋洋洒洒七千余言,可谓是不遗余力。卷五《滕文公上》"禹疏九河,瀹济漯而注诸海,决汝汉,排淮、泗而注之江"条,焦氏花费五千余言,主要辨明"排淮、泗"是否可"注之江"。卷九《万章上》"孟子曰:'否。'"条,焦循则曰"注:'言不然也。'"自己则无语。卷十一《告子上》:"恻隐之心,人皆有之。……而无算者,不能尽其才者也。"赵注为:"仁义礼智,人皆有其端,怀之于内,非从外消烁我也。求存之,则可得而用之。舍纵之,则亡失之矣。故人之善恶,或相倍蓰,或至于无算者,不得相与计多少,言其绝远也。所以恶乃至是者,不能自尽其才性也。故使有恶人,非天独与此人恶性。其有下愚不移者,譬如被疾不成之人,所谓童昏也。"[①]焦循认为赵氏所言极是,故不言。另外,为了节省笔墨,避免重复,常用参见某章某条语。

　　焦循《孟子正义》,依疏之需,泼墨如画,铺陈扬厉;同时又要言不烦,惜墨如金;既显博大恢弘,又显要义精审。

---

　　① 焦循:《孟子正义》,北京:中华书局,1987年,第757页。

焦循《孟子正义》堪称清代《孟子》学成就最高者,故梁启超云:"《孟子》有赵岐注,实汉经师最可宝之著作。惟今注疏本之孙奭疏,纯属伪撰,钱竹汀及《四库提要》已辨之。其书芜秽踳驳处不可悉数,与孔、贾诸疏并列,真辱没杀人了。所以新注之需要,除《尚书》外,则《孟子》最为急切。里堂学问方面极多,……他说:'为《孟子》作疏者十难',但又说生在他的时代,许多难工夫都经前人做过,其难已减去七八。他备列所引当代人著述,从顾亭林、毛大可起到王伯申、张登封止,凡六十余家,可见他搜采之勤与从善之勇了。他以疏解赵注为主,但'于赵氏之说或有所疑,不惜驳破以相规正'。是于唐人'疏不破注'之例,也并未尝墨守。这书虽以训释训诂名物为主,然于书中义理也解得极为简当。里堂于身心之学,固有本原,所以能谈言微中也。总之,此书实在后此新疏家模范作品,价值是永永不朽的。"①

---

① 梁启超:《中国近三百年学术史》,北京:东方出版社,1996年,第220页。

第十四章

焦循人性论逻辑推演

焦循是清代对孟子性善说申发最用力者,他的人性论立论基点是:"智,人也;不智,禽兽也"。认为:人具"四端"、人能知、人可教而明、人知情有欲求精妍、人可使"欲"从自然达至必然、人知尊贤采善、人知权善变、人可"旁通"情欲,故人性善。焦循在承认人性是本然之性、生而有之的前提之下,以人兽对比,着力证人具"四端"的社会属性是善,以文明、智慧去证明人性善。

中国历史上人性善恶之辨,多表现为辨者概念模糊,得出的结论难以令人信服。清代焦循打破传统思维的桎梏,独辟蹊径,用人物对比辨明人性善,物性不善。思维独到,理论自成体系,影响深远。但焦循人性论也存在论证主体不一,自相矛盾,情理不合,推论缺乏逻辑的地方。本文将予以辨析。

历史上人性善恶之辨,多表现为辨者概念模糊,底气不足,语势不强,所以得出的结论难以令人信服。而焦循则打破传统思维的桎梏,独辟蹊径,用人物对比辨明人性善,物性不善。从能知到可明,从人有"四端"到人欲可至必然,从知尊贤采善到能权善变,从知情欲求精妍到能旁通利贞,最后达至人有神明之德,步步为营,层层推进,气势磅礴,咄咄逼人,思维独到,理论自成体系,影响深远。但焦循人性论也存在论证主体不一,自相矛盾,情理不合,推论缺乏逻辑的地方。本章将予以辨析。

第一节 人具智慧四心

首先,焦循认为"智,人也;不智,禽兽也",故人性善,禽兽之性不善。

《孟子·离娄下》曰:

天下之言性也,则故而已矣。故者以利为本。所恶于智者,为其凿也。如智者若禹之行水也,则无恶于智矣。禹之行水也,行其所无事也。如智者亦行其所无事,则智亦大矣。天之高也,星辰之远也,苟求其故,千岁之日至,可坐而致也。①

在人性和人性修养问题上,孟子所谓"行其所无事",是指不多事、不惹事,但不能无为;既不能完全不用心智,也不能心智用得过度,以致走向"凿"。

《孟子正义》曰:"故,即苟求其故之故。推步者求其故,则曰至可知;言性者顺其故,则智不凿。《易·文言传》云:利者,义之和也。《荀子·臣道篇》云:从命而利君谓之顺。《修身篇》云:以善和人者谓之顺。《诗·郑风》:知子之顺之。笺云:顺,谓与己和顺。利之义为顺,故虞翻《易》注谓巽为利,是利为顺其故也。……孟子独于故中指出利字,利即《周易》元亨利贞之利。《系辞传》云:变而通之以尽利。《象传》云:乾道变化,各正性命,保合太乃利贞。利以能变化,言于故事之中,审其能变化,则知其性之善。……非利不足以言故,非通变不足以言事。诸言性者,据故事而不通其故之利,不察其故之利,不明其故之利,所以言性恶,言性善恶混,或又分气质之性,义理之性,皆不识故以利为本者也。孟子私淑孔子,述伏羲、神农、文王、周公之道,以故之利而直指性为善,于此括全《易》之义,而以六字尽之云:故者以利为本。明人之所以异于禽兽者,在此利不利之间,利不利即义不义,义不义即宜不宜。能知宜不宜,则智也。不能知宜不宜,则不智也。"②焦循认为"智"就是"能知宜不宜"。所以在此基础上,焦循异乎寻常地提出:"智,人也;不智,禽兽也。"③人因有"智"而性善,禽兽无"智"而性不善。以此为立论基点,焦循展开了全面申发孟子性善论的论证。

人因有"智"而性善,禽兽无"智"而性不善。这个立论基点不实,不牢靠。焦循云:"能知宜不宜,则智也。不能知宜不宜,则不智也。"并不能肯定知宜即能行宜,那么如果知宜而不行宜,那么说明性善乎？性恶乎？如果说人因有"智"而性善,是否可以说人因有"智"而性恶？一是因为"智"是基于人的生理属性而发展起来的社会属性,非本然属性;二是人因有"智",可以张扬人的社会属性之善,可达至"至善";反过来说,"智"亦可使恶达到"至恶",这也是禽兽所不能也,是否可以说人因有"智"而性恶呢？所以焦循以"智,人也;不智,禽兽也",为立论基点,基础不实,承载不了人性善这一巨型"大厦"。

其次,焦循认为人因"四端"而性善。

《孟子·公孙丑上》曰:

---

① 杨伯峻:《孟子译注》,北京:中华书局,2005年,第196页。
② 焦循:《孟子正义》,北京:中华书局,1987年,第584—586页。
③ 焦循:《孟子正义》,北京:中华书局,1987年,第586页。

人皆有不忍人之心者,今人乍见孺子将入于井,皆有怵惕恻隐之心,非所以内交于孺子之父母也,非所以要誉于乡党朋友也,非恶其声而然也。由是观之:无恻隐之心,非人也;无羞恶之心,非人也;无辞让之心,非人也;无是非之心,非人也。恻隐之心,仁之端也。羞恶之心,义之端也。辞让之心,礼之端也。是非之心,智之端也。人之有是四端也,犹其有四体也。①

孟子言没有恻隐、羞恶、恭敬、是非之心非人也,此"人"乃大写之"人",是具有伦理道德之"人",而非生物体之"人"。因为呱呱落地之婴儿,不会产生不忍人之心,半岁之婴,不管见孺子将入于井还是入于火,都不会有怵惕恻隐之心,这是因为他们还是小"人",没有正常思辨能力,没有伦理道德,虽有四体,但没有四端。所以孟子所言四端、四体都是指能明善恶、能辨是非的大"人"。

《孟子正义》曰:"孟子道性善,谓人之性皆善,禽兽之性则不善也。禽兽之性不善,故无此四者。禽兽无此四者,以其非人之心也。若为人之心,无论贤愚,则皆有之矣。孟子四言非人,乃极言人心必有此四者。"人因有仁义礼智,而成为宇宙中唯一有情有义之精灵,故人性善。《孟子》"以情之可以为善明性善,此又以心之有恻隐、羞恶、恭敬、是非明性善也。惟性有神明之德,所以心有是非;心有是非,则有恻隐、羞恶、恭敬矣"②。"人生矣,则必有仁义礼智之德,是人之性善也。若夫物则不能全其仁义礼智之德,故物之性不能如人性之善也。"③焦循强调"四端"是人心之所出,性之所有,乃人性善之本然之质,人性中无此"四端",人性将如物性,人之所以区别于禽兽,是因为人有"四端"。我们认为此言可辨。

首先,此四端乃人的社会属性,是后天在"善"的环境中熏陶出来的,是人和禽兽的本质区别。这种区别主要在于人总是劳动、生活在一定的社会关系之中。"人的本质不是单个人所固有的抽象物,在其现实性上,它是一切社会关系的总和。"④人是具体的、生活于现实生活中的人。他们的一切行为不可避免地要与周围所有的人发生各种各样的关系,如生产关系、性爱关系、亲属关系、同事关系等等。生活在现实社会中的人,必然是生活在一定社会关系之中。这种复杂的社会关系就决定了人的本质,形成了人的社会属性。人除了有孟子所言的"善"端,人还具有冀生畏死、好逸恶劳等"恶"端,是后天在"恶"的环境中熏陶出来的。如果人因有善端而定人性善,是否也可因人有恶端而定人性"恶"? 其次,此四端是一

---

① 杨伯峻:《孟子译注》,北京:中华书局,2005 年,第 79 页。
② 焦循:《孟子正义》,北京:中华书局,1987 年,第 756 页。
③ 焦循:《孟子正义》,北京:中华书局,1987 年,第 740 页。
④ 中共中央马克思恩格斯列宁斯大林著作编译局:《马克思恩格斯选集》第 2 版第 1 卷,北京:人民出版社,1995 年,第 60 页。

定社会伦理道德规范下而被普遍接受的"正能量",并不是有人就有此四端的,比如奴隶社会,奴隶主视奴隶为私有财产,任意处置,随意凌辱或赠送,甚至可以杀奴隶取乐,此时人性中的四端不显。所以荀子说:"争夺生而辞让亡焉,残贼生而忠信亡,淫乱生而礼义文理亡。"所以人具"四端"只可说明人性可以趋善,而且此"善"还是人的社会属性,不可断言人性一定善。

第二节 人能知可教

焦循言:人能知故性善。

焦循在《孟子正义》中,反复言人能知,禽兽则不能知,所以人性善。为此,他从三个方面加以辨明。首先,人知义,禽兽则不知。他说:"饮食男女,人有此性,禽兽亦有此性,未尝异也。乃人之性善,禽兽之性不善者,人能知义,禽兽不能知义也。因此心之所知而存之,则异于禽兽。"①焦循强调人能知故善,换句话说人因恻隐、羞恶、恭敬、是非而性善,殊不知人不仅能知,还能"争地以战,杀人盈野;争城以战,杀人盈城"②;"富岁,子弟多赖;凶岁,子弟多暴"③,而不能知之禽兽,却不能争地以战,杀人盈野;争城以战,杀人盈城。故此"知"不能证明人性善。

焦循云:"孟子言良能为不学而能,良知为不虑而知。其言孩提之童,无不知爱其亲,则不言无不能爱其亲也;其言及其长也,无不知敬其兄,则不言无不能敬其兄也。盖不虑而知,性之善也,人人所然也。"④人亲亲敬长,乃不虑而知也,虽有不能或没有做到亲亲敬长的,但无有不知的,而禽兽不仅无亲其亲的意识,更不懂敬其长,所以说人性善。此处有两点需辨析:一是半岁婴儿,只知吸乳,不会叫母,更不知有父,即使亲母,也是本能,而非人性,若是人性,怎不知亲父,此时连男女都不分,是否能辨父、叔与恩仇? 是否能知善恶? 二是禽兽不知亲其亲,而不亲其亲,是无知,不能说明禽兽之性恶;而人知应该亲其亲而亲其亲,是社会伦理道德教化使然,否则会受到社会谴责。知应该亲其亲而不亲其亲者多矣,此乃本性使然,还是环境使然? 此说明人性善乎? 人性恶乎?

---

① 焦循:《孟子正义》,北京:中华书局,1987年,第568页。
② 杨伯峻:《孟子译注》,北京:中华书局,2005年,第175页。
③ 杨伯峻:《孟子译注》,北京:中华书局,2005年,第260页。
④ 焦循:《孟子正义》,北京:中华书局,1987年,第899页。

焦循还认为人能知又能觉,禽兽则不能,故人性善。"圣人出,示之以嫁娶之礼,而民知有人伦矣;示之以耕耨之法,而民知自食其力矣。以此教禽兽,禽兽不知也。禽兽不知,则禽兽之性不善,人知之,则人之性善矣。圣人何以知人性之善也? 以己之性推之也。己之性既能觉于善,则人之性亦能觉于善,第无有开之者耳。使己之性不善,则不能觉,己能觉,则己之性善。己与人同此性,则人之性亦善,故知人性之善也。……同此饮食男女,嫁娶以别夫妇,人知之,禽兽不知之;耕凿以济饥竭,人知之,禽兽不知之。禽兽既不能自知,人又不能使之知,虽为之亦不能善。然人之性,为之即善,非由性善而何? 人纵淫昏无耻,而己之妻不可为人之妻,固心知之也;人纵贪饕残暴,而人之食不可为己之食,因心知之也,是性善也。故孔子论性以不移者属之上知下愚,愚则仍有知,禽兽直无知,非徒愚而已矣。"①焦循认为,饮食男女,人与禽兽之所同,人有知而守婚姻之礼,因有觉而懂夫妇之别,禽兽则不知之,更不能觉之。人能由愚昧迈向文明,由原始人进化为文化人,禽兽则只能永远愚昧,更不可能产生文化,所以说人性善,禽兽之性不善。若如焦循所言,人具四端,能知能觉,理应知己之妻不可为人之妻,知人之食不可据为己之食,那么弱肉强食是否为人性体现? 而强取豪夺、欺男霸女、杀父夺妻是无知无觉,还是知觉使然?"薄愿厚,恶愿美,狭愿广,贫愿富,贱愿贵,苟无之中者,必求于外"②,皆是能知能觉使然。因为小偷亦有逻辑,认为盗窃只是将财物置放于不同地方而已,此乃人之能知能觉、高明之处也,是"智"的显现,禽兽无法比及,是善还是恶? 此说明人性善乎? 人性恶乎?

焦循同时认为人能知而又知,有知且能辨精粗美丑,故人性善。曰:"知知者,人能知而又知,禽兽知声不能知音,一知不能又知。故非不知色,不知好妍而恶丑也;非不知食,不知好精而恶疏也;非不知臭,不知好香而恶腐也;非不知声,不知好清而恶浊也。惟人知知,故人之欲异于禽兽之欲,即人之性异于禽兽之性。"③人不仅能知声,还能辨音之清浊;不仅知色,还好美恶丑,不仅知食,还好精恶粗,不仅能知,还能一知再知,所以人性善。换言之,人好美恶丑,好精恶粗都是人性善的表现,那么朝三暮四、喜新厌旧都显人性善? 那么荀子所言"薄愿厚,恶愿美,狭愿广,贫愿富,贱愿贵"也都显人性善? 若是,是否还有善恶之分?

焦循还言:人可教而明,可引而善,故人性善。

焦循认为人可教而明,故人性善。人不仅有知,而且可教,能启而发。"人之

---

① 焦循:《孟子正义》,北京:中华书局,1987 年,第 317—318 页。
② 张觉:《荀子译注》,上海:上海古籍出版社,1995 年,第 504 页。
③ 焦循:《孟子正义》,北京:中华书局,1987 年,第 739 页。

有男女,犹禽兽之有牝牡也。其先男女无别,有圣人出,示之以嫁娶之礼,而民知有人伦矣;示之以耕耨之法,而民知自食其力矣。以此教禽兽,禽兽不知也。禽兽不知,则禽兽之性不善,人知之,则人之性善矣。……世有伏羲,不能使禽兽知有夫妇之别;虽有神农,不能使鸟兽知有耕稼之教;善岂由为之哉?文学技艺才巧勇力,有一人能之,不能人人能之,惟男女饮食,则人人同此心。人不能孝其父,亦必知子之当孝乎己,不能敬其长,亦必知卑贱之当敬乎己。子让食于父而代劳于兄,此可由教而能之,所谓为之者善也。然荀子能令鸟让食乎?能令兽代劳乎?此正率性之明证,乃以为悖性之证乎!"①即人能受教明理懂礼。人与禽兽同有饮食男女,而人之所以异于禽兽者,则在于人不仅有知,而且能教而明,禽兽则无知,更不能受教,故人性善。"禽兽之性情,不可教之使知仁义也。同此饮食男女,人有知则有伦理次序,察于人伦,知人可教之使知仁义也。"②"以教化顺人性为仁义,仍其人自知之,自悟之,非他人力所能转戾也。"③也就是说,人可教而尊人伦,知仁义。禽兽不仅无伦理仁义,且教而不明。另外,"圣人教民,民皆知人道之宜定,而各为夫妇,各为父子,以此教禽兽,仍不知也。人之性可因教而明,人之情可因教而通。禽兽之性虽教之不明,禽兽之情虽教之不通"④。焦循言人性可因教而明,情因疏而通。禽兽则虽教不明,虽疏不通。因此禽兽之性不善,人之性善矣。若焦循所言"人之性可因教而明,人之情可因教而通",则有两点可辨:一是人之可因教而明之性,是人性吗?此与焦循所言"孟子言良能为不学而能,良知为不虑而知"⑤"性,生而然之也"⑥不是前后矛盾吗?人性何须教也?二是人可教而明,但也有人可教而不明,甚至心明而行更违仁义,更懂如何避人耳目,更懂如何逃避法律制裁,这是禽兽之性不能达到的,此乃"至恶",由此是否可以推断人性恶?

焦循还认为人可引而善,故人性善。焦循《性善解》云:"禽兽之性不能善,亦不能恶。人之性可引而善,亦可引而恶,惟其可引,故性善也。"⑦此处亦有两点可辨:一是焦循云:"禽兽之性不能善,亦不能恶。"说明禽兽之性无善无恶,那么焦循说"智,人也;不智,禽兽也"。人因有智而性善,禽兽因无智故性不善,似乎自相矛盾。二是人之性惟其可引,故性善,太武断。因为可引而善,但不能断言引一定能

---

① 焦循:《孟子正义》,北京:中华书局,1987年,第318页。
② 焦循:《孟子正义》,北京:中华书局,1987年,第568—569页。
③ 焦循:《孟子正义》,北京:中华书局,1987年,第734页。
④ 焦循:《孟子正义》,北京:中华书局,1987年,第756页。
⑤ 焦循:《孟子正义》,北京:中华书局,1987年,第900页。
⑥ 焦循:《孟子正义》,北京:中华书局,1987年,第737页。
⑦ 焦循:《雕菰集》,《丛书集成初编》本,北京:中华书局,1985年。

善。焦循还说"亦可引而恶",如果说可引而善,故性善,那么可引而恶,能否言人性恶?事实上引而不善、不引亦能恶多矣!此充分说明焦循人可教而明,可引而善,故人性善的推论不合逻辑。

第三节 人知情有欲

首先,焦循认为人知情有欲求精妍,故性善。

历史上有许多学者将情欲与善完全对立起来,而焦循则认为知情有欲求精妍是人知善、懂善、求善的极佳表现。"知知者,人能知而又知,禽兽知声不能知音,一知不能又知。故非不知色,不知好妍而恶丑也;非不知食,不知好精而恶疏也;非不知臭,不知好香而恶腐也;非不知声,不知好清而恶浊也。惟人知知,故人之欲异于禽兽之欲,即人之性异于禽兽之性。"①"人生而后有情有欲有知,三者血气心知之自然也。给予欲者,声色臭味也,而因有爱畏。发乎情者,喜怒哀乐也,而因有惨舒。辨于知者,美丑是非也,而因有好恶。声色臭味之欲资以养其生,喜怒哀乐之情感而接于物,美丑是非之知极而通于天地鬼神。声色臭味之爱畏以分,五行生克为之也。喜怒哀乐之惨舒以分,时遇顺逆为之也。美丑是非之好恶以分,志虑从违为之也。是皆成性然也。有是身,故有声色臭味之欲。有是身,而君臣父子夫妇昆弟朋友之伦具,故有喜怒哀乐之情。惟有欲有情而又有知,然后欲得遂也,情得达也。天下之事,使欲之得遂,情之得达,斯已矣。惟人之知,小之能尽美丑之极致,大之能尽是非之极致。然后遂己之欲者,广之能遂人之欲;达己之情者,广之能达人之情。道德之盛,使人之欲无不遂,人之情无不达,斯已矣。"②荀子言人性之恶,源于"欲",而焦循则认为"性之善,不为情欲所乱,性能运情,情乃从性,则情可为善"。有两点值得思考:第一,焦循认为惟人之知,小之能尽美丑之极致,大之能尽是非之极致。"大之""小之"肯定是性之体现,此处读者不能单单认为焦循强调的是"美丑"和"是非"之前者,实际上焦循也承认人也能尽丑之极致,能尽非之极致,是否是性之体现呢?也许焦循是强调前者,强调前者也不能证明人性本善,若承认后者即可证明人性本恶。第二,若是遂己之欲,广之能遂人之欲;达己之情,广之能达人之情,此乃理想之"善",是人类社会伦理道德的最高

---

① 焦循:《孟子正义》,北京:中华书局,1987 年,第 739 页。
② 焦循:《孟子正义》,北京:中华书局,1987 年,第 754 页。

境界。而在现实中往往是遂己之欲者,灭人之欲;达己之情者,抑人之情。所以焦循以情欲言善,此善是理想之善,而不是人性之善。焦循言性之善,不为情欲所乱,性能运情,情乃从性,则情可为善。只是"可以"为善,事实上焦循也不相信一定善。此不为情欲所乱,性能运情,都是在假设性善的前提之下才会呈现的,并不能证明性是善的。性可以运情,但无法证明不为情欲所乱是性之本然,若是,为什么人们称赞"坐怀不乱",若性本善,不为情欲所乱,"坐怀不乱"是本然,还需称赞?若此"乱"是乱性,那就证明人性善不成立;若是乱伦,那就证明人的社会属性,对欲的追求是无度的,若有度,也是因为外在约束或自身条件所限。那就说明人性本善命题有误。

焦循还云:"人能好色,鸟兽不知好色。惟人心最灵,乃知嗜味好色,知嗜味好色,即知孝弟忠信礼义廉耻。理义之悦心,犹刍豢之悦口,悦心是性善,悦口亦是性善。"①理学家将欲、善对立,焦循则极言人欲之善。难能可贵的是,他已经从理论上认识到人性之所以能够趋善,即源于人有欲、有情、有知,禽兽有欲无情更无知。人性之所以善,除了人有欲有情并且有知,还在于求精妍,弃粗丑。人之情欲好精妍,乃进步文明的象征,在情欲之中有对真、善、美的追求,具有审美价值。但焦循认为惟人心最灵,就是说人有智慧,所以嗜味好色,嗜味好色,即知孝弟忠信礼义廉耻,似乎缺乏逻辑性。人常因嗜味好色,更易忘记孝弟忠信礼义廉耻。换句话说,人知孝弟忠信礼义廉耻,嗜味好色才能显示"善"与"美",否则就会突显"恶"与"丑"。理义之悦心,犹刍豢之悦口,可信。悦心是性善,悦口未必"善",更不可能断言性善,因为悦口若是窃取豪夺或嗟来之食,那就是恶,是否说明人的自然属性和社会属性都有恶?

其次,焦循认为人可使"欲"从自然达至必然,故人性善。

"善者,称其纯粹中正之名。性者,指其实体实事之名。一事之善,则一事合于天,成性虽殊,而其善也则一。善其必然也,性其自然也,归于必然,适完其自然,此之谓自然之极致。"②"性之欲,其自然之符也;性之德,其归于必然也。归于必然适全其自然,此其为自然之极致。《诗》曰:天生烝民,有物有则,民之秉常,好是懿德。凡动作威仪之则,自然之极致也,民所秉也。自然者,散之普为日用事为;必然者,秉之以协于中,达于天下。知其自然,斯通乎天地之化;知其必然,斯通乎天地之德;故曰知其性,则知天矣。"③焦循认为善者,称其纯粹中正之名。性

---

① 焦循:《孟子正义》,北京:中华书局,1987 年,第 764 页。
② 焦循:《孟子正义》,北京:中华书局,1987 年,第 387 页。
③ 焦循:《孟子正义》,北京:中华书局,1987 年,第 877 页。

者,指其实体实事之名。此处善是纯粹中正,性是实体实事,那么纯粹中正是理想、最佳,严格讲只是一个"中"的点或线,甚至是巧合,此巧合并非人性之本然,除此都是恶的。性是实体实事,也就是人生之事,那么人生之事,要想达到纯粹中正并非易事,换句话说,就是偶尔幸遇,也不能证明人性善。焦循还认为善是必然,性是自然,归于必然,适完其自然,此之谓自然之极致。也就是说,自然之性,达到必然状态才是善的。自然之极致才达到必然,才是善的,否则不善,因为自然到必然是两极,若两极是善,那么自然也就不需要达到和追求必然状态了。若两极是善,过程还会有不善吗？或者说,自然之性达不到必然也是不善的。正因为自然之性不善,才追求必然之"善"性,所以焦循实际上承认人的自然之性不善,也承认人性中有恶,否则也就无所谓"纯粹中正"了。

"惟据才质而言,始确然可以断人之性善。人之于圣人也,其才非如物之与人异。物不足以知天地之中正,是故无节于内,各遂其自然,斯已矣。人有天德之知,能践乎中正,其自然则协天地之顺,其必然则协天地之常,莫非自然也。物之自然不足语于此。孟子道性善,察乎人之才质所自然,有节于内之谓善也。"①焦循强调人之有灵,不仅有"四端",通"五常",还能居天地之中正,"适完其自然",达到自然之极致,使人不乱纲常,尽享食色等人间之欲。关键问题是人有"四端",懂"五常",常不能居天地之中正,难"适完其自然",达不到自然之极致,为追求人间食色而常常有违人伦纲常,这也是人之有"灵"的显现,因为禽兽无"灵",不懂"四端""五常",所以禽兽之性不显善恶。人有"四端""五常",不能居天地之中正,有违人伦纲常,那就是恶。此说明人性恶乎？

第四节 人尊贤采善

焦循认为人知尊贤采善,故人性善。

焦循曰:"性之善,在心之能思行善,故极其心以思行善,则可谓知其性矣。知其性,谓知其性之善也。天道贵善,特钟其灵于人,使之能思行善。惟不知己性之善,遂不能尽其心,是能尽极其心以思行善者,知其性之善也。"②人既能知恶明善,还能弃恶从善。禽兽不仅不知善恶,更不可能弃恶趋善。"多闻择其善者而从

---

① 焦循:《孟子正义》,北京:中华书局,1987年,第766页。
② 焦循:《孟子正义》,北京:中华书局,1987年,第877页。

之,多见而识之,知之次也。"人"非生而知之者,好古敏以求之者也。然闻见不可不广,而务在能明于心,一事豁然,使无余蕴,更一事亦如是,久之心知之明,进于圣智"①。禽兽之性所以不善,是因为禽兽只能追求本能的"欲"的需要,这种需要基本上是生存之需,完全处于昧的状态。所以禽兽之性无所谓善恶,因为永远处于"昧"的状态。而人自知男女人伦,饮食耕稼,就已经脱离愚昧,迈向文明。不仅有真的追求,善的表现,美的享受,还知善行善,知择善进圣。关键是人脱离愚昧,迈向文明之后,追求的不一定是真,表现出来的未必善,享受的不是人伦之美、道德之美,而是一己之"美"、变态之"美",知择善、进圣,常常择恶近匪似盗,显现的是人性还是兽性?证明人性善还是人性恶?

"孔子曰:五十学《易》,可以无大过矣。可以无大过,即是可为善。性之善,全在情可以为善;情可以为善,谓其能由不善改而为善。孟子以人能改过为善,决其为性善。"②焦循认为人性之善,不仅表现为知善,尊贤采善,还表现于知恶,弃恶从善。有两点值得思考:第一,孔子此话意思是可以无大过,不是绝对无过,说明可以为善,但不一定为善,暗含人性有恶。若是人性本善,那么应该是不学无过,学而更无过。孔子说可以为善,说明人受伦理道德教化后,可以为善,说明善非本性。第二,人可弃恶从善,也可弃善从恶,若弃恶从善就可言人性善,那么弃善从恶是否可言人性恶?

焦循还云:"义可为乃为之,义所不可为则不为。人能知择,故有不为者,有为者。"③"惟人皆实有此性(善性),故人人能择善。"④焦循在此想说明的是:禽兽不知善,不能尊贤采善,更不知恶,善恶于禽兽而言一也。因为人有"四端",懂"五常",所以知尊采贤善,弃贬愚恶,故知可为和不可为,义则为之,不义则不为。而禽兽不知何谓可为与不可为,故可为与不可为都可能为,也都可能不为,所以人之性善,禽兽之性不善。需要思考的是:禽兽不知善恶,更谈不上尊采善恶,善恶于禽兽而言一也,故禽兽之性无善无恶。关键是人有"四端",懂"五常",还常见知善不采,知恶不弃,知不可为而为之,懂义而不行义,还能丧天害理,也有禽兽不如,此显人性还是兽性?显人性,说明人性不善,显兽性,因为焦循说禽兽之性不善,故亦说明人性不善。

---

① 焦循:《孟子正义》,北京:中华书局,1987年,第559页。
② 焦循:《孟子正义》,北京:中华书局,1987年,第756页。
③ 焦循:《孟子正义》,北京:中华书局,1987年,第553页。
④ 焦循:《孟子正义》,北京:中华书局,1987年,第510页。

第五节 人知权变可旁通

首先,焦循强调人知权善变,故人性善。

"人之性善,故其心能变通。"① "盖人性所以有仁义者,正以其能变通,异乎物之性也。以己之心,通乎人之心,则仁也。知其不宜,变而之乎宜,则义也。仁义由于能变通,人能变通,故性善;物不能变通,故性不善,岂可以草木之性比人之性?……人有所知,异于草木,且人有所知而能变通,异乎禽兽,故顺其能变者而变通之,即能仁义也。"② 焦循言人知理行于礼,但在实践中,又不能不顾实际而执"理",不近人情而死守所谓"礼",人之所以为人,就因为人知权善变,人知权善变故人性善。焦循认为"以己之心,通乎人之心,则仁也"。以己之心通乎别人之心,未必仁也。若自己见色就起淫意,也知别人如此,可谓仁也?"知其不宜,变而之乎宜,则义也。"若某歹徒本想实施抢夺,但因众目睽睽,抢夺显然不合时宜,那么就改为窃,这也是知宜与不宜,难道此属义?"仁义由于能变通,人能变通,故性善。"能变通未必仁义,能变通未必能证明性善。反之不能变通,也未必不仁义,比如愚忠愚孝,要看结果和影响,方可判断其是否仁义。换言之,能变通也要看动机与结果,所以能变通不能证明人性善。

焦循曰:"权者何?权者,反乎经然后有善者也。权之所设,舍死亡无所设。行权有道,自贬损以行权,不害人以行权。……权之设,所以扶危济弱,舍死亡无所设也。……赋此诗以言权道,反而后至大顺也。说者疑于经不可反。夫经者,法也。制而用之谓之法,法久不变则弊生,故反其法以通之。不变则不善,故反而后有善。不变则道不顺,故反而后至于大顺。……权者,变而通之之谓也。……孟子不枉道以见诸侯,正所以挽回世道,矫正人心,此即孟子援天下之权也。……权外无道,道外无权,圣贤之道,即圣贤之权也。"③ "圣人以权运世,君子以权治身。权然后知轻重,非权则不知所立之是非,鲜不误于其所行,而害于其所执。……孟子曰:'男女授受不亲,礼也。嫂溺援之以手,权也。'又曰:'嫂溺不援,是豺狼也。'豺狼,禽兽也。禽兽不能转移,人则能转移。自守于礼,而任嫂

---

① 焦循:《孟子正义》,北京:中华书局,1987 年,第 875 页。
② 焦循:《孟子正义》,北京:中华书局,1987 年,第 735 页。
③ 焦循:《孟子正义》,北京:中华书局,1987 年,第 521—522 页。

之死于溺,此害于礼者也。援则反乎礼而善矣。"①此需辨明两点:首先,并不需要见"经"就反,反经未必有善,若反经就有善,那世间也就不会有"经"了,因为经本来是为善而设,只有当"经"不合时宜,才需反"经",当顺应时事的新"经"生,它有一个相对应时的时间段。其次,嫂溺不援,是豺狼也。那么为什么会出现嫂溺不援,是因为常见嫂不溺而援,此非豺狼,而是色狼。色狼多故有"礼"生,此礼是因为人性中有见色起淫之本性,故以礼束之。所以嫂溺不援,不怪豺狼,应责色狼。是因为人性中之本然,不教而能,不学而好。此言人性善乎? 人性恶乎?

焦循还云:"黄帝、尧、舜氏作,通其变,使民不倦;神而化之,使民宜之。……穷则变,变则通,通则久。黄帝、尧、舜,垂衣裳而天下治。盖尧、舜以变通神化治天下,不执一而执两端,用中于民,实为万世治天下之法。"②"因事转移,随时通变,吾心确有权衡,此真义内也。"③焦循认为人知事异时移,能根据实际情况,不断变化,与时俱进,故人性善。而禽兽既不知事异和时移,更不可能根据现实情况的变化而变化其行为,不可能与时俱进,永远处于愚昧不可移其本能的状态,故禽兽之性不善。理论上讲,"因事转移,随时通变,吾心确有权衡,此真义内也"。人知事异时移,能根据实际情况,不断变化,与时俱进,一般意义上讲是有"善"的结果,但非必然。比如现在侦查手段趋于现代化,明抢少了,因为明抢很容易就会被抓。现在改为暗抢,用高科技手段,伪造别人信用卡,破译别人信用卡密码,甚至突破金融机构安全设置,将他人千百万财产轻易据为己有,此乃人知事异时移,能根据实际情况,不断变化,与时俱进,能证明人性善吗?

其次,焦循还认为人可"旁通"情欲,故性善。

《孟子正义》云:"孟子性善之说,全本于孔子之赞《易》。伏羲画卦,观象以通神明之德,以类万物之情,俾天下万世,无论上智下愚,人人知有君臣父子夫妇,此性善之指也。孔子赞之则云:利贞者,性情也。六爻发挥,旁通情也。禽兽之情,不能旁通,即不能利贞,故不可以为善。情不可以为善,此性所以不善。人之情则能旁通,即能利贞,故可以为善;情可以为善,此性所以善。禽兽之情何以不可为善,以其无神明之德也。人之情何以可以为善,以其有神明之德也。神明之德在性,则情可旁通;情可旁通,则情可以为善。……孔子以旁通言情,以利贞言性,情利者,变而通之也。以己之情,通乎人之情;以己之欲,通乎人之欲。己欲立而立

---

① 焦循:《孟子正义》,北京:中华书局,1987年,第521页。
② 焦循:《孟子正义》,北京:中华书局,1987年,第318页。
③ 焦循:《孟子正义》,北京:中华书局,1987年,第746页。

人,己欲达而达人,己所不欲,勿施于人。因己之好货,而使居者有积仓,行者有裹粮,因己之好色,而使内无怨女,外无旷夫。如是则情通,情通则情之阴已受治于性之阳,是性之神明有以运旋乎情欲,而使之善,此情之可以为善也。故以情之可以为善,而决其性之神明也。"①焦循言人之所以高明而伟大,在于人不仅知己有情欲,还能"旁通"人之情欲,知达人之情,遂人之欲。在荀子那儿好货、好色是人欲,乃人性恶之本源,到了焦循这儿,就变成善之显现。焦循认为人知旁通情欲,所以人性善。殊不知"情可旁通",但情不一定能旁通,实际上,人常因己之好货,而使己有积仓,行者无裹粮;因己之好色,而使怨女充室,旷夫弥途。己欲立而抑、阻他人立,己欲达而防他人达;己所不欲,强加于人。这是因为人可旁通,而此旁通常停留在意识(知)层面,在实践层面,不愿、无法实现旁通(行),若知就证明性善,那么行就突显性恶。禽兽不知旁通,禽兽也不知好货、积仓,禽兽好色而不会怨女充室,更不知己所不欲,必施于人,此性善乎?恶乎?言禽兽性善,那是无知之善,善不过人;言禽兽性恶,也是无知之恶,那也恶不过人。

焦循的"性善论",力避告、孟之辩的强词夺理,不取宋明理学的天理、气质之辩的玄乎,正面回击荀子欲乃人性的恶源之说,而以人与禽兽之别来赞扬、申明人性有善。以性、灵、情、欲、德、才、知、智来区别人与禽兽,辨明禽兽虽有欲,却是愚昧、原始、本能、不知好嗜的,而人欲则出于性,发于情,合于礼,追求精妍,是文明之欲,是对善的追求,美的享受,所以人欲趋善。但焦循在断言"性,生而然之也"的基础上,又以"智,人也;不智,禽兽也"为立论基点,论证人性之善。也就是先承认人性是本然之性,生而有之,然后又去证人具"四端"的社会属性是善,前后论证主体不一,自相矛盾。所以此人性非彼人性,就连人的社会属性是善还是趋善,焦循也没有交代清楚。所以焦循人性之论,不管论辩技巧如何高明,多么具有特色,以文明、智慧去证明人性善,很难令人信服。

---

① 焦循:《孟子正义》,北京:中华书局,1987年,第755—756页。

第十五章

《孟子正义》缺失

焦循是清代乾嘉学派中很具影响力的学者,更是扬州学派的重要代表人物。焦循治经,广治博收,"无所不治,无所不卓然有成"①,其《孟子正义》"用力勤,成就大,有清一代治《孟子》的无人能超过他。"②钱穆称其:"思想上之成就言之,亦至深湛,可与东原、实斋鼎足矣。"③梁启超则直谓:"实在后此新疏家模范作品。"④钱言义理,梁论考据,可谓皆得其旨。

清代焦循的《孟子正义》,疏证赵注《孟子》,既求真务实,又广博精审,乃"新疏家模范作品"。但由于主客观原因,仍有门户之见、曲护赵注、繁琐重复、错疏误注之缺失。

第一节 门户之见

尽管后人对焦循的《孟子正义》多有称赞,并且焦循《正义》也确属清人新疏之典范,但焦循不是圣人,不可能使《孟子正义》成为白璧无瑕之作,由于受历史与现实、政治与学术、主观与客观等诸多因素的影响,焦氏《正义》也留下一些缺憾,其中对宋明理学批评略带成见,基本不取宋明理学家《孟子》学的有关成果。

焦循曾在《里堂家训》中云:"近之学者,无端而立一考据之名,群起而趋之,所

---

① 阮元:《通儒扬州焦君传》,载《揅经室集》,《丛书集成初编》本,北京:中华书局,1985年,第1页。
② 沈文倬:《孟子正义校点说明》,载《孟子正义》卷首,北京:中华书局,1987年。
③ 钱穆:《中国近三百年学术史》,北京:商务印书馆,1997年,第502页。
④ 梁启超:《清代学术概论》,载《中国历史研究法》,石家庄:河北教育出版社,2003年,第220页。

拥者汉儒；而汉儒中所据者，又唯郑康成、许叔重，执一害道，莫此为甚！许氏作《说文解字》，博采众家，兼收异说；郑氏宗《毛诗》，往往易传注，《三礼》列郑大夫、杜子春之说于前，而以玄谓按之于后；《易》辨爻辰，《书》采地说，未尝据一说也。许氏撰《五经异义》，郑氏驳之，《语》云：'君子和而不同'，两君有之。不谓近之学者，专执两君之言，以废众家，或比许、郑而同之，自擅为考据之学，余深恶之也。"焦循于此既批评"清学"繁琐考据脱离现实之弊，又批评清代许多学者持门户之见，执一废百，批评中肯且切中要害。以此判断，焦循是无门户之见的。然而，焦循的理论与实践有所背离，主要表现在两个方面：

首先，批评略带成见。

由于《孟子正义》是焦循的晚年之作，于此已显露门户之见。《告子章句上》"欲富贵，人之同心也。人人有贵于己者，弗思耳。人之所贵者，非良贵也，赵孟之所贵，赵孟能贱之"条，赵注为："人皆同欲贵之心。人人自有贵者在己身，不思之耳。在己者，谓仁义广誉也。凡人之所贵富，故曰非良贵也。"①赵氏于"良"未有详释，焦氏引《诗》《礼记》《周礼》《公羊传》《国语》《吕氏春秋》《说文解字》《广雅》《庄子》《尚书》《汉书》《周书》《易》《尔雅》、《左传》《山海经》等考之，最后训"良"云："自儒者误以良为自有之训，遂造为致良知之说，六书训诂之学不明，其害如此。"②释矛头直指王阳明。王氏"心学"有自身的缺失，但并不是一无是处，王学造成了学风有所偏离正道，而以"六书训诂之学不明，其害如此"加于其身，言之过重，似受门户影响。

《孟子正义》卷十一有云："自宋以下，一二贤智之徒，病汉人训诂之学，得其粗迹，务矫之以归于内，而达道达德九经三重之事置之不论，此真所谓告子未尝知义者也。"③焦循此说有失偏颇，宋朱子《四书集注》，既不是"得其粗迹"，更不可谓"病汉人训诂之学"，应该说朱子之学，在义理阐释、训诂考据方面多有精审独到之处，就是训诂考据，也非清人独举"汉"旗，宋明亦不乏致力考据的学者，只不过成就不及清代，未成潮流而已。

其次，宋明理学家《孟子》学的有关成果，基本不取。

在《孟子正义》中，焦循立论多取清儒著作成果，对宋明理学家《孟子》学的有关成果，则基本不取，说明焦疏确有对朱、王之学的"门户之见"。过去许多学者认为焦循《正义》于宋明理学"一概不收"，我们认为不够准确，应该说是"基本不

---

① 李学勤主编：《孟子注疏》，北京：北京大学出版社，1999年，第315—316页。
② 焦循：《孟子正义》，北京：中华书局，1987年，第797页。
③ 焦循：《孟子正义》，北京：中华书局，1987年，第747页。

取"。焦疏对《孟子》的经典注本、质量相当高的朱熹《集注》只字不提,显然是有偏见。焦循疏赵而不疏朱,除去唐宋旧疏的习惯以外,主要原因是其学术思想受戴震影响较大,与朱子学存在较大的分歧。至于朱注在义理和训诂上的精审之处,焦循是了然于心的,于是就迂回地通过所谓"近时通解"来间接引用。

宋明理学发展到最后,确实被一种游谈无根、妄说义理、空疏无物的学风所笼罩。明末清初的有识之士无不对此深恶痛绝。但宋明理学家的著作绝不是毫无可取之处,他们对经书义理的解说有很多精辟、独到的见解。对此,后人若采取虚无的态度,把这些有价值的东西也排斥在外,不能不说是一个遗憾。"这个缺点在一定程度上削弱了焦疏作为封建时代孟子研究集大成之作所应有的价值。"①

第二节 曲护赵注

《孟子正义》推崇赵注倾向是较为明显的,因为赵注在汉代经典注释中确属较好的注本,故焦循多申赵义,善补赵注。然而,赵注亦有不少不够严谨和错误的地方,焦氏在《正义》中已用"正误""存疑"有所标明。但在《正义》中,焦循仍有明显曲护赵注的痕迹。

《孟子·万章下》有:"故闻伯夷之风者,顽者廉,懦夫有立志。"赵注:"后世闻其风者,顽贪之夫更思廉洁,懦弱之人更思有立义之志也。"②赵氏在《尽心下》注云:"顽,贪。"③赵注"顽"为"贪",只是从字面反义对举推断而来,并无出处。焦氏为了护赵,引征文献涉及《汉书》《后汉书》《晋书》《韩诗外传》《吕氏春秋》《国语》《说文》《四书剩言》《经义杂记》《广雅疏证》等,用了七百多言,最后云:"《孟子·万章》《尽心》皆作顽夫廉,赵氏于《万章》下注云:顽贪之夫,更思廉洁。于《尽心》下注云:顽,贪。是赵本作顽矣。据下文懦夫有立志,鄙夫宽,薄夫敦,皆以相反者言之,则作贪为是。赵氏以顽训贪,未详其所出。而两汉及唐人皆引作贪,知必非无本矣。"④焦氏为了曲护赵注,广征博引,最后只得出"两汉及唐人皆引作贪,知必非无本"的结论。而《汉语大字典》则认为"顽"通"忨"。"忨,贪。"并举

---

① 董洪利:《孟子研究》,南京:江苏古籍出版社,1997年,第358页。
② 焦循:《孟子正义》,北京:中华书局,1987年,第669页。
③ 焦循:《孟子正义》,北京:中华书局,1987年,第976页。
④ 焦循:《孟子正义》,北京:中华书局,1987年,第670页。

例"《孟子·万章上》:'故闻伯夷之风者,顽者廉,懦夫有立志。'"①这种解释似乎易于让人接受。故云:"三十卷之书,旁征博引,虽自称于赵说或有所疑,不惜驳破以相规正,然实则往往为之委曲回护。"②

第三节 繁琐重复

1795 年,焦循在《与孙渊如观察论考据著作书》中云:近来为学之士,"乃无端设一考据之目,又无端以著作归诸抒写性灵之空文,此不独考据之称有未明,即著作之名亦未深考也"③。后来又在《里堂家训》中再次重申:"近之学者,无端而立一考据之名,群起而趋之,……自擅为考据之学,余深恶之也。"焦循是较早觉察到繁琐的考据脱离现实之弊,著文希望能够引起学者的警觉。这在"清学"昌盛时期,是难能可贵的。二十余年以后,焦循在《孟子正义》中,也犯了他曾批评过的错误。

首先,考证过于繁琐。

考证严谨缜密,是优良学风,但任何事做过了头,有时优点往往就成了缺点。《孟子·公孙丑上》有"尔为尔,我为我,虽袒裼裸裎于我侧,尔焉能浼我哉!"在《孟子》中,"袒裼裸裎"均用其"露"之义,一目了然,不应有歧义,故赵岐于此无注。焦循认为需要补赵注之缺,他广征博采,三十六次引征了近二十种著作,用了一千多言,从音、形、义、通、借、转、引申等多个角度进行释、比,以期读者搞清"袒裼裸裎"四字的区别,更有甚者,还要比较每一个字在不同情况下含义的微妙变化。《孟子·公孙丑下》有:"天时不如地利,地利不如人和。"赵注:"天时,谓时日、支干、五行、王相、孤虚之属也。地利,险阻城池之固也。人和,得民心之所和乐也。"④应该说赵氏将天时、地利、人和已经解释得很清楚了。焦氏觉得赵注需补,单就赵注中的"时日、支干、五行、王相、孤虚",就引征了十一种著作,用了七百多言,细加考释。此确属繁琐之列,又有故弄玄虚之嫌。后人批评清学往往流于

---

① 李格非主编:《汉语大字典》(简编本),武汉:湖北辞书出版社、四川辞书出版社,1996 年,第 1963 页。
② 何泽恒:《焦循研究》,台北:台湾大安出版社,1990 年,第 209 页。
③ 焦循:《与孙渊如观察论考据著作书》,载《雕菰集》,《丛书集成初编》本,北京:中华书局,1985 年,第 214 页。
④ 焦循:《孟子正义》,北京:中华书局,1987 年,第 251—253 页。

支离繁琐,焦循晚年也未脱此流弊。

其次,重复考证。

《孟子正义》中,对井田、什一、助、贡、彻的考证,几乎每章都有所涉及,有时一章多次考证。据不完全统计,全文有107次涉及之。在《梁惠王上》《公孙丑上》《滕文公上》三卷中,就有八条专门考之,仅此八条就花费笔墨近两万言,约占《孟子正义》总篇幅的百分之六。"什一"本是古代赋税制度,只要明确助、贡、彻,五十、七十、百亩皆税什一,交代由来、适用范围、时代异同即可,不需反复考证,而焦氏却不厌其烦。"井田"不仅多次繁琐考证,而且前后所涉,内容重复较多,未给读者传递更多的信息。

第四节 错疏误注

焦氏《正义》,总体上说是严谨翔实、广博精审的,但仍有错疏误注之处。

《孟子·离娄上》曰:"嫂溺不援,是豺狼也。男女授受不亲,礼也。嫂溺,援之以手者,权也。"赵注为:"孟子告髡曰,此权也。权者,反经而善也。"①焦循云:"桓公十一年《公羊传》云:权者何?权者,反于经然后有善者也。权之所设,舍死亡无所设。行权有道,自贬损以行权,不害人以行权。杀人以自生,亡人以自存,君子不为也。疏云:权之设,所以抚危济溺,舍死亡无所设也。若使君父临溺河井,岂不执其发乎?是其义也。《论语·子罕篇》云:可与立,未可与权。唐棣之华,偏其反而。注云:赋此诗以言权道,反而后至于大顺也。说者疑于经不可反。夫经者,法也。制而用之谓之法,法久不变则弊生,故反其法以通之,不变则不善,故反而后有善。不变则道不顺,故反而后至于大顺。如反寒为暑,反暑为寒,日月运行,一寒一暑,四时乃为顺行;恒寒恒燠,则为咎征。礼减而不进则消,乐盈而不反则放,礼有报而乐有反,此反经所以为权也。"②孟子言:"嫂溺不援,是豺狼也。男女授受不亲,礼也。嫂溺,援之以手者,权也。"意思是:"经"需要守,但要根据实际情况,灵活运用,僵死地遵经守法,实是离经叛道。并不是说见经就变,遇法就改。故焦循以"如反寒为暑。反暑为寒,日月运行,一寒一暑,四时乃为顺行;恒寒恒燠,则为咎征"来证赵氏"权者,反经而善也",显然是不对的。因为"权"是"灵活

---

① 李学勤主编:《孟子注疏》,北京:北京出版社大学,1999年,第240页。
② 焦循:《孟子正义》,北京:中华书局,1987年,第522页。

通变",依实际需要而变,长远看,不言"权",事物也是必然变化的。因而"权"就不是如焦氏所言,像寒暑之轮环,使灵活通变之"权",变成必然之"权"。如"孝",中国历朝历代都强调之,若父亲杀人放火,为了坚守一个"孝"字,父亲要求儿子做帮凶或隐藏不报,这时儿子则可"权"也,此权则善,既可以在某种程度上救父亲,又可以使他人和社会免遭更大的伤害和损失。但不意味着所有孝敬老人的人都是不懂"反经而善"的,更不可谓天下之人都不能守"孝"道,否则就不能"四时乃为顺行"。在此,焦氏没有真正理解赵注本义。

《孟子·梁惠王上》有:"寡人之于国也,尽心焉耳矣。河内凶,则移其民于河东,移其粟于河内。河东凶亦然。察邻国之政,无如寡人之用心者。邻国之民不加少,寡人之民不加多,何也?"对"邻国之民不加少,寡人之民不加多,何也?"赵注:"王自怪为政有此惠,而民人不增多于邻国者何也。"焦氏补注云:"加多是增多,则加少是增少。邻国之民,归附于我,则邻国之民少而益增其少,我之民多而益增其多矣。"①对于"加多",赵注解为"增多",故"加少"焦循就注为"增少"。《孟子》原文"邻国之民不加少,寡人之民不加多"中的"加",是在对比中表程度增进的副词,相当于"更加""愈加"。惠王本义是本王为政治国尽心尽力,邻国之民不见归顺本国,故相比之下我之民没有更多,邻国之民也未见更少。而并不是说我之民增加的不比别国增加的多。如《礼记·儒行》有:"孔子至舍,哀公馆之,闻此言也,言加信,行加义。"用法同上。所以焦氏此处应属误注。

清代乾嘉学派,尚汉学,重考据,求真务实,朴实学风值得推崇。但乾嘉学术也频显门户之见、重考据轻义理、不关时事、烦琐破碎之弊。焦循目睹当时考据学家的种种弊端,曾大声疾呼,强调"通核",反对"据守",甚至主张摒弃"考据"之名,直称"经学",以融会众说,兼收并蓄。被称为汉学护法大师的阮元,也主张"崇宋学之性道,而以汉儒经义实之"②,以避免"嗜博""嗜琐""嗜异""矜己"之弊。然而,不管是政治家还是学者,都无法完全摆脱时代潮流的影响,有时甚至理论与实践、思想与行为产生背离,焦循亦是如此。

焦循《孟子正义》,是与非,后人是可以评说的,愈评愈显其珍贵,愈驳愈显其精审。总而言之,"清代考据最兴盛的乾嘉时代,出现了一部令世人瞩目的、集封建社会研究之大成的著作,这就是焦循的《孟子正义》"③。也就是说,我们指出

---

① 焦循:《孟子正义》,北京:中华书局,1987年,第52页。
② 阮元:《拟国史儒林传序》,载《揅经室集》卷二,北京:中华书局,1994年。
③ 董洪利:《孟子研究》,南京:江苏古籍出版社,1997年,第347页。

《孟子正义》之不足,是因为其堪称清代《孟子》学成就最高者,是求全责备之。正如台湾学者所云:"清儒于群经旧疏,多未感惬意,相率重为新疏。而里堂独任孟子之役,成绩斐然,堪称为近世经学一钜構。"①我们要用辩证的、历史的观点,客观全面地研究《孟子正义》,评价焦循。我们推重焦循的《孟子正义》,是因为其极高的学术价值,我们论其缺失,是言其美中不足,那也是碧玉之微瑕,且瑕不掩瑜。故梁启超云:"《孟子》有赵岐注,实汉经师最可宝之著作。惟今注疏本之孙奭疏,纯属伪撰,钱竹汀及《四库提要》已辨之。其书芜秽踳驳处不可悉数,与孔、贾诸疏并列,真辱没杀人了。所以新注之需要,除《尚书》外,则《孟子》最为急切。里堂学问方面极多,……他备列所引当代人著述,从顾亭林、毛大可起到王伯申、张登封止,凡六十余家,可见他搜采之勤与从善之勇了。……总之,此书实在后此新疏家模范作品,价值是永永不朽的。"②

---

① 何泽恒:《焦循研究》,台北:台湾大安出版社,1990年,第166页。
② 梁启超:《清代学术概论》,载《中国历史研究法》,石家庄:河北教育出版社,2003年,第220页。

第十六章

《孟子注疏校勘记》校勘方法

阮元主持校刻的《十三经注疏校勘记》(简称阮元《十三经注疏校勘记》),堪称清代校勘的典范之作,其中《孟子注疏校勘记》亦是清代《孟子》校勘的典范之作。《孟子注疏校勘记》广收当时可见的诸多版本,对宋代孙奭的《孟子注疏》进行了全面的校勘。校勘态度严谨,引征广博,乃属精审详实之作,是后人研治《孟子》的重要参考文献,也是孟学史上不可忽略的孟学著作。

校勘,就是对文献的校对勘正。陈垣《校勘学释例》在总结前人校勘实践的基础上,将历代校勘古籍的方法归纳为对校法、本校法、他校法和理校法。作为校勘史上的一部经典之作,《十三经注疏校勘记》有效地运用了各种传统校勘方法,还根据具体校勘需要,综合运用传统校勘方法,使校勘结果更精准。本文旨在考察《孟子注疏校勘记》对传统校勘方法的运用。

第一节 校异同 清源正本——对校法

所谓对校法,就是指一著的传世版本不止一种,那么将这几个版本放在一起进行对校,遇到不同的地方,就把异文记录在底本上,这样人们看到校本的同时,也能对其他本子有所了解。对校是一个获得异文资料、发现错误的过程。陈垣说:"对校法,即以同书之祖本或别本对读,遇不同之处,则注于其旁。……得此校本,可知祖本或别本之本来面目。故凡校一书,必须先用对校法,然后再用其他校法。有非对校决不知其误者,以其文义表面上无误可疑也……有知其误,非对校无以知为何误者。"①"凡校一书,必须先用对校法",说明在校勘四法中,对校法是

---

① 陈垣:《校勘学释例》,北京:中华书局,1959年,第144页。

第一位的,这是包括陈垣在内的前贤在校勘实践中的深切体会。《孟子注疏校勘记》娴熟地运用了此种校勘方法。

《孟子注疏》云:"梁惠王章句上(凡七章)。"①《孟子注疏校勘记》云:

梁惠王章句上:凡七章,按宋高宗御書《孟子》石經殘本篇題並頂格,不空字。十行本正與之合,蓋猶是舊欵。閩、監、毛三本並低一字,非,又篇題下近孔繼涵、韓岱雲所刻,經注本及《考文》古本無凡幾章字,《音義》及足利本有。②

《孟子》曰:"或曰:'百里奚自鬻于秦养牲者,五羊之皮,食牛,以要秦缪公。'信乎?"《孟子注疏》引赵岐注云:"人言百里奚自卖五羖羊皮,为人养牛,以是而要秦缪之相,实然不?"③《孟子注疏校勘记》云:

以是而要秦繆之相,實然不:閩、監、毛三本同,廖本、《考文》古本"秦繆"作"繆公",孔本、韓本"繆"下有"公"字,"不"作"否",非。④

《孟子》曰:"汤始征,自葛载,十一征而无敌於天下。"⑤《孟子注疏》引赵岐注云:"一说言当作'再'字,再十一征,而言汤再征十一国。再十一,凡征二十二国也。"⑥《孟子注疏校勘记》云:

再十一征,而言湯再征十一國:閩、監、毛三本同,岳本"再"下有"出"字,廖本、韓本、《考文》古本作"再十一者,湯再出征十一國",孔本与廖本同,無"出"字。⑦

依据其所列版本目录来看,《孟子注疏校勘记》所引版本共13种,分别为:单经本一种——宋石经残本;经注本八种——北宋蜀大字本、宋本、岳本、廖本、孔本、韩本、日本国古本、足利本;注疏本四种——宋十行本、闽本、监本、毛本。按《孟子注疏校勘记序》所言:"以经注本正注疏本,以注疏十行本正明之闽本、北监本、汲古阁本,为《校勘记》十四卷。"⑧可知《孟子注疏校勘记》以宋十行本为底本,先在各经注本中进行校勘,后以经注本校宋十行本,再以十行本正闽、监、毛三本,校对工程十分浩大。

---

① 李学勤主编:《孟子注疏》,《十三经注疏》本,北京:北京大学出版社,1999年,第1页。
② 阮元:《孟子注疏校勘记》,《十三经注疏(附校勘记)》本,北京:中华书局,1979年,第2668页。
③ 李学勤主编:《孟子注疏》,《十三经注疏》本,北京:北京大学出版社,1999年,第265页。
④ 阮元:《孟子注疏校勘记》,《十三经注疏(附校勘记)》本,北京:中华书局,1979年,第2740页。
⑤ 李学勤主编:《孟子注疏》,《十三经注疏》本,北京:北京大学出版社,1999年,第169页。
⑥ 李学勤主编:《孟子注疏》,《十三经注疏》本,北京:北京大学出版社,1999年,第169页。
⑦ 阮元:《孟子注疏校勘记》,《十三经注疏(附校勘记)》本,北京:中华书局,1979年,第2711页。
⑧ 阮元:《孟子注疏校勘记》,《十三经注疏(附校勘记)》本,北京:中华书局,1979年,第2664页。

第二节　抉异同　正缪误——本校法

"本校法者,以本书前后互证,而抉摘其异同,则知其中之缪误。……此法于未得祖本或别本以前,最宜用之。"①本校法是以本著的内容校勘本著,在本著内部找到相应的证据,注文与注文互校,注文与正文互校,正文与正文互校等。此校勘方法要求全面、准确地把握本著的行文内容,融通全著。

《孟子》曰:"前日于齐,王馈兼金一百而不受,于宋,馈七十镒而受,于薛,馈五十镒而受。"②《孟子注疏》引赵岐注云:"兼金,好金也,其价兼倍于常者,故谓之兼金。一百,百镒也。古者以一镒为一金,镒为二十两。"③《孟子注疏校勘记》云:

一鎰是爲二十四兩也,故云兼金。一百,百鎰也:閩、監、毛三本同,廖本、《考文》古本此十八字作"鎰二十兩"四字,孔本、韓本作"鎰二十兩也",足利本作"鎰二十四兩"。○按作"二十兩"乃與《爲巨室》章合。④

按语中的"为巨室章"即《梁惠王章句下》中的《为巨室篇》:"今有璞玉於此,虽万镒,必使玉人雕琢之。"《孟子注疏》引赵岐注曰:"二十两为镒。"⑤两章都对"镒"字进行注疏,《孟子注疏校勘记》比对前后注文,认为一镒当为二十两也,校正了此章中的错误。

《孟子》曰:"原泉混混,不舍昼夜,盈科而后进,放乎四海。"⑥《孟子注疏校勘记》云:

源泉混混:閩、監、毛三本同,宋九經本、岳本、咸淳衢州本、廖本、孔本、韓本"源"作"原"。○按"原"正字,"源"俗字,上文"取之左右逢其原"不從水,可以證從水之誤矣。⑦

---

① 陈垣:《校勘学释例》,北京:中华书局,1959 年,第 145 页。
② 李学勤主编:《孟子注疏》,《十三经注疏》本,北京:北京大学出版社,1999 年,第 107 页。
③ 李学勤主编:《孟子注疏》,《十三经注疏》本,北京:北京大学出版社,1999 年,第 108 页。
④ 阮元:《孟子注疏校勘记》,《十三经注疏(附校勘记)》本,北京:中华书局,1979 年,第 2696 页。
⑤ 李学勤主编:《孟子注疏》,《十三经注疏》本,北京:北京大学出版社,1999 年,第 54 页。
⑥ 李学勤主编:《孟子注疏》,《十三经注疏》本,北京:北京大学出版社,1999 年,第 222 页。
⑦ 阮元:《孟子注疏校勘记》,《十三经注疏(附校勘记)》本,北京:中华书局,1979 年,第 2729 页。

"资之深,则取之左右逢其原:故君子欲其自得之也。"①此为《离娄篇》之文,按语依据此处之"原"字,判断"原泉"之"原"不从水。

《孟子》曰:"王使人瞯夫子,果有以异于人乎?"②《孟子注疏校勘记》云:

王使人瞯夫子:宋九經本、岳本、咸淳衢州本、孔本、韓本、《考文》古本同,監、毛二本"瞯"作"瞷",閩本注作"瞯"。此經作"瞷","門"字中缺,蓋初刻作"瞯",欲改作"瞷",剜去而未修板也。○按《音義》出"瞯夫",作"瞯",蓋此正與《滕文公篇》"陽貨瞯孔子"同字。《音義》譌爲"瞷",而以古莧切之,非也。下章同。③

按语参照《滕文公篇》:"阳货瞯孔子"之"瞯"字,认为此句中"使人瞯夫子"应作"瞯",《音义》误也。

在校勘实践中,首先要发现问题,发现全著字句前后矛盾或难以疏解的地方,不一定要求异本对校,往往依据本著就可以得出正确判断,此乃本校法效用之显现,《孟子注疏校勘记》很好地运用了此法。

第三节 广搜证 辨是非——他校法

"他校法者,以他书校本书。凡其书有采自前人者,可以前人之书校之。有为后人所引用者,可以后人之书校之。其史料有为同时之书所并载者,可以同时之书校之。此等校法,范围较广,用力较劳,而有时非此不能证明其讹误。"④他校法要求校勘者广泛搜集掌握他著有关本著的资料,作为校勘的参考。《孟子注疏校勘记》广引他著,辨明是非。

《孟子》曰:"苟无恒心,放辟邪侈,无不为已。"⑤《孟子注疏校勘记》云:

放辟邪侈:侈,《音義》云:"丁作移。"案《考工記·鳧氏》:"侈弇之所由興",注:"故書'侈'作'移'。"又《儀禮·少牢篇》:"移袂",又《禮記》:"衣服以移之",是"移"爲"侈"之假借字。⑥

---

① 李学勤主编:《孟子注疏》,《十三经注疏》本,北京:北京大学出版社,1999年,第220页。
② 李学勤主编:《孟子注疏》,《十三经注疏》本,北京:北京大学出版社,1999年,第239页。
③ 阮元:《孟子注疏校勘记》,《十三经注疏(附校勘记)》本,北京:中华书局,1979年,第2733页。
④ 陈垣:《校勘学释例》,北京,中华书局,1959年,第146页。
⑤ 李学勤主编:《孟子注疏》,《十三经注疏》本,北京:北京大学出版社,1999年,第23页。
⑥ 阮元:《孟子注疏校勘记》,《十三经注疏(附校勘记)》本,北京:中华书局,1979年,第2673页。

《孟子注疏校勘记》采前人之《考工记》《仪礼少牢篇》《礼记》等文献著述，断言"移"是"侈"的假借字，以说明《孟子音义》中丁公著何以作"移"字。

《孟子》曰："盖亦反其本矣。"①《孟子注疏校勘记》云：

盖亦反其本矣：闽、监、毛三本、孔本同，韩本、足利本"盖"作"盍"。周廣業《孟子四考》曰："按《史記·孔子世家》：'夫子盍少貶焉。'《檀弓》：'子盍慎諸。'並以'盍'爲'蓋'。"②

《孟子注疏校勘记》引清代周广业《孟子四考》中《史记》《檀弓》之言，二书均以"盍"为"蓋"，故韩本、足利本"盖"作"盍"。

《孟子》曰："王速出令，反其旄倪，止其重器，谋於燕众，置君而後去之，则犹可及止也。"《孟子注疏》引赵岐注云："倪，弱小倪倪者也。"《孟子注疏校勘记》云：

弱小倪倪者也：闽、监、毛三本同，孔本、韩本"倪倪"作"繄倪"。案《音义》出"繄"字，"旄倪"下云"详注，意倪谓繄倪，小儿也"，与今孔、韩本合。○按依《说文》《释名》作"繄倪"，《礼记杂記》注作"鷖弥"，此本作"倪倪"者误也。③

据不完全统计，《孟子注疏校勘记》中引用他著作为例证的校勘记有二百余条，书目总计八十余种，校勘态度甚为严谨。

第四节　依推断　定是非——理校法

理校法即依据推理的校勘，是校勘工作的补充方法。当校勘者发现古文献中确实存在错误，又没有足够资料可供比勘时，就不得不采用推理的方法来加以勘正。"遇无古本可据，或数本互异，而无所适从之时，则须用此法。此法须通识为之，否则卤莽灭裂，以不误为误，而纠纷愈甚矣。"④理校法是依据逻辑推演或学理推断，而不是依据版本等其他材料，虽为科学的校勘方法，但要掌握分寸，慎之又慎。"非有确证，不敢藉理校而凭臆见。"⑤理校法要求校勘者依据文本义理，运用

---

① 李学勤主编：《孟子注疏》，《十三经注疏》本，北京：北京大学出版社，1999年，第23页。
② 阮元：《孟子注疏校勘记》，《十三经注疏（附校勘记）》本，北京：中华书局，1979年，第2673页。
③ 阮元：《孟子注疏校勘记》，《十三经注疏（附校勘记）》本，北京：中华书局，1979年，第2680页。
④ 陈垣：《校勘学释例》，北京，中华书局，1959年，第148页。
⑤ 陈垣：《校勘学释例》，北京，中华书局，1959年，第148页。

自己掌握的知识,分析推断古籍讹误。证据一定要确凿,不能以理校为借口而随意改动。

《孟子》曰:"百亩之田,勿夺其时,数口之家,可以无饥矣。"①《孟子注疏校勘记》云:

可以無饑矣:監本、毛本同,宋本、岳本、咸淳衢州本、孔本、韓本、閩本"饑"作"飢",按飢餓之字當作"飢","饑"乃饑饉字,此經當以"飢"爲正。②

"飢"与"饑",今皆作"饥",但古时两字用法不同,按《孟子注疏校勘记》所言,此处当作"飢",乃饥饿之意。段玉裁《说文解字注》:"饑,谷不熟为饑。《释天》文。又曰:'仍饑为荐。'按《论语》'年饑''因之以饑饉',郑本皆作飢。"③又"飢,饿也,与饑分别。盖本古训。诸书通用者多有,转写错乱者亦有之。"④《康熙字典》:"按《说文》飢、饑二字,飢训饿,居夷切。饑训谷不熟,居衣切。汪来虞方伯说:'饑饉之饑从幾,飢渴之飢从几。诸韵书俱分列支、微两韵,止《集韵》飢字训或从幾,经传颇通用。'《长笺》云:'近代喜茂密者,通作饑。趋简便者,通作飢。遂成两谬。经传不误,恐传写之讹也。'"⑤综上所述,《孟子注疏校勘记》作"飢"是正确的。

《孟子》曰:"惟智者为能以小事大,故大王事獯鬻,勾践事吴。"《孟子注疏》引赵岐注云:"獯鬻,北狄彊者,今匈奴也。"⑥《孟子注疏校勘记》云:

北狄強者:《考文》古本同,閩本、孔本、韓本作"彊",毛本作"疆"。按唐人疆弱字通用"彊"、"強",勉強字作"強",宋人避所諱,多作"彊",監、毛作"疆",乃疆界字,非也。⑦

《孟子注疏校勘记》从唐宋时期人们的用字习惯出发,指出宋代各本因避讳而作"彊","彊"为"強"义。然监、毛二本乃明代刊本,无所讳,"疆"乃疆界之意,作"疆"误也。从文本之义来看也应作"強"。

---

① 李学勤主编:《孟子注疏》,《十三经注疏》本,北京:北京大学出版社,1999年,第10页。
② 阮元:《孟子注疏校勘记》,《十三经注疏(附校勘记)》本,北京:中华书局,1979年,第2669页。
③ 段玉裁:《说文解字注》,上海:上海古籍出版社,1981年,第222页。
④ 段玉裁:《说文解字注》,上海:上海古籍出版社,1981年,第222页。
⑤ 张玉书、陈廷敬等编纂:《康熙字典》(标点整理本),上海:上海辞书出版社,2007年,第1411页。
⑥ 李学勤主编:《孟子注疏》,《十三经注疏》本,北京:北京大学出版社,1999年,第36页。
⑦ 阮元:《孟子注疏校勘记》,《十三经注疏(附校勘记)》本,北京:中华书局,1979年,第2678页。

《孟子》曰:"诛之则不可胜诛,不诛则疾视其长上之死而不救,如之何则可也。"①《孟子注疏》引赵岐注云:"长上,军帅也。"②《孟子注疏校勘记》云:

军师也:《音义》本、廖本、孔本、韩本、闽本、《考文》古本、足利本"师"作"率"。按"率""帅"字通,监毛二本作"师"则误矣。③

上述诸例都是校勘者根据文意及自身学识,通过对文本进行分析推断,从而得出的结论,属理校范畴。

第五节　因需而择　多法共校——综合法

在校勘实践中,对校法、本校法、他校法和理校法不是孤立使用的,在不同条件下,在不同工作阶段,可以使用其中一种,也可以两三种甚至四种同时使用。在校勘过程中,一些简单的问题只用一两种校勘方法即可解决,但对于比较复杂的问题,往往需要多种校勘方法并用,这已经不是简单的校勘,而是属于综合考证。

《孟子》曰:"谨庠序之教,申之以孝悌之义,颁白者不负戴于道路矣。"④《孟子注疏》引赵岐注云:"颁者,班也,头半白班班者也。"⑤《孟子注疏校勘记》云:

头半白班班者也:闽、监、毛三本同,宋本"白"下有"曰"字,岳本、廖本、韩本"者"上并有"然"字,孔本作"头半白曰颁,斑斑然者也"。按以"班"爲"斑",古字假借,毛本、孔本、韩本"班"作"斑",非也。足利本作"頭半白曰颁,班班者也",山井鼎云:"'日'當作'曰'",是。○按颁白字,《說文》作　,從須,卑聲。⑥

《孟子注疏校勘记》先用对校法,比较各个本子间的差异。后采用理校法,认为古时"班"当为"斑"的假借字,作"班"不误。又根据文本内容,得出足利本"日"当作"曰"。最后按语采用他校法,引《说文解字》对颁白字加以解释。《康熙字

---

① 李学勤主编:《孟子注疏》,《十三经注疏》本,北京:北京大学出版社,1999年,第60页。
② 李学勤主编:《孟子注疏》,《十三经注疏》本,北京:北京大学出版社,1999年,第60页。
③ 阮元:《孟子注疏校勘记》,《十三经注疏(附校勘记)》本,北京:中华书局,1979年,第2681页。
④ 李学勤主编:《孟子注疏》,《十三经注疏》本,北京:北京大学出版社,1999年,第10页。
⑤ 李学勤主编:《孟子注疏》,《十三经注疏》本,北京:北京大学出版社,1999年,第10页。
⑥ 阮元:《孟子注疏校勘记》,《十三经注疏(附校勘记)》本,北京:中华书局,1979年,第2669页。

典》:"斑,又杂色也。《礼·王制》:班白者不提挈。注:杂色曰班。"①又:"斑,《韵会》:杂色曰斑。《礼·檀弓》:貍首之班然。"②由此可见,"班""斑"二字在此义上可通用,并非误字。段玉裁《说文解字注》:"　,须发半白也。兼言发者,类也。此《孟子》颁白之正字也。赵注曰:'颁者,斑也。头半白斑斑者也。'卑与斑双声,是以《汉地理志》'卑水县',孟康音斑。盖古　读如斑。"③段玉裁认为颁白之正字当作"　",读如"斑",与《孟子注疏校勘记》合。

《孟子》曰:"他日,子夏、子张、子游以有若似圣人,欲以所事孔子事之。强曾子,曾子曰:'不可,江汉以濯之,秋阳以暴之,皓皓乎不可尚已!'"④《孟子注疏》引赵岐注云:"何可尚而乃欲以有若之质放圣人之坐席乎?"⑤《孟子注疏校勘记》云:

於聖人之坐席乎:閩、監、毛三本同,廖本、孔本、韓本、《考文》古本"於"作"放"。案《音義》出"質放",○按"放"是也,"放"者,今之"倣"字。⑥

《孟子注疏校勘记》先后采用对校法、他校法和理校法,认为"於"字应作"放",乃仿效之意。《康熙字典》:"放,同倣。学也。《玉篇》:比也。《类篇》:效也。《书·尧典》:曰若稽古,帝尧曰放勋。疏:能放效上世之功。"⑦此句是讲曾子不肯仿效事孔子之礼事他人,"於"字不通,作"放"为宜。

陈垣先生归纳的校勘四法为后世学者所认可,在陈垣先生归纳校勘四法之前,《孟子注疏校勘记》在校勘过程中,已富有成效地运用了传统校勘方法,且在遇到复杂问题时,能综合运用多种校勘方法,校勘结果精准,令人信服。

---

① 张玉书、陈廷敬等编纂:《康熙字典》(标点整理本),上海:上海辞书出版社,2007年,第683页。
② 张玉书、陈廷敬等编纂:《康熙字典》(标点整理本),上海:上海辞书出版社,2007年,第425页。
③ 段玉裁:《说文解字注》,上海:上海古籍出版社,1981年,第424页。
④ 李学勤主编:《孟子注疏》,《十三经注疏》本,北京:北京大学出版社,1999年,第148页。
⑤ 李学勤主编:《孟子注疏》,《十三经注疏》本,北京:北京大学出版社,1999年,第148页。
⑥ 阮元:《孟子注疏校勘记》,《十三经注疏(附校勘记)》本,北京:中华书局,1979年,第2709页。
⑦ 张玉书、陈廷敬等编纂:《康熙字典》(标点整理本),上海:上海辞书出版社,2007年,第416页。

第十七章

《孟子注疏校勘记》校勘成就

阮元主持校刻的《十三经注疏校勘记》(简称阮元《十三经注疏校勘记》)堪称清代经学校勘的典范,其中的《孟子注疏校勘记》(简称阮元《孟子注疏校勘记》)亦是清代《孟子》校勘的典范之作。清俞樾赞誉《校勘记》"罗列诸家异同,使人读一本如遍读各本"①。清张之洞曰:"阮本最于学者有益,凡有关校勘处旁有一圈,依圈检之,精妙全在于此。"②可见其价值之所在。《十三经注疏校勘记》中的《孟子注疏校勘记》,不仅在校勘学史上影响深远,也是研究清代孟学史不可或缺的文献。《孟子注疏校勘记》之校勘成就突出体现在其校正讹误、校订脱衍、标章指辨伪疏等方面。

第一节　校勘讹误

文献在传抄、刻印等过程中,难免会因各种因素而产生讹误。清李锐等广采善本,通过对各本之比较,指出《孟子注疏》中字词、内容、符号等方面的异同。在此基础上,对其中的讹误进行了校正。

一、校勘字词错误

1. 校正因字音相近而产生的错误

《孟子注疏校勘记》校出因读音相同或相近而误的字。如:

---

① 俞樾:《照印〈十三经〉小字本序》,载《春在堂杂文》四编卷六,清光绪二十五年刻春在堂全书本。
② 张之洞:《书目答问》卷一,上海:商务印书馆,1925年。

第十七章 《孟子注疏校勘记》校勘成就

《孟子》曰："我欲行礼,子敖以我为简,不亦异乎!"①《孟子注疏》引赵岐注云:"我欲行礼,故不历位而言,反以我为简易也。"②《孟子注疏校勘记》(下文简称《校勘记》)云:

反以我爲簡異也:閩、監、毛三本同,宋本、孔本、韓本"異"作"易"。按"易"是也。③

闽、监、毛三本均作"簡異",宋本、孔本、韩本改"異"为"易",《校勘记》肯定了后三本,认为"易"是正确的。《康熙字典》:"易,《唐韵》羊益切。《集韵》《韵会》《正韵》夷益切。并音亦。"④又"異,《唐韵》《集韵》《韵会》羊吏切。《正韵》以智切。并移去声。"⑤由各韵书的注音可看出两字读音相同,然析其字义,二者并无关联,因此"異""易"当是读音之误。子敖谓孟子简其无德,此处"简"乃简略不礼之义,注疏以"易"释"简",故应为"反以我为简易也",作"异"则不然。焦循亦曰:"赵氏以易释简也,闽、监、毛三本作'异',非是。"⑥

《孟子》曰:"羿之教人射,必志于彀。学者亦必志于彀。"⑦《校勘记》云:

必志於彀:孔本、韓本、《考文》古本、足利本同,閩、監、毛三本"志"作"至",下同。浦鏜云:"志"誤"至"。⑧

《校勘记》引浦镗之说,认为"至"字误,当作"志"。《康熙字典》:"志,《唐韵》《集韵》《韵会》职吏切。《正韵》支义切。并音鋕。"⑨又"至,《唐韵》《集韵》《韵会》脂利切。《正韵》支义切。并音挚。"⑩两字读音相同,但字形并不相似,字义也无相通之处,当属音同之讹。志者,心之所之也。羿人教射,应全神贯注,集中于彀。由文义看,当作"志"为佳。焦循《孟子正义》云:"翟氏灏《考异》云:'注疏本

---

① 李学勤主编:《孟子注疏》,《十三经注疏》本,北京:北京大学出版社,1999年,第232页。
② 李学勤主编:《孟子注疏》,《十三经注疏》本,北京:北京大学出版社,1999年,第232页。
③ 阮元:《孟子注疏校勘记》,《十三经注疏(附校勘记)》本,北京:中华书局,1979年,第2732页。
④ 张玉书、陈廷敬等编纂:《康熙字典》(标点整理本),上海:上海辞书出版社,2007年,第438页。
⑤ 张玉书、陈廷敬等编纂:《康熙字典》(标点整理本),上海:上海辞书出版社,2007年,第716页。
⑥ 焦循:《孟子正义》,北京:中华书局,1987年,第595页。
⑦ 李学勤主编:《孟子注疏》,《十三经注疏》本,北京:北京大学出版社,1999年,第317页。
⑧ 阮元:《孟子注疏校勘记》,《十三经注疏(附校勘记)》本,北京:中华书局,1979年,第2755页。
⑨ 张玉书、陈廷敬等编纂:《康熙字典》(标点整理本),上海:上海辞书出版社,2007年,第320页。
⑩ 张玉书、陈廷敬等编纂:《康熙字典》(标点整理本),上海:上海辞书出版社,2007年,第970页。

志俱作"至"。宋刻《九经》下一志字作"至",《南轩孟子说》上一志字作"至"。按《章句》曰:"张弩向的,用思专时也。学者志道,犹射者之张也。"则原本宜皆志字。南轩注"羿教人使志于彀",则其上一正文亦不应作"至"。'"①焦循考量各家之言,亦认为"志"字更加贴切。

2. 校正因字形相近而产生的错误

有些字因字形与其他字相似,因此在传抄或刻录的过程中往往会被误写或误刻成另一个字,对此《孟子注疏校勘记》进行了校正,并加以解释。如:

《孟子》曰:"文王以民力为台为沼,而民欢乐之,谓其台曰灵台,谓其沼曰灵沼,乐其有麋鹿鱼鳖。"②《校勘记》云:

而民歡樂之:各本同,《音義》出"歡樂",云:"本亦作'勸樂'。"臧琳曰:"案《左傳·昭九年》注:'眾民自以子義來勸樂爲之。'正義曰:'眾民自以子成父事而來,勸樂而早成之耳。'知晉、唐時本皆作'勸樂'。"③

各本均为"欢乐",《校勘记》引臧氏之说,提出旧本皆作"劝乐"。段玉裁《说文解字注》:"勸,勉也。《广韵》曰:奖勉也。按勉之而悦从亦曰勸。从力。藋声。"④又"欢,喜乐也。从欠。藋声。"⑤"勸""歡"两字字形相近,但字义并无相通之处,当属形近之讹。此处虽无明确的判断,但可以看出《校勘记》更偏向"劝乐"一说。又焦循《孟子正义》曰:"臧氏琳《经义杂记》云:'宋孙氏《音义》云:"欢乐,本亦作劝乐。"案《左传·昭九年》,叔孙昭子引《诗》曰:"经始勿亟,庶民子来。"杜注:《诗·大雅》言文王始经营灵台,非急疾之,众民自以为子义来,劝乐为之。"正义云:"众民以为子成父事而来,劝乐而早成之耳。"是可知晋、唐时本皆作"劝乐"。故杜注孔疏据之,与孙宣公《音义》正合。盖经言"庶民子来",孟子以"而民劝乐"释之,犹《礼记·中庸》谓"子庶民则百姓劝"也。因欢与劝形相近,故经注皆讹为欢。'"⑥焦循对臧琳所说作出了详细的解释,合孙宣公《音义》及《礼记·中庸》之"劝",亦认为"欢""劝"二字因字形相近而误。

《孟子》曰:"杀人以梃与刃,有以异乎?"⑦《校勘记》云:

殺人以挺與刃:閩本同,宋本、廖本、岳本、孔本、韓本、監、毛本"挺"作"梃"。

---

① 焦循:《孟子正义》,北京:中华书局,1987年,第802页。
② 李学勤主编:《孟子注疏》,《十三经注疏》本,北京:北京大学出版社,1999年,第6—7页。
③ 阮元:《孟子注疏校勘记》,《十三经注疏(附校勘记)》本,北京:中华书局,1979年,第2668页。
④ 段玉裁:《说文解字注》,上海:上海古籍出版社,1981年,第699页。
⑤ 段玉裁:《说文解字注》,上海:上海古籍出版社,1981年,第411页。
⑥ 焦循:《孟子正义》,北京:中华书局,1987年,第48页。
⑦ 李学勤主编:《孟子注疏》,《十三经注疏》本,北京:北京大学出版社,1999年,第13页。

案《音義》云:"從木",則此本及閩本誤也,此本注俱作"梃",閩本經注並作"挺"。①

闽本"梃"误"挺"。《校勘记》依《孟子音义》,认为作"挺"误也。段玉裁《说文解字注》:"挺,拔也。《左传》:周道挺。挺,直也。《月令》:挺重囚。宽也。皆引申之义。从手廷声。"②又"梃,一枚也。凡条直者曰梃。梃之言挺也。一枚,疑当作木枚。《竹部》曰:'箇,竹枚。'则梃当云木枚也。《方言》曰:'箇,枚也。'郑注《礼经》云:'个犹枚也。'今俗或名枚曰个。音相近。按枚,榦也。一茎谓之一枚。因而凡物皆以枚数。《左传》'以枚数阓。'谓枚枚数之。犹云一一数之也。直者则曰梃。如《孟子》'制梃',《汉书》'白梃'皆是。《礼经》'脯梃'字本作梃,亦作挺,俗作脡,误也。详肉部。从木廷声。"③"梃""挺"两字声旁相同,形旁相似,是字形相近之误。梃是为杖也,从文意来看,应作"梃"。

《孟子》曰:"方里而井,井九百亩,其中为公田。八家皆私百亩,同养公田。"《孟子注疏》引赵岐注云:"方一里者,九百亩之地也,为一井。八家各私得百亩,同共养其公田之苗稼。公田八十亩,其余二十亩以为庐井宅园圃,家二亩半也。"④《校勘记》云:

以爲廬井宅園圃,家一畝半也:閩、監、毛三本同,廖本、孔本、韓本、《考文》古本無"井"字,"一"作"二"。○按無"井"字非也,《穀梁傳》曰:"古者公田爲居,井竈葱韭取焉。""一"作"二"是也,此二畝半合城保二畝半,是爲五畝之宅。⑤

"二"误作"一",《校勘记》依据五亩之宅来计算,认为庐井宅园圃当有二亩半。焦循《孟子正义》引《校勘记》之说,后又加以补充说明:"彻法九夫为井,则每家受田一顷一十二亩半,税其一十二亩半,是九分取一也,无所为公私也。助法八家皆私百亩,同养公田,则每以二亩半为庐井宅园圃,余八十亩,八家同养。是八百八十亩税其八十亩,名为九一,实乃什一分之一也。此助法所以善也。惟是公私之田既分,而先后之期乃定也。"⑥

《孟子》曰:"夫予之设科也,往者不追,来者不拒。"⑦《校勘记》云:

---

① 阮元:《孟子注疏校勘记》,《十三经注疏(附校勘记)》本,北京:中华书局,1979年,第2669页。
② 段玉裁:《说文解字注》,上海:上海古籍出版社,1981年,第605页。
③ 段玉裁:《说文解字注》,上海:上海古籍出版社,1981年,第249页。
④ 李学勤主编:《孟子注疏》,《十三经注疏》本,北京:北京大学出版社,1999年,第138页。
⑤ 阮元:《孟子注疏校勘记》,《十三经注疏(附校勘记)》本,北京:中华书局,1979年,第2704页。
⑥ 焦循:《孟子正义》,北京:中华书局,1987年,第361—362页。
⑦ 李学勤主编:《孟子注疏》,《十三经注疏》本,北京:北京大学出版社,1999年,第398页。

夫子之設科也：閩、監、毛三本同，宋本、岳本、廖本、孔本、韓本"子"作"予"。案注云："夫我設教授之科。"僞疏亦云："夫我之設科以教人。"則作"予"是也，"予"、"子"蓋字形相涉而譌。①

《校勘記》指出"子"因字形與"予"相近而誤也。《康熙字典》："予，我也。……《爾雅》卬、吾、台、予、朕、身、甫、余，言我也。"②《孟子注疏》引趙岐注云："夫我設教授之科，教人以道德也，其去者亦不追呼，來者亦不拒逆，誠以是學道之心來至我，則斯受之，亦不知其取之與否？"《孟子注疏》亦云："夫我之設科以教人，往去之者則不追呼而還，來者則不拒逆，誠以是學道之心來至我，則斯容受之而教誨，亦且不保其異心也。"③根據趙注"夫我設教授之科"以及孫疏"夫我之設科以教人"，兩處均言"我"，則推斷此處當爲"予"字。

3. 校正因字義相近而產生的錯誤

嚴格說來，此處不應講誤。有時兩字字義相近或相通，從文義來看可替換使用，但從尊重古文原貌的角度出發，理應予以糾正。如：

《章指》言：典籍攸載，帝王道純，桓、文之事，譎正相紛，撥亂反正，聖意弗珍。故曰後世無傳未聞。仁不施人，猶不成德，豐鍾易牲，民不被澤，王請嘗試，欲踐其跡，答以反本，惟是為要。此蓋孟子不屈道之言也；《考文》古本作"路"。④

各本皆同，唯《考文》古本"跡"作"路"。兩字字義確有相通之處。《康熙字典》："跡，《廣韻》《集韻》《正韻》并資昔切。音績。與迹同。"⑤段玉裁《說文解字注》："迹，步處也。莊子云：'夫迹，履之所出。'而迹豈履也。"⑥焦循《孟子正義》亦曰："跡與迹同。《楚辭·天問》王逸注云：'迹，道也。'踐其迹猶言履其道也。《考文》古本跡作'路'。"⑦跡、路雖義相近，蓋以"跡"為宜。

《孟子》曰："《詩》云：'不愆不忘，率由舊章。'遵先王之法而過者，未之有也。"《孟子注疏》引趙岐注云："《詩·大雅·假樂》之篇。"⑧《校勘記》云：

---

① 阮元：《孟子注疏校勘記》，《十三經注疏（附校勘記）》本，北京：中華書局，1979年，第2781頁。
② 張玉書、陳廷敬等編纂：《康熙字典》（標點整理本），上海：上海辭書出版社，2007年，第10頁。
③ 李學勤主編：《孟子注疏》，《十三經注疏》本，北京：北京大學出版社，1999年，第399頁。
④ 阮元：《孟子注疏校勘記》，《十三經注疏（附校勘記）》本，北京：中華書局，1979年，第2673頁。
⑤ 張玉書、陳廷敬等編纂：《康熙字典》（標點整理本），上海：上海辭書出版社，2007年，第1203頁。
⑥ 段玉裁：《說文解字注》，上海：上海古籍出版社，1981年，第70頁。
⑦ 焦循：《孟子正義》，北京：中華書局，1987年，第96—97頁。
⑧ 李學勤主編：《孟子注疏》，《十三經注疏》本，北京：北京大學出版社，1999年，第185頁。

第十七章 《孟子注疏校勘记》校勘成就

假樂之篇：閩、監、毛三本同，宋本、孔本、韓本"假"作"嘉"，《音義》出"嘉樂"。①

《康熙字典》："假，又与嘉同。美也。《诗·大雅》：假乐君子。《中庸》作嘉。毛传：假，嘉也。"②焦循《孟子正义》曰："诗在《大雅·假乐》第二章。毛传云：'假，嘉也。'《礼记·中庸》引作'嘉乐'。此作'嘉乐'，与《中庸》同。《音义》出'嘉乐'，则赵氏作'嘉'。闽、监、毛三本作'假'，盖以《诗》改之也。"③"假""嘉"在这里意思相同。《诗》本作"假乐"，假即嘉之意。《礼记·中庸》引作"嘉乐"，是以二者义同，然追溯其源，当作"假"为宜。

《孟子》曰："父母使舜完廪，捐阶，瞽瞍焚廪。"《孟子注疏》引赵岐注云："一说捐阶，舜即旋从阶下，瞽瞍不知其已下，故焚廪也。"④《校勘记》云：

一說捐階：閩、監、毛三本同，宋本、孔本、韓本、《考文》古本"捐"作"旋"。○按《說文》："圓，規也。"趙意"捐"同"圓"，故訓爲"旋"。⑤

《校勘记》认为赵岐之"捐""旋"同义，故宋本等作"旋"亦可。段玉裁《说文解字注》："捐，弃也。芈部曰：弃，捐也。二篆为转注。"⑥朱熹《孟子集注》注曰："捐，去也。"⑦那么"捐"与"旋"两者字义有何联系，为何"捐"会训作"旋"？焦循《孟子正义》曰："刘熙《释名·释宫室》云：'阶，梯也。如梯之有等差也。'《礼记·丧大记》云：'虞人设阶'，注云：'阶，所乘以升屋者。'《说文·木部》云：'梯，木阶也。'盖阶与梯略有别。此完廪所用以升屋者则是木阶，故以梯释之，以别乎东阶西阶之阶也。《说文·手部》云：'捐，弃也。'弃即去也，故云捐去其阶。一说旋阶者，训捐为旋也。《尔雅·释器》云：'环谓之捐。'《小尔雅·广言》云：'旋，还也。'环、还字通，捐为环，是即为旋也。捐阶与出对言，出是入而即出，故以捐阶是旋从阶下也。"⑧焦循对"捐"作出了两种解释，先依《说文解字》之说，捐为弃也，此说与赵岐、朱熹注同。又引《尔雅·释器》及《小尔雅·广言》，通过环、还二字，将"捐"

---

① 阮元：《孟子注疏校勘记》，《十三经注疏（附校勘记）》本，北京：中华书局，1979 年，第 2720 页。
② 张玉书、陈廷敬等编纂：《康熙字典》（标点整理本），上海：上海辞书出版社，2007 年，第 34 页。
③ 焦循：《孟子正义》，北京：中华书局，1987 年，第 484—485 页。
④ 李学勤主编：《孟子注疏》，《十三经注疏》本，北京：北京大学出版社，1999 年，第 247 页。
⑤ 阮元：《孟子注疏校勘记》，《十三经注疏（附校勘记）》本，北京：中华书局，1979 年，第 2736 页。
⑥ 段玉裁：《说文解字注》，上海：上海古籍出版社，1981 年，第 610 页。
⑦ 朱熹：《孟子集注》，载《四书章句集注》，济南：齐鲁书社，1992 年，第 129 页。
⑧ 焦循：《孟子正义》，北京：中华书局，1987 年，第 620 页。

与"旋"二字联系到一起。此外,焦循又考查其原文,如果前后两句相对应,"捐阶"对应"出","出"为入井而出之意,则"捐阶"应为旋阶而下之意,故"捐"又为"旋"之意。根据焦循的解说,宋本等不可说误,作"旋"者是以"旋"释"捐"也。然按赵岐本意,作"捐"是也,不必改为"旋"。

二、校勘内容讹误

《孟子注疏校勘记》除校勘《孟子注疏》文字错误外,还指出各版《孟子注疏》文本内容上的讹误。

1. 校正字词误倒

即因字词颠倒而产生的讹误。如:

《孟子》曰:"欲辟土地,朝秦、楚,莅中国而抚四夷也。"①《孟子注疏》引赵岐注云:"莅,临也。言王意欲庶几王者,临莅中国而安四夷者也。"②《校勘记》云:

临莅中國:閩、監、毛三本,韓本同,岳本、廖本、孔本、《考文》古本、足利本作"莅臨"。③

《康熙字典》:"莅,《韵会》:临也。"④又"临,《尔雅·释诂》:临,视也。"⑤阮元虽未在《校勘记》中进行解说,但其《经籍纂诂》曰:"莅,亦作涖。○莅,临也。……又《孟子·梁惠王上》'莅中国'注。……○涖临也。……○涖者临也。……○涖视也。……○涖谓临视也。"⑥由此可见,以"临"释"莅",作"莅临"为宜。

《孟子》曰:"以大事小者,乐天者也。以小事大者,畏天者也。乐天者保天下,畏天者保其国。"⑦《孟子注疏》引赵岐注云:"圣人乐行天道,如天无不盖也,故保天下,汤、文是也。"⑧《校勘记》云:

---

① 李学勤主编:《孟子注疏》,《十三经注疏》本,北京:北京大学出版社,1999年,第22页。
② 李学勤主编:《孟子注疏》,《十三经注疏》本,北京:北京大学出版社,1999年,第22页。
③ 阮元:《孟子注疏校勘记》,《十三经注疏(附校勘记)》本,北京:中华书局,1979年,第2673页。
④ 张玉书、陈廷敬等编纂:《康熙字典》(标点整理本),上海:上海辞书出版社,2007年,第1001页。
⑤ 张玉书、陈廷敬等编纂:《康熙字典》(标点整理本),上海:上海辞书出版社,2007年,第968页。
⑥ 阮元:《孟子注疏校勘记》,《十三经注疏(附校勘记)》本,北京:中华书局,1979年,1410页。
⑦ 李学勤主编:《孟子注疏》,《十三经注疏》本,北京:北京大学出版社,1999年,第36页。
⑧ 李学勤主编:《孟子注疏》,《十三经注疏》本,北京:北京大学出版社,1999年,第36页。

聖人樂行天道：閩、監、毛三本同，廖本、孔本、韓本"行天"作"天行"。①

"行""天"两字颠倒。焦循《孟子正义》曰："天生万物无不盖，圣人道济天下无不容，行道者所以乐天也。"②按焦循之言，作"圣人乐天行道"为宜。

《孟子》曰："夫以百亩之不易为己忧者，农夫也。"③《孟子注疏》引赵岐注云："农夫以百亩不易治为己忧。"④《校勘记》云：

不易治爲己憂：閩、監、毛三本、孔本、韓本同，岳本、《考文》古本"易治"作"治易"。⑤

"易""治"两字颠倒。《康熙字典》："易，《孟子》：易其田畴。注：易，治也。"⑥焦循《孟子正义》曰："《毛诗·甫田》：'禾易长亩'，传云：'易，治也。'故以治释易。"⑦以"治"训"易"，此处应作"易治"，岳本、《考文》古本误倒。

《孟子》曰："梓、匠、轮、舆，其志将以求食也。君子之为道也，其志亦将以求食与？"⑧《孟子注疏》引赵岐注云："彭更以为彼志于食，此亦但志食也？"⑨《校勘记》云：

彭更以爲彼志食於：閩、監、毛三本同，廖本、孔本、韓本、《考文》古本"食於"作"於食"。案三本誤。⑩

按语认为闽、监、毛三本"食""于"二字误倒，应作"于食"。考原文之义，彭更以为君子之志在于求食，作"彼志食于"不通。

2. 校正内容错乱

由于《孟子注疏校勘记》所引据的各个版本分别出自不同的时代、地域，更有海外本，各本刊刻质量也高低不等，因此各版本之间难免会发生内容错乱的现象。《校勘记》对此作了细致甄别。如：

---

① 阮元：《孟子注疏校勘记》，《十三经注疏（附校勘记）》本，北京：中华书局，1979年，第2678页。
② 焦循：《孟子正义》，北京：中华书局，1987年，第113页。
③ 李学勤主编：《孟子注疏》，《十三经注疏》本，北京：北京大学出版社，1999年，第147页。
④ 李学勤主编：《孟子注疏》，《十三经注疏》本，北京：北京大学出版社，1999年，第147页。
⑤ 阮元：《孟子注疏校勘记》，《十三经注疏（附校勘记）》本，北京：中华书局，1979年，第2708页。
⑥ 张玉书、陈廷敬等编纂：《康熙字典》（标点整理本），上海：上海辞书出版社，2007年，第438页。
⑦ 焦循：《孟子正义》，北京：中华书局，1987年，第391页。
⑧ 李学勤主编：《孟子注疏》，《十三经注疏》本，北京：北京大学出版社，1999年，第167页。
⑨ 李学勤主编：《孟子注疏》，《十三经注疏》本，北京：北京大学出版社，1999年，第167页。
⑩ 阮元：《孟子注疏校勘记》，《十三经注疏（附校勘记）》本，北京：中华书局，1979年，第2713页。

《孟子》曰："其为气也，配义与道。"①《孟子注疏》引赵岐注云："道谓阴阳，大道无形而生有形，舒之弥六合，卷之不盈握，包络天地，禀授群生者也。"②《校勘记》云：

道無形而生於有形：閩、監、毛三本同，廖本、孔本、《考文》古本"道"下有"謂陰陽大道"五字，無"於"字，韓本與廖本同，"大"作"天"，足利本亦與廖本同，"生有形"作"生於形"，非。○按有"謂陰陽大道"五字，無"於"字者是也。漢人皆以陰陽五行爲天道，《易》曰："一陰一陽之謂道。"趙氏用此語，以無形生有形者也。③

这句话众本不一，或增五字，或减一字，《校勘记》按照汉时人们的思想以及《周易》中的说法进行分析，认为应作"道无形而生有形，谓阴阳大道"。

《孟子》曰："从许子之道，则市贾不贰，国中无伪。虽使五尺之童适市，莫之或欺。"④《孟子注疏》引赵岐注云："如使从许子淳朴之道，可使市无二价，不相为诈，不相欺愚小也。"⑤《校勘记》云：

不相欺愚小大：閩、監、毛三本同，廖本作"不欺愚小大也"，孔本、韓本作"不欺愚小民也"，《考文》古本作"不相欺愚小也"。○按"愚小"謂五尺之童也，《考文》古本得之。⑥

此句中主要是对"愚小"的理解，或作"欺愚小大"，或作"欺愚小民"，皆误也。《校勘记》指出"愚小"即对"五尺之童"的注解，作"愚小大""愚小民"实为误也。

《孟子》曰："子不通功易事，以羡补不足，则农有余粟，女有余布。子如通之，则梓、匠、轮、舆，皆得食于子。"⑦《孟子注疏》引赵岐注云："《周礼》攻木之工七，梓、匠、轮、舆，是其四者。羡，餘也。"⑧《校勘记》云：

是其四餘。羨，者也：閩、監、毛三本同，岳本"四"下有"者"字，廖本、孔本、韓本、《考文》古本作"是其四者。羨，餘也。"案閩、監、毛三本誤。⑨

按閩、監、毛三本，此句不通。《康熙字典》："羨，《廣韻》：余也。《史記·貨殖传》:时有奇羡。注:奇羡,谓时有余衍也。"①羡,余也。此处应是"余""者"两字位置有误。焦循《孟子正义》亦出"是其四者。羡,余也。"曰:"《毛诗·小雅·十月之交》:'四方有羡',传云:'羡,余也。'赵氏以余释羡,明《孟子》'农有余粟,女有余布'两余即上'以羡'之羡。女以所羡之布易农所羡之粟,两相补,则皆无不足。惟不相补则各有所余,斯各有所不足矣。"②

综上所述,《孟子注疏校勘记》校勘讹误的工作可谓认真细致。对于字词的校正,主要从汉字的音、形、义三个方面入手,对字词的错误进行深入分析,并作出了合理的推断与解释。校正内容错误,引征推断,仔细精当,令人信服。

第二节 校订脱衍

古代文献在传抄、刻印过程中,会出现缺字缺句现象,也会出现后人窜入的内容,一般称之为脱衍。《孟子注疏》中也不乏此类错误,《孟子注疏校勘记》予以校订。

一、补订脱漏

脱文,也叫夺文,即文献著述中漏掉的文字。有些脱文危害较小,如句末虚词"也""矣"等,这类情况基本不改变古文原义,也不影响读者阅读。但有些脱文危害较大,漏掉一个字就会造成对文献的误解,增加阅读的难度。

1. 补订字词脱漏

《孟子》曰:"舜使益掌火,益烈山泽而焚之,禽兽逃匿。"③《孟子注疏》引赵岐注云:"烈,炽。益视山泽草木炽盛者而焚之,故禽兽逃匿而奔走远窜也。"④《校勘记》云:

炽者而焚之:闽、监、毛三本同,廖本、孔本、韩本、《考文》古本作"炽盛者而焚

---

① 张玉书、陈廷敬等编纂:《康熙字典》(标点整理本),上海:上海辞书出版社,2007年,第917页。
② 焦循:《孟子正义》,北京:中华书局,1987年,第428页。
③ 李学勤主编:《孟子注疏》,《十三经注疏》本,北京:北京大学出版社,1999年,第145页。
④ 李学勤主编:《孟子注疏》,《十三经注疏》本,北京:北京大学出版社,1999年,第146页。

燒之"。○按"熾盛"是也，熾盛謂草木，不謂火。①

闽、监、毛三本"炽"下脱"盛"字。按《校勘记》所说，"炽盛"不是指火，而是形容草木茂盛之意，有"盛"者是。焦循《孟子正义》曰："以烈之从火与炽同，《尔雅·释言》：'炽，盛也。'《毛诗·商颂》：'如火烈烈'，笺云：'其威势如猛火之炎炽。'是烈可训炽，炽为盛，烈亦为盛，即上所云'草木畅茂'也。故以烈属草木，谓视山泽草木炽盛者，以炽释烈，又以盛释炽也。视山泽为炽，故云炽山泽。"②焦循引《尔雅·释言》及《毛诗·商颂》郑笺，详细地解释了烈、炽、盛三者之间的关系。《毛诗》以"烈"形容草木之茂盛，郑玄训"烈"为"炽"。又《尔雅》训"炽"为"盛"，是以"炽盛"谓草木茂盛之貌。单独一个"炽"字可能有他义，作"炽盛"则形容草木茂盛。

《孟子》曰："吾欲观于转附、朝儛、遵海而南，放于琅邪，吾何修而可以比于先王观也？"③《孟子注疏》引赵岐注云："琅邪，齐东南境上邑也。"④《校勘记》云：

齊東境上邑也：閩、監、毛三本同，廖本、孔本、韓本"東"下有"南"字。按疏引"境"作"南"字，朱子注同，是此注有脱也。⑤

脱一"南"字，则地理方位就发生了改变，此处不得不校。按语依据注疏及朱熹注，补"南"字，但并未给出具体的依据说明。这句话是解释琅邪一词的。阎若璩《四书释地》予以考证："赵注：'琅邪，齐东南境上邑。'《集注》因之。汉《郊祀志》作：'在齐东北。'非也。今诸城县东南一百五十里有琅邪山，山下有城，即其处。"⑥根据阎若璩的考证，则应作"东南"是也。

《孟子》曰："嘑尔而与之，行道之人弗受。"⑦《孟子注疏》引赵岐注云："行道之人，凡人以其贱己，故不肯受也。"⑧《校勘记》云：

行道之人，凡人：閩、監、毛三本同，岳本、孔本、韓本、《考文》古本"凡"上有"道中"二字。⑨

---

① 阮元：《孟子注疏校勘记》，《十三经注疏（附校勘记）》本，北京：中华书局，1979年，第2708页。
② 焦循：《孟子正义》，北京：中华书局，1987年，第376页。
③ 李学勤主编：《孟子注疏》，《十三经注疏》本，北京：北京大学出版社，1999年，第40页。
④ 李学勤主编：《孟子注疏》，《十三经注疏》本，北京：北京大学出版社，1999年，第40页。
⑤ 阮元：《孟子注疏校勘记》，《十三经注疏（附校勘记）》本，北京：中华书局，1979年，第2678页。
⑥ 阎若璩：《四书释地》，载《四库全书》第210册，上海：上海古籍出版社，1987年，第324页。
⑦ 李学勤主编：《孟子注疏》，《十三经注疏》本，北京：北京大学出版社，1999年，第309页。
⑧ 李学勤主编：《孟子注疏》，《十三经注疏》本，北京：北京大学出版社，1999年，第309页。
⑨ 阮元：《孟子注疏校勘记》，《十三经注疏（附校勘记）》本，北京：中华书局，1979年，第2754页。

闽、监、毛三本如此,然按岳本等四本来看,这句话应作"行道之人,道中凡人,以其贱已,故不肯受也。"加上"道中"二字,则文章断句、文义皆发生改变。从整句话的理解出发,以"道中凡人"释"行道之人",应是闽、监、毛三本脱词之误。

《孟子》曰:"尧舜之道,孝悌而已矣。"①《孟子注疏》云:"夫尧舜二帝之道,孝悌而已。"②《校勘记》云:

夫堯舜二帝,之道而已:閩、監、毛三本"而已"上增"孝弟"二字,是。③

考察原文,其句意不通,按闽、监、毛三本增"孝弟"二字,则此句应为:"夫尧舜二帝之道,孝弟而已。"于文义通顺,则应有"孝弟"二字。"孝弟"亦作"孝悌",即孝顺父母,敬爱兄弟之意,《论语·学而》:"其为人也孝弟,而好犯上者,鲜矣。"朱熹《孟子集注》曰:"善事父母为孝,善事兄长为悌。"④此为孟子言尧、舜孝悌之行也。

2. 校订脱句

《孟子》曰:"若仲子者,蚓而后充其操者也。"⑤《孟子注疏》引赵岐注云:"如蚓之性,然后可以充其操也。是以孟子喻以蚯蚓而比诸巨擘而已。"⑥《校勘记》云:

是以孟子喻以丘蚓而比諸巨擘而已:閩、監、毛三本同,廖本、孔本、韓本、《考文》古本無此注。⑦

此句为赵岐《孟子章句》注文,是赵氏对孟子所言的总结,应该有。但廖本、孔本、韩本、《考文》古本脱,《校勘记》据闽、监、毛三本补。

《孟子》曰:"孟子曰:'否,不然也。'"⑧《校勘记》云:

孟子曰:"否,不然也":此經下岳本、廖本、孔本、韓本、《考文》古本、足利本並有注"否,不也。不如人所言"八字,注疏本並無之。○按有者是也。但因此可正今本經文之誤。經文本作"孟子曰:否然也",三字一句,無"不"字。故注之云:"否,不也。不如人所言。"《癩疽章》注曰:"否,不也。不如是也。"《割烹章》注亦

---

① 李学勤主编:《孟子注疏》,《十三经注疏》本,北京:北京大学出版社,1999年,第322页。
② 李学勤主编:《孟子注疏》,《十三经注疏》本,北京:北京大学出版社,1999年,第322页。
③ 阮元:《孟子注疏校勘记》,《十三经注疏(附校勘记)》本,北京:中华书局,1979年,第2758页。
④ 朱熹:《孟子集注》,载《四书章句集注》,济南:齐鲁书社,1992年,第5页。
⑤ 李学勤主编:《孟子注疏》,《十三经注疏》本,北京:北京大学出版社,1999年,第40页。
⑥ 李学勤主编:《孟子注疏》,《十三经注疏》本,北京:北京大学出版社,1999年,第182页。
⑦ 阮元:《孟子注疏校勘记》,《十三经注疏(附校勘记)》本,北京:中华书局,1979年,第2716页。
⑧ 李学勤主编:《孟子注疏》,《十三经注疏》本,北京:北京大学出版社,1999年,第258页。

同。而今本奪三字。孟子之否然,即今人之不然也。他"否"字皆不注,獨此注者,恐人之誤斷其句於"否"字句絕,則"然也"不可通矣。不得其意而或增經或刪注,今乃了然。①

宋十行本及闽、监、毛三本脱"否,不也。不如人所言"八字。按《校勘记》所言,经文本作"孟子曰:否然也。"无"不"字,"否然"即今"不然"也。下注疏以"不也"释"否"字,以"不如人所言"释上文之义。考《痑疽章》及《割烹章》皆如此。是后人增"不"字,改"否然也"为"否,不然也",又删其注疏,《校勘记》纠其误也。

3. 校订脱页

除脱文外,有些典籍在历经时代的变迁中还存在缺页的现象,《校勘记》对《孟子注疏》进行了精细考证,补其脱。如:

其國,及對齊王:自此至則爲之王者矣,監本脱一頁,而板心數不缺,蓋承刊諸人之謬也。毛本據别本補足,故第四頁下有又四一頁。②

监本此处脱一页,而毛本依据别本补。

滕更,滕君之弟:自此文"滕君之弟"起,至"君子之於物也"章注"非己族類""非"字止,十行本缺一頁,闽本與十行本同,亦缺一頁,惟所缺自"更"字起耳,監、毛本不缺。○今據毛本補。③

者,案《史記》云:案自此至下章疏則清者人之所貴也,足利、十行本缺一頁,而板心數不缺,誤也。闽本仍十行本之舊,亦未補,監本、毛本不缺,未詳據何本補足。④

十四年:此文之下十行本有脱頁,闽本亦缺。闽本出於十行本,此其證也。⑤

此四例皆是宋十行本及闽本缺一页,由此可见闽本的确是依据十行本刊刻的,而监本、毛本不缺,盖监本刻印时又依据其他文献加以校订而成,毛本亦从监本而补。对于此脱页现象,《孟子注疏校勘记》据他本补。

二、校订衍文

衍文是与脱文相对而言的,就是指文章中多出来的内容,是由后人在传写传刻的过程中不小心加入或重复而造成的,也有的是无知者按自己的理解窜入的。《校勘记》对《孟子注疏》中此类错误进行了校正。

---

① 阮元:《孟子注疏校勘记》,《十三经注疏(附校勘记)》本,北京:中华书局,1979 年,第 2740 页。
② 阮元:《孟子注疏校勘记》,《十三经注疏(附校勘记)》本,北京:中华书局,1979 年,第 2678 页。
③ 阮元:《孟子注疏校勘记》,《十三经注疏(附校勘记)》本,北京:中华书局,1979 年,第 2772 页。
④ 阮元:《孟子注疏校勘记》,《十三经注疏(附校勘记)》本,北京:中华书局,1979 年,第 2720 页。
⑤ 阮元:《孟子注疏校勘记》,《十三经注疏(附校勘记)》本,北京:中华书局,1979 年,第 2673 页。

1. 校订误衍字词

《孟子》曰:"此匹夫之勇,敌一人者也。"①《孟子注疏》引赵岐注云:"此一夫之勇,足以当一人之敌者也。"②《校勘记》云:

此一匹夫之勇:闽、监、毛三本同。宋本、廖本、孔本、韓本、《考文》古本無"匹"字。足利本無"之"字。按以"一夫"釋"匹夫",不得云"一匹"。③

闽、监、毛三本衍"匹"字,按经注本来看,应作"此一夫之勇"。按语认为赵岐以"一夫"释"匹夫",故注文中"匹"字衍。焦循《孟子正义》同意此观点:"僖公三十三年《公羊传》注云:'匹马,一马也。'赵氏解经身先于匹夫为一夫,此注云'一夫',以一解匹也。"④

《孟子》曰:"予岂若是小丈夫然哉!"⑤《孟子注疏》引赵岐注云:"我岂若狷急小丈夫。"⑥《校勘记》云:

我岂若狷狷急小丈夫:闽、监、毛三本同。岳本、廖本、孔本、韓本、《考文》古本不重"狷"字。○按不重者是。⑦

《校勘记》认为闽、监、毛三本"狷"字重,为衍文也。段玉裁《说文解字注》:"急,褊也。褊者,衣小也。故凡窄陿谓之褊。《释言》曰:'褊,急也。'"⑧《康熙字典》:"狷,《说文》:褊急也。从犬,肙声。……《后汉·阴兴传》:丰亦狷急。注:狷,疾也。"⑨《汉语大词典》:"狷急:偏急。"⑩而狷狷则为洁身守志貌,与急无关,于文义不对。由此可见,"狷急"为一词,形容小丈夫的偏急之貌,重"狷"字者误衍也。

《孟子注疏》曰:"此则驱率天下之人以赢困之路也。"⑪《校勘记》云:

以赢困之路也:案《音义》出"赢路",云:"字亦作'赢'。"案此则宣公所见本無

---

① 李学勤主编:《孟子注疏》,《十三经注疏》本,北京:北京大学出版社,1999年,第36页。
② 李学勤主编:《孟子注疏》,《十三经注疏》本,北京:北京大学出版社,1999年,第37页。
③ 阮元:《孟子注疏校勘记》,《十三经注疏(附校勘记)》本,北京:中华书局,1979年,第2678页。
④ 焦循:《孟子正义》,北京:中华书局,1987年,第114页。
⑤ 李学勤主编:《孟子注疏》,《十三经注疏》本,北京:北京大学出版社,1999年,第124页。
⑥ 李学勤主编:《孟子注疏》,《十三经注疏》本,北京:北京大学出版社,1999年,第124页。
⑦ 阮元:《孟子注疏校勘记》,《十三经注疏(附校勘记)》本,北京:中华书局,1979年,第2700页。
⑧ 段玉裁:《说文解字注》,上海:上海古籍出版社,1981年,第508页。
⑨ 张玉书、陈廷敬等编纂:《康熙字典》(标点整理本),上海:上海辞书出版社,2007年,第664页。
⑩ 罗竹风主编:《汉语大词典》第5册,上海:汉语大词典出版社,1994年,第56页。
⑪ 李学勤主编:《孟子注疏》,《十三经注疏》本,北京:北京大学出版社,1999年,第151页。

"困之"二字。〇按"路"與"露"古通用,"露"、"羸"見於古書者多矣。《大雅》:"串夷載路",鄭箋以"瘠"釋"路",俗人乃改"瘠"爲"應",此添"困之"二字,其繆同也。①

各本均作"以羸困之路也",然《校勘记》按《孟子音义》采"羸路"之说,并举《大雅》"串夷载路"为例,认为此处衍"困之"二字。《康熙字典》:"羸,《说文》:瘦也。注:臣铉等曰:羊主给膳,以瘦为病,故从养。"②段玉裁《说文解字注》:"羸,瘦也。引申为凡瘦之称。"③又《康熙字典》:"《释名》:路,露也,人所践蹈而露见也。"④由此观之,"羸路"即瘦弱而暴露在外之意,"困之"二字衍。

《孟子注疏》云:"夏道衰,公刘变于西戎,邑于豳。"⑤《校勘记》云:

變於西戎邑於西戎邑於豳:閩、監本同,毛本無"邑於西戎"四字,乃據《漢書》刪。是也。⑥

闽本、监本衍"邑于西戎"四字。语出《汉书·匈奴列传》:"唐虞以上有山戎、猃狁、獯戎居于北边。夏道衰,公刘变于西戎,邑于豳。其后三百余岁,戎狄攻大王亶父,亶父走于岐山。后至六国,遂为匈奴。"⑦毛本依据《汉书》原文,删去此四字。

2. 校订衍句

《孟子》曰:"夏谚曰:吾王不游,吾何以休?吾王不豫,吾何以助?一游一豫,为诸侯度。"⑧赵岐注曰:"言王者巡狩观民,其行从容,若游若豫。豫亦游也。"⑨《校勘记》云:

遊亦豫也:閩、監、毛三本同,宋本、岳本、廖本、孔本、韓本、《考文》古本無此四

---

① 阮元:《孟子注疏校勘记》,《十三经注疏(附校勘记)》本,北京:中华书局,1979年,第2708页。
② 张玉书、陈廷敬等编纂:《康熙字典》(标点整理本),上海:上海辞书出版社,2007年,第918页。
③ 段玉裁:《说文解字注》,上海:上海古籍出版社,1981年,第146页。
④ 张玉书、陈廷敬等编纂:《康熙字典》(标点整理本),上海:上海辞书出版社,2007年,第1204页。
⑤ 李学勤主编:《孟子注疏》,《十三经注疏》本,北京:北京大学出版社,1999年,第39页。
⑥ 阮元:《孟子注疏校勘记》,《十三经注疏(附校勘记)》本,北京:中华书局,1979年,第2678页。
⑦ 班固:《匈奴传》第64,载《汉书》卷94,清乾隆武英殿刻本。
⑧ 李学勤主编:《孟子注疏》,《十三经注疏》本,北京:北京大学出版社,1999年,第40页。
⑨ 李学勤主编:《孟子注疏》,《十三经注疏》本,北京:北京大学出版社,1999年,第40页。

字。○按無者是。①

《校勘记》判断此句为衍文。盖"游亦豫也"四字与"豫亦游也"意思相同,重复论述略显累赘,故《校勘记》断其为衍文。

《孟子》曰:"天下之不助苗长者寡矣。以为无益而舍之者,不耘苗者也;助之长者,揠苗者也,非徒无益,而又害之。"②《孟子注疏》引赵岐注云:"天下人行善者,皆欲速得其福,恬然者少也。以为福禄在天,求之无益,舍置仁义,不求为善,是由农夫任天,不复耘治其苗也。其迟福欲急得之者,由此揠苗人也,非徒无益于苗,乃反害之。言告子外义,常恐其行义欲急得其福,故为丑言人之行,当内治善,不当急求其福,亦若此揠苗者矣。"③《校勘记》云:

亦若此揠苗者矣:閩、監、毛三本同,孔本、韓本、《考文》古本無此七字。按《考文》引"矣"作"也",非。④

闽本、监本、毛本三本衍此句。从赵注来看,"当内治善,不当急求其福"与下文"亦若此揠苗者矣"不合,当删去。焦循《孟子正义》亦曰:"按《孟子》经文,辞句明达,不似《诗》《书》艰奥,而赵氏注顺通其意,亦极详了,不似毛、郑简严,待于申发。故但疏明训诂典籍,则赵氏解经之意明,而经自明。而赵氏有未得经义者,以经文涵泳之,亦可会悟而得其真,固无取乎强经以从注也。"⑤

《孟子》曰:"尹士闻之曰:'士诚小人也!'"⑥《孟子注疏》引赵岐注云:"尹士闻义则服。"⑦《校勘记》云:

故曰:"士誠小人也!":閩、監、毛三本同,廖本、孔本、韓本、《考文》古本無此七字,無者是。⑧

闽本、监本、毛本三本在赵注"尹士闻义则服"之下衍"故曰:士诚小人也"一句。考察赵注,"尹士闻义则服"亦是对"尹士闻之曰:'士诚小人也!'"的注解,无需再添上此句。

---

① 阮元:《孟子注疏校勘记》,《十三经注疏(附校勘记)》本,北京:中华书局,1979年,第2678页。
② 李学勤主编:《孟子注疏》,《十三经注疏》本,北京:北京大学出版社,1999年,第76页。
③ 李学勤主编:《孟子注疏》,《十三经注疏》本,北京:北京大学出版社,1999年,第76页。
④ 阮元:《孟子注疏校勘记》,《十三经注疏(附校勘记)》本,北京:中华书局,1979年,第2689页。
⑤ 焦循:《孟子正义》,北京:中华书局,1987年,第206页。
⑥ 李学勤主编:《孟子注疏》,《十三经注疏》本,北京:北京大学出版社,1999年,第124页。
⑦ 李学勤主编:《孟子注疏》,《十三经注疏》本,北京:北京大学出版社,1999年,第124页。
⑧ 阮元:《孟子注疏校勘记》,《十三经注疏(附校勘记)》本,北京:中华书局,1979年,第2700页。

杜泽逊《文献学概要》曰：文献讹误的类型主要包括文字的讹、脱、衍、倒以及错乱五大部分。《孟子注疏校勘记》广考众本，对《孟子注疏》进行了全面的校勘，正其讹误，补其脱漏，删其增衍，从文义内容上疏通《孟子注疏》，堪称精审。

第三节　标章指　辨伪疏

钱大昕《十驾斋养新录》云："赵岐注《孟子》，每章之末，括其大旨，间作韵语，谓之《章指》，《文选》注所引赵岐《孟子章指》是也。南宋后，伪正义出，托名孙奭所撰，尽删《章指》正文，仍剽掠其语，散入正义。明国子监刊《十三经》，承用此本，世遂不复见赵氏元本矣。"①周广业《孟子四考》云："章指者，榘括一章之大指也。董生言《春秋》文多数万，其指数千。知文必有指，赵氏因举以为例。"②焦循《孟子正义》曰："考《崇文总目》载陆善经注《孟子》七卷，称善经删去赵岐《章指》与其《注》之繁重者，复为七篇。是删去《章指》，始于善经，邵武士人作疏，盖用善经本也。"③赵岐注《孟子》本有章指，后陆善经注《孟子》时删去其章指之文，伪疏亦不录。

阮元《孟子注疏校勘记序》云："汉人《孟子》注存于今者，惟赵岐一家。赵岐之学以较马、郑、许、服诸儒稍为固陋，然属书、离辞、指事、类情于诂训无所戾。七篇之微言大义藉是可推，且章别为指，令学者可分章寻求，于汉传注别开一例，功亦勤矣。唐之张镒、丁公著始为之音，宋孙奭采二家之善，补其阙遗，成《音义》二卷。本未尝作《正义》也，未详何人拟他经为《正义》十四卷，于注义多所未解，而妄说之处全抄孙奭《音义》，略加数语，署曰孙奭疏。朱子所云邵武一士人为之者，是也。又尽删章指矣，而疏内又往往诠释其所删，于十三卷自称其例曰凡。于赵注有所要者，虽于文段不录，然于事未尝敢弃之而不明，其可议有如此者。"④按序言所说，孙奭著《孟子音义》二卷，未曾作疏。《孟子注疏》乃一邵武士人假孙奭之名所作的伪疏，其章指尽被删去，然又于疏内取赵岐章指数言，略加阐释，其谬甚

---

① 钱大昕：《十驾斋养新录》卷3，清嘉庆刻本。
② 周广业：《孟子四考》，载《续修四库全书》158册，上海：上海古籍出版社，2003年，第102页。
③ 焦循：《孟子正义》，北京：中华书局，1987年，第43—44页。
④ 阮元：《孟子注疏校勘记》，《十三经注疏（附校勘记）》本，北京：中华书局，1979年，第2664页。

也。所谓伪疏不录赵岐章指,"章指尽被删去"者少,伪疏于赵岐章指多窃取或窜改。故《孟子注疏校勘记》标章指,辨伪疏,复赵岐章句之原貌,泽被后学。

1. 标明伪疏窃取赵岐章指

《孟子注疏》一般认为是汉赵岐注,宋孙奭疏。赵岐将《孟子》各篇分出章次,分析句读,阐释文义,又于每章之末以数言概括全章大意,是为章指。《孟子注疏》不标章指,然而又于疏内窃取赵岐章指之言。如:

《章指》言:義以行勇,則不動心;養氣順道,無效宋人。聖人量時,賢者道偏,是以孟子究言情理,而歸之學孔子也。①

《孟子注疏》云:"二章言义以行勇,则不动心,养气顺道,无效揠苗,圣人量时,贤者道偏。孟子究言情理而归学孔子。"②

《章指》言:父兄已賢,子弟既頑,教而不改,乃歸自然。③

《孟子注疏》:"七章言父兄已贤,子弟既顽,教而不改,乃归自然。"④

《章指》言:仁聖所存者大,舍小從大,達權之義也。不告而娶,守正道也。⑤

《孟子注疏》:"二章言仁圣所存者大,舍小从大,达权之义,不告而娶,守正道也。"⑥

以上几例均是伪孙奭疏窃取赵氏之章指,几乎与章指原文一致,但不标明出处。《校勘记》录章指原文,标明出处,使"学者可分章寻求"。

2. 指明伪疏窜改赵岐章指

《孟子注疏》引用赵岐章指之文,不注明出处,且多进行窜改。如:

此章言治國之道,當以仁義爲名也:案每章疏首數句,乃僞疏竊取趙氏《章指》之文,而又不全載,謬甚。⑦

《孟子注疏》云:"一章言治国以仁义为名。"⑧《校勘记》补赵岐章指:"《章指》言:治国之道明,当以仁义为名,然后上下和亲,君臣集穆。天经地义,不易之道,

---

① 阮元:《孟子注疏校勘记》,《十三经注疏(附校勘记)》本,北京:中华书局,1979年,第2689页。
② 李学勤主编:《孟子注疏》,《十三经注疏》本,北京:北京大学出版社,1999年,第67页。
③ 阮元:《孟子注疏校勘记》,《十三经注疏(附校勘记)》本,北京:中华书局,1979年,第2728页。
④ 李学勤主编:《孟子注疏》,《十三经注疏》本,北京:北京大学出版社,1999年,第212页。
⑤ 阮元:《孟子注疏校勘记》,《十三经注疏(附校勘记)》本,北京:中华书局,1979年,第2737页。
⑥ 李学勤主编:《孟子注疏》,《十三经注疏》本,北京:北京大学出版社,1999年,第242页。
⑦ 阮元:《孟子注疏校勘记》,《十三经注疏(附校勘记)》本,北京:中华书局,1979年,第2668页。
⑧ 李学勤主编:《孟子注疏》,《十三经注疏》本,北京:北京大学出版社,1999年,第1页。

故以建篇立始也。"说明伪疏窜改赵岐章指。

《章指》言治國之道明,當以仁義爲名,然後上下和親,君臣集穆,天經地義,不易之道,故以建篇立始也:凡章指十行本以下注疏本無,今據廖本載全文于每章後,各本異同,即注于下,以補注疏本之缺,全書同此。①

根据《校勘记》的说法,宋十行本、闽本、监本、毛本《孟子注疏》无赵岐"章指"之言,后《校勘记》依据廖本载于其后,以补其缺。对比两者,伪疏取赵氏章指前两句,而其后的内容尽被删去,窃取他人成果,但未得他人之精髓,常篡改之。又如:

《章指》言:重民之道,平政爲首,人君由天,天不家撫。是以子產渡人,孟子不取也。②

《孟子注疏》云:"二章言重民之道,平政为首。"③

《章指》言:篤志於仁,則四海宅心;守正不足,則聖位莫繼,丹朱、商均是也。是以聖人孜孜於仁德也。④

《孟子注疏》云:"六章言义于仁,则四海宅心,守正不足,则圣位莫保者也。"⑤

以上二例,《孟子注疏》皆窃取赵岐章指且肆意篡改,实为大谬。

3. 勘补伪疏尽删的赵岐章指

《孟子注疏》窃取、篡改赵岐章指,有时亦尽删章指之言。仅此一例:

《章指》言:貴賤廉恥,乃有不爲。不爲非義,義乃可申。⑥

此为赵岐《孟子章句·离娄下》八章之章指,而《孟子注疏》删此条,《校勘记》予以勘补。

《孟子注疏校勘记》广取善本,通过校勘讹误、校订脱衍、标章指辨伪疏,辨明是非,正本清源,细致精当,功莫大焉。

---

① 阮元:《孟子注疏校勘记》,《十三经注疏(附校勘记)》本,北京:中华书局,1979年,第2668页。
② 阮元:《孟子注疏校勘记》,《十三经注疏(附校勘记)》本,北京:中华书局,1979年,第2728页。
③ 李学勤主编:《孟子注疏》,《十三经注疏》本,北京:北京大学出版社,1999年,第212页。
④ 阮元:《孟子注疏校勘记》,《十三经注疏(附校勘记)》本,北京:中华书局,1979年,第2740页。
⑤ 李学勤主编:《孟子注疏》,《十三经注疏》本,北京:北京大学出版社,1999年,第242页。
⑥ 阮元:《孟子注疏校勘记》,《十三经注疏(附校勘记)》本,北京:中华书局,1979年,第2728页。

第十八章

《孟子注疏校勘记》校勘疏失

阮元于《重刻宋版注疏总目录》后有云:"刻书者最患以臆见改古书,今重刻宋板,凡有明知宋板之误字,亦不使轻改,但加圈于误字之旁,而别据《校勘记》,择其说附载于每卷之末,俾后之学者不疑于古籍之不可据,慎之至也。其经文注文有与明本不同,恐后人习读明本而反臆疑宋本之误,故庐氏亦引《校勘记》载于卷后,慎之至也。"①阮元主持校刻的《孟子注疏校勘记》(简称阮元《孟子注疏校勘记》),其亲定校勘体例和校勘原则,不轻改古书,不妄加己见,有异文之处即加圈指明,再于卷末予以解释,很大程度上保存了古书的原貌。但由于主客观原因,《孟子注疏校勘记》存在《孟子》中的引文漏校;对伪孙奭《疏》应校未校,该断不断;有裁断无引证等疏漏之处;同时在校勘过程中亦存在误本为据,牵强附会;本一而断,依孤而判;简单引征,误勘错判;校而不引,误判错断;引征不广,识断不精等现象。

第一节 校勘疏漏

阮元主持校刻的《孟子注疏校勘记》的主要目的在于校对各版异同,改订讹误脱漏,以正古本之原貌。然而我们对《孟子注疏校勘记》进行细致考察后发现,《孟子注疏校勘记》(下文简称《校勘记》)之校勘有疏漏之处,主要有三:一是《孟子》中的引文漏校;二是对伪孙奭《疏》应校未校,该断不断;三是有裁断无引证。

---

① 阮元:《十三经注疏(附校勘记)》,北京:中华书局,1979 年,第 2 页。

一、《孟子》中引文漏校

《孟子》本文中所引古文献内容，大多与原典相符，但也有与原著内容相异之处，到底谁是谁非，《校勘记》未能予以指明查证。如：

《孟子·梁惠王上》引《汤誓》曰："时日害丧，予及女皆亡！"①陈士元《孟子杂记》卷二："元按《商书·汤誓篇》害作曷，女作汝，偕作皆。"②

《孟子·梁惠王下》引《书》曰："天降下民，作之君，作之师。惟曰其助上帝宠之。四方有罪无罪，惟我在，天下曷敢有越厥志？"③陈士元《孟子杂记》卷二："元按《周书·泰誓篇》：'天佑下民，作之君，作之师，惟其克相，上帝宠绥，四方有罪无罪，予曷敢有越厥志。'与《孟子》所引小异。"④

《孟子·滕文公上》引《书》曰："若药不瞑眩，厥疾不瘳。"⑤陈士元《孟子杂记》卷二："元按《商书·说命篇》不作弗。赵岐《孟子》注云：'《书》逸篇也。'《说命》注云：'今文无，古文有，岐后汉人尚未见《古文尚书》邪。'《周礼》'医师聚毒药'，郑玄注引《孟子》曰：'若药不瞑眩，厥疾不瘳。'贾公彦云：'不引《说命》而引《孟子》者，郑不见《古文尚书》故也。'"⑥

《孟子·滕文公下》引《书》曰："有攸不惟臣，东征，绥厥士女，匪厥玄黄，绍我周王见休，惟臣附于大邑周。"⑦陈士元《孟子杂记》卷二："元按《周书·武成篇》：'肆予东征，绥厥士女，惟其士女，筐厥玄黄，昭我周王天休，震动用附我大邑周。'朱子云：'《武成篇》载武王之言，孟子约其文如此，与今《书》文不类。'"⑧

以上诸例，是明人陈士元在考察《书》后，发现《孟子》引文与《书》中原文有差异，既然是引征，故应改从原文。既然陈士元《孟子杂记》面世在前，且指出《孟子》引文存在问题，是非曲直，《校勘记》应有关注，即使不从《书》中原文，也应该出校，予以说明，不应视而不见。再如：

《孟子注疏·滕文公上》疏云："此章指言人当上则圣人，秉仁行义，高山景行，庶几不倦，《论语》曰'力行近仁'，盖不虚云。"⑨焦循《孟子正义》曰："《音义》云：

---

① 李学勤主编：《孟子注疏》，《十三经注疏》本，北京：北京大学出版社，1999年，第7页。
② 陈士元：《孟子杂记》卷二，《四库全书》本，上海：上海古籍出版社，1982年。
③ 李学勤主编：《孟子注疏》，《十三经注疏》本，北京：北京大学出版社，1999年，第37页。
④ 陈士元：《孟子杂记》卷二，《四库全书》本，上海：上海古籍出版社，1982年。
⑤ 李学勤主编：《孟子注疏》，《十三经注疏》本，北京：北京大学出版社，1999年，第128页。
⑥ 陈士元：《孟子杂记》卷二，《四库全书》本，上海：上海古籍出版社，1982年。
⑦ 李学勤主编：《孟子注疏》，《十三经注疏》本，北京：北京大学出版社，1999年，第169页。
⑧ 陈士元：《孟子杂记》卷二，《四库全书》本，上海：上海古籍出版社，1982年。
⑨ 李学勤主编：《孟子注疏》，《十三经注疏》本，北京：北京大学出版社，1999年，第129页。

力行近仁。《论语》无此语,是《礼记·中庸篇》。赵氏以为《论语》文之误也。"①焦循指出"力行近仁"一句乃《礼记·中庸》之语,而非出自《论语》,如此错误,《校勘记》未能考察出校,确实令后学遗憾。

二、对伪孙奭《疏》应校未校,该断不断

在缺乏理论依据的情况下,《校勘记》采取保守的校勘方法,仅录其异同,而未作断语,未明是非,这是较为谨慎的做法,应予肯定。但有些异文理应出校,而《校勘记》未出校,因此就留有该校而未校的缺憾。概有如下几种情况:

1. 漏校词义相通之异文

有时两词义相通,于文义皆可,然《校勘记》只列异文,或不出校或不裁断。

《孟子》曰:"王在灵沼,于牣鱼跃。"②《校勘记》云:

於牣魚躍:閩、監、毛三本、孔本、韓本同。《音義》出"於牣",云:"丁本作'肕'。"③

各本虽同,然《孟子音义》指出丁公著本"牣"另作"肕",《校勘记》未明可否,未断是非。段玉裁《说文解字注》:"牣,满也。"④又"肕,或借为牣满字"⑤。《康熙字典》:"肕,又与牣通,满也。司马相如《子虚赋》:充肕其中。"⑥"牣""肕"于"满"之义上通。朱熹《孟子集注·梁惠王上》注:"牣,满也。"⑦言文王在灵沼之时,鱼盈满乎沼中,又且跳跃喜乐如也。此"牣"为"满"义,丁本作"肕"亦可。焦循《孟子正义》曰:"吴氏玉搢《别雅》云:'《史记·殷本纪》"充肕宫室",《司马相如传》"充肕其中者,不可胜纪",肕皆与牣通。'按《文选·上林赋》'虚馆而勿肕',郭璞注云:'肕,满也。'"⑧焦循根据《别雅》引文及《文选》作出推论,"牣"与"肕"通,判断丁本无误。

《孟子》曰:"嬖人有臧仓者沮君,君是以不果来也。"⑨《校勘记》云:

---

① 焦循:《孟子正义》,北京:中华书局,1987年,第322页。
② 李学勤主编:《孟子注疏》,《十三经注疏》本,北京:北京大学出版社,1999年,第6页。
③ 阮元:《孟子注疏校勘记》,《十三经注疏(附校勘记)》本,北京:中华书局,1979年,第2668页。
④ 段玉裁:《说文解字注》,上海:上海古籍出版社,1981年,第53页。
⑤ 段玉裁:《说文解字注》,上海:上海古籍出版社,1981年,第366页。
⑥ 张玉书、陈廷敬等编纂:《康熙字典》(标点整理本),上海:上海辞书出版社,2007年,第18页。
⑦ 朱熹:《孟子集注》,载《四书章句集注》,济南:齐鲁书社,1992年,第3页。
⑧ 焦循:《孟子正义》,北京:中华书局,1987年,第47页。
⑨ 李学勤主编:《孟子注疏》,《十三经注疏》本,北京:北京大学出版社,1999年,第64页。

辟人有臧仓者沮君：石經、閩、監、毛三本、孔本、韓本本同。《音義》出"沮"字，云"本亦作'阻'"。①

各本皆同，唯孙奭《孟子音义》言"沮"本亦作"阻"，《校勘记》不明态度，不作判断。《康熙字典》："阻，又止也。《读书通》：通作沮。《诗·小雅》：乱庶遄沮。《礼·儒行》：沮之以兵。《正字通》：并与阻同。"②由此可知，当沮为止义时，与阻同。焦循《孟子正义》曰："按《毛诗·巧言篇》'乱庶遄沮'，传云：'沮，止也。'《吕氏春秋·至忠篇》'人不知不为沮'，高诱注云：'沮，止也。'又《知士篇》云'故非之弗为阻'，高诱注亦云：'阻，止也。'是沮、阻同训止，其字可通也。"③焦循按高诱注，沮、阻皆为止义，认为二字义通，皆可。

《孟子》曰："山径之蹊间介然用之而成路，为间不用，则茅塞之矣。"④《孟子注疏》引赵岐注云："山径，山之岭有微蹊介然，人遂用之不止，则蹊成为路。"⑤《校勘记》云：

山之领：宋本、孔本、韓本、《考文》古本、足利本同，閩、監、毛三本作"嶺"。⑥

焦循《孟子正义》引王念孙《广雅疏证》云："《释丘》：'嶺，陉，阪也。'陉之言径也，《孟子·尽心篇》'山径之蹊间介然'，赵岐注云：'山径，山之领。'《法言·吾子篇》云：'山山坙之蹊，不可胜由矣。'马融《长笛赋》云：'膺陪陁，腹陉阻。'并字异而义同。嶺之言领也，嶺通作领，《列子·汤问篇》云：'终北国中，有山名曰壶领。'"⑦《康熙字典》："嶺，《说文》：山道也。《广韵》：山坡也。《正字通》：山之肩领可通路者。……又通作领。《前汉·严助传》：舆轿而踰领。"⑧此嶺、领二字通。

2. 漏校文义有误之异文

《孟子》曰："夫子言之，于我心有戚戚焉。此心之所以合于王者，何也？"⑨《孟

---

① 阮元：《孟子注疏校勘记》，《十三经注疏（附校勘记）》本，北京：中华书局，1979年，第2683页。
② 张玉书、陈廷敬等编纂：《康熙字典》（标点整理本），上海：上海辞书出版社，2007年，第1336页。
③ 焦循：《孟子正义》，北京：中华书局，1987年，第170页。
④ 李学勤主编：《孟子注疏》，《十三经注疏》本，北京：北京大学出版社，1999年，第391页。
⑤ 李学勤主编：《孟子注疏》，《十三经注疏》本，北京：北京大学出版社，1999年，第391页。
⑥ 阮元：《孟子注疏校勘记》，《十三经注疏（附校勘记）》本，北京：中华书局，1979年，第2777页。
⑦ 焦循：《孟子正义》，北京：中华书局，1987年，第982页。
⑧ 张玉书、陈廷敬等编纂：《康熙字典》（标点整理本），上海：上海辞书出版社，2007年，第261页。
⑨ 李学勤主编：《孟子注疏》，《十三经注疏》本，北京：北京大学出版社，1999年，第20页。

子注疏》引赵岐注云:"寡人虽有是心,何能足以合于王也。"①《校勘记》云:

> 何能足以合於王也:闽、监、毛三本同。宋本、廖本、孔本、韩本、《考文》古本無"合於"二字。②

闽、监、毛三本增"合于"二字,《校勘记》未判断其是否为衍文。段玉裁《说文解字注》:"洽,霑也。"③又"霑,雨也。《小雅》:'既霑既足。'"④以足释合,"足以"即"合于",故"合于"二字衍。焦循《孟子正义》曰:"合与洽义同,《说文·水部》云:'洽,霑也。'霑有足义,故赵氏以足以王解合于王。闽、监、毛三本作'何能足以合于王也',非是。"⑤焦循认为"足"有"合"义,赵岐注:"何能足以王也",以"足"释"合","足以王"即"合于王",故"合于"二字重复赘述。这种异文应当明辨,而《校勘记》对此却无任何裁断。

《孟子》曰:"寡人之囿方四十里,民犹以为大,何也?"⑥《孟子注疏》引赵岐注云:"王以为文王在岐山之时,虽为西伯,土地尚狭,而囿已大矣。今我地方千里而囿小之,民以为寡人之囿为大,何故也。"⑦《校勘记》云:

> 文王在岐山之時:閩、監、毛三本同,岳本無"之"字,廖本、《考文》古本"山"作"豐"。宋本、孔本、韓本"岐山之時"作"岐豐時"。⑧

究竟是"岐山"还是"岐豐",《校勘记》没有考证。阎若璩《四书释地》于"文王囿七十里"条目下云:"余谓在今鄠县东三十里,正《汉地理志》所谓'文王作酆,有鄠杜竹林,南山檀柘,号称陆海,为九州膏腴'者。文王当日弛以与民,恣其刍猎以徃,但有物以蕃界之,遂名之曰囿云尔。此实作邑于豐时事,非初岐山事也。豐去岐三百余里,……说者不察乎囿之所在,又不通古今情事之异,徒执以岐山国仅百里,不知文王由方百里起耳,岂终于是者哉?"⑨据阎若璩的考证,应是岐豐,而非岐山。

《孟子》曰:"城非不高也,池非不深也,兵革非不坚利也,米粟非不多也,委而

---

① 李学勤主编:《孟子注疏》,《十三经注疏》本,北京:北京大学出版社,1999年,第20页。
② 阮元:《孟子注疏校勘记》,《十三经注疏(附校勘记)》本,北京:中华书局,1979年,第2673页。
③ 段玉裁:《说文解字注》,上海:上海古籍出版社,1981年,第559页。
④ 段玉裁:《说文解字注》,上海:上海古籍出版社,1981年,第572页。
⑤ 焦循:《孟子正义》,北京:中华书局,1987年,第85页。
⑥ 李学勤主编:《孟子注疏》,《十三经注疏》本,北京:北京大学出版社,1999年,第34页。
⑦ 李学勤主编:《孟子注疏》,《十三经注疏》本,北京:北京大学出版社,1999年,第34页。
⑧ 阮元:《孟子注疏校勘记》,《十三经注疏(附校勘记)》本,北京:中华书局,1979年,第2678页。
⑨ 阎若璩:《四书释地》,《四库全书》本,上海:上海古籍出版社,1982年,第330—331页。

去之,是地利不如人和也。"①《孟子注疏》引赵岐注云:"有坚强如此,而破之走者,不得民心,民不为守。"②《校勘记》云:

> 而破之走者:各本同,岳本"破"作"被"。③

焦循《孟子正义》曰:"破之走者解委而去之,走字释去之矣。委无破义,阮氏元《校勘记》云:'岳本破作"被"。'《淮南子·精神训》云'委万物而不利',高诱注云:'委,弃也。'《汉书·地理志》'千乘郡被阳',注引如淳云:'一作"疲",音罢军之罢。'罢即疲。《国语·周语》注云:'弃,废也。'《礼记·中庸》'半途而废',注云:'废,犹罢止也。'《表记》'中道而废',注云:'废,喻力极罢顿,不能复行,则止也。'赵氏当作'疲之走者',通疲为被,传写误作'破'也。罢而去之即弃而去之也,岳本得之。"④依焦循之言,委,弃也。破无委义,当作"疲"。又引《汉书·地理志》等注,以证委、疲二字义通,从而得出结论,赵岐注《孟子》当作"疲之走者",后通疲为被,传写误作"破"也。

三、断而不证

《校勘记》校勘异文并予以裁断,常寥寥数语,未释理由,裁断往往缺乏一定的说服力。

《孟子》曰:"民以为将拯已于水火之中也。"⑤《孟子注疏》引赵岐注云:"拯,济也。"⑥《校勘记》云:

> 拯,所也:宋本、廖本、孔本、韩本、《考文》古"所"作"济"。闽、监、毛三本"所"作"捄"。○按"所"误字。⑦

"所"字之误显而易见,但"济""捄"二字是否正确?《康熙字典》:"济,又赒救也。《易·系辞》:知周乎万物而道济天下。"⑧又"捄,又《集韵》《韵会》《正韵》

---

① 李学勤主编:《孟子注疏》,《十三经注疏》本,北京:北京大学出版社,1999年,第101页。
② 李学勤主编:《孟子注疏》,《十三经注疏》本,北京:北京大学出版社,1999年,第101页。
③ 阮元:《孟子注疏校勘记》,《十三经注疏(附校勘记)》本,北京:中华书局,1979年,第2696页。
④ 焦循:《孟子正义》,北京:中华书局,1987年,第253页。
⑤ 李学勤主编:《孟子注疏》,《十三经注疏》本,北京:北京大学出版社,1999年,第58页。
⑥ 李学勤主编:《孟子注疏》,《十三经注疏》本,北京:北京大学出版社,1999年,第58页。
⑦ 阮元:《孟子注疏校勘记》,《十三经注疏(附校勘记)》本,北京:中华书局,1979年,第2683页。
⑧ 张玉书、陈廷敬等编纂:《康熙字典》(标点整理本),上海:上海辞书出版社,2007年,第604页。

并居又切。同救。止也。护也。《前汉·董仲舒传》:将以抹溢扶衰。注:抹,古救字。"①以"所"释"拯",不通,作"济""抹"皆可。焦循《孟子正义》曰:"《易·涣》:'初六用拯马壮吉',《释文》引伏曼容注云:'拯,济也。'《文选·思玄赋》'蒙庬襫以拯民',旧注同。《周礼·大司徒》注云:'拚,抹天民之穷者也。'拚同拯,抹同救,赵氏既以济释拯,又云济救,义详备也。闽、监、毛三本作'拯抹也',十行本作'拯所也',误。"②《康熙字典》《孟子正义》之说更能令人信服。

《孟子》曰:"《书》曰:'若药不瞑眩,厥疾不瘳。'"③《孟子注疏》引赵岐注云:"瞑眩,药攻人疾,先使瞑眩愦乱,乃是瘳愈。喻行仁当精熟,德惠乃洽也。"④《校勘记》云:

德惠乃洽也:闽、监、毛三本同,孔本、韩本无"也"字,足利本"洽"作"治",非。⑤

孙诒让《孟子注疏校记·滕文公章句上》曰:"《书》曰:'若药不瞑眩,厥疾不瘳。'注:'《书》逸篇也。瞑眩,药攻人疾,先使瞑眩愦乱乃得瘳愈。喻行仁当精熟德惠乃洽也。'○宋本《周官·医师》注引此作:'药不瞑眩,厥疾无瘳。'贾疏引此注云:'逸《书》也。药使人瞑眩闷乱乃得瘳愈,犹人敦德惠乃治也。'与今本大异,似彼义较长。《考文》载足利本'洽'亦作'治',与贾引同。"⑥孙诒让参校《周官·医师》之贾疏,与《考文》、足利本合,故"洽"字误也。

《孟子》曰:"孔子先簿正祭器,不以四方之食供簿正。"⑦《校勘记》云:

孔子先簿正祭器:《音义》云:"簿,本多作'薄',误。"⑧

《汉语大词典》:"簿正,谓立文书以正其不正。"⑨段玉裁《说文解字注》:"簿当作薄。六寸薄,见寸部。引伸凡箸于竹帛皆谓之籍。"⑩依据《汉语大词典》及《说文解字注》的解释,则薄、簿二字皆可。焦循《孟子正义》曰:"钱氏大昕《养新

---

① 张玉书、陈廷敬等编纂:《康熙字典》(标点整理本),上海:上海辞书出版社,2007年,第379页。
② 焦循:《孟子正义》,北京:中华书局,1987年,第155页。
③ 李学勤主编:《孟子注疏》,《十三经注疏》本,北京:北京大学出版社,1999年,第128页。
④ 李学勤主编:《孟子注疏》,《十三经注疏》本,北京:北京大学出版社,1999年,第128页。
⑤ 阮元:《孟子注疏校勘记》,《十三经注疏(附校勘记)》本,北京:中华书局,1979年,第2704页。
⑥ 孙诒让:《十三经注疏校记》,北京:中华书局,2009年,第601页。
⑦ 李学勤主编:《孟子注疏》,《十三经注疏》本,北京:北京大学出版社,1999年,第280页。
⑧ 阮元:《孟子注疏校勘记》,《十三经注疏(附校勘记)》本,北京:中华书局,1979年,第2746页。
⑨ 罗竹风主编:《汉语大词典》第8册,上海:汉语大词典出版社,1994年,第1267页。
⑩ 段玉裁:《说文解字注》,上海:上海古籍出版社,1981年,第190页。

录》云：经典无'簿'字，惟《孟子》有'先簿正祭器'一语。孙奭《音义》云：'本或作薄。'则北宋本犹不尽作'簿'也。唐《美原神泉诗碑》篆书主簿字从艸，是唐人尚识字。按簿书之簿即帷薄之薄，刘熙《释名·释书契》云：'笏，忽也。君有教命及所启白，则书其上，备忽忘也。或曰簿，言可以簿疏物也。'毕氏沅《释名疏证》云：'簿'俗字也。据汉《夏承碑》'为主薄督邮'，《韩勑碑》'主薄鲁薛陶'，《武荣碑》'郡曹史主薄'，古薄字皆从艸明矣。然诸史书并从竹，如籍、藉之类，亦互相通。古用笏，汉魏以来谓之簿，即手板也。《蜀志》称'秦宓以簿击颊'，即此是已。书之于簿谓之簿，故先为簿而书之，以正其宗庙祭祀之器也。"①焦循引征钱大昕《十驾斋养新录》、孙奭《孟子音义》、唐《美原神泉诗碑》、刘熙《释名·释书契》、毕沅《释名疏证》等文献，以证古时皆为薄字，汉魏以后谓之簿，故薄、簿二字互通。

第二节　校订错误

阮元《孟子注疏校勘记》之校勘，多能正本清源，明辨是非。然而细致考察，发现其中不仅有漏校，亦有错校误判。主要表现在如下几个方面：

一、误本为据，牵强附会

《孟子》曰："岁十一月徒杠成，十二月舆梁成，民未病涉也。"②《孟子注疏》引赵岐注云："周十月，夏九月，可以成涉度之功。周十一月，夏十月，可以成舆梁也。"③《校勘记》云：

周十月，夏九月：閩、監、毛三本同，廖本、孔本、韓本作"周十一月"。〇按《爾雅·釋宮》注引《孟子》曰："歲十一月，徒杠成"，邢疏云"郭注作'十月'"，推求文義，趙注本作"周十月夏八月，周十一月夏九月"，而經文本作"歲十月，徒杠成；十一月，輿梁成也。"後人亂之。而閩、監、毛本尚存舊迹，廖、孔、韓本則似是而實非矣。《周禮》之例凡夏正皆曰歲，凡曰歲終曰正歲，曰歲十有二月，皆謂夏時也。凡言正月之吉，不曰歲，謂周正也，說詳《戴震文集》。《孟子》言歲十月、十一月，謂夏正，兩言七八月之間，則謂周正，正與《周禮》同例。趙注未解其例，今本則經注

---

① 焦循：《孟子正义》，北京：中华书局，1987年，第704页。
② 李学勤主编：《孟子注疏》，《十三经注疏》本，北京：北京大学出版社，1999年，第214页。
③ 李学勤主编：《孟子注疏》，《十三经注疏》本，北京：北京大学出版社，1999年，第214页。

又皆舛误矣。夏令曰"十月成梁",《孟子》與《國語》合。①

徐灏《通介堂经说》曰:"岁十一月徒杠成,十二月舆梁成",并引上述阮氏《校勘记》之文,但否定其观点。"灏案此廖、孔、韩本及《考文》古本赵注作'周十一月,夏九月;周十二月,夏十月'是也。传写者于周十一月误脱一字,周十二月讹二为一。十行本及闽、监、毛本相承讹舛。《校勘记》不为审正,更欲改夏九月为八月,改夏十月为九月,谓经文本作'十月徒杠成,十一月舆梁成',以迁就其夏正之谬说,殊为妄诞。《孟子》所言岁月,自指当时周正而言,不得援《周礼》正岁为例,且《国语》曰'夏令十月成梁',《孟子》云'十二月舆梁成',夏令十月正是周之十二月。若如《校勘记》所改'十一月舆梁成',则周之十一月乃夏九月矣,而谓《孟子》与《国语》合,何其矛盾如此乎。至《尔雅》郭注引《孟子》'十月徒杠成'亦偶脱一字,此单疏本、雪总本之误,各注疏本皆不误。今偏以误本为据,以证赵注,遂欲并改《孟子》原文,其僨甚矣。《孟子校勘记》为李氏锐所分纂,阮太傅未加覆勘,段氏玉裁作《说文》注为其说所误,乃以'十一月舆梁成'为《孟子》古本,如是沿讹袭谬,贻误后人,不可以不亟辨也。"②徐灏对《校勘记》的校正提出质疑,认为其观点没有经过考证,是牵强附会之说。徐灏举例《国语》之文"夏令十月成梁",与《孟子》中的周之十二月正合。同时又指出《校勘记》中提到的《尔雅》郭注所引《孟子》之文乃误文,故此处应作"十一月舆梁成"。

二、本一而断,依孤而判

《孟子》曰:"王立于沼上,顾鸿雁麋鹿,曰:'贤者亦乐此乎?'"③《孟子注疏》引赵岐注云:"夸咤孟子曰:贤者亦乐此乎。"④《校勘记》云:

誇咤孟子:闽、监、毛三本同。宋本、廖本、孔本、韓本、《考文》古本誇作夸。《音义》出"誇咤",丁云"誇也"。按此则作"誇"非也。⑤

《汉语大词典》云:"誇诧,亦作誇咤。犹夸耀。"⑥又"夸,誇的简化字。"⑦《康

---

① 阮元:《孟子注疏校勘记》,《十三经注疏(附校勘记)》本,北京:中华书局,1979年,第2728页。
② 徐灏:《通介堂经说》,载《续修四库全书》第177册,上海:上海古籍出版社,2003年,第333页。
③ 李学勤主编:《孟子注疏》,《十三经注疏》本,北京:北京大学出版社,1999年,第5—6页。
④ 李学勤主编:《孟子注疏》,《十三经注疏》本,北京:北京大学出版社,1999年,第6页。
⑤ 阮元:《孟子注疏校勘记》,《十三经注疏(附校勘记)》本,北京:中华书局,1979年,第2668页。
⑥ 罗竹风主编:《汉语大词典》第10册,上海:汉语大词典出版社,1994年,第161页。
⑦ 罗竹风主编:《汉语大词典》第2册,上海:汉语大词典出版社,1994年,第1493页。

熙字典》:"誇,又《集韵》:通作夸。《前汉·杨仆传》:怀银黄,夸乡里。"①故作誇亦可。《校勘记》弃众本,依一而断,误判也就在所难免。焦循《孟子正义》曰:"《音义》云:'咤,丁·丑嫁切,誇也。《玉篇》作诧。'《史记·司马相如传》云'子虚过诧乌有先生',《集解》引郭璞云:'誇也。'《潜夫论·浮侈篇》云:'骄侈篇主,转相誇诧。'又《述赦篇》云:'令恶人高会而夸诧。'《后汉书·王符传》注云:'诧,誇也。'咤与诧通。咤,《说文》训'叱怒',与夸连文,故亦为誇,夸亦誇也。"②焦循亦认为"夸亦誇也",二字皆可。

三、简单引征,误勘错判

《孟子》曰:"吾为之范我驰驱,终日不获一;为之诡遇,一朝而获十。"③《校勘记》云:

吾爲之範我馳驅:《音義》:"範我,或作'范氏'"。案《後漢書·班固傳》注引《孟子》正作"范氏",《文選》注同,今亦誤改爲"範我"。○按"范氏"見《左傳》"劉累學擾龍事,孔甲賜氏曰:'御龍。'晉范氏其後也。"李善引《括地圖》即此事,但"孔甲"譌爲"禹耳"。《孟子》作"范氏"爲長,"範我"乃淺人所改。④

焦循《孟子正义》曰:"《音义》出'范我',云:'或作范氏。范氏,古之善御者。'範,古与范通。範或作范者有之,我、氏形近,其作氏者,讹也。赵氏训範为法,则其经文必不作'范氏'矣。《音义》见误本而以为古之善御者,班固《东都赋》云:'游基发射,范氏施御,弦不失禽,辔不诡遇。'《文选》李善注引《括地图》云'夏德盛,二龙降之。禹使范氏御之,以行程南方。'又引《孟子》此文,仍作'吾为之範我驰驱',连下'为之诡遇',又引刘熙注'横而射之曰诡遇',则引《括地图》注'范氏施御'句,引《孟子》注'辔不诡遇'句,非'范氏'即《孟子》之'範我'也。李贤注《后汉书·班固传》此文则云'范氏,赵之御人也',此赵字误,当是古字。引《孟子》此文亦作'範我',又引赵注'範法也'云云,然则李贤所引《孟子》不作'范氏'可知。又云:'弦不失禽,谓由基也。辔不诡遇,谓范氏也。'范氏指赋所云之范氏,非《孟子》之'範我'也。《宋书·乐志·马君篇》云:'愿为范氏驱,雖容步中畿,岂效诡遇子,驰骋趣危机。'此则本班固赋言之,皆未足以证《孟子》之为'範氏驰驱'

---

① 张玉书、陈廷敬等编纂:《康熙字典》(标点整理本),上海:上海辞书出版社,2007年,第1135页。
② 焦循:《孟子正义》,北京:中华书局,1987年,第45页。
③ 李学勤主编:《孟子注疏》,《十三经注疏》本,北京:北京大学出版社,1999年,第160页。
④ 阮元:《孟子注疏校勘记》,《十三经注疏(附校勘记)》本,北京:中华书局,1979年,第2713页。

也。凡说经先求辞达,若作'范氏',则云我为之范氏驰驱,于辞不达,而王良何取于范氏?赋以范氏俪由基,范氏为範我矣,由基何属邪?即使诚有异本《孟子》作'范氏驰驱',究以赵氏为正而已。《白氏六帖·执御篇》引《孟子》此文及注云:'範,法也。为以法式为御,故不获禽。诡,谲也。不依御,故苟得矣。'与赵氏注异。白氏引之,盖唐以前旧注,其释範为法,亦同于赵。《音义》作'范氏',非也。"①《校勘记》认为"範我"乃后人误改,应是"范氏"。而焦循引征文献,详解"範我"与"范氏"之别,又从《孟子》文义出发,论证此处应作"範我"。近人杨伯峻曰:"'範'作動詞用,謂納我馳驅於軌範之中"②,故作"範我"是也。《校勘记》有时简单引征就下判断,故难免出现考辨不精、误勘错判。

四、校而不引,误判错断

《孟子》曰:"此天之所与我者,先立乎其大者,则其小者不能夺也。"③《孟子注疏》引赵岐注云:"此乃天所与人情性,先立乎其大者,谓生而有善性也。"④《校勘记》云:

此乃天所與人情性:廖本、閩、監、毛三本同,岳本、孔本、韓本"此乃"作"比方"。○按"比方"是妄改,又在朱子後。⑤

焦循《孟子正义》引倪思宽《二初斋读书记》云:"'此天之所以与我者',此字旧本作'比',依旧本。比方之中,即含下大小分列之义,孟子此节,详辨耳目之官。心之官,原取比方之意,旧本自不可易。"又引王引之《经传释词》云:"《说文》曰:'皆,俱词也。从比从白。'徐锴曰:'比,皆也。'《孟子》:'比天之所以与我者,先立乎其大者,则其小者弗能夺也。'家大人曰:言耳目心思皆天之所与我者,而心为大。赵注以比为比方,谓比方天所与人性情,失之。或改比为此,改赵注比方为此乃,尤非。"⑥《校勘记》根据《孟子》原文之"此"字,判断"比方"是后人妄改。焦循引征《二初斋读书记》《经传释词》,认为"此"字旧作"比",当是"比天之所与我者",故赵岐以比方释之。

---

① 焦循:《孟子正义》,北京:中华书局,1987年,第413页。
② 杨伯峻:《孟子译注》,北京:中华书局,2006年,第140页。
③ 李学勤主编:《孟子注疏》,《十三经注疏》本,北京:北京大学出版社,1999年,第314页。
④ 李学勤主编:《孟子注疏》,《十三经注疏》本,北京:北京大学出版社,1999年,第314页。
⑤ 阮元:《孟子注疏校勘记》,《十三经注疏(附校勘记)》本,北京:中华书局,1979年,第2754页。
⑥ 焦循:《孟子正义》,北京:中华书局,1987年,第794页。

五、引征不广,识断不精

《孟子》曰:"孟子曰:'否,不然也。'"①《校勘记》云:

孟子曰:"否,不然也":此經下岳本、廖本、孔本、韓本、《考文》古本、足利本並有注"否,不也。不如人所言"八字,注疏本並無之。〇按有者是也。但因此可正今本經文之誤。經文本作"孟子曰:否然也",三字一句,無"不"字。故注之云:"否,不也。不如人所言。"《癰疽章》注曰:"否,不也。不如是也。"《割烹章》注亦同。而今本奪三字。孟子之否然,即今人之不然也。他"否"字皆不注,獨此注者,恐人之誤斷其句於"否"字句絕,則"然也"不可通矣。不得其意而或增經或刪注,今乃了然。②

《校勘记》认为"否"即"不"也,此处作"不然"者,可能是误衍"不"字。然而汪文台认为:"案此本段氏玉裁说,非也。注云'否,不也'解否字,'不如人所言'解不然。《痈疽章》注'否,不也'解否字,'不如是也'解不然也。《大戴礼·哀公问五义篇》:'然则今夫章甫、句屦、绅带而搢笏者,此皆贤乎?'孔子曰:'否,不必然。'又《四代篇》:公曰:'以我行之其可乎?'子曰:'否,不可。'又《小辨篇》:公曰:'寡人欲学小辨以观于政,其可乎?'子曰:'否,不可。'皆与《孟子》'否,不然'文义同。"③汪文台引《大戴礼记》中之数篇,从语法表达上证明《孟子》之"否,不然"中的"不"字并非是衍文。

"仪征阮氏就宋刊本为《校勘记》,诸经注疏,从此易读,其功非浅显矣。"④说明《十三经注疏校勘记》是值得学者推崇的。同时,我们也应看到《十三经注疏校勘记》尚有疏失,《续修四库全书总目提要·经部》:"其分纂七人皆当时号为能读书者,然经义高深,诂训繁赜,虽集众长以求一是,而千虑之失固所难免。闻其时高邮王念孙尝手校是书,题识殆遍,惟所记多证经文,未及注疏,今未见传本。大兴翁方纲极訾此编:'轻付他手,谬误纷出。'且摘《毛诗》卷中三事,搭击不遗余力。以参校者不读《尔雅》《说文》,荒谬不通。侯官陈寿祺以书诤之,并辨明三事

---

① 李学勤主编:《孟子注疏》,《十三经注疏》本,北京:北京大学出版社,1999年,第258页。
② 阮元:《孟子注疏校勘记》,《十三经注疏(附校勘记)》本,北京:中华书局,1979年,第2740页。
③ 汪文台:《十三经注疏校勘记识语》,载《续修四库全书》第183册,上海:上海古籍出版社,2003年,第605页。
④ 夏炘:《夏仲子集》卷4,民国十四年(1925年)刻本。

非误,见所著《左海文集》。是亦当世得失之林也。"①诚如阮副所云:"此书尚未刻校完竣,大人即奉命移抚河南,校书之人不能如大人在江西时细心,其中错字甚多,有监本、毛本不错而今反错者,《校勘记》去取亦不尽善,故大人不以此刻本为善矣。"②我们言《校勘记》之疏失,是因为其乃清代经学校勘之集大成之作,是求全责备之。其虽有疏失,但瑕不掩瑜,仍不愧为清代经学校勘的典范之作。

---

① 中国科学院图书馆整理:《续修四库全书总目提要》卷四,北京:中华书局,1993年,第1364页。
② 张鉴等撰:《雷塘庵主弟子记》卷5,清光绪间仪征阮氏琅嬛仙馆刻本。

第十九章

牛运震《孟子论文》

《孟子》散文的论辩风格和高超的艺术技巧,对后世说理文章产生了巨大而深远的影响。唐宋以来,许多古文学家取法《孟子》,潜移默化地继承和发展了《孟子》散文的艺术传统。唐代古文大家韩愈、柳宗元、苏洵、苏轼、王安石等人,在思想、文法方面受到的影响都较为明显。刘熙载《艺概》云:韩文出于《孟子》,"东坡文,亦孟子,亦贾长沙"①,"王介甫文取法孟、韩"②。

汉至宋,不仅古文家效法《孟子》,韩愈、苏洵等人还对《孟子》的文学特征进行了较为深入的研究。古代统治阶级、道学家,为了宣传儒家的道统,尤其自宋代《孟子》入经至明代,对《孟子》多阐发义理,空谈"心性"。对《孟子》的辞章之学,偶有评点家涉猎,但缺乏系统、深入和全面的研究。清代经学昌盛,很多学者从义理、考据层面对《孟子》进行深入研究,硕果累累。令人欣慰的是,在经学作为学术主流的清代,有一批学者打破常规,专门研究《孟子》之辞章,并取得了令人瞩目的成就。牛运震是清代较早倾力于《孟子》辞章的学者。

牛运震(1706—1758)字阶平,号真谷,人称空山先生,山东兖州人,出生于一个世代读书仕宦的家庭。雍正十一年(1733)进士,乾隆三年(1738)任秦安县知县。在秦安任职七年,中间还曾兼任徽县、两当县的知县;乾隆十年(1745)调任平番县知县。在甘肃前后共十年,政绩累累,深得百姓爱戴。乾隆十三年(1748),牛运震被诬告而罢官。牛运震被革职后,先后主持皋兰书院(兰州)、三立书院(太原)、河东书院(蒲州)、少陵书院(兖州),并在讲学之余注释《论语》《孟子》《诗经》《尚书》《易经》《史记》,还对金石拓片进行研究,留下丰富的著述。牛运震学识十分渊博,不仅精通经史,对天文、地理、兵法等均有研究,尤厚文学。其著述有《空山堂全集》101卷。其中《孟子论文》是清代较早专题研究《孟子》辞章的专著,

---

① 刘熙载:《艺概》,上海:上海古籍出版社,1978,第20页。
② 刘熙载:《艺概》,上海:上海古籍出版社,1978,第32页。

从文法章句、语言修辞、论辩技巧等角度,全面观照、全方位审视《孟子》的文学成就。在《孟》学史上,从义理、考据、辞章不同角度研究《孟子》者有之,但"纯然从写作技巧和艺术欣赏的角度对儒家经典加以评论的,当首推牛运震的《孟子论文》。因此,可以说此书是研究经典散文艺术的首创之作。……对于进一步开展古典散文美学的研究也是颇有参考价值的"①。董洪利先生在《孟子研究》中高度赞誉该文,但因著作体例所限,没有全面深入研究其散文艺术,《孟子论文》的文学价值和在孟学史上的独特影响有待进一步探析。

第一节 审视《孟子》散文艺术

牛运震的《孟子论文》,依《孟子》七篇而分为七卷,全文6万多字。采用圈点、随行夹注、按章点评形式,从文学角度对《孟子》进行全方位审视。

一、文法章句

《孟子》七篇,共"261章,34685字"②。全书多为言论行为的实录,按章独立成文。构思巧妙,布局合理,层次清晰。牛运震《孟子论文》对此尤为关注。

《孟子》开篇曰:"孟子见梁惠王。王曰:'叟!不远千里而来,亦将有以利吾国乎?'孟子对曰:'王!何必曰利?亦有仁义而已矣。'王曰:'何以利吾国?'大夫曰:'何以利吾家?'士庶人曰:'何以利吾身?'上下交征利而国危矣。万乘之国,弑其君者,必千乘之家;千乘之国,弑其君者,必百乘之家。万取千焉,千取百焉,不为不多矣。苟为后义而先利,不夺不餍。未有仁而遗其亲者也,未有义而后其君者也。王亦曰仁义而已矣,何必曰利?"③牛运震注曰:"一截一宕,落笔崭然。疏快绝伦。仁义只两句,简劲骏快。倒转作结,妙极斩截。突然转关,突然收住,文势盘旋飞动。"④梁惠王与孟子一问一驳,一场严肃的论辩揭幕。随着孟子辩明"利"和"仁义"的对立关系,"上下交征利而国危矣"不如"王亦曰仁义而已矣",一旦说明,立即扎住,这不仅折服梁惠王,也让读者叹服。孟子因势利导,引君入彀,

---

① 董洪利:《孟子研究》,南京:江苏古籍出版社,1997年,第322—325页。
② 李学勤主编:《孟子注疏》,《十三经注疏》本,北京:北京大学出版社,1999年,第7页。
③ 李学勤主编:《孟子注疏》,《十三经注疏》本,北京:北京大学出版社,1999年,第2—3页。
④ 牛运震:《孟子论文》卷一,清嘉庆二十三年(1818)《空山堂全集》本。

切入主题,非同寻常的开篇,即显高超之文法构思。故牛运震赞其"倒转作结,妙极斩截。突然转关,突然收住,文势盘旋飞动",要言不烦,评点精准。

《孟子·梁惠王上》曰:"……王欲行之(发政施仁),则盍反其本矣。五亩之宅,树之以桑,五十者可以衣帛矣。鸡豚狗彘之畜,无失其时,七十者可以食肉矣。百亩之田,勿夺其时,八口之家可以无饥矣。谨庠序之教,申之以孝悌之义,颁白者不负戴于道路矣。老者衣帛食肉,黎民不饥不寒,然而不王者,未之有也。"①《孟子论文》曰:"只此一节,是正经实落经济,篇中钩勒顿挫,千回百转,重波叠浪,而后归宿于此,有纲领有血脉,有过峡有筋节,总在不使一直笔,又不使一呆笔,读者熟复于此,其于行文之道,思过半矣。"②行文欲达到"有纲领有血脉,有过峡有筋节,总在不使一直笔,又不使一呆笔"的境界,非《孟子》不能为也。

在《孟子论文》中,牛运震对《孟子》的巧妙的构思,严密、合理的布局,清晰递进的层次和丰富多彩的表达手法极为推崇。如:

"今王鼓乐于此,百姓闻王钟鼓之声,管龠之音,举疾首蹙额而相告曰:'吾王之好鼓乐,夫何使我至于此极也?父子不相见,兄弟妻子离散。'今王田猎于此,百姓闻王车马之音,见羽旄之美,举疾首蹙额而相告曰:'吾王之好田猎,夫何使我至于此极也?父子不相见,兄弟妻子离散。'此无他,不与民同乐也。"③《孟子论文》曰:"代字法妙,司马相如难蜀文似此。数句中凄怆缠绵,得怨诽诗人之旨。纯用白描,三回四转,不厌其复。极绚烂却极淡永,淡永之味愈咀愈妙,《孟子》中此等文字,尤不可及。"④

"王曰:'善哉言乎!'曰:'王如善之,则何为不行?'王曰:'寡人有疾,寡人好货。'对曰:'昔者公刘好货,《诗》云:"乃积乃仓,乃裹餱粮,于橐于囊。思戢用光。弓矢斯张,干戈戚扬,爰方启行。"故居者有积仓,行者有裹囊也,然后可以爰方启行。王如好货,与百姓同之,于王何有?'王曰:'寡人有疾,寡人好色。'对曰:'昔者太王好色,爱厥妃。《诗》云:"古公亶父,来朝走马,率西水浒,至于岐下,爰及姜女,聿来胥宇。"当是时也,内无怨女,外无旷夫。王如好色,与百姓同之,于王何有?'"⑤牛运震注云:"两节无中生有,凿空入妙。两节说《诗》处引伸变通,有妙悟无滞解。公刘好货,太王好色,此等语圣人不肯道,先儒不敢道,不能道,独孟子公

---

① 李学勤主编:《孟子注疏》,《十三经注疏》本,北京:北京大学出版社,1999 年,第 24 页。
② 牛运震:《孟子论文》卷一,清嘉庆二十三年(1818)《空山堂全集》本。
③ 李学勤主编:《孟子注疏》,《十三经注疏》本,北京:北京大学出版社,1999 年,第 31 页。
④ 牛运震:《孟子论文》卷一,清嘉庆二十三年(1818)《空山堂全集》本。
⑤ 李学勤主编:《孟子注疏》,《十三经注疏》本,北京:北京大学出版社,1999 年,第 45—46 页。

然说出,却有奇情至理,得不推为千古绝论。"①

"……吾为此惧,闲先圣之道,距杨墨,放淫辞,邪说者不得作。作于其心,害于其事;作于其事,害于其政。圣人复起,不易吾言矣。昔者禹抑洪水而天下平,周公兼夷狄,驱猛兽而百姓宁,孔子成《春秋》而乱臣贼子惧。《诗》云:'戎狄是膺,荆舒是惩,则莫我敢承。'无父无君,是周公所膺也。我亦欲正人心,息邪说,距诐行,放淫辞,以承三圣者;岂好辩哉?予不得已也。能言距杨墨者,圣人之徒也。"②牛氏云:"拖笔言外余神,意思无尽。此篇高古沈浑,《孟子》中压卷文字,并耕篇韩昌黎或可及,此则非太史公更无第二人能望其项背矣。宋儒乃谓苏家父子,能得《孟子》之妙,真不知《孟子》,并不知苏氏者也。"③

"孟子曰:'禹恶旨酒而好善言。汤执中,立贤无方。文王视民如伤,望道而未之见。武王不泄迩,不忘远。周公思兼三王,以施四事;其有不合者,仰而思之,夜以继日;幸而得之,坐以待旦。'"④牛氏注曰:"历叙诸圣,每人总括二语,不必悉有来处,而精当不易。借周公将上文一总,而笔势忽然一纵,既不散缓,又不板拘,此行文有法处。前后数章若断若连,段落脉理极分明,极贯串位置,诸圣亦参差有法。"⑤

"北宫锜问曰:'周室班爵禄也,如之何?'孟子曰:'其详不可得闻也,诸侯恶其害己也,而皆去其籍;然而轲也尝闻其略也。天子一位,公一位,侯一位,伯一位,子、男同一位,凡五等也。君一位,卿一位,大夫一位,上士一位,中士一位,下士一位,凡六等。天子之制,地方千里,公侯皆方百里,伯七十里,子、男五十里,凡四等。不能五十里,不达于天子,附于诸侯,曰附庸。'"⑥《孟子论文》曰:"倒出附庸法,变附庸一项,独长错综,苏东坡谓:文字有数行整齐处,必有数行不整齐处,此类是也。"⑦

《孟子》结语云:"孟子曰:'由尧舜至于汤,五百有余岁;若禹、皋陶,则见而知之;若汤,则闻而知之。由汤至于文王,五百有余岁,若伊尹、莱朱,则见而知之;若文王,则闻而知之。由文王至于孔子,五百有余岁,若太公望、散宜生,则见而知

---

① 牛运震:《孟子论文》卷一,清嘉庆二十三年(1818)《空山堂全集》本。
② 李学勤主编:《孟子注疏》,《十三经注疏》本,北京:北京大学出版社,1999年,第178—179页。
③ 牛运震:《孟子论文》卷三,清嘉庆二十三年(1818)《空山堂全集》本。
④ 李学勤主编:《孟子注疏》,《十三经注疏》本,北京:北京大学出版社,1999年,第224页。
⑤ 牛运震:《孟子论文》卷四,清嘉庆二十三年(1818)《空山堂全集》本。
⑥ 李学勤主编:《孟子注疏》,《十三经注疏》本,北京:北京大学出版社,1999年,第271—272页。
⑦ 牛运震:《孟子论文》卷五,清嘉庆二十三年(1818)《空山堂全集》本。

之;若孔子,则闻而知之。由孔子而来至于今,百有余岁,去圣人之世若此其未远也,近圣人之居若此其甚也,然而无有乎尔,则亦无有乎尔。'"①牛氏云:"层递叙有法,分出见知、闻知二项极确,向来亦无人道出。篇终接混茫,以转语为收结,绵渺蕴藉,语意若不可了。不说明见知闻知正妙,低徊夷犹,似疑似惜,此《孟子》忧道之深而不敢自任者也,后世诸儒辄曰:道统在我,而为之徒者,又徒而标榜之,视《孟子》何如哉?"②

《孟子》散文,通过如牛运震所述的种种表现手法,形成了独特的艺术风格。《孟子》文章以理为主,以气遣之,以才辅之。所以《孟子》之文如长江大河,浩浩荡荡,奔流畅达,以闳肆取胜,是论辩散文的典范作品。因此,牛运震极力赞扬、全面推崇《孟子》。

二、语言修辞

《孟子》不仅讲究谋篇布局,巧妙构思,而且语言修辞也别具一格,文中诙谐幽默、精炼准确的语言,散整错落的句式,丰富多彩的辞格,都给读者留下极其深刻的印象。牛运震在《孟子论文》中,对此有极为详尽的评注和极高的赞誉。

1. 语言诙谐幽默、精炼准确

"孟子见梁襄王,出,语人曰:'望之不似人君,就之而不见所畏焉。'"③"出,语人"已有调笑、嘲讽之意,"不似、不见"更具蔑视之情,故牛氏云:"'出,语人'妙得此句,通篇都成调笑神情。"④"以大事小者,乐天者也;以小事大者,畏天者也。乐天者保天下,畏天者保其国。"⑤大事小与小事大,有乐与畏之分,乐可得人心,久得天下,畏则暂保其国,暂全其身。故牛氏云:"乐天畏天语,极厚极奥,而气格自爽畅。"⑥"孟子谓齐宣王曰:'王之臣有托其妻子于其友而之楚游者,比其反也,则冻馁其妻子,则如之何?'王曰:'弃之。'曰:'士师不能治士,则如之何?'王曰:'已之。'曰:'四境之内不治,则如之何?'王顾左右而言他。孟子谓齐宣王,曰:'所谓故国者,非谓有乔木之谓也,有世臣之谓也。王无亲臣矣,昔者所进,今日不知其

---

① 李学勤主编:《孟子注疏》,《十三经注疏》本,北京:北京大学出版社,1999年,第408—409页。
② 牛运震:《孟子论文》卷七,清嘉庆二十三年(1818)《空山堂全集》本。
③ 李学勤主编:《孟子注疏》,《十三经注疏》本,北京:北京大学出版社,1999年,第17页。
④ 牛运震:《孟子论文》卷一,清嘉庆二十三年(1818)《空山堂全集》本。
⑤ 李学勤主编:《孟子注疏》,《十三经注疏》本,北京:北京大学出版社,1999年,第36页。
⑥ 牛运震:《孟子论文》卷一,清嘉庆二十三年(1818)《空山堂全集》本。

亡也。'"①普天之下，莫非王土；率土之滨，莫非王臣。所谓国之君者，非谓有王土乔木，而是有臣民之谓也，贤君必须强国富民，重臣惠民。"王顾左右而言他"之"顾"，画龙点睛，把齐宣王理屈词穷、尴尬局促的窘态和内心活动，揭露无遗。《孟子论文》云："竟住冷然入妙。三则'如之何'，森挺紧切，咄咄逼人。语带诙谐，妙。庸主轻于进退，二语写尽。"②"齐人有一妻一妾而处室者，……其妻归，告其妾，曰：'良人者，所仰望而终身也，今若此。'"③"今若此"这个半截句，十足地表现了妻子伤心落泪呜咽不能言之态。生动地描绘了妻子的悲愤、羞辱、失望的精神状态。真是满腔悲痛，尽在不言中。故牛氏云："止三字呜咽之极。"④

再如：

"'敢问何谓浩然之气？'曰：'难言也。其为气也，至大至刚，以直养而无害，则塞于天地之间。其为气也，配义与道；无是，馁也。'"⑤牛氏云："两'其为气也'，双提振耸，使人变听改观。'直、塞、配、馁'等字，字字有用意处。"⑥

"如恶之，莫如贵德而尊士，贤者在位，能者在职；国家闲暇，及是时，明其政刑。虽大国，必畏之矣。"⑦牛氏注曰："'如恶之'三字紧转有力，添'及是时'三字极精神。"⑧

"孟子曰：'子路，人告之以有过，则喜。禹闻善言，则拜。大舜有大焉，善与人同，舍己从人，乐取于人以为善，自耕稼、陶、渔以至为帝，无非取于人者。取诸人以为善，是与人为善者也。故君子莫大乎与人为善。'"⑨《孟子论文》云："取'与'字用来灵活，'与人为善'语最精深。"⑩

"万章问曰：'孔子在陈曰："盍归乎来！吾党之小子狂简，进取，不忘其初。"孔子在陈，何思鲁之狂士？'孟子曰：'孔子"不得中道而与之，必也狂狷乎！狂者进取，狷者有所不为也。"孔子岂不欲中道哉？不可必得，故思其次也。''敢问何如斯可谓狂矣？'曰：'如琴张、曾皙、牧皮者，孔子之所谓狂矣。''何以谓之狂也？'曰：

---

① 李学勤主编：《孟子注疏》，《十三经注疏》本，北京：北京大学出版社，1999 年，第 50—51 页。
② 牛运震：《孟子论文》卷一，清嘉庆二十三年(1818)《空山堂全集》本。
③ 李学勤主编：《孟子注疏》，《十三经注疏》本，北京：北京大学出版社，1999 年，第 240 页。
④ 牛运震：《孟子论文》卷四，清嘉庆二十三年(1818)《空山堂全集》本。
⑤ 李学勤主编：《孟子注疏》，《十三经注疏》本，北京：北京大学出版社，1999 年，第 75 页。
⑥ 牛运震：《孟子论文》卷二，清嘉庆二十三年(1818)《空山堂全集》本。
⑦ 李学勤主编：《孟子注疏》，《十三经注疏》本，北京：北京大学出版社，1999 年，第 88 页。
⑧ 牛运震：《孟子论文》卷二，清嘉庆二十三年(1818)《空山堂全集》本。
⑨ 李学勤主编：《孟子注疏》，《十三经注疏》本，北京：北京大学出版社，1999 年，第 97 页。
⑩ 牛运震：《孟子论文》卷二，清嘉庆二十三年(1818)《空山堂全集》本。

'其志然,曰:"古之人,古之人。"夷考其行,而不掩焉者也。'"①牛氏云:"狂士真态全神,寥寥数语写尽,笔致极高。"②

孟子是我国文学史上语言巨匠之一。《孟子》是语录体的论辩散文,内有众多的人物形象和复杂曲折的故事,主要是以语录问答形式进行论辩,表达思想观点。牛运震推崇《孟子》语言精练、准确、形象,盛赞《孟子》以诙谐幽默、富有感染力的语言取胜的高超散文艺术。

2. 散整错落的句式

"王曰:'若是其甚与?'曰:'殆有甚焉。缘木求鱼,虽不得鱼,无后灾;以若所为,求若所欲,尽心力而为之,后必有灾。'曰:'可得闻与?'曰:'邹人与楚人战,则王以为孰胜?'曰:'楚人胜。'曰:'然则小固不可以敌大,寡固不可以敌众,弱固不可以敌强。海内之地方千里者九,齐集有其一。以一服八,何以异于邹敌楚哉?盖亦反其本矣。'"③牛氏注曰:"忽作整语,振笔疾扫,文势排山叠海,真成异观。拖一笔以歇文气,而下意已开。"④孟子不单纯追求语言形式的整饬,而是追求表达效果,起到"文势忽整忽散,得力处真如破竹"的效果。

"庄暴见孟子,曰:'暴见于王,王语暴以好乐,暴未有以对也。'曰:'好乐何如?'孟子曰:'王之好乐甚,则齐国其庶几乎?'他日,见于王曰:'王尝语庄子以好乐,有诸?'王变乎色,曰:'寡人非能好先王之乐也,直好世俗之乐耳。'曰:'王之好乐甚,则国其庶几乎,今之乐犹古之乐也。'"⑤牛氏云:"复一句更风神,减一字增二句,参差隽永,不知其音节者,当看其句法。"⑥"参差隽永",错落有致,遣词精准,达到"减一字"需"增二句"的表达效果。

"滕文公问曰:'滕,小国也;竭力以事大国,则不得免焉,如之何则可?'孟子对曰:'昔者大王居邠,狄人侵之。事之以皮币,不得免焉;事之以犬马,不得免焉;事之以珠玉,不得免焉。乃属其耆老而告之曰:"狄人之所欲者,吾土地也。吾闻之也,君子不以其所以养人者害人。二三子何患乎无君?我将去之。"去邠,逾梁山,邑于岐山之下居焉。邠人曰:"仁人也,不可失也。"从之者如归市。或曰:"世守也,非身之所能为也。效死勿去。"君请择于斯二者。'"⑦《孟子论文》云:"语似

---

① 李学勤主编:《孟子注疏》,《十三经注疏》本,北京:北京大学出版社,1999年,第404—405页。
② 牛运震:《孟子论文》卷七,清嘉庆二十三年(1818)《空山堂全集》本。
③ 李学勤主编:《孟子注疏》,《十三经注疏》本,北京:北京大学出版社,1999年,第22页。
④ 牛运震:《孟子论文》卷一,清嘉庆二十三年(1818)《空山堂全集》本。
⑤ 李学勤主编:《孟子注疏》,《十三经注疏》本,北京:北京大学出版社,1999年,第30页。
⑥ 牛运震:《孟子论文》卷一,清嘉庆二十三年(1818)《空山堂全集》本。
⑦ 李学勤主编:《孟子注疏》,《十三经注疏》本,北京:北京大学出版社,1999年,第62页。

实,而意则主妙。譬分两策,却长短参差,平中有侧,绝不板执。借'或曰'发论,亦文家活脱法。"①"长短参差,平中有侧""意则主妙",突显《孟子》之高超技艺。

《孟子》是以问答为主的语录体,为了增强文势,常常通过句式的变化来提高语言的表达效果,或长句或短句,或整句或散句,或肯定或否定,造成长短结合,散整错落的格局,《孟子论文》于此评点准确,赞誉尤甚。

3. 丰富多彩的辞格

"孟子对曰:'王好战,请以战喻。填然鼓之,兵刃既接,弃甲曳兵而走。或百步而后止,或五十步而后止。以五十步笑百步,则何如?'"②牛氏注云:"设喻恢奇生动。"③

"必有事焉,而勿正,心勿忘,勿助长也。无若宋人然。宋人有闵其苗之不长而揠之者,芒芒然归,谓其人曰:'今日病矣!予助苗长矣!'其子趋而往视之,苗则槁矣。天下之不助苗长者寡矣。以为无益而舍之者,不耘苗者也;助之长者,揠苗者也非徒无益,而又害之。"④《孟子论文》曰:"引喻荒唐之甚,然妙处正在此。宋人一喻,极荒诞,似庄列寓言。"⑤

"孟子曰:'人皆有不忍人之心。先王有不忍人之心,斯有不忍人之政矣。以不忍人之心,行不忍人之政,治天下可运之掌上。所以谓人皆有不忍人之心者,今人乍见孺子将入于井,皆有怵惕恻隐之心非所以内交于孺子之父母也,非所以要誉于乡党朋友也,非恶其声而然也。'"⑥牛氏云:"叠排三笔,意紧气闲,动荡流转。"⑦

"后稷教民稼穑,树艺五谷;五谷熟而民人育。人之有道也。饱食、暖衣、逸居而无教,则近于禽兽。圣人有忧之,使契为司徒,教以人伦,父子有亲,君臣有义,夫妇有别,长幼有序,朋友有信。放勋曰:'劳之来之,匡之直之,辅之翼之,使自得之,又从而振德之。'圣人之忧民如此,而暇耕乎?"⑧牛氏注曰:"叠用排句,文势如连山列波,而沈浑灏漾,函纳有余,七篇中绝大文字。"⑨

---

① 牛运震:《孟子论文》卷一,清嘉庆二十三年(1818)《空山堂全集》本。
② 李学勤主编:《孟子注疏》,《十三经注疏》本,北京:北京大学出版社,1999年,第9页。
③ 牛运震:《孟子论文》卷一,清嘉庆二十三年(1818)《空山堂全集》本。
④ 李学勤主编:《孟子注疏》,《十三经注疏》本,北京:北京大学出版社,1999年,第75—76页。
⑤ 牛运震:《孟子论文》卷二,清嘉庆二十三年(1818)《空山堂全集》本。
⑥ 李学勤主编:《孟子注疏》,《十三经注疏》本,北京:北京大学出版社,1999年,第93页。
⑦ 牛运震:《孟子论文》卷二,清嘉庆二十三年(1818)《空山堂全集》本。
⑧ 李学勤主编:《孟子注疏》,《十三经注疏》本,北京:北京大学出版社,1999年,第146页。
⑨ 牛运震:《孟子论文》卷三,清嘉庆二十三年(1818)《空山堂全集》本。

"公孙丑曰:'君子之不教子,何也?'孟子曰:'势不行也,教者必以正;以正不行,继之以怒。继之以怒,则反夷矣。"夫子教我以正,夫子未出于正也。"则是父子相夷也。父子相夷,则恶矣。'"①牛氏云:"全用蝉联之笔,浏亮夷犹。中间用代字笔,轻活圆转。"②

"孟子曰:'养生者不足以当大事,惟送死可以当大事。'孟子曰:'君子深造之以道,欲其自得之也。自得之,则居之安;居之安,则资之深;资之深,则取之左右逢其原,故君子欲其自得之也。'"③《孟子论文》曰:"首尾萦回如环无端,中间蝉联而下,《孟子》惯用此法。正喻双关,是说理能参活者。"④

"孟子曰:'大匠不为拙工改废绳墨,羿不为拙射变其彀率。君子引而不发,跃如也。中道而立,能者从之。'"⑤牛氏云:"妙在正喻双关,写得隐跃鼓舞。"⑥

赵岐在《孟子题辞》里说:"孟子长于譬喻,辞不迫切,而意已独至。"⑦《孟子》文章大量运用譬喻来说明问题,用具体事物形象地说明抽象的道理,运用譬喻启发对方,使对方心领神会。善喻是《孟子》散文显著的艺术特色。实际上,《孟子》散文运用了多种修辞手法,在牛运震之前,少有人去研究它。牛运震在《孟子论文》中,对孟子巧妙、合理地运用比喻、对比、排比、双关、顶真等修辞手法,以此增强文章的气势和表现力,给予了很高的评价。

三、论辩技巧

从文学角度而论,《孟子》在先秦诸子散文中占有重要地位。孟子为了发表自己的独到见解,宣扬儒家思想,与异己学派作斗争,就要通过论战来达到目的。这就需要讲究辩论技巧。除了如前所述的生动、形象的比喻外,以下几点亦较为突出:

1. 无可阻挡的气势和犀利的词锋

《孟子》散文的气势和词锋,是他的论辩艺术的基础。

"齐宣王问曰:'汤放桀,武王伐纣,有诸?'孟子对曰:'于传有之。'曰:'臣弑其君可乎?'曰:'贼仁者,谓之贼,贼义者,谓之残,残贼之人,谓之一夫,闻诛一夫

---

① 李学勤主编:《孟子注疏》,《十三经注疏》本,北京:北京大学出版社,1999年,第205页。
② 牛运震:《孟子论文》卷四,清嘉庆二十三年(1818)《空山堂全集》本。
③ 李学勤主编:《孟子注疏》,《十三经注疏》本,北京:北京大学出版社,1999年,第200页。
④ 牛运震:《孟子论文》卷四,清嘉庆二十三年(1818)《空山堂全集》本。
⑤ 李学勤主编:《孟子注疏》,《十三经注疏》本,北京:北京大学出版社,1999年,第376页。
⑥ 牛运震:《孟子论文》卷七,清嘉庆二十三年(1818)《空山堂全集》本。
⑦ 李学勤主编:《孟子注疏》,《十三经注疏》本,北京:北京大学出版社,1999年,第10页。

纣矣,未闻弑君也。"①这种蔑视君权,骂桀纣是独夫民贼的观点,在当时是难能可贵的。故牛运震以"老吏断狱"②评之,一针见血,无可置辩。

"君之视臣如手足,则臣视君如腹心,君之视臣如犬马,则臣视君如国人。君之视臣如土芥,则臣视君如寇仇。"③牛氏云:"论不必甚确,后人讥其已甚,然自有悚切动听处。"④充分揭示了《孟子》散文的思想意义和艺术效果。

《孟子·梁惠王上》曰:"梁惠王曰:'寡人愿安承教。'孟子对曰:'杀人以梃与刃,有以异乎?'曰:'无以异也。''以刃与政,有以异乎?'曰:'无以异也。'曰:'庖有肥肉,厩有肥马,民有饥色,野有饿莩,此率兽而食人也。兽相食,且人恶之;为民父母,行政,不免于率兽而食人。恶在其为民父母也?'"⑤牛氏曰:"两问突兀峻挺,咄咄逼人。率兽食人,语极刻毒,细思欲极平恕。言之恻然,要为民父母者扪心自问。只'率兽食人'四字,层层洗剥,波折不穷。深痛极悲之言,伤心惨目,千载下犹不忍闻。"⑥孟子对握有生杀予夺之权的统治者,毫无顾忌地进行攻击性地责问,巧妙地转入对暴政的强烈抨击,对统治者进行强烈而无情地攻击故牛氏以"只'率兽食人'四字,层层洗剥,波折不穷。深痛极悲之言,伤心惨目,千载下犹不忍闻"之评,既推崇孟子雄辩的艺术才能,又盛赞《孟子》的艺术价值。

2. 畅达详尽的铺排

为了保证雄辩的艺术效果,孟子唯恐对方不感动、不信服,因此行文以畅达详尽取胜,这就形成了铺排。其方法是逐层疏解,不怕反复,多用排句,重言申明。其作用是壮文势,广文义,突出思想,加强感情,增长文章纵横捭阖的气势。

"孟子曰:五霸者,三王之罪人也,分之诸侯,五霸之罪人也;分之大夫,今上诸侯之罪人也。"⑦牛运震云:"劈立三纲,后分应之,《孟子》间架文字。两大段中,典重严整,极似《国语》文字。"⑧点明三个判断,逐一疏解,明白详尽,令人信服。

在《孟子·梁惠王下》,孟子与齐宣王论"乐",启发他"与民同乐",提出"与民同乐"的立论。文章从反正两个方面具体描述"不与民同乐"和"与民同乐"两种截然相反的政治作用。用"今王鼓乐于此……今王田猎于此……"两个排比段落,

---

① 李学勤主编:《孟子注疏》,《十三经注疏》本,北京:北京大学出版社,1999年,第53页。
② 牛运震:《孟子论文》卷一,清嘉庆二十三年(1818)《空山堂全集》本。
③ 李学勤主编:《孟子注疏》,《十三经注疏》本,北京:北京大学出版社,1999年,第216页。
④ 牛运震:《孟子论文》卷四,清嘉庆二十三年(1818)《空山堂全集》本。
⑤ 李学勤主编:《孟子注疏》,《十三经注疏》本,北京:北京大学出版社,1999年,第13—14页。
⑥ 牛运震:《孟子论文》卷一,清嘉庆二十三年(1818)《空山堂全集》本。
⑦ 李学勤主编:《孟子注疏》,《十三经注疏》本,北京:北京大学出版社,1999年,第334页。
⑧ 牛运震:《孟子论文》卷六,清嘉庆二十三年(1818)《空山堂全集》本。

形成鲜明对比,推断"今王与百姓同乐,则王矣"的结论。此章集中运用了铺陈、设问、排比、对比、对照,形象描写,反复论述,把内容阐述得畅达详尽,气势逼人。故《孟子论文》曰:"数句中凄怆缠绵,得怨诽诗人之旨。纯用白描,三回四转,不厌其复。极绚烂却极淡永。淡永之味愈咀愈妙,《孟子》中此等文字,尤不可及。抑扬唱叹,何等风神。野人忠爱,写得眉宇飞动,真摹神之笔。偏说无疾病,妙想野人爱君,无过此语。同乐不可同乐,妙在倒跌而出,劈分两大股,换脚不换头,一样景两样情,清折白描,缭绕往复,异样格调,绝顶神趣,《孟子》篇中有数文字。"①孟子为了把问题说得充分透彻,不惮反复,不怕麻烦,从正面说到反面,从反面再回到正面,直到把问题说透为止。通篇以辩论口吻,侃侃而谈,头头是道,这就是《孟子》特有的雄辩力量。

3. 因势利导诱敌深入的逻辑推理

《孟子》散文在论辩中,往往是欲擒先纵,诱敌深入。因势利导,咄咄逼人。通过严密的逻辑推理,引导对方,使对方渐入彀中,不知不觉地得出否定自己的结论,最后理屈词穷,无可置辩,甘心折服。如:

"孟子谓齐宣王曰:'王之臣有托其妻子于其友而之楚游者,比其反也,则冻馁其妻子,则如之何?'王曰:'弃之。'曰:'士师不能治士,则如之何?'王曰:'已之。'曰:'四境之内不治,则如之何?'王顾左右而言他。"②牛氏云:"竟住冷然入妙。三则'如之何',森挺紧切,咄咄逼人。"③孟子连设两喻,让齐宣王自说出结论"弃之,已之"。这是由小及大,由私至公,由此及彼,通过类推方法,言明齐宣王"四境之内不治"的罪责,步步逼紧,使齐王理屈词穷,欲答不能,欲怒不得,活画出一副尴尬窘态。

"孟子曰:'许子必种粟而后食乎?'曰:'然。''许子必织布而后衣乎?'曰:'否!许子衣褐。''许子冠乎?'曰:'冠。'曰:'奚冠?'曰:'冠素。'曰:'自织之与?'曰:'否,以粟易之。''许子奚为不自织?'曰:'害于耕。''许子以釜甑爨,以铁耕乎?'曰:'然。''自为之与?'曰:'否!以粟易之。''以粟易械器者,不为厉陶冶;陶冶亦以其械器易粟者,岂为厉农夫哉?且许子何不为陶冶,舍皆取诸其宫中而用之?何为纷纷然与百工交易?何许子之不惮烦?'曰:'百工之事固不可耕且为也。然则治天下独可耕且为与?有大人之事,有小人之事。且一人之身,

---

① 牛运震:《孟子论文》卷一,清嘉庆二十三年(1818)《空山堂全集》本。
② 李学勤主编:《孟子注疏》,《十三经注疏》本,北京:北京大学出版社,1999年,第50页。
③ 牛运震:《孟子论文》卷一,清嘉庆二十三年(1818)《空山堂全集》本。

而百工之所为备,如必自为而后用之,是率天下而路也。'"①牛运震赞曰:"八问参差离奇。管子问篇,《战国策》中诘辩文字俱似此。断语斩截,笔舌如刀。翻进一层,紧捷之甚。三'何'字层层驳诘,咄咄逼人。斡转神力,一语折倒,真有千钧之力,驳得透快尽情。"②这是孟子和农家学派论辩的名篇。孟子抓住农家的"贤者与民共耕而食"的错误论点,提出一连串的设问。孟子层层紧逼,使对方陷入自相矛盾之境。这种沛然的气势,犀利的词锋,产生了"斡转神力,一语折倒,真有千钧之力,驳得透快尽情"的效果。

第二节 《孟子论文》评点特色

自宋代二程合《四书》,朱子注《四书》,《孟子》入经以后,研究《孟子》者,大都研"经"者,大部分人不视《孟子》为文学作品,罕有学者专门研究《孟子》的文学性。牛运震的《孟子论文》,是清代较早离经重文、以文学的视角考察、审视《孟子》的学术著作,并显示其独特的个性。

一、多角度观照

牛运震的《孟子论文》,对《孟子》全文从谋篇布局、文法章句、语言修辞、论辩功效等进行多角度评点批注。如《孟子论文》开篇:

孟子见梁惠王。王曰:"叟!不远千里而来,亦将有以利吾国乎?"孟子对曰:"王!何必曰利?亦有仁义而已矣。**一截一宕,落笔崭然**。

王曰:"何以利吾国?"大夫曰:"何以利吾家?"士庶人曰:"何以利吾身?"上下交征利而国危矣。万乘之国,弑其君者,必千乘之家;千乘之国,弑其君者,必百乘之家。**疏快绝伦**。

万取千焉,千取百焉,不为不多矣。苟为后义而先利,**句婉折**。

不夺不餍。**四字炼极**。

未有仁而遗其亲者也,未有义而后其君者也。**仁义只两句,简劲骏快**。

王亦曰仁义而已矣,何必曰利?**倒转作结,妙极斩截。突然转关,突然收住,文势盘旋飞动**。

---

① 李学勤主编:《孟子注疏》,《十三经注疏》本,北京:北京大学出版社,1999年,第144页。
② 牛运震:《孟子论文》卷三,清嘉庆二十三年(1818)《空山堂全集》本。

仅此一章，牛运震只批注了50余字，就考察了《孟子》的谋篇、文法、章句、语言、功效等多个方面。再如《孟子论文》卷三：

当尧之时，天下犹未平，洪水横流，泛滥于天下，草木畅茂，禽兽繁殖，五谷不登，禽兽逼人，兽蹄鸟迹之道交于中国。**是何世界，说得骇心惨目。莽苍古茂，文势拍天惊岸，一片纯是灏气。**

尧独忧之，举舜而敷治焉。舜使益掌火，益烈山泽而焚之，禽兽逃匿。禹疏九河，瀹济漯而注诸海，决汝汉，排淮泗而注之江，然后中国可得而食也。当是时也，禹八年于外，三过其门而不入，虽欲耕，得乎？**一锁。跌宕尽致，于排叙处看其浑灏，于关锁处看其流转。"当尧之时"以下，大放厥辞，文情风发泉涌，沛然莫御，却自钩勒回环，步步不离宗旨。**

后稷教民稼穑，树艺五谷；五谷熟而民人育。人之有道也。**虚笔作开宕，妙。**

饱食、暖衣、逸居而无教，则近于禽兽。圣人有忧之，使契为司徒，教以人伦，父子有亲，君臣有义，夫妇有别，长幼有序，朋友有信。放勋曰："劳之来之，匡之直之，辅之翼之，使自得之，又从而振德之。"圣人之忧民如此，而暇耕乎？**再锁。叠用排句，文势如连山列波，而沈浑灏漾，函纳有余，七篇中绝大文字。**

尧以不得舜为己忧，舜以不得禹、皋陶为己忧。**盘旋回斡，极精神。**

夫以百亩之不易为己忧者，农夫也。**拖笔作衬托，妙。**

分人以财谓之惠，教人以善谓之忠，为天下得人者谓之仁。是故以天下与人易，为天下得人难，孔子曰："大哉尧之为君！惟天为大，惟尧则之，荡荡乎民无能名焉！君哉舜也！巍巍乎有天下而不与焉！"尧舜之治天下，岂无所用其心哉？亦不用于耕耳。**三锁。三层锁，凡三变法。**

点评语言虽然简洁，却既有字、词的批注，又有散文的谋篇布局、文法章句、语言修辞、论辩效用的评点，确属多角度、全方位注评。

二、重微观评点，轻宏观评述

如前所述，牛运震的《孟子论文》，对《孟子》全文从谋篇布局、文法章句、语言修辞、论辩功效等进行了全面审视，多角度、全方位评点批注。但它的评点批注，基本上是微观的、局部的，既没有一篇之概括评述，也无全文之总体评价。既没有对《孟子》文体特色的概论，也没有语言修辞、论辩技巧的总体考察与评估。缺乏连贯性、系统性，简单化语言较多。

《孟子》长于比喻，在《孟子论文》中，有数十次提及比喻，《孟子论文》卷一就有"设喻恢奇生动""带一喻妙峻爽""随手又带一喻""缓缓设喻，文势又纵""设喻最奇""妙喻奇情别趣"等，非常关注，却没有对比喻在整篇散文中的作用的评述,也很少对比喻在具体语境中的效果进行考察。

《孟子》长于论辩,《孟子论文》也很关注其论辩的特性,往往是一般的涉及,既没有对《孟子》论辩艺术的概括和评述,也缺乏对具体论辩情境、效果的点评,给人知而不论,评而不深,述而不透的感觉。

《孟子》语言既有个性,又诙谐幽默,富有战斗力。牛运震深受《孟子》语言感染,也给予极高的赞誉,但赞扬过于简括,读者不能完全体会作者的具体感受和评价。《孟子论文》中对《孟子》语言的评价,单用"妙"进行评注就有二十余次,但对妙在何处、如何之妙、妙用何在？缺少具体细致评述,此乃美中不足。

第三节 《孟子论文》对《孟子》辞章学的影响

清代,经学主导学术,文学没有得到足够的重视,但仍有一批学者打破常规,倡导和专门研究《孟子》之辞章,牛运震《孟子论文》开风气之先,影响至少有以下三个方面：

首先,冲破世俗,专门研治《孟子》辞章学,极力推举《孟子》散文,形成了一种风气。清包世臣倡言"孟、荀,文之祖也。"①清吴德旋则称颂"《孟子》乃文章之最爽者,……孟子文章无美不备。"②清代在牛运震之前,很少有人专门研究《孟子》的散文艺术,《孟子论文》开启清《孟子》辞章学风气之先,其后有赵承谟的《孟子文评》、康浚的《孟子文说》、胡泽顺的《论孟书法》、沈保靖的《读孟集说》、张楚钟的《孟子长于比喻说》、魏禧的《孟子牵牛章》、王源的《孟评》、蒋汾功的《读孟子笔记》、周人麒的《孟子读法附记》、王汝谦的《孟子论文》、单为总的《孟子述义》等一批《孟子》辞章学专著出现,极大地拓展了孟学视野,《孟子》的散文艺术价值得到了进一步挖掘。

其次,从内容看,《孟子论文》之后面世的《孟子》辞章学著作,既有对《孟子》谋篇布局、文势句法的观照,又有对《孟子》语言修辞、论辩技巧的关注。张楚钟的《孟子长于譬喻说》,专论《孟子》的修辞,以"古人罕譬,曲喻莫善于孟子"赞誉孟子善喻,将《孟子》中的譬喻细分为十四种不同之喻。沈保靖《孟子集说》既关注《孟子》的字、词、句,也重视《孟子》文理章法。赵承谟《孟子文评》,按章批注,谋

---

① 包世臣:《与扬季子论文书》,清小倦遊阁钞本。
② 吴德旋:《初月楼古文绪论》,清宣统武进盛氏刻本(1910 年)。

篇布局、文势句法、语言修辞、论辩技巧皆有涉及,此乃清人研究《孟子》文法侧重宏观的著作,结合《孟子》义理谈技法之高明,论道之透彻独到。在一定程度上都受到《孟子论文》的影响。

再次,从形式上看,牛运震的《孟子论文》采用的眉批,行下注,句中夹注,章节批注等形式,被后来者广泛采纳,受其束缚,形式上少有突破。有微观点评,也有较为宏观评述,除赵承谟《孟子文评》之外,涉及篇章题旨类的评述较少,缺乏俯视全局、提纲挈领之笔。受《孟子论文》影响的痕迹也较为明显。

《孟子》是中华文化宝库中的瑰宝,具有深邃的哲思和很高的艺术价值,受到历代学者的珍视。当今,我们在探析《孟子》文学性的同时,对孟学史上《孟子》辞章学著述进行整理和研究,是非常必要和有益的。